KB116787

한글의 발명

한글의 발명

1판 1쇄 발행 2015. 7. 10.
1판 5쇄 발행 2022. 7. 1.

지은이 정광

발행인 고세규
편집 고세규 | 디자인 조명이
발행처 김영사
등록 1979년 5월 17일(제406-2003-036호)
주소 경기도 파주시 문발로 197(문발동) 우편번호 10881
전화 마케팅부 031)955-3100, 편집부 031)955-3200 | 팩스 031)955-3111

값은 뒤표지에 있습니다.
ISBN 978-89-349-7137-5 93710

홈페이지 www.gimmyoung.com   블로그 log.naver.com/gybook
인스타그램 instagram.com/gimmyoung   이메일 bestbook@gimmyoung.com

좋은 독자가 좋은 책을 만듭니다.
김영사는 독자 여러분의 의견에 항상 귀 기울이고 있습니다.

정광 지음

한글의 발명

김영사

차 례

• 머리말 _8

제1장 들어가기 _13

1. 한글 발명에 대한 많은 의문 _15
2. 한글의 발명을 밝혀주는 자료들 _29
3. 중요한 쟁점들 _37
4. 이 책의 새로운 주장 _42

제2장 동아시아 제 민족의 언어와 문자 _57

1. 중원(中原)의 북방민족 _58
2. 티베트의 서장(西藏)문자 _61
3. 요(遼)의 거란문자 _69
4. 금(金)의 여진문자 _86
5. 몽고 위구르자와 만주문자 _91
6. 원대(元代) 파스파 문자 _105
7. 새로운 중국어의 대두 _128

제3장 한글의 발명 _133

1. 고대(古代) 한반도의 언어와 문자 _134
2. 한자의 차자(借字) 표기 _146
3. 발음기호로서 훈민정음 28자의 제정 _173
4. 변음토착과 언문 _182
5. 한글 제정의 과정 _197
6. 〈석보〉와 〈월인〉, 그리고 〈월석〉 _228

제4장 언어학의 이론으로 본 한글 _243

1. 조음음성학 이론으로 본 훈민정음 해례 _245
2. 초성, 중성, 종성의 현대 음운론적 이해 _271
3. 훈민정음 초성과 자음체계 _279
4. 중성과 모음체계 _281
5. 종성과 음절 말 자음제약 _285
6. 생성음운론으로 본 훈민정음 _296

제5장 훈민정음과 파스파 문자 _299

1. 파스파 문자의 제정 _302
2. 파스파 36자모와 정음 초성 32자 _311
3. 〈몽고자운〉 유모 7자와 훈민정음 11중성자 _320
4. 〈몽고자운〉 입성 6개와 정음의 8종성 _325
5. 한글 자형의 독창성 _334

제6장 한글 발명과 보급에 기여한 인물과 연구 _361

1. 성삼문과 신숙주의 생애 _362
2. 훈민정음 해례와 〈동국정운〉 편찬 _373
3. 〈홍무정운〉의 역훈과 한어음 표기 _387
4. 최세진의 가계와 생애 _405
5. 한글의 중흥과 최세진 _433

제7장 맺음말 _441

● 참고문헌 _487
● 찾아보기 _501

　우리 민족의 가장 큰 자랑거리로 한글을 드는 사람이 많을 것이다. 특히 컴퓨터 시대의 사이버 공간에서 한글의 역할은 매우 눈부시다. 대부분은 한글을 신神과 같은 세종대왕이 그저 쉽게 만들어주신 것으로 알고 있다. 그렇지만 이러한 문자를 만들기까지 세종대왕과 그 가족들, 그리고 주변의 여러 신하들과 지인들의 불철주야의 연구와 끊임없는 노력이 있었다.

　오래전부터 중국 주변의 여러 민족들은 한자로 자국어를 표기하기에 미흡한 것을 깨닫고 새로운 표음문자를 만들어 보급하려고 노력하였으며 수많은 시행착오를 거쳤다. 세종은 한글을 만들기 위하여 이러한 문자들에 대해 깊이 연구하였다. 그리고 어려운 중국의 성리학性理學과 성운학聲韻學을 익혔으며 멀리 인도의 음성학, 즉 비가라론毘伽羅論을 학승學僧들로부터 배워서 신문자의 창제에 이용하였다.

　이러한 각고의 노력으로 세계에서 가장 과학적이며 우리말 표기에 가장 적절한 문자를 발명하신 것이다. 한글은 그냥 하늘에서 내려온 문자가 아니고 오랜 연구로부터 얻어진 귀중한 발명품이다. 또한 동아시아 여러 민족들이 한자에서 벗어나 자신들의 언어를 적기에 합당한 문자를 만들려고 노력한 오랜 염원의 결실이라고 할 수 있다.

이 책은 필자가 그동안 한글의 발명과 관련한 여러 주제를 갖고 여기저기 발표한 논저에서 필요한 부분을 뽑아 옮기거나 다시 쓴 것이다. 기왕의 논저와 중복되는 부분이 있으니 독자 여러분의 양해를 구한다. 실은 2013년 가을에 필자를 방문한 출판사의 분이 필자에게 '조선시대의 외국어 교육'에 대하여 책을 써줄 것을 부탁하였다. 당시 한글 발명에 관심이 있던 필자가 그에 대한 이야기를 많이 하였더니 그것까지도 집필하는 것이 어떠냐는 말에 이 책을 쓰기로 하였다. 당시에는 시일이 많이 남았고 이미 발표한 것을 모으는 것이라 쉽겠다고 생각했기 때문이다.

그러나 정작 논문을 모아보니 다시 써야 할 부분이 너무 많았다. 거기에다가 한글에 대한 필자의 생각도 많이 바뀌었기 때문에 이미 발표한 것도 다시 정리할 곳이 많았다. 덕분에 지난 몇 개월은 이 일에만 몰두하게 되었다. 참으로 노래老來에 소일거리로는 벅찬 일이었음을 고백하지 않을 수 없다. 그동안 이 일로 인하여 모임이나 약속 등에서 소홀하게 된 많은 분들에게 이 책을 바치면서 머리 숙여 사과한다.

이 책은 기왕의 한글, 훈민정음의 창제에 대한 지식을 그대로 갖고는 이해하기 어려울 것이다. 이 책은 지금까지의 한글에 대한 정설定說을 모두 부정하기 때문에 그동안의 한글에 대한 지식을 버리지 않으면 한 장章도 읽기가 힘들 것이며 아마 바로 책을 휴지통에 던져 넣을 것이다. 특히 제3장을 이해하기 어려울 것인데 이 부분만 넘어가면 다음에는 쉽게 필자의 주장을 받아들일 수 있을 것이다.

특히 이 책의 제목을 '한글의 발명'으로 하면서 종래의 훈민정음이란 명칭을 쓰지 않은 것은 이 부분부터 잘못된 것으로 보기 때문이다. 물론 역사적 자료에 의하면 '언문諺文'이 올바른 명칭이지만 오늘날 이 용어에 대한 거부감이 너무 커서 어쩔 수 없이 한글이란 명칭을 쓰게 되었다. 그러나 북한에서는 아직도 '한글'을 받아들이지 못한다. 역시 이 용어에도 문제가 있기 때문이다.

이 책의 뒷부분에는 한글 발명에 관여한 인물 가운데 중요한 세 사람을 선택하여 고찰한 글을 첨부하였다. 그 가운데 최세진은 한글이 발명되던 시대의 사람은 아니나 한글의 중흥中興에 크게 기여한 인물로 간주하여 이 책에 첨부하였다. 뿐만 아니라 필자가 한글 발명과 관련한 여러 인물을 고찰하면서 최세진을 문화관광부의 부탁으로 집필한 일이 있었는데 그때에 필자의 연구에 대하여 여러 가지 반대 의견을 제시하면서 몇 문제에 대하여 "이 질문에 답변할 의무가 있다"라고 주장한 논저(안병희, 2007)가 있었다. 본서에서 그 질문에 대한 답변을 겸하고자 한다.

이 책은 전문학술서이다. 따라서 일반 독자가 읽기에는 용어나 인용문, 그리고 기왕의 논의를 소개한 것 등에서 이해가 어려울 수도 있다. 제7장에서 이 책의 내용을 요약하였으니 먼저 그것을 읽어 전체의 내용을 조감한 다음에 본문을 읽도록 추천하고 싶다.

이 책은 기왕의 훈민정음 연구와 매우 다른 내용이기 때문에 많은 비판이 있을 것이다. 되도록 객관적으로 기술한 학술논저로 이 논저를 비판해 주기 바란다. 자신의 주장과 다르니 이러한 논문을 학술지에 싣지 말도록 각 학회의 회장들이나 임원들을 찾아다니며 게재를 삼가도록 부탁하는 행위는 학자로서는 물론이고 인간으로서도 올바르다고 할 수 없다. 학문의 자유가 있고 이렇게 논의를 공개하여 서로 자신의 연구를 자유롭게 논쟁함으로써 진실은 드러나게 마련이다. 또 그렇게 함으로써 학문은 발달하는 것이다.

역시 이 책의 간행에서도 많은 분들의 도움이 있었다. 원고 교정 등으로 도와준 고려대 대학원 국어학 석사과정의 강해은 양과 교토대학과 공동으로 수행하는 한국학 세계화 랩 프로젝트 수행 팀의 여러 분에게 고맙다는 말을 남긴다.

2015년 4월 부처님 오신 날에

불암재佛嵓齋에서 저자 씀

제1장

들어가기

한글이 우리 민족이 발명한 가장 우수한 것들의 하나라는 데 이의를 다는 사람은 거의 없다. 그리하여 많은 사람들이 한글을 자랑하고 또 사랑하며 이 문자의 보급을 위하여 노력한다. 여기에는 적지 않은 외국인도 들어 있다.

그러나 이 문자가 어떻게 만들어졌는지 아직도 분명하지 못한 것이 많은 것도 사실이다. 이 책은 지금까지 한글의 발명에 거론된 많은 자료들, 예를 들면『월인석보月印釋譜』,『석보상절釋譜詳節』, 그리고『월인천강지곡月印千江之曲』을 비롯하여 각종 문집文集, 그리고 {해례본}『훈민정음』과 {언해본}『훈민정음』,『동국정운東國正韻』을 비롯한『홍무정운역훈洪武正韻譯訓』등의 각종 운서韻書들을 다시 고찰하여 어떻게 이들이 한글 발명의 여러 사실을 밝히는 데 이용되었는지를 밝힐 것이다.¹ 물론『조선왕조실록』의 한글, 즉 새 문자에 관한 기사들도 다시 검토될 것이다.

문제점 그리고 그동안 학계가 치열하게 다투었던 한글 발명의 쟁점들을 다시 살펴보면서 무엇이 중요한 문제이며 어떻게 이러한 논쟁이 생겼는지, 그 해결책은 무엇인지를 논의하고자 한다. 그리고 필자로서 몇 가지 새로운 주장도 덧붙일 것이다. 이 책의 목표는 필자가 그동안 여러 논저에서 발표했던 한글 제정의 경위와 목적을 다시 한 번 고찰하고 이 문자의 공포公布는 어떻게 이루어졌는지 정리하려고 한다.

한글 발명에 관련한 많은 자료들을 보면 세종 당시에 새로운 문자를 만

---

1 서명은『 』에 넣고 정식서명은 아니지만 통례상 부르는 책 이름은 { }에 넣었으며 이러한 구별이 필요하지 않은 서명은 〈 〉에 넣었다. 예를 들면 〈해례본〉 훈민정음은 원서(原書)를 말할 때는『훈민정음(訓民正音)』이지만 보통 해례본으로 부르므로 {해례본}『훈민정음』, 또는 〈해례본〉으로 쓴다. 이하 모두 같다. 서지학적 지식이 필요한 경우에는 이러한 구분을 하지 않을 수 없기 때문이다.

들기 위하여 숨 가쁘게 돌아가는 여러 과정을 살필 수 있다. 이들을 통하여 한글이 어떻게 만들어졌는가를 새롭게 고찰하였다. 따라서 지금까지 교육계나 학계가 주장한 것과 많이 다르다. 이 책에서는 한글 발명의 여러 단계와 그로부터 생겨난 혼란을 찾아보고 그것을 되도록 합리적으로 정리하려고 한다. 따라서 이 장에서는 먼저 이 책의 핵심 내용과 과연 어떤 문제를 제기하고 논의할 것인지를 살피고자 한다.

1. 한글 발명에 대한 많은 의문

한글은 훈민정음이란 이름으로 제정되었으며 많은 사람들은 {해례본}과 {언해본}, 그리고 {실록본}『훈민정음』의 맨 앞에 붙어 있는 어제御製 서문을 읽고 모두 아전인수 격으로 해석한다. 그리하여 어제서문에 있는 〈언해본〉의 "故로 愚民이 有所欲言ᄒᆞ야도 — 이런 젼ᄎᆞ로 어린 百姓이 니르고져 홇 배 이셔도, 而終不得伸其情者ㅣ多矣라 — ᄆᆞ춤내 제 ᄠᅳ들 시러펴디 몯 홇 노미 하니라(그러므로 어리석은 백성들이 말하고자 하는 것이 있어도 끝내 자기의 뜻을 [글자로] 실어 펴지 못하는 것이 많으니라)"라는 구절로부터 세종대왕이 문자를 모르는 어리석은 백성들을 위하여 배우기 쉬운 새 글자를 만들어 문자생활에 쓰기 편하게 하려고 이 문자를 만든 것이라고 이해한다. 그리고 이 문자는 세종이 혼자서 사상 유례가 없는 독창적인 문자를 만든 것이라고 믿는다.

그러나 지금까지의 많은 연구에서 〈언해본〉의 이 앞에 있는 구절 "國之語音이 異乎中國ᄒᆞ야 與文字로 不相流通홀씨 — 나랏 말ᄊᆞ미 中國에 달아 文字와로 서르 〈뭇디 아니 홀씩"를 연결해서 생각하지 않는다. 이 구절은 언해문이 매우 애매하여 제대로 이해하기 어렵다. 즉 한문 원문은 〈한문본〉과 〈해례본〉에서 "國之語音, 異乎中國, 與文字, 不相流通 ─ [한자음에 대한] 우리나라의 발음이 중국과 달라서 문자가 서로 통하지 않는다"라 하여 한자에 대한 우리의 발음과 중국의 차이를 지적한 것이다. 다만 언해문은 "우리말이 중국어와 달라서 문자가 서로 통하지 않는다"라고 풀이되어 오해를 가져온 것이다. 그러나 이 서문의 기본적인 뜻은 어디까지나 한자음의 차이를 지적한 것이지 언어의 차이를 말한 것은 아니다.

한글 발명의 동기와 의문점

한글 발명의 동기에 대하여는 앞에 든 서문의 다음 구절이 부각되어 중심 사상으로 인정되었다. 즉 앞에 든 구절 다음에 "予ㅣ 爲此憫然ᄒᆞ야 新制二十八字ᄒᆞ노니 欲使人人ᄋᆞ로 易習ᄒᆞ야 便於日用耳니라 ─ 내 이를 爲ᄒᆞ야 어엿비 너겨 새로 스믈여듧字를 밍ᄀ노니 사름마다 ᄒᆡ여 수비 니겨 날로 ᄡᅮ메 便安킈 ᄒᆞ고져 홇 ᄯᆞᄅᆞ미니라(내가 이를 위하여 불쌍하게 여겨서 새로 28자를 만들었으니 사람마다 시켜서 쉽게 익히게 하여 매일 [문자를] 사용하는 데 편케 하고자 할 따름이라)"라고 한 것에 초점을 맞추어 세종이 백성들의 편안한 문자생활을 위하여 이 문자를 제정한 것으로 생각한다.

그러나 서문의 서두에 분명하게 밝힌 중국과의 한자음 차이에 대한 문제의 제기는 거의 돌아보는 연구가 없었다. 필자는 어제서문의 첫 번째에 언급한 "國之語音, 異乎中國, 與文字, 不相流通"이 한글을 제정한 최초의 동기라고 본다. 같은 한자인데 중국과의 발음 차이에 의하여 의사소통이 되지 않으니 이를 시정하려는 목표가 원래 한글의 제정 의도라고 본 것이다. 즉, 당시 한자의 중국어 발음과 우리의 발음에 차이가 남을 말한 것으로 보아야 한다.

고려 전기前期까지 사서오경四書五經으로 배운 한문으로 중국인과 소통이 가능하였는데 원대元代 이후 북경北京의 한어漢語의 발음이 우리의 전통 한자음과 매우 달라서 이 말과는 전혀 통할 수 없었다. 여기에서 우리 한자음을 수정하여 예전처럼 한문 학습에 의하여 중국과의 의사소통이 어느 정도 가능하게 하려는 의도로 동국정운東國正韻식 한자음을 구상하게 된 것으로 보인다. 그리고 이 개정된 한자음이야말로 백성들에게 가르쳐야 하는 바른 한자음, 즉 훈민정음訓民正音이었으며 이것의 발음기호로 한글을 제정한 것으로 본 것이다.

이렇게 제정된 한글은 변음토착變音吐着의 난제를 해결한 다음에 〈석보상절〉과 〈월인천강지곡〉, 그리고 〈월인석보〉를 거쳐 우리말 표기에도 가능한 것이 입증되었다. 그리하여 우리말을 기록하는 언문諺文이란 이름을 얻었고 전통한자음, 즉 동음東音의 표기에도 이 문자가 사용되었는데 이때의 명칭도 언문諺文이었다. 다시 말하면 새로운 중국어의 정음正音을 표기할 때에 사용한 새 문자이기 때문에 정음이라 불렀고 동국정운식 한자음을 표음할 때에 사용한 글자는 훈민정음이었으며 우리말과 우리 한자음을 적기 위한 글자는 언문諺文이었다.

다음으로 이렇게 과학적이고 매우 정밀한 음성학의 이론으로 뒷받침되는 표음문자를 과연 세종이 홀로 만들 수가 있었겠는가 하는 의문이 떠오른다. 왜냐하면 당시 세종은 소갈증消渴症이란 당뇨병과 각종 병마에 시달리고 있었으며 경복궁이 풍수지리학적으로 외적外敵의 침입을 받아 수장首長이 살해될 곳이라는 풍설에 시달려 대군大君들의 집을 전전하면서 되도록 궁궐에 안주하지 않았기 때문에 언제 이러한 복잡하고 심오한 이론을 섭렵하고 원용援用하여 문자를 만들었는가 하는 의문이 떠나지 않는다.

여기서 당연히 집현전集賢殿 학사들의 도움을 염두에 두고 이들의 지원을 받았다는 주장이 있었다. 그러나 최만리崔萬理의 반대 상소로 인하여 집현전 학사들이 오히려 이 문자의 제정을 반대한 세력이었음이 드러나면서 이 주장은 설득력을 잃었다. 중국의 유교儒敎를 숭상하고 한문을 상용하는 유신들이 표음적인 새 문자의 필요성을 이해하기 어려웠기 때문이다.

다음으로 세자世子를 비롯한 아들과 딸, 그리고 집안 식구들을 중심으로 비밀리에 신문자의 제정이 이루어졌다는 주장이 있었다. 소위 가족들끼리의 비밀 프로젝트로 이 문자의 발명이 추진되었다는 것이다. 본서에서도 이에 대하여는 매우 긍정적으로 생각하였다. 그러나 졸저(2006)와 본서의 제6장에서 주장한 바와 같이 세종의 친간팔유親揀八儒로 불리는 신숙주申叔舟, 성삼문成三問 등 젊은 학자들의 도움을 받은 것도 사실이다.

그러나 세종의 한글 발명에 가장 많은 도움을 준 것은 불가佛家의 학승學僧들이었다. 본서에서 자세히 언급하겠지만 고대 인도의 발달한 조음調音 음성학이 팔만대장경八萬大藏經 속에 포함되어 고려와 조선에 유입되었고 학승들은 비가라론毘伽羅論이라 불리는 음성학, 즉 성명학聲明學을 연구하여 세종의 새 문자 제정에 이론적 뒷받침을 하게 된다. 그리고 명明나라의 반대와 감시 속에서 불가의 범어梵語와 범자梵字처럼 불경佛經에 의탁하여 새 문자를 발표하게 된다. 이 책에서는 이런 사실에 대하여 상세하게 살펴볼 것이다.

제정 시기에 대한 논란

그리고 다시 문제가 되는 것은 한글이 언제 제정되었느냐 하는 것이다. 〈세종실록〉에 가장 먼저 훈민정음의 제정에 대하여 언급한 것은 〈세종실록〉(권102) 세종 계해(癸亥, 25년, 1443) 12월조의 말미의 기사이다.

이 기사에 의하면 한글은 1443년 12월에 세종이 친히 언문諺文이란 이름으로 제정하였으며 초성初聲과 중성中聲 그리고 종성終聲으로 나누어 만든 다음에 이들을 결합하여 문자로 쓸 수 있게 하였는데 이것이 소위 말하는 훈민정음이라는 것이다. 그리고 글자 수효는 적지만 무한하게 전환시킬 수가 있다고 하여서 오늘날 우리가 쓰고 있는 한글이 세종에 의하여 이때에 만들어진 것임을 알 수가 있다.

그러나 이에 대하여도 역시 의문이 따른다. 먼저 이렇게 중요하고 큰 사건이 그 전에 아무런 예고도 없이 갑자기 실록에 한 줄의 기사로 나타난 것을 많은 사람들이 의심스럽게 보았다. 심지어 임홍빈(2008, 2013)에서는 이 기사가 세종 계해년의 마지막 기사로서 앞의 것과 그 서술 방식이 다르다고 하여 나중에 이 부분이 추가되었을 가능성이 있다고 주장하였다. 즉 같은 계해 12월의 기사라도 그 앞에 날짜를 가리키는 '경술庚戌, 기유己酉' 등이 빠진 상태에서 "是月 ― 이달"로 시작하기 때문이라고 한다.

이어서 역시 임홍빈(2013)에서는 실록의 기사가 믿을 만한 것이 못 됨을 강조하면서 특히 〈세종실록〉은 문종 2년(1452) 2월에 편찬이 시작되어 기억도 흐려졌고 자료도 쉽게 구하기 어려웠으므로 잘못된 것이 많았다고 보았다. 그러나 왕의 모든 통치 행위를 일일이 기록하는 〈승정원일기承政院日記〉가 있고 이에 의거하여 작성되는 실록의 기사를 그저 신빙성이 없다고 무시할 수는 없다. 실록에 기록된 사실史實들은 나름대로 이유가 있어 기재된 것이기 때문이다. 실록의 이와 같은 갑작스러운 기사는 문신文臣들이 아직도 새 문자에 저항감을 갖고 있어서 비밀리에 수행되다가 갑자기 발표한 것으로 볼 수밖에 없다.

서양학자로 훈민정음 연구에 가장 많은 업적을 가지고 있으면서 미국 뉴욕의 컬럼비아대학 교수였던 개리 레드야드(Gari Ledyard, 1966)에서는 계해년 12월이니 양력으로 하면 1444년이라고 주장한다. 한 해라도 한글 발명을 낮추어 보려는 것이다.

또 많은 한글학자들은 이 문자의 제정된 날짜가 명확하지 않으므로 {해례본}〈훈민정음〉이 간행된 정통正統 12년 9월 상한上澣을 훈민정음이 반포된 날로 보고 이를 양력으로 환산하여 10월 9일을 한글날로 정하여 기념한다. 그러나 이것도 정인지鄭麟趾의 후서後序에 쓰인 날짜이므로 과연 그때에 이 책이 간행되었는지는 확실하지 않다.

한때 〈세종실록〉(권113) 세종 28년 병인丙寅 9월의 기사에 나온 "是月 訓民正音成"의 '훈민정음訓民正音'을 문자의 명칭으로 오해하고 신문자의 완성이 이달에 이루어진 것으로 보았다. 그리하여 9월을 양력으로 10월로 환산하고 10월 말일을 '가갸날'로 정하여 기념하던 일도 있었으므로 한글의 발명시기에 대하여는 많은 시행착오가 있었다. 지금도 적지 않은 학자들에 의하여 여러 가지 엉뚱한 가설이 난무하고 있다.

이 책에서는 제3장에서 살펴본 바와 같이 한글이 오래전에 만들어졌지만 여러 가지 실험과 시행착오를 거쳐 세종 25년 12월의 기사로 나타난 것이며 진정한 의미로 신문자新文字의 반포는 {언해본}〈훈민정음〉이 〈월인석보〉의 권두에 부재附載되어 간행된 것이라고 본다. 세간에 알려진 바와는 달리 〈월인석보〉는 구권舊卷과 신편新編이 있으며 구권은 세종 28년, 즉 정통正統 12년의 이전에 간행되었고 이 책의 권두에 '훈민정음'이란 이름의 언해본이 부재되었다고 주장한다. 이것이 진정한 의미로 볼 수 있는 신문자의 반포라는 것이다(졸고, 2013 및 본서 제3장).

세조 5년, 즉 천순天順 3년에 간행된 {신편}〈월인석보〉의 권두에 붙은 것은 세종의 사후死後에 간행된 것이라 '세종어제훈민정음世宗御製訓民正音'인 반면에 세종 생존 시에 간행된 {구권}〈월인석보〉는 그대로 '훈민정음訓民正音'이다. 세종의 시호諡號를 받은 것은 그가 죽은 후의 일이기 때문이다. 실제로 '훈민정음'이란 이름의 언해본이 단행본으로 전해져 현재 고려대 육당六堂문고에 소장되었다. 학계에서는 이것이 '세종어제훈민정음'보다 오래된 형태의 한글을 보여준다고 판단하였다.

변음토착과 한글의 명칭

훈민정음 제정에 세종의 둘째 따님인 정의貞懿공주가 '변음토착變音吐着'의 문제를 해결하여 부왕父王으로부터 많은 상을 받았다는 〈죽산안씨대동보竹山安氏大同譜〉의 기사에 의거하여 공주를 언문의 제정자로 본 일도 있었다.[2]

---

2 「죽산안씨대동보(竹山安氏大同譜)」(권5)에 수록된 '정의공주유사(貞懿公主遺事)'는 '변음토착(變音吐着)' 이외에도 정의공주가 세종의 도창(刀瘡)을 고친 기사도 함께 들어 있다. 그를 옮겨보면 "世宗大王嘗於萬機之暇, 以刀斬木, 刀尖入脚部, 折而未拔.{人有賣唐鞍者, 令更造匠手生, 世宗親自刀斷, 刀尖入脚未拔云.} 卽至浮高, 世宗促令公主入侍,{公主下嫁例不得入禁中} 繩到闕下臺啓已發. 世宗下敎曰: 予病劇欲與愛女相訣, 臺啓遂停公主入見, 世宗握手畢曰: 刀瘡若是, 予今訣汝矣. 公主卽以醋粕媛付, 稍減浮氣, 仍以指南石引出{以是勳關楮子島}. — 세종대왕이 일찍이 만기를 살피던 사이에 잠깐 여가를 얻어 칼로 나무를 자르다가 칼끝이 다리에 박혀서 부러져 뽑히지 않았다. {중국제 안장을 판 사람이 있어 이를 장인을 시켜 다시 고치려고 하다가 세종이 친히 칼로 자르다가 칼끝이 다리에 박혀 빠지지 않았다는 사람도 있다.} 즉시 [상처가] 부어오르니 세종이 공주를 입시하라고 재촉하였으나 {공주는 시집을 가서 예에 따라 금중에 들어올 수 없었다} 이제 막 궐 아래에 도착했을 때에 대간의 장계가 있었다. 세종이 말하기를 '내가 병이 심하여 사랑하는 딸과 이별하려고 한다'고 하니 대간의 장계가 공주를 못 가게 하였으나 들어와 보았다. 세종이 손을 잡고 말하기를 '칼로 찔린 상처가 이와 같으니 내가 이제 너와 이별하려고 한다' 하였다. 공주가 즉시 식초의 찌꺼기를 따뜻하게 하여 붙이니 부기가 조금 내려갔고 자석으로 [부러진 칼끝을] 뽑아내었다. {이로 인하여 저자도를 상으로 받았다.}"(「죽산안씨대동보」 권5 72쪽)라 하여 정의공주가 세종의 도창을 고쳐

이 말은 당시 여항閭巷에서 널리 퍼진 야담野談으로 이우준李遇駿의 『몽유야담夢遊野談』(卷下)에도 "我國諺書, 卽世宗朝延昌公主所製也. — 우리나라 언서는 세종 때에 연창공주가 지은 것이다"(동 '刱造文字'조)에서 볼 수 있다. 이에 대하여는 본서의 제3장 4절에서 자세히 언급할 것이다. 그러나 지금까지 많은 연구자들의 논저에서 '변음토착'이 무엇을 말하는지 밝히지 못하고 있다.

이 책에서 특별히 강조된 것은 한자를 그대로 읽는 것이다. 아전인수격이나 자기 멋대로 한자를 해석하지 말고 원래의 뜻대로 읽자는 것이다. 그래야 보다 정확한 사실을 밝힐 수 있다고 보기 때문이다. 즉 '훈민정음訓民正音'을 "백성들에게 가르쳐야 하는 바른 글자"로 해석한다든지 '정음正音'을 "올바른 글자"로 보려는 태도는 옳지 않다는 것이다. 여기서 '음音'은 발음이지 글자가 될 수는 없기 때문이다. 한자에 있지도 않은 뜻이나 발음으로 한자를 멋대로 읽는다면 어떻게 진실에 다가갈 수 있는가?

위의 언급과 관련된 것으로 한글의 명칭에 대한 것이 있다. 어떤 학자는 훈민정음訓民正音이라 하고 또 다른 학자는 정음正音이 옳다고 한다. 언문諺文은 써서 안 된다고 하기도 하고 한글이 좋은 명칭이라고 한다. 그러나 일제강점기에 이 땅에서 국어國語는 일본어가 되었고 국문國文, 즉 나라의 글자는 일본의 가나(假名 또는 假字) 글자를 말하게 되었다. 그래서 조선어학회가 억지로 만든 이름이 한글이다. 따라서 한글이란 명칭은 역사적으로 보면 슬픈 이름이라고 아니할 수 없다.

필자가 살펴본 바에 의하면 대부분의 국어 연구자들이 처음에는 한글에

저자도를 상으로 받았음을 알 수 있다. { }은 협주.

관심을 가졌다가 {해례본}〈훈민정음〉을 읽고 나서 '훈민정음'이란 명칭을 즐겨 쓴다. 그러나 다른 자료들, {언해본}〈훈민정음〉의 판심이 정음인 것을 보고 나서는 정음이 옳다고 한다. 그러나 이 모든 명칭이 새로 만든 문자의 명칭으로 무엇인가 어설프다는 생각을 하게 돼서 다시 한글로 돌아온다. 한글을 연구하는 대부분의 연구자들이 이러한 순서로 한글에 대한 명칭을 바꿔서 사용한다.

어떤 학자는 훈민정음이 전술한 바와 같이 "백성들에게 가르쳐야 하는 올바른 문자"라고 해석하면서 가장 적절한 문자 명칭이라고 강변하기도 한다. 그런데 여기서 음音은 주지하는 바와 같이 발음이지 글자가 아니다. 세종이 새로 만든 문자를 〈세종실록〉에서 '언문諺文'이라 명기해놓았고 '언서諺書'라는 이름도 보이는데 이것을 오늘날에는 폄하하려는 유신儒臣들의 조작으로 본다. 과연 그럴까? 이 책에서는 그렇지 않음을 상세하게 밝혀놓았다.

이 책을 집필하는 중에도 여러 종류의 훈민정음 연구서가 필자에게 기증되어 보내졌다. 그러나 논저마다 모두 한글의 명칭이 달라서 어떤 이는 훈민정음, 또 어떤 이는 정음, 우리글 그리고 최종적으로는 한글이란 명칭을 쓴다. 자칭 훈민정음, 정음 그리고 한글 전문가들이 아직 문자의 명칭조차 제대로 파악하지 못한 셈이다. 그럼에도 불구하고 많은 한글학자, 훈민정음 연구자들은 한글 창제에 대하여 많은 부분이 밝혀졌다고 자만하고 있다.

과연 한글 창제에 대한 모든 문제가 밝혀졌을까? 그렇다면 하나만 물어보자. 한글의 첫 글자는 왜 'ㄱ'일까? 가장 기초적인 이 문제에 제대로 답변하는 사람이 과연 있을까? 훈민정음에서 초성의 첫 글자가 /ㄱ, ㅋ, ㅇ/

이고 전탁全濁자 /ㄲ/도 만들었는데 티베트의 토번吐蕃에서 7세기 중엽에 만든 서장西藏문자의 첫 자가 /k, kh, g, ng/의 네 글자이고 훈민정음의 순서와 같이 글자를 제정하였다. 서기 650년경에 토번의 송찬감보 대왕이 만든 서장문자의 첫 글자와 글자 순서가 1443년에 세종대왕이 만든 훈민정음의 첫 글자와 문자 순서가 같은 것은 과연 우연한 일치일까? 스스로 한글과 훈민정음 연구의 대가라는 연구자들도 필자의 이런 질문에 도리머리만 흔들 뿐이다.

한글은 왜 과학적인가?

또 많은 훈민정음, 또는 한글 제정의 연구를 언급한 논저들은 모두들 한글이 과학적인 글자라고 한다. 그럴 때마다 필자는 묻는다. "무엇이 과학적인가?" 이 질문에 시원한 답변을 들은 일이 없다. 그저 그렇다는 것일 뿐 무엇이 과학적인지 제대로 답변하지 못한다. 한글에 대한 연구에서 중견학자들도 더 이상의 연구를 기피한다. "영명하신 세종대왕이 사상 유례가 없는 독창적인 글자를 만드신 것"으로 족하다는 것이다. 그러나 세계의 문자학계文字學界에서는 그렇게 보지 않는다. 또 신神이 아닌 세종이 갑자기 새 문자를 만들었다는 것은 과학적인 생각이 아니다.

한글이 과학적인 것은 15세기에 제정된 훈민정음이 조음음성학의 이론에 입각하여 음운을 분석하고 문자를 제정한 때문이다. 20세기에 서양에서 발달한 조음음성학은 인간의 언어음言語音을 발성기관의 조음調音 메커니즘에 의거하여 조음 위치와 조음 방식으로 나누어 구별하였는데 세종대왕은 이보다 500여 년이나 앞서서 이러한 음성학의 이론을 동원하여 문자를 제정하고 이 문자들을 체계적으로 설명하였으며 각 문자의 음가들을 밝힌 것이다. 이러한 심오한 음성학적 이론을 세종은 어디서 알았을까?

뿐만 아니다. 중성中聲이라 하여 모음을 독립적인 존재로 인정하였고 음절 형성의 가장 중요한 요소로 보았다. 그리고 각 모음들이 서로 대립적으로 인식됨을 음양陰陽과 천지天地, 오행五行, 그리고 하도河圖와 낙서洛書의 생위生位 성수成數로 설명하였다. 모음 음소의 존재를 대립이란 변별성으로 파악한 것이다. 음운을 대립적인 구조構造로 보고 이를 체계적으로 파악하는 구조음운론은 20세기에 서양에서 발달하였다.

참으로 훈민정음의 〈해례본〉은 1447년에 간행된 조음음성학의 전형적인 이론서라고 할 수 있다. 오늘날의 음성학적 이론에 비추어 보아도 전혀 손색이 없다. 거기에다가 체계적으로 각 음운들, 즉 문자들을 파악하고 있어서 구조주의적 음운 연구라고 볼 수도 있다. 이로부터 우리는 한글이 과학적으로 제정된 문자라는 평가를 내릴 수 있는 것이다.

한글은 음소音素 단위로 표기하는 문자여서 자음과 모음을 분리하여 문자를 만들었고 이것을 음절音節 단위로 적는다. 각 음소가 대립적으로 존재하며 음절에서 음운의 상호 영향을 받는다는 현대 구조주의 음운론에 맞춰 보아도 손색이 없는 문자이다. 이것은 구조음운론에서 제기된 체계적인 음소의 각 대립을 염두에 두고 만든 것이다.[3]

---

3 음운 연구에서 대립(opposition), 또는 대조(contrast)라는 개념은 논리적으로 대립되는 두 음운 단위들 사이에 존재하는 관계성(relationship)을 말한다. 이에 대하여는 "Opposition has been used in two senses by phonologists: to cover the relationship between any two phonemes in a phonological system; and, more strictly, to cover the relationship between two phonological elements which are logical opposites, such as nasal versus oral, where the negation of the one implies the assertion of the other. — 대립이란 말은 음운론자들에게는 두 가지 의미로 쓰였다. 한 음운 체계에 있는 어떤 두 음소의 관계를 말하거나 좀 더 엄격하게 말하면 비음 대 구강음과 같이 상대되는 두 음운론적 요소들 사이의 관계를 의미하며 하나가 결여되면 다른 것이 그를 암시해주는 관계를 말한다."(Asher, 1994, vol. 5:2876)라는 설명을 참조할 것(졸저, 2012:245).

거기에다가 한글은 각 음소들이 여러 가지 변별적 자질의 총체總體라는 구조주의 인식을 그대로 반영한 문자이다. 1970년대에 미국의 촘스키N. Chomsky, 할레M. Halle 등에 의하여 주창된 생성음운론generative phonology, 生成音韻論의 이론에 의거하여 비로소 설명할 수 있는 변별적 자질을 문자화한 세계 최초의 문자라고 평가된다(Sampson, 1985).

본서의 제4장에서는 훈민정음 해례의 설명을 통하여 훈민정음이 어떻게 음운의 대립을 이해하였고 얼마나 구조주의 언어학의 음운체계를 반영하여 문자를 제정했는지 살펴볼 것이다. 서양에서도 19세기 말에나 깨닫기 시작한 언어의 음운 대립을 어떻게 500년 전에 조선의 학자들이 파악하게 되었는지 실증적 자료를 통하여 서술할 것이며 독자들은 이 충격적인 사실을 이해하게 될 것이다.

세종 28년(1446)에 간행된 {해례본}〈훈민정음〉에서 이 문자를 제정한 사람들이 어떤 방법으로 음운의 대립을 이해하고 우리말의 음소를 체계적으로 파악하고 있었는지 그동안의 필자의 책에서 자세히 설명되었다. 그리고 어떻게 변별적 자질을 문자화했으며 각 음운을 음절단위로 파악하고 초성, 중성 그리고 종성으로 나누어 음운의 특징을 문자로 나타냈는지도 설명하였다. 적어도 한글이 과학적인 문자라고 할 때에는 이러한 제반 지식을 갖춘 다음에 주장할 일이다.

동아시아 표음문자의 정수

한글이 어떤 문자와 관련이 있는가에 대하여도 모두 답변을 기피한다. 세종대왕께서 사상 유례없는 문자를 만드셨다고 하면서 한글과 다른 문자와의 관계는 모두가 외면하고 언급을 자제한다. 이러한 주장이 한글의 우수성 내지는 신성神聖함을 해친다고 본 모양이다. 혹시 누가, 주로 서양학자들이고 한국에서는 필자 혼자이지만 한글이 다른 문자의 영향을 받았다고 하면 모두 입을 모아 사문난적斯文亂賊, 또는 민족의 반역자로 매도하기 일쑤이다.

어떤 일본학자는 얼마 전 일본에서 한때 요란했던 한류韓流에 편승하여 한글이란 음성音聲에서 문자를 만든 기적의 문자라고 하였다. 그리하여 한일 양국에서 많은 갈채와 지원을 받았고 그의 책은 두 나라의 여러 곳에서 수상을 하는 영예를 얻었다. 그러면 표음문자들은 모두 기적의 문자인가? 그리고 기적이란 말은 종교에서나 통하는 용어이지 학문의 세계에서는 용납할 수 없는 말이다. 왜냐하면 과학에서는 기적이 있을 수 없기 때문이다.

필자는 여러 논저에서 한글이 170여 년 전에 중국의 원元나라에서 만든 파스파 문자로부터 깊은 영향을 받았음을 지적하였다. 한글을 하늘이 내신 성군聖君인 세종을 통하여 우리 민족에게 내려준 기적의 문자라고 생각해야 직성이 풀릴지는 몰라도 세계의 문자학계에서는 일찍부터 한글이 파스파 문자 계통의 문자라고 인정하고 있다. 한국인만 우물 안 개구리처럼 한글이 사상 유례가 없는 독창적인 문자라고 신봉할 뿐이다.

앞에서 언급한 구조음운론에 입각한 문자의 제정이나 현대의 첨단尖端 음운론으로 설명이 가능한 자질 문자는 모두 고대 인도 음성학의 영향을 받은 것으로 전술한 촘스키와 할레의 생성음운론生成音韻論도 실제로 고대 인도 음성학에 기초를 두고 있기 때문이다. 고대 인도의 음성학을 도입하여 티베트 문자, 즉 서장西藏문자가 만들어졌고 그로부터 파스파 문자가 제정되었으며 한글은 이들 문자로부터 영향을 받았다.

뿐만 아니라 고대 인도에서 발달한 음성학은 비가라론毘伽羅論, 한자로 번역하여 성명학聲明學이 팔만대장경八萬大藏經 속에 들어 있어 불교의 유입과 더불어 고려와 조선시대에 수입되었다. 한글의 창제에 불가의 많은 학승들이 참여한 이유가 여기에 있다. 한글은 이러한 학술적 배경을 갖고 창제된 것이어서 전술한 바와 같이 과학적이며 발달된 표기체계를 보이는 것이다.

역사가 시작되기 전부터 중국에서는 북방민족과 남방문화가 충돌해왔다. 중국의 역사에서 신화와 전설의 시대인 신농씨神農氏 때에 난을 일으켜 황제黃帝와 탁록涿鹿의 들에서 싸우다가 패전하여 포살捕殺된 치우蚩尤는 북방민족을 대표한다. 어떤 학자는 치우를 동이東夷의 상징으로 보기도 한다. 반면에 황제는 황하黃河를 중심으로 발달한 남방문화를 대표한다고 한다. 북방민족들은 유목민족이었고 교착어膠着語를 사용한다. 따라서 농경문화를 발달시켰고 고립어孤立語를 구사하는 황하 이남의 오아吳兒들과 북방민족은 서로 대립된다. 중국의 역사는 바로 이와 같은 남방문화와 북방민족의 투쟁사鬪爭史라고 할 수 있다.

한자漢字는 고립어를 표기하도록 고안된 문자이다. 그러기 때문에 교착어를 사용하는 북방민족들 사이에는 한자가 아닌 자신들의 언어를 기록할 문자의 필요성을 오래전부터 절실하게 느껴왔다. 그리하여 일찍부터 표음문자를 제정하려고 노력하였다. 이러한 노력이 결실을 맺은 것은 수십 세기를 거슬러 올라간다.

이러한 노력으로 제정된 티베트 문자, 즉 서장문자는 7세기 중엽에 송찬감보松贊干布. Srong-btsan sgam-po 대왕 때에 톤미 아누이브Thon mi Anu'ibu에 의하여 만들어진 것인데 기원전 7세기경에 고대 인도에서 고도로 발달한 음성학에 근거하여 표음문자를 제정하였다. 이 문자는 음소 단위의 문자로서 오늘날에도 티베트어와 주변의 다른 언어들을 표기하는 데 사용되는 매우 훌륭한 표음문자이다.

이후 고립어가 아닌 교착어를 사용하는 북방민족들은 티베트 문자가 이룩한 전통에 따라 새로 국가가 세워지면 새로운 문자를 제정하였다. 10세기경에 거란족契丹族이 세운 요遼나라의 태조太祖가 만든 거란契丹문자와 12세기경에 여진족女眞族의 금金나라 태조가 만든 여진女眞문자, 그리고 13세기 몽고제국의 시조로서 원元나라의 태조인 칭기즈 칸의 위구르 문자, 14세기 원元 세조世祖의 파스파 문자가 모두 이렇게 제정된 문자이다. 그리고 이 문자들은 한글의 제정에서 영향을 끼친다.

중국 북방민족들이 한자문화와 대립하면서 자민족의 언어를 표기하기 위하여 부단하게 연구하고 발달시켜온 동아시아 표음문자의 정수精髓가 한글에 녹아들어 있다고 말할 수 있을 것이다.

2. 한글의 발명을 밝혀주는 자료들

한글의 발명에 대한 많은 기록이 남아 있다. 그것은 기록의 나라라고 할 정도로 〈조선왕조실록朝鮮王朝實錄〉을 포함한 많은 역사적 기록을 남긴 조선에서 만든 문자이기 때문이다. 그러나 한편으로는 다른 역사적 사실에 비하여 한글의 발명에 대한 기록 자료는 의외로 적다는 평가도 있다. 이것은 앞으로 많이 언급되겠지만 사대事大의 나라인 중국, 즉 명明의 눈치를 보면서 그들에 반하는 새로운 문자를 제정했기 때문으로 본다.

원元나라에서 한자 대신에 국자國字로 만들어진 파스파 문자는 명明 태조 太祖의 철저한 파괴를 받아 거의 흔적을 찾기 어렵다. 호원胡元의 잔재殘滓, 즉 오랑캐 원나라의 찌꺼기를 말살하려는 명明 태조 주원장朱元璋의 정책은 후 대에도 지속적으로 수행되어 현재 중국에서 이 문자로 기록된 문헌이 한 권도 없다. 오로지 금석문으로 되어 있는 파스파 문자의 명문銘文이 몇 개 남아 있어 이 문자의 연구에 이용될 뿐이다.

조선에서도 파스파 문자는 금기禁忌의 대상이었으나 원대元代의 고려에서 는 지식인들이 잘 알고 있던 문자의 하나였다. 특히 새로운 중국어의 한 자음을 이해하기 위하여 발음기호로서 고려인들은 파스파 문자를 많이 이 용하였다. 비교적 명明의 영향이 적었던 조선 초기에는 고려의 전통을 이 어받아 파스파 문자를 사용하였고 몽고어 역관들은 이를 배워 시험을 치 러야 했다. 다만 조선시대에는 명明의 눈치를 살펴 파스파 문자란 명칭 대 신에 몽고蒙古 자양字樣, 또는 그대로 자양字樣만으로 불렸다. 한글 발명에 대 한 그동안의 연구에서 조선의 여러 기록에 파스파 문자가 등장하지 않기 때문에 그와의 관계가 소홀하게 다루어진 것으로 보인다. 그러나 여타의 사실은 많은 기록에서 찾을 수 있다.

조선왕조실록의 기록

한글의 발명에 대해 가장 중요한 기록은 〈조선왕조실록〉이며 그중에서 도 역시 〈세종실록〉을 비롯한 〈문종실록〉, 〈단종실록〉, 〈세조실록〉 그리 고 〈중종실록〉을 들 수 있다. 물론 그 전대의 실록이나 후대의 실록에도 한글의 발명과 그 보급에 대해 귀중한 정보를 제공하기도 하지만 가장 많 은 사실을 제공하는 것은 위의 5개 실록, 그 가운데도 역시 〈세종실록〉과

〈세조실록〉이 가장 중요하다.

위에서 언급한 대로 어떤 연구자는 실록의 기사, 특히 〈세종실록〉의 기사를 믿을 수 없다고 하였다. 이것은 역사를 연구하는 사람으로서는 참으로 위험한 발언이다. 역사는 기록에 의거하여 기술되는 것이다. 과거의 기록을 믿지 못하면 어떻게 역사를 이해할 것인가? 필자가 〈통문관지通文館志〉의 기록을 근거로 최세진崔世珍을 역관譯官에다가 중인中人 출신이라고 했더니 어떤 연구자가 〈통문관지〉의 기사를 믿을 수가 없다고 반박하였다.

역사의 기술은 과거의 기록에 의거하고 그것이 잘못되었을 때는 증빙 자료를 갖고 이를 증명해야 한다. 무조건 그것을 믿을 수 없다고 하면 옛 사람들은 거짓을 기술했다는 말인가? 자신의 학설에 유리한 것만 인정하고 자기의 주장에 반하는 기사는 모두 믿을 수 없다고 한다면 어떻게 진실을 밝힐 수 있는가?

〈통문관지〉가 무슨 이유로 양반사대부인 최세진을 역관의 반열에 넣어 다른 중인 출신들과 나란히 나열할 수 있었는지를 설명해야 한다. 만일 잘못으로 이런 일이 일어났다면 이것은 당시의 정세로는 죽음으로 다스릴 일이다. 조선시대에는 있을 수 없는 일이고 만일 〈통문관지〉의 편찬자가 이런 오류를 범했다면 그는 최씨崔氏 문중門中에 큰 죄를 짓는 것이라 결코 그대로 묵과될 수 없는 일이다.[4]

조선시대의 실록은 여러 가지 방법으로 사실에 입각하여 기술되도록 노력하였다. 실록청實錄廳의 유신儒臣들이 사초史草를 제왕帝王의 권력으로부터

---

4 필자의 〈조선시대의 외국어교육〉(김영사, 2014)이 간행되고 나서 괴산(槐山) 최씨 문중 사람들이 찾아왔다. 그들의 조상에 대한 추모의 열기는 매우 뜨거웠고 특히 최세진에 대한 문중 사람들의 자부심은 대단하였다.

지키려고 얼마나 노력하였는지 우리는 많은 기록으로 확인할 수 있다. 따라서 실록의 기사는 특별한 이유나 근거가 없이 믿을 수 없다고 할 성질의 것이 아니다. 임홍빈(2013)에서 주장한 바와 같이 그들의 기억이 희미하고 실록 편찬에 열성적이지 않아서 일어난 오류로 보는 주장은 참으로 독자들을 현혹시키는 일이 아니라고 할 수 없다. 주어진 실록의 기사를 갖고 그 사실 여부를 따져야지 무조건 믿을 수 없다는 선입견은 다른 커다란 잘못을 가져올 수 있기 때문이다.

해례본, 언해본, 실록본

한글 연구에서 가장 중요한 자료는 역시 〈훈민정음〉의 〈해례본解例本〉, 〈언해본諺解本〉, 그리고 전술한 〈세종실록〉의 〈실록본實錄本〉을 들 수 있다. 그 가운데 〈해례본〉은 〈언해본〉과 〈실록본〉을 모두 망라한 것으로 한글의 제자制字[5] 원리를 비롯하여 이 문자를 제정한 여러 가지 이론을 설명하고 있어서 한글 연구에 필수적인 자료이다. 오늘날 한 권이 더 발견되었다고는 하지만 지금까지 우리가 열람할 수 있는 것은 간송미술관 소장본이 유일하다. 이에 대하여는 제4장 2절에서 자세하게 검토되었다.

한글에 대한 직접적인 자료는 {언해본}〈훈민정음〉을 가장 먼저 들 수 있다. 이것은 〈훈민정음〉이란 제목으로 전해지는 단행본 한 책과 {신편}〈월인석보〉 권두에 부재된 〈세종어제훈민정음〉을 말한다. 〈언해본〉은 {해례}〈훈민정음〉 앞의 석 장 반, 즉 세종의 어제서문御製序文과 예의例義 부분을 언해하여 16장으로 만든 것으로 〈월인석보〉의 권두에 부재되었던 것이

---

5 '制字'의 한자는 '製字'가 옳은 것 같지만 〈해례본〉에서 '制字'로 일관하였으므로 본서에서도 이에 따른다.

다. 졸고(2013)에서는 〈월인석보〉의 구권舊卷에 부재된 것이 〈훈민정음〉이고 신편新編에 부재된 것이 〈세종어제훈민정음〉임을 처음으로 주장하였다 (제3장 4. 한글 제정의 경위와 그 반포 및 졸고, 2013). 또 졸고(2013)에서는 세종 28년 10월경에 간행된 {구권}〈월인석보〉에 이 언해본을 첨부하여 간행함으로써 한글의 반포를 대신한 것으로 보았다. 신문자의 창제에서 명明의 눈치를 보아야 하는 조선이 이 문자를 공식적으로 반포하기는 바람직하지 않았기 때문이다.

〈언해본〉은 이를 불서佛書인 〈월인석보〉에 부재하여 간행함으로써 밖으로는 명明의 눈을 가리고 안으로는 일반 백성들이 배워 읽고 쓰게 하였을 것으로 추정한 것이다. 이것은 〈해례본〉이 지나치게 난해한 신문자의 설명이므로 어리석은 백성들이 이를 읽고 새로운 문자를 배우기는 어려울 것이기 때문이다. 이보다는 〈언해본〉이 가장 핵심적인 예의例義 부분과 창제자인 세종의 창제 동기를 설명하는 서문만을 언해하여 알기 쉽고 배우기 편하도록 한 것이다.

필자는 난해한 〈해례본〉보다 훨씬 알기 쉽고 우리말로 언해한 훈민정음 〈언해본〉의 간행을 바로 신문자의 반포로 생각한다. 왜냐하면 새로운 문자의 제정과 반포는 제왕의 이름으로 이루어지는 것이 북방민족들의 새 문자 제정에서 보이는 관례이다. 그렇다면 〈해례본〉은 집현전 학자들의 편찬이고 집현전 대제학 정인지鄭麟趾의 후서가 들어 있어 정작 이 문자를 만든 세종은 뒷전으로 물러나 있다. 이것은 제왕이 새로 만든 문자를 반포한다는 북방민족의 전통에 어긋나기 때문에 문자의 반포로 보기 어렵다. 따라서 〈세종실록〉 세종 28년 9월조의 "是月訓民正音成"을 잘못 읽어 10월을 한글날로 기념하는 것은 바람직하지 않고 언해본의 간행을 기념해야 한다고 본다.

한글 발명에 대한 또 하나의 중요한 자료로는 〈세종실록〉(권113) 세종 28년 병인丙寅 9월조에 수록된 소위 〈실록본〉 훈민정음, 또는 〈한문본〉 훈민정음을 들 수 있다. 실록의 기사로 들어 있는 이 자료에서 간송미술관 소장의 〈해례본〉 권두의 어제서문이 후대에 보사補寫되어 붙인 것임을 알 수 있고 또 그 정확한 본문을 재구할 수 있었다. 뿐만 아니라 이 〈실록〉의 기사에 의하여 〈해례본〉이 완성된 해를 밝힐 수가 있었다. 후일 가갸날, 혹은 한글날의 기반이 된 "是月訓民正音成 — 이 달에 훈민정음이 완성되었다"란 기사가 여기에 명기되었기 때문이다.

〈실록본〉은 〈해례본〉의 네 부분, 즉 어제서문과 예의例義, 해례解例, 그리고 정인지鄭麟趾의 후서後序 가운데 해례를 제외하였다. 한글의 공포에서 이것은 어제서문과 예의例義가 중심인 것을 말해준 것이다. 그리하여 〈언해본〉에서는 정인지의 후서를 제외하고 어제서문과 예의만을 언해하여 세종 생존 시에 간행된 〈월인석보〉 구권舊卷의 권두에 게재한다. 이것이 진정한 한글의 반포라고 할 수 있다.

불경과 기타 문집

한글의 발명과 반포에 절대적인 역할을 한 자료로 세종 때의 불경佛經을 들지 않을 수가 없다. 한글은 고대 인도의 고도로 발달된 음성학 이론에 의거하여 제정되었다. 즉 고대 인도의 음성학은 기원전 5세기경에 편찬된 파니니Panini의 팔장八章, Aṣṭādhyāyī을 비롯하여 음성학과 문법론이 팔만대장경의 불경 속에 포함되어 고려시대에 유입된 것이다. 따라서 인도의 비가라론, 즉 성명학에 정통한 불가의 승려들이 도움을 주어서 한글이란 새 문자를 창제하였나. 따라서 세종은 이를 역시 불서佛書인 〈월인석보〉의 권두에 언해본을 게재하여 간행함으로써 반포하기에 이른다.

세종은 처음에 발음기호로 정음正音 및 훈민정음訓民正音을 창제하였다. 그리하여 새 문자로 처음 시작한 작업이 〈고금운회古今韻會〉의 한자음을 표음하는 일이었으나 따님인 정의공주가 '변음토착變音吐着'의 난제를 해결하여 우리말의 어미와 조사를 새 문자로 적는 데 성공하자 이 문자로 우리말을 전면적으로 기록할 수 있음을 깨닫게 된다.

세종은 즉시 수양대군 등으로 하여금 〈증수석가보增修釋迦譜〉를 우리말로 풀이한 〈석보상절釋譜詳節〉을 짓게 하여 우리말의 표기를 시험하였다. 그리고 중간중간 이를 읽고 〈월인천강지곡月印千江之曲〉이란 찬불가讚佛歌를 지으면서 실제로 새 문자의 우리말 표기를 세종 스스로 확인하기에 이른다. 따라서 〈월인석보〉를 비롯한 〈월인천강지곡〉과 〈석보상절〉은 한글 발명에 직접 실험된 자료들이다.

한글이 발명된 이후에 이 문자는 앞에서 언급한 이유로 불가에서 더 많이 애용하였다. 세조조에 〈월인석보〉의 신편新編을 다시 간행하였으며 간경도감刊經都監을 설치하고 그곳에서 많은 불경을 본격적으로 언해하여 간행하였다. 세조가 등극할 때에 많은 정적政敵을 살상하였다. 그로부터 불교에 귀의하려는 마음에서 강하게 숭불 정책을 편 결과이기도 하지만 원래부터 한글은 불교의 이론에서 탄생한 것이기 때문이기도 하다.

또 불경에 의지하여 한글을 반포한 것은 새 문자의 제정에 대하여 비판적인 명明의 눈치를 피하기 위한 것이기도 하다. 한족漢族의 명明은 몽골의 원元이 한자를 버리고 위구르畏兀자, 파스파 문자를 사용한 것을 한족漢族과 한자문화의 반항으로 보아 명明나라가 건국하자 이들 문자를 철저하게 파괴하였다. 따라서 명明 태조 주원장은 호원의 잔재를 없앤다고 하면서 대대적인 언어 순화 운동을 실천하였다. 그리하여 원대元代에 제정한 파스파 문자의 모든 흔적을 지웠으며 한자 중심의 문자 정책을 전개하였다. 이런 와중에서 조선의 새 문자 제정은 자연히 명明의 관심을 끌지 않을 수 없었다.

이 외로도 새 문자의 창제와 관련한 여러 가지 일화를 소개한 문집이 있다. 세종이 직접 고른 친간팔유親揀八儒의 하나로 새 문자 제정에 깊이 관여한 신숙주申叔舟와 성삼문成三問의『보한재집保閑齋集』,『매죽헌梅竹軒선생문집』등 그 시대 유신儒臣들의 문집 속에 한글 발명에 대한 여러 가지 비화가 들어 있다.

그리고 한글 발명 이후에 세워진 한글 비문碑文과 언간諺簡들이 있어 이 문자의 사용이 급속도로 퍼져나갔음을 알게 한다. 한글로 된 비문으로 지금까지 알려진 가장 이른 시기의 것은 서울시 노원구 하계동에 세워진 한글 비석碑石으로 중종 31년(1536)에 이문건李文楗이 부친父親 이윤탁李允濯과 모친 고령 신씨를 합장한 묘墓 앞에 세운 영비靈碑이다.[6] 한글이 발명된 지 불과 100년도 못 되어 비문의 글자로 쓰인 것이다.

또한 필자에 의하여 소개된 파평坡平 윤尹씨 모자母子 미라에서 발굴된 언간諺簡은 이 미라의 매장 연대가 1566년으로 확인되어 세인의 관심을 끌었다(졸고, 2003b:89~98).[7] 한글로 쓰인 모자 미라의 언간은 1555년을 전후한 순천順天 김씨의 언간과 1571년부터 1593년까지의 송강松江 정철鄭澈가家의 언

---

6 필자가 이 책을 집필하고 있는 노원구의 불암재에서는 이 한글 비문을 보호하려고 만든 비각(碑閣)이 내려다보인다.

7 이 미라에서 수습한 옷깃에 "병인윤시월(丙寅閏十月)"이란 묵서(墨書)로 조선 명종(明宗) 21년(1566)임을 확인할 수 있었다.

간들과 어깨를 나란히 하는 초기 언간들이다. 이를 통하여 16세기 말에는 새 문자가 여항閭巷에서 널리 사용되었음을 알 수 있다.

3. 중요한 쟁점들

한글 발명에 대하여 그동안 논의된 연구는 수많은 가설을 양산하였다. 국어학을 전공하는 학자들은 누구나 한 번쯤은 한글에 대하여 논한 것처럼 보인다. 그 결과 한글의 연구를 주된 내용으로 하는 수많은 연구 저서와 논문이 발표되었다. 비슷비슷한 내용도 있지만 전혀 엉뚱한 주장도 없지 않아서 독자들은 과연 누구의 말을 믿어야 하는지 헷갈리는 경우가 많다.

그러나 대부분의 논저가 지나친 애국심이나 국수주의적 관점에서 한글을 신성시하고 이를 창제한 세종을 신격화하면서 여러 가지 잘못된 주장을 담고 있다. 우선 문자의 명칭에서 그렇고 발명시기에 대하여도 그렇다. 그리고 창제자인 세종의 역할에 대하여도 단독으로 창제한 것으로 보기도 하고 주변의 유신儒臣들이나 집현전 학자들의 도움을 받은 것으로 보기도 한다.

다른 문자와의 관련설에 대하여도 이미 조선시대에 산스크리트 문자에서 왔다는 범자梵字 기원설과 파스파 문자의 몽고자蒙古字 영향설이 있었음에도 불구하고 전대미문의 독창적인 문자를 발명한 것으로 몰아간다. 반대로 한글과 같은 유용한 글자를 가진 우리 민족을 질시하는 외국인의 연구 가운데는 한때 문창살을 본받아 문자를 만들었다는 창호설窓戶說이 있었고 원대元代에 제작된 파스파 문자의 모방설이 세력을 얻기도 하였다.

명칭의 변천

먼저 한글이란 문자 명칭이 생긴 것은 20세기에 들어와서의 일이다. 그 이전에는 훈민정음訓民正音, 정음正音, 언문諺文, 언서諺書, 국문國文, 그리고 아녀자들의 글이란 의미의 안글 등으로 불렸다.

훈민정음은 언문과 더불어 〈세종실록〉에서 새 문자의 명칭으로 가장 먼저 등장한다. 그리고 {해례본}〈훈민정음〉을 비롯하여 〈월인석보〉 신편新編의 권두에 부재된 '세종어제훈민정음'과 같이 한글의 가장 오래된 명칭이었다. 그래서 혹자는 '훈민정음'을 "백성들에게 가르쳐야 하는 올바른 글자"로 보기도 한다. 그러나 훈민정음의 마지막 글자인 소리 음音자는 발음이란 뜻이지 결코 문자란 의미로 쓰이지 못한다.

본서에서는 훈민정음을 "백성들에게 가르쳐야 하는 올바른 한자음"으로 보아야 하며 중국의 한자음과 너무 다른 우리 한자음, 즉 동음東音을 고쳐서 동국정운東國正韻식의 한자음으로 해야 한다는 의미로 보아 이 한자음 정리에 사용된 문자를 훈민정음으로 불렀다고 주장하였다. 유창균(1966)에서는 이미 훈민정음이 『동국정운東國正韻』을 위한 글자임을 밝힌 바 있다.

〈언해본〉 훈민정음의 판심에는 '정음正音'으로 되었기 때문에 새 문자의 명칭을 정음으로 이해한 때도 있었다. 정음正音이란 명칭은 원래 한자음의 표준 발음이란 뜻으로 속음俗音과 대조되는 말이다. 중국에서의 한자漢字는 방언方言에 따라 발음이 달랐는데 이와 같은 여러 발음을 속음이라 하였다. 중국에서 새로운 왕조의 탄생과 더불어 국가가 정하는 정음이 필요하였고 이것을 과거 시험의 공식 발음으로 정하여 보급하였던 것이다. 새로운 왕조의 건설에는 새로운 표준어의 제정이 필수적이 되었다.

한자의 정음을 정하는 것은 조선에서도 중요한 일이었다. 왜냐하면 한반도에서도 고려시대부터 중국의 과거제도를 수입하여 정착시켰으며 이를 통하여 관리임용의 기준이 되었다. 조선시대에도 이 제도는 그대로 유지되었다. 따라서 과거시험에서 시문詩文의 운율을 정하는 정음의 규정은 중요한 일이었고 이 정음 표기에 사용된 새 문자를 그대로 정음이라 부른 것이다.

정음을 세종이 새로 만든 문자의 명칭으로 생각한 것은 〈월인석보〉의 권두에 부재된 '훈민정음' 및 '세종어제훈민정음'의 판심 표제가 '정음正音'이기 때문이다. 그리하여 일시적이지만 한글을 정음으로 부르기도 하였다. 요즘에도 학자에 따라 훈민정음보다 정음이 옳다는 학자들도 없지 않다. 실제로 판심 서명이 '훈민정음' 및 '세종어제훈민정음'에서는 한음漢音 표기라는 전제 아래에 초성 32자를 보였고 여기에 중성 11자를 합하면 모두 43개의 글자를 마련한 셈이다. 이 자모 숫자는 파스파 문자의 자모 43자와 일치한다.[8]

언문과 한글

조선왕조에서 한글의 공식 명칭은 언문諺文이었다. 전술한 바와 같이 한글의 제정에 대한 최초의 공식 기록인 『세종실록』(권103) 세종 24년 9월 경술庚戌조 말미에 "是月 上親制諺文二十八字, 其字倣古篆, 分爲初中終聲,

---

8 원대(元代) 성희명(盛熙明)의 『법서고(法書考)』와 도종의(陶宗儀)의 『서사회요(書史會要)』에서 파스파 문자는 모두 43개의 자모를 가진 것으로 서술되었다(졸저, 2009:180~181). 그러나 『원사(元史)』에서는 41개의 자모를 제정한 것으로 기술되었다(전게서:178~179 및 졸고, 2009a).

合之然後乃成字. 凡于文字及本國俚語, 可得而書, 字雖簡要, 轉換無窮, 是 謂訓民正音. — 이달에 임금이 친히 언문 28자를 지었는데 그 글자는 고 전과 같고 초, 중, 종성으로 나뉘어 이를 합한 다음에 글자가 이루어진다. 문자 및 속된 우리말도 가히 쓸 수가 있으며 글자는 비록 간단하지만 요 체를 갖추어 전환이 무궁한데 이를 훈민정음이라 하기도 한다."라 하여 글자는 28자이고 초성, 중성, 종성으로 나뉘어 있어 합자해야 글자를 이 루며 이것이 소위 말하는 훈민정음이라는 것이다.

이에 의하면 원래 세종이 친제한 새 문자의 명칭은 언문諺文이었고 이를 훈민정음이라 부르기도 한다는 뜻이다. 그리고 글자는 간단하지만 한없 이 바뀌기 때문에 한자와 우리말을 모두 적을 수 있다고 하였다. 그러나 대한제국大韓帝國 시대에 한글을 국가의 정문으로 삼고 명칭도 국문國文으로 바꿨다. 그러나 불과 20년도 못 되어 일제강점기를 맞게 되어서 다시 명 칭이 언문으로 되돌아갔다. 그러나 언문이 이 글자를 폄훼하는 명칭이라 하여 이를 분하게 여긴 몇몇 국어학자들이 1930년대에 한글이란 명칭을 새로 만들어 사용하기 시작하였다.

이러한 한글의 명칭의 변천으로부터 오늘날까지 그 정확한 이름이 공식 적으로 인정되지 않고 있다. 반세기 전까지 대중들은 이 문자를 언문諺文, 또는 국문國文으로 불렀지만 요즘은 대부분이 한글을 즐겨 쓴다. 그러나 북한에서는 이를 거부하고 있으며 대신 조선글, 우리글로 쓸 것을 주장 한다.

본서에서는 한글을 수용하여 공식 명칭으로 삼는다. 조선시대의 언문諺文 이나 대한제국시대의 국문國文은 전 시대의 유물로 생각하기 때문이다. '훈 민정음'은 세종이 애용한 명칭이지만 동국정운東國正韻식 한자음 표기에 사용한 글자를 말하는 것이어서 받아들이기 어렵고 '정음正音'도 한자의 한어음漢語音 표기를 염두에 둔 명칭이라 역시 사용하기 어렵다. 본서에서 '한글'이라 하는 이유를 이해할 것이다.

기타 문제점

다음으로 문제가 된 것은 왜 초성初聲은 17자만 제정하였는가 하는 문제이다. 초성과 종성은 우리가 자음으로 인식하는 음운이며 당시 우리말에는 된소리 계열이 분명하게 변별력을 가졌음에도 불구하고 이를 표기하는 문자를 만들지 않고 '된ㅅ'을 붙여 표기하게 한 것은 무슨 이유인가? 이에 대한 논저가 없지는 않지만 아직 분명하게 밝혀진 것은 없다.

이 책에서 초성 17자는 파스파 문자의 초성 36자모에서 연원淵源한 것이며 파스파 문자에 된소리 계열이 존재하지 않기 때문으로 보았다. 『몽고자운蒙古字韻』에 소개된 전탁全濁의 글자들은 유성음 표기에 사용되었고 전청全淸이나 차청次淸, 그리고 불청불탁不淸不濁의 음운도 된소리 계열을 표기하지 못한다. 따라서 조음방식에 의한 전청, 차청, 전탁, 불청불탁의 분류로는 된소리 계열을 나타내지 못한다.

같은 문제가 중성中聲, 즉 모음자의 제정에서도 제기된다. 아래 ㅇ의 존재를 부정하는 연구자들도 계속 있어왔고 과연 이 모음자가 당시 모음체계에 존재했는지는 아직도 논란이 되고 있다. 이 책에서는 훈민정음의 중성 11자 가운데 기본자 3개와 초출初出자 4개만이 단모음을 표기한 글자이며 이 7개 중성자中聲字는 모두 파스파 문자의 유모喩母 7자에서 온 것으로 보았다.

이 책에서는 15세기 당시의 우리말에서 모음이 모두 5개라는 김완진

(1978)의 주장을 수용하였고 동기관음으로 원순성에 의하여 구별되는 '으/
우', 'ㅇ/오'를 인정하여 훈민정음에서는 7개의 중성자를 만든 것으로 이해
하였다. 따라서 훈민정음의 7개 중성은 우리말의 모음체계에 맞춘 것이
아니라 파스파 문자의 7개 모음자를 그대로 받아들인 것으로 본 것이다.
그것은 당시 몽고어에서 전설모음과 후설모음이 대립하는 엄격한 모음조
화가 있었으며 'ㅣ'음이 중립적이었다. 따라서 그동안 훈민정음의 중성자中
聲字의 대립을 근거로 하여 모음조화로 인정한 것은 실제로는 중세몽고어
의 것이다.

또 하나 문제가 된 것은 한글의 반포頒布를 언제로 볼 것이냐는 것이다.
그동안 여러 가설이 난무하고 지금도 서로 다른 주장이 반복되고 있다.
문제의 핵심은 훈민정음의 〈언해본〉을 간행한 것이 새 문자의 공표인가
아니면 〈해례본〉의 간행이 그 역할을 한 것인가 하는 문제이다. 이 책에
서는 〈언해본〉의 간행이 바로 새 문자의 공표이며 세종 생존 시에 간행된
〈월인석보〉의 권두에 '훈민정음'이란 이름으로 〈언해본〉을 붙여서 간행한
것을 바로 반포頒布로 보아야 한다고 주장하였다.

4. 이 책의 새로운 주장

이 책에서는 그동안 한글 또는 훈민정음 연구자들과는 매우 다른 주장
을 하였다. 우선 본서에서는 한글이 어느 날 아침에 갑자기 만들어진 것
이 아니라고 보았다. 세종의 생존 시에 이 문자는 여러 단계에 걸쳐 조금
씩 문자사용의 범위를 넓혀간 것으로 보았다. 적어도 십여 년의 세월을

보내면서 이 문자는 실험을 거듭하여 세상에 나온 것으로 주장하였다.

다음으로 이 문자는 고대 인도의 음성학 이론에 근거하여 만든 글자임을 밝혀내었다. 불가佛家에서는 비가라론毘伽羅論, 또는 성명기론聲明記論, 성명학聲明學이라고 부르는 고대 인도의 발달된 음성학이 팔만대장경八萬大藏經을 통하여 이 땅에 소개되었고 당시 학승學僧들은 이에 대하여 깊은 지식을 갖고 있어서 한글 발명에 이론적 근거를 제공한 것으로 주장하였다. 그리하여 불경인 〈월인석보〉에 훈민정음의 〈언해본〉을 권두卷頭에 붙여 간행함으로써 신문자 제정에 대한 명明나라의 감시를 벗어나려고 한 것이라고 보았다.

또 하나는 이 문자가 동아시아 여러 민족의 표음문자 제정으로부터 영향을 받아 제정된 것으로 본 것이다. 중국 한자문화권의 주변에 있는 교착적 문법구조의 언어들이 한자의 영향에서 벗어나려고 얼마나 많은 노력을 경주하였는지, 또 그들이 어떤 표음문자들을 제정하였는지를 살펴본 다음에 이러한 동아시아 여러 민족의 문자 연구의 전통이 한글 제정에 이어진 것이라고 보았다. 특히 한글보다 불과 170여 년 전에 제정된 파스파 문자가 한글 발명에 지대한 영향을 주었다고 주장하였다.

마지막으로 한글 발명의 동기는 한자의 정음正音과 수정음修訂音, 그리고 속음俗音과 동음東音의 표기와 깊은 관련이 있음을 강조하였다. 여기서 수정음이란 동국정운식으로 개정한 한자음을 말한다. 처음에는 앞에 말한 한자음을 표음하는 발음기호로서 제정되었다가 이 문자로 변음토착의 난제를 해결하는 것을 보고 우리말의 표기로 확대되어갔다고 주장하였다.

변음토착의 난제란 한문으로는 적을 수 없는 우리말의 어미와 조사를 구결口訣 토吐로 적는 것을 말한다. 그동안 한자의 발음과 새김을 빌려 표기

했던 형태부들을 표음문자인 새 문자로 적을 수 있는 것을 보고 우리말의
전면적인 표기로 나아가게 된 것이다. 정음正音이나 훈민정음訓民正音이라는
발음기호로부터 말을 표기하는 문자로 발전한 것이며 이때에 비로소 언문
諺文, 언서諺書라는 문자 명칭을 얻게 된다.

한글날의 기원과 반포 시기에 대한 이견

그동안 한글은 세종 25년 12월에 만들어진 것으로 알고 있었다. 그것은
『세종실록』(권102) 세종 25년(1443) 12월조 말미에 "是月, 上親制諺文
二十八字 [중략] 是謂訓民正音"이라 하여 갑자기 언문諺文 창제에 관한 기
사가 실려 있는 것을 근거로 한다. 이로부터 한글은 당시에 언문이란 이
름으로 제정되었으며 이것이 소위 말하는 훈민정음이었음을 알 수 있다.
이 문자의 공식 명칭은 조선시대에 언문이었으며 별칭으로 훈민정음이었
다는 앞의 내용을 확인시켜주는 대목이다.

이후 『세종실록』(권103) 세종 26년(1444) 2월조에 병신丙申, 즉 2월 16일에
새 문자로 〈운회韻會〉의 번역을 명한다. 그리고 경자庚子, 즉 2월 20일에 최
만리崔萬理의 반대 상소문이 실렸다. 새 문자가 제정된 지 2개월도 안 되어
맨 처음으로 시작한 작업이 〈운회〉라는 운서韻書의 번역, 즉 한자의 발음표
기였고 이를 통하여 새 문자의 제정이 한자의 정음正音을 정하기 위한 작업
이었음을 알 수 있다. 운서의 번역은 뜻을 번역하는 것이 아니라 글자의
발음을 적는 것이다.[9]

---

9 번역이 이런 뜻으로 사용된 것은 최세진의 '번역노걸대박통사범례(飜譯老乞大朴通事凡例)'에서 찾을 수 있다. 여
   기서 번역은 내용의 언해보다는 〈노박〉에 쓰인 한자의 발음 표기를 말한다(졸고, 1995).

이어서 최만리崔萬理의 반대 상소문에는 새 문자를 만든다는 것이 중국에 알려지면 어떤 일이 일어날 것인가를 시작으로 하여 새 문자의 제정은 오랑캐들의 일인데 우리가 이를 본받을 이유가 없다는 논리가 계속된다. 특히 옛 사람들이 만든 운서韻書를 언문으로 가볍게 고쳐서는 안 된다는 말은 동국정운식 한자음, 즉 훈민정음의 부당함을 말한 것이다.[10] 이것으로 〈운회〉의 번역 작업이 우리 한자음의 개정, 즉 훈민정음과 관련이 있음을 알 수 있다.

다음으로『세종실록』(권113) 세종 28년 9월조에 "是月訓民正音成[하략]"이라는 기사가 있어 훈민정음의 〈해례본〉이 완성되었음을 알려준다. 〈해례본〉은 앞의 세종 서문과 예의例義, 그리고 해례解例, 정인지鄭麟趾의 후서後序 등 4부로 나뉘는데 앞의 서문과 예의 부분은 〈언해본〉이나 〈실록본〉에도 게재되었으나 해례만은 〈해례본〉에만 존재한다.

'해례解例'란 제자해制字解를 비롯하여 초성해初聲解, 중성해中聲解, 종성해終聲解, 합자해合字解의 해解와 용자례用字例의 예例를 말한다. 여기에서 새 문자 제정의 이론적 근거와 한자의 표음 및 우리말의 표기에 사용되는 정서법을 예를 들어 소개하였다. 특히 용자례에서는 그 사용례를 모두 고유어로 들어서 이 문자로 우리말을 표기하는 전범典範을 보인 것이다. 이 〈해례본〉의 간행은 새 문자의 이론적 근거와 정서법의 완성을 의미한다.

〈해례본〉이 완성되고 나서 바로 〈언해본〉이 작성되어 〈월인석보〉의 권두에 붙여 간행함으로써 새 문자는 세상에 공포된다. 졸고(2013b)에 의하

---

10 이 부분의 본문은 "又輕改古人已成之韻書, 附會無稽之諺文 — 또 옛 사람들이 이미 작성한 운서를 가볍게 고쳐서 근거가 없는 언문을 억지로 붙이니"이다. 『세종실록』(권103) 21엽 뒤 4행 참고.

면 〈해례본〉이 세종 28년 9월에 간행되었다면 〈언해본〉은 10월에 〈월인석보〉구권舊卷을 간행하면서 권두에 이를 부재하여 간행하여 반포를 대신하였다고 보았다. 그리고 11월에 언문청諺文廳을 설치하고 12월에는 이과吏科와 취재取才에 훈민정음을 부과하였다.11 세종 28년(1446)은 참으로 한글이 제대로 세상에 알려진 해였다.

오늘날의 한글날은 〈해례본〉이 완성된 '정통正統 11년 9월 상한上澣'을 양력으로 환산하여 10월 9일로 잡고 이를 한글의 반포로 보아 기념일로 정하였다. 그러나 〈해례본〉의 완성을 새 문자의 반포로 볼 수는 없다. 왜냐하면 북방민족들이 새로 문자를 제정하여 반포할 때는 제왕帝王의 이름으로 하는 것이 일반적인 관례인데 〈해례본〉은 정인지鄭麟趾의 후서後序로 볼수 있는 것과 같이 집현전集賢殿 학사들이 간행한 해설서이기 때문이다.

오히려 앞에서 언급한 대로 10월에 〈월인석보〉를 간행하면서 〈언해본〉을 권두에 붙여 세상에 알린 것을 반포에 준하는 것으로 볼 수 있다. 왜냐하면 〈해례본〉은 성리학性理學과 성운학聲韻學에 대한 깊은 지식이 있어야 이해할 수 있는 난해한 해설서이기 때문에 어리석은 백성들이 읽기에는 어려운 책이었다. 〈언해본〉이야말로 어리석은 백성들이 읽고 이해하여 이 문자를 사용할 수 있도록 한 것이다.

〈월인석보〉는 그동안 학계에 알려진 것처럼 천순天順 3년, 세조世祖 5년

---

11 『세종실록』(권114) 세종 28년 12월 기미(己未)에 "○傳旨吏曹:今後吏科及吏典取才時, 訓民正音, 並令試取. 雖不通義理, 能合字者取之. ─ 이조에 전지(傳旨)하기를, '금후로는 이과(吏科)와 이전(吏典)의 취재(取才) 때에는 훈민정음(訓民正音)도 아울러 시험해 뽑게 하되, 비록 의리(義理)는 통하지 못하더라도 능히 합자(合字)하는 사람을 뽑게 하라' 하였다."라는 기사는 새 문자 제정의 다른 목적을 보여준다. 중국 북방민족들이 새 국가를 건설하고 나서 새 문자를 제정하여 이를 추종세력에게 교육하고 그것을 시험하여 관리로 임명함으로써 통치계급의 물갈이를 도모하는 관례와 한글의 제정이 부합함을 보여준다.

(1459)에 처음 간행된 것이 아니라 세종 생존 시에 간행되었다. 이것은 세조의 어제御製 서문序文에서 밝힌 바와 같이 세종이 구권舊卷을 간행하였으며 이 책의 권두에 〈언해본〉을 붙여 간행한 것은 전혀 새 문자의 공표를 위한 것이었다. 이러한 주장을 뒷받침하는 것으로 정통正統 12년(1447), 즉 세종 29년에 개성 불일사佛日寺에서 제작한 〈월인석보〉의 옥책이 있다. 이에 대하여는 졸고(2013b)에서 상세히 고찰하였고 본서의 제3장 5절에 이를 옮겨놓았다.

세종이 새 문자로 우리말을 기록할 수 있음을 깨닫고 수양대군首陽大君 등을 시켜 〈증수석가보增修釋迦譜〉를 우리말로 언해하여 〈석보상절釋譜詳節〉을 만들게 하면서 새 문자의 우리말 표기를 시험하였다. 그리고 세종은 중간중간에 이를 받아 보고 스스로 〈월인천강지곡月印千江之曲〉을 지어 자신도 새 글자로 우리말과 개정한 한자음을 표기할 수 있는지를 확인하였다. 이렇게 두 책의 시험을 거쳐 이를 한데 묶어 〈월인석보〉를 만들어 간행하면서 그 권두에 〈훈민정음〉, 즉 〈언해본〉을 권두에 붙여 공표한 것으로 보았다.

〈월인석보〉는 세조 5년에 다시 수정하고 증보하여 간행된다. 이것이 권두에 붙어 있는 세조의 어제서문에 "신편新編 ― 새 밍ᄀᆞ논 글월"이며 여기에도 훈민정음의 〈언해본〉을 붙였는데 그때의 제목은 '세종어제훈민정음世宗御製訓民正音'이었다. 구권의 제목 '훈민정음' 앞에 '세종어제'를 덧붙인 것이다. 〈월인천강지곡〉과 〈석보상절〉은 후에 소헌왕후昭憲王后가 돌아간 후에 왕후王后의 추천追薦을 위한 불공佛供으로 각기 정통正統 12년(1447) 7월에 간행되었다.[12] 따라서 〈월인석보〉, 〈월인천강지곡〉, 〈석보상절〉은 각기 다르

---

12 〈석보상절〉의 수양대군 서문에 '正統十二年七月二十五日'이란 간기를 참조할 것.

게 간행된 별개의 문헌이다.

고대 인도 음성학과의 연관성

한글 발명에는 유난히 승려들이 많이 참가한다. 〈월인석보〉의 신편을 간행할 때에 참여한 학승으로 신미信眉, 수미守眉, 설준雪峻, 홍준弘濬, 효운曉雲, 지해知海, 해초海超, 사지斯智, 학열學悅, 학조學祖 등 열 명의 학승을 들고 있으며 이 10승僧이 자문역을 맡은 것으로 보았다(朴炳采, 1991:308). 이들은 세조조의 인물이나 세종 때에 활약한 학승도 많다.

우선 〈석보상절〉의 편찬에 가담한 신미, 김수온金守溫 형제는 모두 불가佛家의 사람으로 김수온은 출가는 하지 않았지만 평생을 승려처럼 살아온 불경 연구의 대가였다. 그의 일생은 朴炳采(1991:31~47)에서 상세히 고찰되었는데 이 논문에서는 〈월인천강지곡〉의 실제 저자로 보기도 한다.

고대 인도에서는 음성학이 매우 발달하였다. 오늘날에는 기원전 5세기경에 간행된 것으로 보이는 파니니Paṇini의 〈팔장八章, Aṣṭādhyāyī〉의 일부만이 남아 있을 뿐 아직도 전모를 알 수 없다. 그러나 이 〈팔장〉만으로 당시의 음성학이 얼마나 발달하였는지 알고도 남음이 있다.

파니니는 리그 베다Rig Veda의 산스크리트어, 즉 범어梵語에 나타나는 제 현상을 규칙화하고 이를 공식으로 작성하여 〈팔장〉이란 범어의 문법서를 완성하였다. 그는 범어에 나타나는 문법규칙들을 모두 3,996개의 수다라修多羅, sūtra로 축약하여 언어 공식으로 제시하였다. 이 책은 세계 삼대三大 문법서의 하나로 고대 희랍의 알렉산더 시대에 드락스D. Thrax의 〈희랍문법 Téchnē Grammatikē〉, 로마시대에 프리스키아누스Priscianus의 〈라틴문법 Institutiones grammaticae〉과 더불어 산스크리트 베다 시대의 〈범어문법八章,

Aṣṭādhyāyī〉으로 알려졌다. 인류 고전古典의 삼대三大 문법서 중에서도 가장 오래된 것이다.

파니니의 문법서에는 음성학에 관한 것이 들어 있다. 그는 음성의 조음 기관을 입안의 내강內腔-intra buccal과 외강外腔-extra buccal으로 나누고 외강은 성문聲門. glottis, 폐lungs, 비강鼻腔. nasal cavity으로 나누었으며 이 세 기관으로부터 유성과 무성, 유기와 무기, 비음鼻音과 비비음非鼻音을 구별하였다. 또 내강에서의 조음기관은 전前, 후後와 혀끝, 협착의 4등급으로 구별하였다. 오늘날의 조음음성학과 대동소이하다.

고대 인도의 음성학은 불경에 포함되어 전해진다. 불가佛家에서는 원래 오명五明의 하나인 성명聲名, 즉 섭타필태攝拖苾馱. śahdavjdya는 음성으로 의미를 전달하고 깨닫게 되는 인간 능력의 하나를 말한다. 이에 대한 연구를 비가라론毘伽羅論. Vyakaraṇa이라고 하고 번역하여 성명학聲明學, 또는 성명기론聲明記論이라고 한다. 파니니의 〈팔장〉을 비롯한 비가라론은 팔만대장경 속에 포함되어 고려에 들어왔고 여말麗末 선초鮮初에 많은 학승들이 이를 배워 알고 있었다.

중국에는 당대唐代에 성명학이 들어와 본래의 성운학聲韻學과 결부되어 운도韻圖를 발달시켰다. 그 가운데 가장 유명한 것은 당唐의 수온守溫이란 승려에 의하여 중국의 한자음을 한 음절로 규정하고 이를 성聲과 운韻으로 나누어 당대唐代 한자음의 자모字母, 즉 성聲을 36개로 분석하였다. 그리고 이를 아설순치후牙舌脣齒喉의 조음위치와 전청全淸, 차청次淸, 전탁全濁, 불청불탁不淸不濁의 조음방식으로 나누어 배열하였다.[13] 운韻은 206운으로 나누었다.

---

13 고대 인도의 음성학에 입각하여 문자를 제정하는 경우 이와 같은 발음위치의 순서대로 문자를 제정한다. 즉 650

한글에서도 아설순치후의 조음위치에 따라 아음ㅋㅎ / ㄱ/을 첫 자로 하고 훈민정음에서는 / ㄱ[k], ㅋ[kh], ㄲ[g], ㆁ[ng]/의 순서로 제자하였다. 한글 발명이 고대 인도 음성학의 영향을 받았다고 보지 않을 수 없다. 그리고 한글 발명에 승려들이 많이 참가한 이유가 여기에 있고 또 한글의 공표가 〈월인석보〉라는 불서佛書의 간행에서 이루어진 것도 결코 우연이 아니다.

동아시아 민족의 문자 제정과 그 영향

한글은 동아시아 여러 민족의 문자 제정과 일맥상통한다. 기원후 650년 경에 토번의 송찬감보 대왕 때에 톤미 아누이브Thon-mi Anu'ibu가 인도에 유학하여 음성학을 배우고 돌아와서 티베트어를 표기할 수 있는 서장西藏문자를 제정하였다. 이 문자는 비교적 과학적으로 제정된 표음문자여서 티베트 문화권만이 아니라 주변의 여러 언어를 표기하는 데 매우 편리하여 여러 언어가 이를 빌려 자국의 언어를 표기하였다(졸저, 2009:142~149). 티베트에서는 지금도 이 문자를 사용한다.

이 서장문자 제정의 성공으로 중국의 북방민족 사이에서는 새 국가가 건설되면 먼저 새 문자를 제정하는 전통이 생겨났다. 10세기 초엽에 거란의 요遼나라를 세운 태조太祖 야율아보기耶律阿保機는 나라를 세운 지 14년째인 신책神冊 5년(920)에 돌려불突呂不 등에게 거란契丹 대자大字를 만들게 하였다. 그리고 몇 년 후에 태조太祖의 동생인 질랄迭剌이 거란 소자小字를 만든다. 후

년경 토번(吐蕃)의 송찬감보 대왕 때에 만든 서장(西藏)문자도 첫 글자가 아음(牙音)인 /k, kh, g, ng/의 순서로 되었다.

자는 위구르 문자의 영향을 받은 것으로 표음문자로 알려졌다.

거란의 요遼가 망하고 여진의 금金이 건국하자 역시 태조太祖 아구타阿骨打가 12세기 초에 여진문자를 만든다. 즉, 『금사金史』(권73) '완안희윤完顔希尹'조를 보면 천보天輔 3년(1119)에 여진자를 만들어 태조太祖가 이를 반포하였다는 기사가 있다. 이것이 여진女眞 대자大字이다. 역시 『금사金史』(권4)에 제3대 희종熙宗의 천권天眷 원년(元年, 1138)에 여진 소자小字가 제정되어 반포되었다는 기사가 있다.

금金을 멸망시키고 이 지역을 차지한 몽골의 칭기즈 칸은 위구르 문자를 빌려다가 몽골어를 적게 하였다. 칭기즈 칸이 나이만乃蠻을 정복하고 태양칸의 신하인 타타퉁아塔塔統阿를 포로로 잡아 그로 하여금 몽고어를 적게 하였더니 그는 위구르 문자로 몽고어를 표기하였다고 한다. 칸이 아들들에게 이 문자를 교육하게 하고 제국帝國의 문자로 인정하였다. 오늘날에도 몽고에서는 이 문자를 사용한다.

이 문자는 1220년에 제작된 것으로 추정되는 칭기즈 칸의 돌Chinggiskhan stone에 새겨졌으므로 적어도 그 이전에 몽고어를 표기하도록 차용되었을 것이다. 남송南宋을 멸망시키고 중국의 전역을 정복하여 원元나라를 건국한 쿠빌라이 칸, 즉 원元 세조世祖는 즉위 초에 파스파 문자를 제정하고 지원至元 6년(1269)에 반포하여 제국의 공용 국자國字로 삼았다.

한글 발명 이전에는 이와 같이 북방민족들 사이에 나라를 건국하면 새 문자를 제정하는 전통이 있었던 것이다. 그들은 새로 만든 문자로 관리의 임용시험을 보게 하여 이 문자를 보급하였다. 그러나 실제로는 자신들을 추종하는 세력들에게 이 문자를 가르치고 이들을 시험으로 뽑아 관리로 임명하여 통치계급의 물갈이를 기企하였던 것이다. 한글도 이를 공표하고

2개월 후에 이과吏科와 취재取才에 출제하여 인재를 선발함으로써 북방민족
의 전통을 이어받아 고려의 잔재를 척결하는 데 한글을 이용하였음이 실
록의 여러 기사에서 확인된다.

발명의 동기

필자가 오래전부터 주장한 것은 한글이 처음에는 발음기호로 제정되었
다는 것이다. 정음正音이니 훈민정음訓民正音이니 하는 명칭에서 볼 수 있는
것처럼 한자의 한어음漢語音을 표기하거나 우리 한자음을 수정하여 이를 백
성들에게 가르칠 때에 필요한 발음기호로 창제된 것이라는 주장이다.

한문을 어려서부터 배워온 당시의 유신儒臣들에게 한어漢語는 바로 발음
의 학습에서 시작된다. 한자는 표의문자이기 때문에 이 문자만으로는 발
음을 제대로 파악하기 어렵다. 당연히 한자의 발음 학습에서 발음기호가
필요하게 된 것이다. 원대元代 몽고인들은 중국을 다스리기 위하여 한어漢語
를 학습하지 않으면 안 되었다. 이때의 한어 학습에서 발음기호의 역할
을 한 것이 파스파 문자였고 이 문자도 처음에는 그런 필요에 의하여 제
정되었다.

한글도 그런 역할을 기대하면서 만들어졌다. 즉, 처음에는 당연히 올바
른 한자의 한어음, 즉 당시 중국의 표준음인 정음正音을 표음하는 기호로
만들어진 것이다. 훈민정음의 〈언해본〉에 한음漢音 표기를 위한 것이라면
서 43개의 문자를 제정한 것도 한글이 발음 표기를 위한 것임을 말한다.
그러나 중국의 정음正音이 우리 한자음과 너무 많은 차이가 나서 같은 한자
이지만 서로 통하지 않는 것을 괴롭게 여긴 세종대왕은 이를 고치려고 한

것 같다.[14] 그것이 동국정운東國正韻식 한자음이라는 훈민정음이다.

고려 전기의 중국 북송北宋과는 한자의 발음이 유사하여 한문으로 서로 통할 수가 있었다. 그러나 원元의 건국으로 연경燕京, 즉 지금의 북경北京이 수도가 되면서 그곳 언어가 공용어가 되었다. 이 언어는 일찍이 중종中宗 때에 최세진崔世珍이 한아언어漢兒言語라고 불렀던 원대元代의 북경 토박이말로서 북송이나 당대唐代의 통어通語와는 전혀 다른 언어였다. 따라서 같은 한자라도 발음이 달라서 한문으로 서로 통할 수가 없었다.

여기서 세종은 중국의 한어음漢語音을 고칠 수는 없으니 우리 한자음을 고치려고 한 것이다. 소위 동국정운식 한자음이라는 새로운 발음을 백성들에게 가르쳐 조금이라도 한어음과 소통할 수 있고자 노력한 것이다. 최만리의 반대 상소문에도 이 부분이 들어 있지만 제왕의 권력으로도 언어의 변화를 고칠 수는 없다. 따라서 동국정운식 한자음은 처음부터 실패를 예견한 것이었다.

훈민정음訓民正音은 〈세종어제훈민정음世宗御製訓民正音〉의 첫 구절 협주에서 "訓民正音은 百姓 ᄀᄅ치시논 正ᄒᆞᆫ 소리라"로 풀이한 것처럼 백성들에게 가르쳐야 하는 올바른 한자음, 즉 동국정운식 한자음을 표기하기 위한 문자이다. 마치 이것을 백성들에게 가르쳐야 하는 문자로 생각하는 연구자들에게 분명하게 밝히고 싶은 것은 소리 음音은 문자를 의미하지 못한다는 것이다. 백성들에게 가르쳐야 하는 올바른 한자음을 적는 데 쓰는 문자라고 편의적으로 부른 것으로 보아야 한다.

그러다가 연창延昌공주, 즉 정의공주가 '변음토착變音吐着'을 해결하면서 우

---

14 훈민정음의 어제서문 첫 구절에 "國之語音, 異乎中國, 與文字不相流通"은 바로 이것을 말한다.

리말 표기에 이 문자를 사용하기 시작한다. 세종은 우리말 표기에 이 문자가 적합한가를 시험하기 위하여 수양대군 등에게 〈석보상절〉을 짓게 하고 스스로도 〈월인천강지곡〉을 지으면서 이를 확인한 다음 이 두 책을 합편하여 〈월인석보〉를 간행한다. 이것이 세종의 생존 시에 간행된 〈월인석보〉의 구권舊卷이며 이 책의 권두에 〈훈민정음〉이란 언해본을 붙여 한글을 공포한 것이다.

한자는 원래 고립어인 중국어를 표기하기 위하여 시작된 문자이며 이 언어는 의미부 중심의 어휘가 어순에 의하여 문법적 기능을 갖고 배열되는 언어이다. 반면에 중국 주변에 산재한 소수민족들의 언어는 어순보다는 단어와 단어의 관계를 다른 형태가 나타내는 교착적 문법 구조의 언어들이었다. 우리말도 같은 문법 구조여서 의미부와 더불어 어미와 조사가 매우 중요한 언어이다.

따라서 중국어를 한자로 쓴 한문을 읽을 때에 우리는 조사와 어미를 첨가하여 읽게 되었다. 소위 구결(口訣, 입겿) 또는 토吐, 이를 합하여 구결토口訣吐라고도 하는데 이것은 고립적인 중국어의 한문에서는 어순이나 문맥에 의하여 결정되기 때문에 교착적인 우리말로 읽을 때에 어쩔 수 없이 삽입할 수밖에 없는 문법 형태였다.

예를 훈민정음의 세종의 어제서문에서 찾으면 〈해례본〉이나 〈실록본〉의 "국지어음國之語音, 이호중국異乎中國, 여문자불상유통與文字不相流通"보다는 〈언해본〉의 "국지어음國之語音이, 이호중국異乎中國ᄒᆞ야, 여문자與文字로 불상유통不相流通ᄒᆞᆯᄊᆡ"(밑줄 필자)로 읽는 것이 보다 의미를 쉽게 이해하게 한다. 여기서 밑줄 친 '-이, -ᄒᆞ야, -로, -ᄒᆞᆯᄊᆡ'들은 모두 우리말의 어미와 조사에 해당되는 것으로 한문에서는 어순이 그 역할을 한다.

한글 이전에는 이 구결, 즉 입곁도 모두 한자로 적을 수밖에 없었다. 그리하여 토를 달 때는 한자의 발음을 빌려 우리말의 어미와 조사를 기록하는 방법과 그 새김을 빌려 표기하는 방법을 썼다. 예를 들면 '-ᄒ고'를 '爲古'로 쓰거나 '-이라'를 '-是羅'라고 쓰는 경우를 말한다. '-古, -羅'는 발음을 빌렸으나 '爲, 是'는 뜻을 빌려서 소위 음독자音讀字와 석독자釋讀字가 섞여 있게 된 것이다.

후자의 '爲, 是'는 석독자이고 전자의 '-古, -羅'는 음독자로 토를 단 것이다. 여기서 '爲, 是'와 같이 석독자로 토를 다는 것을 변음토착變音吐着이라 하는데 이 말은 "발음을 바꿔서 토를 달다"라는 이두문吏讀文이다. '위爲, 시是'를 'ᄒ, 이'로 바꿔서 토를 달았다는 뜻이다.

변음토착은 한자를 상용하는 유신儒臣들에게 매우 거추장스럽고 우스운 표기 방법이었다. 세종은 이를 해결하라고 동궁東宮들과 대군大君들에게 지시하였으나 그들이 누님에게 부탁하여 정의공주가 이를 해결하였다고 한다. 그래서 부왕父王으로부터 상賞으로 노비와 전답을 받았다는 기록이 〈죽산안씨대동보竹山安氏大同譜〉에 전해진다. 즉, 앞에서 언급한 바와 같이 어제 서문을 "國之語音이, 異乎中國ᄒ야, 與文字로 不相流通홀씨"와 같이 석독, 음독의 한자가 아니라 한글로 토를 단 것이다.

필자는 단순한 변음토착의 문제만이 아니라 구결토로 자주 쓰여서 서민들에게 친숙한 한자들로 새 문자를 설명한 언문자모諺文字母가 바로 공주公主의 고안考案이라고 생각한다. 이것은 '기역其役, 니은尼隱'과 같이 이두吏讀에서 친숙하게 쓰던 한자들로 새 문자의 음가를 설명한 것이다. 이것은 〈훈민정음〉의 "ㄱ 君字初發聲 — ㄱ은 군君 자의 첫소리와 같다, ㄲ 虯字初發聲 — ㄲ은 규虯 자 첫소리와 같다"라는 설명보다 훨씬 알기 쉽다.

언문자모는 한글을 보급하는 데 결정적인 역할을 하였다. 오늘날의 한글 자모 순서가 '기역, 니은, 디귿, 리을, 미음, 비읍, 시옷, 이응'과 같이 된 것은 언문자모의 순서에 따른 것이다. 한글의 일반화에 〈언문자모〉가 얼마나 도움을 주었는지 잘 말해주는 예라고 할 수 있다. 만일 이것이 없었더라면 한글도 다른 북방민족의 여러 표음문자처럼 일시적으로 사용하다가 버려진 문자가 되었을지도 모른다.

앞에서 언급한 내용은 이제까지 어느 누구도 지적하거나 언급한 사실이 없는 것이다. 따라서 선학先學의 것을 그저 답습만 할 줄 아는 일부 젊은 연구자들에게는 이 책이 매우 생소할 것이다. 또 수십 년 전에 이미 알려진 것을 마치 자기가 처음 찾아낸 이야기처럼 천연덕스럽게 논저로 발표하는 젊은 학자들에게 이 책은 참으로 받아들이기 어려운 내용일 것이다.

그들은 스스로 창의적으로 연구하는 것도 어려울 뿐만 아니라 타인의 창의적인 연구도 수용하기 어렵기 때문이다. 그러나 얼마 안 되어 누군가가 앞의 연구자들과 같이 자기가 처음 연구한 것처럼 이 책의 내용을 세상에 알려줄 것으로 기대한다. 그렇게라도 해서 이러한 사실들이 한글을 사용하는 사람들에게 제대로 전달되기를 바라는 마음이 크기 때문이다.

제2장

동아시아 제 민족의
언어와 문자

유라시아대륙의 동쪽에는 중국이란 거대한 국가가 주변 여러 민족들의 다른 국가와 더불어 서로 침략하고 정복하며 저항하기도 하고 복속되기도 하면서 수천 년의 역사를 지내왔다. 중국 주변의 민족들은 일부 국가를 형성하여 독자적인 언어와 문자를 유지한 경우도 있지만 대부분은 중국이나 러시아 등 강대국의 소수민족으로 살아가면서 자신들의 언어와 문화를 잃고 민족성을 상실한 경우가 많다. 특히 중국문화의 동화현상이 가장 심한데 중국은 일찍부터 이들을 남만南蠻, 북적北狄, 서융西戎, 동이東夷라고 부르면서 자신들의 중화中華문명에 예속된 것으로 보아왔다.

우리 민족도 중화의 개념에서 보면 동이에 속하고 북적, 서융과 더불어 중국의 북방민족으로 간주되었다. 이들은 중국의 한자문화에 동화되는 것을 두렵게 생각하여 독자적인 문명을 유지하려고 나라를 건설하면 새 문자를 제정하였다. 또는 중원中原을 침략하여 일시적으로 그들을 지배하기도 하였으나 곧 한문화漢文化에 융해되어 역사의 뒤안길로 사라져버린 경우도 없지 않다. 그동안 중국의 사서史書에 기록된 것으로부터 역사에 등장했던 북방민족을 살펴보면 다음과 같다.

1. 중원(中原)의 북방민족

중원中原의 북방민족으로는 먼저 선진先秦시대의 제 문헌에는 귀융鬼戎, 견융犬戎, 엄윤玁狁, 산융山戎, 적狄. 翟, 숙신肅愼, 예穢, 맥貊, 동호東胡, 월씨月氏 등이 등장하였다. 이들은 한족漢族과는 다른 언어를 사용하였고 문화도 서로 다른 것으로 추정된다. 한족이 주로 황하黃河와 양자강陽子江 주변에서 농경문화를 향유했다면 북방민족은 스텝지역에서 유목문화를 갖고 있었다. 이 둘의 문화는 기본적으로 패턴이 달랐으며 서로 대치되는 문명의 구도를 보여왔다.

후에 한漢 제국과 대치하던 흉노匈奴, 이들의 뒤를 이은 오호십육국五胡十六國시대에 각기 스스로 왕조를 세운 모용慕容ㆍ걸복乞伏ㆍ독발禿髮의 세 선비족鮮卑族과 흉노 계통의 저거沮渠ㆍ혁련赫連과, 갈羯ㆍ저氐ㆍ강羌의 오호五胡가 있고 남북조시대에 북위北魏를 세운 척발拓拔. 托跋, 북주北周를 세운 자문宇文, 그리고 같은 시대에 막북漠北에 가한국可汗国을 세운 유연柔然, 이 유연을 멸망시키고 당唐 제국과 대립하던 돌궐突厥, 그리고 당 이래로 독자적인 문화권을 형성한 토번吐蕃. 西蔵이 있다.

그리고 중국의 변경에서 스스로 부여夫余, 고구려高句麗, 발해渤海, 서하西夏, 남조국南詔国을 세운 민족으로 부여ㆍ고구려ㆍ말갈靺鞨ㆍ당항党項ㆍ오만烏蛮이 있었고 화북華北을 지배했던 요遼, 금金을 세운 거란契丹ㆍ여진女真의 민족이 있었으며 중국의 동북방에서 흥기하여 중국까지 석권한 후에 원元과 청清을 세운 몽고족과 만주족을 북방민족의 대표라고 할 수가 있다.

고유문화 유지를 위한 방책

이들은 중국의 한족과는 언어와 종교가 달랐으며 거대한 한자문화에 흡수되지 않으려고 한자를 고쳐 쓰거나 한자가 아닌 새로운 문자를 제정하는 등 피나는 노력을 경주하여 자신들의 고유문화를 유지하려고 하였다. 그리하여 그들이 만든 새 문자로 쓰인 많은 비문과 동전 등의 금석문과 적지 않은 사서史書, 그리고 『화이역어華夷訳語』등의 문헌 자료에 그들이 사용하던 언어의 편린을 남겼다.

이들이 한족의 한자문화에 쉽게 동화되지 않은 것은 한족은 농경문화를 골간으로 하고 있었으나 북방민족은 기본적으로 유목문화를 갖고 있었으며 한족의 언어와 북방민족의 언어가 문법 구조에 있어서 근본적으로 달랐기 때문이라고 생각한다. 소위 고립어孤立語, isolating language class로 알려진 한어漢語에 비하여 이들 북방민족의 언어는 대부분 교착적膠着的, agglutinative인 문법구조의 언어이기 때문에 한자로는 이들의 언어를 그대로 기록하기 어려웠기 때문이다. 즉 표의문자表意文字로서 고립적인 언어의 표기를 위하여 발달시켜온 한자[1]는 조사助詞와 어미語尾가 발달한 교착적인 언어의 표기에는 적절하지 않았다.

그러나 이미 중국의 변경에서 한자문화의 영향을 깊숙하게 받은 이들은 한자를 이용하여 자국의 언어를 기록하기 위하여 노력하였다. 즉 한자의 형形, 음音, 의義를 이용하여 교착적인 자민족의 언어를 표기하는 방법을 개발하였다. 예를 들면 신라의 향찰鄕札 표기나 고려의 이두吏讀 표기, 조선시대의 구결口訣 등이 그러한 노력의 일환이다. 경우에 따라서는 한자의 표음적 기능을 이용하기도 하고 자형字形을 변형하여 전혀 새로운 글자를 제정하기도 하였다.

다음에 북방민족의 한자와 구별되는 새로운 문자의 제정에 대하여 살펴보기로 한다.

---

1   중국어는 언어 유형론(類型論, linguistic typology)에 의하면 한 음절(音節)의 형태(形態, form)가 하나의 단어 (word)가 되는 고립어(孤立語, isolating language)로서 굴절(屈折, inflection)이나 첨가(添加, annexation)가 없는 언어, 즉 단어 형성의 유형(type of word formation)에서 문법적 변화에 의하여 어간(語幹, the stem of a word) 이 굴절하거나 어기(語基, the base of a word)에 형태가 첨가되는 일이 없는 매우 독특한 언어로 분류된다. 중 국어에서의 문법적 변화는 어순(語順, word order)이나 다른 단어의 추가로 이루어진다. 이러한 중국어의 표기를 위하여 발달한 문자가 바로 한자(漢字)이다. 하나의 형태가 하나의 단어로서 독립된 의미와 자형을 갖고 있다. 한 자는 이와 같이 문법적 변화를 보이지 않는 중국어의 독립된 어형을 표기하는 데 매우 유용한 문자이다. 따라서 한자는 각개 글자가 대체로 1음절로 된 형태로 이루어졌으며 매자(每字)가 독립된 의미를 갖는다(졸저, 2012:33).

2. 티베트의 서장(西藏)문자

중국 주변의 북방민족들이 한자와 다른 문자를 제정하여 사용한 것은 지금까지의 연구에서 티베트의 서장西藏문자를 그 효시로 볼 수 있다. 물론 그 이전에 고구려나 발해에서 한자를 변형시킨 전혀 다른 문자로 언어를 기록한 흔적은 있으나 오늘날에 남아 있는 자료가 부족하여 이에 대한 연구가 지지부진하였다. 따라서 현재의 연구 성과로 본다면 티베트의 토번土蕃 왕국에서 7세기 중엽에 제정한 서장문자를 북방민족들이 한자를 벗어나서 만든 최초의 표음문자로 볼 수 있다.

톤미 아누이브

티베트 문자, 즉 서장西藏문자는 7세기 중엽에 토번 왕조의 송찬감보 Srong-btsan sgam-po, 松贊干布 대왕이 대신大臣이었던 톤미 삼보다Thon-mi Sam-bho-ṭa를 인도에 파견하여 고대 인도의 음성학을 배우게 하고 그에 의거하여 티베트어를 표기하기 위하여 만든 표음문자로 알려졌다. 그러나 이 사람은 시대적으로 맞지 않으므로 톤미 아누이브Thon-mi Anui'bu가 실제로 이 문자를 제정하였다고 본다. 이 문자의 제정에 대하여는 졸저(2012)에서 상세하게 언급되었다. 이를 정리하여 요약하면 다음과 같다.

중국 측 자료인『구당서舊唐書』「토번전吐蕃傳」에 티베트에는 "문자는 없고 나무를 조각하거나 끈을 묶어서 약속을 한다."고 하였으며 처음으로 당唐을 방문한 토번 왕조의 재상宰相인 갈 통 찬mGar- stong-rtsan이 "문자를 알지 못하지만……"이라고 한 것으로 보아 토번 왕조의 초기, 즉 송찬감보 대왕 이전에는 문자가 없었던 것을 알 수 있다. 다만 송찬감보가 죽은 지 6

년째인 서기 655년에는 분명히 티베트어를 적는 문자가 있었다는 기록을 돈황敦煌 출토의 티베트 문헌에서 확인할 수 있다(졸저, 2009:142~152).[2]

그러나 티베트 문자를 만든 사람이 상술한 톤미 삼보다라는 주장은 아직 확인되지 않은 것이다. 그는 문자만이 아니라 인도 파니니Pāṇini의 문법서인『팔장八章, Aṣṭādhyāyi』을 본떠서 티베트어 문법서『삼십송三十頌, Sum-cu-pa』과『성입법性入法, rTags-kyi 'jug-pa』을 편찬한 것으로 알려진 인물이다(山口瑞鳳, 1976).[3] 그러나 그가 송찬감보 시대의 대신大臣이라는 것 이외에 어떤 것도 사적史籍에서 확인할 수가 없다.[4]

오히려 티베트의 사료史料에 의하면 티베트에는 문자가 없었기 때문에 톤미 아누이브와 함께 16인을 인도에 문자 연수를 위하여 파견하였으며 이들은 인도의 판디타 헤리그 셍 게Pandita lHa'i rigs seng ge 밑에서 인도 문법을 배워서 티베트어에 맞도록 자음子音 문자 30개, 모음母音 기호 4개를 정리하여 티베트 문자를 만들었다는 기사가 있다.

문자의 모습은 카시미르Kashmir 문자를 본떴고 라사르 성城 마르에서 수정한 다음 문자와 문법의 〈팔론八論〉을 만들었으며 왕은 4년간 이것을 배

---

2 돈황(敦煌) 출토의 티베트어 문헌의 연구가 진전되어 티베트에서 문자의 성립에 대한 보다 더 정확한 연구가 가능하게 되었다. 돈황 출토의 문헌 가운데 티베트 왕가(王家)의『연대기(年代記)』에서 송찬감보왕의 사적을 나열한 곳에 "티베트에는 옛날에 문자가 없었는데 이 왕 시대에 와서……"(Bacot & Toussaint, 1940:118)라는 기사가 있고 또 같은 돈황 출토의『편년기(編年期)』의 655년 조에 "재상(宰相) 갈 통 찬(mGar-stong-rtsan)이 갈 티에서 흠정대법(欽定大法)의 문자를 쓴 지 1년"(Bacot & Toussaint, 1940:13)이라는 기사가 있어서 655년에는 문자가 존재했던 것을 확인할 수 있다.

3 톤미 삼보다의 문법은 파니니의『팔장(八章, Aṣṭādhyāyi)』에 맞추어『팔론(八論)』으로 되었지만『삼십송(三十頌, Sum-cu-pa)』과『성입법(性入法, rTags-kyi 'jug-pa)』, 또는『첨성법(添性法)』의 2권에 완결되어 전해진다. 내용은 파니니의『팔장』과 같은 짧은 운문으로 된 티베트어의 문법서이다.

4 전술한 돈황(敦煌) 출토(出土)의 문헌에는 얼마간의 상세한 대신(大臣)이나 관리(官吏)의 명단이 있지만 어디에도 톤미 삼보다(Thon-mi Sam-bho-ṭa)의 이름은 보이지 않는다.

웠다고 한다. 카시미르 문자란 인도의 서북부 카시수미르 지역의 언어인 카시미르 언어를 표기한 사라다Sarada[5] 문자를 말하는 것으로 8세기경에 당시 갠지스 강 중류 지역과 동인도, 서북 인도, 카시미르 지역에 보급되었던 쉬다마드리카Siddhamātṛkā 문자의 서부파西部派에서 만들어진 것이다. 카시미르의 카르코다카Karkoṭaka 왕조는 3세기에 걸쳐 이 지방을 지배하였고 이 세력에 의거하여 사라다 문자는 카시미르에서 펀자브, 서인도, 북인도에 퍼져나갔다.[6]

티베트의 사서史書에서 톤미 아누이브란 인물이 티베트 문자의 제정에 관련이 있음을 분명히 기록하였는데 그가 톤미 삼보다라는 주장도 있다. 일부 서양학자들 사이에는 '톤미 아누이브Thon mi Anu'ibu'의 'Anu'ibu'를 티베트어로 '톤미 아누의 아들'이라고 보고 그의 아들 톤미 삼보다를 가리키는 것으로 보기도 하였다.[7]

그러나 톤미 삼보다는 9세기의 역경승譯經僧으로 실제 사서史書에 등장하는 인물이어서 위에 말한 톤미 아누이브와는 다른 시대의 인물이며 문자가 제정된 시기로 보는 송찬감보의 시대와도 거리가 있다. 따라서 톤미 삼보다는 티베트 문자의 제정과 관계가 있는 인물로 보기가 어렵다. 다만 그가 티베트에서 처음으로 구족계具足戒[8]를 받은 7인Sad mi mi bdun 가운데 한

---

5 사라다(Sarada)라는 명칭은 카시미르 지역의 수호 여신인 사라다 데뷔(Śaradā Devī)에서 온 것이다. '사라다'는 시바신(神)의 부인 '파라웨디'를 말한다.

6 인도의 대표적인 문자 데바나가리(Devanagari script)와 티베트 문자가 자형(字形)을 달리하는 것은 사라다 문자의 영향을 받았기 때문으로 생각한다. 사라다 문자에 대한 것은 졸저(2012:80~81), 특히 [사진 3-1]을 참고할 것.

7 '톤미 아누이브(Thon mi Anu'ibu)'의 '아누이브(Anu'ibu)'에서 'ᅵ'가 티베트어에서 속격이므로 '톤미 아누의 아들(bu)'로 본 것이다.

8 '구족계(具足戒)'란 불교에 귀의(歸依)하여 승가(僧伽)에 들어가서 비구(比丘)가 될 때에 250계(戒)를 수지(受持)할 것을 맹세하는 의식(儀式)을 말한다.

사람을 제자로 데리고 있을 정도로 불가佛家의 역경승으로 매우 유명한 인물이었기 때문에 9세기 이후 어느 시대에 톤미 아누이브가 톤미 삼보다로 바뀌었을 가능성이 높다(河野六郎 · 千野榮一 · 西田龍雄, 2001:595~596).[9]

문자의 종류와 분류

티베트 문자는 인도 파니니의 문법과 음성 연구에 의거하여 제정된 것이므로 음절 초onset 자음은 29개의 문자로 표기되고 이들은 각기 발음위치와 발음방법에 따라 연구개 정지음[ka, kha, ga, nga], 경구개 마찰음[ca, cha, ja, nya], 치경 정지음[ta, tha, da, na], 양순 정지음[pa, pha, ba, ma], 경구개 파찰음[tsa, tsha, dza, wa], 동 유기음[zha, za, 'a, ya], 유음[ra, la, sha, sa], 후음[ha, a]의 순서로 정리되었다. 이를 사진으로 보이면 다음과 같다.

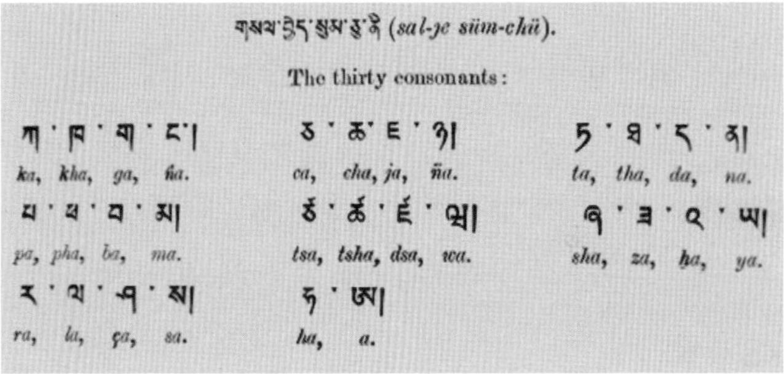
གསལ་བྱེད་སུམ་ཅུ (*sal-je süm-chü*).

The thirty consonants:

ཀ་ཁ་ག་ང། *ka, kha, ga, ṅa.*
ཅ་ཆ་ཇ་ཉ། *ca, cha, ja, ña.*
ཏ་ཐ་ད་ན། *ta, tha, da, na.*
པ་ཕ་བ་མ། *pa, pha, ba, ma.*
ཙ་ཚ་ཛ་ཝ། *tsa, tsha, dsa, wa.*
ཞ་ཟ་འ་ཡ། *sha, za, ḥa, ya.*
ར་ལ་ཤ་ས། *ra, la, ça, sa.*
ཧ་ཨ། *ha, a.*

[사진 2-1] 티베트 문자의 30 자음

---

9 한국 내에서 톤미 삼보다에 대하여 언급한 것은 김민수(1980)가 처음인 것으로 보인다. 이 책에서는 "7세기 초에 佛敎를 수입한 西藏에서는 곧 이어 톤미 삼보다가 印度에서 파니니文法을 배우고 『西藏語 文法』을 저술하였다. 中國과 다른 점은 당시에 처음으로 西藏文字와 함께 西藏語文法을 제정하고 이로써 佛經을 번역하였다."(김민수, 1980:24)라고 하여 그가 티베트어 문법서를 편찬한 것으로 보았다. 티베트의 몇 역사서에서는 톤미 삼보다와 톤미 아누이브를 동일 인물로 보았다.

이를 로마자로 정리하면 다음과 같다.

발음위치 발음방법	서장문자 (로마자전사)	중국 성운학과의 대음	오음
연구개음	ka, kha, ga, nga	아음의 전청, 차청, 전탁, 불청불탁 음에 해당	아음
경구개음	ca, cha, ja, nya	치음의 위와 같음	치음
치 경 음	ta, tha, da, na	설두음의 위와 같음	설음
양 순 음	pa, pha, ba, ma	순음의 위와 같음	순음
파 찰 음	tsa, tsha, dza, wa	치두음의 위와 같음	치음
마 찰 음	zha, za, 'a, ya	부분적으로 정치음의 위와 같음	치음
유 음	ra, la, sha, sa	반설반치의 불청불탁	반설반치
후 음	ha, a	후음의 차청, 불청불탁에 해당	후음

[표 2-1] 티베트 문자의 중국 성운학적 배열

이러한 문자의 제정은 파니니 문법으로 대표되는 고대 인도 음성학의 영향을 받은 것으로 파스파 문자의 제정에서도 '아설순치후牙舌脣齒喉'의 조음 위치와 전청全淸, 차청次淸, 전탁全濁, 불청불탁不淸不濁의 조음 방식에 따라 자음 문자를 배치하는 방법에 따른 것이다.

자체와 정서법

티베트 문자는 기본적으로 음절문자이고 자체에 따라 유두체有頭体, dbu can와 무두체無頭体, dbu med로 나눈다. 여기서 '두頭, dbu'라는 것은 글자를 쓸 때 글자의 맨 위에 수평으로 줄을 긋고 그에 따라서 글자를 쓰는 방법을 말하는 것으로 유두체는 한자의 해서楷書, 즉 정자체正字体에 가까운 명칭이고 무두체는 필기체, 초서체草書体에 가깝다.

티베트 문자의 자체를 크게 유두체와 무두체로 나누는 것에는 아무런 문제가 없으나 시대별로 다양한 자체를 가졌었다. 10세기경에 많은 역경승 겸 서예가가 나타나 다양한 자체를 선보였지만 그 가운데 3대 역경승의 하나인 가와 베쯔에Ska-ba dPal-brtses의 서체를 모범으로 하여 그것을 체계화한 것이 유두체dbu can라고 한다. 옛날의 불교 경전의 역경譯經 판본은 거의 모두 이 서체로 쓰였으며 현대의 활자 인쇄도 이 서체가 일반적이다.

그러나 티베트인들이 일상적으로 사용하는 서체는 무두체dbu med로서 사용 방법에 따라 초서'khyug yig 4종, 즉 속자速字, mgyogs, 쯔구 충tshugs chung, 국 티rgyug bris, 최속자最速字, 'khyug yig로 나눈다. 티베트인들이 무두체dbu med로 쓰인 것을 읽지 못한다는 것은 속설俗說로서 대부분의 티베트인은 오늘날에도 무두체를 사용하고 있다. 다만 인쇄되는 경우는 거의 없어서 영어 알파벳의 필기체와 매우 유사하다.

티베트 문자의 정서법은 토번 왕조의 초기에는 불완전하였다. 7세기 중엽부터 여러 차례 철자의 개정을 거쳐 오늘날과 같은 정서법으로 정비하게 되었다. 특히 불경을 티베트어로 번역하여 이를 간행하면서 티베트 문자의 표기는 점차 정밀하게 되었다. 특히 티-송 데-첸Khri-srong lde-brtasan 왕(재위 755~797)의 치세治世에 다수의 현교顯教와 밀교密教의 경전이 티베트어로 번역되어 간행되었으며 불경의 번역을 위하여 정서법이 정비되었다.

7세기 후반부터 9세기 초엽에 이르는 180년간 산스크리트어로 된 불경을 티베트어로 번역하는 작업과 더불어 티베트 문자 정서법의 개정이 자주 있었으며 이때의 개정을 제1차 이정釐定이라고 할 수 있다. 9세기 초엽 토번 왕조 제3대 왕인 랄 파첸Ral-pa-can 때에 번역의 전문가들이 당시 장gTsang 방언에 의거하여 정서법과 불교역어佛教譯語의 개정을 시행하였다. 이것을 제2차 이정이라고 부른다.

이때에 대부분의 불경 번역 문체가 완성되어 금석문金石文, 죽간竹簡, 목독
木牘 등에 기록을 남겼다. 이때를 기준으로 하여 그 이전의 정서법을 '구정
서법brda rning-pa'이라 하고 그 이후의 것을 '신정서법brda gsar-pa'이라고 한다.

제3차 이정은 11세기 말 가리mNgaḥ-ris 왕 이에세−오Yeshes-ḥod 시대에 대
역경사大譯經師 린−첸−산포에 의하여 시작되어 300여 년에 걸쳐 수행되었
다. 그간 160여 인의 역경사譯經師들에 의하여 불경의 번역과 교감校勘이 이
루어졌지만 이때의 티베트 문자의 정서법 개정은 제2차에 비하여 그렇게
대단한 것이 아니었다. 다만 불교 부흥기에 불경의 번역이 성행하면서 자
연적으로 언어의 변천에 맞추어 정서법도 변한 것이다.

기원과 사용 범위

티베트 문자의 기원은 아직 확실하지 않다. 니시다 다쯔오(西田龍雄,
1987)에 의하면 자형의 유사성으로 보아 서기 5, 6세기경 인도 북방에서
널리 사용되던 굽타Gupta 문자의 계통으로 추측하고 있고 티베트의 역사서
에서는 고대 인도의 란챠(Lantsha — 神의 문자) 문자가 티베트 문자 유두체
의 원형이라고 하기도 하고 우르두Urudu 문자가 무두체의 원형이라고도 하
나 이에 반대하는 학설도 적지 않다(河野六郎・千野榮一・西田龍雄, 2001:
599~600).

그 가운데 하나가 Bühler(1980)로서 란챠 문자와 우르두 문자가 11세기
에 성립되었다고 보기 어려우므로 티베트 문자가 이로부터 왔다고 볼 수
없다는 것이다. 그리고 Narkyid(1983)에서는 유두체에서 무두체로 옮아갔
다고 보는 것이 자연스럽다고 하여 유두체와 무두체의 자형이 서로 다른

기원을 가진 것에 대하여 비판적이었다. 더욱이 굽타 문자와도 얼마간 서로 다른 자형이 있어 두 문자가 반드시 같은 기원이라고 보기 어렵다고 하였다.

돈황敦煌 문헌에 보이는 유두체와 무두체의 자료를 보면 이 두 서체書體가 티베트 문자에서 확립된 것을 11세기경이라고 보아야 하며 그렇다면 란차 문자나 우르두 문자와의 관계는 인정하기 어렵다. 그러나 유두체와 무두체가 서로 다른 원형으로부터의 발달이라고 보는 것은 두 서체의 자형이 근본적으로 다르므로 어느 정도 타당성이 있다고 본다(河野六郎·千野榮一·西田龍雄, 2001:600).

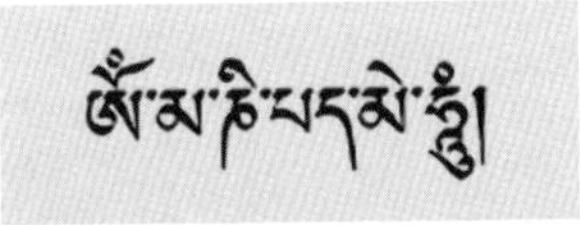

[사진 2-2] 티베트 문자(옴마니받메옴)[10]

티베트 문자는 이와 같이 오랜 세월에 걸쳐 비교적 과학적으로 제정된 표음문자이기 때문에 서사書寫하기가 편리하여 7, 8세기 이후 티베트어만이 아니라 티베트 문화권을 넘어 다른 문화권의 경계지역에서도 사용되었다. 티베트 자치구, 청해성靑海省, 사천성四川省, 감숙성甘肅省, 운남성雲南省에서는 오래전부터 이 문자를 사용하였고 네팔, 시킴, 부탄 등의 히말라야 산맥의 남록南麓에서도 사용되었다.

이 문자로 기록된 언어도 티베트어, 남Nam어, 쟝중Zhangzhung어, 갸롱

---

10 이 사진은 졸저(2012:88)에서 전재하였다.

Gyarong어, 토스Tosu어 등이 있다. 13세기에 파스파 문자와 18세기의 레프차 Lepcha 문자도 티베트 문자를 개변한 것이라고 한다. 레프차 문자는 인도 에서 시킴의 착도르 남기에Phyag rdor rnam rgyal 왕(재위 1704~1707)에 의하여 1720년에 제정되었다. 이곳 사람들은 스스로 롱Rong 민족이라 부르며 이 문자도 그들은 롱 문자Rong script라고 부른다. 모음을 함유한 음절문자의 형태를 취하며 티베트 문자와 관련이 없는 문자도 없지 않다.

갸롱어는 중국 사천성 서북부의 갸롱지역에서 사용되며 200년 전부터 티베트 문자를 빌려 이 언어를 기록하는 방법이 발달하여 청대淸代의 공문 서에는 대부분 이 문자로 기록되었다. 현재에도 일부 원주민들 사이에서 는 이 문자가 사용된다.

쟝중어Zhangzhung의 티베트 문자 표기도 있는데 이것은 쟝중어로 된 폰교 경전의 서사書寫에만 사용되고 일반인은 쓰지 않는 문자이다.

3. 요(遼)의 거란문자

다음으로 티베트 문자의 영향을 받아 중국 북방민족 가운데 고유의 문 자를 제정한 첫 예로 요遼의 거란문자를 들 수 있다. 거란문자의 제정에 대 하여 졸고(2010)에서 논의된 내용을 중심으로 고찰하기로 한다.[11]

앞에서 살펴본 바와 같이 7세기경에 티베트의 토번吐蕃 왕국에서 송찬감

---

11 이 부분은 졸저(2009:104~132)의 '4.1 역사적으로 본 몽고 주변의 표음문자'에서 논의한 내용을 수정 보완하여 옮긴 것이다.

보Srong-btsan sgam-po가 톤미 아누이브Thon-mi Anu'ibu를 인도에 파견하여 고대 인도의 음성학, 즉 파니니Pāṇini의 비가라론毘伽羅論, 즉 성명학聲明學을 배우게 하고 돌아온 다음에 그로 하여금 티베트 문자를 만들게 하여 그 문자로 티베트어는 물론 주변의 다른 언어까지 기록한 것은 널리 알려진 사실이다.

이후 유라시아대륙의 북방민족들이 중국의 한자문화에 대응하여 표음적인 새 문자를 제정하는 것이 하나의 전통처럼 되었다. 다음에 기술할 요遼 태조太祖 야율아보기耶律阿保機가 제정하게 한 거란문자를 위시하여 금金의 태조太祖 아구타阿骨打의 여진문자, 몽골 제국의 태조太祖 칭기즈 칸成吉思汗의 몽고위구르蒙古畏兀 문자, 원元 세조世祖 쿠빌라이 칸忽必烈汗의 파스파 문자, 청淸 태조 누르하치奴兒哈赤의 만주문자滿洲文字 등이 중국을 정복하고 새로운 국가를 건설하면서 한자문화에 대항하고 자민족의 언어를 기술하기 위해 제정한 신문자이다.

요 왕조의 부흥과 영향

이러한 전통은 토번 왕조를 대신하여 세력을 갖고 국가를 건립한 유라시아 동북부의 여러 유목민족 사이에서도 그대로 유지되었다. 그 최초의 것으로 토번 왕조 이후에 이 지역과 중국 화북지역을 석권한 거란족의 요나라가 문자를 제정한 것을 들 수 있다. 중국의 역사에서 당唐 왕조 말년에 중원이 분란하여 번진藩鎭이 활거割據하였는데 거란 귀족의 수령인 야율아보기가 이 기회를 타서 각 부족을 통일하고 서기 907년에 황제皇帝라 칭하였으며 916년에 나라를 세웠다. 이것이 역사상 '거란契丹. Khitan'이라고 부르기도 하는 '요遼' 왕조이다.

거란 왕조는 오대五代에 이어 북송北宋에 이르기까지 한족漢族과는 남북으로 대지한 국가이다. 이 왕조의 역사를 기록한 『요사遼史』는 〈이십사사二十四史〉의 하나로, 요국遼國이 극성할 때에는 그 영토가 서쪽으로 금산金山과 유사流沙에 이르고 남쪽으로는 하북성河北省 중부, 산서성山西省 북부에 이르며 북으로는 외흥안령外興安嶺에 이르렀다고 한다. 오경五京[12]을 설치하고 6부(臨潢府, 大定府, 遼陽府, 析津府, 大同部, 興中部)를 두었다. 주州와 군軍과 성城이 156개, 현縣이 209개, 부족部族이 52개, 속국이 60개였다(淸格爾泰 外 4人, 1985).

요遼는 태조太祖. 耶律阿保機, 태종太宗. 耶律德光, 세종世宗. 耶律阮, 목종穆宗. 耶律璟, 경종景宗. 耶律賢, 경종經宗. 耶律隆緖, 흥종興宗. 耶律宗眞, 도종道宗. 耶律洪基, 천조황제天祚皇帝. 耶律延禧의 9제帝를 거쳤고 1125년 금金에 망하였다. 금金이 바야흐로 요遼를 멸하려고 할 때에 요遼의 종실宗室인 야율대석耶律大石이 스스로 왕이 되어 서쪽으로 부족을 이끌어서 기올만(起兀漫, 현재 구소련 경내의 사마르칸트 부근)에서 황제라 칭하고 호사알이타(虎思斡耳朶, 지금 구소련의 타크마크 以東)에 도읍을 정하였으니 이것이 서요西遼이다. 영토는 지금의 신강新疆 및 그 부근 지역을 포함하였다. 1211년 정권을 나이만乃蠻의 왕인 굴출율屈出律에게 빼앗겼어도 서요西遼의 국호를 계속 사용하였고 1218년에 몽고에게 멸망하였다.

거란 왕조는 중국 역사에는 말할 것도 없고 세계 역사에도 큰 영향을 주었는데 오로지 서쪽을 통제하여 중국과 서역西域의 교통을 이어주는 중요한 길을 터주었기 때문이다. 이로 인하여 거란이란 하나의 국가, 또는 민족이 중국 전체를 통칭하기에 이르렀으며 이에 대하여는 유명한 마르코

---

12 오경(五京)은 상경(上京), 중경(中京), 동경(東京), 남경(南京), 서경(西京)을 말한다. 상경(上京)은 임황(臨潢)으로 지금의 임동(林東)을 말하고 중경(中京)은 대정(大定)으로 지금의 영성(寧城) 경내를 말하며 동경(東京)은 요양(遼陽), 남경(南京)은 석진(析津)으로 지금의 북경(北京)이고 서경(西京)은 대동(大同)을 말한다.

폴로의『동방견문록東方見聞錄』에서 자세하게 기록하였다.

　아주 흥미 있는 것은 15세기 콜럼버스가 신대륙을 발견한 일도 거란과 관계가 있다는 것이다. 콜럼버스는 마르코 폴로의『동방견문록』의 영향을 많이 받아서 스페인 국왕의 지령을 얻어 거란과 인도를 방문할 수 있는 빠른 길을 찾아 서쪽으로 갔으며 그러다가 대서양을 건너서 아메리카 신대륙을 발견한 것이다. 오늘날에 이르러는 어느 국가, 또는 한 민족의 언어에서, 예를 들면 러시아어 칼카 몽고어蒙古人民共和國 등에서는 거란이란 단어의 발음만 바꾸어 중국을 부르는 데 사용한다.[13]

　거란의 요遼 왕조가 선 다음에 정치, 군사, 경제, 문화의 발전에 부응하고 한자문화로부터의 독자성을 유지하려는 민족적 자각에서 거란대자契丹大字와 거란소자契丹小字를 제정하였다. 이 문자는 서로 유형적으로 같지 않으며 그 해독이나 이해가 아직도 부족하다. 문자는 말을 기록하는 부호여서 거란문자를 연구하려고 한다면 반드시 먼저 거란어契丹語를 알아야 한다. 그것도 거란어의 역사적 연구가 있어야 하기 때문이다. 그러나 이에 대한 연구는 지지부진하다.

거란인의 언어 자료

　요대遼代 거란인들의 언어 자료로 보존되어 내려온 것은 많지 않다.『요사遼史』의「국어해國語解」에 수록된 200여 항 정도가 있는데 그 가운데 일부는 한어漢語의 어휘에 포함될 것이다. 인명, 지명 등 고유명사를 제거하면 겨우 100항에도 미치지 못할 것이다. 100항도 안 되는 이 어휘 가운데는 또

13　고려 말기에 편찬된 중국어 교과서 '노걸대(老乞大)'의 '乞大'도 거란(契丹)을 지칭하는 것이다.

많은 관직官職, 또는 관부官府의 명칭이 있어서 진정한 의미의 거란어의 기본 어휘는 겨우 40여 개 항이 남을 뿐이다.[14] 또 청대清代에 편찬한『삼사어해三史語解』의「요사어해遼史語解」는 비록 수록한 어휘는 비교적 많다 하더라도 단어 해석에 너무 주력하여 증거가 될 자료가 매우 적을 뿐만 아니라 예문의 인용도 부족하다.

북송北宋 유반劉攽의『중산시화中山詩話』에서는 "거란으로 가는 두 사신使臣이 호어胡語에 능하였네."라고 한 송宋나라 사신使臣 여정余靖의 시를 소개하였다. 이 시는 거란어와 한어를 섞어서 지은 칠언七言 율시律詩라고 한다.[15] 여기에는 "夜宴設還(厚盛也) 臣拜洗(受賜), 兩朝厥荷(通好) 情感勤(厚重), 微臣雅魯(拜舞) 祝若統(福祐), 經壽鐵擇(崇高) 俱可忒(無極)."(汲古閣『津逮秘書』제5집)이라 하여 거란어와 한어를 대작對作하여 섞어놓은 것인데 "設還(厚盛也), 拜洗(受賜), 厥荷(通好), 感勤(厚重), 雅魯(拜舞), 若統(福祐), 鐵擇(崇高), 可忒(無極)"과 같은 대작어에서 거란어를 추출할 수 있다(清格爾泰 外 4人, 1985).

또 같은 책에서 심괄沈括의『몽계필담夢溪筆談』에도 북송의 사신이었던 조약刁約의 유사한 대작시對作詩가 있다고 하며 그로부터 몇 개의 거란어를 건질 수가 있다고 한다. 즉 "押燕移离畢, 看房賀跋支, 錢行三匹裂, 密賜十貔貍."라는 시의 말미에 주註를 붙이기를 "移离畢, 官名, 如中國執政官. 賀跋支, 如執衣防閤. 匹裂, 小木罌, 以色棱木爲之, 如黃漆. 貔貍, 形如鼠而大,

---

14 예를 들면 '女古'(金), '孤稳'(玉), '阿斯'(大), '監母'(遺留), '耐'(首), '耶魯碗'(興旺), '陶里'(免), '捏褐'(犬), '爪'(百), '達刺干'(縣官), '斡魯朶'(官) 등이 있다.

15 이 시는 협륭례(叶隆禮)의『거란국지(契丹國志)』(권24)에도 수록되었으나 양자에는 글자의 차이가 있다.

穴居, 食果穀, 嗜肉狄人爲珍膳, 味如狄子而脆."라 하여 "移离畢, 賀跋支, 匹裂, 貔狸" 등의 거란어를 추출하였다. 이때의 이 어휘들은 한자의 발음을 빌려 표기한 것으로 볼 수밖에 없다.

거란어와 중국어의 차이는 어휘만이 아니다. 기본적으로 고립적인 문법 구조의 중국어에 대하여 교착어인 거란어는 어간이 문법적으로 어형이 변할 뿐만 아니라 다른 문법요소들이 첨가되며 어순語順도 거란어가 'S(주어)+O(목적어)+V(서술동사)'의 문장구조를 가진 반면 중국어는 'S(주어)+V(동사)+O(목적어)'의 구조를 보인다. 따라서 거란어로 중국 한문을 읽으려면 목적어를 먼저 읽고 서술동사를 읽어야 하기 때문에 거꾸로 읽게 된다. 이에 대하여는 다음과 같은 증언이 있다.

송대宋代 홍매洪邁의 『이견지夷堅志』 「병지丙志」(권18)에 "契丹小兒初讀書, 先以俗語顚倒其文句而習之. 至有一字用兩三字者. ─ 거란의 어린 아이들이 처음 글을 읽을 때에 먼저 속어(거란어를 말함 ─ 필자)를 거꾸로 하여 그 문구를 배운다. 한 글자에 두세 자를 쓰기도 하여 [풀이한다.]"라 하여 거란으로 한문을 풀이할 때에 중국어의 뒷부분을 먼저 읽는 문장 구조임을 밝히고 있다.

그리고 이 책에서는 이어서 퇴고推敲의 고사故事로 유명한 당唐 가도賈島의 오언율시五言律詩의 "鳥宿池中樹, 僧敲月下門"의 두 구句를 거란의 아이들은 "月明里和尙門子打, 水底里樹上老鴉坐. ─ 달 밝은데 스님이 문을 두드리고 물 밑 나무 위에 늙은 갈가마귀가 앉았다."라고 읽는다고 하는 이야기를 그가 송宋의 사신으로 금金나라에 갔을 때에 접반사接伴使였던 비서소감秘書少監 왕보王補가 우스갯소리로 했다고 썼다. 이 왕보는 금주錦州 사람으로 거란인이라고 하였다.

거란어는 알타이어족에 속하는 몽골 계통의 언어이다. 따라서 위의 소화笑話는 한자의 어순을 거란어에 맞추어 읽은 것을 말하는 것이다. 이것은 한반도의 신라에서 임신서기석壬申誓記石의 한자 표기와 향찰鄕札 표기에서, 그리고 일본의 망요萬葉 가나 등에서도 흔히 발견되는 예들이다. 이러한 거란어를 한자로 기록하는 데 많은 어려움이 따랐고 그들은 새 나라의 건국과 더불어 자국의 언어를 표기하기 쉬운 새로운 문자를 만들었는데 이를 거란문자契丹文字라 한다.

문자의 제정과 사용

그러면 다음으로 거란문자의 제정과 사용에 대하여 살펴보기로 한다. 고구려의 후예들이 세운 발해는 중앙아시아의 강자로서 이 지역의 여러 민족을 다스렸으나 이미 발해는 한漢문화의 영향을 받아서 한자를 사용하였다.[16]

그러나 나라가 망하자 한문을 사용하던 발해의 유족도 뿔뿔이 흩어졌다. 당시 이 지역의 여러 민족은 한문화의 영향으로 한문을 사용하였고 그 한자를 이용하여 자국의 문자를 만들어 사용하였다. 그러나 한자를 변형시킨 발해문자에 대하여는 워낙 자료가 적기 때문에 아직 그 문자의 실체를 거론하기 어렵다.

이런 한자의 변형 문자는 역사 기록으로 남아 있는 자료 가운데 거란문자가 가장 이른 시기의 것으로 알려졌다. 거란문자契丹文字. Khitan script는 대

---

16 발해(渤海)에도 고유한 문자가 있었던 것으로 알려졌다. 발해 유적지에서 발굴되는 와당(瓦當, 기와) 등의 편린(片鱗)에 한자와 유사한 문자가 발굴되고 있어 이를 발해문자로 보는 연구가 있다. 졸고(2012) 참조.

자大字, large와 소자小字, small가 있다. 서기 916년에 요遼 태조 야율아보기가 나라를 세운 뒤에 얼마 되지 않은 신책神册 5년(920) 정월에 거란대자를 만들기 시작하여 9월에 완성하고 이를 반행頒行하라는 조칙을 내렸다고 한다.[17] 이때에 요遼 태조를 도와 거란대자를 만든 사람은 돌려불突呂不과 야율노불고耶律魯不古인 것 같다.

즉 『요사遼史』(권75) 「돌려불전突呂不傳」에 "突呂不, 字鐸袞, 幼聰敏嗜學事, 太祖見器重. 及制契丹大字, 突呂不贊成爲多. 未几爲文班林牙, 領國子博士, 知制誥. — 돌려불은 자字가 탁곤鐸袞이며 어려서 총민하고 학문을 좋아하므로, 태조(요 태조 야율아보기를 말함 — 필자)가 그릇이 무거움을 알았다. 거란문자를 지을 때에 도와서 이룬 것이 많았고 문반에 들어가 한림林牙에 이르지는 못하였으나 국자학 박사, 지제고를 지냈다."라는 기사가 이를 말한다.

또 『동서同書』(권75) 「야율노불고전耶律魯不古傳」조에 "耶律魯不古, 字信貯, 太祖從侄也. 初太祖制契丹國字, 魯不古以贊成功, 授林牙, 監修國史. — 야율노불고는 자字가 신저信貯이고 태조의 종질從侄이다. 처음에 태조가 거란 국자國字를 만들 때에 도와서 성공시켜서 임아林牙[18]를 주고 국사國史를 감수監修하게 하였다."라는 기사를 보면 그가 태조의 신문자 제정을 도왔음을 알 수 있다.

이들이 태조를 도와 만든 문자는 신책神册 5년(920)에 요遼 태조의 조칙으

---

17 『요사(遼史)』(권2) 「태조비(太祖紀)」에 "神册, 春正月乙丑, 始制契丹大字. [중략] 九月壬寅大字成, 詔頒行之."이란 기사 참조.

18 요(遼)나라의 관직으로 한림(翰林)에 해당함.

로 반포되었는데 이 거란국자契丹國字가 바로 '거란대자契丹大字, Khitan large script' 이다.

거란대자로 알려진 자료로는 1951년 여름 요녕성遼寧省 금서현錦西縣 서고 산西孤山 요묘遼墓에서 출토된 거란문契丹文 묘지명墓誌銘이 있다. 요遼 대안大安 5 년(1089)에 사거死去한 정강군절도사靜江軍節度使 소효충蕭孝忠[19]의 무덤에서 나온 비문은 길이 67cm, 폭 67cm, 두께 7.5cm의 비신碑身에 1행 30자 전후로 모 두 18행의 거란문자가 새겨져 있다. 한문으로 쓴 묘지墓誌도 있어서 3행에 "정강군절도사靜江軍節度使 소효충蕭孝忠"이란 기사와 마지막 행에 "大安五年 歲 次己巳十二年一月酉朔二十五日辛酉日辛時葬訖"이란 기사로 보아 그가 대 안大安 5년에 사거하였으며 정월正月 25일에 장례를 마쳤음을 알 수 있다. 여 기에 실린 거란대자는 아직 해독이 안 된 부분이 있다.

거란대자의 다른 자료로는 적봉시赤峯市 아로과니阿魯科尒 심기沁旗에서 1975 년에 발굴된 '북대왕묘지北大王墓誌'를 들 수 있다.[20]

거란대자와 거란소자

거란소자契丹小字는 이보다 몇 년 후에 요遼 태조의 황제인 질랄迭剌이 위구 르回鶻의 사절使節들을 만나 그들의 표음적인 위구르 문자를 배워서 만든 문 자이다.

---

19 소효충(蕭孝忠)은 『요사(遼史)』에 등장하는 소효목(蕭孝穆)의 아우이다. 이 형제는 요(遼) 아고지(阿古只)의 5세손 (世孫)으로 요(遼) 성종(成宗) 태평(太平)년간에 대연림(大延琳)이 동경(東京, 遼陽)에서 반란을 일으키자 형인 소효 목(蕭孝穆)이 연림(延琳)을 잡아 반란을 진압하여 공을 세웠다. 형은 동경(東京) 유수(留守)를 지냈고 말년에 북원 추밀사(北院樞密使)를 역임했다.

20 거란대자를 보여주는 북대왕(北大王) 묘지(墓誌)의 사진이 졸저(2009:122)에 게재되었다.

즉 원대元代 탈탈脫脫이 찬수撰修한 『요사遼史』(권64) 「황자표皇子表」에 "迭刺, 字云獨昆. [중략] 性敏給, [중략] 回鶻使至, 無能通其語者. 太后謂太祖曰: '迭刺聰敏可使' 遣迓祉. 相從二旬, 能習其言與書, 因制契丹小字, 數少而該貫. — 질랄은 자字가 독곤獨昆이다. [중략] 성격이 총민하고 원만하였다. 위구르回鶻의 사신이 도달하였는데 그 말에 능통한 사람이 없었다. 태후太后가 태조(太祖는 요의 태조 야율아보기를 말함 — 필자)에게 말하기를 '질랄迭刺이 총민하니 가히 쓸 만합니다' 하니 [그를] 보내어 [사신들을] 맞이하게 하였다. 서로 상종하기를 20일간 하여서 능히 그 말과 글을 배워 거란소자를 제정하였는데 글자 수는 적으나 모두 갖추고 꿰뚫었다."[21]라고 하여 위구르 사신들에게 위구르 문자를 배워 거란소자를 지었음을 말하고 있다.

거란 대자大字와 소자小字는 요대遼代에 계속해서 함께 사용한 것으로 보인다. 즉 대자가 불편하여 이를 없애고 소자를 제정한 것이 아니라 이 두 문자는 일정 기간 병용된 것이다. 중국의 사서史書에는 거란문자를 시험하는 제도를 소개하고 있다. 이 문자들은 요가 멸망할 때까지, 아니 오히려 요가 망한 이후에도 쓰였다. 즉 금대金代에 들어와서도 이 문자의 사용을 폐지하는 '詔罷契丹字'의 조칙이 금金 명창明昌 2년(1191)에 내려질 때까지 300년에 걸쳐 계속해서 사용되었다.

다만 거란문자를 기록한 서책이나 문서는 오늘날 거의 없다. 명대明代에 요遼, 금金, 원元 등 북방민족이 독자적인 문자를 제정하여 사물이나 역사를 기록한 자료들을 대부분 폐기하였다. 한자문화를 보전하기 위하여 한족漢族의 명明이 얼마나 철저하게 이러한 이문자異文字의 기록물을 파괴하였는지

---

21 淸格爾泰 외 4인(1985:4)에서 재인용함.

는 졸저(2009)에서 파스파 문자의 기록을 예로 하여 상세하게 다루었다.

현재 잔존하는 자료 가운데는 어느 것이 대자이고 소자인지 분명하지 않았다. 그동안은 경릉慶陵식[22] 문자가 대문자이고 서고산西孤山 요묘遼墓식[23] 문자가 소문자라고 인정해왔다. 그러나 최근에는 반대로 경릉식이 소자이고 요묘식이 대자라는 것이 밝혀졌다. 그것은 경릉식 문자는 얼핏 보기에는 필획筆劃이 매우 많아 '대문자大文字'처럼 보이지만 이 글자들은 분해分解할 수가 있었다. 분해가 가능한 대문자를 더 작은 단위로 나눈 것을 '원자原字'[24]라고 부른다. 이 원자는 필획이 많지 않고 하나의 음절을 문자화한 것이어서 표음문자라고 할 수 있다.

이 거란소자의 원자는 약 400자로 추정되는데 칭걸타이(淸格爾泰 外, 1985)에서는 378개의 원자를 추출하여 제시하였다. 반면에 서고산 요묘식 거란자는 필획이 비교적 적어 '소자小字'로 인정되었지만 매자每字가 하나 또는 몇 개의 음절을 기술하며 대부분 뜻글자로서 더 이상 분해가 불가능하

---

22 요(遼)의 황릉(皇陵)인 경능(慶陵)은 내몽고자치구 적봉시(赤峯市) 파림우기(巴林右旗) 경내의 백탑자(白塔子) 부근에 위치하고 있다. 1920년에 이 능이 발굴되었는데 능 안의 사면에 돌비석이 있었고 그 비석에는 한자와 거란문자로 보이는 글자가 새겨져 있었다. 당시 적봉시(赤峯市) 일대에서 선교를 하고 있던 벨기에 선교사 게르빈(L. Kervyn)이 이를 베껴서 1923년에 Le Bulletin Catholique de Pekin(vol. 10, No. 118, 『북경천주교잡지(北京天主敎會雜誌)』 제10권 제118호)에 발표하였으며 후에 뻬이오(P. Peillot)가 편찬한 『通報(Toung Pao)』에도 게재되었다. 이것은 당시로서는 대사건이었다. 이 경능(慶陵)에 새겨진 거란문자를 경릉식 문자라고 하며 이것이 거란소자(契丹小字)임이 최근 밝혀졌다(淸格爾泰, 1997: 103).

23 1939년에 일본의 이이다(稻田君山) 씨가 골동품 상인에게서 『고태사명석기(故太師銘石記)』를 구입하였는데 여기에 쓰인 알 수 없는 문자가 거란문자라는 논문을 발표하였다. 당시에는 이 문자가 경릉(慶陵)식 거란문자와 차이가 있어 이를 거란문자로 인정하지 않았으나 1951년 중국 요녕성(遼寧省) 금서현(錦西縣) 서고산(西孤山)의 요묘(遼墓)에서 역시 해독할 수 없는 묘지(墓誌)가 출토되었고 이것이 거란대자이며 적봉시(赤峯市) 영성현(寧城縣) 경내에서 발굴된 「대요대횡장란릉군부인건정안사비(大遼大橫帳蘭陵郡夫人建靜安寺碑)」의 비문과 동일 계통이고 앞서 이이다(稻田君山) 씨가 발굴한 것도 같은 계통의 문자임을 알 수 있게 되었다고 한다(淸格爾泰, 1997:104).

24 최소 서사(書寫) 단위인 원자(原字)는 서로 결합하여 하나의 음절을 만들 수 있는데 현재로서는 약 400자가량의 원자를 추출하였다(淸格爾泰, 1997:124).

2. 동아시아 제 민족의 언어와 문자

다. 이 서고산 요묘식 거란자는 문자가 매우 많아 현재까지 발견된 자수가 1,800여 자가 된다(淸格爾泰, 1997:124)고 한다.[25]

거란 대자大字와 소자小字를 제정한 정확한 이유에 대하여 아직 확실한 설명은 찾기 어렵다. 다만 칭걸타이(淸格爾泰, 1997:106)에서

爲什麼創制了兩種文字呢? 這可能和契丹語的特點和契丹人的文化交流情況有關. 起初契丹人模仿漢字創制了契丹大字. 漢字是形, 音, 義結合的單音節字, 這點很適合漢語的特點. 但契丹語是阿爾泰語系語言類型的黏着語, 多音節詞較多, 附加成分較多. 用漢字類型的字來表達, 不但需要有形, 音, 義結合的表示實體詞的多音節字, 而且還需要有表示語法意義的表音字. 如像日本文中的漢字加假名, 朝鮮文中的漢字加諺文. 是這類文字體系的發展和完備, 非短時期所能完成. 在契丹大字還有發展到完備的時候, 契丹族又接觸到了拼音文字的回鶻文. 於是受到啓發, 在漢字字形基礎上創制了基本上是表音的契丹小字. 形成了外形上雖都像漢字, 但性質上不同的兩種文字體系. — 이 두 가지 문자를 창제한 이유는 무엇인가? 아마도 거란어의 특징과 거란인의 문화교류 상황과 관련될 것이다. 처음에 거란인들은 한자를 모방하여 거란대자를 창제하였다. 한자는 형形, 음音, 의義가 결합된 단음절 문자여서 한어의 특징에 매우 적합한 문자이다. 그러나 거란어는 알타이어계 언어로서 유형적으로 교착어이다. 따라서 다음절 어휘가 비교적 많고 부가되는 성분도 비교적 많다. 그러므로 한자와 같은 유형의 문자로 표기할 경우 실사實辭를 표기하기 위하여 형形, 음音, 의義가 결합된 다음절 문자가

---

25 이상의 조건으로 보아 경릉(慶陵)식 거란자는 "數少而該貫"이란 『요사(遼史)』에 언급된 소문자의 특징과 부합된다. 즉, '數少'는 글자 수가 적다(400자)는 뜻이고 '該貫'은 거란어의 발음을 잘 표기한다는 뜻으로 볼 때에 이 두 표현에 맞는 것은 경릉식 거란문자로 보아야 한다는 것이다(淸格爾泰, 1997:124).

있어야 하고 또 문법적 의미를 갖는 [허사虛辭를 표기하기 위한] 표음문자도 있어야 할 것이다. 그러나 이런 문자체계의 발전과 완성은 단시일 내에 이루어질 수 있는 것이 아니다. 거란대자가 아직 성숙되기 이전에 거란족은 표음문자인 위구르 문자와 접하게 된다.[26] 거기에 착안하여 그들은 한자 자형字形의 기초 위에서 표음문자인 거란소자를 창제하게 된 것이다. 그리하여 비록 외형상으로는 모두 한자와 비슷하나 성격이 다른 두 문자체계가 형성된 것이다.

라고 거란대자와 거란소자의 제정에 대하여 언급하였다. 이 발언은 신라의 향찰鄕札과 고려의 석독釋讀 구결口訣과 같이 서로 두 계통으로 나뉘어 표기되는 한자의 차자표기를 암시한 것으로 매우 중요한 내용이었으나 당시에 아무도 이를 이해하지 못한 것은 매우 유감스러운 일이 아닐 수 없다.

위의 발언을 감안하면 신라의 향찰은 거란대자와 유사한 표기체계이고 거란소자는 석독 구결과 같은 표기체계로 볼 수 있다. 한반도에서 향찰과 구결은 고려시대와 조선시대 전기에 동시에 사용되었다. 예를 들면 남풍현(1994)에서 소개된 『시경석의詩經釋義』가 신라의 향찰 표기를 계승하여 사용하였다면 고려시대에 시작된 구결 표기, 특히 석독 구결과 구결 약자略字는 거란소자와 같은 이유로 제정되어 사용되었을 가능성이 없지 않다. 한자문화권과 인접한 중국 북방민족들의 문자 생활은 대동소이한 것으로 보인다.

---

26 이 언급은 거란소자가 요(遼) 태조 아구타의 황제(皇弟) 질랄(迭剌)이 위구르의 사절(使節)들을 만나 그들의 표음적인 위구르 문자를 배워서 만든 문자라는 졸저(2013:96~97)의 기술을 말하는 것이다.

남아 있는 자료

거란문자에 대하여는 송대宋代 왕역王易의 『연북록燕北錄』과 도종의陶宗儀의
『서사회요書史會要』에 기재된 "朕, 勅, 走, 馬, 急"에 해당하는 5개의 거란자
자형字形 이외에는 알려진 것이 없었는데 1920년 전후로 중국 내몽고內蒙古
자치구 적봉시赤峰市 파림우기巴林右旗 경내境內의 백탑자白塔子 부근에서 경릉慶陵
이 발굴되었고 1922년 여름에 역시 적봉 일대에서 선교하던 게르빈L. Kervyn
에 의하여 중릉中陵의 묘실墓室에서 발견된 요遼 제7대 흥종(興宗, 재위
1031~1055)의 비문碑文과 그의 비妃인 인의황후仁懿皇后의 비문('哀册'으로 불림)
이 초사抄寫되어 학계에 보고한 다음부터 거란문자의 실체가 확실해졌다.

이때에 발굴되어 공개된 '애책哀册' 등의 거란문 자료는 대부분 거란소자
의 것으로 거란대자는 1951년 여름 요녕성遼寧省 금서현錦西縣 서고산西孤山의
요묘遼墓에서 출토된 거란문 묘지명이 대표적이다.[27]

[사진 2-3] 거란소자로 된 『도종애책道宗哀册』의 책 덮개(탁본)[28]

---

27 예를 들면 '북대왕묘지(北大王墓誌)' 등을 말한다.

28 이것은 요(遼) 제8대 도종(道宗, 재위 1056~1100)을 추모하는 '애책(哀册)' 뚜껑의 탁본이다. 淸格爾泰 외 4인
(1985:권두)에서 재인용한 것이다.

거란소자의 자료로는 금金 천회天會 12년(1134)에 제작된 「대금황제도통경략낭군행기석각大金皇弟都統經略郎君行記石刻」(이하 '郎君行記'로 약칭)이 가장 널리 알려졌다. 원래 이 비문은 여진대자女眞文字가 공포된 1119년 이후의 것이어서 여진문자로 인식되었으나 전술한 거란문 자료인 애책哀册의 자형과 일치하므로 거란문자의 자료로 밝혀졌다. 이 비문은 거란문과 한문 문장이 좌우로 대조되게 새겼다. 한문은 왼쪽에 작은 글씨로 쓰였으며 거란문을 번역하여 오른쪽에 새긴 것이다. 다음 [사진 2-4]는 그 대역의 방법을 보여준다.

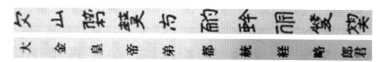

[사진 2-4] 「낭군행기 석각石刻」의 '大金皇弟都統經略郎君'에 해당하는 거란소자

거란대자는 한자의 필획을 줄여서 표기하였지만 역시 표의문자이며 약 1,800여 자가 있었던 것으로 추정된다. [사진 2-3], 그리고 [사진 2-4]의 위쪽에 보이는 거란소자는 표음문자의 형태를 갖고 있어서 한 자가 한 음音, 또는 한 음절音節을 표시한다. 현재 인정되는 거란소자는 원자原字가 378자 정도이다(졸저, 2012:99~100에 게재된 [사진 3-10]을 참조). 거란대자는 물론이고 거란소자의 해독도 아직 완전하지 못하다.

거란대자의 해독은 1980년대에 다수의 자료가 발굴되고 나서 많은 진전이 있었으나[29] 아직도 핵심 부분의 해독은 이루어지지 않았다. 지금까지

---

29 예를 들면 1983년에 발굴된 「야율인선묘지(耶律仁先墓誌)」를 비롯하여 1991년 발굴된 「해당산거란소자묘지잔석

알려진 거란대자의 자료로는 1980년경 중국 요녕성에서 발굴된 야율연녕 耶律延寧의 묘지(墓誌, 986년 제작), 북대왕묘지(北大王墓誌, 1041), 고태사명석 기(故太師銘石記, 1056), 소효충묘지(蕭孝忠墓誌, 1089), 소포로묘지(蕭袍魯墓 誌, 1090), 야율습열묘지(耶律習涅墓誌, 1114)가 있으며 이를 대상으로 하는 해독이 활발하게 진행되었다. 그 후에 여러 차례 시행착오를 거쳐 어느 정도의 성과를 얻었지만 해명되는 범위는 한정되어 있고 아직 문자 해독 의 중핵 부분은 알지 못한다(河野六郎·千野榮一·西田龍雄, 2001:297~298).

거란문자의 해독과 연구

거란대자는 어디까지나 한자와 같은 표의문자로서 신라 향찰의 석독자 釋讀字와 같이 거란어로 읽어야 하는 부분도 있고 또 중국어의 동북東北 방언 음方言音으로 읽어야 하는 음독자도 많기 때문에 그 연구와 해독은 아직도 요원하다.[30] 또 거란 사회 조직의 특수성에 따라 여러 다른 계급과 관직, 부족명 등의 고유명사가 있는데 이것도 향찰과 같이 음독자와 석독자를 섞어서 표기하였다.

그에 비하여 거란소자는 거의가 음독자를 변형한 것이기 때문에 그 해 독은 거란대자에 비하여 비교적 용이하다. 거란소자의 자형이 약간 돌궐 문자와 유사하고 표음적 성격을 가졌다는 점에서 상술한 바와 같이 요遼

(海棠山契丹小字墓誌殘石),(요녕성 阜新몽고족자치현)과 역시 1991년에 발굴된 「야율종교묘지명(耶律宗敎墓誌銘)」 (요녕성 北滿族자치현), 1993년의 「거란소자금대박주방어사묘지잔석(契丹小字金代博洲防禦使墓誌殘石),(적봉시 敖汗旗), 1995년의 「삼산향거란소자묘지잔석(三山鄕契丹小字墓誌殘石),(적봉시 巴林左旗) 등이다.

30 1996년에 거란대자가 표음적인 음절문자라는 주장이 제기되었다. 劉鳳書; "契丹大字中若干官名和地名之解讀," 「民族語文」 4期(1996), 北京 참조.

태조의 동생 질랄迭剌이 위구르의 사자使者들과 만나서 위구르의 말과 글을 배운 후에 만들었다는 내용을 뒷받침한다.

거란문자의 해독과 연구는 1920년대의 발굴에서 시작되어 1930년대 이후 중국에서의 뤄후우청羅福成, 뤄후우이羅福頤, 왕찡루王靜如, 리딩쿠이厲鼎煃와 일본의 야마지 히로아키山路廣明, 오타기 마쓰오愛宕松男, 다무라 지쓰조田村實造, 오사다 나쓰기長田夏樹, 무라야마 시치로村山七郎, 도요타 고로豊田五郎 등의 연구가 있었으며 구소련에서는 나제르야에프В. М. Наделяев, 스타리코프В. С. Стариков의 연구가 있었으나 이때의 연구는 탐색의 단계에서 실험적인 연구였다.

1970년대에 중국의 내몽고대학內蒙古大學 몽고어문蒙古語文연구실과 중국 사회과학원社會科學院 민족연구소民族研究所가 중심이 되어 거란문자에 대한 본격적인 연구가 이루어졌다.[31] 1985년에 간행된 칭걸타이淸格爾泰 외 4인(1985)의 연구, 즉 『거란소자 연구契丹小字研究』(中國社會科學院出版社, 北京)에서 거란문자에 대한 연구의 한 획을 그었다.

이 논저에는 그때까지 발견된 거란문자의 자료들이 수록되었다. 그러나 그 이후에도 중요한 자료들이 발견되었는데 전게서에 미처 수록되지 못한 자료를 소개하면 「야율인선묘지耶律仁先墓誌」(요녕성 北票에서 1983년 발견, 1991년 발표), 「해당산거란소자묘지잔석海棠山契丹小字墓誌殘石」(요녕성 阜新몽고족자치현에서 1991년 발견), 「야율종교묘지명耶律宗敎墓誌銘」(요녕성 北鎭 滿族자치현에서 1991년 발견), 「거란소자 금대 박주방어사 묘지잔석金代博洲防禦使墓誌殘石」(적봉시 敖汗旗에서 1993년 발견), 「삼산향三山鄕 거란소자묘지잔석」(적봉시 巴林左旗에

---

31 내몽고대학(內蒙古大學) 몽고어문(蒙古語文)연구실에는 淸格爾泰, 陳乃雄, 邢复禮 등의 거란어문(契丹語文)의 전문가가 있었고 사회과학원(社會科學院) 민족연구소(民族研究所)에는 劉鳳翥, 于寶林 등의 연구자가 있었다.

서 1995년 발견) 등이 발견되어 이에 대한 연구가 지금까지 계속되고 있다
(淸格爾泰, 1997:23).

4. 금(金)의 여진문자

다음으로 여진족의 금金에서 제정된 여진문자女眞文字, Jurchin or Jurchen script[32]
에 대하여 살펴보기로 한다. 여진어女眞語는 남 퉁구스 계통의 만주어滿洲語와
나나이어語의 중간 위치에 있는 퉁구스계의 언어로 중국에서 금대金代와 명
대明代에 만주지역에 거주하던 여진족의 언어이다.

전술한 바와 같이 스텝의 여진 지역에서는 거란문자가 통용된 지 수백
년 후에도 여진족은 각전(刻箭, 화살대에 새김)의 방법으로 통신하였으며
여진의 일족이 금金나라를 세운 후에도 초기에는 문자가 없었다. 즉, 李德
啓(1931:1)에 의하면

[전략] 自建國稱金之後, 始漸知契丹文及漢字. 王圻續文獻通考一八四卷三一
頁云: 金初無字, 及獲契丹漢人, 始通契丹漢字. 太祖遂命谷神依漢人楷字, 因契
丹字制度, 合本國語, 製女眞字行之. 後熙宗製女眞小字, 谷神所製爲大字. — 나
라를 세워 금金이라 칭한 다음부터 [여진족은] 점차 거란문자 및 한자를 알기 시
작하였다. 왕기王圻의 『속문헌통고續文獻通考』(권184:31)에 말하기를 "금金나라는 처

---

32 Lie(1972:192~202)에 등장하는 Jürčenn(복수형 Jürčet)은 바로 여진족을 말하며 중국이나 한반도의 역사서에서
는 '女眞'으로 기술되었다.

음에 글자가 없었으나 거란인契丹人과 한인漢人을 얻어 거란문자와 한자로 소통하기 시작하였다. [금金] 태조가 명을 내려 곡신谷神으로 하여금 한인漢人들의 해자楷字[33]에 의거하고 거란문자의 제도에 따르며 본국의 말에 맞추어 여진문자를 만들어 사용하였다. 후에 희종熙宗이 여진 소자小字를 만들었는데 곡신谷神이 지은 것은 대자大字라고 하였다."라고 하다.[34]

라고 하여 여진 대자大字와 소자小字가 역시 금金의 국초에 만들어졌음을 알 수 있다.

여진자의 제정

여진족의 동여진東女眞 안출호安出虎의 완안부完顔部 추장酋長이었던 아구타阿骨打가 송화강松花江 유역의 영고탑寧古塔, Ningguta 지역에서 주변 여러 부족을 통합하여 요遼를 멸하고 나라를 세워 금金이라 하였으며 황제에 올라 태조太祖가 되었다.[35] 그는 통치를 위한 문자가 없어 완안희윤(完顔希尹, 본명은 谷神)에게 명하여 한자의 해서체楷書字를 변형하여 표음적인 여진자女眞字를 만들게 하였는데 이것이 여진대자女眞大字인 것이다.

---

33 한자의 자체 가운데 해서체(楷書体)를 말함.

34 비슷한 내용이 도종의(陶宗儀)의 『서사회요(書史會要)』에도 전한다. 그것을 옮겨보면 "金人初無文字. 國勢日强, 與隣國交好, 適用契丹字. 太祖命完顔希尹本名谷神, 撰國字. 其後熙宗亦製字並行. 希尹所製謂之女眞大字, 熙宗所製之女眞小字. ─ 금나라는 초기에 문자가 없었다. 나라의 세력이 나날이 강해지자 이웃한 나라와 우호적인 교섭을 위하여 거란문자를 사용하였다. 태조가 완안희윤 본명은 곡신에게 명하여 나라의 글자를 짓게 하였다. 그 후에 희종이 역시 글자를 지어 병행하게 하였는데 희윤이 지은 것을 여진대자라 하고 희종이 지은 것을 여진소자라 한다."이다.

35 이때의 여진족과 금(金)이 몽고에 멸망한 이후의 여진족을 구분한다. 몽고족에 멸망한 여진족들은 만주로 쫓겨나 해서위(海西衛), 건주위(建州衛), 야인여진(野人女眞)으로 나뉘어 16세기 말까지 살다가 건주위의 누르하치가 이들을 통합하고 후금(後金)을 세웠으며 중원(中原)까지 정복한 다음 청(淸)을 건국하여 중국을 통일하였다.

즉 『금사金史』(권73) 「완안희윤전完顔希尹傳」에 "太祖命希尹撰本國字備制度, 希尹依漢人楷字, 因契丹字制度, 合本 國語, 制女眞字. 天輔三年八月字書成, 太祖大悅命頒行之. — 태조(아구타를 말함 — 필자)가 희윤希尹에게 명하여 이 나라의 글자를 제도에[맞추어] 편찬하라 하니 희윤이 한인의 해서자楷書字에 의거하여 제도에 따라 거란자를 이 나라의 말에 맞도록 여진자로 만들었다. 천보天輔 3년(1119) 8월에 문자가 이루어져서 태조가 크게 기뻐하고 반행頒行할 것을 명하다."라는 기사가 있어 위의 사실을 확인할 수 있다.

이 기사에 의하면 한자의 해서자楷書字에 의거하고 거란자에 맞추어 만들어진 여진대자女眞大字, Jurchen large script가 천보天輔 3년(1119)에 완성되어 칙명으로 반포되어 국자國字로 사용되었음을 알 수 있다.

후에 제3대 희종(熙宗, 재위 1135~1149)이 다시 만든 여진자는 여진소자女眞小字라고 불렀는데 역시 『금사』(권4) '희종熙宗 천권天眷 원년元年 정월正月'조에 "頒女眞小字. 皇統五年五月戊午, 初用御製小字. — [천권 원년(1138) 정월에] 여진소자를 반포하였다. 황통皇統 5년(1145) 5월 무오戊午 일에 임금이 만든 소자小字를 사용하였다."라는 기사가 있어 천권天眷 원년(元年, 1138)에 여진소자를 만들어 반포하였고 황통皇統 5년(1145) 5월에 처음으로 왕이 만든 소자를 사용하였음을 알 수 있다. 이것이 여진소자女眞小字, Jurchen small script 이다.

연구와 성과

이 여진문자에 대한 연구는 이 문자에 대한 몇 개의 자료, 즉 명대明代에 편찬된 것으로 여진어와 한어漢語의 대역對譯 어휘집이며 예문집例文集인 『여진관역어_{女眞館譯語}」[36]를 위시하여 금대_{金代}의 「대금득승타송비_{大金得勝陀頌碑}」 (1185), 명대_{明代}의 「누르한도사영녕사비_{奴兒汗都司永寧寺碑}」(1413) 등의 비문_{碑文}과 부패_{符牌}, 동경_{銅鏡}에 쓰인 문자들이 있다. 이들은 여러 변형으로 나타나지 만 기본적으로 거의 같은 종류의 자형으로 쓰였다.

여진자에 대한 연구는 앞에서 거란문자에 대하여 언급하면서 천회_{天會} 12년(1134)에 섬서성_{陝西省}의 당_唐 건릉_{乾陵}에 세운 비문에 쓰인 「대금황제도 통경략낭군행기_{大金皇弟都統經略郞君行記}」(「낭군행기」로 약칭)에 쓰인 문자를 여진대 자로 판단하고 『여진관역어』 등의 자료에 있는 문자를 여진소자로 추정하 였다고 하였다.

이러한 주장은 청대_{淸代} 도광_{道光} 연간에 유사륙_{劉師陸}으로부터 시작되어 인 경_{麟慶} 등의 청대 학자들에 의하여 이어졌다. 그러나 1962년에 당시 내몽고 대학 교수였던 진광핑_{金光平}이 "從契丹大小字到女眞大小字 — 거란대·소 자로부터 여진대·소자에 이르기까지"란 논문을 발표하면서 전게한 「낭 군행기」의 문자가 거란문자임을 밝혔다(金光平·金啓綜, 1980).[37]

또 진광핑은 『금사_{金史}』의 기록에 "策用女眞大字 詩用女眞小字 — 책_策에 는 여진대자를 쓰고 시_詩에는 여진소자를 썼다."라는 기사에 근거하여 만 일에 여진문_{女眞文}의 시_詩가 있으면 여진소자로 쓰였을 것임을 추정하였다. 다행히 1960년대에 「오둔양필시각석_{奧屯良弼詩刻石}」([사진 2-5])이 발견되어 여 진소자로 쓰인 시를 찾을 수가 있었는데 여기에 쓰인 여진자들은 모두 『여

---

36 이 자료는 명대(明代) 사이관(四夷館)에서 간행한 『화이역어(華夷譯語)』의 하나로 '영락여진역어(永樂女眞譯語)'라 고도 불린다.

37 진광핑(金光平)은 상술한 경릉(慶陵)에서 발견된 '애책(哀册)'이 거란소자로 쓰인 것이 밝혀짐에 따라 같은 문자로 기록된 「낭군행기」가 거란소자의 표기임을 밝힌 것이다.

2. 동아시아 제 민족의 언어와 문자

진관역어』의 것과 크게 다르지 않았다. 이로부터 여진 대자大字와 소자小字의 구별이 비로소 가능하게 되었다.

[사진 2-5] 산동성山東省에서 발굴된 오둔양필奧屯良弼 여진자 시각詩刻[38]

여진문자는 금金 제4대 왕인 세종世宗 때에 대대적인 보급정책을 펼쳤다. 산서山西의 서경西京 대동부大同府와 상경上京 호녕부會寧府에 여진학女眞學을 설립하고 각처에서 수재를 입학시켜 여진문자를 교육하였다. 또 과거시험에 여진진사과女眞進士科를 두고 관리를 선발하였다. 『논어論語』, 『사기史記』, 『정관정요貞觀政要』를 위시한 많은 한적漢籍들이 여진어로 번역되어 여진문자로 기록되었다.

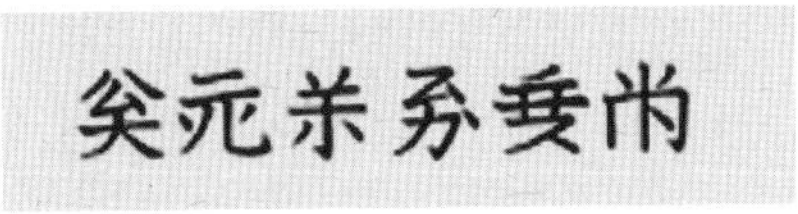

笑元羊务乘肖

[사진 2-6] 여진문자[옴마니받메옴]

---

38 金光平·金啓綜(1980:권두)에서 재인용함.

5. 몽고 위구르자와 만주문자

몽고문자Mongolian script로 알려진 몽고 외올자畏兀字, 즉 위구르식 몽고문자
는 칭기즈 칸이 위구르인들로부터 차용한 것이다. 『원사元史』에 의하면
1203년에 위구르족의 나이만乃蠻을 공략한 칭기즈 칸이 나이만에서 태양
칸의 재상이었던 타타퉁아塔塔統阿를 포로로 잡았는데 그가 국쇄國璽를 가지
고 있는 것을 보고 추궁한 결과 도장의 사용과 문자의 용법을 알게 되어
그로부터 위구르 문자를 배우게 하였으며 이 문자로 몽고어를 기록하게
하였다고 한다.

『장춘진인서유기長春眞人西遊記』에는 1222년에 구처기丘處機가 칭기즈 칸에게
장생長生의 술術을 가르쳐줄 때에 옆에서 그것을 아리셴阿里鮮이라는 서기가
위구르 문자로 기록하였다는 기사가 있다. 당시에 몽고군은 위구르인이
나 위구르 문자를 알고 있는 서역인西域人을 서기로 등용하였으니 아마도
아리셴은 그 가운데 하나일 것이다. 이후 위구르 문자는 몽고인들도 배워
알게 되었다. 1224년, 또는 1225년에 만든 것으로 보이는 칭기즈 칸의 비
문碑文, Chinggiskhan stone이 몽고 위구르자의 가장 오랜 자료가 된다.

칭기즈 칸의 위구르 문자

거란의 요遼와 여진의 금金 다음으로 중앙아시아 스텝지방을 석권하고 대제
국을 건설한 몽골의 칭기즈 칸이 도입한 몽고 외올자(畏兀, 위구르 문자를 말
함)에 대하여 역시 졸저(2009:106~119)의 서술을 중심으로 고찰하고자 한다.
이 문자는 위구르인들이 사용한 문자로 위구르인Uighurs은 일반적으로 피노
우그리아Finno-Ugric, 바라바Baraba, 타르타르Tatars 및 훈Huns 족을 말한다.

이 가운데 전통적으로 위구르 족으로 불리는 종족이 8세기 중엽에 돌궐突厥을 쳐부수고 몽골 고원에 위구르 가한국可汗國을 세웠다. 그러나 이 나라는 9세기 중엽에 이르러 키르기스Kirgiz 족의 공격을 받아 궤멸하였고 위구르 족은 남쪽과 서쪽으로 나뉘어 패주하였다. 남쪽으로 도망간 위구르 족은 당唐으로의 망명이 이루어지지 않아서 뿔뿔이 흩어졌다. 서쪽으로 향한 위구르 족의 일부가 현재 중국의 감숙성甘肅省에 들어가 그곳에 왕국을 세웠다가 11세기 초엽에 이원호李元昊의 서하西夏에 멸망하였다.

한편 현재의 신강성新疆省 위구르 자치구에 들어간 별도의 일파는 9세기 후반 당시의 언자焉耆, 고창高昌, 북정北庭을 중심으로 한 지역에 '서西 위구르 왕국'으로 일반에게 알려진 국가를 건설하였다. 이것이 다음에 설명할 나이만乃蠻으로 보인다. 이 나라도 13세기 전반 몽골족의 발흥에 의하여 멸망의 길을 걷게 되었고 결국은 사라지게 되었다(龜井 孝·河野六郎·千野榮一, 1988:739). 우수한 문명을 가졌던 이 나라는 몽고 문화에 지대한 영향을 주었다.

원元 태조太祖 칭기즈 칸은 나이만乃蠻, Naiman을 정복하고 포로로 잡아온 위구르인 타타퉁아塔塔統阿, Tatatunga로 하여금 위구르 문자畏兀文字로 몽고어를 기록하는 방법을 고안하여 태자 오고타이窩闊臺와 제한諸汗에게 가르쳤다. 즉 『원사元史』에 다음과 같은 기사가 있다.

塔塔統阿畏兀人也, 性聰慧, 善言論, 深通本國文字. 乃蠻大敭可汗尊之爲傅, 掌其金印及錢穀. 太祖西征, 乃蠻國亡, 塔塔統阿懷印逃去, 俄就擒. 帝詰之曰: 大敭人民疆土悉歸於我矣, 汝負印何之? 對曰: 臣職也, 將以死守, 欲求故主授之耳. 安敢有他? 帝曰: 忠孝人也. 問是印何用? 對曰: 出納錢穀委任人才, 一切事皆用之, 以爲信驗耳. 帝善之, 命居左右. 是後凡有制旨, 始用印章, 仍命掌之.
帝曰: 汝深知本國文字乎? 塔塔統阿悉以所蘊對, 稱旨遂命敎太子諸王以畏兀字
書國言. — 타타퉁아는 위구르 사람이다. 천성이 총명하고 지혜로우며 언론言論
을 잘하였고 자기 나라 글자(위구르 문자를 말함 — 필자)를 깊이 알았다. 나이만乃
蠻의 대양가한(大敭可汗, 나이만의 황제를 말함)이 존경하여 스승을 삼고 금인金印
및 돈과 곡식을 관장하게 하였다. 태조(칭기즈 칸을 말함)가 서쪽으로 원정하여
나이만의 나라를 멸망시켰을 때에 타타퉁아가 금인을 안고 도망을 갔다가 곧
잡혔다. 황제(칭기즈 칸을 말함)가 따져 물었다. "대양大敭의 인민과 강토가 모두
나에게로 돌아왔거늘 네가 금인을 갖고 무엇을 하겠는가?" [타타퉁아가] 대답
하여 말하기를 "신臣의 직분입니다. 마땅히 죽음으로써 지켜서 옛 주인이 주신
바를 구하려고 한 것일 뿐 어찌 다른 뜻이 감히 있겠습니까?" 황제가 말하기를
"충효忠孝한 인물이로다. 묻고자 하는 것은 이 인장印章을 무엇에 쓰는 것인가?"
대답하기를 "전곡錢穀 출납을 위임받은 사람이 일체의 일에 모두 이것을 사용하
여 믿고 증명하려는 것일 뿐입니다." 하니 황제가 좋다고 하고 [타타퉁아를 황
제의] 곁에 두도록 명하였다. 이후로부터 모든 제도를 만드는 명령에 인장을 사
용하기 시작하였고 [타타퉁아가] 명을 받들어 이를 관장하였다.[39] 황제가 말하
기를 "네가 너의 나라의 문자를 깊이 아느냐?" 하였더니 타타퉁아가 모두 알고
있다고 대답하였다. [그는] 황제의 뜻으로 태자와 여러 왕들에게 위구르 문자로
나라의 말(몽고어를 말함)을 쓰는 것을 가르치는 명령을 수행하였다(『元史』124권
「列傳」 제11 '塔塔統阿'조).

---

[39] 몽고의 오고타이 칸(窩闊臺汗, Ogödäi, 후일 元 太宗) 시대에도 인쇄(印璽)를 만들어 야율초재(耶律楚材)와 전진
해(田鎭海)에게 나누어주고 이를 관장시켰는데 용처는 한인(漢人)과 색목인(色目人)의 군사에 관한 일에 국한하
였다.

이에 의하면 나이만의 타타퉁아에 의하여 그 나라의 문자인 위구르 문자로 몽고어를 기록하게 되었음을 알 수가 있다. 이것이 몽고 위구르자畏兀字, Mongolian Uigur alphabet라고 불리는 몽고인 최초의 문자로 초기에는 웨올(維吾爾 ― 위구르) 문자라고 불리기도 하였다.[40]

또 조공趙珙의 『몽달비록蒙韃備錄』에 "其俗旣朴, 則有回鶻爲隣, 每於兩說郛本作西河博易販賣於其國. 迄今文書中自用於他國者皆用回鶻字, 如中國笛譜字也. 今二年以來, 因金國叛亡降附之臣無地容身, 願爲彼用, 始敎之文書, 於金國往來却用漢字. ― [몽골은] 그 풍속이 순박하고 위구르回鶻가 이웃에 있어서 매번 그 나라에 물건을 널리 판매하였다. 지금까지의 문서 가운데 '타국에 보내는 것은 모두 위구르 문자를 썼는데 중국의 적보笛譜의 문자와 같다. 이제부터 2년 이래에 금나라가 모반을 일으켰다가 망하여 항복한 다음에 그 신하들이 용신容身할 곳이 없어서 그들을 고용하여 문서를 만드는 것을 가르치기 시작하였으며 금나라와의 왕래에서는 한자를 썼다'라고 하다."라는 기사가 있어 몽고가 그들과 이웃한 위구르인이 사용한 위구르 문자를 빌려서 서역의 여러 민족과 통교하고 금金나라와는 한자를 사용하여 통교하였음을 알 수가 있다고 하였다.

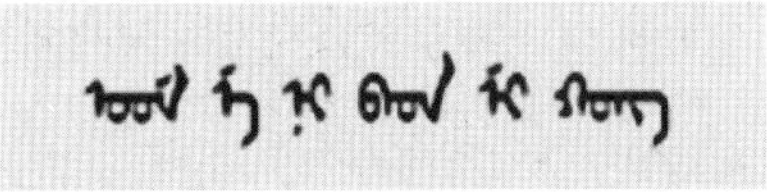

[사진 2-7] 몽고 위구르 문자(옴마니받메옴)

---

40 몽고어의 문자 표기에 대하여는 Vladimirtsov(1929:19), Poppe(1933:76)를 참고할 것.

위구르 문헌

위구르 문자는 전술한 위구르인들이 사용하던 문자이다. '서西 위구르왕국'의 중심지로서 위구르인들의 고토故土였던 지역은 서방西方 이슬람 세력의 영향 아래에 들게 되어 15~16세기에는 위구르 족이 불교에서 이슬람교로 개종하게 된다. 위구르 문자로 쓰인 자료로 가장 유명한 것이 위구르 문헌인데 이슬람교로 개종하기 이전에 위구르인들에 의하여 기록된 자료가 '위구르 문헌文獻'이다. 위구르 문자로 쓰인 이 문헌의 언어는 위구르어語이고 이 언어는 돌궐어突厥語와 함께 '고대 투르크어語'로 취급되었다. 소위 Turco-Tatars라고 불리는 언어를 말한다.

이에 대하여 Klaproth(1812)에서는 "이제까지 모든 역사가들은 이름의 유사성으로 인하여 이 타타르의 위구르인을 비잔틴인의 위구르인과 러시아의 연대기에 나타난 유고르인 및 유고르트어와 혼동하고 있다. 그러나 두 후자, 즉 뒤의 두 언어와 민족은 완전히 다른 언어이며 다른 민족에 속한다."[41]라고 하여 이 두 언어가 서로 구별되는 다른 언어임을 강조하였다. 돌궐어는 오르혼 비문碑文, 예니세이 비문으로 널리 알려진 몽골 고원의 돌궐문자 비문의 언어를 말한다.

위구르 문헌의 대부분은 19세기 후반으로부터 20세기 초반에 걸친 14~15년간 유럽과 일본의 탐험대에 의해서 투르키스탄이나 돈황敦煌, 투루판(吐魯蕃, 옛 高昌 지역)에서 발굴되었고 지금도 중국의 돈황과 투루판

---

41 원문을 소개하면 다음과 같다. "Durch eine blosse Namensähnlichkeit verleitet, haben bisher alle Geschichtschreiber diese Tatarischen Uiguren mit den Uguren der Byzantinner und den Jughoren und Jugritschen der Russischen Chroniken verwechselt, da diese doch zu einem ganz anderen Sprache- und Völkerstamm gehören."Klaproth(1812:11).

에서는 발굴이 계속되고 있다. 위구르 문헌의 대부분은 종교관계의 내용을 담고 있으며 당시 이들이 신봉하던 불교에 관한 것이 가장 많고 마니Mani교에 관한 것도 꽤 있다.

그리고 아주 적지만 기독교에 관한 것도 있다. 프랑스 왕 루드비히 9세가 사자使者 루브리뀌Rubriquis를 망구 칸Mangu chan의 궁宮에 보냈는데 루브리뀌가 여행 중 위구르인을 카라코룸 근처에서 보았으며 그들의 언어는 투르크어와 코마어Komanischen라고 보고하였다는 기록이 있다. 즉 Klaproth(1812)에 "프랑스 왕 루드비히 9세는 흔히 루브리뀌라고 불리는 브라방 출신의 프란치스코 수도사를 1253년경 만구 칸의 궁宮에 보냈었다. 루브리뀌는 여행 중 위구르인을 당시 몽골족 칸들의 진궁陣宮인 카라코룸 근처에서 보았으며, 그들의 언어는 투르크어와 코만어의 근원이며 뿌리라고 보고하였다."[42]라고 기술하였다.

위구르 문헌의 대부분은 위구르 문자로 기록되었다. 불경佛經은 위구르 문자 이외에도 브라아미Brāhmï 문자, 소그드Sogd 문자, 티베트Tibetan 문자로 기록된 것도 있다. 몽고 위구르畏兀자는 이러한 위구르 문자Uighur script를 차용하여 몽고어 표기에 사용한 것이다. 아람Aram 문자로부터 파생한 소그드Sogd 문자는 소그드인人의 활동과 더불어 고대 소그디아나Sogdiana로부터 중앙아시아 일대, 그리고 중국 본토에서도 소그드인들에 의하여 사용되었다. 위구르인人들은 소그드와의 교류에 의해서 소그드 문자를 도입하여

---

42 Klaproth(1812:14)의 원문 "Ruynsbroeck, den man gewöhnlich Rubirquis nennt, ein Minorit aus Brabant, wurde ums Jahr 1253 von dem Französichen König Ludwig dem Neunten, an den Hof des Mangu-chan geschickt. Er fand auf siener Reise Juguren in der Nachbarschaft von Karakorum, den damaligen Hoflager der Mongolischen Chane, und berichtet, dass ihre Sprache der Ursprung und die Wurzel der Türkischen und Komantischen sei."를 참고할 것.

사용하였는데 현재 중국 신강성新疆省 위구르 자치구와 감숙성甘肅省 등지에 위구르 문자로 쓰인 문헌들을 남겨놓았다.

羅常培·蔡美彪(1959:4~5)에서 몽고 위구르자畏兀字가 회회자(回回字 — 페르시아문자)에서 연유된 것으로 본 것은 소그드 문자의 영향을 말한 것이다. 전술한 『몽달비록蒙韃備錄』에 나오는 중국 적보笛譜의 '회골자回鶻字'는 마땅히 '위구르 문자畏兀字'를 말하는 것으로 여기서 '회골回鶻'은 '위구르畏兀. Uighur의 이역異譯'이라고 하였다.[43] 그리고 당시 몽고 통치자는 동서로 널리 퍼져 있는 국가를 통치하기 위하여 서역西域에서는 위구르 문자畏兀字를 사용하고 금金나라와 같은 동방東方에서는 한자를 사용하였으며 실제로 몽고 통치자는 이 두 문자의 어느 것도 읽거나 쓰지 못했던 것으로 추측된다고 한다(羅常培·蔡美彪, 1959:5).

또 당시 몽고인들도 문자를 사용하기보다는 전부터 사용하던 '소목小木'에 새겨서 통신을 한 것으로 보인다. 타타퉁아가 가르친 것은 오직 태자太子 오고타이와 제왕諸王들뿐으로 통치 계급의 극소수만이 문자를 이해하였고 많은 몽고인들은 '각목기사刻木記事'의 전통적 방법을 사용한 것이다. 그러나 위구르 문자는 점차 보급되어 파스파 문자가 제정되기 이전에 이미 상당히 보급되었다.

위구르 문자는 모두 18개 문자로 맨 처음의 aleph(로마자의 alpha에 해당함)로부터 17번째의 tau에 이르기까지 소그드 문자의 배열순서와 대부분 일치하고 맨 마지막의 resh만은 위구르인들이 따로 만든 것이다. 모두 표

---

43 다음에 논술할 전진해(田鎭海)가 위구르(畏兀) 출신으로 보아 원 제국(帝國)은 위구르인(畏兀人)으로 하여금 위구르 문자(畏兀字)를 쓰게 하였음을 알 수 있다.

음문자로 음소 단위의 문자를 마련하였다. 몽고가 중앙아시아의 스텝지역을 통일하기 이전에 이 문자는 나이만Naiman, 케레이츠Kereits 등에서 사용되었다.

연구와 자료

초기 몽고인들의 문자 사용에 대하여 본격적인 연구는 아직 이루어지지 않았고 많은 사실이 알려지지 않은 채 남아 있다. Poppe(1957)의 서문 첫머리에

The early history of Mongolian writing still has not been fully studied. In particular, questions such as the exact time when Mongolian writing originated, when the Uigur alphabet penetrated to the Mongols, and about the period when the written language(which is still used by considerable number of Mongols) was formed, remain unsolved.

라고 하여 정확하게 언제 몽고인들이 문자를 사용하였는지를 밝히는 일과 또 언제 위구르 문자가 나이만Naiman이나 케레이츠Kereits를 통하여 몽고인들에게 유입되었는지에 대한 연구는 아직도 해결되지 않은 과제로 남아 있음을 언급한 바 있다.

이 문자의 근원으로 『원사元史』에 등장한 '나이만乃蠻'의 위구르 문자에 대한 지금까지의 연구(Klaproth, 1812; Pelliot, 1925)에 의하면 역시 많은 사실들이 밝혀지지 않은 채 연구가 중단된 상태이다. 그러나 Poppe(1965)에서는 위구르 문자가 소그드 문자에서 왔다고 보았다. 즉 Poppe(1965:65)에

By far the larger number of Ancient Turkic texts, namely those of later origin (IX~X centuries), are written in the so-called Uighur script. The latter developed from the Sogdian alphabet, to be exact, from what the German scholars called "sogdishe Kursivschrift", i.e., Sogdian speedwriting. the Uighur transmitted to the Mongols. — 매우 많은 고대 투르크어 자료, 다시 말하면 후기 자료(9세~10세기)가 소위 말하는 위구르 문자로 쓰였다. 후자[위구르 문자]는 소그드 문자의 자모에서, 정확하게 말하면 소그드 문자의 속기체速記體, Kursivschrift에서 발달한 것이다. 위구르 문자는 후대에 아마도 12세기 후반을 지나서 몽고에 전달되었다.

라고 하여 소그드 문자에서 위구르 문자가 나왔고 그것이 다시 몽고에 전달된 것이라 하였다. 또 포페 교수는 소그드인이 현재 구소련의 타지키스탄Tajikistan이나 우즈베키스탄Uzbekistan의 인접지역에서 한 세기 동안 살았던 이란Iran 사람들이라고 하고 소그드 문자는 고대 투르크에서 오로지 8세기경의 불경佛經에만 쓰였고 다른 문헌에는 거의 사용되지 않았다고 한다.

소그드 문자는 음절 초initial, onset에 16개 문자, 음절 가운데medially에 18개 문자, 음절 말final, coda에 17개 문자를 사용하였다. 음절 가운데가 2개 문자가 많은 것은 음절 초에는 [š, z or ž, v]의 문자가 없고 음절 가운데서만 이 구별이 가능하며 또 음절 가운데에는 [w]가 없기 때문에 음절 초에 16개, 음절 중간에는 18개가 된 것이다([사진 2-8]에서 비교할 것).

위구르 문자로 쓰인 가장 오래된 자료는 8세기경 원래 마니키아어Manichean의 유고遺稿들이고 불교 문학 작품들도 9~10세기경에 위구르 문자로 작성되었다. 다음은 소그드 문자와 초기 위구르 문자의 자모를 비교한 것이다.

SOGDIAN				UIGHURIC			
Finally	Medially	Initially	Transcription	Finally	Medially	Initially	Transcription
			a,ā				a,ā
			i,i				i,i
			o,o u,ū				o,ō u,ū
			γ,q,x				γ,q,x
			g,k				g,k
			i,j				i,j
			r				r
			l				l
			t				t
			d				d
			č				č,ǰ
			s				s
			š				š
			z,ž				z
			n				n
			b,p				b,p
			v				-f
			w				
			m				m
			h				

[사진 2-8] 소그드 문자와 위구르 문자 대
비표.[44]

몽고에서는 칭기즈 칸이 나이만을 정복하고 타타퉁아를 포로로 데려와 이 문자로 몽고어를 기록하게 하였음은 전술한 바 있다. 이 문자로 기록한 가장 오래된 몽고어 자료로는 1220년으로부터 1225년 사이에 제작된 것으로 보이는 "Chingskhan stone(칭기즈 칸의 돌, 成吉思汗石)"[45]의 비문碑文이다. 이 외에도 초기 몽고 위구르 문자로 쓰인 문서로는 프랑스 파리의 국립 문서보관소에 전해오는 파사波斯 아로혼한阿魯渾汗과 1305년에 완자도한完者都汗이 프랑스 국왕 Philippe le Bel에게 준 두 개의 편지가 있고 러시아 드니에프르 강의 둑에서 출토된 위구르 문자의 몽고 은패

---

44 Poppe(1965:66)에서 인용함.
45 이 칭기즈 칸의 돌(Stone of Chinggis Khan)은 러시아 리닝구르(列寧格勒)의 아주박물관(亞洲博物館)에 소장되었다. 이에 대하여는 村山七郎(1948)과 Laufer(1907)를 참고할 것.

銀牌가 있다고 힌다(羅常培 · 蔡美彪, 1959:2).

Initial	Medial	Final	Tran-scription	Initial	Medial	Final	Tran-scription
᠊	᠊	]]	a	᠊	᠊	᠊ ᠊	s
᠊	᠊	]]	e	᠊:	᠊:		š
᠊	᠊	]	i	᠊	᠊ ᠊ ᠊ ᠊ ᠊	] ᠊	t d
᠊	᠊	᠊	o u	᠊	᠊	᠊	l
᠊	᠊ ᠊	᠊	ö ü	᠊	᠊	᠊	m
᠊ ᠊	᠊ ᠊	]] ᠊	n	᠊	᠊	᠊	č ǰ
	᠊ ᠊	]	ng	᠊	᠊	]	ǰ y
᠊	᠊		q	᠊	᠊	᠊]	k g
᠊ :᠊	᠊ :᠊	᠊ :᠊	γ g̉	᠊	᠊	᠊	r
᠊	᠊	᠊	b	᠊	᠊		v

[사진 2-9] 몽고 위구르자의 옛글자[46]

위구르 문자의 쓰임과 변천

몽고 제4대 정종定宗인 귀유貴由. Güyük가 로마 교황 인노센트 4세Innocent IV
에게 보낸 한 통의 서신이 있는데 여기에는 옛 위구르 문자畏兀字가 쓰였
다.[47] 또 『원사元史』(권5) 「세조기 2世祖紀 二」에 "中統三年三月壬午, 始以畏兀字
書給驛璽書. — 중통 3년(1262) 3월 임오일 처음으로 외올자로 쓴 역새(驛
璽, 역에서 사용하는 인장 — 필자)를 발급하다."라는 기사가 있어 이때까지

---

46 이 사진은 Poppe(1965:16)의 표에서 인용한 것이다.
47 이에 대하여는 Peillot(1925)을 참고할 것. 12쪽에 원래의 서신(書信)이, 22쪽에는 귀유(貴由)의 옥새(玉璽)가 부재
되었다.

몽고 위구르자가 공식적으로 사용되었음을 알 수 있다. 이때는 파스파자字가 반포되기 5년 전의 일이다(羅常培·蔡美彪, 1959:4).

몽고인의 인장印章 사용이 타타퉁아에 의하여 전수된 것이라고 상술한 『원사元史』의 기사에서 언급하고 있으나 칭기즈 칸 시대에 사용된 인새印璽는 현재 발견된 것이 없다. 만일 존재한다면 몽고 위구르자로 새겼을 것이다. 원元의 태종太宗으로 추증된 오고타이 칸高闊台汗, Ogödäi Khan 시대에는 인새를 만들어 야율초재耶律楚材와 전진해田鎭海에게 나누어 관장시킨 것으로 보인다.[48]

팽대아彭大雅의 『흑달사략黑韃事略』에 "其印曰:'宣命之寶', 字文疊篆, 而方徑三寸有奇, 鎭海掌之. 無封押以爲之防, 事無巨細須'僞酋'自決. 楚材重山鎭海同握'韃'柄, 凡四方之事. 或未有韃主之命, 而生殺與奪之權, 已移於弄印者之手."라 하여 이 인장에 '선명지보宣命之寶'라 쓰였고 이것을 가진 자가 몽고인의 감독자가 없을 때에는 생살여탈의 대단한 권력을 가졌음을 알 수가 있다.

또 서정徐霆의 『소증疏證』에 "霆嘗考之, 祇是見之文書者, 則楚材鎭海得以行其私意, 蓋韃主不識字也. 若行軍用帥等大事, 祇韃主自斷, 又卻與其親骨肉謀之, 漢兒及他人不與也."라는 기사에 의하면 몽고 사람들이 글씨를 모르기 때문에 인장을 관장하는 사람들, 즉 초재楚材와 진해鎭海가 자의로

---

48 야율초재(耶律楚材)는 원대(元代) 거란인(契丹人)으로 자(字)는 진경(晉卿)이며 호(號)는 담연거사(湛然居士), 옥천노인(玉泉老人)이다. 시호(諡號)는 문정(文正)이고 금말(金末)에 개주(開州) 동지(同知)가 되었다. 원 태종(太宗) 때에 중서령(中書令)이 되어 원(元)의 제도를 완비하였다. 신장이 육척(六尺)이고 수염이 예뻤으며 박학다식하고 문필(文筆)을 잘 썼다고 한다. 한편 전진해(田鎭海), 또는 진해(鎭海)는 성(姓)이 법렬(法烈) 태씨(台氏)인데 후일 전(田)씨로 바꾸었다. 처음에 군오(軍伍)의 장(長)으로 몽고의 칭기즈 칸에 종사하였고 정종(定宗) 때에 중서우승상(中書右丞相)이 되었다. 야율초재는 이미 널리 알려진 금(金)나라의 유생(儒生)이고 전진해는 여러 가지 정황으로 보아 마땅히 위구르(畏兀) 출신으로 보아야 할 것이다(羅常培·蔡美彪, 1959:5).

일을 처리할 것을 두려워하여 행군이라든지 장수를 뽑는 일은 몽고 지휘 관이 스스로 판단하였고 중국인이나 다른 사람들은 관여하지 못하게 하였 음을 알 수 있다(羅常培·蔡美彪, 1959:3~4).

이러한 원元의 정황에 대하여 Klaproth(1812)에서는 "위구르 족에는 투르 크어를 읽을 수 있는 사람들이 있었다. 칭기즈 칸의 손자 대에도 총무부 서에서 서기와 재무자로 일하였고, [중략] 칭기즈 칸에 의해 후계자로 선 택된 아들 오고타이 칸은 위구르인 코르고스에게 쇼라산, 마산데란, 기리 안 지방을 위임하였다. 그들은 훌륭한 재무담당관이었고, 해마다 3천~4 천금을 오고타이 칸에게 보냈다."라고 기술하였다.[49] 이 가운데 서기와 재 무자는 전게한 서정徐霆의 『소증疏證』에 보이는 "초재楚材, 진해鎭海", 즉, 야율 초재와 전진해를 가리키는 말일 것이다.

원초元初부터 몽고 위구르자畏兀字는 몽고어를 표기하는 데 사용되었고 몽 고제국의 문자로서 당시 몽고인들의 절박한 문자 수요에 맞추어 만들어졌 으며 후대에도 계속해서 몽고어의 기본 문자로 사용되었고 오늘날 몽고의 공용자字가 되었다.[50]

---

49 Klaproth(1812:30)의 원문 "Unter dem Volke der Uigur sind viele Leute, welche die Türkische Sprache lesen können, und als Schreiber und Rechnungsführer in den Kanzleien gut zu brauchen sind. [...] Der vom Tschingis-chan als Nachfolger gewählte Sohn Ogodai-chan übergab dem Uigur Korgos die Provinzen Chorassan, Masanderan und Gilan. Er war ein guter Rechner, und schickte jährlich drei bis vier tausende Geldes dem Ogodai-chan."을 참고할 것.

50 구소련의 위성국가였던 몽고인민공화국에서의 몽고어의 표기는 러시아의 볼셰비키 혁명 이후에 언어학자로서 구소련의 고위 각료(閣僚)가 된 폴리봐노프의 권고에 의하여 처음에는 로마자로 표기하였다. 그러나 그가 숙청되 고 난 스탈린 시대에는 러시아문자(끼릴문자)로 몽고어를 표기하다가 1950년대에 옛 칭기즈 칸 시대부터 몽고어 를 표기하던 몽고위구르자(蒙古畏兀字)로 돌아갔다(졸저:2006). 반면에 청(淸) 태조(太祖) 누르하치(奴兒哈赤) 이 후 만주어 표기에 사용되던 만주위구르자(滿洲畏兀字)는 만주어의 소멸과 함께 그 사용도 중지되었고 고문헌이 나 청(淸) 시대의 여러 비문(碑文), 그리고 북경(北京) 자금성(紫禁城)의 편판(懸板) 문자로 남아 있을 뿐이다.

뿐만 아니라 이 문자는 만주족이 청淸을 건국하여 중원中原을 통치할 때에는 만주어 표기에도 이용되었다(李德啓, 1931). 만주 위구르 문자로 불릴 수밖에 없는 만주문자는 청淸 태조太祖가 만주어 표기에 몽고 위구르 문자를 빌려 사용하였고 후에 만주어 표기에 맞게 이를 개정한 만주신자滿洲新字가 있다.[51] 즉 청대淸代에 만주문자滿洲字는 태조 누르하치弩爾哈赤가 에르데니額爾德尼, Erdeni 등으로 하여금 몽고 위구르자畏兀字를 모방하여 만주자로 제정한 것이 만력萬曆 27년(1599)의 일이다.

이것이 무권점자서無圈點字書, tongki fuka aku hergen i dangse라고 불리는 만문노당滿文老檔이며 청淸 태조太祖는 이 문자로 칙명을 비롯한 모든 공문서를 기록하게 하였다. 그 후에 청 태종淸太宗은 다하이達海, Dahai 박사를 시켜 이를 변조하여 유권점有圈點 만주신자를 제정하였으며 만주어의 기록뿐 아니라 많은 한서漢書를 만주어로 번역하여 이 문자로 기록하게 하였다(졸저, 2002c: 제4장 청학서).

따라서 이 위구르 문자는 당시 동북아 소수민족의 언어를 표기하는 데 애용된 표음문자였던 것이다. 이런 사실을 생각할 때 몽고어 표기에 위구르 문자를 이용한 타타퉁아의 공로는 지대하다고 할 수 있다.

---

51 만주문자에 대하여는 졸저(1999, 2002c)를 참조. 특히 졸저(2002c)에서는 만주문자와 더불어 조선시대의 만주어 교육과 만주외올자(滿洲畏兀字)로 쓰인 청학서(淸學書, 만주어 학습서)에 대하여 자세한 연구가 있다.

6. 원대(元代) 파스파 문자

한글 발명에 직접적인 영향을 준 문자로 원元 세조世祖 쿠빌라이 칸忽必烈汗의 칙명으로 제정한 파스파八思巴 문자가 있다. 이 문자는 몽고의 원元을 멸망시키고 한족漢族의 국가를 세운 명明 태조太祖 주원장朱元璋이 호원胡元의 잔재를 박멸하려는 정책 때문에 이 문자로 쓰인 문헌이 거의 대부분 철저하게 파괴되어 세계의 문자학계에서 잘 알려지지 않은 문자의 하나로 남아 있었다.

실제로 졸저(2009)가 세상에 나올 때까지 파스파 문자의 자모의 수효조차 제대로 파악하지 못했고 모음자가 『몽고자운蒙古字韻』의 「자모字母」에서 '유모喩母'의 7자로 만들어진 것도 알지 못했다. 심지어 일본에서는 파스파 문자에 모든 언어에서 기본적인 [ɑ] 음과 이를 표기한 문자가 없다고까지 하였다(吉池孝一, 2005). 이것은 파스파 문자에서 어두 모음 표시의 /ᛁᐧᛁ/에 대한 이해가 부족한 탓이다. 이 문자는 파스파 문자에서 모음으로 된 음절임을 표시하는 기능, 즉 훈민정음의 욕모欲母[ㅇ]의 기능과 더불어 실제로 [ɑ]의 음가도 있었음을 제대로 이해하지 못한 때문이다.

훈민정음이 파스파 문자의 제정과 그 원리, 문자의 대응 방법 등을 이용하여 문자를 만들었기 때문에 훈민정음에 대한 지식으로 파스파 문자를 이해할 수 있다. 따라서 훈민정음의 문자체계를 이용하여 파스파 문자의 것도 같이 파악할 수 있다. 필자는 꾸준히 훈민정음의 연구를 통하여 파스파 문자에 대한 새로운 사실들을 밝혀가고 있다.

원의 독특한 통치 방식

원元의 중국 통치는 매우 독특하였다. 황제皇帝는 몽고인들을 국정國政의 감독관으로 임명하여 파견하였는데 이를 '관官'이라 하고 실제로 이들을 백성과 연결시켜주는 하급관리의 한인漢人들을 '리吏'라 하여 관리官吏제도로 백성을 지배하였다. 감독에 임하는 몽고인들을 단사관斷事官이라 하며 여기에는 세 부류가 있었다. 하나는 자르구치이며 그다음은 비칙치 그리고 다르구치가 있다.

자르구치札魯忽赤, Jarghuchi는 원래 중세몽고어의 자르구—라—토쿠하이札兒忽剌禿孩, Jarghu-la-tokuhai에서 온 말로 '자르구札兒忽, Jarghu'는 '사물을 결단하다'의 뜻이며 '라剌, la'는 접속사이고 '토쿠하이禿孩, tokuhai'는 '명령하다'의 뜻이다. 따라서 '자르구치'는 '일을 결단하여 명령하는 사람'의 뜻으로 '단사관斷事官'이라고 번역된다. 서무庶務를 결정하여 관치와 형정의 우두머리가 되어 지위는 삼공三公보다 높아 한漢의 대장군大將軍과 같다.

『원조비사元朝秘史』(234부)에 "失吉, 忽禿忽斷事, 宿衛派一人共廳"이란 기사가 이를 말한다. 단사관은 숙위宿衛 제도에서 시작되었으며 몽고의 돌궐突厥식 고로古老 제도의 하나로 보인다. 후에 중서령中書令, 상서령尙書令 및 좌우左右 승상丞相 제도의 남상濫觴일 것으로 본다(蘇振申, 1980).

비칙치闍闍赤, Bichigchi는 서기書記라는 뜻이다. 황제의 문서를 관장하는 이들은 세 가지 임무를 가졌다. 첫째는 황제의 조서詔書를 작성하거나 발송하고 둘째는 법이나 규정을 기록하며 셋째는 역사를 정리하여 기술한다. 비칙치는 원초에는 중서령中書令이라 하였으며 원元 태종太宗으로부터 세조世祖에 이르기까지 중서령과 좌우左右 승상丞相이 모두 비칙치의 중국어 관칭官稱이었다. 비칙치는 자르구치의 부수상副首相 격으로 보인다.

다르구치達魯花赤, Darguchi는 각 기관의 수장을 말한다. 다르구치의 '다루達魯, Daru'는 본래 몽고어의 동사로서 '압박壓迫하다, 진압鎭壓하다'의 뜻이며 '화花 [gal, 加]'는 '수장首長'을 가리키고 '치赤, chi'는 '사람'을 말한다. 각급 기관이나 학교, 군대의 우두머리를 모두 일률적으로 '다르가達魯花'라고 한다. 감독관 또는 명령권자를 지칭하는 것이다.

원元나라는 이러한 몽골인의 단사관이나 수장 밑에 한어漢語의 통역을 담당한 게레메치怯里馬赤, Kelemechi와 비치에치闢闍赤, Bichechi가 있었다. 후자는 필역筆譯을 담당하는 '역사譯史'이며 전자는 말을 통역하는 '구역口譯'이었다. 원元은 중앙에는 몽고 국자학國字學, 지방에는 몽고자학蒙古字學을 두어 이들에게 몽고어와 몽고문자를 훈련시켜 리吏로 임명하여 단사관과 수장의 업무를 한인漢人인 서민庶民들에게 전달하였다.

원대元代에 한인들이 관官의 밑에서 서리胥吏가 되는 길은 오로지 이러한 게레메치, 비치에치가 되어 몽고인들의 통역을 맡으면서 서정庶政에 참석하는 일이었다. 따라서 그들은 몽고어와 몽고문자의 학습에 전력을 경주하게 된다. 이때의 몽고문자는 칭기즈 칸 때의 몽고외올자蒙古畏兀字와 쿠빌라이 칸 시절의 파스파 문자였다.

파스파 문자의 제정 동기와 과정

몽고인들은 원래 문자가 없었고 칭기즈 칸이 스텝을 정복한 다음에도 마땅한 문자를 국자國字로 정하지 않았다. 칭기즈 칸의 좌우左右에는 한문을 이해하여 그의 말을 한문으로 기록하는 경우도 있었으나 거란문契丹文을 쓴 경우도 있고 여진자女眞字를 쓰기도 하며 위구르 문자畏兀字를 차용하기도 하는 혼란스러운 상태였다.

특히 '한인漢人'을 의미하는 몽고어 'Jaqud札忽惕'[52]가 한족漢族만을 가리키는 것이 아니고 거란, 여진 등 그들이 통치하는 여러 민족을 지칭하는 말이었으며 이 민족들은 각기 자신들의 문자를 갖고 언어를 기록한 경험이 있었다. 예를 들면 열하熱河에서 출토된 칭기즈 칸의 성지패聖旨牌는 정면正面에 한문으로 써서 "天賜成吉思皇帝聖旨疾"이라 하였고 배면背面에는 거란문자로 '주마走馬'라는 두 글자가 쓰였다고 한다. 이것을 보면 몽고의 북쪽인 요遼, 금金의 고지故地에는 거란문자, 또는 여진문자가 여전히 사용되고 있었음을 알 수 있다.

이러한 몽고 제국의 문자 사용의 혼란이 파스파 문자와 같은 새로운 문자의 제정을 촉구하게 된 것이라고 羅常培·蔡美彪(1959)에서는 주장하고 있다. 이러한 주장이 사실인지 아닌지는 현재의 자료로는 확인할 길이 없지만 몽고인들이 몽고 위구르자畏兀字 사용을 시작한 지 불과 50년 후에 갑자기 파스파 문자가 등장하여 몽고 위구르 문자를 대신하여 몽고어를 기록하게 된다. 몽고뿐만이 아니라 중국 주변의 교착어들은 표음적인 문자를 자체적으로 발명하여 사용하였나. 원대元代 파스파자字도 그 가운데 하나라고 할 수 있다.

원元 세조世祖 쿠빌라이 칸은 '토번吐蕃'에 원정遠征했을 때에 팍스파八思巴란 라마승을 데려와 몽고인들이 한자를 학습하는 데 필요한 발음기호를 만들게 하였고 이것을 이용하여 몇 개의 운서韻書를 만들었다(졸저, 1990:137).[53]

---

52 『지원역어(至元譯語)』「인사문(人事門)」 '한아(漢兒)'조의 "札忽歹[ja-xu-dai]"와 『원조비사(元朝秘史)』(권12) 55앞 5행 「金人每」의 "札忽惕[ja-qu-d]"를 참고할 것. 전자는 북방 한인(漢人), 즉 중국인을 말하지만 후자의 '金人每'는 거란(契丹), 여진인(女眞人)을 포함한다.

53 같은 팔사파(八思巴)란 한자를 인명으로 읽을 때에는 '팍스파'로 하고 문자 명칭으로 할 때에는 파스파로 하는 것

그동안 이것을 갖고 파스파 문자의 제정은 토번의 라마승 팍스파에 의한 것으로 알려졌다. 이에 대하여는 졸저(2009:136~142)에서 자세히 고찰되었다. 여기서는 그 가운데 중요한 부분만을 발췌하고자 한다.

쿠빌라이 칸은 원元 헌종憲 계축(癸丑, 1253)에 토번 왕조를 멸망시키고 이 지역에 군정을 설치하였고 팍스파 라마는 한때 이 몽고군의 군정 지휘소인 토번선위사吐蕃宣慰司에 재임한 일도 있었다. 그는 이 고장 출신이었던 것이다.

중국인들이 '장족藏族'의 본거지로 부르는 이 지역을 요즘에는 '서장西藏'이라 하지만 역사적으로는 '토번吐蕃'이라고 불렀으며 서양인들은 'Tibet'라고 한다. 천칭잉(陳慶英, 1999)에 의하면 중국에서 '장藏', 또는 '서장西藏'으로 부르는 티베트 지역은 티베트 문자로 'bod-ljong'이라 쓴다. 중국의 서장자치구西藏自治區는 북쪽으로는 청해성靑海省·감숙성甘肅省, 동東으로는 사천성四川省과 운남성雲南省 서부지역, 남으로는 히말라야 산맥 남쪽 기슭, 서쪽으로는 파키스탄 동부에 이르는 광대한 지역을 말한다.

7세기경에 토번 왕조가 흥기興起해서 청장靑藏 고원의 대부분을 통일하고 강대한 국가를 건설한 다음부터 중국의 여러 한문 전적典籍에 '토번吐蕃'으로 쓰이게 되었다. 토번은 왕조의 명칭이며 영토의 이름이고 부족을 가리키는 말이다. 돈황敦煌에서 출토한 장한대조藏漢對照 사전에 의하면 토번 왕조 중기 이후에 '토번'이란 명칭은 토번 왕조의 자칭인 'bod'에 대응되는 말이

은 후자가 문자 명칭으로 보통명사이므로 현재 보통화(普通話)의 발음으로 읽고 전자는 인명이므로 전통 한자음으로 읽은 것이다. 즉 팔(八)의 입성(入聲)을 인정하는 독법이다. 독자의 혼란이 없기를 바란다.

2. 동아시아 제 민족의 언어와 문자

다. 실제로 [bod]는 지역과 부족의 명칭이기도 하다.[54]

토번 왕조 이전에 이 지역은 12종種의 부족이 집단으로 통치하였다. 그 가운데 bod-khams라는 부족이 통치한 적이 있었는데 토번 왕조가 흥기한 다음에는 이 'bod'로 자칭하였다. 또 당唐과의 교역에서 '대번大蕃, bod-chen-po'이란 명칭을 사용하기도 하였다.[55] 이것은 당唐을 대당大唐이라 하는 것과 같은 것이다. 중국에서는 이들을 '장藏'이라 부르는데 티베트의 중앙지역이 '쟝[gtsang]'이기 때문이다.[56]

원元나라가 토번 왕조를 멸망시키고 장족 지구를 통합하면서 지사가파植薩迦波를 부추겨 지방 정권을 세우게 하였다. 그리고 원元은 청장青藏 고원지역에 군정기관으로 토번선위사를 두어 장족지구의 행정기구를 담당하게 하였다. 팍스파 라마는 토번선위사를 둔 초기의 1272년에 왔다가 1274년에 돌아갔으나 후에 다시 돌아와서 죽을 때까지 이곳에 머물렀다.

1280년에 팍스파가 원적圓寂한 후에 소할지所轄地가 넓어져 다시 강구康區에 선위사宣慰司를 하나 설치하고 다시 위장衛藏지역에도 선위사를 두었는데 이를 '타사마朵思麻'라고 불렀다. 따라서 원元의 중기中期에는 청장고원에 토번·강구 선위사와 위장 타사마의 3개 행정구역이 생기게 되었다.

후에 토번 등의 청해성青海省 대부분과 감숙성甘肅省 남부, 사천성四川省 아패阿壩 일대를 관할 지역으로 하는 선위사사 도원수부宣慰使司 都元帥府를 두고 이

---

54 원래 '토번(吐蕃)'이란 말은 대분교(對苯敎)의 법사(法師)에 대한 호칭이었는데 후대에는 대분교의 호칭이 되었고 더 후대에는 부족 연맹(聯盟)의 명칭이 되었다가 다시 이 부족의 거주지 명칭이 되었다.

55 이에 대하여는 王堯 편저(編著) 「토번금석록(吐蕃金石錄)」(北京: 文物出版社, 1982) 13~20쪽에 소수(所收)된 「당번회맹비(唐蕃會盟碑)」를 참고할 것.

56 '藏'은 상술한 陳慶英(1999:130)에 의하면 지명(地名)으로 왕국의 중심지를 가리키는 말이라고 한다.

를 '타사마선위사朵思麻宣慰司'로 불렀다. 이로부터 원대元代에는 이곳 장족 지역을 '토번' 이외에 '타사마朵思麻', '타감사朵甘思', '오사장烏思藏' 등으로 불렀다.

원대元代에 토번은 넓게는 중원의 서역西域에 속하므로 '서번西蕃'(혹 '西番'으로 쓰기도 함)으로 칭하기도 하고 후에 역시 '藏'에 방위를 가리키는 '西'를 붙여 '서장西藏'으로도 불렀는데 오늘날 중국에서는 이 명칭이 일반적이다. 또 소그드Sogd인은 이들을 'twp'wt'라고 부르고 터키인은 'töpüt', 서방의 이슬람교도들은 'tibbat, tubbit'라고 불렀다. 몽고어로 장족藏族을 'töbet(土伯特)'이라고 하는 뜻으로 이로부터 서양에서 부르는 'Tibet'란 명칭이 유래된 것이다.

원래 토백특土伯特은 '토번'에서 온 것으로 장족들의 자칭인 'bod'에서 기원한 것이라고 하지만 이것이 왜 '토번吐蕃'으로 전사轉寫되었는지 아직 확실하게 알려진 것이 없다. 청淸나라 초기에는 '도백특圖白忒'으로 쓰인 문서도 있는데 이것은 몽고어 töbet(土伯特)의 다른 한자 표기이다.

팍스파 라마

원元 세조世祖의 칙명으로 파스파 문자를 제정한 팍스파 라마八思巴 喇嘛, hP'ags-pa Lama는 토번 출신으로 살사가인薩斯嘉人, Sa-skya이며 장족藏族인 사키야 판디타Sakya Pandita의 조카이다.[57]

원래 이름은 로도이 잘트산Lodoi Jaltsan이고 잔자 소드남잘트산JanJa Sodnam-Jalsan의 아들이며 성姓은 곤ཀྱོན་, mK'on이다. 팍스파八思巴는 티베트어

---

57 몽고 문학에서 널리 알려진 작품 Subhāsitaratnanidhi는 사키야 판디타의 저작이며 여러 번 몽고어로 번역되어서 지금도 판본이 많이 남아 있다. 이에 대하여는 Vladimirtsov(1921:44), Ligeti(1948:124)를 참고할 것.

로 '성동聖童'이란 뜻이다(Poppe, 1957:3).[58] 이미 7세 때 경서經書 수십만 언言을 능히 외웠으므로 국인國人이 그를 성스러운 아이라는 뜻의 '八思巴, 八思馬, 帕克斯巴'로 불렀다고 한다(『元史』권202, 「傳」제89 '釋老 八思巴'조, 졸저, 1990 같은 곳 참고).

그는 원 태종太宗 을미(乙未, 태종 7년, 1235)에 태어나서 원 세조世祖 지원至元 17년(1280) 12월 15일경에 사거死去한 것으로 본다.[59] 그는 10세 때에 출가하여 법명을 혜당慧幢이라 하였고 그가 13세 되던 해에 계부인 사키야 판디타를 따라 몽고로 떠났으며 19세 때에 쿠빌라이 칸의 초청을 받아 그의 궁전으로 오게 되었다고 하나 포티에Pauthier는 그가 15세 때인 원元의 헌종憲宗 계축(癸丑, 1253)에 처음으로 쿠빌라이 칸과 만난 것으로 보았다(Pauthier, 1862:10).[60]

팍스파와 쿠빌라이 칸의 이 만남은 사강 세천Sarang Sečen의 연대기에 비교적 자세하게 적혔다. 그에 의하면 쿠빌라이 칸이 잠저潛邸에서 팍스파를 만나 '최고라마 삼국교왕最高喇嘛, 三國敎王, The Supreme Lama, King of the Faith Three Land'의 칭호를 그에게 하사하였다고 한다. 원元 헌종憲宗이 무오년(戊午年, 1258)에 도교道敎를 해설한 『화호경化胡經』을 정정하라는 명을 팍스파에게 내려서 도사道師들과 논쟁하여 이들을 모두 굴복시켰으며 이로부터 원나라에서 도교는 쇠퇴하게 되었다고 한다(羅常培·蔡美彪, 1959:8).

---

58 Poppe(1957)의 팍스파에 대한 소개는 G. Huth가 번역하여 편찬한 티베트의 ཧོར་ཆོས་འབྱུང་ hor-č'os-byuṅ(religious doctrine, 傳)에서 인용한 것이다. 이 책에는 비교적 상세하게 팍스파 라마의 일대기가 소개되었다.

59 사강 세천(Sa rang Sečen)의 팍스파 일대기에는 그가 'Yi-Sheep'에 태어났다고 하였는데 'Yi-Sheep'는 중국어와 몽고어가 섞인 말로 乙未년을 나타낸 것이다. '羊'은 12간지에서 8번째이고 'Yi'는 10개 천간(天干)에서 두 번째인 '乙'을 말한다. 그러나 중국의 여러 사료에는 몽고 태종(太宗) 11년(1239, 己亥)에 태어난 것으로 기록되었다.

60 Pelliot(1925:286)에서는 1253년 또는 1254년으로 보았다.

쿠빌라이 칸은 대한大汗으로 등극한 중통中統 원년(元年, 1260)에 팍스파를 국사國師로 삼았고 '대보법왕大寶法王'이 새겨진 옥인玉印을 하사하였으며 새 몽고문자의 제정을 명령하였다(Poppe, 1957:2). 이에 대하여는『원사元史』(권4)「세조기世祖紀」에 "中統元年十二月[중략] 以梵僧八合思巴爲帝師, 授玉印統釋敎. ― 중통 원년(1260) 12월에 바라문교의 승려인 팍스파八思巴를 황제의 스승으로 삼고 옥인을 주어 석교釋敎를 통솔하게 하였다."라는 기사라든지 염상念常의『불조역대통재佛祖歷代通載』(권21)「왕반 팔사파행장王磐 八思巴行狀」에 "庚申, 師年二十二歲, 世祖皇帝登極, 建元中統. 尊爲國師, 授以玉印, 任中原法主統天下敎門. 辭帝西歸莽月召還. ― 경신년(1260)에 스승의 나이가 22세일 때에 세조가 황제에 등극하여 원나라를 세우고 연호를 중통中統이라 하였다. [팍스파를] 존경하여 국사國師로 삼고 옥인玉印을 주고 중원의 법주法主로 임명하여 천하의 교문敎門을 통솔하게 하였다. [한때] 황제를 떠나 서장西藏으로 귀환하였으나 한 달이 못 되어 다시 돌아오라고 불렀다."라는 기사가 이를 말한다.[61]

앞에서 인용한 염상念常의『불조역대통재佛祖歷代通載』(권21)「왕반王磐 팍스파행장八思巴行狀」의 기사에 의하면 팍스파 라마는 중통中統 원년(元年, 1260) 12월에 국사國師가 된 다음에 문자를 만들라는 명을 받고 서장西藏으로 돌아갔음을 알 수 있다. 아마도 이때에 문자를 만들기 위한 준비를 한 것으로 보이며 불경佛經 가운데 자모字母와 음운音韻에 관한 저술을 수합하고 주변의 서장문자 전문가들과 토론을 하였을 것으로 보이나 이에 관한 기사가 전혀

---

61 위의 두 기사에 등장하는 옥인(玉印)의 하사(下賜)는 티베트(西藏)에서 매우 중요한 일인 것으로 보이며 파스파에 관한 거의 모든 소개에 등장한다. 어떤 모습을 가진 인장(印章)이었는지 우리의 관심을 끌지 않을 수 없는데 티베트 박물관에 파스파 문자로 새겨진 옥인이 수장(收藏)되었다. 졸저(2009:138)에 이 사진을 옮겨놓았다.

없어 자세한 것은 알 수가 없다.[62]

몽고신자

팍스파 라마는 자신의 모국인 티베트 글자를 증감하고 자양字樣을 개정하여 몽고신자蒙古新字를 만들었다.[63] 보통 파스파자八思巴字, 몽고자蒙古字, 국자國字라고 하여 몽고 위구르자畏兀字와 구별한다. 또 모양이 사각이므로 첩아진帖兒眞, 첩아월진帖兒月眞, dörbeljin으로 불리기도 한다. 원래 몽골어로는 dörbeljn üsüg, 외국어로는 영어 ḥPɑgs-pa script, 프랑스어 écriture carrée, 독일어 Quadratschrift, 러시아어 квадратная письменностьь로 불린다(Poppe, 1957:1). 그러나 최근의 영어에서는 구분부호diacritical mark를 모두 없애고 팍스파 문자Phags-pa Script로 통일하여 부르고 일본에서도 한때 'パクパ[pakupa] 文字'라고 부른 일이 있지만(服部四郎, 1984a, b, c) 요즘은 'パスパ[pasupa]' 문자라고 한다. 현대 중국의 보통화普通話로 '八思巴'는 '파스파'로 발음되므로 본서에서도 '파스파' 문자로 통일하였다.[64]

중국에서는 명明 태조가 이 문자를 철저하게 폐절廢絶시켰기 때문에 명대明代에는 물론 청대淸代까지 파스파란 이름을 사용하기를 꺼렸다. 고려와 조선에서는 사각문자란 뜻의 첩아월진帖兒月眞, 첩월진帖月眞으로 부르거나 그

---

62 팍스파가 중통(中統) 원년(元年)에 황금탑(黃金塔)을 세웠다는 기록이 있으나 그가 12월에 국사(國師)로 임명되어 서장(西藏)으로 귀환하였다는 기사가 있으므로 이는 불가능한 일로 보이고 아마도 황금탑은 중통(中統) 2년경에나 건립되었을 것으로 본다(羅常培·蔡美彪, 1959: 9의 주).

63 몽고 畏兀字에 대하여 파스파자를 蒙古新字라고 한 것이다.

64 필자의 '파스파'란 명칭이 일본어의 'パスパ'에서 왔다는 억측이 있다. 일본어의 パスパ나 필자의 파스파가 모두 '八思巴'의 현대 보통화(普通話) 발음에 의거한 것임을 밝히면서 모든 것을 왜색(倭色)으로 몰아붙이려는 몇몇 국수주의 연구자들의 풍토를 개탄하지 않을 수 없다. 오히려 '빠구바 문자', 또는 '빡바 문'이 일본학자들의 'パクパ 문자'를 따른 것이다.

냥 '자양(字樣, 글자 모양)'이라 하였다.

졸저(1990:136~7)에 의하면 『태조실록』(권6) 태조 3년(1394) 11월 갑술甲戌 조에 '칠과입관보이법七科入官補吏法'이 있어 하급 관리를 시험하여 관리로 임명하는 제도를 마련하였다고 한다. 그 가운데 외국어를 시험하여 역관에 임명하는 시험 방법에서 몽고어를 학습한 '습몽어자習蒙語者'의 경우 "能譯文字能寫字樣, 兼偉兀字, 爲第一科. 只能書寫偉兀文字, 兼通蒙語者, 爲第二科. — 능히 문자를 읽을 줄 알고 자양을 쓸 줄 알며 겸하여 위구르 문자를 읽고 쓰면 제1과를 삼는다. 오로지 위구르자만 서사書寫할 줄 알고 겸하여 몽고어에 통하면 제2과를 삼는다."라 하여 '자양字樣'과 '위구르자偉兀字'를 모두 능히 쓸 수 있는 자를 제1과로 하였는데 이때의 '자양字樣'은 파스파 문자를 말하는 것으로 본다.

아마도 조선시대는 이미 명明의 눈치를 보아서 몽고신자蒙古新字, 국자國字, 파스파자八思巴字 등의 호칭이 어려웠기 때문에 '자양字樣', 즉 "글자 모양"이란 애매한 호칭으로 파스파 문자를 불렀던 것으로 볼 수 있다. 그리고 이 기사는 벌써 이때에 조선에서는 몽고 위구르 문자畏兀字만 알고 파스파 문자를 알지 못하는 몽고어 역관譯官도 많았음을 아울러 알려준다.[65]

이렇게 만들어진 파스파 문자는 원元 세조世祖, 즉 쿠빌라이 칸에 의하여 지원至元 6년(1269)에 황제의 조령으로 반포한다. 즉 『원사元史』(권6) 「세조기世祖紀」에 "至元六年二月己丑, 詔以新製蒙古字, 頒行天下. — 지원 6년 2월 기축己丑일에 새로 만든 몽고자를 반포하여 천하에 사용하도록 조칙을 내

---

65 이에 대하여는 졸저(1990)를 참고할 것. 졸저(1990)는 조선시대의 역과에 대한 종합적 연구로 사역원의 외국어 교육과 역관들의 각종 시험, 특히 잡과의 하나로 치러진 역과에 대하여 오늘날 남아 있는 역과 시권을 통하여 고찰하였다.

리다."라는 기사가 있어 지원 6년(1269) 2월에 몽고신자, 즉 파스파자를 만들어 반포하였음을 알 수 있다. 이 문자는 티베트 문자를 모태로 하고 범자(梵字, 산스크리트문자)와 같이 표음적인 문자로 만들어진 것이다.

파스파 문자의 완성 시기는 현재의 여러 기사를 종합하여도 정확하게 알 수 없다. 다만 羅常培·蔡美彪(1959:9)에서 주장한 것처럼 지원 6년(1269)보다는 조금 전의 일일 것이다. 문자가 완성돼서 반포에 이르기 전에 이를 시험한 흔적이 있다. 羅常培·蔡美彪(1959:9)에 의하면 베이징北京대학 문과연구소文科研究所에 소장된 '경조로 중양 만수궁비京兆路重陽萬壽宮碑'의 탁본 가운데 파스파자字로 몽고어를 기록하고 이를 한문으로 번역한 쿠빌라이 칸의 성지聖늡가 있으며 그 하나가 지원 5년(1268) 12월에 작성된 것이라고 한다. 이것이 사실이라면 파스파자는 이때에 완성되어 그 이듬해(1269)에 반포된 것으로 볼 수 있다.

파스파 문자의 제정 목적

다음에 파스파 문자의 제정 목적에 대하여 언급하고자 한다. 원 세조世祖가 파스파 문자를 반포하면서 내린 조령詔令에는 이 문자 제정에 관한 기본 정신이 잘 표현되었다. 즉『원사元史』(권202)「전傳」89 '석로 팍스파釋老八思巴'조에

중통中統 원년(1260)에 세조가 즉위하여 그를 존중하여 국사國師를 삼고 옥인玉印을 주었다. 그에게 몽고어의 새로운 문자를 제작하도록 명령하니 문자를 만들어 바쳤다. 이 문자는 모두 1천여 개의 글자가 있는데 운모韻母는 모두 41개이고 성모聲母에 관련하여 만든 것으로 운韻과 관련하여 두 개, 세 개, 네 개의 운모를

합성하여 글자를 만들었으며 어운語韻의 법칙으로 어울리는 발음을 으뜸으로 삼은 것이 요점이다. 지원至元 6년(1269)에 반포하여 천하에 사용하라는 조칙詔勅을 내렸다. 조칙의 명령은 "짐은 오로지 글자로써 말을 쓰고 말로써 사물을 기록하는 것이 고금의 공통 제도라고 본다. 우리들이 북방에서 국가를 창업하여 속되고 간단한 옛 그대로의 것을 숭상하고 문자를 제정하는 데 게을러서 [지금에] 쓰이는 문자는 모두 한자의 해서楷書나 위구르 문자를 사용하여 이 나라의 말을 표시하였다. 요遼나라와 금金나라, 그리고 먼 곳의 여러 나라들의 예를 비추어 보면 각기 문자가 있으나 우리가 지금처럼 문교로 나라를 다스려 점차 흥기하였는데 다만 서사할 문자가 없으니 한 왕조의 역대 제도를 만든 것을 보면 실제로 [이것이 없이는] 완비되었다고 할 수 없다. 그러므로 국사 파스파에게 몽고신자를 창제하라고 특명을 내려서 모든 문자를 번역하여 기록하라고 하였다. 그리하여 능히 언어가 순조롭게 통하고 각지의 사물이 바르게 전달되기를 바랄 뿐이다. 이제부터 대저 조령詔令 문서의 반포와 발행은 모두 몽고신자를 쓸 것이며 각국의 자기 문자는 함께 붙이게 하였다."라고 하였다. 이어서 팍스파를 올려 대보법왕大寶法王이라 하고 또 옥인玉印을 내려주었다(中統元年, 世祖卽位, 尊他爲國師, 授給玉印. 令他製作蒙古新文字, 文字造成後進上. 這種文字祇有一千多個字, 韻母共四十一個, 和相關聲母造成字的, 有韻關法; 用兩個, 三個, 四個韻母合成字的, 有語韻法; 要點是以諧音爲宗旨. 至元六年, 下詔頒行天下. 詔令說: "朕認爲用字來書寫語言, 用語言來記錄事情, 這是從古到今都采用的辨法. 我們的國家在北方創業, 民俗崇尙簡單古樸, 沒來得及制定文字, 凡使用文字的地方, 都沿用漢字楷書及畏兀文字, 以表達本朝的語言. 查考遼朝, 金朝以及遠方各國, 照例各有文字, 如今以文敎治國逐漸興起, 但書寫文字缺乏, 作爲一個朝代的制度來看, 實在是沒有完備. 所以特地命令國師八思巴創制蒙古新字, 譯寫一切文字, 希望能語句通順地表達淸楚事物而已. 從今以後, 凡是頒發詔令文書,

117
• • •
2. 동아시아 제 민족의 언어와 문자

都用蒙古新字, 并附以各國自己的文字." 於是升八思巴的號爲大寶法王 又賜給玉印.)

라는 기사는 원元 세조世祖의 신문자 제정에 대한 저간這間의 사정을 말해준다.[66]

그리고 이 기사에 들어 있는 파스파 문자의 반포를 위한 조령은 파스파 문자에 대한 원元 세조世祖의 기본 정신을 잘 나타내었다. 한자漢字와 몽고 위구르자蒙古畏兀字를 쓰고 있는 당시 원元 제국으로서는 한자와 위구르자가 몽고어를 기록하거나 제국의 여러 언어를 표기하기가 모두 불편하기 때문에 다음 세대를 위하여 제국에 통용하는 코이네[67]의 문자로서 파스파 문자를 만든 것임을 알 수 있다. 이러한 파스파 문자의 제정에 관련된 기본 정신은 훈민정음 창제의 취지와 일맥상통한다.[68]

Poppe(1957:2~3)에서 파스파 문자의 제정 이유에 대하여 Pozdněev(1895~1908)가 주장한 2가지 이유와 Vladimirtsov(1932)가 주장한 1가지 이유, 도합 3가지를 들었다.[69] 첫째는 몽고 위구르자畏兀字가 몽골어를 표기하

---

66 『원사(元史)』는 한문이독체(漢文吏牘体), 즉 한이문체(漢吏文体)로 쓰였기 때문에 중국어 번역문을 참고하여 해독하였다. 한문이독체나 한이문에 대하여는 졸고(2006a)를 참고할 것.

67 코이네는 알렉산더 대왕이 지중해 연안의 모든 나라를 정복하고 대제국을 건설한 다음 이를 통치하기 위하여 희랍의 아티카 방언을 기본으로 한 제국의 통용어로 만든 인공언어이다. 코이네(κοίνη, Koinē)는 고대 희랍어로 공통어라는 뜻이며 언어학에서는 대제국(大帝國)의 공용어를 '코이네'라고 한다.

68 훈민정음 창제의 기본 취지는 어제서문의 첫 구절에 보이는 "國之語音, 異乎中國, 與文字不相流通, ─ 나라말의 발음이 중국과 달라서 문자가 서로 통하지 않으니."라고 할 것이다. 같은 한자인데 그 발음이 달라서 중국인과 서로 통하지 않는다는 이 구절에서 분명하게 한자의 발음 표기를 위한 글자의 필요성을 지적하였다. 이 구절은 다음 구절인 "故愚民有所欲言, 而終不得伸其情者多矣. ─ 그러므로 어리석은 백성들이 말하고자 하는 것이 있어도 종내 그 뜻을 펴보지 못하는 것이 많다."와는 문맥이 맞지 않는다. 졸고(2006b)에서는 이 첫 행 다음의 몇 행이 생략된 것으로 보았다.

69 포페 교수는 이에 대하여 Pozdněev, Лекціи по исторіи монгольскойлитературы, читанныя... въ 1895, p. 96 акдемическомъ году, St. Petersburg, 1906, p. 172.와 Vladimirtsov, Монгольские литературые языки, p. 8. Id., Монгольский междунаодный алфавит XIII века, p. 32에서 인용하였음을 밝혔다.

기에 적당하지 않아서 좀 더 정학하게 몽골어를 기록하기 위하여 파스파 문자를 제정한 것으로 본 것이다. 이것은 쿠빌라이 칸의 파스파 문자를 반포하는 조령에서도 "凡使用文字的地方, 都沿用漢字楷書及畏兀文字, 以 表達本朝的語言. ─ [지금에] 쓰이는 문자는 모두 한자의 해서楷書나 위구 르 문자를 사용하여 이 나라의 말을 표시하였다."라 하여 한자와 몽고 위 구르 문자가 몽골어의 표기에 적합하지 않음을 강조하였다.

실제로 위구르자의 표기에 대한 주의가 있어서 이미 몽고 제국의 초기 에 그에 대한 불만이 높았음을 알 수 있다. 즉 몽고의 묑케Mönke, 蒙哥[70]가 즉 위하기 전까지 『대학연의大學衍義』 등의 유교 경전을 몽골어로 번역하는 문 제에 대하여 위구르자의 표기법에 대한 연구를 실시하였고 '국사國史'를 편 찬하라는 칙령에서도 이 문자의 표기에 대한 문제를 지적하였다.

둘째는 중국 한자음을 전사轉寫하기 위하여 파스파 문자를 제정하였다는 것이다. 이것은 쿠빌라이 칸의 조령詔令 가운데 "所以特地命令國師八思巴 創制蒙古新字譯寫一切文字, 希望能語句通順地表達淸楚事物而已 ─ 그러 므로 국사國師 파스파에게 몽고신자를 창제하라고 특명을 내려서 모든 문 자를 역사譯寫, 즉 번자翻字하여 기록하라고 하였다. 그리하여 능히 언어가 순조롭게 통하고 각지의 사물이 바르게 전달되기를 바랄 뿐이다."라는 구 절과 관련이 있는데 여기서 역사譯寫, transcription는 발음을 표기하라는 것이 므로 한자를 포함한 모든 문자의 발음을 전사하기 위하여 파스파 문자를

---

70 묑케(蒙哥)는 칭기즈 칸(成吉思汗)의 삼남인 톨루이의 장남으로 바투의 지원을 받아 대한(大汗)에 등극하였으며 원(元)의 헌종(憲宗)이 된 인물이다. 그는 초기 몽고 제국의 기틀을 쌓았다고 한다. 묑케는 남송(南宋)의 순우(淳 祐) 11년(1251)에 즉위하였고 개경(開慶) 원년(元年, 1259)에 서거(逝去)하여 동생 쿠빌라이 칸(忽必烈汗), 즉 원 세 조(世祖)에게 황위(皇位)를 물려주었다.

제정한 것임을 강조한 것이다.

특히 파스파 41자를 『광운廣韻』 36자모에 맞추어 제정한 것은 이 문자가 한자의 학습을 위하여 그 발음의 표기를 위한 것임을 분명하게 한다. 한자의 정확한 표음을 위하여 사용하기에는 몽고 위구르 문자는 매우 부적절하며 비록 그것이 표음문자이기는 하지만 구절 단위의 표기를 위한 문자여서 한자의 각개 음절을 표음하기에는 맞지 않았기 때문이다.

셋째는 Vladimirtsov(1929)의 의견으로 쿠빌라이 칸이 제국의 모든 언어를 기록할 수 있는 문자를 갈망했기 때문이라는 것이다. 이것은 상술한 쿠빌라이 칸의 조령詔令에서 "査考遼朝金朝以及遠方各國, 照例各有文字. — 요遼나라와 금金나라, 그리고 먼 곳의 여러 나라들의 예를 비추어 보면 각기 문자가 있다."라 하여 이미 요遼와 금金, 그리고 다른 먼 나라에서 자국의 문자를 독자적으로 제정하여 사용하고 있음을 지적한 것이다.[71] 뿐만 아니라 한자로 몽고어를 기록하는 것도 적절하지 않음을 알고 있었던 것이다.

파스파자字가 몽고 연구자들에게 흥미를 갖게 하는 것은 그 문자나 정서법 때문만이 아니라 파스파자로 쓰인 몽고어가 몽고 문어文語와 매우 다르다는 사실이다. 쿠빌라이 칸 치하의 1269년에 공포된 파스파자는 몽고제

---

71 파스파 문자를 만들 당시 원(元)의 주변 국가에는 독자적인 문자를 갖고 있는 민족이 많았다. 우선 티베트(西藏)에서는 7세기경에 산스크리트어(梵語)로 된 불경(佛經)을 번역하기 위하여 표음문자인 서장(西藏)문자를 발명하였고 요(遼)의 태조(太祖) 야율아보기(耶律阿保機)는 한자를 변형시켜 거란어(契丹語)를 기록한 거란대자(契丹大字), 920년에 반포와 왕자 질랄(迭剌)이 위구르 문자를 모방하여 표음적인 거란소자(契丹小字)를 만들어 사용하였다(清格爾泰 외 3인, 1985). 또 금(金)에서도 태조 아구타(阿骨打)가 완안희윤(完顔希尹)으로 하여금 거란소자(契丹小字)에 의거한 여진대자(女眞大字)를 만들어 천보(天輔) 3년(1119)에 공포하였다. 그 후에 희종(熙宗)이 역시 완안희윤으로 하여금 표음적인 여진소자(女眞小字)를 만들게 하여 천권(天眷) 원년(元年, 1138)에 반포하여 사용하였다(김완진 외 2인, 1997:125).

국의 문자로 원대元代 전반에 걸쳐 사용되었으며 이 문자는 원대元代 몽고인들의 언어를 표기하기 위한 것만이 아니라 원元 제국의 모든 구성원들이 사용하는 문자로 제정된 것이라는 점이다. Vladimirtsov(1931, 1932)에서는 이 파스파자를 국제적인 문자로 규정하였다.

지금까지의 연구에서 파스파자는 쿠빌라이 칸 치하에서만 사용되었고 그가 죽은 후 곧 사라졌다고 보거나 오로지 몽고어와 티베트어의 표기에만 사용되었다고 보는 경우가 많았다. 특히 아벨 레무자Abel-Rémusat는 오직 동전銅錢의 명문銘文으로 사용하였다고 주장하였다.

그러나 이러한 생각은 잘못된 것으로 파스파자字는 원元 제국의 모든 민족의 언어를 기록하려는 것이었다. 블라디미르초프Vladimirtsov는 파스파자가 중국에서 한족漢族이 아닌 몽골족 자신들의 제국임을 나타내는 예로서 이 문자를 제정한 것으로 보았으며 몽고어만이 아니라 제국의 모든 언어, 즉 원元의 다섯 색목인(色目人, 몽고어 tabun önggetü)의 다민족多民族 언어를 모두 표기하기 위한 것으로 보았다(Vladimirtsov, 1931:8, 또는 Vladimirtsov, 1932:32).

그러나 직접적인 파스파 문자의 제정 동기는 몽고 위구르자畏兀字가 한자의 발음을 전사하기가 적합하지 않았기 때문이다. 전술한 바와 같이 묑케가 1251년에 즉위하기 전에 중국인 학자 조벽趙璧72이 몽고어를 배워서 『대학연의大學衍義』를 몽고어로 번역하였고 이것으로부터 중국 고전을 번역하며 원元 제국의 역사를 편찬하기 위한 준비위원이 결성되는 계기가 되었

---

72 '조벽(趙璧)'은 원(元) 헌종(憲宗) 때 회인(懷仁) 지방의 사람으로 자(字)는 보인(寶仁), 시호(諡號)는 충량(忠亮)이다. 중통(中統) 연간(1260~1263)에 평장정사(平章政事)에 올랐다(『元史』 권159).

2. 동아시아 제 민족의 언어와 문자

다. Pozdneyev(1906:166)에서는 위와 같은 작업으로부터 몽고위구르자蒙古畏兀字의 불편함이 인정되어 새로운 문자 제정의 동기가 되었다고 주장하였다.[73]

필자는 졸고(2008a, b)에서 조선시대 훈민정음의 제정과 마찬가지로 몽고인의 한어漢語교육에서 가장 문제가 되는 한자의 발음 학습을 위하여 파스파자字가 제정된 것임을 주장하였다. 한족漢族이 아닌 다른 민족이 표준 한어를 학습할 때에 가장 문제가 되는 것은 한자의 발음이다. 중국어를 하는 한족들은 뜻을 알면 그에 해당하는 발음이 따라오지만 외국인이 한어를 학습할 때에는 이를 기록한 한자의 발음을 별도로 배워야 한다.

또 한어 학습에서 한자 교육은 여러 방언의 서로 다른 발음을 익혀야 한다. 주지하는 바와 같이 원대元代에도 서울인 대도(大都, 지금의 북경지역)의 한아언어漢兒言語나 서북西北 방언의 통어(通語 또는 凡通語), 오아吳兒의 개봉開封 방언음 등이 각기 서로 달라서 정확한 발음 하나하나를 발음기호로 표기하지 않으면 효과적인 한어, 즉 중국어의 교육은 어렵게 된다. 몽고 제국에 관련되는 여러 민족의 언어를 기록하려는 것도 파스파자字를 제정한 중요한 동기가 되겠지만 필자는 몽고인들의 중국어 학습에서 한자의 여러 중국어 발음 표기를 위한 기호의 필요성이 보다 직접적인 파스파자의 제정 동기라고 생각한다.

---

73 이에 대하여 Poppe(1957:2)에서도 "Pozdneyev expressed the opinion that the preparation of these translations would inevitably have come up against great difficulties by virtue of the unsuitability of the Uigur script to transcribe Chinese characters. These circumstances, in Pozdneyev's opinion, would have given rise to the idea of creating a new script, more precise than the previous one — 포즈네이에프는 위구르 문자가 한자음을 전사하기에 매우 부적절하여 [한문 고전에 대한] 번역의 예비가 필연적으로 매우 어려워졌기 때문이라는 견해를 강조하였다."라고 하여 Pozdneyev의 생각이 위구르 문자가 한자 발음 전사에서 부정확하며 또 불편함을 들고 이런 조건에서 새 문자의 필요성이 대두되었다고 보았다.

몽고자학

파스파 문자는 전술한 바와 같이 팍스파 라마가 적어도 지원至元 5년(1268)에는 완성하여 시험 삼아 사용하다가 세조世祖 쿠빌라이 칸의 인정을 받아 지원 6년(1269)에 원元 제국의 공용 문자로 반포되었다. 그리고 원 제국의 모든 지역에 몽고자학蒙古字學의 학교를 설치하고 이 문자를 교육하였다. 즉『원사元史』(권6)「세조기世祖紀 삼三」의 "至元六年七月. 己巳, 立諸路蒙古字學. 癸酉, 立國子學. — 지원 6년 7월 기사己巳 일에 각 로路에 몽고자학을 세우고 계유癸酉 일에 국자학國子學을 세우다."란 기사나 같은『원사』「세조기 사四」의 "至元七年夏四月壬午, 設諸路蒙古字學敎授. — 지원至元 7년 여름 4월 임오壬午 일에 제로諸路에 몽고자학을 설립하고 가르치다."란 기사가 있어 원元의 조정朝廷이 모든 로(路, 우리의 道에 해당함)에 몽고자학의 학교를 설치하여 파스파자字를 교육하고 이를 이용하여 한어漢語교육도 함께 이루어졌음을 말한다.

『원사』(권87)「백관지百官志 삼三」에 몽고 국자학의 제도에 대하여 "蒙古國子學: 秩正七品博士二員, 助敎二員, 敎授二員, 學正學錄各二員. 掌敎習諸生於隨朝百官怯薛台. 蒙古漢兒官員家, 選子弟俊秀者入學. — 몽고 국자학은 정7품 박사 두 사람, 조교 두 사람, 교수 두 사람, 학정學正 · 학록學錄 각 두 사람으로 구성되며 조정 백관과 시위侍衛들, 즉 겁설태怯薛台[74]에게 딸린 여러 생도들을 가르치는 것을 관장한다. 몽고인이나 한인 관원들의 집에서 준수한 자제들을 뽑아서 입학을 시킨다."라는 기사에 의하면 대체로 어떤 종류의 학교인지 이해하게 된다. 원元 제국에 추종하는 세력에게 이

---

74 '겁설태(怯薛台)'는 몽고어 'kepüsel-tei'의 한자표기로 "황제의 侍衛 무사들"을 말한다.

문자를 가르치고 이들을 과거시험으로 뽑아 관리에 임명함으로써 자연스러운 지배층의 물갈이가 이루어지는 것이다.

『원전장元典章』(권31) 「예부禮部」(권4), '학교學校 몽고학蒙古學'조에 지원至元 8년(1271) 정월에 발표된 성지聖旨 1통이 실려 있다. 이 성지의 내용은 바로 이 문자 제정의 목적을 보여주는데 이 성지에는 첫째로 "서울에 국자학國子學을 설치하고 교수, 학생을 두었으니 조정의 백관百官과 황제의 시위무사侍衛武士[75]들, 그리고 몽고인과 한인漢人의 자손 및 제질弟姪 가운데 우수한 자를 선발하여 국자학에 입학시킬 것"을 명령하고 다음으로 관청에서 발급하는 중요한 문서와 인신印信, 각종 포마鋪馬 차자箚子[76]는 몽고자, 즉 새로 제정한 국자國字를 쓸 것이라는 등의 내용을 담고 있다.

문자 보급을 위한 노력

원 세조 쿠빌라이 칸은 이 문자의 보급을 위하여 노력하였다. 먼저 이 문자의 교육을 강화하고 이 문자의 학습에 대한 유인책을 마련하였다. 그리고 이 문자를 사용하도록 법으로 정하였다. 이 문자의 교육 강화와 문자 학습의 유인책, 그리고 이 문자 사용의 의무화에 대한 것을 羅常培·蔡美彪(1959:12~13)에서 소개하면 다음과 같다.

첫째, 몽고자의 교육을 강화시키는 내용이다. 각 로路에 몽고자학이란 학교를 설치하고 경사京師에 국자학을 설치할 뿐만 아니라 제왕諸王들의 산하에 있는 천호千戶까지도 몽고자蒙古字를 교수하며 몽고 귀족 및 몽고와 한

---

75 시위무사(侍衛武士)들은 몽고어 kepüseltai(怯薛台)를 말하는 것으로 몽고 황제(皇帝)의 측근 무장(武將)들을 말한다.
76 '포마차자(鋪馬箚子)'는 역참(驛站)에서 말을 조달할 수 있는 표. 조선시대의 마패(馬牌)와 같음.

족漢族의 통치자 자제 중에 우수한 사람들을 입학시켜 몽고자를 학습하게 명령한다는 것이다.

『원사』(권87) 「백관지」(제3)에 기재된 몽고 국자학의 제도에는 "몽고 국자학은 정7품 박사 2원員, 조교 2원, 학정學正, 학록學錄 각 2원이 생도의 교습을 관장하고 조정의 백관과 겁설태, 몽고와 한족의 관원 집의 자제 가운데 우수한 자를 선발하여 입학시킨다."라고 하여 국자학의 규모와 구성에 대한 규정을 소개하고 있다.

몽고 황제는 자신의 후계자에게도 몽고 국자國字를 교습하게 하였는데 전게한 『원전장』에 소개된 지원至元 8년에 내린 성지에 강보襁褓에 있는 황손과 보모에게도 국자를 학습하게 하였다는 내용이 적혀 있다. 또 몽고 황제는 당직의 겁설태와 비칙치에게 100일을 한하여 반드시 몽고자를 습숙習熟하게 하였다는 것이다.

둘째, 몽고자 사용의 유인책이다. 황제는 몽고자를 학습하면 일신의 부역賦役을 면제하거나 몽고자 구사의 실력에 의하여 관직을 주는 유인책으로 당시 지식인들에게 몽고자의 학습을 호소하였다. 심지어 한인漢人이나 남인南人[77]의 관원들 자손이나 제질(弟姪, 동생들과 조카들)들도 국자학에 입학하여 몽고자를 학습하게 하였다. 이는 몽고 국자國字를 보급하여 통치문자로서 널리 이용하게 하려는 것이다.

셋째, 관청에서 몽고자의 사용을 의무화하였다. 지원至元 8년(1271)의 성지에 적시된 바와 같이 성부대원省部臺院의 상주문上奏文이나 관청의 문서, 중서성中書省의 부보符寶, 성부대省部臺의 모든 인신印信, 그리고 병마 조달의 차자

---

77 여기서 말하는 남인(南人)은 북방의 한아(漢兒)가 아닌 오아(吳兒)의 한족(漢族)을 말함.

劄子 등을 모두 반드시 몽고자로 쓰게 하였다. 즉『원사元史』(권101)「병지兵志」제4 '참치站赤' 조에

八年正月, 中書省議: 鋪馬劄子初用蒙古字, 各處站赤未能盡識, 宜繪畫馬匹數目, 復以省印覆之, 庶無疑惑. 因命令後各處取給鋪馬標附文籍, 其馬匹數, 付譯史房書寫畢, 就左右司用墨印, 印給馬數目, 省印印訖, 別行附籍發行. 墨印左右司封掌. — 8년(1271) 정월에 중서성에서 의논하기를 말을 나누어주는 차자劄子에 처음에는 몽고자를 사용하였으나 각 처의 참치(站赤, 역리를 말함 — 필자)들이 이를 잘 알지 못하므로 마필의 수효를 그림으로 그려서 위에 중서성의 도장을 찍어 아무런 의혹이 없게 하였다. 명령을 내린 후에 각처에서 말을 나누어주는 표를 붙인 문적을 주고 그 마필의 수효를 말로 바꾸어 사방史房에서 쓴 다음에 좌우사左右司에서 먹을 쓴 도장, 묵인墨印으로 말의 수효에 따라 도장을 찍고 도장 찍는 것이 끝난 다음에 따로 문서를 붙여 발행하였다. 묵인은 좌우사에서 봉하여 관장하였다.

라고 하여 각 역참의 마패馬牌와 말을 나누어주는 문서도 모두 몽고자로 쓰게 하였음을 알 수 있다. 그리하여 이 문자가 명실상부하게 통치문자의 역할을 하게 한 것이다.

나이지羅以智의 '발몽고자운跋蒙古字韻'에서도 "頒行諸路, 皆立蒙古學. 此書專爲國字漢文對音而作, 在當時固屬通行本耳. — [이 문자를] 제 로路에 나누어주어 사용하게 하고 모두 몽고학교를 세웠다. 이 책 [『몽고자운』]은 [당시에] 오로지 국자(國字, 파스파 문자)로 한자의 발음을 적기 위하여 만들어진 것으로 당시에 있어서는 널리 통행하는 책에 속하였다."라고 하여 파

스파자가 원元 제국의 제로諸路에 세운 몽고학교에서 한자의 한어음漢語音을 학습하는 데 발음기호의 역할을 하였으며 이 문자로『몽고운략蒙古韻略』이나 『몽고자운蒙古字韻』과 같은 발음 사전을 만들 때에 발음기호로서 사용되었음을 알 수 있다.

지원至元 7년(1270) 10월에는 황제의 조상祖上을 제사하는 사원에서 파스파 문자를 기도문의 문자로 지정한다는 포고가 내려졌고[78] 이어서 지원 8년 12월에는 국자國字 사용을 늘리라는 포고령을 내렸으며 지원 10년(1273) 정월에는 이후의 모든 명령서에 국자를 사용하라는 칙령이 내려졌다.

그러나 이러한 노력에도 불구하고 중국인 관리의 자제들은 파스파 문자의 교육을 받지 않고 위구르畏π 문자를 사용하는 데 익숙하였다. 이에 대하여 화례곽손和禮霍孫의 상소가 있어 몽고자를 교육하는 학교를 설치하였으나 한족漢族 관리의 자제 가운데에도 배우지 않는 사람들이 있고 관청에서 보내오는 문서가 아직 위구르자畏π字로 쓴 것이 있어서 이제부터 몽고자를 사용할 것으로 명하고 아울러 백관의 자제를 몽고자 학교에 입학시킬 것으로 명하였다고는 하지만[79] 신문자의 전파는 매우 더뎠다(Poppe, 1957:6). 드디어 지원 16년(1279)에는 중서성中書省이 관문官文이나 상소上訴에 위구르畏π 문자 사용을 금지시켰으나 이 명령은 지켜지지 않았고 중서성

---

78 이에 대하여는『원사(元史)』(권7)「세조기(世祖紀) 4」에 "至元七年冬十月癸酉, 宗廟祭祀祝文, 書以國字."라는 기사 참조.

79 이에 대하여는『원사(元史)』「세조기(世祖紀) 4」에 "至元九年七月壬午, 和禮霍孫奏: 蒙古字設國子學, 而漢官子弟未有 學者, 及官府文移猶有畏吾字, 詔自今凡詔令並以蒙古字行, 仍遣百官子弟入學. — 지원 9년에 화례곽손이 상주하기를 몽고자를 국자학에 설치하였으나 한인 관리의 자제 가운데 이를 배우지 않고 관청의 문서가 위구르 문자로 썼습니다. 이제 이번 조령에서 모두 몽고자를 병행하라고 조칙을 내리시고 또 백관의 자제를 입학하게 하소서."라는 기사를 참조.

은 5년 후인 지원 21년(1284) 5월에 다시 같은 명령을 내리게 된다.[80]

이러한 파스파 문자의 제정과 보급은 훈민정음의 제정과 보급에 지대한 영향을 주게 된다. 이에 대하여는 제5장에서 상세하게 논의될 것이다.

7. 새로운 중국어의 대두

중국은 국토가 광활하여 수많은 민족으로 구성되었고 그 언어도 다종다기하다. 그리하여 각 시대별로 각 민족이 공동으로 사용하는 언어가 필요하게 되었다. 주대周代에는 공동의 언어가 있었지만 이를 지칭하는 말이 없었으며 춘추春秋시대에는 이를 '아언雅言'이라고 하였다. 전국戰國시대에는 6국 모두 자기 나라 말로 표준어를 삼았으나 주周의 수도 낙양洛陽의 언어를 기초로 한 아언雅言은 이 시대에도 상류사회에서 통용되었고 유교의 경전인 오경五經과 사서四書의 언어는 이 시대의 아언으로 풀이되었다. 이와 같은 아언雅言에서의 한자음을 중국어의 역사에서 상고음上古音, Archaic Chinese이라고 하고 이 언어를 한자로 적은 한문을 고문古文이라고 한다.

상고上古시대의 중국 주변에는 여러 이민족이 있었고 그들도 이 고문古文에 의거하여 자국의 역사 등을 기록하였는데 그들의 언어에 영향을 받아 고문의 문법과 어긋나는 점이 있었다. 이것을 변문變文이라 하고 돈황敦煌의 유물에서 발견된 문헌 가운데 변문 자료가 적지 않다.

---

80 조선시대의 마패(馬牌)에 해당하는 패자(牌字, 몽고어 gerege)의 글도 지원(至元) 15년(1278) 7월에 황제의 칙령으로 위구르 문자로부터 파스파 문자로 바꾸도록 하였다. 그러나 실제로 이것이 시행된 것은 몇 년 후의 일이다.

한대漢代에는 장안長安, 지금의 서안西安의 밀을 기초로 한 공통어가 생겨나 '통어通語', 또는 '범통어凡通語'라고 하였으며 이 말은 한漢나라의 융성과 더불어 모든 방언을 초월하여 중국 전역에 퍼져나갔다. 또한 위진魏晉 이후 수隋와 당唐을 거치면서 장안長安을 중심으로 한 통어通語는 중국어의 역사에서 가장 오랜 기간 공용어로서의 지위를 누렸다. 이때에 이 범통어凡通語를 기초로 하여 산문散文을 쓰는 것이 유행하였으며 이것을 백화문白話文이라고 하였다. 이 백화문白話文은 고문古文이나 변문變文과 다른 또 하나의 한문 문어文語가 생겨난 것이다.[81]

특히 송대宋代에는 북송北宋이 중원中原에 정도定都한 후에 변량汴梁을 중심으로 한 중원 어음이 세력을 얻자 전 시대의 통용음을 유지하기 위하여 많은 운서韻書가 간행되었다. 특히 수대隋代에 육법언陸法言의 『절운切韻』이 당대唐代 손면孫愐의 『당운唐韻』으로, 그리고 송대宋代 진팽년陳彭年과 구옹邱雍 등의 『광운廣韻』으로 발전하여 중국어의 한음漢音은 운서음韻書音으로 정착하게 된다. 『광운』을 기본으로 한 『예부운략禮部韻略』 등은 당시 과거시험의 표준 운서였으므로 이 운서음은 전국적으로 널리 유포되었다. 이것을 필자는 중국어의 역사에서 중고중국어中古語, Ancient Chinese라고 하고 또 한자의 중고음中古音이라고 본다.

한아언어의 대두

그러나 몽골에 의하여 건국된 원元이 수도를 대도大都, 즉 연경(燕京, 지금

---

81 예를 들면 『삼국지연의(三國志演義)』, 『수호지(水滸傳)』 등의 중국 고대소설은 이 백화문(白話文)으로 쓰였다. 20세기에 들어와서 호적(胡適) 등이 주창(主唱)한 백화운동(白話運動)은 고문(古文)을 중심으로 한 문학에 대하여 구어(口語)를 기본으로 하는 문학운동이며 여기에 신사상 등을 가미한 것이다.

의 北京)으로 정하자 이곳의 언어가 공용어로서 세력을 얻기 시작하였다. 원의 대도大都 주변에는 많은 민족이 모여 살았고 그들 가운데는 중국어와 같은 고립어의 문법 구조가 아닌 교착적膠着的 문법 구조를 가진 언어를 사용하는 북방민족도 섞여 있었다. 이들이 일상생활이나 교역 등의 접촉에서 언어 소통을 위하여 중국어를 기본으로 하여 스스로 만든 공통어가 있었는데 그것이 '한아언어漢兒言語'[82]였다. 그리고 이 말의 한자 발음을 '몽고음蒙古音'이라고 불렀다.

이 한아언어는 앞에서 언급한 그동안의 중국에서 통용되던 통어通語와는 매우 다른 언어로서 우선 몽고음蒙古音은 종래의 중고음中古音과 서로 달랐을 뿐만 아니라 언어구조도 상당한 차이를 보였다. 이러한 발음의 차이는 이미 중고음으로 학습한 고려인들의 중국어 지식을 근본적으로 흔들어놓았다. 따라서 고려 후기와 조선 초기에는 몽고음이라고 불리는 북경어北京語, 즉 한아언어의 발음을 학습하기 위하여 필사적이었다.[83]

원의 흥성興盛으로 한아언어는 중국 전역으로 퍼져나갔고 이를 학습하기 위한 발음사전이 간행되기도 하였는데 그 가운데 하나가 『고금운회古今韻會』

---

82 이 한아언어(漢兒言語)는 명초(明初)에 일시적으로 남경관화(南京官話)로 순화(醇化)되었으나 관리들이 이 언어를 기반으로 하여 행정에 사용한 이문(吏文)은 그대로 유지되었다. 명(明)의 영락대제(永樂大帝)가 북경(北京)으로 천도한 다음에 다시 이곳의 언어는 세력을 얻었고 청대(淸代)에는 북경 만다린이 되었다가 관리들의 언어가 이 말로 정착되어 북경관화(北京官話)로 불리었다. 그러므로 한아언어(漢兒言語)는 오늘날 중국의 표준어인 보통화(普通話)의 모태라고 할 수 있다.

83 성삼문(成三問)은 『직해동자습(直解童子習)』의 서문에서 중국어 학습에서 발음 학습의 어려움을 역설하면서 "[전략] 號爲宿儒老譯, 終身由之, 而卒於孤陋 [중략] 我世宗文宗慨然念於此, 旣作訓民正音, 天下之聲, 始無不可盡矣 於是 譯洪武正韻, 以正華音 [하략] ─ [전략] 이름난 유학자나 노련한 역관이라도 종신토록 그대로 가다가 고루한 대로 마치게 된다. [중략] 우리 세종과 문종대왕께서 이에 탄식하는 마음을 가져 이미 만든 훈민정음이 천하의 모든 소리를 나타내지 못하는 것이 전혀 없어서 이에 홍무정운을 번역하여 중국어의 발음을 바로잡았다 [하략]"이라고 하여 세종과 동궁이 모두 중국어 발음의 학습을 위하여 이 문자를 제정한 것으로 보았다.

(1292)였다.[84] 이 운서는 앞에서 언급한 『광운廣韻』 등 절운계切韻系 운서와는 많은 차이가 있었으며 훈민정음 창제 이후 처음으로 세종이 이 운서를 번역하도록 명한 바 있다. 우리 한자음의 모태인 중고음과 원의 공용어인 몽고음의 차이를 밝히려는 것이었는데 이러한 연구가 바로 고려와 조선에서 역학을 크게 발달시킨 것으로 보는 것이다.[85]

---

84 『고금운회(古今韻會)』는 원대(元代) 황공소(黃公紹)가 지은 방대한 북경 발음의 운서로서 실제로 간행되지 못하고 그의 제자인 웅충(熊忠)이 이를 간소화한 『고금운회거요(古今韻會擧要)』가 간행되어 세상에 알려졌다. 현전하는 『고금운회거요』에는 원 대덕(大德) 원년(元年, 丁酉, 1297)에 쓴 웅충의 자서(自序)가 지원(至元) 28년(壬辰, 1292)에 작성된 유진옹(劉辰翁)의 서문과 함께 실려 있다. 이때에 간행된 초간본의 30권 10책이 고려대학교 중앙도서관 화산(華山)문고에 현전한다. 이 책의 권두에는 "礼部韻略七音三十六母通攺 — 〈예부운략〉 7음 36모 통고"라는 제하에 '蒙古字韻音同 — 〈몽고자운〉의 발음과 같음'이란 소제를 붙이고 "韻書始於江左, 本是呉音. 今以七音韻母通攺韻字之序, 惟以雅音求之無不諧叶 — 운서는 장강의 왼쪽에서 시작되어서 본래 오음(呉音)이었다. 이제 운모를 통고하는 [북방의] 칠음으로서 운자의 차례를 삼고 오로지 아음을 구하니 맞지 않는 것이 없도다"라고 하여 『고금운회(古今韻會)』가 어느 정도 북방음을 수용하고 있음을 알 수 있다. 이에 대하여 조선 최세진의 『사성통해(四声通解)』 권두에 부재된 26조 범례 가운데 "[전략] 黃公紹作韻会字音則亦依蒙韻 [하략] — 황공소가 지은 운회의 발음은 역시 몽고음에 의지한 것이다"라고 하여 운회(韻会)가 원대(元代) 몽고운(蒙古韻)의 계통임을 증언하고 있다.

85 역학(譯學)은 역관을 양성하기 위하여 외국어를 학습하는 것을 말한다. 고려와 조선시대는 학문 분야를 10개로 나누고 해당 관소(館所)에 교육을 담당하게 하였다. 고려 공민왕(恭讓王)은 10학을 두었고(『高麗史』 권77) 조선조에서는 태조가 6학(兵學, 律學, 字學, 譯學, 醫學, 算學)을 두어 양가자제를 교육하였으며(『태조실록』 권2, 태조 2년 10월조) 태종은 태조의 이 육학(六學)에 '유학(儒學), 이학(吏學), 음양풍수(陰陽風水), 악학(樂學)'을 추가하여 십학(十學)을 두었다.

제3장

한글의 발명

다음으로 본서의 핵심 부분인 한글의 발명, 즉 훈민정음의 제정에 대하여 살펴보기로 한다. 한글, 즉 훈민정음의 제정에 대하여는 많은 사실이 왜곡되거나 잘못 알려졌다. 우리 민족의 가장 자랑스러운 문화의 유산인 한글에 대하여 여러 가지 억측과 국수주의자들의 자의적인 해석이 진실을 흐리게 하고 사실을 호도하고 있다. 본서에서는 그동안의 주장에 대하여 비판하고 사실史實에 입각하고 올바른 한자 자구字句의 해석을 통하여 한글, 즉 언문의 제정에 대하여 논하기로 한다.

1. 고대(古代) 한반도의 언어와 문자

한글 발명에 대하여 살펴보기 전에 이 땅에서 한글 이전에는 어떤 문자들이 사용되었는가를 먼저 고찰할 필요가 있다. 이 절節에서는 한반도에서 사용된 고대시대의 언어와 문자에 대하여 그동인의 연구를 중심으로 간략하게 언급하고자 한다.

한반도의 역사에서 역사 이전의 신화와 전설의 시대라 할 수 있는 고조선시대가 있다. 여기서 고조선이란 단군조선, 기자조선, 위만조선을 말한다. 실제 존재했던 왕국으로 보이나 단편적인 기록 이외에 정확한 역사의 서술은 불가능하므로 역사시대로 보기 어렵다. 이 각각에 대하여 그동안 거론된 사서史書의 기록을 살펴서 그 역사적 존재의 가능성을 살펴보면 다음과 같다.

단군조선, 기자조선, 위만조선

단군조선에 대하여는 『삼국유사三國遺事』 「기이紀異」 제2 '고조선古朝鮮', '왕검조선王儉朝鮮'조에 "《魏書》云: 乃往二千載, 有檀君王儉, 立都阿斯達. {經云無葉山, 亦云白岳, 在白州地. 或云在開城東, 今白岳宮是.}[1] 開國號朝鮮, 與高(堯)同時. [후략] — 〈위서魏書〉에 말하기를 지난 2천 년 전에 단군檀君 왕검王儉이란 이가 있어서 도읍을 아사달阿斯達에 세우고 {경經에는 무엽산無葉山이라 일렀고 또 백악白岳이라고도 일렀으니 백주白州 땅에 있다. 혹은 개성동쪽에 있다고 하니 지금의 백악궁이다.} 나라를 창건하여 이름을 조선朝鮮이라 하니 요堯[2] 임금과 같은 시대이다. [후략]"이라는 기사가 있고 이어서 '단군 설화'의 모태가 되는 내용이 실려 있다.

이로부터 단군조선이 있었음을 알 수 있고 도읍지인 '아사달阿斯達'의 '아사阿斯'가 현대 우리말의 '아침'에 대응하며[3] '조선朝鮮'의 '아츰 〉 아침'에서 '朝'가 온 것으로 보았다. 그리고 '達'은 고구려어의 '達 — 山'과 연관이 있으며 왕검王儉의 '儉'이 '임금'이라 할 때 '금'의 연원이라는 억측이 있다(이기문, 1998:38)라고 하여 단군조선의 언어가 고대 우리말의 근거가 되었음을 암시하고 있다. 한반도의 역사를 5천 년으로 보는 근거가 여기에 있는 것이다.

기자조선에 대하여도 역시 『삼국유사』 같은 곳에서 "[전략] 周虎(武)王卽位己卯, 封箕子於朝鮮. 檀君乃移於藏唐京, 後還隱於阿斯達爲山神, 壽

一千九百八歲. ─ [전략] 주나라 무왕武王⁴이 즉위한 기묘년(BC. 1122)에 기자를 조선에 봉하니 단군은 곧 장당경藏唐京으로 옮겼다가 뒤에 돌아와서 아사달阿斯達에 숨어서 산신이 되었으니 나이가 1천 9백 8세였다."라는 기사가 있어 주周 무왕武王 때(BC. 12C)에 기자箕子가 조선에 봉해져서 기자조선이 있었음을 말해준다.

이들은 『사기史記』(권38) '송미자세가宋微子世家'의 기사에 은殷이 멸망할 때 주周 무왕武王이 현인賢人 기자箕子를 조선의 왕王으로 봉封했다는 기록에 의거한 것으로 지배족의 언어가 원주민과 달랐을 가능성을 시사하고 있다. 즉, 『동국통감東國通鑑』(권1) '기자조선箕子朝鮮'에 "箕子率中國五千人, 入朝鮮. 其詩, 書, 禮, 樂, 醫, 巫, 陰陽, 卜筮之流, 百工, 技藝皆從而往焉. 旣至朝鮮, 言語不通, 譯而知之. [하략] ─ 기자가 중국인 오천을 거느리고 조선에 들어왔다. 시詩, 서書, 예禮, 악樂, 의醫, 무巫, 음양陰陽, 복무卜巫 따위와 백 가지 공예 및 기술이 모두 따라왔다. 조선에 이르러 언어가 통하지 않아 번역하여 알았나."라는 기사가 이를 알려준다. 기자조선에 대하여는 더 이상의 기사가 없어 자세한 것은 알 수 없으나 백제어百濟語에서 '긔ᄌ'가 임금을 호칭한 예가 있다.

위만조선에 대하여 역시 『삼국유사』(권2) 「기이紀異」 '위만조선衛滿朝鮮'조에

《前漢》朝鮮傳云: 自始燕時, 常略得眞番朝鮮(師古曰: 戰國時燕出(國)⁵始略得此地也.}, 爲置吏築障, 秦滅燕屬遼東外徼. 漢興爲遠難守, 復修遼東故塞, 至浿

---

4 원문의 '호(虎)'는 고려 혜종(惠宗)의 이름자 '무(武)'를 기휘(忌諱)하기 위한 것이다.

5 '시(時)' 다음의 결자(缺字)인 것을 '연(燕)'으로 읽고 그다음은 '국(國)'의 오자(誤字)로 보았다.

水爲界{師古曰浿在樂浪郡}屬燕. 燕王盧綰反入匈奴, 燕人魏(衛)滿亡命. 聚黨千餘人, 東走出塞. 渡浿水, 居秦故空地上下障, 稍役屬眞番朝鮮蠻夷, 及故燕齊亡命者王之, 都王儉. {李曰: 地名. 臣瓚曰: 王儉城在樂浪郡浿水之.[6]} 以兵威侵降其旁小邑, 眞番, 臨屯皆來服屬, 方數千里. 傳子之孫右渠. {師古曰: 孫名右渠} 眞番辰國, 欲上書見天子, 雍閼不通. {師古曰 辰謂辰韓也.} ―『전한서』「조선전」

에 이르기를 처음에 연나라 때부터 진번眞番, 조선을{사고師古[7]가 말하기를 전국 시대에 연나라가 이 땅을 처음으로 빼앗아 얻었다고 하였다.} 빼앗아 거기에 관리를 두고 보루를 쌓았다. 진秦나라가 연燕나라를 멸망시키자 요동의 변강 지역에 속하게 되었다. 한漢나라가 일어나서 이 땅이 멀기 때문에 지키기가 어려워 다시 요동에 옛 보루를 수리하고 패수浿水까지 {사고가 말하기를 패수는 낙랑군에 있다고 하였다.} 경계를 삼아 연燕나라에 속하게 하였다. 연왕燕王 노관盧綰이 배반하여 흉노에게 들어가자 연나라 사람 위만이 망명하여 천여 명 도당을 모아 동쪽으로 국경을 빠져 달아나서 패수를 건너 진나라의 빈 땅에 아래위로 보루를 쌓고 와서 살면서 진번眞番, 조선의 오랑캐들과 옛날 연燕과 제齊의 망명자들을 차츰 복속시키고 임금이 되어 왕검王儉에 {이李[8]가 말하기를 땅 이름이라 하고 신臣 찬瓚은 말하기를 왕검성은 낙랑군 패수의 동쪽에 있다고 하였다.} 도읍하고 무력으로 이 근방 작은 고을들을 침략하여 항복시키니 진번眞番·임둔臨屯이 와서 항복하여 복속하여 지방이 수천 리나 되었다.[9] 그의 아들을 거쳐 손자

---

6 안정복(安鼎福)의 수택본에는 '동(東)'으로 정정함.

7 '사고(師古)'는 당나라 초기의 학자로 〈한서(漢書)〉의 주해로 이름이 높다. 성은 안(顔)씨이다.

8 이기(李奇)를 말하며 그는 〈한서(漢書)〉를 주석하였다.

9 이것은 사마천(司馬遷)의 『사기(史記)』(권115) '조선열전(朝鮮列傳)'(제55)에 "朝鮮 {潮仙二音. 《括地志》云: 高驪郡平壤城. 本漢樂浪郡王陰城. 又古云: 朝鮮地也.} 王滿者, 故燕人也. 案漢書, 滿燕人. 姓衛, 擊破朝鮮而自王之. 自始全燕時, {註略} 嘗略屬眞番, {註略}, 朝鮮{註略} 爲置吏, 築障塞. 秦滅燕, 屬遼東外徼. 漢興, 爲其遠難守, 復修遼東故塞, 至浿

우거右渠에 {사고師古가 말하기를 손자의 이름이 '우거右渠'다} 이르러 진번·진국이 글을 올려 천자를 뵙고자 하였으나 우거가 길을 막아 통하지 못하였다{사고가 말하기를 진辰은 진한辰韓이다}.

라는 기사가 있어 위만조선의 존재를 알 수 있다. 이어서 『삼국유사』「기이紀異」 '마한馬韓'조에 "《魏志》云: 魏(衛)滿擊朝鮮, [하략] ─ 〈위지魏志〉에 이르기를 위만이 조선을 치니, [하략]"이란 기사도 같은 사실을 말하기 때문에 연燕 위만이 연나라 유민 천여 명을 거느리고 조선(아마도 기자조선을 말할 것임)에 와서 왕이 되어 위만조선을 건국하였음은 사실로 보인다. 이 기사로 적어도 진시황秦始皇의 중원 통일 시기에 위만조선이 건국되었음을 알 수 있다.

문자 사용의 가능성

고조선 시대에 문지가 사용되었을 가능성은 매우 높다. 왜냐하면 기자箕子나 위만衛滿이 중국에서 유민流民을 이끌고 와서 나라를 세웠을 것으로 추정하면 그들이 이미 중원中原의 문자로 널리 사용된 한자漢字를 갖고 왔을 가

水爲界. {註略} 屬燕. 燕王盧綰反, 入匈奴, 滿亡命. {註略} 聚黨千餘人, 魋結蠻夷服而東走出塞, 渡浿水, 居秦空地上下障. {註略} 稍役屬眞番, 朝鮮, 蠻夷, 及故燕齊亡命者王之, 都王險. ─ 조선 {조선 두 발음이고 〈괄지지〉에 말하기를 '고려는 평양성에 도읍하였는데 본래는 한나라 낙랑군의 왕검성이었다'고 한다. 또 옛말에 조선의 땅이라고도 한다} 왕은 만(滿)이란 사람으로 연(燕)나라 사람이다. 〈한서〉에 만(滿)은 연나라 사람이고 성은 위(衛)이다. 조선을 격파하고 스스로 왕이 되다. 연나라 때부터이며 {주는 생략} 일찍이 진번(眞番)을 침략하여 복속시키고 {주는 생략} 조선에 {주는 생략} 관리를 두고 장색을 쌓았다. 진(秦)이 연(燕)을 멸하고 요동에 속하게 하고 순찰하였다. 한(漢)이 흥하자 멀어서 지키기 어려우므로 요동에 요새를 다시 세우고 패수를 경계로 하여 {주는 생략} 연(燕)에 속하게 하였다. 연왕 노관이 반란을 일으켜 흉노에 들어가므로 만(滿)이 망명하여 {주는 생략} 천여 명을 모아서 {주는 생략} 상투를 짜고 만이의 복장을 하여 동쪽으로 요새를 나가서 패수를 건너 빈 땅에 거처를 정하였다. 진번과 조선, 만이를 차차로 복속시키고 연, 제에서 망명한 자를 왕으로 삼았으며 왕검에 도읍하였다."라는 기사에 의거한 것으로 보인다.

능성은 능히 추정하고도 남음이 있다. 상술한 『동국통감』(권1)의 '기자조선' 기사에 "其詩·書·禮·樂·醫·巫·陰陽·卜筮之流, 百工·技藝皆從而往焉."라는 구절은 이들이 중국 은殷, 또는 주周의 한자문화를 들여왔음을 말하는 것이다.

그러나 고조선의 언어와 문자는 오늘날 아무런 자료가 없어서 오로지 추측에 의존할 뿐이다. 전술한 바와 같이 단군조선이 우리말과 같은 계통의 언어를 사용하였을 것으로 추정된다. 이어서 기자의 동래설東來說, 위만의 망명설亡命說로 구별되는 기자조선이나 위만조선도 비록 지배족의 일부는 중국어를 사용하였더라도 백성들은 단군조선과 같이 우리의 언어와 같은 계통의 말을 사용하였을 것으로 본다.

고조선에 한자가 아닌 독자적인 문자가 있었을 가능성은 매우 적다. 다만 설화와 전설로 전해오는 고조선의 고유문자들이 있는데 권덕규(1923)에서는 훈민정음 이전의 고유문자라고 전해지는 예로 삼황내문三皇內文, 신지神誌의 비사문秘詞文, 법수교法首橋 비문碑文, 왕문王文 문자, 수궁手宮 문자, 남해南海 석각문石刻文, 각목문刻木文, 고구려 문자, 백제 문자, 발해 문자, 고려 문자 등 11종의 문자를 들어 훈민정음 이전의 고유한 문자가 존재한 것으로 보았다.

이들은 대부분 고구려, 백제, 발해, 고려 등에서 한자를 변형시켜 만든 문자, 또는 구결口訣 문자 등을 말하는 것으로 보인다. 고조선에서 사용되었을 가능성이 있는 문자로는 삼황三皇 내문內文이나 신지神誌의 비사문秘詞文 정도이며 이것도 문자 이전의 부호符號로 보인다. 고조선에서 사용하였을 것으로 보이는 고유한 문자에 대하여는 졸저(2011:80~89)에 상세하게 논의되었으므로 여기서는 생략한다.

한자의 유입과 교육

한반도에 한자가 유입된 것도 고조선시대의 일로 본다. 단군조선시대에는 몰라도 기자조선이나 위만조선 때에는 지배족이 중국에서 왔을 가능성이 있어 그들이 한자를 가져왔을 것으로 보인다. 특히 연燕나라 유민을 이끌고 한반도에 와서 왕국을 세운 위만조선의 경우에 통치 문자로 한자를 사용하였을 것임은 분명하다. 한반도의 성산패총城山貝塚에서 발견된 바 있는 '오수전五銖錢'은 전한前漢의 원수元狩 4년(BC. 119, 위만조선 우거왕 대)에 개주開鑄된 것으로 한자의 명문銘文이 있다. 이 동전의 사용은 위만조선의 우거왕右渠王 때에 이미 한자가 통용되었음을 전제로 하는 것이다.

따라서 위만조선 시대에 한반도에서는 어느 정도 한자가 사용되었을 것을 오수전의 발굴로 알 수 있다. 이 외에도 여러 가지로 삼국시대 이전에 한자가 사용되었음을 보여주는 자료들이 있다. 예를 들면 기원전 6~5세기의 공자孔子와 역시 기원전 4~3세기의 맹자孟子에 의해서 수립된 유학儒學이 위만소선이나 한사군漢四郡 시대에 한반도에 유입되어 한문漢文 학습에 이바지하게 된다. 그리하여 이미 한반도의 삼국시대에 국사國史를 한문으로 표기하기에 이른다.

고구려에서는 국초國初에 『유기留記』(100권)라는 역사서를 편찬하였고 이를 수정한 태학太學박사 이문진李文眞이 『신집新集』(5권)을 영양왕嬰陽王 11년(600)에 출판하였다. 백제에서는 박사 고흥高興이 『서기書記』를 근구수왕近仇首王 원년(214)에 편찬하였다. 신라에서도 진흥왕眞興王 6년(545)에 대아찬大阿湌 거칠부居柒夫 등이 『국사國史』를 편찬하였다. 이러한 국사國史 편찬의 기록으로 보아 지식인들 사이에 한문은 널리 유통되는 문어文語였음을 알 수 있다.

이러한 한자와 한문의 교육은 국가에서 경영하는 학교에서 교육되었다.

고구려에서는 소수림왕小獸林王 2년(372)에 설립한 태학太學은 관학官學이었고 경당扃堂은 사숙私塾으로 사학私學의 교육기관으로 볼 수 있으며 여기서 유교 경전을 통한 한문 교육이 있었다. 백제에서도 박사 및 학사의 제도를 운영하였고 오경五經 박사, 의학사醫學士, 역학사曆學士를 두었으니 역시 유교 경전을 통한 한문 교육이 있었음을 알 수 있다.

신라에서도 진덕여왕眞德女王 때에 국학國學을 설치하여 유학儒學을 교육하였다. 이에 대하여는 신문왕神文王 2년(682)에 설치하였다는 주장도 있으나 이때에는 이미 설치된 국학을 증보한 것으로 보아야 한다(김완진 외, 1997:23 주3을 참조). 주로 주역周易, 상서尚書, 예기禮記, 춘추春秋, 좌씨전左氏傳, 문선文選, 논어論語, 효경孝經 등이 교육되었다고 하니 이를 통하여 중국어의 역사에서 아언의 문어로 알려진 고문古文을 학습하였음을 알 수 있다.

아언과 통어

여기서 아언雅言이라 함은 중국 동주東周의 서울 낙양洛陽의 표준어를 말하는 것으로 사서오경四書五經은 이 중국어를 한자로 기록한 것이다. 그러나 진秦 이후에 중국에서 언어의 중심지는 함양咸陽으로 옮겨갔고 수隋와 당唐을 거쳐 장안長安의 언어가 오랫동안 공용어로 사용되었다. 중국어의 역사에서는 장안의 공용어를 아언雅言과 구별하여 통어通語 또는 범통어凡通語라고 불렀다.[10]

중국은 국토가 광활하여 수많은 민족으로 구성되었고 그 언어도 다종다

---

10 중국어의 변천에서 아언(雅言)과 통어(通語), 그리고 원대(元代) 이후에 발달한 한어(漢語)에 대하여는 졸고(吏文과 漢吏文, 〈구결연구〉 제16호, 2006)를 참고할 것.

기하다. 그리하여 각 시대별로 국가통치를 위한 공용어가 필요하게 되었다. 주대周代에는 공동의 언어가 있었지만 이를 지칭하는 말이 없었으며 춘추시대에는 이를 '아언雅言'이라고 하였다. 전국시대에는 육국六國이 모두 자기 나라 말로 표준어를 삼았으나 동주東周의 수도 낙양洛陽의 언어를 기초로 한 아언은 이 시대에도 상류사회에서 통용되었고 삼경三經과 사서四書의 언어는 이 아언으로 풀이되었다.[11]

진秦의 중원 통일로 언어중심지는 중원의 서북지역으로 옮겨가서 진의 서울인 함양咸陽과 한漢의 서울인 장안의 언어는 수隋, 당唐을 거치면서 공용어로 자리를 잡게 되었다. 중국어의 역사에서 '통어通語' 또는 '범통어凡通語'로 불리는 이 언어는 한漢나라의 융성과 더불어 모든 방언을 초월하여 중국 전역에 퍼져나갔다. 또한 위진魏晉 이후 수隋와 당唐을 거치면서 장안長安을 중심으로 한 통어는 중국어의 역사에서 가장 오랜 기간 공용어로서의 지위를 누렸다.

특히 송대宋代에는 북송北宋이 중원中原에 정도定都한 후에 변량汴梁을 중심으로 한 중원 아음雅音이 세력을 얻자 전 시대의 한음漢音을 유지하기 위하여 많은 운서韻書가 간행되었다. 특히 수대隋代에 육법언陸法言의 『절운切韻』이 당대唐代 손면孫愐의 『당운唐韻』으로, 그리고 송대宋代 진팽년陳彭年과 구옹邱雍의 『광운廣韻』으로 발전하여 중국 통어通語의 한음은 운서음으로 정착하게 된다. 『광운』을 기본으로 한 『예부운략禮部韻略』 등은 당시 과거시험의 표준 운서음

---

11 이에 대하여는 金薰鎬(2000)에 자세히 언급되었다. 특히 『논어(論語)』 '술이(述而)' 편에 "子所雅言, 詩書執禮皆雅言也. ― 공자가 시경과 서경을 읽을 때, 예를 집행할 때에는 모두 아언(雅言)을 말하였다."라는 구절과 『순자(荀子)』 '영욕(榮辱)' 편에 "越人安越, 楚人安楚, 君子安雅. ― 월나라 사람은 월나라 말을 잘하고 초나라 사람은 초나라 말을 잘하나 군자는 아언(雅言)을 잘한다."는 기사는 이 사실을 뒷받침한다.

韻書音이었으므로 이 발음은 전국적으로 널리 유포되었다.

불교를 통한 교육

유교 경전經典을 통한 아언雅言과 고문古文을 교육하는 것 이외에도 불경佛經을 통한 중국의 통어通語와 변문變文의 교육도 실시되었다. 한편 후한後漢 영평永平 10년(67)에 중국에 들어온 불교는 삼국에도 전파되었다. 소수림왕 2년(372)에 전진前秦에서 승려 순도順道가 불상과 불경을 갖고 고구려에 온 것을 시작으로 하여 2년 후에는 다시 진晉에서 불승 아도阿道가 들어왔다. 소수림왕은 초문사肖門寺와 이불란사伊弗蘭寺를 지어 이 두 승려를 거주케 함으로써 소수림왕 5년(375)에는 불교가 고구려에서 공인되었다. 단시일에 고구려 왕실에 의해서 불교가 이렇게 환영된 것은 마침 고구려 국민의 사상 통일에 불교가 필요했을 뿐 아니라 불교가 가진 호국적인 요소가 고구려의 왕실에 크게 영합되었기 때문이다.

백제는 고구려보다 12년 후인 침류왕枕流王 1년(384)에 중국의 동진東晉으로부터 인도의 승려 마라난타摩羅難陀가 처음으로 불교를 전하고 한산(漢山, 지금의 廣州)에 절을 세워 10여 명의 백제인을 승려로 삼은 데서 불교는 전파되기 시작하였다. 성왕聖王 때에 겸익謙益이 인도에서 불경을 전래한 이후 크게 융성하여 일본에까지 불교를 전파하였으며 무왕武王 때에 왕흥사王興寺와 미륵사彌勒寺를 세워 전성기를 이룬다.

신라는 가장 늦어서 눌지왕訥祗王 대(417~458년)에 들어왔으며 법흥왕法興王 14년(527)에 비로소 불교를 공인하게 된다. 물론 학교의 설치와 불교의 전래만으로 문화 유입의 선후를 측정하기는 어렵지만 대체로 중국으로부터의 문물은 고구려에 가장 먼저 전해졌고 다음으로 백제, 그리고 신라의 순서로 전파되었다. 이것은 지정학적인 이유도 있었겠지만 세 나라 국민의 성격과도 관련이 있을 것이다.

즉 대륙에서 이민족과 겨루면서 국가를 발전시켜온 진취적인 고구려의 민족성에 비하여 한반도의 동남부에서 비교적 평화롭게 사로斯盧를 중심으로 서서히 국토를 확장시켜온 신라는 보수적인 성향을 보일 수밖에 없었다. 더욱이 신라는 화랑도花郎道 같은 국수주의적인 토착 종교로부터 외래 사상의 유입에 적지 않은 저항이 있었던 것으로 보인다. 고구려, 백제, 신라의 삼국은 불교의 전래와 더불어 중국의 당대唐代 통어通語로 번역된 불경佛經을 통하여 변문變文과 범통어凡通語를 학습하게 되었다.[12]

한자음의 변질과 정착

한반도에 유입된 한자는 자형字形과 더불어 유입될 당시의 중국어 발음을 갖고 들어왔으나 그 발음은 국어와 함께 사용되면서 우리말의 음운체계에 맞추어 변질되어 정착되었다. 이렇게 정착된 한자음漢字音을 소선한자음朝鮮漢字音, 또는 동음東音이라고 불러왔는데 한자의 이 발음이 어떻게 이루어졌는가를 밝혀주는 연구는 아직 완성된 것이 없다. 동음의 정체正體를 밝히기 위하여 한자가 어느 시대의 어떤 중국어의 발음을 기반으로 하여 형성되었는가가 고찰되어야 한다.[13]

그러나 모든 한자가 하나의 중국어 발음을 갖고 일시에 유입되었다고

---

12 통어(通語)와 범통어(凡通語)에 대하여는 졸고(2006a)를 참고할 것.

13 박병채(1973:412)에서는 한국한자음이 언제 중국에서 들어왔는가를 고찰하려면 먼저 정치적 문화적인 역사 배경에서 찾아야 함을 강조하고 한국한자음이 정착한 시기를 고구려 미천왕(美川王) 14년(314)부터 신라가 삼국을 통일한 문무왕(文武王) 8년(668)까지 약 4세기에 걸쳐 이루어졌다고 보았다.

보기는 어렵다. 또 중국어의 여러 방언에서 발음을 가져왔을 가능성이 있으며 또 시대적으로 여러 차례로 나누어 들어왔을 가능성이 크다. 삼국시대의 한자음은 단일한 동음체계가 이루어지지 않아서 중국에서 사용하던 비황譬況, 독약讀若, 직음直音 등의 방법으로 표의문자인 한자의 발음을 표시하였으며 후일에는 반절법反切法을 사용하였다.[14] 서력기원西曆紀元을 전후한 시기에 삼국에서 사용한 한자표기에는 같은 말을 여러 한자로 표음한 경우가 있는데 이는 중국에서 사용한 위의 한자음 표음 방법과 관련이 있을 것이다.

예를 들면 『삼국사기』(권13) 「고구려본기高句麗本紀」(제1)에 "始祖東明聖王姓高氏, 諱朱蒙, 一云: 鄒牟, 一云: 衆解,"라는 기사의 '朱蒙'의 '朱'는 그 발음이 '鄒, 衆'과 같고 '蒙'은 '牟, 解'와 비슷함을 유추할 수 있다. 이로부터 오늘날의 한자음과 이 시대의 한자음 사이에는 적지 않은 차이가 있음을 '朱=鄒=衆'과 '蒙=牟=解'에서 알 수 있다. 다시 말하면 조선 한자음, 동음東音은 오랜 세월을 거쳐 독자적으로 형성된 것으로 초창기에는 하나의 한자에 대하여 여러 가지 발음이 존재한 것으로 보는 학설도 있다.[15]

삼국시대의 한자음이 단일하지 않았음은 그동안 많은 연구자들의 논의

---

14 비황(譬況)은 어떤 한자의 발음을 다른 음과 비교하여 느리게, 또는 빠르게, 혹은 길게, 아니면 짧게 발음한다는 식의 설명 방법을 말하며 독약(讀若)도 "珣讀若宣"과 같이 비슷한 발음의 한자로 다른 한자음을 설명하는 방법이다. 직음(直音)의 방법은 "畢音必"(畢=必)과 같이 동일한 발음을 가진 한자음을 대비시키는 방법이다.

15 안병호(1984:33)에서는 "朝鮮에서 中国漢字를 차용하여 사용한 력사는 매우 오래지만 漢字를 쓰자마자 오늘과 같은 단일한 朝鮮漢字音체계를 이룬 것은 아니다. 朝鮮漢字音단일체계가 이루어지기 이전에 일정한 력사시기를 지나는 과정에 점차적으로 朝鮮말 말소리체계에 漢字音이 복종되면서 자체의 특수한 朝鮮漢字音단일체계를 이루게 된다. (중략) 단일한 朝鮮漢字音체계의 성립이전시기 朝鮮漢字音이란 주로 세나라시기에 쓰인 漢字音을 말한다. 이 시기에 쓰인 漢字音들은 후세의 단일체계와 같지 않은 것이 많다"(띄어쓰기, 한자, 철자법은 원문대로)라고 하여 삼국시대의 한자음은 단일하지 않았음을 역설하였다.

를 불러일으켰다. 필자는 고구려, 백제, 신라의 언어가 단일하지 않았으며 적어도 고구려어와 신라어는 서로 별개의 언어로서 그들은 방언方言 차이의 한계를 넘는 것이라는 주장을 하였다(졸고, 1995a, 1997a). 따라서 그들이 사용하는 한자음도 그것이 비록 동일한 한자라 하더라도 그 발음은 서로 달랐음을 추정할 수 있다.

2. 한자의 차자(借字) 표기

고대시대에 한반도에서는 중국 주변의 다른 민족들과 같이 한자를 빌려 자신들의 말을 기록하였다. 그러나 한자는 표음문자가 아니므로 이 문자로 언어를 기록하기는 쉽지 않다. 먼저 한자는 형形, 음音, 의義로 이루어져 이 문자를 빌릴 때에도 이 세 가지를 모두 차용하여 표기할 수 있다.

그러나 한자의 이 세 요소는 중국어의 변천에 따라 끊임없이 변화를 거듭하였다. 따라서 중국에서는 계속해서 한자에 대한 자서字書, 운서韻書, 유서類書를 간행하여 문자의 통일을 기하였다. 자서字書는 자형字形을 결정하는 사전으로 후한後漢의 허신許愼이 편찬한 〈설문해자說文解字〉를 그 효시로 본다. 운서韻書는 한자의 발음을 규정하는 사전으로 새로운 왕조의 탄생과 더불어 새로 표준어를 정할 때마다 운서가 바뀌었는데 현전하는 것으로 가장 오래된 것은 수隋의 육법언陸法言이 편찬한 〈절운切韻〉이다. 유서類書는 유사한 의미의 한자를 모아놓은 것으로 한자의 자전字典으로 가장 오래된 것은 주대周代에서 한대漢代에 걸쳐 여러 학자들에 의하여 편찬된 〈이아爾雅〉가 있다.

동음의 형성과 확립

한자를 빌려 언어를 기록할 때에는 그 발음과 뜻, 즉 음音과 의義를 빌려 표기하는 경우가 가장 일반적이다. 한반도에서 한자를 빌려서 표기할 때에도 발음에 의존하는 경우가 많다. 따라서 우리가 사용한 한자의 정확한 발음이 먼저 연구되어야 한자를 빌려 표기한 우리말을 정확하게 재구할 수 있다.

우리 한자음, 즉 동음東音은 결론부터 말한다면 통일신라시대의 200년간에 형성되었고 고려 초기에 대대적인 수정을 거쳐 10세기 말에 확립되었다고 필자는 생각한다. 주지하는 바와 같이 한반도의 고구려, 백제, 신라의 삼국은 신라에 의하여 통일되었다. 신라는 당唐과 연합하여 문무왕文武王 원년(661)에 먼저 백제를 멸망시켰는데 당시 소정방蘇定方이 이끄는 당의 군사 13만이 백제를 정복하기 위하여 그 땅에 들어왔고 백제가 망한 후에도 당 고종高宗은 그 땅에 오도독부五都督府[16]를 두고 군정을 폈다. 따라서 이때에 많은 당의 통어通語가 유행되었을 것임은 추측하기 어렵지 않다.

이어서 나당羅唐 연합군은 고구려마저 신라 문무왕 8년(668)에 멸망시켰는데 이때에 동원된 당의 군사는 무려 50만이었으며 당은 고구려를 정복

---

16 오도독부(五都督府)는 나당(羅唐) 연합군이 백제를 멸망시킨 다음 그 땅에 설치한 통치기관으로 웅진(熊津), 마한(馬韓), 동명(東明), 금련(金漣), 덕안(德安)의 다섯 도독부(都督府)를 설치한 것을 말한다. 웅진도독부(熊津都督府)가 다른 네 도독부를 통할(統轄)하였는데 최초의 웅진도독(熊津都督)은 당인(唐人) 왕문도(王文度)였으며 신라의 반발로 수년 후에 모두 없어지고 땅도 모두 신라에 귀속되었다. 이에 대하여는 『삼국사기』(권37) 「잡지(雜志)」(6) '지리(地理)'(4)에 "至唐顯慶五年, 是義慈王在位二十年, 新羅庚信與唐蘇定方, 討平之. 舊有五部, 分統三十七郡, 二百城, 七十六萬戶. 唐以其地, 分置熊津, 馬韓, 東明等五都督府. 仍以其酋長, 爲都督府刺史. 未幾, 新羅盡幷其地, 置熊, 全, 武三州及諸郡縣, 與高句麗南境及新羅舊地, 爲九州. ― 당나라 현경 5년, 즉 의자왕 재위 20년에 이르러 신라의 유신과 당의 소정방이 토벌하여 평정하였다. 옛날에는 5부를 37군으로 나누어 200성, 76만호를 통치하였다. 당이 그 땅을 웅진, 마한, 동명 등 5개 도독부로 나누어 추장으로 그 도독부의 자사를 삼았다. 얼마 안 되어 신라가 그 땅을 모두 아우르고 웅진, 전주, 무주의 3주와 제 군현 및 고구려 남쪽 경계와 신라의 옛 땅을 아울러 9주를 삼았다."란 기사를 참조.

한 다음에 평양에 안동도호부安東都護府를 두고 당의 고구려 정벌군의 부장副長이었던 설인귀薛仁貴를 도호都護로 임명하였고 그 밑에 아홉의 도독부都督府를 두었다. 백제의 오도독부와 고구려의 안동도호부 및 구九도독부는 신라의 저항을 받아 얼마 후 없어졌지만 그동안 당의 군정이 계속되었다. 따라서 이때에도 많은 한자음이 당의 통어음으로 발음되었을 것임을 추측하기에 어렵지 않다.

통일신라 이후에 신라는 당과의 관계가 더욱 긴밀하여져서 성당盛唐의 문화가 물밀 듯이 들어왔다. 당과의 교역이 활발해진 것은 말할 것도 없고 많은 유학생들이 당에 파견되어 유교와 불교의 경전을 학습하게 하였으며 그들은 신라에 돌아와 교육에 힘쓰게 된다. 신문왕神文王 2년(682)에는 당제唐制를 모방한 국학國學을 설치하였는데 이때의 교육은 말할 것도 없이 한자漢字와 한문漢文으로 이루어졌다.

원성왕元聖王 4년(788)에는 중국의 과거제도에 준하는 독서출신삼품과讀書出身三品科를 제정하여 한학漢學의 성적에 따라 관리를 등용하였다. 신라에서 한문을 통하여 당唐의 언어를 배운 최치원崔致遠은 당나라에 가서 문명文名을 떨쳤다. 이것은 통일신라시대에 신라에서 중국의 통어를 매우 열심히 교육한 증거로 볼 수 있다. 최치원은 이 교육을 통하여 중국에 가서 아무런 불편 없이 중국어를 소통한 것이다.

필자는 조선한자음이 중국의 중고음中古音, 즉 수隋 · 당唐의『절운切韻』계 운서음韻書音을 기반으로 하여 통일신라시대에 형성된 것으로 본다. 통일신라의 한문교육과 당과의 밀접한 문화적 교류는 통어가 신라에서 교육되었고 전술한 최치원 등의 예를 통하여 많은 신라인이 통어의 한자음에 익숙하게 되었음을 알 수 있으며 결국은 이 발음을 기반으로 하여 신라의 음운에 맞추어 정착한 것이 오늘날 조선한자음, 즉 동음東音이라고 생각한다.

중고음과의 차이

그러나 당唐의 중고음中古音과 신라어의 음운체계는 서로 달랐으니 예를 들어 중고음中古音에서는 어두語頭 자음子音으로 36성모聲母를 구비하였으나 신라어는 어두語頭에 17자음子音밖에 허용하지 못하였다. 따라서 신라어는 어두에서 설음舌音의 설상음舌上音과 치음齒音의 정치음正齒音이 치두음齒頭音과 구별되지 못하였고 순음脣音의 경중輕重도 구별하기 어려웠던 것으로 보인다.

또 조음 위치에 따른 칠음七音의 구별만이 아니라 조음 방식에 따른 전청全淸, 차청次淸, 전탁음全濁音의 구별도 명확하지 못하였던 것으로 아음牙音에서는 전청全淸, 차청次淸, 전탁음全濁音을 모두 합하여 'k(ㄱ)'으로 실현하고 불청불탁음不淸不濁音만 'ng(ㅇ)'으로 구별하였다.

설음舌音의 경우도 같아서 불청불탁음만 'n(ㄴ)', 나머지는 't(ㄷ)'으로 실현하였을 뿐이다. 치음齒音의 경우에는 'ts(ㅈ), tsʻ(ㅊ), s(ㅅ)'을 구별하였고 순음脣音의 경우는 'p(ㅂ), ph(ㅍ)', 그리고 불청불탁음에 'm(ㅁ)'이 있었으며 후음喉音의 경우는 'h(ㅎ)'만 있었고 '影, 喩 모母의 한자는 모두 모음으로 실현하였다.

예를 각기 둘씩 들어보면 다음과 같다.

　　　　　　한자　절운음　고려음　　　『鷄林類事』의 예.
　　　　　　　　　　　　　　　　　（ ）은 15세기 조선어.

아음

전청자　　　家　[ka]　　[가, ka]　　犬曰 家稀(가히)

	甘	[kām]	[감, kam]	塩日 蘇甘(소곰)
차청자	区	[kʻjiu]	[구, ku]	珠日 区戌(구슬)
	珂	[kʻa]	[가, ka]	袴日珂背(*ᄀ뷔)
전탁자	畿	[gʻjei]	[기, ki]	油日畿(入声)林(기름)
	及	[gʻiəp]	[깊, kip]	深日及欣(김흔)

설음

전청자	答	[tap]	[답, tap]	八日逸答(여듦)
	短	[tuan]	[단, tan]	七日一短(닐굽)
차청자	恥	[tʻi]	[티, ti]	雪下日嫩恥 凡下皆日恥(티-)
	天	[tʻien]	[텬, tʻjən]	雷日天動(텬동)
전탁자	突	[dʻuət]	[돌, tul]	石日突(돓)
	大	[dʻāi]	[대, taj]	盂日大耶(대야)

순음

전청자	把	[pa]	[파, pha]	工匠日把指(바치)
	擺	[pai]	[파, pha]	腹日擺(ᄇᆡ)
차청자	朴	[pʻuk]	[박, pak]	飯日朴擧(밥)
	批	[pʻiei]	[비, pi]	蚤日批勒(벼록)
전탁자	皮	[bʻjie]	[피, phi]	硯日皮盧(벼로)
	弼	[bʻiet]	[필, phil]	鴿日弼陀里(비두리)
불청불탁자	麻	[ma]	[마, ma]	四十日麻雨(마ᅀᅩᆫ)
	末	[muat]	[말, mal]	馬日末(ᄆᆞᆯ)

치음

전청자	賽	[sai]	[새, saj]	雀日賽(새)
	三	[sam]	[삼, sam]	麻日三(삼)
전청자	作	[ʦak]	[작, ʦak]	尺日作(잫)
	祖	[ʦuo]	[조, ʦu]	醬日密祖(며조)
차청자	慘	[ʦ'am]	[참, ʦ'am]	旦日阿慘(아춤)
	寸	[ʦ'uən]	[촌, ʦon]	婦日丫寸(아줌)
전탁자	慈	[dz'i]	[자, ʦa]	妹日丫慈(아ᅀ?)
	鮓	[ʣ'a]	[자, ʦa]	松日鮓子南(잣나모)

후음

전청자	漢	[xan]	[한, han]	白日漢(흰)
	好	[xau]	[호, ho]	九日鴉好(아홉)
전탁자	河	[ɣa]	[하, ha]	一日河屯(*ㅎ둔)
	轄	[ɣat]	[할, hal]	明日日轄載(그제)

반설반치음

반설자	來	[lai]	[래, rai]	胡桃日渴来(ᄀ래)
	纜	[lam]	[람, ram]	風日孛纜(ᄇ룸)
반치자	児	[ʒie]	[아, a]	弟日丫児(아ᅀ)
	忍	[ʒiên]	[인, in]	四十日麻忍(마순)

*은 재구음, ?는 미상.

절운계切韻系 운서음과 동음東音과의 차이는 이와 같은 성모声母, 즉 어두자음語頭子音-onset에서만 있는 것이 아니다. 한국어의 모음조직母音組織에 따라 절운계切韻系 운서음이 가진 중모음重母音들이 단모음화單母音化되어 성모声母에서만이 아니라 운모韻母에서도 적지 않은 차이가 노정된다. 이것을 논의하기에는 너무 방대한 자료를 거론해야 하므로 여기서는 생략하기로 한다. 아무튼 동음東音이 중고음中古音을 기반으로 정착되었지만 고유어의 음운체계에 맞추어 상당한 변화를 입었음을 위의 예에서 살펴볼 수가 있었다.

향찰

통일신라시대의 한자음이 정착되고 나서 신라인들은 이 한자의 발음과 뜻을 빌려 신라어를 그대로 표기하려고 노력하기 시작하였다. 즉 신라인들이 한문으로 자국의 일을 기록한다는 것은 신라의 언어를 중국의 통어로 번역하여 한자로 기록하는 것이기 때문에 어느 정도 중국어, 즉 통어에 능숙하지 않으면 불가능한 일이었다. 그러나 한자의 발음이 신라어의 음운에 맞추어 정착되었고 또 그 뜻도 신라어로 일대일 대응되면서 한자를 빌려 신라어를 그대로 기록하는 차자借字 표기가 가능하게 된다.

신라 초기에 고구려와 백제로부터[17] 차자 표기의 방법을 모방한 신라는

---

17 백제에서 이두(吏讀)가 사용된 예는 지금까지 보고된 바가 없어 백제에서는 이두 사용이 없었던 것으로 학계에서 인정하였다. 그러나 최근 충남 부여(夫餘)의 능산리(陵山里) 고분군(古墳群) 옆에 있는 부속 사찰(寺刹) 능사지(陵寺址)에서 발견된 목간(木簡)에 묵서(墨書)된 소위 '숙세가(宿世歌)'는 이두가 쓰인 백제의 발원문(發願文)으로 보고되었다. 이 시가는 4언(言) 4구(句)로 되었으며 전문은 "宿世結業, 同生一處, 是非相問, 上拜白來."인데 이 가운데 뒤의 두 구(句)가 이두식(吏讀式) 표기라는 주장이 있다. 이에 대하여는 일본 도야마(富山)대학에서 2003년 7월 24~25일에 열린 '한일한자한문수용(韓日漢字漢文受容)에 관한 국제학술회의'에서 김영욱(金永旭) 교수의 "百濟의 吏讀에 대하여"라는 발표를 참조할 것. 필자는 金完鎭·외(1997)에서 삼국이 모두 이두식(吏讀式) 차자 표기를 사용하였다고 보았다.

삼국의 한자음이 각기 달랐기 때문에 독자적인 차자 표기의 방법을 강구하지 않을 수 없게 되었다. 따라서 삼국이 서로 다양한 차자 표기 방법을 마련하여 사용하였으며 상당한 혼란이 있었음을 위에서 예로 보인 고구려에서 주몽朱蒙의 표기 등 여러 자료에서 발견할 수 있다.[18]

신라 초기의 다양한 차자 표기법을 통일한 것은 강수强首와 설총薛聰이라고 볼 수 있다. 이들에 의하여 비로소 신라의 차자 표기법이 어느 정도 체계적으로 정리될 수 있었다. 또 이러한 차자표기 체계의 형성은 이 시대에 동음東音이 어느 정도 통일되어 정착된 것을 의미한다.[19]

이러한 한자음의 정착으로 신라인들은 한자의 발음과 뜻을 빌려 신라어를 전면적으로 표기하게 되었다. 주로 향가鄕歌 표기만이 남아 있어 당시 차자 표기의 방식을 이해할 수 있고 여기에 사용된 한자를 향찰鄕札이라 불렀는데 이러한 표기 방법을 정리한 졸저(2011:293~297)의 것을 예로 들어 여기에 옮겨보면 다음과 같다.

신라어의 문법에 대하여는 문장 자료가 없기 때문에 그 기술이 매우 어렵고 부정확하다. 그러나 오늘날 참고할 수 있는 25수의 향가는 비록 운문자료이지만 어느 정도의 윤곽을 보여준다. 한국어는 교착적 문법구조

---

18 주몽(朱蒙)에 대하여 중국 당대(唐代) 사서(史書)인 『통전(通典)』(권186) 「변방(邊防)」(2) '동이(東夷)' '고구려'에 "高句麗, 後漢朝貢, 云本出於夫餘先祖朱蒙. 朱蒙母河伯女, 爲夫餘王妻, 爲日所照, 遂有孕而生. 及長, 名曰朱蒙, 俗言善射也. [하략] ― 고구려는 후한에 조공을 하였고 말하기를 선조 주몽은 본래 부여에서 나왔다라고 한다. 주몽의 어머니는 하백의 딸로서 부여왕의 처가 되었다가 햇빛을 받고 잉태하여 그를 낳았다. 장성하여 이름을 주몽이라 하였는데 속된 말로 활을 잘 쏜다는 뜻이다. [하략]"이라 하여 '주몽(朱蒙)'이 "활 잘 쏘다"의 뜻임을 밝혔다.

19 이에 대하여는 앞의 주에서 언급한 일본 도야마대학에서 2003년 7월 24~25일에 열린 '韓日漢字漢文受容에 관한 國際學術會議'에서 필자는 "韓半島에서 漢字의 受容과 借字表記의 變遷"이란 제목으로 주제 강연을 한 바 있다. 이 발표에서 통일신라시대에 비로소 한자음이 정착되어 본격적인 신라어(新羅語)의 차자 표기가 가능하였음을 주장하였다.

의 언어이기 때문에 서양의 굴절어의 문법체계로 이를 기술하는 것은 매우 불합리하다. 그러나 지금 학계는 서양 문법 이론에 입각하여 한국어 문법도 기술하기 때문에 그에 따르지 않을 수 없다. 예를 들면 명사나 동사의 굴절은 인구어印歐語에서는 어간語幹까지 어형이 변화하지만 교착어에서는 어형의 변화보다는 문법 요소가 첨가된다.

신라어에서 체언의 굴절도 격어미(격조사)가 첨가되어 문법적 의미를 더한다. 향가의 분석에서 얻어낸 신라어의 격조사는 이기문(1998)에 의하면 다음과 같다.

① 곡용어미(격조사)

　가. 주격 *-이(-伊, -是)

　　예. 脚烏伊四是良羅 ― ᄀᆞ드리 네이러라(〈處容歌〉)

　　　　佛伊衆生毛叱所只 ― 부톄 衆生 못도록(〈隨喜功德歌〉)

　　　　民是愛尸知古如 ― 民이 ᄂᆞᆫ 알고다(〈安民歌〉)

　　　　雪是毛冬乃乎尸花判也 ― 서리 몯 누올 花判여(〈讚耆婆郎歌〉)

　나. 속격 *-이/-의(-衣, -矣), -ㅅ(-叱)

　　예. 於內人衣善陵等沙 ― 어느 사ᄅᆞ미 션들사(〈隨喜功德歌〉)

　　　　耆郎矣皃史是藪邪 ― 기랑의 즈싀 이슈라(〈讚耆婆郎歌〉)

　　　　栢史叱枝次高支好 ― 잣ㅅ가지 노파(〈讚耆婆郎歌〉) *무정체의 속격

　　　　千手觀音叱前良中 ― 천수관음ㅅ전아히 (〈禱千手觀音歌〉) *존칭 속격

다. 처격 *-희(-中), -아희(-良中), -여희(-也中)

　　예. 衆生叱海惡中 — 중생ㅅ바닥희(중생의 바다에)(〈普皆廻向歌〉)

　　　　千手觀音叱前良中 — 천수관음ㅅ전아희(〈禱千手觀音歌〉)

　　　　沙是八陵隱汀里也中 — 새파란 나리여희(샛파란 냇물에)(〈讚耆婆郎歌〉)

라. 대격 *-ㄹ(-乙), -흘(-肹)

　　예. 佛前燈乙直體良焉多衣 — 불전등을 고티란듸(〈廣修供養歌〉)

　　　　吾肹不喩慚肹伊賜等 — 나흘 안디 붓ᄒ리샤둔(〈獻花歌〉)

마. 호격 *-야(-也), -하(-下)

　　예. 郎也 慕理尸心未行乎尸道尸 — 낭여 그릴 ᄆᆞᅀᆞᆷ 여올 길(〈慕竹旨郎歌〉)

　　　　月下伊底亦 — 달하 이뎨(〈願往生歌〉)

바. 조격 *-로(-留)

　　예. 心未筆留慕呂白乎隱佛體前衣 — ᄆᆞᅀᆞᆷ 부드로 그려슬본 부톄전의

　　　　(〈禮敬諸佛歌〉)

② 후치사(後置詞)

　　가. -ㄴ, -은/-는(-隱)

　　　　예. 善化公主主隱 — 선화공주님은(〈薯童謠〉)

　　　　　　君隱父也 臣隱愛賜尸母史也 — 군은 아비여 신은 ᄃᆞᅀᆞ샬 어ᅀᅵ여(〈安民
　　　　　　歌〉)

나. -도/-두(-置)

예. 倭理叱軍置來叱多 — 옛군두 왔다(〈彗星歌〉)

③ 대명사

가. 인칭대명사(人稱代名詞)

1인칭 나(吾)   복수 우리(吾里)

2인칭 너(汝)

예. 本矣吾下是如馬於隱 — 미틔 내해다마ᄂᆞᆫ(〈處容歌〉)

吾里心音水清等 — 우리 ᄆᆞᄆᆞᆯ 믈가둔(〈請佛住世歌〉)

汝於多支行齊敎因隱 — 네 엇뎌 니져이시ᄂᆞᆫ(〈怨歌〉)

나. 자칭대명사(自稱代詞)

*의(矣), 의네(矣徒) 哀反多矣徒良 — 서럽다 의네여(〈風謠〉)

이상의 기술을 보면 중세한국어와 크게 차이가 나지 않는다. 용언用言의
활용에서도 역시 활용어미가 첨가되는 굴절을 보여주는데 신라어에서 보
이는 활용어미로는 역시 향가의 형태분석에서 다음과 같은 것을 추출할
수 있다.

활용어미

가. 동명사어미 −ㄹ(−尸), −ㄴ(−隱), −이, −ㅁ(−音)

예. −ㄹ 慕理尸心未行乎尸道尸 — 그릴 ᄆᆞᅀᆞ미 여올 길(〈慕竹旨郎歌〉)

−ㄴ 去隱春 — 간 봄(〈慕竹旨郎歌〉)

−이 明期月良 ─ 붉기 달아(〈處容歌〉)

−ㅁ 火條執音馬 ─ 불겨 자ᄇ마(〈廣修供養歌〉)

나. 부동사(副動詞)어미 −라(−良), −미(−米), −며(−旀), −다가(−如可), −고(−遣), −아/−어(阿)

−라(−良)(目的) 功德修叱如良來如 ─ 공덕 닷ᄃ라 오다(〈風謠〉)

−미(−米)(原因) 此矣有阿米次肹伊遣 ─ 이에 이샤미 저희시고(〈祭亡妹歌〉)

−며(−旀)(列擧) 膝肹古召旀 ─ 무르플 고초며(〈禱千手觀音歌〉)

−다가(−如可)(先後) 夜入遊行如可 ─ 밤드리 노닐다가(〈處容歌〉)

−고(−遣)(同時) 抱遣去如 ─ 안고 가다(〈薯童謠〉)

−아/−어(阿)(前後) 花肹折叱可獻乎理音如 ─ 고즐 갓가 받ᄌ보오림다(〈獻花歌〉)

다. 문장 종결어미

정동사(定動詞) −졔(−齊)

心未際叱肹逐內良齊 ─ ᄆᅀᆞ미 가ᅀᆞᆯ 좇누아져(〈讚耆婆郎歌〉)

평서문(平敍文) −다(−如)

功德修叱如良來如 ─ 공덕 닷ᄃ라 오다(〈風謠〉)

의문문(疑問文) −고(−古)

放冬矣用屋尸慈悲也根古 ─ 노티 쁠 자비여 큰고(〈禱千手觀音歌〉)

명령문(命令文) −라(−羅)

彌勒座主陪立羅良 ─ 彌勒座主 뫼셔라(〈兜率歌〉)

라. 경어법(敬語法)

① 존경법(尊敬法, 主體尊待法) *-시-, -샤-(-賜-, -史-, -敎-)

月下伊底亦西方念丁去賜里遣 — 달하 이뎨 서방쩌뎡 가시릿고(〈願往生歌〉)

② 겸양법(謙讓法, 客體尊待法) *-ᅀᆞᆸ-(-白-)

禮爲白齊 — 예ㅎ 습져, 邀里白乎隱 — 뫼시리 술본(〈禮敬諸佛歌〉)

③ 공손법(恭遜法, 主體謙讓法) *-ㅁ-(-音-)

花肣折叱可獻乎理音如 — 고즐 갓가 받ᄌᆞ보오림다(〈獻花歌〉)

이와 같은 용언의 활용어미도 중세한국어와 크게 차이가 나지 않는다. 여기에 신라어를 고대한국어로 보는 이유가 있다.

소위 향찰 표기라고 불리는 신라에서의 한자 차자 표기의 방법은 후대에도 계속되었으며 고려시대에 들어와서는 우리말의 형태부만을 기술하는 구결口訣의 방법이 고안되었다. 그리고 중국 원대元代에 발달한 이문吏文의 영향으로 향찰 표기는 고려시대 후기에 이두吏讀라는 명칭으로 바뀌게 된다.[20]

한아언어

중국어의 역사에서 가장 특기할 만한 일은 몽고족에 의하여 건립된 원元의 건국으로 인하여 언어 중심지가 북방北方의 연경燕京, 즉 지금의 북경北京

---

20 이에 대하여는 졸고(2006)를 참고할 것. 이 논문에서 필자는 신라시대의 한자 차자 표기를 향찰(鄕札)이라 하였고 이두(吏讀)라는 명칭은 원대(元代) 이문의 발달과 더불어 생겨난 것이라고 보았다. 그리고 '이두(吏讀)'는 『조선왕조실록』 이전의 자료에는 보이지 않음을 지적하였다. 즉 고려시대에 편찬된 『삼국유사』와 『삼국사기』에는 물론, 조선시대 전기에 간행된 『고려사』 등에도 이두(吏讀)라는 명칭은 전혀 나타나지 않는다.

으로 옮겨진 것이다. 쿠빌라이 칸忽必烈汗, 즉 원元 세조世祖가 연경에 도읍을 정할 때에 이 지역은 동북아의 여러 이민족이 한족漢族과 각축을 벌이던 곳이어서 여러 언어가 혼용되었다.

13세기 초에 몽고족이 세력을 얻어 이 지역의 패권을 차지하면서 몽고어가 많이 혼입된 형태의 중국어가 등장하게 되었는데 이것이 종래 몽문직역체蒙文直譯体, 또는 한문이독체漢文吏牘体로 불리던 한아언어漢兒言語이다.[21] 이 언어는 종래의 아언이나 통어와는 의사소통이 불가능할 정도의 다른 언어였던 것이다.

金文京 외(2002:369~370)에서는 북송北宋의 허항종許亢宗이 선화宣和 7년 (1125)에 금金 태종太宗의 즉위식에 축하의 사절로 다녀오면서 쓴 여행기『허봉사행정록許奉使行程錄』을 인용하면서 어떻게 이런 언어가 생겨났는지를 소개하였다.

즉 허봉사 일행이 요遼의 황룡부(黃龍府, 지금 하얼빈에서 남서쪽으로 약 100km 지점) 부근을 지날 때의 기록으로 "거란契丹이 강성했을 때에 이 부근으로 여러 민족을 이주시켰기 때문에 여러 나라의 풍속이 섞여 있어서 서로 말이 통하지 않았는데 '한아언어漢兒言語'를 써서 처음으로 의사가 소통했

---

[21] '한아언어(漢兒言語)'는 필자에 의하여 세상에 알려진 원대(元代) 북경(北京)지역의 구어(口語)로서 실제 중국 동북지역의 공통어였다. 원대 고려에서는 이 언어를 학습하는 '한어도감(漢語都監)'을 두었고(졸저:1988) 이 언어를 학습하는 〈노걸대(老乞大)〉, 〈박통사(朴通事)〉를 편찬하였는데 조선 태종(太宗) 때에 간행된 것으로 보이는 {원본} 『노걸대』가 1998년에 발견되어 소개되었다. 필자에 의하여 이것이 한아언어를 학습하던 교재이며 거의 원본으로 추정되었다(졸저:2002a, 2004). 〈원본노걸대〉의 발견과 이것이 한아언어의 교재라는 주장은 중국과 일본의 중국어 역사를 전공하는 많은 연구자들에게 충격이었을 것이다. 이미 중종(中宗) 때에 최세진에 의하여 소개된 바 있는 원대 한아언어와 그 교재의 존재에 대하여는 졸고(1999, 2000, 2003, 2004)에 의해서 여러 차례 주장되었고 이제는 많은 중국어 연구자들이 사실로 받아들이고 있는 것으로 보인다(金文京 외, 2002). 졸고(1999)는 일본어로 동경에서, 졸고(2000)는 국어로 서울에서, 그리고 졸고(2003)는 영어로 ICKL에서 발표한 것이며 졸고(2004)는 중국어로 북경(北京)에서 발표되었다.

다는 기록이 있다."(『三朝北盟會編』권20)고 하여 이 지역에 이주해온 여러 이민족들이 한아언어로 의사를 소통했음을 지적하였다. 실제로 북경지역에 모여 살게 된 동북아 여러 민족들이 일종의 코이네Koiné로서 한아언어를 사용하였고 이것은 종래 중원中原의 공용어였던 장안長安의 토착어를 기본으로 한 통어와는 매우 다른 엉터리 중국어였던 것이다.

한아언어는 앞에서 언급한 '거란송시契丹誦詩'와 같이 거란어의 어순에 맞추고 몽고어의 조사와 어미를 삽입한 상태의 언어로서 졸저(2004)에서 필자는 일종의 크레올로 보았고 金文京 외(2002)에서는 이를 '호언한어胡言漢語'라 불렀다.[22] 원元에서는 이 언어를 공용어로 하여 고려가 중국과의 교섭에서 사용하게 하였다. 따라서 고려에서는 원元이 건국한 이후에 한어도감漢語都監을 두어 이 언어를 별도로 교육하게 되었다.[23]

원元은 몽고인에 의하여 국가가 통치되었지만 실제 한족漢族의 백성을 다스리는 일은 한인漢人들이었고 몽고인들은 이들을 감독하는 일을 하였다.[24] 따라서 한인들은 몽고인 통치자에게 보고서를 올리게 되었는데 이 보고서

---

22 金文京 외(2002:370~371)에 '호언한어(胡言漢語)'에 대하여 "南宋人이 '漢人', '漢兒'라고 말하는 경우 그것은 반드시 北方의 金나라 治下에 있는 중국인을 가리킨다. 따라서 '漢語'도 북방에서 사용되는 중국어를 의미하지만 그 언어는 南宋人에게는 奇妙한 말로 들린 것 같다. 南宋의 저명한 철학자 陸九淵(1139~93)의 『象山語錄』(卷下)이나 禪僧의 傳記集인 『五灯會元』(卷16) '黃檗志因禪師'조 등에 엉터리, 이상한 말이라는 의미로 '胡言漢語'라는 말투가 보인다."라고 기술하였다. 필자 초역.

23 고려시대의 '한어도감(漢語都監)' 및 '이학도감(吏學都監)'의 설치와 운영에 대하여 졸저(1988), 졸고(1990)를 참고할 것.

24 예를 들면 원대(元代) 각성(各省)에는 몽고인의 감독관이 있어 한인(漢人) 관리를 지휘하였는데 대도성(大都省)에는 '札魯忽赤, 達魯花赤, 首領官, 六部官, 必闍赤' 등의 몽고인이 있어 한인(漢人) 관리를 감독하게 되었다. 『원전장(元典章)』 연우(延祐) 7년(元 英宗 卽位年, 1320)의 '중서성(中書省) 주과사내(奏過事內) 1건(件)'에 이들이 출근을 게을리하므로 황제(皇帝)가 일찍 출근하고 늦게 퇴근할 것을 신칙(申飭)하는 성지(聖旨)가 실려 있다. 여기서 '자르구치(札魯忽赤, Jarghuchi)'는 '몽고인 단사관(斷事官)'을 말하고 다르구치(達魯花赤, Darguchi)는 '수령관(首領官)'을 말하며 '비칙치(必闍赤, Bichigchi)'는 중서성(中書省)의 서기(書記)를 말한다.

에 사용된 것은 고문古文이 아니라 한아언어를 모태로 하여 새롭게 형성된 문어文語였다. 이렇게 새롭게 생겨난 문어를 그동안 '한문이독체漢文吏牘体', 또는 '몽문직역체蒙文直譯体'라고 불렀는데 이에 대하여 전게한 金文京 외 (2002:372)의 설명에 의하면 다음과 같다.

金의 王族은 몇 마디라도 '漢語'를 말할 줄 알았지만 몽고의 王族이나 貴族은 일반적으로 漢語를 알지 못하였으며 또 배울 생각도 없는 것 같았다. 그렇기 때문에 특히 汗의 命令과 같이 중요한 사항은 汗이 말한 몽고어로 번역하여 기록할 필요가 생겨났다. 거기에는 원래 엉터리 중국어였던 '漢兒言語'를 사용하는 것이 가장 간편하였고 또 정확하였을 것이다. 만일 정규 중국어, 혹은 文言(古文이나 후대의 백화문 등)으로 번역하려고 생각하면 意譯에 의하여 의미의 어긋남이 없을 수가 없게 된다. 더구나 이것을 읽는 사람들이 契丹人, 女眞人 등 漢兒言語를 사용하고 있을 '漢人'들이었다. 이리하여 '漢兒言語'는 口語에서 文章語가 되었다. 소위 '蒙文直譯体'라는 漢文이 바로 그것이다. 필자 번역.

그러나 이러한 설명들은 이 문장어가 모두 한아언어라는 당시 실존한 구어口語를 반영한 것이라는 점을 간과한 것으로 이제는 빛바랜 주장이라고 아니할 수 없다. 이미 필자의 여러 논저(졸고 1999, 2000, 2003, 2004)에서 당시 한아언어와 몽고어가 혼효된 한어漢語가 일종의 코이네(공통어)로서 실제로 존재하였고 '몽문직역체'란 이 구어를 그대로 기록한 것이며 한문이독체는 북방지역의 공용어인 한어를 기반으로 하여 새롭게 형성되어 사법과 행정에서 사용된 문장어의 문체를 말하는 것이라고 밝혔다.

몽고제국의 제2대 대한大汗인 태종太宗 오고타이窩闊大가 몽고인 서기관必闍赤人

의 자제에게는 '한아언어'와 그 문서를 배우고 한인의 자제에게는 몽고어를 학습시키라는 성지[25]를 내린 것은 이 한·몽 관리들이 몽고어와 그를 번역할 한아언어, 그리고 그 문어까지를 서로 학습하여 의사소통에 지장이 없도록 할 목적으로 내린 것이었다.

한이문과 한문이독체

다음은 한이문漢吏文과 한문이독체漢文吏牘体에 대하여 역시 졸고(2006)에 의하여 고찰해보기로 한다. 원대元代의 구어인 한아언어를 기반으로 하여 형성된 문장어를 '몽문직역체'와 '한문이독체'로 나누어 생각한 학자가 있다. 田中謙二(1964)에서는 그 논문 모두冒頭에 다음과 같이 언급하였다.

「元典章」, 정확하게는 「大元聖政國朝典章」에 수록된 문서의 스타일은 크게 나누어서 漢文吏牘体와 蒙文直譯体의 2종으로 나누어진다. 전자는 행정·사법의 실무에 종사하는 胥吏의 손으로, 직어도 北末 때에는 거의 완성된 法制文書用의 문체이다. 이에 대해서 후자는 몽골족이 지배하는 元 王朝의 특수 情況 아래 발생하였고 몽고어로 쓰인 法制문서를 譯史(飜譯官)가 중국어로 번역할 때에 사용한 문체를 가리킨다. 蒙文直譯体라는 말은 임시로 지은 이름에 지나지 않고 이것도 역시 한자로 쓰인 일종의 漢文이다. 다만 이들 2종의 문체는 통상의 중

---

25 이 오고타이 대한(大汗)의 성지(聖旨)는 북경(北京)의 지지(地誌)인 「석진지(析津志)」(「析津志輯佚」, 北京古籍出版, 1983)에 실려 있으며 원(元) 태종(太宗) 5년(1233)에 내린 것이다. 그 내용은 연경(燕京)에 '사교독(四敎讀)'이란 학교를 설립하고 그곳에서 몽고인 비칙치(必闍赤)의 자제(子弟) 18인과 중국인의 자제 22인을 함께 기거시키면서 몽고인의 자제에게는 '한아언어(漢兒言語)·문서(文書)'를, 중국인의 자제에게는 몽고어와 궁술(弓術)을 교육하게 하라는 것이었다. 여기서 '한아언어'는 당시 한인(漢人)들의 구어(口語)를 말하며 또 '문서(文書)'는 문어(文語)인 한이문(漢吏文)을 말하는 것으로 이해할 수 있다. 金文京 외(2002) 참조.

국문과 조금씩 樣相을 달리하기 때문에 일반적으로 「元典章」의 문장은 難解하다고 하여 살아 있는 사료를 많이 가지고 있지만 지금도 충분하게 활용하지 못하고 있다(田中謙二, 1964:47).

이러한 주장은 한문이독체가 북송北宋 때부터 시작되었고 몽문직역체는 원대元代에 발생한 것으로 보았으나 필자는 후자가 원대 북경지역의 구어인 한아언어를 그대로 기록한 것이고 전자는 이를 문어화文語化한 것으로 본다. 이에 대하여 吉川幸次郎(1953)에서는 원대 이독문吏牘文의 대표적 자료인 〈원전장元典章〉의 문체에 대하여 다음과 같이 언급한 것은 비록 그가 한아언어의 존재를 몰랐다 하더라도 당시 현실을 꿰뚫어본 것이다.

(전략) かくきわめて僅かではあるが, あたかも元曲の白のごとく, 口語の直寫を志した部分が存在する. なぜこれらの部分たけ口語を直寫しようとするのか. それは恐らく, いかなる言語に誘導されての犯罪であるかが, 量刑に關係するからであり, その必要にそなえる爲であろうと思われるが, 要するに吏牘の文が, 必要に応じてはいかなる言語をも受容し得る態度にあることを, 別の面から示すものである. (후략) ― [元典章에는] 아주 정말 적기는 하지만 마치 〈원곡元曲〉의 '白'과 같이 구어口語를 그대로 적으려고 한 부분이 존재한다.[26] 그것은 아마도 어떤 언어로 유도된 범죄인가가 형량을 정하는 데 관계되므로 그러한 필요에 대비하기 위한 것일 수도 있다고 생각된다. 요컨대 이독吏牘으로 된 문장

---

26 吉川幸次郎(1953)은 〈원전장(元典章)〉에서 사건 관계자의 회화를 본래의 회화대로 기록하려고 한 부분은 거의 형부(刑部)조에만 보이지만 간혹 호부(戶部)에도 보인다고 하였다.

163

3. 한글의 발명

이 필요에 응하기 위하여 어떤 언어라도 수용할 수 있는 태도라는 것을 다른 면에서 보여준 것이다.

이 언급은 원대 이독문이 사법에서 사용될 때에는 죄인의 공초供招라든지 소송의 소장에서 사실을 파악하기 위하여 그들이 사용하는 구어를, 그것이 어떤 언어든지 그대로 기록하려고 한 부분이 있다는 것이다.[27] 여기서 어떤 언어라는 것은 두말할 것도 없이 당시 북경지역에서 코이네로 사용되던 한아언어이며 원대 이독문에는 이러한 구어를 몽문직역체란 이름으로 잠정적으로 규정한 것이다.

그러나 후대의 학자들은 요시가와吉川幸次郎와 다나까田中謙二의 이러한 잠정적 용어를 마치 실제로 한문에 그러한 문장체가 존재하는 것처럼 신봉해 왔다. 이것은 모두가 한아언어의 존재를 미처 이해하지 못한 결과라고 할 수 있다.

필자는 지금까지 논의한 원대에 사법이나 행정에서 주로 사용한 한문이독체를 '한이문'으로 보고자 한다. 다시 말하면 지금까지 일본인 학자들에 의하여 주장된 '한문이독체', '몽문직역체'라는 한문의 변문變文은 실제로 원대에 사용된 이문吏文으로 구어를 직사直寫한 것을 말하는 것이다. 특히

---

27 吉川幸次郎(1953)에는 당시 구어를 〈원전장〉에 그대로 기록한 예를 몇 개 들었는데 그중 하나를 소개하면 다음과 같다. 〈원전장(元典章)〉(권)「살친속(殺親屬)」제5의 예로 처(妻)를 죽인 범인의 공초(供招)가 있는데 황경(皇慶) 원년(1312) 6월 12일 지주로(池州路) 동류현(東流縣)으로 기근(饑饉)을 피하여 온 곽우아(霍牛兒)가 걸식(乞食)의 동무인 악선(岳仙)과 싸움하여 여지없이 얻어맞았는데 그것을 본 처(妻)가 "你喫人打罵. 做不得男子漢. 我每日做別人飯食. 被人欺負. — 당신은 사람들에게 얻어맞고 욕을 먹네. 사내로서 자격이 없어. 내가 매일 다른 사람의 밥을 얻어먹으니(?) 사람들로부터 바보라고 하지"라고 하여 분이 나서 처를 죽였다는 심문 내용에 나오는 문장이다. 이것은 구어체로서 고문(古文)과는 매우 다른 문장이며 형식을 갖춘 한문이독체(漢文吏牘体)와도 다름을 지적하였다. 실제로 이 문장구조는 필자가 한아언어의 자료로 소개한 『원본노걸대』의 그것과 일치한다. 몽문직역체(蒙文直譯体)란 당시 북경(北京)지역에서 실제 구어로 사용되던 한아언어를 말한다. 졸저(2004) 참조.

'한문이독체', 즉 원대 이후 발달한 중국의 '이문_{吏文}'을 조선시대, 한반도에서 널리 쓰이던 이문_{吏文}과 구별하여 '한이문_{漢吏文}'으로 불러왔다.[28]

지금까지 한문이독체의 원대 문장어가 고문_{古文}과 다른 문체를 보이며 이를 한이문임을 언급한 일이 없다. 그러나 조선 초기까지 원대에 시작된 이문_{吏文}, 즉 한이문을 시험하는 한이과_{漢吏科}가 있었으며 『세종실록』(권47) 세종 12년 경술_{庚戌} 3월조의 기사에는 상정소_{詳定所}에서 제학_{諸學}[29]의 취재_{取才}에 사용할 출제서를 규정하여 등재하였는데 여기에 한이과의 과시_{課試} 방법이 상세히 설명되었다.

그 가운데 한이학의 출제서로는 '서_書, 시_詩, 사서_{四書}, 노재대학_{魯齋大學}, 직해소학_{直解小學}, 성재효경_{成齋孝經}, 소미통감_{少微通鑑}, 전후한_{前後漢}, 이학지남_{吏學指南}, 충의직언_{忠義直言}, 동자습_{童子習}, 대원통제_{大元通制}, 지정조격_{至正條格}, 어제대고_{御製大誥}, 박통사_{朴通事}, 노걸대_{老乞大}, 사대문서등록_{事大文書謄錄}, 제술주본·계본·자문_{製述奏本·啓本·咨文}'을 들었는데 이 취재에 사용된 출제서야말로 한이문을 학습하는 교재임이 틀림없다.

위의 취재서 가운데 '서, 시, 사서'는 선진_{先秦} 시대의 고문으로 작성된 것이고 〈박통사〉, 〈노걸대〉는 당시의 구어인 한아언어를 학습하는 교재

---

28 성삼문(成三問)의 '직해동자습서(直解童子習序)'에 의하면 조선시대 초기에는 한이문(漢吏文)을 승문원(承文院)에서 교육하여 사대문서 작성에 임하게 하였고 사역원(司譯院)에서는 구어, 즉 한아언어를 교육하여 통역을 담당하게 하였다는 기사가 있다. 즉 그 서문(序文)에 "[前略] 自我祖宗事大至誠, 置承文院掌吏文, 司譯院掌譯語, 專其業而久其任. [下略] — [전략] 우리 조종으로부터 사대에 지성이시매 승문원을 두어서는 이문을 맡기시고 사역원을 두어서는 언어의 통역을 맡기시어 그 업을 한갓지게 하고 그 직을 오래게 하시니 [하략]"에 의하면 사역원에서는 구어를 배워 통역을 담당하고 승문원에서는 이문(吏文), 즉 한이문(漢吏文)을 학습하였음을 알 수 있다. 본문의 해석은 洪起文(1946)을 참고함.

29 여기서 말하는 '제학(諸學)'이란 조선시대의 십학(十學)을 말하는 것으로 문무(文武) 양학, 즉 "유학(儒學), 병학(兵學)"과 그리고 잡학(雜學)으로 "율학(律學), 풍수음양학(風水陰陽學), 의학(醫學), 악학(樂學), 역학(譯學), 산학(算學), 이학(吏學), 자학(字學)" 등을 말한다.

이며 나머지는 한이문을 학습하는 교재임이 분명하다. 이 각각에 대하여 소개하면 다음과 같다.

먼저 〈노재대학〉은 원元의 허형許衡이 편찬한 『노재유서魯齋遺書』 3권 가운데 〈대학직해大學直解〉를 말하는 것으로 사서四書의 하나인 〈대학大學〉을 당시 원대 한아언어로 풀이한 것으로 보이며 〈성재효경〉은 원대 북정北庭 성재成齋의 『효경직해孝經直解』를 말한다.[30] 〈직해소학〉은 여말麗末 선초鮮初에 거란의 요遼에서 귀화한 설장수偰長壽가 훈몽교재인 〈소학小學〉을 당시 한아언어로 풀이한 것으로 당시 한어 교재로 널리 사용되었던 것이다.[31]

〈대원통제〉는 원元의 건국초기부터 연우연간(延祐年間, 1314~1320)에 이르기까지 원대의 법률제도를 집대성한 책으로 원元 황경皇慶 1년(1312)에 인종仁宗이 아산阿散에게 개국 이래의 법제사례法制事例를 편집하도록 명하여 지치至治 3년(1323)에 완성된 것으로 원대에서 유일하게 체계적으로 편찬된 법전이다.

---

30 『성재효경(成齋孝經)』은 精文硏(1986:484)에 "明의 陳璃이 지은 책. 兒童의 敎訓을 위하여 지은 것이다"라는 설명이 있어 정광 외(2002:18)의 주3에서 "成齋孝經』은 元代의 『直解孝經』을 明代 陳璃(號 成齋)이 당시 북경어로 주석한 것이다. (중략) 精文硏(1986) 참조"로 보았다. 그러나 이것은 잘못된 것으로 『직해효경(直解孝經)』은 원대(元代)에 북정(北庭)의 성재(成齋), 즉 위구르인 소운석(小雲石) 해애(海涯, 自號 酸齋, 一名 成齋)의 작이다. 일본에 전해지는 『효경직해(孝經直解)』는 그 서명이 '신간전상성재효경직해(新刊全相成齋孝經直解)'이며 권미에는 '북정성재직설효경종(北庭成齋直說孝經終)'으로 되었고 서문의 말미에 '소운석(小雲石) 해애(海涯) 북정성재(北庭成齋) 자서(自敍)'로 되었다. '북정(北庭)'은 지금의 신강성(新彊省) 부원현(孚遠縣)으로 당대(唐代) 위구르족의 본거지였다. 필자의 여러 논문에서 精文硏(1986)을 인용하여 실수한 경우가 많은데 이것도 그 가운데 하나이다. 참으로 독자 제위에게 미안하게 생각한다.

31 설장수(偰長壽)가 〈소학(小學)〉을 한어(漢語)로 풀이하여 〈직해소학(直解小學)〉을 편찬한 것에 대하여는 『세종실록』 세종 23년 8월조에 "判三司偰長壽, 乃以華語解釋小學, 名曰直解小學, 以傳諸後."라는 기사와 『정종실록』 정종 원년 10월 을묘(乙卯)조에 설장수(偰長壽)의 죽음을 애도하면서 "天資精敏剛强, 善爲說辭爲世所稱, 自事皇明朝京師者, 八厓蒙嘉賞. 所撰直解小學行于世, 且有詩藁數帙. ― 천성이 자질이 정민하고 강경하였으며 [한어라는] 말을 잘 해서 명나라의 사신으로 8번이나 참가하여 상을 받았다. 〈직해소학〉을 편찬하여 세상에 알려졌고 또 시고집도 여러 질이 있다."라는 기사가 있다.

〈지정조격〉은 원元 지정至正 6년(1346)에 〈대원통제〉를 산수刪修한 것이다. 〈어제대고〉는 명明 태조太祖가 원대의 악풍을 바로잡기 위하여 관민官民의 범법 사례를 채집하여 이를 근거로 홍무洪武 18년(1385) 10월에 '어제대고御製大誥' 74조를 반포하였으며 이듬해 다시 '어제대고속편御製大誥續編' 87조(1권)와 '어제대고삼御製大誥三'의 47조(1권)를 만들었는데 이를 통칭하여 〈어제대고〉라고 한다.

〈사대문서등록〉은 조선시대 승문원承文院에서 중국 조정朝廷과 왕래한 문서를 모아놓은 것으로 『세종실록』의 기사(권51 세종 13년 1월 丙戌조, 동 권 121, 세종 30년 8월 丙辰조)와 『단종실록』(권13, 단종 3년 1월 丁卯조)의 기사에 의하면 5년마다 한 번씩 서사書寫하고 10년마다 한 번씩 인쇄하여 출간하였다고 한다(鄭光 · 鄭丞惠 · 梁伍鎭, 2002 참조).

따라서 '노재대학, 직해소학, 성재효경, 소미통감, 전후한'은 '대학, 소학, 효경, 통감, 전한서, 후한서' 등의 경사서經史書를 한아언어로 풀이한 것이고 '이학지남, 충의직언, 대원통제, 지정조격, 어제대고'는 그동안 한문이독체라고 불러왔었던 한이문의 교재들로서 원대에 발생한 새로운 문어, 즉 한이문으로 작성된 것인데 이 가운데 『이학지남吏學指南』은 이러한 한이문의 학습에 필요한 참고서로 보인다.[32]

그리고 '충의직언, 대원통제, 지정조격, 어제대고'는 앞에서 살펴본 〈원전장〉과 같은 부류의 책으로 원대의 법률, 조직, 상소 등의 행정문서를 모아놓은 문헌이다. '노걸대, 박통사'는 구어口語인 한아언어를 학습하는 교재

---

32 『이학지남(吏學指南)』에 대하여는 정광 외(2002)를 참조할 것. 원(元) 대덕(大德) 5년(1301)에 서원서(徐元瑞)가 편찬한 『이학지남(吏學指南)』을 조선 세조 4년(1458)경에 경주에서 복간하였는데(奎章閣 소장) 鄭光 · 鄭丞惠 · 梁伍鎭(2002)에서는 이 책을 영인하여 공간하면서 상세한 해제와 색인을 붙였다.

인데 이 언어가 한이문이란 문어文語의 모태가 되었음을 누차 언급하였다.

그러면 위에서 한이문, 즉 한문이독체와 몽문직역체의 교본으로 본 '노재대학, 직해소학, 성재효경, 소미통감, 전후한'을 중심으로 한이문이 어떠한 한문인가를 살펴볼 수 있다.

조선이문과 한이문

다음은 이문吏文과 이두吏讀에 대하여 살펴보면 위의 논의에 의하여 이두문吏讀文이 바로 이문吏文이 아님을 알 수 있을 것이다. 중국의 한이문과 같이 한반도에서도 한자를 이용하여 공문서의 작성에 유용한 문체를 만들어 사용하게 되었다. 조선이문朝鮮吏文[33]이 언제부터 정식으로 공문서의 공용문어가 되었는지는 아직 아무런 연구가 없다. 그러나 한이문漢吏文의 영향을 받아 조선이문이 이루어졌다면 고려 말이나 조선 초기의 일로 볼 수 있다.

이 이문吏文은 조선시대 공문서의 공용문이므로 모든 공문서는 이문으로 작성되어야 효력을 발생했다. 『수교집록受教輯錄』(1698) 「호부戶部」 '징채徵債'조에 "出債成文, [중략] 諺文及無證筆者, 勿許聽理."라 하여 언문으로 쓴 것, 증인이 없거나 쓴 사람이 분명하지 않은 경우에는 채권의 효력을 인정하지 않았음을 알 수 있다.

이 이문이 이두문과 구별된 사실을『세조실록』의 다음 기사에서 알 수 있다.

---

33 고려시대에도 이문(吏文)이 존재하였는지는 확인할 수 없다. 따라서 잠정적으로 한이문(漢吏文)에 대하여 조선이문(朝鮮吏文)으로 구별한다.

吏曹啓: 吏科及承蔭出身, 封贈爵牒等項文牒, 皆用吏文. 獨於東西班五品以下告身, 襲用吏讀, 甚爲鄙俚. 請自今用吏文. 從之. — 이조에서 계하기를 이관吏科 및 승음承蔭 출신으로 작첩爵牒 등을 봉증封贈하는 문서에 모두 이문吏文을 사용하지만 홀로 동반東班 서반西班의 5품 이하 고신告身에서만 이두吏讀를 답습踏襲하여 심히 비루하고 속되었습니다. 이제부터 이문을 사용하도록 청합니다. 따르다.

여기에서 말하는 이문은 한이문에 근거하여 고려 말과 조선 전기에 마련하여 관청에서 사용하던 것이며 이두란 한자의 음과 훈을 빌려 우리말을 기록하는 것을 말한다.

조선이문의 전형을 보여주는 것으로 중종中宗조 최세진崔世珍이 편찬한 『이문대사吏文大師』(이하 〈吏師〉로 약칭)를 들 수 있다. 이것은 말할 것도 없이 조선이문의 학습서로서 한이문에 정통했던 최세진이 그것과 비견되는 조선이문의 학습서로 편찬한 것이다.

조선 초기의 이문은 한이문의 문체에 맞춘 것으로 이두문과는 구별되었다. 다만 〈吏師〉에서 볼 수 있는 것처럼 투식套式이 있고 특수한 관용구를 사용하며 공문서에 사용하는 한문을 이문이라 부른 것이다. 그런데 이문의 특수 관용구는 놀랍게도 이두문에서 가져온 것이 많았다.

〈吏師〉의 권두에 소개된 관용구 가운데 대부분은 이두로 된 것이다. 예를 들면 '右謹言所志矣段'은 소지(所志, 陳情書 또는 告訴狀)의 서두에 붙는 관용구인데 통사구조가 우리말이고 '矣段(-이쫀)'과 같은 이두가 들어 있다. 이 관용구의 내용은 "앞으로 삼가 말씀드릴 소지라는 것은"의 뜻이다. 또 '右所陳爲白內等(앞으로 말씀드리려고 하는 것은)'도 고문서의 첫머리에 사용하는 관용구인데 여기에도 '爲白內等(ᄒᆞᄉᆞᆲᄂᆡᄃᆞᆫ)'과 같은 이두가 들어

3. 한글의 발명

있다.

그러나 내용에 있어서는 한이문의 문체를 사용한다. 예를 들어 〈吏師〉
에는 조선이문에 자주 쓰이는 사자성구四字成句가 다수 실려 있다.

合行牒呈 — 첩정牒呈, 즉 공문서를 보내기에 합당하다는 뜻.

照驗施行 — 대조하여 시행하는 것.

他矣財穀 — 남의 재물과 곡식, 즉 타인의 재산.

夜間突入 — 밤에 무단으로 남의 집에 들어가는 것.

偸取恣意 — 투취偸取, 즉 남의 물건을 훔치는 것을 자의恣意로 한다는 것.

連名資生 — 겨우 목숨을 이어갈 정도로 살아가는 것.

現露爾緣 — 모두 드러난 내용.

依律施行 — 법률에 따라 시행함.[34]

이와 같이 사자성구를 많이 사용하는 한문 문제는 한이문의 특징으로서
조선이문이 이를 본받은 것이다. 吉川幸次郎(1953)에서는 〈원전장元典章〉에
서 사용한 한문漢文 이독吏牘의 문체적 특징으로 긴장감을 들고 긴장을 유발
하는 요인으로서 다음 두 가지를 들었다.

① 사자구四字句, 또는 그 변형을 기본으로 하는 리듬.

② 어떤 종류의 구어적 어휘를 포함한 이독吏牘 특유의 말을 빈번하게 사용

---

34 〈이사(吏師)〉에는 이외에도 이문(吏文)에 자주 쓰이는 사자성구를 많이 소개하였다. 필자가 고대 도서관 소장본으
로 헤아려본 결과 140여 개가 넘었다. 개중에는 '물고공문(物故公文)'과 같이 이두에 의한 것도 없지 않지만 대부
분 한이문에서 사용되는 사자성구를 표제어로 하였다.

함.[35]

이에 의하면 조선이문도 한이문과 같이 사자구四字句를 기본으로 하는 문
체적 리듬을 가졌고 구어적 표현을 가미하였으며 이문에만 사용되는 관용
구를 빈번하게 사용하여 공문서로서의 권위와 긴장감을 유발한 것으로 보
인다. 이것은 조선이문이 한이문의 문체를 본받은 때문인 것으로 본다.

조선 후기에 들어오면 이문의 투식은 그대로 유지하였으나 이두 표기가
늘어난다. 필자가 역관譯官의 명문名門인 천령川寧 현씨가玄氏家의 고문서에서
찾은 현계근玄啓根의 진시(陳試, 시험을 연기하는 것) 소지所志를 예로 들면 다
음과 같다.

원문

譯科初試舉子喪人玄敬躋[36]

右謹言所志矣段 矣身今甲子式年譯科初試 以漢學舉子入格矣 五月分遭父喪是
如乎 依例陳試 事後考次 立旨 成給爲只爲 行下向敎是事

禮曹 處分 手決 依法典

甲子 十月 日 所志

---

35 吉川幸次郎(1953)에서는 이를 포함한 한이문의 특징을 "元典章中の漢文吏牘の文體は, (1) 古文家の文語と文法の基
本をおなじくしつつも, 古文家の文語のごとく藝術的緊張をめざさない. (2) しかも吏牘の文をしての緊張をめざ
す. (3)緊張を作る要素としては ⓐ 四字句もしくはその變形を基本とするリズム, ⓑ ある種の口語的語彙をふくむ
吏牘特有の語の頻用, (4) しかしその緊張は, 容易に弛緩をゆるすのであって, 往往, 更に多くの口語的要素を導入し
て, 緊張をやぶる. (5) さればといつて緊張を全くくずし去ることはない."로 정리하였다. 이와 같은 문체적 특징은
조선이문에도 그대로 적용된다.

36 현경제(玄敬躋)는 현계근(玄啓根)의 아명(兒名)임(졸저, 1990).

해석

역과 초시의 거자로서 상제喪祭인 현경제가

이제 소지所志할 것은 이 몸이 이번 갑자 식년시 역과 초시에 한어학으로 응시하여 입격하였으나 5월에 부친상을 당하였기 때문에 전례에 따라 시험을 연기하고 사후에 시험함. 이를 입증하는 문서를 만들어주도록 분부를 내리옵실 일.

예조에서 법전에 의거하여 처분하고 수결을 둠.

갑자년(1744) 10월 일 소지

이 소지는 건륭갑자乾隆甲子 식년시式年試의 상식년(上式年, 1743) 역과譯科 초시初試에 부거赴擧하여 합격하였으나 이듬해에 실시하는 역과 복시覆試에는 부친상으로 참여할 수 없어서 시험 응시를 늦춰달라는 진시의 소지로서 1744년 10월에 작성된 것이다.[37]

이 이문에는 모든 행정 소지의 모두冒頭에 붙는 관용구 "右謹言所志矣段"이 있고 "矣身(의 몸, 제가), 是如乎(이다온, 이라고 하는), 立旨(신청서의 말미에 이 사실을 입증하는 뜻을 부기한 관아의 증명)[38], 爲只爲(ᄒ기슴, 하기 위하여), 行下向敎是事(힝하아이샨일, 명령하옵실)" 등의 이두와 이문으로 된 관용어가 쓰였다.

따라서 조선이문은 한이문의 영향을 받아 형성된 것이며 한이문이 소위

---

37 역과(譯科)의 초시(初試)와 복시(覆試), 그리고 왜학(倭學) 역관 현계근(玄啓根)의 역과 응시와 상고(喪故)에 의한 진시(陳試)에 대하여는 졸저(1990:210)를 참조할 것.

38 '立旨'는 소지(所志)의 말미에 붙여 신청한 일을 관아에서 증명한다는 부기(附記)로서 토지문기나 노비문서 등에 사용되는 관용어이다. 예. "本文段, 失於火燒是遣 立旨一張乙, 代數爲去乎,"(安東 金俊植 宅 토지문기)과 "各別, 立旨成給爲白只爲, 行下向敎是事,"(海南 尹泳善 宅 〈所志〉) 등이 있다. 장세경(2001:432)에서 재인용.

몽문직역체로 알려진 한아언어를 기반으로 형성된 문어文語인 것처럼 조선이문은 신라시대의 향찰 표기에 기반을 둔 이두문을 기반으로 형성되었고 한이문의 한문 문체를 수용한 것이다.

이 조선이문은 갑오경장(甲午更張, 1894)에서 한글을 공문서에 사용할 수 있다는 칙령이 내려지기 전까지 조선시대의 유일한 공용 문어였다. 몇백 년간 계속된 유일한 공용 문어인 조선이문에 대한 연구가 그렇게 많지 않은 것은 국어연구의 발전을 위해서 참으로 안타까운 일이다.

이상 한반도에서 한글 이전에 사용된 문자에 대하여 고찰하였다. 장황하게 이러한 설명을 부연한 것은 한글 발명이 이러한 문자 사용, 특히 한자의 차자 표기와 관련이 있기 때문이다. 위에서 살펴본 바와 같이 한자의 유입과 한문의 사용은 유구한 역사를 갖고 있었으며 이것을 하루아침에 새 문자로 교체한다는 것은 대단히 어려운 일이다. 한글 발명 이후에도 한문은 여전히 국가의 정문正文이었고 한글은 그 보조적인 역할을 할 수밖에 없었던 것을 이해하기 위하여 좀 장황하지만 그동안의 문자사용을 이해해야 하기 때문이다.

3. 발음기호로서 훈민정음 28자의 제정

한글은 훈민정음訓民正音이란 이름으로 처음 사서史書에 등장한다. 『세종실록』(권103) 세종 25년(1443) 계해년 12월의 기사에 "是月, 上親制諺文二十八字. [중략] 是謂訓民正音. ― 이달에 임금이 친히 언문 28자를 제정하셨다. [중략] 이것이 소위 말하는 훈민정음이다."라고 한 것이 실록에 나타난 기사 가운데 가장 이른 시기의 것이다. 따라서 훈민정음의 제정도 이때에 마무리된 것으로 본다.

다음으로는 세종 28년(1446)경에 간행된 것으로 보이는 〈월인석보月印釋譜〉 구권舊卷의 권두에 부재된 〈훈민정음訓民正音〉에 다시 새 문자가 나타난다.[39] 흔히 〈언해본 훈민정음〉으로 부르는 여기에는 훈민정음 28자 가운데 초성 17 자에다가 〈동국정운〉 한자음 표기를 위하여 전탁자全濁字 6개와 순음脣音에서 순중음脣重音과 순경음脣輕音을 구별하여 4개를 더 만들었다. 그리고 한음漢音을 표음하기 위하여 치두음齒頭音과 정치음正齒音을 구별하고 이를 표기하는 5개의 치음자를 더 만들어 초성初聲에서 모두 32개의 한글을 제시하였다.

즉, 전탁全濁의 쌍서자雙書字 /ㄲ, ㄸ, ㅃ, ㅆ, ㅉ, ㆅ/ 6개와 순경음脣輕音 /ㅸ, ㆄ, ㅹ, ㅱ/ 이 4개를 더 만들고 치음齒音을 둘로 나누어 치두음齒頭音 글자를 5 개(/ᅎ ᅔ ᅏ ᄼ ᄾ /)와 정치음正齒音 글자 5개(/ᅐ ᅕ ᅑ ᄉ ᄽ)로 나누어 5개를 늘려 초성에서 15개의 문자를 더 제자하여 모두 32개의 문자를 보였다. 이것을 중성中聲 11자와 합하면 모두 43개로서 〈법서고法書考〉와 〈서사회요書史會要〉에서 말한 파스파 문자 43개와 같아진다.

〈월인석보〉 구권의 〈훈민정음〉과 신편新編의 〈세종어제훈민정음世宗御製訓民正音〉은 판심서명이 정음正音으로 되었다. 따라서 훈민정음을 정음으로 오해한 경우도 있다. 훈민정음은 상술한 〈훈민정음〉의 언해본, 특히 〈월인석보〉의 신편에 부재된 〈세종어제훈민정음〉의 협주夾註에 "訓民正音(훈민정흠)은 百姓(빅셩) 가ᄅᆞ치시논 正(졍)ᄒᆞᆫ 소리라"라는 뜻풀이가 있다. 이에

---

39 〈월인석보〉가 신편(新編)과 구권(舊卷)이 있고 구권은 세종 생존 시에 간행되었으며 여기에 부재된 '훈민정음'은 세조 5년(1459)에 간행된 신편에는 '세종어제훈민정음(世宗御製訓民正音)'으로 제목이 바뀌었다. 내용은 후자의 것이 조금 더 자세한 설명을 덧붙였다(졸고, 2013:7~16).

의거한다면 '훈민정음'은 "백성들에게 가르쳐야 하는 올바른 소리, 즉 한자음"으로 보아야 하며 그동안 여러 연구자들에 의하여 자의적으로 해석됐던 것은 모두 재고되어야 한다.[40]

'훈민정음'의 올바른 이해

정음正音은 중국 한자음, 즉 한음漢音의 표준음을 말한다. 앞에서도 언급되었지만 중국은 광활한 지역에 다양한 방언이 분포되어 새로운 왕조가 세워지면 새로운 한자음을 정음正音으로 정하여 과거시험을 시행한다. 자신의 고향이나 추종세력이 되도록 많이 시험에 합격하여 통치세력의 물갈이가 가능하게 하기 위한 것이다. 따라서 어떤 발음을 표준음으로 정하느냐는 매우 중요한 일이었으며 원元이나 명明과의 접촉이 빈번한 고려와 조선에서도 이 정음의 학습은 매우 중요한 일이었다.

중국어의 역사에서 선진先秦시대의 아언雅言은 물론이고 한漢 이후의 장안長安의 언어를 공통어로 정한 통어通語에서도 새로운 정음을 정하였다. 이 한자음은 송대宋代의 통어음通語音과 매우 달랐으며 우리의 전통한자음 즉 동음東音과도 많이 달랐기 때문에 이 정음의 학습은 고려와 조선에서 매우 중요하였다.

이러한 우리의 동음東音을 원대元代 이후 크게 변한 중국 한음漢音에 되도록 가깝게 하려는 노력이 우리 한자음의 전면적 수정을 가하게 되었고 그 결

---

40 훈민정음을 "백성들에게 가르쳐야 하는 바른 글자"라고 풀이하고 이것을 문자의 명칭으로 보아왔다. 그러나 원래의 의미는 "백성들에게 가르쳐야 하는 올바른 한자음"이고 이를 표기하기 위하여 제정한 문자를 대신한 것이다. 즉 "백성들에게 가르쳐야 하는 올바른 한자음[을 표기하기 위한 글자]"으로 이해하여야 한다. [ ] 안의 내용은 생략된 것이다.

과가 〈동국정운東國正韻〉으로 나타나게 된 것이다. '훈민정음'은 "백성들에게 가르쳐야 하는 올바른 한자음", 즉 동국정운 한자음을 표음하는 데 사용한 문자라고 보아야 한다.

반면에 중국의 표준한자음, 즉 한음漢音의 정음正音을 표기하기 위하여는 순음脣音에서 순중음脣重音과 순경음脣輕音의 구별이 필요하여 4개를 추가하였고 치음齒音에서 치두음齒頭音과 정치음正齒音의 구별이 필요하여 5개를 추가하여 동국정운 23자모에 이를 더하여 모두 32개의 글자를 제시하고 이들을 그대로 '정음正音'이라고 부르게 된다.[41]

이와 같이 발음기호로 쓰인 경우에는 그 명칭이 훈민정음訓民正音, 정음正音이지만 우리말을 표기하거나 우리 한자음, 즉 동음을 표음하는 데 사용한 문자는 그 명칭이 언문諺文이었다. 『세종실록』에 처음으로 등장하는 문자의 명칭이 언문이었고 후대에는 때로 언서諺書라고도 불렀다. 이것이 제대로 된 문자의 명칭이다.

운회의 번역

앞에서 언급한 훈민정음 창제에 대한 최초의 기사, 즉 세종 25년 12월의 기사 다음에 불과 2개월 후인 세종 26년 2월 병신(丙申, 16일)에 운회韻會를 번역하라는 명령이 내려진다. 훈민정음 창제 이후에 이 문자로 시작되는 최초의 사업이다. 즉 『세종실록』(권103), 세종 26년(1444) 2월 병신丙申조에 전술한 "命集賢殿校理崔恒, [중략] 指議事廳, 以諺文譯韻會. 東宮與晉

---

41 〈언해본〉의 한음(漢音) 표기를 위한 초성 32자와 중성 11자를 합하면 43자가 된다. 이것은 성희명(盛熙明)의 〈법서고(法書考)〉와 도종의(陶宗儀)의 〈서사회요(書史會要)〉에서 주장한 파스파 문자 43개와 일치한다.

陽大君珛, 安平大君瑢, 監掌其事, 皆稟睿斷, 賞賜稠重, 供億優厚矣. — 집현전 교리 최항에게 명하여 [중략] 의사청에 지시하여 언문으로 운회를 번역하게 한다. 동궁과 진양대군 유, 안평대군 용이 그 일을 관장하고 감독하게 하나 모두 임금에 품하여 직접 결정하게 하고 상을 내리는 것은 무겁고 후하게 대접하다."라는 기사가 있어 임금이 신문자를 제정한 지 불과 2달 후에 집현전集賢殿 교리校理 최항崔恒 등에게 명하여 새로 제정된 훈민정음으로 운회를 번역하게 하였음을 알 수 있다.

여기서 운회韻會라 함은 그간의 연구에 의하면 모두 중국 원대元代의 황공소黃公紹가 편찬한 『고금운회古今韻會』이거나 이것이 너무 방대하여 그의 제자 웅충熊忠이 이를 축약한 『고금운회거요古今韻會擧要』를 말한다.[42] 그런데 세종 때에는 이미 명明나라의 언어정책이 확고하여 원대元代 북경北京 중심의 북방음보다는 남경南京의 관화음을 표준음으로 정했기 때문에 이 시대의 〈운회〉의 번역은 매우 의아스럽다.

필자는 여기서 〈몽고운략蒙古韻略〉이나 〈몽고자운蒙古字韻〉과 같은 파스파 문자로 이미 한자음을 표기한 몽운蒙韻으로부터 한자의 정음을 새 문자로 번역하지 않았나 하는 의문을 갖는다. 왜냐하면 〈몽고운략〉은 광운廣韻 계통의 〈운략韻略〉을 저본으로 하여 파스파 문자로 발음을 정한 것이라면 〈몽고자운〉은 당시의 『고금운회』로 수정한 것이기 때문이다(졸저, 2009).[43]

---

42 『고금운회(古今韻會)』는 공간된 적이 없다는 주장이 있다(김완진 외, 1997:139). 따라서 이때의 운회는 당연히 『고금운회거요(古今韻會擧要)』라고 보기도 하지만 일부 연구자들은 『고금운회』가 조선에서 여러 번 언급된 것으로 보아 실제로 간행되었다고 보는 경우도 있다(花登正宏, 1997).

43 〈몽고자운〉의 런던초본에 인용한 36자모에 대하여 원대(元代)에 『몽고자운(蒙古字韻)』을 교정 증첨한 주종문(朱宗文)의 자서(自序)에서는 "[전략] 惟古今韻會, 於每字之首, 必於四聲釋之. 由是始知見經堅爲ㄱ, 三十六字之母, 備於韻會, 可謂明切也. [하략] — 고금운회에서 매 글자의 첫머리에 반드시 사성(四聲, 여기서는 전청, 차청, 전탁, 불청불

따라서 집현전의 젊은 학사들을 중심으로 〈운회〉의 번역이 시작되었다는 사실은 〈몽고자운〉의 파스파 문자로 된 한자음 표음을 그대로 훈민정음으로 바꾸는 작업이었을 것이다. 그리고 이 일에는 동궁 및 진양대군 유瑈와 안평대군 용瑢이 감독하고 관리하게 하였으나 모두 세종이 직접 결정하였음을 알 수 있다.

훈민정음의 해례에도 참가한 이 명유名儒들은 당시 예조판서禮曹判書로서 집현전 대제학을 겸임하고 있던 정인지鄭麟趾를 비롯하여 집현전 응교應教 최항崔恒, 부교리副校理 박팽년朴彭年, 신숙주申叔舟, 수찬修撰 성삼문成三問, 부수찬副修撰 이개李塏, 이선로(李善老, 후일 李賢老로 개명), 그리고 돈녕부敦寧府 주부主簿 강희안姜希顏 등 8명의 유신儒臣들이다.

정인지를 포함한 이들 8명의 학자들은 "친간명유親揀名儒 — 임금이 친히 뽑은 유명한 선비"라는 별명이 붙을 정도로 세종이 총애하던 학자들이었다.[44] 그러나 친간명유는 성삼문과 신숙주가 중심이었는데 정인지를 제외한 최항, 박팽년, 강희안, 이개, 이신로 등 7인은 운회의 번역만이 아니라 훈민정음의 해례, 그리고 『동국정운東國正韻』의 편찬에도 주도적 역할을 하

탁을 말함 — 필자)으로 해석하여 이로부터 '見, 經, 堅'[의 첫 발음]이 百[ㄱ]임을 알게 되었다. 36자모는 운회에서 갖춘 것이며 가히 분명하게 바로잡은 것이라고 말할 수 있다."라 하여 〈몽고자운〉의 이 자모도가 『고금운회(古今韻會)』의 36자모로부터 인용한 것임을 밝히고 있다(졸저, 2012:276).

44 '친간명유(親揀名儒)'라는 별명에 대하여는 신숙주의 『보한재집(保閒齋集)』에 부재된 임원준(任元濬)의 서문에 "世宗創制諺文, 開局禁中 極簡一時名儒, 親揀名儒著爲解例, 使人易曉. — 세종이 창제 언문할 때에 궁 안에 한때 명유를 엄격하게 간택한 친간명유로 하여금 해례를 짓게 하여 사람들이 알기 쉽게 하였다."라는 구절에서 세종이 여러 명유(名儒) 가운데서 친히 뽑은 학자들을 시켜 훈민정음의 해례를 저술하게 하였음을 알 수 있다. 또 최항(崔恒)의 『태호정집(太虛亭集)』에 수록된 강희맹(姜希孟)의 '최항묘지(崔恒墓誌)'에 "世宗創制諺文, 開局禁中, 親揀名儒八員, 掌制訓民正音, 東國正韻等書. [하략] — 세종이 언문을 창제할 때에 궁 안에서 친히 간택한 명유 8명으로 훈민정음과 동국정운 등의 제정을 관장하게 하였다."에도 친간명유가 『훈민정음』과 『동국정운』 등의 편찬을 관장하였다고 기술하고 있다(졸고, 2002b 및 졸저, 2006).

였으며 『용비어천가龍飛御天歌』의 한시를 번역하여 국문가사를 짓는 일에도
참가하였다.

'친간팔유'의 8명은 집현전 대제학이었던 정인지와 돈녕부 주부였던 강
희안을 빼고는 모두 집현전 학사였다. 이들을 훈민정음의 해설에 동원한
것은 운서의 번역에 앞서 최만리 등의 반대 상소문에서 노정露呈된 신문자
의 문제점을 보완하고 이들만이라도 신문자를 완전하게 이해해주기를 바
란 것으로 볼 수 있다(졸고, 2002c 및 졸저, 2006).

세종 26년 2월 16일에 명을 내린 운회의 번역은 그 결과물이 간행되었
다는 기록이 없다. 그동안의 연구에서 이 번역은 『동국정운』으로 간행되
었다고 본다(유창균, 1966). 『세종실록』(권117), 세종 29년 9월 무오戊午조의
기사에서 "是月, 東國正韻成. 凡六卷, 命刊行. — 이달에 〈동국정운〉이 완
성되었다. 모두 6권인데 간행을 명하다."라는 기사와 『동국정운』의 권두에
있는 신숙주의 서문에 "正統十二年 丁卯 九月下澣, — 정통 12년(1447) 9
월 하순."이라는 간기가 있어 훈민정음이 창제된 지 4년 만에, 그리고 운
회의 번역을 명받은 지 3년 만인 세종 29년(1447)에 우리 한자음을 정리한
『동국정운』이 완성되었음을 알 수 있다.

그러면 운회의 번역이란 무엇이었을까?[45] 전술한 『고금운회거요』는 원元
성종成宗의 대덕大德 원년(元年, 1297)에 간행된 운서로서 당시 한자의 북방음

---

[45] '번역(飜譯)'은 송대(宋代) 법운(法雲)의 『번역명의집(飜譯名義集)』에 의하면 "譯은 易이어서 飜譯은 梵字를 漢字로
바꾸는 것이다."라 하여 원래의 뜻은 범어(梵語)의 'Prajñā(知慧)'를 '般若'로, 'sūtra(心)'를 '素怛羅'로, 'hṛdaya(經)'
를 '紇哩第野'로 바꾸어 "지혜로운 마음의 경문"이란 뜻의 'Prajñā-sutra-hṛdaya'를 '般若心經'으로 바꿔 쓰는 것
을 말한다. '반야심경(般若心經)'은 원래 '般若波羅蜜多心經(Prajñāpāramita-hṛdaya-sūtra)'의 약칭이다. 또 『용
감수경(龍龕手鏡)』의 권두에 있는 석(釋) 지광(智光)의 서문에서 "[전략] 矧復釋氏之教, 演於印度, 譯布支那, 轉梵從唐
[하략]"이란 구절에서 '역(譯)'이 "轉梵從唐 — 범어를 바꾸어 당나라 말에 따르다"와 같이 쓰였다(졸고, 2012c).

을 반절反切로 표음하였다. 이것을 훈민정음으로 번역한다는 것은 이 반절로 표시된 한자음을 정음正音 문자로 바꾸는 작업이다. 졸저(2006)에서는 세종이 중국과 우리의 한자음이 다른 것에 착안하여 중국어의 표준 발음에 의거하여 우리 한자음의 규범을 정하려고 하였으며 이것을 표음하기 위한 발음기호로서 훈민정음을 고안한 것으로 보았다.

새로 제정된 문자를 발음기호로 사용한 예를 전술한 실록의 기사에서 찾으면 세종 27년(1445) 1월에 신숙주·성삼문 등이 운서를 질문하려고 요동遼東에 유배된 유학자 황찬黃瓚에게 갔을 때에 신숙주는 언문의 글자로 중국어의 발음을 번역하여 황찬의 질문에 답하므로 그가 크게 기특하게 여기었다는 기사를 들 수가 있다.[46] 일찍부터 화음(華音. 중국어 발음) 표기에 정음正音 자가 발음기호로 이용된 것이다.

운회가 선택된 이유

여기서 『고금운회』가 선택된 것은 원대元代에 수도를 북경으로 정하면서 북방음이 널리 통용되어 중국어의 역사에서 고관화古官話가 성립되는데 운회가 실제로 사용되는 북방음을 반영하였기 때문이다. 이때의 중국어 표준발음은 원대의 『고금운회』와 같은 운서의 표준음에서 가져왔으며 이러한 규범적 발음은 후일 『동국정운』으로 정리되었다고 본다.

원대 한어漢語의 한자음은 종래 『광운廣韻』이나 『예부운략禮部韻略』의 규범 발

---

46 전게한 『보한재집(保閒齋集)』(책7)에 부록된 이파(李坡)의 '신숙주묘지(申叔舟墓誌)'에 "乙丑春命公隨入朝使臣, 到遼東, 見黃瓚質問, 公諺字飜華音, 隨問輒解, 不差毫釐, 瓚大奇之. — 을축년 봄에 공이 중국에 가는 사신을 수행하여 요동에 이르러 [황]찬을 보고 질문하였다. 공이 한글로 한자의 중국어 발음을 바꾸어 질문에 따라 해결하니 털끝만한 착오가 없어 [황]찬이 크게 기특하게 생각하다."라는 기사를 참조.

음과 매우 달라서 고려 전기의 유신들은 한문을 학습하여 중국의 송宋나라 사람들과 대화가 가능하였지만 고려 후기의 원대에는 북경 주변의 한아언 어漢兒言語가 공용어로 등장하여 이러한 대화가 전혀 불가능하게 되었다.

중국어의 변천으로 명대明代에도 조선 한자음과 당시 중국어 발음이 훈민정음 서문에서 밝힌 바와 같이 서로 다르게 되었는데 세종은 조선의 한문漢文과 명대明代의 한문이 서로 통하지 않는 것을 이와 같은 한자음의 차이로 인식하였다. 그리하여 북방음을 비교적 많이 반영한 『고금운회』를 중국 표준음의 운서로 간주하고 이를 선택하여 훈민정음으로 그 발음을 전사하게 시킨 것이다.

그러나 원대의 운서인 운회의 번역은 당시 중원에 몽고의 원元을 전복시키고 한족漢族의 제국을 세운 명明으로서는 용납할 수 없는 일이었다. 따라서 건국 초기부터 몽고 오랑캐胡元의 잔재를 없애는 정책을 강력하게 추진하였다.[47] 그중에서도 몽고인들에 의하여 훼손된 중국어의 순화운동이 명明 태조太祖에 의하여 대대적으로 전개되었고 급기야는 명明 제국의 표준 발음서인 『홍무정운洪武正韻』이 황제의 칙찬勅撰으로 간행되었다.

운회가 선택된 또 다른 이유는 원元 초기에 파스파 문자를 제정하고 이 문자로 『예부운략禮部韻略』 계통의 『운략韻略』과 『신간운략新刊韻略』을 파스파 문자로 주음注音하여 『몽고운략蒙古韻略』과 『몽고자운蒙古字韻』을 편찬한 것과 관련이 있다. 후자가 『고금운회』를 참고로 하여 전자를 수정한 사실을 의식한

---

47 이러한 정책의 추진으로 오늘날 중국에는 거란문자나, 여진문자, 파스파 문자로 쓰인 어떠한 고문헌도 존재하지 않고 남아 있는 것은 비교적 훼손이 어려운 금석문(金石文)뿐이다. 즉 『요사(遼史)』, 『금사(金史)』, 『원사(元史)』 등의 사료와 이 시대에 간행된 각종 문헌에는 거란문자, 여진문자, 파스파 문자로 저술되었거나 번역되었다는 문헌들을 상당수 기록에 남겼다. 그러나 현재 중국에는 이러한 저서들이 하나도 남아 있지 않다. 명(明) 이후 중국에서 한자 이외의 문자를 얼마나 철저하게 파괴하였는지 알 수 있는 대목이다.

것이다(졸저, 2009). 바꿔 말하면 『동국정운』은 파스파 문자를 제정하고 편찬한 『몽고자운』을 모델로 한 것으로 이 운서가 그보다 먼저 간행된 『몽고운략』을 『고금운회』에 의거하여 수정한 사실을 염두에 둔 것이다. 『동국정운』도 이와 같이 『고금운회』를 참고하고 조선의 전통한자음을 수정하고 조선의 규범적인 한자음을 정하려고 하였다.

4. 변음토착과 언문

한자음 표기의 수단으로 제정된 훈민정음은 고유어의 표기에도 이용되기 시작하였다. 다음 절에서 논의되는 훈민정음 관련 사업의 연대별 수행 기록을 보면 세종 27년(1445) 4월에 『용비어천가龍飛御天歌』(한문본)가 제진製進되었다는 기사가 있다. 이것은 국문가사가 들어 있지 않은 한문본이었으며 이를 다음 제6장에서 논의할 세종의 진간명유親揀名儒들이 우리말로 언해하여 세종 29년(1447) 2월에 간행한다.

이것은 세종 27년의 한문본에서 "[전략] 주석을 더하고 [중략] 다시 발음과 뜻을 붙여 보기에 편하게 하였다.[하략] 정통 12년(1447) 2월 [중략] 최항이 절하며 머리 숙여 삼가 발문을 쓴다.([전략] 就加註釋, [중략] 復爲音訓以便觀覽[하략] 正統十二年二月日, [중략] 崔恒拜手稽首謹跋.)"(최항의 발문)라는 기사로 확인할 수 있는데 여기서 '復爲音訓以便觀覽'은 『용비어천가』의 제1장부터 125장에 걸쳐 매장 첫 번째 한자 병용의 우리말 시詩를 말한다.

이것은 원래 한시漢詩를 언해한 것으로 유명한 제1장과 2장을 옮겨보면

다음과 같다.[48]

海東 六龍이 ᄂᆞᄅᆞ샤 일마다 天福이시니 古聖이 同符ᄒᆞ시니 — 제1장
海東六龍飛, 莫非天所扶, 古聖同符.

불휘 기픈 남ᄀᆞᆫ ᄇᆞᄅᆞ매 아니 뮐ᄊᆡ, 곶 됴코 여름 하ᄂᆞ니 — 제2장
ᄉᆡ미 기픈 므른 ᄀᆞᄆᆞ래 아니 그츨ᄊᆡ 내히 이러 바ᄅᆞ래 가ᄂᆞ니
根深之木, 風亦不扤, 有灼其華, 有蕡其實. 源遠之水, 旱亦不竭, 流斯爲川,
于海必達.

이 『용비어천가』에는 한자의 발음이 전혀 붙지 않았다. 이것은 『동국정
운』(1447년 간행)이 아직 완성되기 이전에 이 노래가 편찬된 것임을 말해준
다. 그러면 어떻게 운회韻會의 번역에서 발음기호였던 훈민정음이 우리말
표기에도 쓰이게 되었을까? 먼저 훈민정음의 모델이었던 파스파 문자가
한자 발음 표기뿐만 아니라 몽고어 표기에 사용되었음을 상기하게 된다.

변음토착과 정의공주

그동안의 한글 창제에 관한 논의에서 우리가 간과한 것은 이가원(1994)
에서 논의된 『죽산안씨대동보竹山安氏大同譜』의 '정의공주유사貞懿公主遺事'조에 "世
宗憫方言不能以文字相通, 始製訓民正音. 而變音吐着猶未畢究, 使諸大君
解之, 皆未能遂下于公主, 公主卽解究以進, 世宗大加稱賞, 特賜奴婢數百

---

48 띄어쓰기와 구두점은 필자가 붙였음.

3. 한글의 발명

口. — 세종이 우리말(方言은 이런 의미로 쓰였음 — 필자)이 문자로 [중국과] 상통하지 못하는 것을 걱정하여 훈민정음을 제정하기 시작하였다. 그러나 발음을 바꾸어 토를 다는變音吐着 것에 대하여 아직 연구가 끝나지 못해서 여러 대군大君들을 시켜 [이 문제를] 풀게 하였으나 모두 미치지 못하고 공주에게 내려보냈다. 공주가 즉시 이를 해결하여 바치니 세종이 크게 칭찬하고 특별히 노비 수백 명을 내려주었다."(죽산안씨대종회 편, 1999, 『竹山安氏大同譜』 권5 pp. 88~89)라는 기사와 더불어 세종의 따님인 연창延昌공주,[49] 즉 정의貞懿공주가 언문 제작에 기여하였다는 주장이다.[50]

『죽산안씨대동보』의 '정의공주유사'에 보이는 기사에서 정의공주가 한 일은 '변음토착'을 해결한 일이다. 이것은 한문의 구결口訣에서 형태부, 즉 조사助詞와 어미語尾의 우리말을 한자를 빌려 토吐를 달 때에 "−은隱, −이伊, −ᄒ니爲尼, −이라是羅"와 같이 한자의 발음과 새김을 빌려 적는다. 즉, 앞의 예에서 "−ᄒ니爲尼, −이라是羅"의 '尼, 羅'는 발음을 빌렸지만 '爲, 是'는 새김을 빌려 '−ᄒ, −이'로 읽는 것이다. 이와 같이 '시是'와 '위爲'라는 자음字音을 바꿔서 '−이', '−ᄒ'로 토를 단 것을 '변음토착(變音吐着, 음을 바꿔서 토를

---

49 정의(貞懿)공주는 세종의 둘째 딸로 연창위(延昌尉) 안맹담(安孟聃)에 출가하여 연창(延昌)공주가 되었다.

50 『죽산안씨대동보(竹山安氏大同譜)』의 '변음토착(變音吐着)'에 대한 기사는 이가원(1994)에서 처음 논의되었다. 그러나 이 기사에 대하여 〈대동보〉에 존재하지 않다고 보거나 '변음토착'이 무엇인지 알 수 없다는 등의 이유를 들어 이 사실을 믿을 수 없고 나아가서 이가원(1994)에서 날조된 것으로 보았다. 필자는 죽산안씨대종회(竹山安氏大宗會)에서 간행한 〈대동보(大同譜)〉에서 이 기사를 찾아서 인용하였다. 이 〈대동보〉는 영조(英祖) 20년(1744)에 각 계파(系派)에 전해지는 문헌을 정리하여 목판본 1책으로 간행한 것이 〈대동보〉로서는 가장 오래된 것으로 보인다. 영조 24년(1748)에 증보하여 2책을 간행하고 이후 1803년, 1805년, 1893년, 1922년, 1930년, 1949년, 1960년, 1965년, 1976년, 1988년에 각기 수보(修補)한 것을 모아 1999년에 이를 다시 5권 5책으로 간행하였다. 필자가 참고한 1999의 〈대동보〉는 그동안 죽산(竹山) 안씨의 각 계파(系派)에 전해오는 구전(口傳) 야담과 문헌 기록을 모두 망라하여 편찬하였다고 한다. 이가원(1994)은 1992년에 죽산(竹山) 안씨 연창위(延昌尉) 파(派)에서 파보(派譜) 편찬을 기획했을 때에 '정의공주유사(貞懿公主遺事)'를 발견하여 논문을 작성한 것으로 추정된다.

[사진 3-1] 도봉구 방학동에 있는 정의공주와 연창위延昌尉 부부의 묘

달다)'이라 한 것이다(졸고, 2006b). 이와 같은 변음의 토는 한자를 익숙하게 구사하고 한문에 정통한 유신들에게는 매우 이상하고 괴로운 문자 표기였다.

'변음토착'의 문제 해결은 새 문자로 구결과 토를 다는 일이다. 이것은 한문으로 적을 수 없는 조사와 어미, 즉 형태부의 표기를 말한다. 고립적 문법구조의 중국어를 표기하도록 고안된 한자에서는 이러한 형태부는 한문으로 표기할 때에 어순에 의존하거나 새로 글자를 만들어 보충할 수밖에 없었다.

훈민정음으로 토를 다는 경우 이러한 '변음토착'의 어설픈 한자 표기는 완전하게 해소된다. 뿐만 아니라 고유어 표기에서 한문과 다르게 조사와 어미를 붙여 써야 하는 교착적 문법구조의 우리말 표기에 대한 인식이 정리된 것 같다. 의미부는 한자나 이두로 표기해왔지만 조사와 어미와 같은 형태부 표기가 한문과 다른 우리말 표기의 관건이었기 때문이다.

한글과 유사한 목적으로 제정한 요遼의 거란契丹문자에서 예를 들어보

자.[51] 요의 거란어에서 소유격조사는 /-Vn/이었는데 모음조화에 의한 매
개모음의 교체에 의하여 /-ən, -in, -un, -ɔn, -an, -ün/의 6개 이형태
異形態가 가능하였다. 거란소자契丹小字는 이를 모두 표기하였다. 이 거란소자
표기를 사진으로 보이면 다음과 같다.

[사진 3-2] 거란어 소유격조사 표기의 거란소자

이 사진에서 보이는 한자를 변형시킨 거란소자는 모두 표음문자로서 거
란어의 소유격 형태 "①-ən, ②-in, ③-un, ④-ɔn, ⑤-an, ⑥-ün"을 표
기한 것이다. 이들이 다른 단어의 어간語幹에 다음과 같이 결합한다.

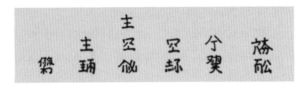

①唐의 ②皇帝의 ③皇太后의 ④大王의 ⑤駙馬의 ⑥耨斡麼(皇后)의

[사진 3-3] 거란어의 어간에 붙는 소유격조사

이와 같은 거란소자의 표기는 기본적으로 한자 편방偏旁의 결합에 근거

---

51 거란(契丹)문자는 요(遼) 태조(太祖) 야율아보기(耶律阿保機)가 야율노불고(耶律魯不古) 등으로 하여금 신책(神册)
5년(920)에 만들어 황제(皇帝)의 조칙(詔勅)으로 반포된다. 이것이 계단대자(Khitan large script)인데 한자의 자
형 가운데 부수(部首)의 편방(偏旁)을 분석하여 그 하나하나를 표음 기호로 쓰는 문자를 제정한 것이다. 그리고
몇 년 후에 태조(太祖)의 동생인 질랄(迭剌)은 더 표음적인 계단소자(Khitan small script)를 만들었는데 질랄(迭
剌)은 위구르인들로부터 문자를 배워 거란소자를 만들었다고 한다(졸고, 2010).

한 것으로 거란어의 문법 형태를 의미 부분의 편偏, 또는 방旁으로 나누어 한 문자 안에서 표기하려고 한 것이다. 이것은 한자의 육서六書에서 형성形聲의 제자 원리로부터 그 발상을 가져온 것으로 보인다.

실제로 거란문자에는 한자의 한 부분이 의미를 나타내고 또 한 부분은 발음을 표시하는 한자의 형성의 제자 원리에 입각한 글자가 많다. 한자의 대부분이 상형象形이나 지사指事, 회의會意보다 형성의 원리에 의하여 제자된 것이며 이러한 원리에 의거하여 만든 한자는 특이한 음절구조를 갖는다.

고유어 표기의 실마리

세종은 이로부터 고유어 표기의 실마리를 잡은 것으로 보인다. 세종은 새 문자로 한문의 구결에 해당하는 우리말의 조사와 어미를 기록할 수 있는 것을 본 것이다. 즉, 예를 들면 훈민정음 〈언해본〉은 세종의 어제御製 서문序文을 다음과 같이 한글로 토를 달았다.

國之語音이 異乎中國ᄒᆞ야 與文字로 不上流通ᄒᆞᆯ씨
故로 愚民이 有所欲言ᄒᆞ야도 而終不得伸其情者ㅣ 多矣라
予ㅣ 爲此憫然ᄒᆞ야 新制二十八字ᄒᆞ노니 欲使人人ᄋᆞ로
易習ᄒᆞ야 便於日用耳니라

한글로 토를 단 이후로는 변음토착과 같은 문제가 일어나지 않을 뿐 아니라 한문 본문과의 구별도 확실해져서 이해가 훨씬 쉽게 되었다. 이로부터 세종은 새 문자로 고유어를 표기할 수 있음을 깨닫고 자신이 고안한 문자로 우리말 표기에 몰두하였는데 이것은 동궁, 수양, 안평, 정의 등의 자녀들과 함께 작업하였다(졸고, 2006). 또 자녀 가운데 수양대군은 신미信眉, 김수온金守溫 등과 함께 〈증수석가보增修釋迦譜〉를 우리말로 언해하여 신문자로 우리말 표기를 실험하게 하였다.

이 시도가 성공하여 〈석보상절釋譜詳節〉이 저술되는 중간중간에 세종은 스스로 〈월인천강지곡月印千江之曲〉을 지으면서 신문자로 동국정운식 한자음의 표음과 고유어의 표기를 자신이 직접 시험하게 된다. 이는 이 모든 것이 가능한 것을 몸소 확인하고 〈해례본〉에 붙인 자신의 서문과 예의例義를 우리말로 풀이하여 자신이 편집한 〈월인석보〉의 구권舊卷에 붙여 세상에 알리게 된다. 이것이 바로 오늘날 우리가 훈민정음의 〈언해본〉이라고 부르는 것이다.

다음 225쪽 '새 문자 창제의 연도별 경위'에서 제시한 바와 같이 한글 창제의 일정에 의하면 〈월인석보〉의 구권이 간행된 이후 2개월 후인 세종 28년 12월에 훈민정음을 이과吏科와 취재取才의 시험에 출제한다. 따라서 필자는 이보다 3개월 전에 〈월인석보〉의 구권을 간행하면서 〈훈민정음〉을 권두에 붙여 간행하는 것으로 새 문자의 반포를 대신한 것이라고 생각한다(졸저, 2006).[52]

〈월인석보〉에서 실험한 고유어의 표기는 〈해례본〉의 '용자례用字例'에서 고유어를 예로 하여 신문자의 정서법을 설명한다. 즉, 〈해례본〉에서는 제

---

[52] 이에 대하여는 2014년 3월 21일에 있었던 〈월인천강지곡〉에 관한 세미나에서 필자는 졸고(2014)를 통하여 〈월인천강지곡〉, 〈석보상절〉 그리고 〈월인석보〉의 관계를 고찰하면서 이 불서(佛書)들이 한글 발명에 어떻게 이용되었는지를 설명하였다. 그러나 토론자 중에 하나가 〈월인천강지곡〉에 관한 학회에서 웬 훈민정음 창제에 관한 이야기냐는 말을 듣고 과연 이런 수준의 청중들이 이 강연을 제대로 이해할 수 있었을까 의심하지 않을 수 없었다. 그것은 〈월인천강지곡〉이 훈민정음 창제와 관련이 없으면 아무런 의미가 없는 것임을 전혀 이해하지 못하는 발언이었기 때문이다. 다만 다른 토론자들은 필자가 제시한 증거들에 대하여는 아무런 이의가 없었다.

자해制字解부터 종성해終聲解에 이르기까지는 주로 한자음 표기를 예로 하여 새 문자를 설명하였으나 용자례에서는 초성 17자와 중성 11자의 용례를 모두 고유어에서 가져다가 설명하였다. 〈석보상절〉과 〈월인천강지곡〉의 저술로 이미 고유어의 표기가 가능함을 시험하였기 때문이다.

언문자모의 고안과 최세진

정의공주가 단순히 '변음토착'만을 해결하여 부왕으로부터 그렇게 많은 상賞을 받았다고 보기 어렵다.[53] 각 가문에 구전되어 내려오는 이야기나 여항閭巷에서 회자되는 야담은 늘 과장되고 근거가 없기는 하지만 완전히 사실과 무관하지는 않다. 따라서 상의 다과多寡는 논외로 하더라도 정의공주가 한글 제정과 관련하여 상을 받은 것은 사실인 것으로 보이고 다만 변음토착을 해결한 것만은 아닌 것 같다.

당연히 이와 관련하여 연상되는 것은 〈언문자모諺文字母〉의 고안이다. 서민의 문자생활에 같이 쓰이던 이문吏文 및 구결口訣의 한자들은 몇 개로 한정되었고 그 한자들을 이용하여 알기 쉽게 새 문자인 한글의 사용법을 설명해놓은 〈언문자모〉는 한글의 보급에 결정적으로 기여하게 된다. 왜냐하면 당시 실용적인 문자생활을 주도한 사람들은 중인中人 계급의 아전衙前 서리胥吏였고 그들이 잘 알고 있는 한자로 설명된 〈언문자모〉를 통하여 새 문자를 쉽게 배울 수 있었기 때문이다.

〈훈몽자회訓蒙字會〉의 권두에 부재된 이 〈언문자모〉는 이 책의 편찬자인

---

53 제1장에서 소개한 바와 같이 『죽산안씨대동보(竹山安氏大同譜)』(권5)의 '공주유사(公主遺事)'에서는 공주가 세종의 도창(刀瘡)을 치료하여 훈상(勳賞)을 받는 일도 같이 소개되었다. 제1장의 주2 참조.

최세진의 소작所作으로 보았다. 그러나 졸저(2006)에서는 최세진이 지은 것이 아니고 그 이전부터 존재했으며 아마도 세조 때의 〈초학자회初學字會〉에서 전재한 것일 수도 있다고 하였다.[54] 왜냐하면 〈훈몽자회〉의 편자인 최세진과는 다른 의견이 〈언문자모〉에 들어 있기 때문이다. 다음은 이에 대하여 살펴보기로 한다.

언문자모는 훈민정음을 여항에서 속되게 부르는 명칭이었으며 협주의 '반절反切 27자'는 훈민정음의 28자에서 'ㆆ' 자를 제외한 것으로서 초성이 16자였다. 이 문자는 고유어나 우리 한자음[東音]의 표기에는 불필요한 문자였다. 먼저 '언문자모'에서는 "初聲終聲通用八字 ― 초성과 종성으로 모두 쓸 수 있는 8자"라 하여 〈해례본〉 종성해에 보이는 8자의 초성과 종성의 예를 보였다.

문자\성	ㄱ	ㄴ	ㄷ	ㄹ	ㅁ	ㅂ	ㅅ	ㅇ
초 성	기(其)	니(尼)	디(池)	리(梨)	미(眉)	비(非)	시(時)	이(異)
종 성	역(役)	은(隱)	귿(末*)	을(乙)	음(音)	읍(邑)	옷(衣*)	응(凝)

[표 3-1] 언문자모 초성종성통용 8자

이것은 『훈민정음』 해례 '종성해'에서 "八終聲可足用 ― 8개의 받침으로 족히 쓸 수 있다"의 8종성 체계를 따른 것으로 '예의例義'의 "終聲復用初聲 ― 종성은 모든 초성을 다시 쓴다"와는 다른 태도이다. 아마도 해례본이 나온 다음에는 8종성이 일반적이었던 것으로 보인다. 이 가운데 *로 표시된 '귿末, 옷衣'은 원圓문자로 표시하여 "俚語爲聲 ― 우리말로서 발음을 삼

54 〈세조실록〉에 최항(崔恒) 등의 〈초학자회(初學字會)〉가 세조 4년에 간행되었다는 기사가 있다.

는다"라고 하였으므로 '末'은 '귿(=끝)', '衣'는 '옷'으로 훈독한 것이다.

여기서 주의할 점은 초성과 종성으로 통용하는 'ㆁ 異凝'의 설정에 대한 최세진의 견해이다. 그는 '언문자모'의 끝 부분에 다음과 같은 설명을 붙였다.

唯ㆁ之初聲, 與ㅇ字音俗呼相近. 故俗用初聲則皆用ㅇ音, 若上字有ㆁ音終聲, 則下字必用ㆁ音爲初聲也. ㆁ字之音動鼻作聲, ㅇ字之音發爲喉中, 輕虛之聲而已, 初雖稍異而大體相似也. [하략] ― 다만 'ㆁ' 초성은 'ㅇ' 자와 더불어 속되게 발음하면 서로 비슷하다. 그러므로 속용으로 초성에 모두 'ㅇ' 음을 쓴다. 만약에 앞 자에 'ㆁ' 음을 종성으로 갖고 있으면 뒷 자도 반드시 'ㆁ' 음을 써서 초성을 삼아야 한다. 'ㆁ' 자의 발음은 코를 울려서 소리를 만들며 'ㅇ' 자의 발음은 목구멍 가운데서 가볍고 허하게 만든 소리일 뿐이다. 비록 처음에는 조금 다르지만 대체로는 서로 비슷하다. [하략]

이에 의하면 최세진은 'ㅇ음'과 'ㆁ음'을 구별하여 'ㆁ'은 종성으로만 쓸수 있고 'ㅇ'은 초성으로만 쓸 수 있음을 주장하여 'ㆁ'과 'ㅇ'을 혼용한 'ㆁ 異凝'을 인정하지 않았다.[55] 이러한 사정을 감안하면 '언문자모'는 최세진의 소작이 아님이 더욱 분명해진다.

정의공주의 업적

다음으로 "初聲獨用八字 ― 초성으로만 쓰는 8자"라 하여 훈민정음 17

---

55 이것은 이미 이기문(1963:84~5)에서 지적되었다.

개 초성 가운데 위에 적은 8개를 제외하고 우리 한자음에 불필요한 'ㆆ' 모
를 뺀 8개의 초성을 나열하였다. 이를 표로 보이면 다음과 같다.

문자 성	ㅋ	ㅌ	ㅍ	ㅈ	ㅊ	ㅿ	ㆁ	ㅎ
초성	키(箕)*	티(治)	피(皮)	지(之)	치(齒)	싀(而)	이(伊)	히(屎)

[표 3-2] 언문자모 초성 독용 8자

이 표에서도 '키箕*'와 같이 '*' 표가 있는 것은 원圓문자로서 이두吏讀에서
쓰이는 석독釋讀의 표시였으며 따라서 '箕 키 기'이므로 '키'를 표음한 것이
다. 언문자모에서 제시한 초성자 가운데 종성과 통용하는 8자는 초성과
종성 모두의 보기를 들어 'ㄱ 其役, ㄴ 尼隱, 池末*, ……'과 같이 2자의 예
를 들었으나 초성 독용의 경우는 초성의 보기만을 들어 'ㅋ 箕*, ㅌ 治, ㅍ
皮, ……'와 같이 1자의 예만 보인다. 따라서 이들을 문자의 명칭으로 보기
어려우나 후대에는 이를 문자의 이름으로 삼아 'ㄱ-기역, ㄴ-니은, ㄷ-디
귿, ……' 등으로 불리게 되었다. 다만 초성 독용의 8자는 끝에 '으+받침'으
로 하여 'ㅋ-키읔, ㅌ-티읕, ㅍ-피읖, 히읗' 등으로 부르게 된 것이다.

홍기문(1946)에 의하면, 국역본 훈민정음에 보이는 "ㄱ는, ㅋ는, ㆁ는, ㄷ
는……" 등의 조사助詞를 근거로 하여 훈민정음 창제 당시의 초성자의 명칭
은 'ㄱ-기, ㅋ-키, ㆁ-이, ㄷ-디……'였다. 그리하여 국역본 훈민정음의
"ㄱ는, ㅋ는, ㆁ는, ㄷ는, ㅌ는, ㄴ는……" 등은 "기는, 키는, 이는, 디는, 티
는, 니는……"으로 읽었을 것이라고 보았고 언문자모의 이 명칭은 오늘날
과는 달리 초성과 종성의 사용 예例만을 보인 것이라고 주장하였다.

여기서 주의할 것은 훈민정음의 초성에 보이는 배열의 순서와 다른 점

이다. 그러나 초성과 종성에 통용하는 8자와 초성으로만 쓰이는 8자로의 구분은 이미 〈해례본〉 '종성해終聲解'와 성현成俔의 『용재총화慵齋叢話』에 나오는 이야기이므로 최세진의 창안으로 생각하기 어렵다. 즉 『용재총화』(권7)에 "世宗設諺文廳, 命申高靈成三問等製諺文. 初終聲八字, 初聲八字, 中聲 十二字, 其字體依梵字爲之. — 세종이 언문청을 설치하고 고령부원군 신숙주와 성삼문 등에게 언문을 짓게 하였다. 초성과 종성의 8자, 초성 8자, 중성 12자이다. 그 자체는 범자에 의지하여 만들었다."라는 기사가 있어 전부터 훈민정음의 문자를 초성과 종성에 통용하는 8자, 그리고 초성으로만 쓰이는 8자, 중성 12자로 보아 모두 28자로 하였음을 알 수 있다. 다만 언문자모에서는 중성을 11자로 하여 언문 27자로 한 것이다.

〈훈민정음〉에서는 오음五音, 즉 '아开, 설舌, 순脣, 치齒, 후喉'의 순서로 자모를 배열하고 같은 오음五音 안에서는 청탁淸濁, 즉 '전청全淸, 차청次淸, 불청불탁不淸不濁, 전탁全濁'의 순서로 초성을 배열하였으나 〈언문자모〉에서는 오음의 순서대로 하였으되 종성으로 통용되는 것을 먼저 배열하고 청탁의 순서에서도 불청불탁의 것을 앞에 두었다. 그리하여 'ㄱ(아음 전청), ㄴ(설음 불청불탁), ㄷ(설음 전청), ㄹ(반설음 불청불탁), ㅁ(순음 불청불탁), ㅂ(순음 전청), ㅅ(치음 전청), ㆁ(아음 불청불탁)'의 순서가 되었다.

이것을 보면 훈민정음의 제자制字에서 최불려자最不厲字를 기본자로 하고 인성가획引聲加劃하는 방법을 연상하게 된다. 즉 초성자의 제자는 가장 거세지 않은 불청불탁자를 기본자로 하여 오음五音의 기본자 5개를 정하고 각기 인성引聲에 따라 가획加劃하는 방법으로 17자를 제자하였다. 언문자모의 초성 배열에서도 같은 방법을 취하여 최불려자인 불청불탁의 글자를 앞에 두고 인성에 따라 전청, 차청의 순서로 16개 초성자를 제자한 것이다.

그 가운데 'ㅇ 아음牙音 불청불탁'을 맨 마지막으로 한 것은 이를 후음喉音으로 간주한 탓이다. 원래 'ㅇ'음은 후성喉聲이 많기 때문에 그 글자의 모습도 후음의 'ㅇ-욕모欲母'와 유사하게 하기 위하여 인성가획의 방법이 아닌 이체자異體字로 만든 것이다.[56]

초성 독용獨用 8자의 경우도 'ㅋ(아음 차청), ㅌ(설음 차청), ㅍ(순음 차청), ㅈ(치음 전청), ㅊ(치음 차청), ㅿ(반치음 불청불탁), ㅇ(후음 불청불탁), ㅎ(후음 차청)'의 순서로 배열하여 오음과 청탁의 순서가 '아음→설음→순음→치음→후음'과 '불청불탁→전청→차청'이어서 청탁의 순서에서 훈민정음의 초성 배열과 조금 어긋남을 알 수 있다.[57]

〈언문자모〉의 중성中聲은 훈민정음의 것을 그대로 답습한다. 다만 그 음가 표시가 "ㅜ 君字中聲"이 아니라 "아阿, 야也, 어於, 여余, 오吾, 요要, 우牛, 유由, 으應. 不用終聲, 이伊. 只用中聲, ᄋᆞ思. 不用初聲"라 하여 훈민정음의 순서와 매우 다르다. 다만 /으, 이, ᄋᆞ/는 단독으로 발음되는 한자가 없어서 '應'과 '伊', '思'로 그 음가를 표시하고 종성과 초성을 쓰지 않는다고 하여 ㅣ 음가를 밝혀주었다. 이를 도표로 정리하면 다음과 같다.

문자	ㅏ	ㅑ	ㅓ	ㅕ	ㅗ	ㅛ	ㅜ	ㅠ	ㅡ	ㅣ	·
차자	阿	也	於	余	吾	要	牛	由	応*	伊*	思*

[표 3-3] 언문자모의 중성 자모도

---

56 아음(牙音)의 경우도 설음(舌音)이나 순음(脣音)처럼 최불려자(最不屬字)인 불청불탁(不淸不濁)의 글자가 기본자로 되어야 하나 아음(牙音)의 불청불탁음은 후음(喉音)과 유사하므로 후음의 기본자인 'ㅇ욕모(欲母)'의 이체자(異體字)인 /ㅇ/로 한 것이다. 따라서 다음의 불려자(不屬字)인 전청자(全淸字) /ㄱ/이 기본자로 되었다.

57 이러한 차이는 한글의 모델이던 파스파 문자의 〈몽고운략(蒙古韻略)〉이나 〈몽고자운(蒙古字韻)〉의 36자모도가 혼란한 데서 기인한 것이라고 보았다(졸저, 2009).

이 도표에서 *가 붙은 '應'(不用終聲 — 받침은 쓰지 않음)과 '伊'(只用中聲 — 중성만 씀), 그리고 '스(思)'(不用初聲 — 초성은 쓰지 않음)는 이 중성을 나타내는 적당한 한자가 없었기 때문에 이 한자를 빌린 것이다. 이것도 중성의 문자 이름이 국역본 훈민정음에서 "·는, ㅡ는, ㅣ는, ㅗ는, ㅏ는, ㅜ는, ㅓ는, ㅛ는, ㅑ는, ㅠ는, ㅕ는"이므로 조사의 연결로 보아 '은, 으, 이……'였다는 주장이 있다(홍기문, 1946:48–52).

여기에서 주목할 것은 중성의 순서가 훈민정음과 다르다는 점이다.[58] 즉 훈민정음에서는 '천天, 지地, 인人' 삼재三才를 상형象形하여 기본자 "·, ㅡ, ㅣ" 3자를 만들고 이 셋을 조합하여 모두 11자의 중성자를 제자하였다. 그리고 이들을 동출음同出音끼리 합용合用하여 4개를 더 만들고 이를 다시 모두 'ㅣ'와 합용하는 상수합용相隨合用까지 합치면 모두 29개의 중성자를 만들었다.

즉 기본자 /· ㅡ ㅣ/ 3개, 초출자 /ㅗ ㅏ ㅜ ㅓ/ 4개, 재출자 /ㅛ ㅑ ㅠ ㅕ/ 4개의 11개와 동출 합용자 4개 /ㅘ ㅝ ㆇ ㆊ/, 그리고 ㅣ의 상수합용이라는 ㅣ와 다른 중성의 1자 합용자 10개 /ㆎ ㅢ ㅚ ㅐ ㅟ ㅔ ㆉ ㅒ ㆌ ㅖ/, 또 ㅣ와 2자 합용자 /ㅙ ㅞ ㅙ ㅞ/의 4개를 모두 합치면 도합 28개의 중성자를 만들었다.

그러나 언문자모에서는 "ㅏ ㅑ ㅓ ㅕ ㅗ ㅛ ㅜ ㅠ ㅡ ㅣ ·"의 순서로 바뀌었고 여타의 중성자中聲字에 대하여는 아무런 언급도 자형도 제시하지 않았다. 훈민정음의 예의例義에서는 11자 중성을 인정하였고 그 순서는 '·

---

58 주지하는 바와 같이 훈민정음의 중성자(中聲字) 순서는 기본자 '?(吞), 으(卽), 이(侵)'와 초출자(初出字) '오(洪), 아(覃), 우(君), 어(業)', 그리고 재출자(再出字) '요(欲), 야(穰), 유(戌), 여(彆)'의 11자이고 글자의 순서도 위와 같다. ( )의 한자는 훈민정음에서 규정한 중성자의 대표자. 즉 "·吞字中聲, ㅡ卽字中聲, ㅣ侵字中聲 — '?'는 튼(吞)자의 가운데 소리, '으'는 즉(卽)자의 가운데 소리, '이'는 침(侵)자의 가운데 소리"의 '吞, 卽, 侵'처럼 대표 한자로 그 음가를 표시하였다.

ㅡ ㅣ ㅗ ㅏ ㅜ ㅓ ㅛ ㅑ ㅠ ㅕ'였으나 언문자모에서는 기본자 3개가 뒤로 물러났으며 그 순서도 'ㅡ, ㅣ, ·'로 바뀌었다.

중성의 이러한 배열방법은 신숙주의 『사성통고四聲通攷』에서 이미 있었던 것으로 이미 변음토착이 해결되는 단계에서 정의공주가 시작한 것으로 보는 것이 타당하다. 『훈몽자회訓蒙字會』가 간행된 시기보다 훨씬 앞선 때에 이미 이러한 중성의 글자 순서가 결정되었기 때문이다.

이와 같이 초성과 중성의 자모 순서가 바뀐 것은 성현成俔의 『용재총화慵齋叢話』에서 볼 수 있었던 자모의 3분법, 즉 초성종성통용(初聲終聲通用 — 초성과 종성으로 모두 쓸 수 있는 자음)의 8자와 초성독용(初聲獨用 — 초성으로만 쓸 수 있는 자음) 8자, 그리고 모음인 중성中聲 11자의 구분과 관계가 있는 것으로 볼 수 있다.

중성의 경우는 장구(張口 — 평순음)의 중성자를 먼저 배열하고 축구(縮口 — 원순모음)의 것을 다음에 배열하는 방법을 전부터 사용해왔다. 즉 『사성통고』의 범례에 "如中聲ㅏㅑㅓㅕ張口之字 則初聲所發之口不變 ㅗㅛㅜㅠ縮口之字 則初聲所發之舌不變 — 예를 들면 중성 ㅏㅑㅓㅕ는 입술이 펴지는 글자들이어서 초성을 발음할 때에 입술이 변하지 않고 ㅗㅛㅜㅠ는 입술이 쭈그러드는 글자여서 초성을 발음할 때에 혀가 변하지 않는다"라고 하여 '장구지자(張口之字 — 평순음자)인 'ㅏㅑㅓㅕ'와 축구지자(縮口之字 — 원순음자)인 'ㅗㅛㅜㅠ'의 중성 순서가 이때에 이미 결정된 것이다.

또 자형이 종縱으로 된 것을 앞으로 하고 횡橫으로 된 것을 뒤로 하였으며 기본자를 맨 마지막으로 하였다. 정의공주의 음성학적 관찰이 매우 심오했음을 알 수 있다.

5. 한글 제정의 과정

앞에서 언급한 새로운 사실과 최근 필자에 의하여 새로 발굴된 〈월인석보〉의 옥책玉冊에 의거하여 한글 발명의 경위를 살펴보기로 한다. 최근 필자는 이 옥책에 의거하여 〈월인석보〉의 편찬이 한글의 제정을 위한 것임을 주장하였다. 즉 세종은 변음토착變音吐着이 새 문자의 사용으로 해결된 후에 수양대군 등을 시켜 한자음 표기를 위하여 새롭게 제정한 훈민정음으로 〈석가보釋迦譜〉, 또는 〈석가씨보釋迦氏譜〉를 종합하여 〈증수석가보增修釋迦譜〉를 편찬하고 이를 우리말로 언해하여 〈석보상절釋譜詳節〉을 편찬하였다. 그러면서 이 문자가 정말로 우리말과 동국정운식 한자음 표기가 가능한가를 확인하기 위하여 〈월인천강지곡月印千江之曲〉을 지은 것으로 본 것이다.

그리고 세종은 새 문자로 이러한 표기가 가능함을 스스로 확인한 다음 이 둘을 묶어 〈월인석보月印釋譜〉(이하 〈월석〉으로 약칭)를 간행하면서 훈민정음의 〈언해본〉을 권두에 붙여 새 문자의 반포를 대신한 것이라고 주장하였다. 〈월석〉이 간행된 다음에 돌아가신 소헌왕후昭憲王后의 추천追薦을 위하여 〈월인천강지곡〉(이하 〈월인〉으로 약칭)과 〈석보상절〉(이하 〈석보〉로 약칭)을 세종 29년에 차례로 간행한 것으로 보았다. 이때의 〈석보상절〉은 〈월인석보〉의 주석서 역할도 한 것이다. 〈석보〉의 판심서명이 '석보釋譜'로 끝난 것은 〈월인석보〉의 부속이란 의미를 갖는다. 과연 이러한 추론이 어떤 자료에 의거하여 뒷받침되었는지 자세히 살펴보기로 한다.

〈월석〉의 옥책

이번에 정통正統 12년(1447)의 간기를 갖고 있는 〈월석〉의 옥책玉冊을 발견하여 여러 전문가의 감정을 거치고 있다. 거의 진품으로 인정되고 있는데 국내 전문기관의 옥판에 대한 포스텍 나노전문가의 성분 분석이나 옥玉 전문가의 감정에 의하면 정확한 연대는 밝힐 수 없지만 상당한 세월이 지난 것이며 국내산 옥인 연옥軟玉에 수작업으로 이루어졌음이 밝혀졌다.

이 옥책은 수암岫岩 옥으로 보이는 옥판玉板에 〈월석〉 제8권을 새겨 넣은 364편의 옥판(이 가운데 12쪽은 '月印釋譜'라는 겉표지이고 또 12편은 '月印千江 之曲釋譜詳節'이란 속표지)과 24개의 옥봉玉棒으로 제작된 희귀한 보물로서 모두 12권으로 되었고 매권 권미에 정통正統 12년이란 간기를 새겨 넣었다.

[사진 3-4]에서 볼 수 있는 바와 같이 겉표지는 '월인석보月印釋譜', 속표지 는 '월인천강지곡석보상절月印千江之曲釋譜詳節'로 되었고 매권 권미에 정통正統 12 년이 새겨 있다. [사진 3-5]는 옥책의 마지막 권인 제12권 말미(29판)에 '佛日寺 正統 十二年 終'이란 권미卷尾 간기가 보인다. 이것을 보면 정통正統 12년, 즉, 세종 29년(1447)에 간행된 옥책임을 알 수 있다. 우선 여기서 정

[사진 3-4] '월인석보'를 표지로 하고 '월인천강지곡석보상절'을
속표지로 한 정통 12년의 옥책[59]

---

59 이 옥책은 전권에 '月印釋譜'를 겉표지로 하고 '月印千江之曲釋譜詳節'을 속표지로 하고 있다. 즉 〈월석〉 겉표지 12 판, 〈월인천강곡석보상절〉의 속표지 12판이 이 옥책의 매권 앞에 있다.

[사진 3-5] 정통 12년의 간기를 가진 〈월석〉 옥책 제12권 말미(29판)[60]

통 12년 이전에 만든 〈월석〉이 있고 천순天順 3년, 세조 5년에 간행되는 것
은 이를 수정 보완한 것이라는 졸고(2005)의 주장을 다시 한 번 확인한
다.[61]

그리고 이와 같이 '월인석보'라는 겉표지 속에 '월인천강지곡석보상절'
이라는 권수서명을 붙인 제책製冊과 편철編綴의 방법은 세조 5년의 신편新編
에서 그대로 답습되었다. 아마도 현전하는 세조 5년의 〈월석〉은 세종 생
존 시의 구권舊卷에서 이미 유사한 방식으로 '월인석보'라는 표지 아래에 권
수서명을 '월인천강지곡석보상절'이란 이름으로 간행하였는데 세조 때의
신편도 이것을 그대로 모방한 것이 아닌가 한다.[62] 그렇다면 〈월석〉의 간
행은 학계에서 인정하고 있는 천순天順 3년(1459)이 아니라 정통正統 12년

---

60 옥책 권12의 마지막 판(29片)에 '佛日寺 正統 十二年 終'이란 간기가 있다.

61 지금까지 학계의 일반적 견해는 "우선 世祖의 〈月印釋譜序〉에 밝힌 대로, 〈月印千江之曲〉, 〈釋
譜詳節〉에서 한 걸음 더 나아가 보다 새롭고 완전한 체재로 編纂된 것임을 알 수 있다. 말하지면 '新編'인 〈月印釋
譜〉가 '舊卷'인 〈月印千江之曲〉, 〈釋譜詳節〉에 비하여 상당한 증감과 改新을 겪었다는 것을 증언하는 것이라 하겠
다. 실제로 〈月印釋譜〉와 〈月印千江之曲〉, 〈釋譜詳節〉을 대조해볼 때, 크게 두 가지 면에서 상이점이 발견되는 것
이다. 문헌상의 차이점과 조권상의 차이점이 바로 그것이다.[하략]"(사재동 2006:91)에서 주장된 바와 같이 〈월인
천강지곡〉, 〈석보상절〉이 〈월인석보〉의 구권이라는 것이다.

62 많은 연구논저에서 〈월인석보〉의 신편이 〈월인천강지곡〉과 〈석보상절〉을 합편할 때에 대대적으로 수정과 추가가
있었다고 보았다. 그러나 〈월인석보〉의 권두에 부재된 〈훈민정음〉과 〈세종어제훈민정음〉을 비교하면 후자는 전자
의 앞 1엽만 크게 수정하고 뒷부분은 전혀 손을 대지 않고 〈월인석보〉의 신편에 부재하였다. 따라서 〈월인석보〉의
신·구권(新·舊卷)도 이와 같이 부분적인 수정과 추가만이 있었을 것이다.

(1447) 이전으로 해야 할 것이다.

또한 훈민정음의 언해본으로 알려진 〈세종어제훈민정음世宗御製訓民正音〉이 세조 5년의 신편 〈월석〉의 권두卷頭에 부재되었던 것처럼 아마도 〈훈민정음〉이 구권舊卷의 권두에도 부재되었을 것으로 추정된다. 물론 제목은 '세종어제'가 아니라 그대로 '훈민정음'일 것이다. 왜냐하면 세종 생존 시에는 그가 '세종'일지 몰랐기 때문이다. 그렇다면 엄밀한 의미의 훈민정음 반포頒布, 즉 한글의 공포公布는 이것으로 보아야 한다. 이런 의미에서 이 옥책은 귀중한 정보를 우리에게 알려준 것이라고 보지 않을 수 없다.

세종 당시에 존재했던 〈월석〉

필자는 졸고(2005)에서 전술한 바와 같이 〈월석〉은 세종의 생존 시에 간행된 구권舊卷과 세조 때에 간행된 신편新編이 있으며 현전하는 천순天順 3년, 세조 5년(1459)의 간기를 가진 〈월석〉은 신편임을 주장한 일이 있다. 즉, 서강내학교 도서관에 소장된 세조 5년의 초산본 〈월석〉의 권두에 실린 세조의 '어제서문御製序文'에 밝힌 바와 같이 세종이 간행한 〈월석〉의 구권이 이미 있었고 세조 자신이 천순 3년에 간행한 것은 신편이라는 주장이었다.

그러나 일제 강점기에 조선총독부의 촉탁囑託으로 있으며 〈월석〉에 대하여 처음으로 해제를 쓴 에다 도시오江田俊雄는 세조의 어제서문에서 밝힌 〈월석〉의 구권이란 것을 실제 존재한 것이 아니라 자신의 업적을 부왕父王에게 돌리려고 하는 겸양의 말로 보았다(江田俊雄, 1936a). 이것은 小倉進平(1940)에 그대로 수용되었고 광복 이후에도 〈월석〉에 대한 모든 해설에서 이를 그대로 받아들였다. 그 결과로 인하여 세조의 어제서문은 무시된 것이고 실제로는 세종 당시에 이미 〈월석〉이라는 서명의 불서佛書가 간행된 것이라고 졸고(2005)에서 주장하였다.

이러한 필자의 주장은 다른 어떤 증거가 없어서 그저 억지 주장으로 간주하게 되었는데 놀랍게도 정통正統 12년, 즉 세종 29년(1447)에 개성開城 불일사佛日寺에서 제작하였다는 〈월석〉의 옥책이 발견되어 필자의 주장을 뒷받침하게 되었다. 불일사는 현재 북한의 개성시 판문군板門郡 선적리仙跡里에 있던 고려시대의 사찰로서 고려 광종光宗 2년에 왕이 자신의 모후母后를 위하여 창건한 것이다. 조선시대에는 수양대군의 원찰願刹이기도 하였는데 세조의 사후에 원인 모를 화재로 소실되었다.

개성 보봉산 남쪽 기슭에 자리 잡은 불일사는 임진왜란 때에 나머지도 모두 소실되어 없어졌으나 현재 그 사지寺址가 발굴되어 옛 절의 윤곽을 확인할 수 있다([사진 3-6] 참조). 이 절터는 고려 초기의 사찰 배치와 구조 형식을 잘 보여준다는 의미에서 주목을 받았다. 현재는 동서 230m, 남북 175m의 절터에 중앙과 동東, 서西의 세 구획으로 나누어 남북을 중심으로 사찰들이 질서정연하게 배치되었던 것으로 알려졌다. 중앙구획은 문터를 중심으로 남쪽으로부터 5층 석탑石塔, 금당지金堂址, 강당지講堂址가 차례로 놓였고 석탑의 동, 서쪽에는 각각 남북으로 길게 집터들이 계속되었다고 한다. 불일사 5층 석탑은 현재 개성시 고려박물관에 옮겨 보존하고 있다.

특이한 것은 이 절에 동서 40m, 남북 33m의 돌담으로 둘러싸인 방형方形의 사리단舍利壇이 있었다는 것이다. 사리단의 측석側石에는 천인상天人像을 조각하고 돌담 밖 네 모서리에는 사천왕상四天王像을 세워놓았는데 오늘날에도 일부 훼손되었지만 사천왕상과 천인상의 조각상은 그대로 보존되었다([사진 3-7]).

여기에 소개된 〈월석〉 권8의 옥책은 이 사천왕상 기단에서 가마솥에 들

[사진 3-6] 불일사지 전경

[사진 3-7] 불일사 사리단지 전경. 동서남북에 사천왕상의 모습이 보인다.

어 있는 상태로 발굴되었다고 한다. 만일 이번에 불일사 사지寺址의 사천왕
상 기단에서 발굴된 옥책으로 인하여 〈월인석보〉가 세조 5년이 아니라 정
통正統 12년, 즉 세종 29년 이전에 간행된 것이 증명된다면 그동안 〈월석〉
의 권두에 실렸던 '세종어제훈민정음', 즉 '언해본 훈민정음'이 세종 당시
에 존재한 것으로 볼 수 있다.

〈은중경〉의 옥책

이 〈월석〉의 옥책은 졸고(2013)에 의하여 학계에 소개되었다. 그동안 천순天順 3년, 세조 5년(1459)에 간행된 것으로 알려진 〈월석〉이 새로 발굴된 옥책으로 인하여 이보다는 최소한 12년이 앞선 세종 생존 시에 간행되었을 것으로 보려는 필자의 주장은 학계에 적지 않은 파란을 불러왔다.

필자의 주장에 대한 학계의 태도는 세 가지로 나뉜다. 하나는 말도 안되는 소리이고 옥책은 위작偽作이라는 것이다. 둘째는 그럴듯하지만 증빙자료인 옥책을 믿을 수 없다는 것이고 셋째는 전폭적으로 필자의 주장을 믿는다는 것이다. 첫째의 태도를 보인 연구자들은 이미 훈민정음에 대하여 여러 논저를 발표하여 새로운 사실이 들어나면 자신의 주장을 모두 고쳐야 하는 경우가 많았고 필자로부터 이미 자신의 연구논문을 비판 받은 경우가 주류를 이룬다. 경우가 많다. 셋째의 태도는 주로 젊은 계층의 연구자들로 종래의 국수주의적인 연구에 회의와 의혹을 가졌던 연구자들이다.

둘째 태도가 가장 문제였다. 객관적으로 연구결과를 보기는 하지만 그래도 〈월석〉의 옥책에 대한 불신이다. 이와 유사한 많은 위작偽作이 있었던 것도 불신의 빌미가 되었지만 무엇보다도 불경을 옥간玉簡에 새겨 만든 옥책은 아직 우리의 유물로 인정된 것이 없기 때문이다. 필자도 이와 유사한 불경의 옥책이 지금까지 하나도 발견되지 않았다는 역사학이나 고미술사학 관계 연구자들의 반론에 할 말이 없었다.

그런데 작년, 즉 2014년 11월경에 〈월석〉의 옥책과 유사한 〈부모은중경父母恩重經〉의 옥책을 보았다는 제보가 있었고 필자에게 감정을 의뢰한다는 소장자의 초청이 있어 달려가 보았다. 분당의 어느 한의원에 개인 소장으로 갖고 있는 〈은중경〉을 보는 순간 필자는 놀라움을 금치 못하였다. 〈월석〉과 똑같이 옥간玉簡에 불경을 새겨 넣은 또 하나의 옥책이 거기에 있었기 때문이다. 그리고 그 옆에는 〈예불대참회문禮佛大懺悔文〉의 옥책도 함께 있었다.

이 두 옥책을 보면서 어떻게 이것을 소장했으며 지금까지 어떻게 보관했는가를 물었다. 소장자는 경남 통영에서 대대로 한의원을 경영하던 분으로 본인도 한의사로서 벌침의 원조로 알려진 유명 인사였다. 그는 선조가 수집한 것을 일제의 유기鍮器 공출을 피하려고 땅속에 묻었다가 광복 이후에 파내어 갖고 있다가 경기도 분당으로 이사할 때에 가져온 것이라 한다. 한번은 고미술 전문가에게 보였더니 우리의 것이 아니고 중국의 유물이라고 하여 중국인 친구에게 선물로 준 적이 있다고 한다. 그러나 그 친구는 중국의 것이 아니라면서 도로 돌려주었다고 한다.

필자가 보아도 이 두 옥책은 참으로 희한한 보물로서 보석 같은 옥간玉簡에 〈부모은중경〉을 〈월석〉의 옥책과 같이 음각으로 새기고 금니金泥를 박아서 아름다움을 더하였다. 한눈에 보아도 내단한 불교佛敎 예술품이었다. 모두 27판의 옥책은 원래 28판이었던 것에서 2번의 1판이 망실되었다고 한다. 옥책의 권미에 '弘圓寺 峻豊三年 終'이란 간기가 있다. 특히 '준풍峻豊'이란 연호는 중국의 것이 아니라 고려 광종光宗 11년에 그가 칭제稱帝하면서 만든 것이어서 고려의 연호이다.[63] 이것으로 소장자의 중국인 친구가 선물로 받고는 어찌하여 자기들 것이 아니라고 했는지 이해할 수 있었다.

준풍峻豊 3년은 고려 광종 13년(962)이니 이 유물은 지금부터 천여 년 전의 유물이다. 소장자는 신문지에 싸서 헛간에 보관하다가 필자의 논문,

---

63 고려 광종이 스스로 황제를 자처한 것에 대하여는 이태진(2012:177~178)을 참조할 것.

즉 졸고(2013)를 보고 우리 유물인 것으로 깨달았다고 한다. 필자에게 보였을 때는 새 비단보에 싼 것이었다. 우리나라의 유물에 대한 인식의 수준이 이 정도인 줄은 차마 몰랐다.

이 옥책은 〈부모은중경〉(이하 〈은중경〉으로 약칭)을 모두 옥간에 음각으로 새기고 금니를 입혔다. 이 옥책은 모두 27편의 옥간에 매 판 4행씩 종서로 〈은중경〉을 음각하였는데 각 옥간의 크기는 4.5×30cm이다.

〈은중경〉은 자신을 키워준 부모의 은혜가 한없이 크고 깊음을 설법한 것으로 부모의 은혜에 보답할 것을 가르치는 부처님의 말씀을 담은 불경이다. 일명 '불설대보부모은중경佛說大報父母恩重經'이라고도 한다. 원래 〈은중경〉이란 이름의 불경은 3본이 있어서 서로 다른 내용을 담고 있다고 한다.

불가佛家에서 부모은父母恩은 사은四恩의 하나로 1) 모은母恩, 2) 부은父恩, 3) 여래은如來恩, 4) 설법사은說法師恩을 사은이라고 하며[64] 불가에서 망다莽多, Mātr, Mata는 어머니母, 비다比多, Pitr, Pita는 아버지父라 한다. 『심지관경心地觀經』(권3)에 "慈父悲母長養恩, 一切男女皆安樂, 慈父恩高如山, 悲母恩深如大海. ― 자애로운 아버지와 자비로운 어머니가 오래도록 양육해준 은혜로 모든 남녀가 안락한 것이다. 자애로운 아버지의 은혜는 높기가 산과 같고 자비로운 어머니의 은혜는 깊기가 큰 바다와 같다."라고 하여 부모의 은혜를 산과 바다에 비유하였다. 〈오분율五分律〉에도 부모의 은중恩重에 대하여 언급하였고 〈불설대보부모은중경佛說大報父母恩重經〉에서도 이를 상세하게 설명하였다.

---

64 四恩에는 1) 父母恩, 2) 衆生恩, 3) 國王恩, 4) 三寶恩(『大乘本心地觀經』, 제2)을 들기도 하고 1) 師長恩, 2) 父母恩, 3) 國王恩, 4) 施主恩(『智覺禪師自行錄』, 『釋氏要覽』)을 말하기도 한다.

〈은중경〉은 석가釋迦가 그의 제자와 함께 여행하면서 대중大衆들에게 설법한 내용 가운데 부모가 자식에게 베푼 은덕과 자식이 부모에게 보답할 효행에 대한 것을 정리한 것이다. 석가의 여러 제자 중에서 가장 총명한 아난타阿難陀가 설법을 듣고 이를 글로 썼다고 한다. 〈은중경〉의 본문 말미에 "爾時阿難白佛言: 世尊此經當何名之? 云;何奉持佛告阿難? 此經名爲大報父母恩重經, 已是名字, 汝常奉持 — 이때에 아난이 부처에게 말씀드리기를 '세존이시어 이 경의 이름은 무엇이라고 할까요?' 하니 말하기를 '아난아 무엇을 갖고 부처께 말하는고? 이 경의 이름은 대보부모은중경이다. 이미 이러한 이름이니 너는 항상 이를 받들라' 하다"라는 기사가 있어 이 불경의 이름은 '대보부모은중경大報父母恩重經'이며 부처의 설법이기 때문에 '불설佛說'을 앞에 붙인 것임을 알 수 있다.

부처가 제자들과 함께 남행南行하다가 길가에 한 무더기 사람의 뼈를 보고 별안간 엎드려 절을 하였다. 이에 놀란 제자들이 부처에게 그 이유를 물으니 부처가 말하기를 "이 뼈는 내 전생의 뼈이거나 그렇지 않으면 여러 대에 앞선 조상祖上의 뼈일 것이다."라고 대답하였다. 그리고 부처는 아난阿難에게 남자의 뼈와 여자의 뼈로 구분하라고 이르고 생남양녀生男養女의 고통을 설법하였다.

아난阿難이 여자의 뼈에 대한 말을 듣고 울면서 어머니의 은혜를 어떻게 갚을 수 있느냐고 물었더니 부처는 부모의 은혜를 열 가지로 나누어 설법하였다. 이 부모의 십은十恩은 1) 아이를 배고 지켜준 은혜, 2) 해산할 때의 괴로움을 견딘 은혜, 3) 자식을 낳고 모든 근심을 잊는 은혜, 4) 입에 쓴 음식을 자신이 삼키고 단 음식은 아기에게 먹여준 은혜, 5) 마른자리에 아기를 눕히고 젖은 자리에 자신이 자는 은혜, 6) 젖을 먹여 키우는 은혜, 7)

더러운 것을 깨끗하게 세탁하여 입혀주는 은혜, 8) 자식이 멀리 떠나면 그리워하고 염려하는 은혜, 9) 자식을 위해 어려운 일을 마다 않는 은혜, 10) 끝까지 자식의 사랑을 멈추지 않는 은혜이다.

이와 같은 부모의 은혜도 모르고 자식들이 불효하는 것을 한탄하며 부모의 은혜가 얼마나 깊고 높은가를 설파하였다. 그리고 이 지고지순至高至純한 부모의 은혜를 갚는 길을 밝힌 것이 이 경이라고 하며 "어떤 사람이 잘 드는 칼을 가지고 부모를 위하여 자기 눈을 도려내어 부처님께 바치기를 백천겁이 지나도록 하더라도 오히려 부모님의 은혜는 갚을 수가 없다."고 하였다.

불경의 내용이 이러하기 때문에 불교사회였던 고려보다 유교사회였던 조선시대에 더욱 유행하였다. 조선 초기부터 삽화插畵를 곁들인 판본이 많이 간행되었고 조선 중기 이후에는 언해본도 간행되었다. 현전하는 언해본으로는 조선 명종明宗 8년(1553)에 경기도 장단長端의 보봉산寶鳳山 화장사華藏寺에서 간행한 〈부모은중경언해〉가 가장 오래된 것으로 오구라 신페이(小倉進平, 1940)에 소개되었다. 그러나 현재로는 어디에 소장되었는지 알 수 없다.[65]

그러나 이 옥책의 저본底本이 된 한문본 〈은중경〉은 지금까지 알려진 것과 다르다. 즉 고려 말 우왕禑王 4년(1378)에 목판본으로 간행한 〈부모은중경〉(리움미술관 소장, 보물 제705호)이나 조선 전기에 간행된 보물 제902호

---

65 조선 전기에 간행된 〈은중경〉의 언해본으로는 嘉靖 42년(1563) 6월에 曹溪山 松廣寺에서 개판한 것이 있다. 현존본으로 가장 오래된 것으로 서울대 도서관의 一簑문고와 고려대 도서관에 소장되었다. 그리고 嘉靖 43년(1564) 8월에 황해도 九月山 明燁寺에서 개간한 것, 그리고 隆慶 원년(1567) 3월에 충청도 恩津의 雙溪寺에 남아 있던 판목으로 간행한 것이 있고 萬曆 20년(1592) 12월에 경상도 喜方寺에서 개판한 것이 전해진다. 조선 후기에도 다수의 〈은중경〉 언해본이 간행되었다.

의 〈부모은중경〉(아단재단 소장), 보물 제1125호의 〈부모은중경〉(국립중앙박물관 소장), 조선 태종 7년(1407)에 간행된 〈불설대보부모은중경〉(충청북도유형문화재 제224호) 등의 내용과 다르다. 지금까지 알려진 것과는 전혀 별개의 〈은중경〉을 옮겨 새겼다. 그리고 중국의 명明, 청대清代의 〈부모은중경〉과도 내용이 조금 다르다.

또 조선시대 불경에는 나타나지 않은 '俱' '爾' '个' 등의 한자가 적혀 있으며 글씨는 신라와 고려 초에 유행했던 구성궁체를 닮았다. 신라 진성여왕 원년(887)에 최치원崔致遠이 짓고 또 직접 글씨를 쓴 쌍계사雙磎寺 진감선사대공탑비眞鑑禪師大空塔碑나 고려 광종 19년(965)에 세운 봉암사鳳巖寺 정진대사靜眞大師 원오탑圓悟塔의 비문과 서체가 유사하다. 아마도 이 시대에 유행하던 서체인 것 같다. 준풍峻豊이란 연호는 청주 용두사지龍頭寺址 당간지주幢竿支柱인 철주鐵柱의 금석문에 나타난다고 한다(이재준, 2015).

이 〈은중경〉 옥책은 〈월석〉의 옥책과 옥 가공의 방법이 혹사酷似하다. 즉, 상하에 천공穿孔 방법이나 그 밑에 세 개의 원을 그려 넣은 것까지 일치한다.

[사진 3–8]에 보이는 옥책을 50배 루페로 볼 경우 [사진 3–9]와 같이 찬란한 금니金泥가 확인된다. 제작당시 글씨를 새기고 금가루를 칠해놓은 것이 천여 년이 지난 지금에도 찬란함을 잃지 않고 있다. 금니 주변에는 또 붉은색 녹이 슬어 있어 오랜 세월 지하에 묻혀 있던 유물임을 증명한다.

이 〈은중경〉의 옥책은 〈월석〉의 옥책과 형태 및 옥 가공의 방법이 같아 고려 초기에 있던 옥책의 제작 수법이 조선 초기에도 그대로 전해졌음을 알려주는 자료라고 아니할 수 없다. 오늘날에는 없어져서 알 수 없지만 이 땅에서 천여 년의 세월을 지켜온 옥공예의 진수를 보여주는 자료인 것이다.

[사진 3-8] 〈부모은중경〉 옥책의 표지와 1~2판

고려는 나라를 세울 때부터 왕과 호족豪族들과의 정신적 통일성을 확립하기 위하여 불교의 교리를 많이 이용하였다. 태조 왕건王建은 즉위 이듬해 (919)에 개경에 10개의 사찰을 짓고 그의 '훈용십조訓要十條'에도 부처의 호위를 언급하였다. 통일신라와 같이 호국불교를 계승한 것이다. 고려 태조는 궁궐의 안과 밖에 제석帝釋을 모시는 사찰을 지었다. 불교의 천신天神사상인 제석신앙이 이때에도 왕실의 위상을 높이고 왕권을 강화해줄 수 있는 수단으로 이용된 것이다.

특히 고려의 4대 임금이 된 광종은 고려의 기틀을 세우고 왕권을 크게 신장시켰다. 광종의 왕권에 대한 절대주의적 태도가 호족 계열의 구신舊臣들과 마찰을 일으키기도 하였으나 그는 재위 26년간 고려왕조의 기업을 굳건하게 확립하였다.

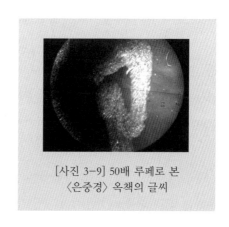

[사진 3-9] 50배 루페로 본 〈은중경〉 옥책의 글씨

그도 또한 태조와 같이 호국불교의 흥륭興隆에 이바지하였으며 앞에서 언급한 개경의 불일사도 그가 창건한 것이다.

고려시대 국왕들은 궁궐 바깥의 외제석원外帝釋院에 자주 행행行幸하였고 이러한 개경에서의 사원을 중심으로 하는 종교 활동은 지방으로 파급되어 서경(西京, 평양)과 동경(東京, 경주)에서도 유사한 행사가 전개되었다(이태진, 2012:201~202). 거란의 요遼로부터 2차례에 걸친 침입을 받은 고려 왕실은 호족과 향리鄕吏 세력과 대타협을 보고 외부 세력으로부터 왕권과 국가를 지키기 위하여 불력佛力에 의존하는 사업을 벌이기 시작한다. 대표적인 것으로 현종顯宗 즉위년(1009)부터 시작한 대장경大藏經을 조판하는 사업을 벌인 것을 들 수 있다. 불경 5,048권을 목판에 새기는 작업은 선종 4년(1087)까지 80여 년에 걸쳐 완성되었다. 이 목판, 즉 초조初雕대장경은 팔공산 부인사符印寺에 소장되었으나 고려 고종 때에 침입한 몽고군에 의하여 소실되었다.

이 〈은중경〉의 옥책은 바로 이런 시기에 제작되었다. 앞에서 살펴본 〈월석〉의 옥책과는 500년이나 앞선 것이지만 권미의 간기조차 서로 유사하다. 즉 〈은중경〉의 권말에 다음의 사진에 보이는 것과 같은 간기가 적혀 있다.

[사진 3-10]에서 보이는 간기는 '弘圓寺 峻豊 三年 終'으로 〈월석〉 옥책의 '佛日寺 正統 十二年 終'과 유사하다. 고려 개경開京의 홍원사弘圓寺가 불일사佛日寺로 바뀌었고 '정통正統'이 중국 명의 연호임에 비하여 '준풍峻豊'은 고려의 연호임이 다를 뿐이다. 여기서 우리의 눈길을 끄는 것은 이 옥책을 제작한 '홍원사弘圓寺'란 사찰이다.

'홍원사'라는 사찰은『고려사』에서 '弘圓寺'와 '洪圓寺'의 두 곳을 말한다. 후자는 고려 숙종肅宗 6년(1101) 2월 25일에 대장당大藏堂과 구조당九祖堂을 낙

[사진 3-10] 〈부모은중경〉 옥책의 권말 간기

성落成하여 왕이 행행行幸한 적이 있는 개경의 큰 사찰이다. 고려 의종毅宗은
17년(1163) 3월 12일에 홍원사洪圓寺에 이어移御한 일도 있다(『고려사』 권18 「세
가世家」 제18). 고려 목종穆宗 때에 거란契丹이 침입하자 홍원사의 승려들이 공
역工役에 시달려 경복사景福寺와 왕륜사王輪寺 승려들과 함께 난을 일으킨 것이
바로 이 홍원사洪圓寺를 지칭한 것으로 외제석원外帝釋院의 하나이다.

반면에 홍원사弘圓寺는 고려 왕실의 태조의 어진御眞을 모셔놓은 궁궐 안의
진전眞殿이다. 『고려사』(권29) 「세가」(제29)의 충렬왕 6년(1280) 4월 15일 조에
홍원사弘圓寺 진전眞殿직이었던 장인경張仁冏이 자청하여 딸을 원나라 평장平章
아하마阿合馬에게 보내고 벼슬을 얻어 매녀득관賣女得官의 구설수에 올랐다는
기사가 있다.[66] 따라서 홍원사弘圓寺가 내제석원內帝釋院의 진전眞殿임을 알 수
있는데 이 〈은중경〉의 옥책은 이처럼 고려 왕실에서 만들었기 때문에 불
일사佛日寺의 〈월석〉 옥책과는 비교가 안 될 만큼 예술적 가치가 높게 제작
되었다.

홍원사弘圓寺에는 승려들이 상주한 것으로 보이는데 『고려사』(권15) 「세가」
(제15)의 인종仁宗 6년(1128) 4월 15일자에 "戊戌 幸弘圓寺飯僧 — [왕이] 무

---

66 원문은 "[前略] 遣中郎將簡有之如元, 平章阿合馬求美女, 弘圓寺眞殿直張仁冏,, 請以其女行, 有之押去 於是, 除仁冏郎
將, 時人譏其賣女得官, 阿合馬以其名族不受"(『고려사』 권29, 「세가」 제29).

술에 홍원사에 가서 승려들에게 밥을 주었다"라는 기사가 있어 홍원사에 승려들이 거주하였음을 알 수 있다. 아마도 〈은중경〉의 옥책도 이 승려들에 의하여 제작되었을 것으로 추정된다.

〈은중경〉의 옥책은 〈월석〉의 옥책과 옥이 같다. 모두 청옥靑玉으로 모스 경도硬度 4~4.5 정도의 연옥軟玉에 손으로 새긴 것으로 옥은 전술한 수암岫岩 옥으로 보고 있다. 그러나 필자는 이미 생산이 중단된 황해도의 다른 옥 광玉鑛에서 생산한 것으로 본다. 〈은중경〉의 옥책은 청옥의 옥간玉簡에 사방 1cm 정도의 크기로 음각하였다. 이 옥은 현대 기기인 핸드피스나 다이아 몬드 바로는 글씨를 새길 수가 없다.

〈참회문〉의 옥책

〈은중경〉의 옥책과 더불어 『예불대참회문禮佛大懺悔文』(이하 〈참회문〉으로 약 칭)의 옥책도 함께 소장되었다. 다음의 [사진 3-11]과 [사진 3-12]에 보이 는 〈참회문〉의 옥책은 모두 25매로 매 핀의 크기는 4.5×25cm로 지금까 지 발견된 일이 없는 고가의 옥에 〈참회문〉을 역시 음각으로 새기고 금니 를 입혔다. 이 옥책은 개경 일대에서 생산된 것으로 알려진 매우 희귀한 옥으로 문헌에만 등장한다고 한다. 실물이 발견된 것이 이 〈참회문〉의 옥 책이 처음이라고 한다.

〈참회문〉은 예부터 불가佛家에서 보현보살普賢菩薩의 행원行願을 특별히 중 요하게 생각하여 방대한 〈화엄경華嚴經〉에서 따로 분리시켜 이 보현행원품 普賢行願品을 별도의 책으로 간행한 것이다. 이 불경의 내용은 보현행원普賢行願 사상의 참회문으로 선종禪宗에서는 저녁마다 외우면서 108배를 하는 것이 일과였다고 한다. 고려시대에 간행된 〈참회문〉은 현전하는 것이 없고 조

[사진 3-11] 〈참회문〉 옥책의 서명 옥간

[사진 3-12] 〈참회문〉 제13~15판

선시대에는 한문본과 언해본이 간행된 것이 여러 질 전하고 있다.

언해본으로는 조선 인조仁祖 8년(1630)에 간행처가 알려지지 않은 1권이 있고 영조英祖 36년(1760)에 은진恩津 쌍계사雙磎寺에서 간행한 2권의 판본이 전해진다. 인조 8년의 판본에는 혜원慧苑의 발문跋文이 있고 영조 36년의 판본은 조관慥冠 · 상언尙彦 · 해원海源 · 유일有- 등이 참여하여 간행한 것이라는 기사가 있다.

〈참회문〉의 옥책은 권미에 다음의 [사진 3-13]에서 보이는 바와 같이 '道脩寺 嘉熙 參年'이란 간기가 있어 도수사道脩寺에서 가희嘉熙 3년(1239), 즉 고려 고종 26년에 간행되었음을 말해준다.

[사진 3-13] 〈참회문〉 옥책의 권미 간기

　가희嘉熙 3년은 남송南宋의 이종理宗이 재위하던 때로 송宋나라가 몽고에 의하여 멸망의 길을 걷고 있을 시대이다. 또 몽고와 대적對敵하고 있던 고려는 이때에 몽고의 침입으로 나라가 대단히 어수선했기 때문에 수도인 개경이 아니라 강원도 안협현(安峽縣, 현 伊川郡)에 있는 팔봉산八峯山의 도수사道修寺에서 이 옥책을 간행한 것으로 보인다. 도수사는 일명 수도사修道寺로도 불리던 작은 사찰로서 『동국여지승람東國輿地勝覽』에는 안협현安峽縣 수도사修道寺로 기재되었다.[67]

　고려 고종高宗 때에 몽고군의 침입은 3차례에 걸쳐 이루어졌는데 제1차 침입은 고종 18년(1231) 8월에 살리타이撒禮塔가 대군을 이끌고 고려에 침입하여 개경을 점령하였다. 그들은 충주까지 내려갔다가 고려군의 저항으로 그곳에서 막혀서 그 이듬해(1232)에 회군하였다. 고려의 왕이 최우崔瑀에게 이끌려 강화도로 천도遷都한 다음에 2차 침략을 받았으나 살리타이가 김윤후金允侯에게 피살되어 다시 회군하게 된다. 제3차 침략에서 몽고군은 고종 23년(1236) 6월에 들어온 증원부대에 의하여 경상도와 전라도까지 점령되었다. 고종 25년(1238)에는 경주까지 내려가 황룡사黃龍寺 탑을 불태우는 만행을 부렸으나 현지 고려군의 유격전으로 고전을 면치 못하다가 12

67　'도수사'는 『韓國寺刹寶鑑』(우리출판사)에 강원도 이천군(안협현) 팔봉산에 있는 사찰이라 하였다.

월에 비로소 철수하였다. 그리하여 고종 25년(1238)부터 7년간 휴전상태가 계속되었다. 이때에 팔만대장경再雕大藏經의 판각사업이 시작되어 16년간 추진되었다.

〈참회문〉의 옥책이 간행된 가희嘉熙 3년, 즉 고려 고종 26년은 몽고군과 휴전이 시작된 지 2년째이고 팔만대장경을 주조하기 시작한 지 3년이 되던 해이다. 몽고에 대항하기 위하여 불력佛力에 의존하던 시기에 이 옥책은 간행된 것이다. 따라서 전란의 와중渦中에 있던 개경보다 안전한 안협현安峽縣 팔봉산八峯山의 작은 사찰에서 〈참회문〉의 옥책을 제작한 것으로 보아야 할 것이다.

〈참회문〉의 옥책은 전서篆書 이전에 유행한 금문金文으로 쓰여서 서체 연구에 귀중한 정보를 제공한다. 금문으로 쓰인 불경은 이제까지 발견된 바가 없다. 〈참회문〉 옥책의 발굴은 우리 유물의 현황을 알려주는 중요한 암시가 있다. 전란 중에도 간행된 불경의 옥책이 어디 이것뿐이겠는가? 졸고(2013)에서 〈월석〉의 옥책이 세상에 알려진 뒤에 여기저기서 옥책의 존재를 알려온 것은 그동안 이러한 유물의 존재를 알아보지 못한 우리 학계의 한심한 모습을 보여준 것이다.

〈옥책〉의 의의

이 두 옥책을 보면 고려시대에는 불경을 옥판에 새겨서 책으로 만드는 일이 불가佛家에서 자주 있었음을 말한다. 개성開城의 불일사佛日寺에서 〈월석〉 구권舊卷의 제8권을 옥판에 새겨서 만든 옥책도 전혀 새로운 시도가 아님을 알 수 있다. 〈월석〉의 옥책에 대하여 그동안 학계에서 의혹의 눈길로 보았으나 고려와 조선 전기에서는 흔히 있는 불사佛事로 제작한 것임을 알 수 있다.

다만 세조 이후에 옥책의 간행은 전면적으로 중지된다. 즉, 옥의 채굴과 그 남용濫用은 조선 세조의 명으로 중지된다. 즉 『세조실록』(권41) 세조 13년(1467) 2월 21일丁巳의 기사에 "○承政院奉旨馳書于諸道觀察使曰: '玉石藥石凡寶物産處, 皆神氣所鍾. 近者, 邀賞之徒, 不顧大體, 妄自掘取, 以致損傷山脈. 其廣行知會, 毋令擅自掘取.' 仍命張榜于京中街里, 使人人悉知此意. ─ 승정원에서 임금의 뜻으로 제도의 관찰사에게 보내는 치서馳書에 의하면 '옥석과 약석은 모두 산지의 보물이라 전부 신기가 있는 소중한 것이다. 요즘 좋은 것을 쫓는 무리들이 대체를 보지 않고 망령되게 채굴하여 산맥을 손상하게 한다. 널리 행해지지만 제멋대로 채굴하는 것을 막는 법령이 없다'라고 하며 서울이나 시골의 거리에 방을 붙이도록 하여 사람들로 하여금 이 뜻을 널리 알게 하라."라 하여 8도의 관찰사에게 옥석의 채굴을 금지하도록 하였다.

이로 인하여 조선시대 시방의 각 사찰에서는 〈월석〉을 옥간玉簡 대신에 목판木板에 새겨 간행하였다. 16세기에 간행된 〈월석〉 권21의 목판본은 광흥사판(廣興寺板, 1542), 무량굴판(無量崛板, 1562), 쌍계사(雙磎寺, 1569) 등에서 간판刊版한 것이다.[68] 권1, 2는 희방사喜方寺에서 간행되었고 4, 7, 8권도 사찰에서 목판본으로 간행하였으며 9~15권도 모두 목판으로 간행한 것이 현전한다. 수타사壽陀寺와 보림사寶林寺에 소장된 권17, 18도 사찰에서 간행한 목판본이다.

〈월석〉의 구권舊卷이 존재한 것에 대한 또 다른 증거가 있다. 이미 많은

---

68 이상의 판본은 모두 리움미술관에 소장되었다.

논저에서 언급된 바와 같이 언해본 훈민정음은 그 권수제卷首題를 '훈민정음訓民正音'으로 한 것과 '세종어제훈민정음世宗御製訓民正音'으로 한 것의 두 종류가 있으며 이 두 권수제를 따로 가진 몇 개의 서로 다른 필사본도 전해온다. 그동안 학계에서는 어느 것이 원본이냐는 논란이 끊이지 않았으며 이들을 교합校合하여 정본定本을 세우려는 노력도 있었다(김주원 외, 2007).

만일 세종 29년 이전에 〈월인석보〉의 구권舊卷이 간행되었다면 여기에 부재된 것은 당연히 '훈민정음訓民正音'일 것이고 세조世祖조의 신편新編은 따라서 '세종어제훈민정음世宗御製訓民正音'일 것이므로 이러한 논의는 의미가 없다. 〈월석〉의 신편에 부재된 〈세종어제훈민정음〉은 흔히 훈민정음의 〈언해본〉으로도 불리며 〈해례본〉 권두卷頭 부분의 석장 반을 우리말로 언해하여 모두 16장으로 한 것으로 〈월석〉과 같은 유계有界 7행의 판식板式에 판심서명은 '정음正音'이었다.

그런데 1930년대에 박승빈朴勝彬 씨 소장의 단행본 〈훈민정음〉도 이와 같은 판식이었으며 〈월석〉의 권두에 부재된 '세종어제훈민정음'보다 앞선 시기의 언해본 훈민정음이란 사실이 정연찬(1972) 등에 의하여 밝혀졌다.[69] 그리하여 한때 이것이 '원본훈민정음'으로 주장되었다.

그러나 정통 12년의 〈월석〉이 존재한다면 신편新編에서와 같이 구권舊卷의 권두에도 〈언해본〉이 부재되었을 것이고 그 이름은 '세종어제世宗御製'가 아니라 그냥 '훈민정음訓民正音'일 것이다. 왜냐하면 그 시기는 세종이 아직 생존했을 때이고 당시에는 그의 존호尊號가 '세종世宗'이 될지는 아무도 모를

---

69 박승빈(朴勝彬) 씨 구장본(舊藏本)인 {언해본}〈훈민정음〉은 현재 고려대학교 도서관 육당문고(六堂文庫)에 소장되었다. 첫째 엽이 낙장이 되어서 이를 다시 만들고 다른 곳도 조금씩 보사(補寫)한 흔적이 있다.

시기이기 때문이다.

〈훈민정음〉과 〈세종어제훈민정음〉

실제로 고려대 도서관 육당문고에 소장된 〈훈민정음訓民正音〉은 전술한 박승빈 씨 구장본舊藏本으로 알려진 것이다(강규선, 2001:263). 겉표지에 '훈민정음訓民正音'이라 쓰였다가 떨어진 흔적이 있고 제1엽은 낙장이 되었으나 소장자가 이를 모사模寫하여 붙였다. 이 부분에 적힌 권수서명卷首書名은 '훈민정음訓民正音'이라 하였고 맨 뒤의 권미서명卷尾書名에도 분명하게 '훈민정음訓民正音'([사진 3–14])으로 되었다.

[사진 3–14]의 오른쪽 첫 반엽半葉에서도 보이는 육당문고본 권수卷首에 찍힌 소장자의 낙관落款으로부터 이 문헌의 소유자가 자문子聞 남명학南鶴鳴이었음을 알 수 있다. 그는 숙종肅宗조 사람으로 인조仁祖 때 남구만南九萬의 후손이다. 아마도 〈월석〉 구권에 부재되었다가 단행본으로 배포된 것을 구하여 그 요권僚卷으로부터 제1엽을 모사한 것으로 보인다.

[사진 3–15]는 세조 5년에 간행된 〈월석〉 신편의 권두에 부재된 〈세종어제훈민정음世宗御製訓民正音〉이다. 훈민정음 〈해례본〉의 어제서문과 예의例義 부분의 권두 3엽 반을 우리말로 언해하여 16엽에 옮긴 언해본 훈민정음이다. [사진 3–15]의 〈월석〉 신편에 부재된 것은 [사진 3–14]에서 보이는 구권의 〈훈민정음〉과는 첫 장만 다르고 나머지는 끝 장에서 볼 수 있는 것처럼 모두 동일하다. 즉 판식板式과 행차行次가 모두 같고 다만 앞부분에 협주가 추가되었을 뿐이다.

〈훈민정음〉과 〈세종어제훈민정음〉을 비교해보면 전자에 수정한 흔적이 보이는데 후자의 것과 비교하면 전자에서는 후대의 잘못된 보사補寫의

[사진 3-14] 육당문고 소장의 〈훈민정음〉의
끝 반엽과 첫 반엽

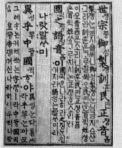

[사진 3-15] 〈월석〉 신편의 권두에 부재된
'세종어제훈민정음'의 끝 반엽과 첫 반엽[70]

흔적이 남아 있다.

---

70 서강대학교 소장의 초간본에서 전재함.

3. 한글의 발명

[사진 3-16] 〈훈민정음〉(왼쪽)과 〈세종어제훈민정음〉의 해당 부분,
맨 오른쪽 1행에 '뿌메'를 '쁘매'로 보사補寫한 흔적이 보인다.

[사진 3-16]에서 볼 수 있는 것처럼 전자의 첫 행 '어제서문' 끝 부분의
"사름마다 히여 수비 니겨 날로 쁘매"이고 후자는 "날로 뿌메"여서 서로
다르다. 아마도 후자를 전자에서 보사하면서 당대의 표기로 바꾼 것이 아
닌가 한다. 즉 명사형 어미 '-ㅁ'이 접속될 때에는 '오/우'를 삽입하여 'ㅗ/
ㅜㅁ'으로 하는 표기 방법은 16세기 이후의 자료에서는 혼란되었는데 후
대의 보사자가 이를 당시의 표기법으로 고쳐 쓴 것 같다.

이것은 안병희(2007:6)에서 "[육당문고의 박승빈 씨 구장본은] 제1장이
보사되고 제2장 이하도 부분적으로 보사되었으나, 내용은 『월인석보』 권
두본과 같다. 우리의 實査에 의하면 지질은 물론이고 印面의 字樣, 판식
의 세밀한 점까지 서강대학교 소장 『월인석보』의 권두본과 일치한다. 현
재 단행본인 것은 따로 제책한 것에 지나지 않는다. 그러므로 이 책은 『월
인석보』 권두본과 별개의 이본이라 할 것이 못 된다."라고 지적한 것처럼

구권의 같은 판본의 것을 신편에서 그대로 쓴 것이며 부분적인 보사補寫가 있어 차이를 보인 것으로 보아야 한다.

앞의 [사진 3-16]에서 볼 수 있고 안병희(2007:5~6)의 주장처럼 고려대 육당문고 소장의 〈훈민정음〉과 서강대 도서관 소장 〈월석〉(권1) 권두본의 〈세종어제훈민정음〉과의 관계는 모두가 동일 판본이다. 다만 후자가 동일한 판본으로 후대에 떨어진 부분에 대한 부분적인 보사가 있었던 것으로 보아야 할 것이다. 즉 〈월석〉 구권에 부재되었던 〈훈민정음〉을 첫 장만 바꿔서 세조 5년에 간행한 〈월석〉의 신편에 다시 부재한 것이다.[71]

또 이러한 현상은 모든 〈월석〉의 구권과 신편의 관계도 동일하였다. 구권의 일부를 수정하거나 다른 경전을 삽입하는 방법으로 신편을 편찬한 것이며 이는 〈월석〉 권8을 옥판에 새겨 넣은 옥책에서 확인할 수 있다(졸고, 2013b). 따라서 〈월석〉의 구권과 신편의 관계는 이와 같이 구권의 일부를 개편하여 신편으로 간행한 것으로 볼 수 있다.

새 문자의 반포

이 사실은 어디에도 기록으로 남기지 않은 새 문자의 반포와도 관련을 갖는 것이다. 세종 25년에 제정된 새 문자는 한자의 한어음漢語音 표음에 사용되다가 변음토착의 난제를 이 문자가 해결하는 것을 보고 〈석보〉와 〈월인〉에서 고유어와 동국정운東國正韻식으로 개정한 한자음의 표기가 가능한지를 실험하고 〈월석〉의 권두에 〈훈민정음〉을 붙여 간행함으로써 반포를

---

71 특히 〈월인석보〉의 다른 부분과 같이 이것도 첫 장에 협주(夾註)를 삽입하여 수정하였다. [사진 3-14]와 [사진 3-15]의 오른쪽 부분을 비교할 것.

대신한 것이다.

즉, 훈민정음은 『세종실록』(권103) 세종 25년(1443) 계해년 12월의 기사에 "是月, 上親制諺文二十八字. 其字倣古篆, 分爲初中終聲, 合之然後, 乃成字. 凡于文字及本國俚語, 皆可得而書. 字雖簡要, 轉換無窮, 是謂訓民正音. ― 이달에 임금이 친히 언문 28자를 제정하셨다. 글자는 고전을 본떴고 초성, 중성, 종성으로 나누어 합쳐진 후에 글자를 이룬다. 문자[한자의 발음] 및 우리말을 모두 기록할 수가 있다. 글자는 비록 간단하지만 전환이 무궁하니 이것이 소위 말하는 훈민정음이다."라고 한 것이 실록에 나타난 기사 가운데 가장 이른 시기의 것이며 따라서 한글의 제정도 이때에 마무리된 것으로 본다.

그러나 이때에는 새 문자의 제정 목표가 한자음의 표음을 위한 발음기호의 역할로 보인다. 그 첫째 이유가 훈민정음 제정에 대한 세종의 어제서문序文 첫 구절이 "國之語音, 異乎中國, 與文字不相流通 ― [한자에 대한] 우리나라 말의 발음이 중국과 달라서 문자가 서로 통하지 않는다"라는 점과 글자를 발명하고 최초로 시도한 작업이 〈운회韻會〉의 번역, 즉 운서韻書의 발음 전사轉寫임을 들 수 있다.

세종의 어제서문은 많은 연구자들에 의하여 고찰되었으나 본래의 뜻과 매우 다르게 해석되었다. 이 구절의 원래의 뜻은 한자음漢字音의 우리 발음이 중국과 달라서 같은 한자라도 서로 통하지 않는다는 것이다. 앞에서 논의한 바와 같이 원대元代 이전의 중국 한자음은 우리와 크게 다르지 않아서 신라, 고려에서 배운 한문漢文으로 의사소통이 가능했지만 원대 이후 북방음어 중원中原의 공용어가 되면서 우리 한문漢文과 중국어는 전혀 다른 언어가 되어버렸다.

한글 발명 이후 처음으로 시도된 공식적인 사업은 〈운회韻會〉의 번역翻譯이었다. 여기서 번역은 언해諺解와 달리 발음의 전사轉寫를 의미한다. 수양대군의 『석보상절釋譜詳節』 서문에 "又以正音으로 就加譯解ᄒ노니 — ᄯᅩ 正音으로ᄡᅥ 곧 因ᄒ야 더 飜譯ᄒ야 사기노니"의 번역에 대한 협주夾註에 "譯은 飜譯이니 ᄂᆞ민 나랏 그를 제 나랏 글로 고려 쓸 씨라"라 하여 한자를 새 문자로 적는 것을 말하는 것이라 하였다. 즉 '역해譯解'는 "번역하고 새기는 것", 즉 발음을 전사하고 언해하는 것을 말한다고 한 것이다.

이 역해 사업에 쓰인 새 문자의 당시 명칭은 아마도 정음正音이었을 것이다. 앞의 〈석보상절〉 서문의 인용문에서 "또 정음正音으로 역해譯解한다"는 구절에서도 이때의 문자 명칭이 정음임을 알 수 있다. 그런데 발음기호인 새 글자로 맨 처음 시도된 번역 사업은 한자의 한어음에서 북방음을 대표하는 운서 〈운회韻會〉, 즉 원대 황공소黃公紹의 『고금운회古今韻會』를 새 문자로 한자음을 표기하는 것이었다. 운서는 따로 언해할 것이 없기 때문이다.[72]

〈운회〉의 한자음을 표음하면서 이 발음이 우리 한자음과 너무 다른 것을 보고 이로부터 세종은 우리 한자음의 개정에 착수하게 된다. 소위 동국정운식 한자음으로 한자음을 개정하는 작업에 몰입하게 된다. 『동국정운』이 『고금운회』를 근거로 한 것임을 유창균(1966)에서 일찍이 밝혀놓았다. 따라서 새로 제정된 문자는 한자의 중국 통용음인 정음正音과 우리 한자음을 개정하는 데 사용되었다. 후자의 경우 그 명칭은 훈민정음訓民正音이었다.

---

72 여기서 〈운회〉는 〈고금운회(古今韻會)〉의 영향을 받은 〈몽고자운(蒙古字韻)〉일 수 있다. 다만 명(明)의 눈치를 보아야 하는 조선에서 파스파 문자로 한자의 한어음(漢語音)을 표음한 〈몽고자운〉을 그대로 거명할 수가 없어 〈운회〉라고 하였을 가능성이 있다. 만일 〈몽고자운〉을 번역한다면 파스파 문자와 훈민정음의 대응관계만 설정하면 그대로 표음이 가능하다.

그러나 변음토착 이후 세종은 우리말의 표기에도 새로 만든 문자가 유용하게 쓰일 수 있음을 깨닫고 수양대군 등에게 명하여『증수석가보增修釋迦譜』[73]를 우리말로 언해하도록 하였다. 그리고 세종 자신도 이 작업에 참여하여 중도에 보내온 언해문을 읽고 스스로 새 글자의 사용을 확인하기 위하여『월인천강지곡月印千江之曲』을 지었던 것이다.

이 작업을 통하여 새 문자로 동국정운식 한자음은 물론이고 우리말도 모두 적을 수 있음을 알게 되었다. 그로부터 자신의 서문序文과 예의例義 부분을 언해하고 그동안 작업한『석보상절』과『월인천강지곡』을 합편하여 『월인석보』라는 이름으로 간행하면서 언해한 부분을 권두에 붙여 간행하였다. 이것이 바로 새 문자, 즉 한글의 공포라고 볼 수 있다.

이 작업은 모두 세종 28년에 이루어진다. 즉, 세종 28년 9월에 〈해례본〉이 간행되면서 새 문자에 대한 이론적 근거가 마련되었고 10월에『월인석보』를 간행하면서 〈언해본〉으로 세상에 이 문자를 공표하게 된다. 11월에 언문청諺文廳을 설치하여 이를 보급하고 12월에 시행한 이과吏科와 취재取才에서 훈민정음을 시험에 부과한다.

이와는 별도로 이해(세종 28년, 1446)에 소헌왕후昭憲王后가 돌아가자 그를 추천追薦하기 위한 불사佛事로 세종 29년(1447)에 이미 작성된『석보상절』과 『월인천강지곡』을 간행한다. 이어서『동국정운』도 간행되고 한참 후이지만 단종端宗 3년(1455)에『홍무정운역훈洪武正韻譯訓』이 간행되어 새 문자가 계획했던 한자의 중국 정음正音과 우리의 훈민정음訓民正音을 모두 표기하기에

---

73 〈증수석가보(增修釋迦譜)〉는 김수온(金守溫)이 편찬한 것으로 북송(北宋) 때 승(僧) 우(祐)가 지은 〈석가보(釋迦譜)〉와 도선(道宣) 율사(律師)가 지은 〈석가씨보(釋迦氏譜)〉를 함께 참고하여 불타(佛陀) 즉, 석가모니(釋迦牟尼)의 일대기를 적은 책이다(〈월석〉의 세조 서문 참조).

성공하였고 우리말 표기에도 성공하여 언문諺文이란 이름도 얻게 되었다. 정음, 훈민정음 그리고 언문이란 명칭은 이렇게 생긴 것이다.

새 문자 창제의 연도별 경위

앞에서 논의한 새 문자 창제의 경위를 연도별로 정리하면 다음과 같다.

현재 훈민정음 제정은 『조선왕조실록』과 『석보상절』, 『월인석보』, 그리고 기타 여러 문헌자료의 기사를 보면 다음과 같은 순서를 거쳐 이루어진 것으로 보인다.

세종 2년(1419) ― 좌의정 박은의 계청으로 집현전 설치.

세종 13년(1431) ― 설순이 어명을 받아 《삼강행실도》(한문본) 편찬.

세종 16년(1434) ―《삼강행실도》 간행.

세종 24년(1442) 3월 ―《용비어천가》의 편찬을 위한 준비.

세종 25년(1443) 12월 ― 세종이 훈민정음 28자를 친제함.

세종 26년(1444) 2월 16일(丙申) ― 운회의 번역을 명함.

세종 26년(1444) 2월 20일(庚子) ― 최만리의 반대 상소문.

세종 27년(1445) 1월 ― 신숙주·성삼문 등이 운서를 질문하려고 요동에 유배된
    유학자 황찬에게 감.

세종 27년(1445) 4월 ―《용비어천가》(한문본) 제진(製進).

세종 28년(1446) 3월 ― 소헌왕후 승하.

세종 28년(1446) 丙寅 ―《석보상절》과 《월인천강지곡》 편찬 시작

세종 28년(1446) 9월 ― 해례본 《훈민정음》 완성.

세종 28년(1446) 10월 ―《월인석보》 구권 간행(?), 권두에 〈훈민정음〉 부재[74] ―
실질적인 반포.

세종 28년(1446) 11월 ― 언문청 설치.

세종 28년(1446) 12월 ― 이과와 취재에서 훈민정음을 부과함.

세종 29년(1447) 2월 ―《용비어천가》 완성.

세종 29년(1447) 4월 ― 각종 취재에서 훈민정음 시험 강화.

세종 29년(1447) 7월 ―《석보상절》,《월인천강지곡》 별도 간행.

세종 29년(1447) 9월 ―《동국정운》 완성.

세종 29년(1447) 12월(?) ― 개성 불일사에서 〈월인석보〉 옥책 간행.

세종 30년(1448) 10월 ―《동국정운》 보급.

문종 원년(AD. 1450) 10월 ― 정음청 설치.

문종 2년(1452) 4월 ―《동국정운》 한자음에 의한 과거시험 실시.

단종 원년(1452) 12월 ―《동국정운》과《예부운략》의 한자운을 모두 과거에 사
용하도록 함.

단종 3년(1455) 4월 ―《홍무정운역훈》 완성,《홍무정운역훈》의 신숙주 서문에
"景泰六年仲春旣望 ― 경태 6년(1455) 중춘(4월) 보름"이라는 간기 참조.

세조 4년(1458) ― 최항 등의《초학자회》 편찬.

세조 5년(1459) 7월 ―《월인석보》 신편 간행. 〈세종어제훈민정음〉 게재.

세조 7년(1461) ― 간경도감 설치.

---

74 박승빈(朴勝彬) 씨 소장으로 원본이라 주장했던 육당문고(六堂文庫)본 〈훈민정음〉은 바로 여기에 부재되었던 것
으로 추정됨.

세조 8년(1462) 6월 — 과거에 홍무운을 예부운과 함께 쓰게 함.[75]

이와 같은 훈민정음 제정과 〈운회韻會〉, 〈동국정운東國正韻〉 그리고 〈석보〉,
〈월인〉, 〈월석〉의 간행에 따라 새 문자의 용도가 정음正音 표기에서 훈민
정음訓民正音으로, 그리고 다시 언문諺文으로 점차 확대되어감으로써 숨 가쁘
게 진행된 것임을 알 수 있다.

즉, 세종 25년 12월에 훈민정음을 발명한 다음에 맨 처음 이 신문자로
시도한 사업은 바로 〈고금운회古今韻會〉, 또는 〈고금운회거요古今韻會擧要〉의 한
자음을 이 문자로 표음한 것이다. 훈민정음에 대한 『세종실록』의 맨 처음
의 기사에서도 "凡于文字及本國俚語, 皆可得而書."라 하여 한자의 발음
및 우리말을 모두 쓸 수 있다는 내용을 보면 애초에 이 문자는 한자 발음의
표음과 고유어 표기를 위하여 만든 문자이며(졸저, 2006) 170여 년 전에 원
나라에서 만든 파스파 문자와 같은 목적으로 제정된 것으로 볼 수 있다.[76]
〈광운廣韻〉이나 〈고금운회〉의 한자음을 파스파 문자로 표음한 〈몽고운략蒙
古韻略〉이나 〈몽고자운蒙古字韻〉처럼 새 문자로 한자의 한어漢語의 정음正音을 속
음俗音과 구별하여 표음하려던 것이었다.[77]

---

75 졸고(2005, 2006)에서 〈훈민정음〉의 구권(舊卷)이 세종 30년에 간행된 것으로 본 것을 이 기회에 바로잡는다. 뿐
   만 아니라 다른 옥책의 간판에 대하여도 여기서 수정한다.

76 이것은 훈민정음의 어제서문(御製序文)의 원문 첫머리에 "國之語音, 異乎中國, 與文字不相流通. — [한자의] 우리
   나라 발음이 중국과 달라서 문자가 서로 통하지 않으니"에 그 뜻이 들어 있다. 즉, 같은 한자이나 그 발음이 달라
   서 서로 통하지 않는다는 뜻이다. 〈동국정운(東國正韻)〉에서의 훈민정음은 〈몽고자운(蒙古字韻)〉의 파스파 문자처
   럼 발음기호의 역할을 한 것이다.

77 중국 송대(宋代)에 과거시험의 표준음을 〈광운(廣韻)〉으로 정하고 이를 간략하게 줄여서 〈예부운략(禮部韻略)〉이
   란 이름으로 간행하였다. 이것을 다시 간략하게 한 〈신간운략(新刊韻略)〉을 파스파 문자로 발음을 표기하여 그 이
   름을 〈몽고자운(蒙古字韻)〉이라 하였다(寧忌浮 1994, 졸저 2009:59). 아마도 〈예부운략〉을 줄여 파스파자로 표음
   한 것이 〈몽고운략〉일 것이다. 졸저(2013) 참조.

3. 한글의 발명

이때의 문자 명칭은 정음正音이었으며 훈민정음 〈언해본〉의 판심이 '정음正音'인 것은 이것과 관련이 있을 것이다. 그러나 동국정운식 한자음 표기에 사용된 새 문자는 '훈민정음訓民正音'이었으며 세종은 이 명칭을 애용한 것으로 보인다. 그리고 고유어와 우리 한자음, 즉 동음을 표기할 때의 새 문자는 언문諺文, 또는 언서諺書라 불렀다. 앞에서 본 한글 제정의 일정에서 〈운회〉의 번역에 쓰인 정음은 〈홍무정운역훈〉의 편찬에서 그 임무를 다하였고 훈민정음은 〈동국정운〉의 편찬에서 사용되었으며 〈월석〉을 비롯하여 〈월인〉, 〈석보〉의 간행으로 언문이란 새 문자의 정서법이 완성되어 사용의 본보기가 된 것이다.

6. 〈석보〉와 〈월인〉, 그리고 〈월석〉

앞의 논의에서 〈월석〉과 〈월인〉 및 〈석보〉가 한글 제정에 중요한 역할을 한 것임을 알 수 있다. 〈월석〉은 주지하는 바와 같이 〈석보〉와 〈월인〉의 합편으로 알려졌다. 먼저 〈석보〉는 중국의 〈석가보釋迦譜〉를 기초로 한 것이 널리 알려진 사실인데 여기에 관여한 인물로 신미信眉, 김수온金守溫 두 형제를 비롯하여 세종·세조조의 여러 학승들과 숭불崇佛 유생儒生들이 참여한 것으로 알려졌다.[78] 특히 김수온은 〈증수석가보增修釋迦譜〉를 편찬하라고 명한 기사가 실록에 있어(『세종실록』 세종 28년 12월 을미조) 이것이 〈석

---

78 〈월인석보〉의 신편을 간행할 때에 참여한 학승으로 신미(信眉), 수미(守眉), 설준(雪峻), 홍준(弘濬), 효운(曉雲), 지해(知海), 해초(海超), 사지(斯智), 학열(學悅), 학조(學祖) 등 열 명의 학승(學僧)을 들고 있다. 이 10승(僧)이 자문역을 맡은 것으로 보았다(朴炳采, 1991:308). 이들은 세조조의 인물이나 세종 대에 활약한 락승(學僧)도 많다.

보〉라는 주장(朴炳采, 1991:306)이 있으며 〈월인〉의 실제 작자도 김수온이라는 주장도 있다(朴炳采, 전게서).

김수온에 대하여는 朴炳采(1991:31~47)에서 상세히 고찰되었다. 김수온이 〈석보〉나 〈월인〉, 그리고 이를 합편한 〈월석〉의 간행에 많은 역할을 한 것으로 밝혀놓았다. 그러나 〈석보〉의 권두에 부재된 수양대군의 서문(正統 12년 7월 2일), 그리고 현전하는 〈월석〉의 신편新編에 부재된 세조의 '어제월인석보서御製月印釋譜序'(天順 3년 7월 7일)에 의하면 〈월인〉이 세종의 친제親制이며 〈석보상절〉이 비록 〈석가보〉를 기반으로 하였지만 다른 많은 경전을 참조하였고 그 편집과 언해에 여러 사람들의 도움이 있었음을 명기하였다.

그동안 〈월인〉, 〈석보〉, 〈월석〉의 편찬과 간행에 대한 많은 연구들이 모두 〈석보〉가 완성되고 나서 〈월인〉이 곧바로 간행된 것을 매우 불가사의한 일로 보았다. 왜냐하면 그 방대한 문헌이 불과 몇 달 사이에 이루어진다는 것은 당시 출판 사정과 출판 능력을 감안하면 불가능한 일이라는 것이다. 그러나 졸고(2013b)에서 주장한 바와 같이 〈석보〉와 〈월인〉이 〈월석〉보다 후대에 간행되었다면 이러한 의심은 기우라고 할 수 있다.

〈석보〉는 앞에서 고찰한 바와 같이 훈민정음으로 '변음토착'의 난제를 해결한 이후[79] 이 문자로 우리말의 전면적 표기가 가능한지를 시험하기 위하여 새 글자를 창제한 세종이 수양대군 등에게 명을 내려 시행한 작업이었으며 〈월인〉은 세종이 스스로 이 문자로 우리말의 표기를 확인한 것이기 때문이다. 수양대군 등은 〈석보〉의 언해문이 작성되면 되는대로 그것을 세

---

79 이에 대하여는 졸고(2006)와 184쪽의 주50을 참고할 것.

3. 한글의 발명

종에게 보였을 것이고 세종은 그때그때 그에 대한 찬불가讚佛歌, 즉 〈월인〉을 직접 지었을 가능성이 충분하다. 따라서 〈석보〉와 〈월인〉은 거의 동시에 이루어졌으며 이것이 완성된 다음에 합편合編의 과정을 거쳐 〈월석〉이라는 이름으로 간행하였을 것이다.

또 일부에서는 〈월인〉에 〈석보〉를 합편하여 전혀 새로운 〈월석〉을 간행하는 작업에 대하여도 이와 같은 방대한 문헌을 1~2년에 간행할 수 없고 몇 년에 걸쳐 이루어진 것으로 보려는 주장도 있었지만[80] 먼저 〈월석〉이 간행되고 이어서 〈석보〉와 〈월인〉이 간행되었다면 이런 주장은 무의미하다.

실제로 국립중앙도서관 소장의 〈석보〉 권9의 뒤표지 안쪽에 "正統十肆年 貳月初肆日 嘉善大夫 黃海道都察黜步使 兼 兵馬節制使 海州牧使[81] 臣申"이란 묵서墨書 식기識記가 있어 정통正統 14년(1449) 2월 4일에 황해도 관찰사와 해주 목사를 겸하던 신자근申自謹이 이를 소유한 것으로 보아야 하므로 〈석보〉는 정통 12년 이전에 이미 완질이 간행되었음을 알 수 있다.

그리고 『세종실록』 세종 28년 5월 28일자 기사에 "是經已成數件, 欲轉于大慈庵, 以資冥福. ─ 이 불경이 이미 여러 건 완성되어 대자암으로 옮겨 명복을 빌고자 하였다."라는 기사와 더불어 같은 실록의 같은 해에 10월 5일자 기사에서 "然今佛經已成, 何不披覽. ─ 그러나 이제 불경이 이미 완

---

80 이에 대하여는 "[전략] 그러나 序文에 刊行에 관한 言及이 없고 또 序年이 刊行年과 一致되지 않은 경우가 흔히 있듯이, 그 序年을 곧 刊行年으로 보는 데엔 자칫하면 獨斷의 誤를 범할 염려가 없지 않다. [중략] 이 兩者를 고려한 立場에서 보면 그보다 卷帙이 사뭇 浩穰한 本書, 그리고 月印千江之曲까지 아울러 活印 頒布함에 있어서는 상필 할 編後 어느 정도 月序가 더 所要되었을 것으로 여겨진다."(千惠鳳, 1977:3~4, 한자는 원문대로)를 참고할 것. 그러나 〈월인석보〉의 구권과 신편은 일부만 바뀌고 같은 판목을 썼을 가능성이 있다.

81 千惠鳳(1977)에는 '牧事'로 되어 있다.

성되었으니 어찌 보지 않을 수가 있겠습니까."가 있어 〈월인〉도 세종 28
년 5월 하순부터 10월 상순 사이에 완성된 것(사재동, 2006:89)으로 보았다.
그러나 이때에 완성된 것은 〈월석〉이며 〈월인〉과 〈석보〉는 간기에 적힌
대로 그 이듬해인 세종 29년에 간행된 것으로 보아야 할 것이다.

〈월석〉의 구권과 신편

그동안 〈월석〉은 희방사喜方寺 복각본을 비롯하여 초간본으로 알려진 서
강대학교 도서관 소장의 권1, 2⁸² 권두에 부재된 세조의 '어제월인석보서御
製月印釋譜序'말미에 "天順 三年 己卯 七月 七日 序"란 간기로 천순天順 3년, 즉
세조 5년(1459)에 처음으로 간행된 것으로 알려졌다. 이것은 서강대학교 소
장본이 초간본으로 확인되어 더욱 확실한 사실로 학계에서는 인정하였다.

그러나 천순 3년의 〈월석〉은 신편이고 세종 생존 시에 편찬된 〈월석〉의
구권이 있었음은 졸고(2005)에서 처음 주장되었다. 즉, 초간본 〈월석〉으로
알려진 서강대 소장본의 권두에 부재된 세조의 '어제월인석보서'에

念此月印釈譜ᄂᆞᆫ 先考所製시니 依然霜露애 慨增悽愴ᄒ노라
— 念호ᄃᆡ 이 月印釈譜ᄂᆞᆫ 先考지ᅀᆞ샨 거시니 依然ᄒ야 霜露애 애와텨 더욱
슬허ᄒ노라 (띄어쓰기 필자)

라는 구절이 있어 〈월석〉이 세조의 선고先考, 즉 세종의 편찬임을 분명히
말하였다. 이어서 같은 서문에는

乃講劘研精於舊卷ㅎ며 龥括更添於新編ㅎ야

— 녯 글워레 講論ㅎ야 ᄀ다ᄃ마 다ᄃᆞᆫ게 至極게 ㅎ며 새 밍ᄀ논 글워레 고
텨 다시 더어 — ,

出入十二部之修多羅호ᄃᆡ 曾靡遺力ㅎ며 增減一兩句之去取호ᄃᆡ 期致盡心ㅎ
야

— 十二部 修多羅애 出入호ᄃᆡ 곧 기튼 히미 업스며 ᄒᆞᆫ 두 句를 더으며 더러
ᄇ리며 뿌ᄃᆡ ᄆᆞ슴다보몰 닐욿 ᄀ장 긔지ㅎ야 [띄어쓰기 필자. 이상 졸고(2005)
에서 인용]

라는 구절이 있어 세조의 어제서문에 의하면 원래 〈월석〉에는 구권(舊卷,
옛 글월)이 있었고 자신이 편찬하는 것은 후대에 여러 불경佛經을 첨삭하여
새롭게 간행한 신편(新編, 새 밍ᄀ논 글월)임을 밝히고 있다.

이러한 세조의 어제시문에서 〈월식〉에 구권과 신편이 있었음을 말하고
있다. 이를 사진으로 보이면 다음의 [사진 3-17]과 같다.

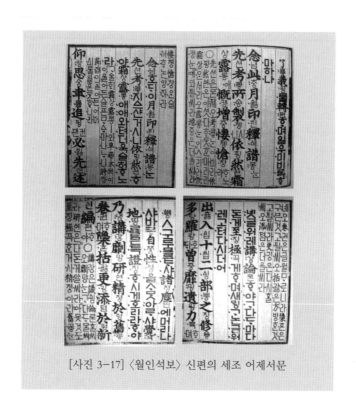

[사진 3-17] 〈월인석보〉 신편의 세조 어제서문

 〈월석〉에 대하여는 전술한 〈월석〉의 신편에 부재附載한 세조의 어제서문
에 〈석보상절〉과 〈월인천강지곡〉의 편찬 경위를 분명하게 밝혀놓았다.
이 부분을 역시 사진으로 보이면 다음과 같다.

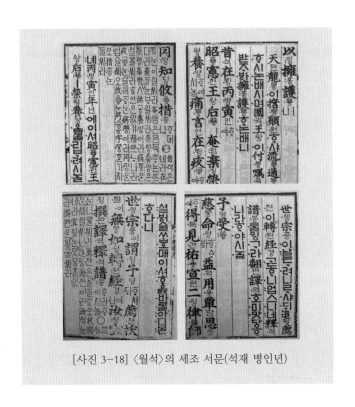

[사진 3-18] 〈월석〉의 세조 서문(석재 병인년)

[사진 3-18]에 보이는 내용을 여기에 옮겨보기로 한다.

[전략] 昔在丙寅ᄒᆞ야 昭憲王后ㅣ 奄棄營養ᄒᆞ야시ᄂᆞᆯ 痛言在疚ᄒᆞ야 罔知攸措
ᄒᆞ다니 世宗이 謂予ᄒᆞ샤ᄃᆡ 薦拔이 無知轉經이니 汝宜撰譯釋譜ᄒᆞ라 ᄒᆞ야시ᄂᆞᆯ
予受慈命ᄒᆞᅀᆞ바 [중략] 撰成釋譜詳節ᄒᆞ고 就譯以正音ᄒᆞ야 俾人人易曉케 ᄒᆞ야
乃進ᄒᆞᅀᆞᆸ오니 賜覽ᄒᆞ시고 輙製讚頌ᄒᆞ샤 名曰月印千江이라 ᄒᆞ시니 [하략] —
[전략] 녜 병인년(1446)에 이셔 소헌왕후ㅣ 榮養을 ᄲᆞᆯ리 ᄇᆞ려시ᄂᆞᆯ 셜버 슬ᄊᆞ봉
매 이셔 ᄒᆞ욜 바ᄅᆞᆯ 아디 몯 ᄒᆞ다니 世宗이 날ᄃᆞ려 니ᄅᆞ샤ᄃᆡ 追薦이 轉經ᄀᆞᆮᄒᆞ

니 업스니 네 釋譜를 밍フ라 翻譯호미 맛당ᄒ니라 ᄒ야시늘 내 慈命을 받ᄌ바 (중략) 釋譜詳節을 밍フ라 일우고 正音으로 翻譯ᄒ야 사름마다 수비 알에 ᄒ야 進上ᄒᅀᆞᄫᅩ니 보믈 주ᅀᆞ오시고 곧 讚頌을 지스샤 일후믈 月印千江이라 ᄒ시 니 [하략]

이 기사를 보면 수양대군 등이 돌아가신 모후 소헌왕후를 위하여 〈석보〉를 지었으며 세종이 이를 읽고 석가에 대한 찬송을 지은 것이 〈월인〉임을 밝히고 있다. 〈월인〉은 모두 3책으로 간행된 것으로 추정되지만 상권 1책만 발견되어 언제 간행되었는지 알 수 없으나 〈석보〉는 수양의 서문에 정통正統 12년 7월 25일이란 간기가 있어 정통 12년, 즉 세종 29년(1447)에 완성되었음을 알 수 있다. 따라서 〈월인〉도 이 무렵에 간행된 것으로 추정할 수 있다.

그러나 위에서 살펴본 한글 제정의 일정을 보면 소헌왕후의 승하가 세종 28년 3월인데 불과 1년 4개월 만에 방대한 〈석보〉(24권)와 〈월인〉(3권)을 편찬하여 간행한다는 것은 무리한 일이다. 이미 세종 28년 10월경에 〈월석〉을 편찬할 때에 〈석보〉와 〈월인〉의 원고가 완성되어 있어서 이 기간 중에 돌아간 왕후의 추천追薦을 위하여 간판刊版한 것으로 보아야 할 것이다.

새 문자 창제의 정본

오늘날에는 훈민정음의 〈해례본〉을 새 문자 창제의 정본正本으로 보고 있다. 현재 서울 성북동의 간송미술관에 수장된 {해례본}〈훈민정음〉이 국보 70호로 지정된 것을 비롯하여 이 〈해례본〉이 간행된 9월 상한上澣을 양력으로 환산하여 10월 9일로 보고 이날을 한글날로 정하여 기념하는 것을 보아도 그렇다.

　그러나 〈월석〉에 부재된 훈민정음의 〈언해본〉이 새 문자의 정본임을 알 수 있는 많은 예들이 있다. 예를 들어 중성자中聲字의 음가에 대하여 〈언해본〉에서는 초성初聲의 예와 같이 다음의 설명을 붙였다.

　　· 는 如呑ㄷ字中聲ᄒᆞ니라 — · 는 呑튼ㄷ字쭝 가온딧 소리 ᄀᆞᄐᆞ니라
　　ㅡ 는 如卽字中聲ᄒᆞ니라 — ㅡ 는 卽즉字 가온딧 소리 ᄀᆞᄐᆞ니라
　　ㅣ 는 如侵ㅂ字中聲ᄒᆞ니라 — ㅣ 는 侵침ㅂ字쭝 가온딧 소리 ᄀᆞᄐᆞ니라
　　ㅗ 는 如洪ㄱ字中聲ᄒᆞ니라 — ㅗ 는 洪ᅘᅙᆼㄱ字쭝 가온딧 소리 ᄀᆞᄐᆞ니라
　　ㅏ 는 如覃ㅂ字中聲ᄒᆞ니라 — ㅏ 는 覃땀ㅂ字쭝 가온딧 소리 ᄀᆞᄐᆞ니라
　　ㅜ 는 如君ㄷ字中聲ᄒᆞ니라 — ㅜ 는 君군ㄷ字쭝 가온딧 소리 ᄀᆞᄐᆞ니라
　　ㅓ 는 如業字中聲ᄒᆞ니라 — ㅓ 는 業업字쭝 가온딧 소리 ᄀᆞᄐᆞ니라
　　ㅛ 는 如欲字中聲ᄒᆞ니라 — ㅛ 는 欲욕字쭝 가온딧 소리 ᄀᆞᄐᆞ니라
　　ㅑ 는 如穰ㄱ字中聲ᄒᆞ니라 — ㅑ 는 穰상ㄱ字쭝 가온딧 소리 ᄀᆞᄐᆞ니라
　　ㅠ 는 如戌字中聲ᄒᆞ니라 — ㅠ 는 戌슗字쭝 가온딧 소리 ᄀᆞᄐᆞ니라
　　ㅕ 는 如彆字中聲ᄒᆞ니라 — ㅕ 는 彆볋字쭝 가온딧 소리 ᄀᆞᄐᆞ니라

이에 대하여 〈해례본〉의 예의例義 부분에서는 다음과 같이 한문으로만 간단하게 그 음가를 소개하였다.

　　· 如呑字中聲, ㅡ 如卽字中聲, ㅣ 如侵字中聲
　　ㅗ 如洪字中聲, ㅏ 如覃字中聲, ㅜ 如君字中聲, ㅓ 如業字中聲
　　ㅛ 如欲字中聲, ㅑ 如穰字中聲, ㅠ 如戌字中聲, ㅕ 如彆字中聲

이와 같은 〈언해본〉과 〈해례본〉의 중성자의 음가 표시는 후자가 어리석은 백성을 위한 것이 아니고 전자가 그런 용도로 작성된 것임을 알 수 있다. 즉, "ㄱ 君字初發聲, ㅋ 快字初發聲, ㆁ 業字初發聲"과 같이 각각 〈동국정운東國正韻〉의 운목韻目 자로 초성 17자의 음가를 나타낸 것처럼 " · 呑字中聲, ㅡ 卽字中聲, ㅣ 侵字中聲"과 같이 대표 한자로 그 발음을 표시하였다. 그러나 〈해례본〉에서는 이러한 새 문자의 음가 표시가 명확하지 않다. 초성에 대하여도 마찬가지이다. 〈해례본〉에서는 초성의 제자에 대하여 〈제자해制字解〉에서 그 원리는 설명하였지만 각 글자의 음가에 대하여는 〈초성해〉에서

如牙音君字初聲是ㄱ, ㄱ與ㅌ而군. 快字初聲是ㅋ, ㅋ與ㅙ而쾌. 虯字初聲是ㄲ, ㄲ與ㅠ而뀨. 業字初聲是ㆁ, ㆁ與ㅓ之類. 舌之斗呑覃那, 脣之彆漂步彌, 齒之卽侵慈戌邪, 喉之挹虛洪欲, 半舌半齒之閭穰, 皆倣此. — 어금니 소리의 군君자는 첫소리가 ㄱ인데 ㄱ과 ㅌ이 더불어 군이 된다. 쾌快자의 첫소리는 ㅋ인데 ㅋ과 ㅙ가 더불어 쾌가 된다. 뀨虯자의 첫소리는 ㄲ이다. ㄲ과 ㅠ가 더불어 뀨가 된다. 업業자의 첫소리는 ㆁ인데 ㆁ과 ㅓ이 더불어 업이 되는 따위이다. 혀소리의 '斗·呑·覃·那', 입술소리의 '彆·漂·步·彌', 잇소리의 '卽·侵·慈·戌·邪', 목구멍소리의 '挹·虛·洪·欲', 반설반치半舌半齒의 '閭·穰'이 모두 이와 같다.

라고 하여 아음牙音의 /ㄱ, ㅋ, ㄲ, ㆁ/과 설음舌音 /ㄷ, ㅌ, ㄸ, ㄴ/, 순음脣音 /ㅂ, ㅍ, ㅃ, ㅁ/, 치음齒音 /ㅈ, ㅊ, ㅉ/, /ㅅ, ㅆ/, 후음喉音 /ㆆ, ㅎ, ㆅ, ㅇ/, 반설半舌 /ㄹ/, 반치半齒 /ㅿ/에 대하여 설명하고 그 음가를 각기 운서

의 운목자로 표시하였다.

과연 이러한 새 문자의 음가_{音價}에 대한 설명이 어리석은 백성들에게 통하였을까? 특히 볃_瞥, 규_虯 자와 같이 궁벽한 한자의 발음을 어떻게 알고 그 첫소리를 이해할 수 있었을까? 이런 의문이 끊이지 않는다. 더욱이 제자해를 비롯한 각 해_解의 설명은 매우 난해한 성리학_{性理學}적인 지식을 바탕으로 설명하였고 난삽한 성운학_{聲韻學}의 이론에 입각하여 초성, 중성, 종성을 설명하였다.

과연 이것이 어리석은 백성들을 위한 것일까 의심하지 않을 수 없다. 여기에서 〈언문자모_{諺文字母}〉의 역할이 저절로 부각되는 것이다.

〈언문자모〉의 우수성

앞에서 정의공주가 변음토착을 해결하고 많은 상_賞을 부왕으로부터 받았다는 기사가 『죽산안씨대동보_{竹山安氏大同譜}』의 「정의공주유사_{貞懿公主遺事}」에 전함을 이가원(1994)에서 인용하였다. 그리고 필자는 단순한 변음토착의 해결만으로 그런 상을 받았을 것 같지는 않고 아마도 〈언문자모〉를 저술한 것이 아닌가 하였다.

이것은 이우준_{李遇駿}의 『몽유야담_{夢遊野談}』의 「창조문자_{創造文字}」조에 "我國諺書, 卽世宗朝延昌公主所製也"라 하여 언서_{諺書}, 즉 언문_{諺文}은 연창_{延昌}공주가 지은 것이라고 하였다. 여기서 연창_{延昌}은 정의공주가 출가한 이후의 호칭으로 그가 변음토착을 해결하면서 아마도 〈언문자모〉도 지은 것으로 보았다. 왜냐하면 변음토착의 구결, 또는 토의 표기와 같이 〈언문자모〉도 이두_{吏讀}, 구결_{口訣}에 쓰였던 한자들로 새 문자를 설명한 것이기 때문이다.

특히 우리말의 어말 자음 중화현상에 맞추어 종성에서 제 음가를 유지하는 것을 8음으로 보고 8자로 제한하여 초성만으로 쓰이는 글자를 별도로 인정한 것이다. 그리하여 다음과 같이 언문의 자모, 즉 자음과 모음의 글자를 정하였다.

초성종성통용팔자(初聲終聲通用八字) — 기역(其役), 니은(尼隱), 디귿(池*末), 리을(梨乙), 미음(眉音), 비읍(非邑), 시옷(時*衣), 이응(異凝)

초성독용팔자(初聲獨用八字) — 키(箕*), 티(治), 피(皮), 지(之), 치(齒), 시(而), 이(伊), 히(屎)

중성독용십일자(中聲獨用十一字) — 아(阿), 야(也), 어(於), 여(余), 오(吾), 요(要), 우(牛), 유(由), 으(應, 不用終聲), 이(伊, 只用中聲), ᄋ(思, 不用初聲)

이렇게 언문의 음가를 서민들에게 익숙한 이두와 구결의 한자로 설명하였다. 이것은 앞에서 든 훈민정음의 설명보다 훨씬 분명하고 쉽다.

뿐만 아니라 초성과 중성의 결합하는 방법과 여기에 종성을 붙이는 방법을 예를 들어 설명하였다. 이것은 훈민정음에서는 〈해례본〉의 용자례用字例로 설명하거나 〈언해본〉에서는 초성과 중성의 합용(合用, 어울워 쓰다)으로 설명하였다. 즉 중성자를 초성자의 옆이나 아래에 부서(附書, 브텨쓰기)하는 방법으로 설명되었다. 그러나 〈언문자모〉에서는 다음과 같이 명쾌하게 예를 보여 설명하였다.

초중성합용작자례(初中聲合用作字例) ― 가갸거겨고교구규그기ᄀ

以ㄱ其爲初聲, 以ㅏ阿中聲, 合ㄱㅏ爲字則가, 此家字音也.

又以ㄱ役爲終聲, 合가ㄱ爲字則각, 此各字音野. 餘倣此.

초중종삼성합용작자례(初中終三聲合用作字例) ― 간(肝), 갇(笠*), 갈(刀*), 감
(柿*), 갑(甲), 갓(皮), 강(江)

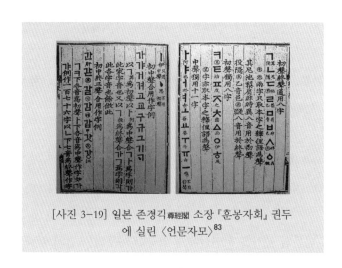

[사진 3-19] 일본 존경각 尊經閣 소장『훈몽자회』 권두
에 실린 〈언문자모〉[83]

이와 같은 〈언문자모〉의 설명은 쉽고 분명하다. 특히 초성과 중성의 합
용에서 부서附書의 예를 보이면서 'ㄱ(其) + ㅏ(阿) = 가(家), 가(家) + ㄱ(役)
= 각(各)'과 같은 설명은 모든 초성, 중성, 종성의 합용合用 방법을 일목요

---

83 『훈몽자회(訓蒙字會)』는 일본 예산(叡山)문고 소장의 을해자(乙亥字) 본이 원본이지만 판면의 사진에 문제가 있어
서 일본 존경각(尊經閣) 본의 것을 싣는다.

연하게 보여주었다.

〈언문자모〉에 의하여 새 글자는 빠르게 일반 대중에게 보급되어 문자가 제정된 지 50년도 안 되어 여항에서 일반인들이 상용하게 되었다. 그러나 공문서를 비롯한 계약문서들은 한자로 된 이문吏文을 공용문公用文으로 하였다(졸고, 2006a). 한글의 독창성은 자형字形과 더불어 언문자모의 음가에 대한 설명과 간편한 정서법의 마련에 있다고 할 것이다.

제4장

언어학의
이론으로 본 한글

앞 장에서 한글이 불교와 관련을 맺고 창제되었음을 살펴보았다. 처음에는 원대元代 파스파 문자에 의지하여 한자의 한어음漢語音에서 정음正音의 표기를 위한 발음기호의 성격을 지녀서 파스파 문자와 한글의 일대일 대응만 생각한 것 같다. 그러나 오랜 세월에 걸쳐 변화를 거듭하고 특히 우리말 음운에 영향을 받은 우리 한자음은 원대 한어음과 너무 다르기 때문에 이를 동국정운東國正韻식으로 개정하여 이를 백성들에게 가르쳐야 하는 바른 소리, 즉 훈민정음訓民正音이라 하였다. 이때까지 새로 제정한 문자는 처음에 〈운회韻會〉를 번역할 때와 같이 발음기호의 역할을 하였다. 세종은 이 새로운 한자음의 표기와 보급에 힘을 경주하였다.

그러나 정의貞懿공주가 변음토착變音吐著을 해결하여 우리말의 조사와 어미에 해당하는 구결口訣을 새 문자로 표기하게 되자 이를 계기로 고유어 표기에도 관심을 가져 언문諺文이란 이름을 얻었으며 〈석보상절〉과 〈월인천강지곡〉으로 우리말과 개정 한자음의 표기를 시험한 다음에 이를 합편合編하여 〈월인석보〉를 긴행하면서 새 문자를 공표하게 된다.

이러한 새 문자의 제정과 사용의 과정에서 불가佛家의 학승學僧들이 많이 참여하게 되는 것을 볼 수 있었다. 그러면 왜 불승佛僧들이 여기에 참여하게 되었을까? 7세기경 서장西藏문자를 제정할 때 인도에 유학한 신하들을 동원하여 불교의 이론으로 문자를 제정하였음을 언급하였다. 따라서 한글도 학승들에 의하여 불경佛經의 비가라론毘伽羅論, 즉 성명학聲明學의 이론에 의지하여 제정되었을 가능성이 있다. 이 장에서는 과연 구체적으로 불가의 성명기론聲明記論이 어떻게 한글 발명에 이용되었는지를 살펴보기로 한다.

또한 한글이 매우 과학적인 문자라고 하지만 정작 무엇이 과학적인가를 물으면 대부분의 국어학자들이 답변하기가 궁색하였다. 현대 음성학의 이론으로 볼 때에 한글은 과연 무엇이 과학적인가를 고찰하고자 한다.

1. 조음음성학 이론으로 본 훈민정음 해례

훈민정음의 〈해례본〉을 보면 현대 조음調音음성학의 이론에 매우 잘 맞게 한글 문자로 표기된 음운에 대하여 설명하고 있다. 특히 졸저(2006)에서 강조한 바와 같이 〈해례본〉에서는 음운의 대립과 체계적 파악에 대하여 여러 가지 고전적인 방법, 즉 〈주역周易〉에서 설명한 하도河圖 낙서洛書의 생위성수生位成數와 음양陰陽 오행五行을 통하여 음운의 대립을 설명하였다.[1]

뿐만 아니라 음운의 조음위치와 조음방식에 따라 아설순치후牙舌脣齒喉와 전청全淸, 차청次淸, 전탁全濁, 불청불탁不淸不濁으로 나누어 음운을 배열하였다. 더욱이 변별적 자질에 따라 인성引聲의 가획加劃이라는 전대미문의 문자 제정의 이론을 만들어 새 문자를 만들었다. 그렇다면 이러한 음성학적 지식은 어디서 왔을까? 과연 세종대왕이 혼자서 백왕百王을 뛰어넘는 예지로 이와 같은 음성학적 이론을 꿰뚫어보고 문자를 제정하였을까?

주지하는 바와 같이 서양에서 조음음성학이 발달한 것은 20세기 이후의 일이다. 인성가획引聲加劃의 원리를 뒷받침하는 변별적 자질의 이론은 20세기 후반부터 시작된 생성음운론生成音韻論, generative phonology에서 본격적으로

---

1 훈민정음 〈해례본〉에서 음운의 대립을 하도(河圖)의 생위성수(生位成數) 이론을 도입하여 설명한 것에 대하여는 졸고(2002c)를 참고할 것.

거론된 것이다. 서양에서도 첨단적이라고 할 수밖에 없는 음성학 이론이 어떻게 500여 년 전에 한반도의 서울에서 문자 제정에 이용될 수 있었을까?

필자는 이 답을 고대 인도의 음성학에서 찾을 수 있다고 본다.[2] 서양의 현대음성학이 19세기 고대 인도의 음성학의 유입으로 이루어진 것임을 언급한 언어학자가 있다. 특히 20세기 후반에 시작된 생성음운론은 그 바탕이 된 생성문법론生成文法論과 함께 고대 인도 문법학의 영향이라고 본다(Robins, 1997:175~182).[3]

고대 인도에는 기원전 800~150년에 놀라운 언어 연구가 있었으며 이를 세계의 언어학사에서는 고대 인도 문법학이라고 부른다. 이 문법은 고도로 발달된 음성학을 포함하고 있으며 리그 베다Rig Veda의 범어梵語, 즉 산스크리트어를 예로 하여 인간언어의 과학적 연구에 매우 발달된 이론을 보여주었다. 따라서 언어 연구에서 고대시대의 희랍문법과 로마문법, 그리고 인도문법으로 삼대별三大別하는 이유가 여기에 있다.

---

2 고대 인도의 음성학이 서양에 제대로 소개된 것은 Allen의 *Phonetics in Ancient India*, 1953이다. 아마도 이 책으로부터 고대 인도의 놀라운 음성학적 지식을 보고 서구인들은 놀랐을 것이며 생성음운론의 시작으로 보는 Chomsky & Halle의 *Sound Patterns of English*, 1968도 이로부터 영향을 받았다고 필자는 생각한다. Robins(1997:152~182)에 소개된 고대 인도의 음성학은 제6장 현대 언어학의 전야(The eve of modern times)에 들어 있다. 현대 서양음성학이 이로부터 영향을 받은 것임을 암시하는 대목이다.

3 이에 대하여는 "The rules, like the rules of today's generative grammarians, have to be applied in a set order; and apart from the completeness with which Pāṇini covers every aspect of Sanskrit word formation, those who have studied his work, whether in India or later in Europe, have been most struck by the ingenuity with which he achieved the extreme economy of his statements. — 오늘날 생성문법론에서 말하는 설정 순서의 규칙들은 파니니가 그의 저서에서 연구한 산스크리트어의 단어 형성의 모든 면을 망라한다는 완전성과는 거리가 있는 것 같다. 인도에서든지 유럽에서든지 자신의 언급을 최대한 경제적으로 표현할 수 있는 능력은 매우 충격적이다."(Robins, 1997:178)라고 하여 생성문법론에서 말하는 여러 규칙들도 이 고대 인도 문법에서 왔을 것으로 보았다.

고대 인도 음성학과 〈용감수경〉

한글의 발명에 고대 인도 음성학의 영향이 있었음은 지금까지 아무도 지적한 바가 없다. 그러나 한글 제정의 근거가 되었던 파스파 문자가 티베트의 서장西藏문자에서 왔는데 서장문자는 인도 음성학의 이론에 의거하여 제정된 것이다. 따라서 7세기경에 제정된 서장문자나 13세기경의 파스파 문자, 그리고 15세기의 한글에 이르기까지 그 첫 글자가 'ㄱ', 즉 /k/로 시작되고 이어서 /kh, g, ng/의 문자가 이어진다. 훈민정음에서도 /ㄱ, ㅋ, ㄲ, ㅇ/의 순서로 문자를 제정하였다. 모두가 인도 음성학의 영향 아래 제정된 것이다.

고대 인도의 음성학은 중국에 전달되어 성운학聲韻學을 발달시켰음은 전술한 바가 있다. 졸고(2012c)에 의하면 고려에서도 복각본覆刻本을 간행한 바 있는 요遼의 학승學僧 행균行均이 편찬한 〈용감수경龍龕手鏡〉이 얼마나 중국의 성운학적 지식에 의거하여 편찬되었는지를 밝힌 바가 있다.

즉 〈용감수경〉이란 자서字書가 올바른 범문으로 된 불교 교리를 올바르게 한문으로 번역하기 위하여 편찬된 것임을 알려주는 지광智光의 서문이 이 자서의 권두에 부재되었다. 즉, "矧復釋氏之敎, 演於印度, 譯布支那, 轉梵從唐 雖匪差於性相, 按敎悟理, 而必正於名言, 名言不正則性相之義差, 性相之義差則修斷之路阻矣 — 하물며 부처님의 가르침이 인도에서 통하고 있어 이를 번역해서 중국에 퍼지게 하려니 산스크리트어를 바꾸어 당나라 말이 되게 하였다. 비록 성상性相[4]에서는 차이가 없지만 가르침을

---

4 '성상(性相)'은 불가(佛家)의 용어로 '성(性)'과 '상(相)'을 말한다. '성(性)'은 불법(佛法)의 자체로 안에 있어 고치지 못하는 것이며 '상(相)'은 상모(相貌)로 밖에 나타나서 분별되는 것이다. 유위(有爲)와 무위(無爲)가 상대(相對)하면 무위법(無爲法)은 성(性)이 되고 유위법(有爲法)은 상(相)이 된다. 유위와 무위는 모두 성상이 있어 그 자체를 성

받아들여 이치를 깨우치려면 반드시 말과 뜻이 바르게 되어야 한다. 말과 뜻이 바르지 않으면 성상의 의미가 다르게 되고 성상의 의미가 다르면 수단修斷[5]의 길이 어렵다."라는 서문의 구절이 있다.

이를 보면 〈용감수경〉의 편찬 목적이 범어梵語를 번역할 때에 올바른 표현이 되도록 하기 위하여 중국어의 어휘를 밝히는 데 있다고 하여 단순한 자서가 아님을 강조하였다. 올바른 중국어의 표현은 바른 한자의 표기를 통하여 얻을 수 있다는 생각이 이 자서를 편찬하게 하였음을 말한 것이다.

범어 불경佛經의 한역漢譯 작업은 보통 집단으로 이루어지며 시대에 따라 얼마간의 차이가 있었다고 한다. 예를 들면 송宋의 태평흥국太平興國 7년(982)에 개봉開封의 역경원譯經院에서 이루어진『반야심경般若心經』의 역경譯經 의식에서는 다음과 같은 순서로 불경의 번역이 이루어진다고 하는데[6] 이를 金文京(2011:190)에서 인용하면 다음과 같다.

① 역주譯主 — 범문梵文의 원문을 낭송한다. 인도에서 온 승려가 하는 것이 보통임.

② 증의證義 — 역주譯主의 왼쪽에 있어 역주와 함께 범문의 의미 내용을 토의함.

(性)이라 하며 가식(可識)을 상(相)이라 한다.

5 '수단(修斷)'은 불가(佛家)의 용어로 사정단(四正斷)의 하나를 말한다. '사정단'은 ① 단단(斷斷), ② 율의단(律儀斷), ③ 수호단(隨護斷), ④ 수단(修斷)을 말하며 '수단'은 능히 수행하여 정도(正道)를 이루고 그것을 생장하도록 하여 제악(諸惡)을 단제(斷除)하는 것을 말한다.

6 『불조통기(佛祖統紀)』(권43)「법운통색지(法運通塞志)」(제17의 10) '송(宋) 태종(太宗)'조에 기술되었음.

③ 증문證文 ― 역주의 오른쪽에 있어 역주가 낭송하는 범문에 잘못이 없는지 검토함.

④ 서자書字 ― 범학승梵學僧이 역주가 낭송하는 범문梵文의 발음을 한자로 표기한다. 범어를 한자로 음성적 표기. 예, 梵語: Prajñā ― 般若, hrdaya ― 紇哩第野, sutra ― 素怛羅

⑤ 필수筆受 ― 한자로 쓰인 범어를 중국어로 번역한다. 예, 般若 ― 知慧, 紇哩第野 ― 經, 素怛羅 ― 心, 이를 합치면 '般若心經'이 됨.

⑥ 철문綴文 ― 단어 단위로 한역漢譯한 것을 한어문법에 맞게 문장을 만들어 한문이 되게 함.

⑦ 참역參譯 ― 범문과 한문을 비교하여 잘못을 고침.

⑧ 간정刊定 ― 번역된 한문의 용만冗漫한 곳을 삭제하여 경전의 문장으로 바꿈. 범문의 표현은 자세하고 길게 되는 경향이 있지만 한문의 경전 문체는 고문과 같이 간결함.

⑨ 윤문관潤文官 ― 역문譯文의 한문이 적절하도록 윤색함.

이러한 범문 한역의 여러 단계는 의식일 경우에 이와 같은 단계를 차례로 거치고 보통은 ④ 범어를 한자로 표기하고, ⑤ 이를 중국어로 번역하며, ⑥ 단어 단위의 한역은 중국어 문법에 맞도록 어순을 정리하는 순서로 이루어진다.

이러한 범문 불경의 한역을 위하여 편찬된 행균 상인上人의 〈용감수경〉은 단순히 한자의 자획字劃과 편방偏旁을 보여주는 자서가 아님을 알 수 있다. 정확한 한자의 발음을 함께 고찰할 수 있어야 하기 때문에 당시 유행하던 서개徐鍇의 『설문해자운보說文解字韻譜』와 같이 사성四聲으로 나누고 각 글자의 발음을 반절법反切法으로 표음하는 운서韻書와 자서字書의 결합이 될 수밖에 없었다. 이것은 또한 편찬자가 중국 성운학에 일가견이 있었음을 말한다. 당시의 학승들은 모두 성명학聲明學에 상당한 수준의 지식을 가졌던 것으로 보인다. 이것은 고려에서도 같았을 것으로 보아야 할 것이다.

지광의 서문

〈용감수경〉이 인도 음성학의 영향을 받은 중국 성운학에 근거하였음을 지광智光의 서문에서 밝혀놓았다고 앞에서 지적하였다. 즉 이 서문의 초두에 "夫聲明著論, 迺印度之宏綱, 觀跡成書, 寔支那之令躅. 印度則始摽天語, 厥号梵文載. 彼貫線之花, 綴以多羅之葉, 開之以字, 緣字界分之, 以男聲女聲. — 대저 성명기론(聲明記論, 불가의 비가라론으로 음성학을 말함 — 필자)에 관한 논저는 인도의 대강大綱7에서 시작하며 중국에서도8 이를 보고 좋은 서적을 만들었으니 이를 잘 따른 것이다. 인도 천축天竺의 언어를 기록할 때에 범문梵文, 산스크리트 문자를 부호로 하여 쓴다. 저들의 문자는 선에 맞춘 꽃을 다라(多羅, tara, 문자를 말함인 듯)의 잎사귀로 철자하여 비

---

7 원문 굉강(宏綱)은 대강(大綱)을 말한다. 공안국(孔安國)의 '상서서(尚書序)'에 "擧其宏綱, 撮其機要"를 참조할 것.

8 원문 '지나(支那)'는 불가(佛家)에서 중국을 가리키는 말이다. 원래 진시황(秦始皇)이 중원(中原)을 통일하여 진(秦)을 세웠으며 이로부터 중국 주변의 여러 민족들이 중국을 진으로 불렀다. 인도의 천축(天竺)에서도 범자(梵字)로 '진(秦)'의 발음대로 [China]로 썼는데 이 산스크리트어를 한자로 전사한 것이 '지나(支那)'이다. 『자은전(慈恩傳)』에 "三藏至印土, 王問: 支那國何若? 對曰: 彼國衣冠濟濟, 法度可遵, 君聖臣忠, 父慈子孝 — 삼장[법사]가 인도 땅에 도착하니 왕이 물었다. '지나의 나라는 어떤 나라뇨?' 하니 대답하여 말하기를 '그 나라는 의관이 정제하고 법도를 준수하며 임금은 성스럽고 신하는 충성스러우며 아비는 자애롭고 자식은 효도합니다'라고 하다"에 '지나(支那)'가 등장하며 『번역명의집(飜譯名義集)』「제국편(諸國篇)」에 "脂那, 一云支那, 此云 文物國 — 지나(脂那), 또는 지나(支那)라고 한다. 이것은 문물국을 말한다"로 나타난다. 따라서 '지나(支那)'는 '지나(脂那)'로도 쓰이며 송대(宋代)에는 물론 당대(唐代)에도 서역(西域)에서 중국을 지칭하는 말이었음을 알 수 있다. 참고로 현장(玄奘)과 삼장(三藏) 법사의 전기인 『자은전』(10권)은 『대자은사법사집(大慈恩寺法師傳)』을 줄여 부른 말이며 당대(唐代)에 혜립본(慧立本) 등이 편찬하였다. 『번역명의집』은 송대(宋代) 법운(法雲)의 찬이다.

로소 글자로 열리게 된다고 한 것이다. 남자의 소리와 여자의 소리(아마도 자음과 모음을 말함인 듯)로 글자에 따라 경계를 나눈다."⁹라 하여 인도의 비가라론의 성명기론이 중국에 전달됨에 따라 여러 성운학의 연구가 이루어졌으며 인도어의 표기에 쓰인 표음문자인 범자의 표기 방법이 매우 독특함을 말하고 있다.

이것은 앞에서 살펴본 바와 같이 범문의 불경을 읽고 이를 한자로 표기한 다음에 이를 한문으로 번역하는 과정에서 필요한 자전字典을 편찬하기 위하여 요遼에서도 성명기론에 대한 연구가 있었으며 이것은 당시 송과 요, 즉 중국과 북방민족들 사이에 널리 퍼져 있었음을 암시한 것이다. 당연히 고려에도 영향을 주었음은 더 말할 나위도 없다.

그리고 당시 한자음 연구에서 오늘날 우리가 생각하는 것보다 훨씬 많은 고대 인도 음성학의 영향이 있었음을 말하는 것이다. 이러한 성명기론의 발달된 음성학 이론이 고려에도 들어와서 조선 초기에 훈민정음 창제의 바탕을 이루었다(졸저, 2009). '성명기론聲明記論'은 성명업聲明業이라고도 불리는데 비가라론毘伽羅論의 한자 번역이다. 불가佛家에서 말하는 오명五明, pañca vidyā-sthānāni의 첫 번째 성명聲明, śabda-vidyā, 攝拖必駄은 '성(聲, śabda — 소리)'과 '명(明, vidyā — 학문)'의 복합으로 인도에서의 음성학, 언어학, 문법학을 말한다.

오명의 나머지는 인명因明, hetu-vidyā, 論理學, 내명內明, adhyādhi-vidyā, 敎理學, 의방명醫方明, vyādhi-vidyā, 醫學, 공교명工巧明, śilpa-karma-sthāna-vidyā, 造形學을 말한다(김완진

---

9 범어(梵語)를 표음문자인 산스크리트 문자로 기록하는 방법을 표현한 것으로 줄에 맞추어 자음과 모음의 글자를 연철하여 쓰는 범자(梵字)의 표기법을 설명한 것이다.

외, 1997:24~26). 〈용감수경〉의 권두에 부재된 지광의 '신수용감수경서新修龍龕手鏡序'에 맨 처음 등장하는 "夫聲明著論 운운"의 '성명聲明'도 바로 이 성명기론을 말한다.

역시 같은 지광의 서문에 전술한 바와 같이 "具辯宮商, 細分喉齒, 計二萬六千四百三十餘字, 注一十六萬三千一百七十餘字, 弁注惣有一十八萬九千六百一十餘字. ― 합계 26,430여 자를 宮商[角徵羽]으로 다스리고 [牙舌脣]齒喉로 더 나누었으며 163,170여 자를 주석하였으니 모두 189,610여 자를 주석한 셈이다."라는 기사에 등장하는 '궁상宮商'과 '후치喉齒'는 앞에서 언급한 대로 모두 오음五音이란 용어로 조음방식과 조음위치에 따른 음운의 분석 방법을 말한다. 이것으로 중국의 성운학이 고대 인도의 음성학, 즉 성명기론에 바탕을 둔 것임을 알 수 있다.

지광의 서문 후미에 "故目之曰龍龕手鏡, 惣四卷以平上去入, 爲次隨部, 復用四聲列之. ― 그러므로 제목을 '용감수경'이라 하였으며 평성, 상성, 거성, 입성에 따라 모두 4권인데 부수部首에 따라 차례를 삼고 다시 사성으로 정렬하였다."라고 하여 이 자서가 단지 부수에 의한 분류만이 아니라 사성의 성조에 의하여 한자를 정리하였음을 알 수 있다.

「오음도식」

특히 지광의 서문 말미에 "又撰五音圖式, 附於後, 庶力省功倍, 垂益於無窮者矣. ― 또 오음도식을 편찬하여 뒤에 첨부하니 힘을 적게 들이고 공은 배가 되며 무궁하게 이익이 될 것이다."라고 하여 「오음도식五音圖式」을 편찬하여 이 책의 뒤편에 붙인 것이 있었음을 알 수 있다.

「오음도식」은 북송의 진팽년陳彭年 등이 편찬한 『대광익회옥편大廣益會玉篇』

(1013)의 권두에 실려 있는 신공神珙의 「사성오음구롱반뉴도四聲五音九弄反紐圖」를 말하는 것으로 보인다. 신공은 당대唐代 서역西域에서 온 사문沙門으로서 그 서문에 『원화운보元和韻譜』가 인용되었다. 이로부터 원화(元和, 806~820) 이후의 사람으로 추정하고 있다. 반뉴도反紐圖는 등운도等韻圖의 모형으로 그의 오음성론五音聲論에서 불가佛家의 성명기론에 의거하여 조음위치를 "후喉, 설舌, 치齒, 순脣, 아牙"의 오성을 나눈 것으로 중국에서 한자 자모字母의 성류聲類에 따라 분류한 것이다.

	아음	설음		순음		치음		후음	반음	
		설두음	설상음	순중음	순경음	치두음	정치음		반설음	반치음
전청	見 ꡂ	端 ꡊ	知 ꡆ	幫 ꡎ	非 ꡰ	精 ꡒ	照 ꡆ	曉 ꡜ		
차청	溪 ꡁ	透 ꡉ	徹 ꡅ	滂 ꡍ	敷 ꡤ	淸 ꡑ	穿 ꡅ	匣 ꡣ		
전탁	群 ꡀ	定 ꡈ	澄 ꡄ	並 ꡌ	奉 ꡰ	從 ꡐ	床 ꡄ	影 ꡖ		
불청불탁	疑 ꡃ	泥 ꡋ	娘 ꡇ	明 ꡏ	微 ꡓ			喩 ꡗ	來 ꡙ	日 ꡔ
전청						心 ꡛ	審 ꡚ	(幺)ꡭ[10]		
전탁						邪 ꡕ	禪 ꡚ			

[36자모도의 오음도식과 파스파 문자]

「오음도식」은 이 오음성론五音聲論에 '전청全淸, 차청次淸, 불청불탁不淸不濁, 전탁全濁'의 조음방식에 의한 분류를 더한 것으로 보이며 이 도식은 송宋과 요대遼代에는 거의 모든 자서字書와 운서韻書에 부재되었을 것으로 보이지만 현재는 금대金代 한도소韓道昭의 『오음집운五音集韻』에 부재된 것이 가장 오래된 것으로 알려졌다(졸저, 2009:70). 그러나 현전하는 〈용감수경〉 및 〈용감수

10 유모(喩母) /ꡗ/자의 이체자이므로 36자에 들어가지 않음. 『몽고자운』 런던 초본에 의거함.

감〉의 어떤 판본에도 이 「오음도식」은 첨부되지 않았다. 아마도 명대明代에 호원胡元의 잔재殘滓를 없애려는 정책에 따라 이 도식圖式도 삭제된 것으로 보인다.

「오음도식」은 원대元代 파스파 문자의 제정에서 기초적인 이론이 되었고 이 문자의 보급에 이용되었다. 졸저(2009:167)에 의하면 파스파 문자는 253쪽 표와 같이 이 도식에 의하여 문자를 배열하였다고 보았다. 이 도식은 파스파 문자를 제외하고 송대宋代의『운략韻略』이나『예부운략禮部韻略』, 원대元代 황공소黃公紹의『고금운회古今韻會』, 그의 제자 웅충熊忠의『고금운회거요古今韻會擧要』등의 운서에서 권두에 첨부되었을 것이다. 그리고 역시 〈용감수경〉에도 책의 후미에 「오음도식」이란 이름으로 이 36자모표가 부재되었던 것으로 보인다. 물론『몽고운략蒙古韻略』이나『몽고자운蒙古字韻』등의 파스파 문자에 의한 운서에도 첨부되었을 것으로 보이지만 현전하는 청대淸代의 초본抄本에는 36자모만이 권두에 필사되었을 뿐이다.

그러나 명대에 있었던 명明 태조 주원장朱元璋의 대대적이고 철저한 파스파 문자의 말살 정책으로 이 「오음도식」이란 이름의 36자모표도 거의 모든 운서와 자서에서 제외되었다. 예를 들면 현전하는 금金의『오음집운五音集韻』에도 이 36자모표가 부재되지 않은 것이 많으며『고금운회거요』에는 이 36자모표가 '예부운략칠음삼십육모통고禮部韻略七音三十六母通攷'란 제목만 남아 있고 정작 도식은 삭제되었다. 이 제목에 이어서 "거고자운음동據古字韻音同"이란 협주夾註가 있는데 이때의 '거고자운'은 '몽고자운'을 고친 것이라 한다(졸저, 2009:69).[11] 물론 현존하는 〈용감수경〉, 〈용감수감〉의 어느 판본에도

---

11 명대(明代)의 파스파 문자의 말살 정책은 호원(胡元)의 잔재(殘滓)를 없애려는 명(明) 태조(太祖) 엄명 아래 철저하

이 도식은 부재되지 않았다.

파니니의 〈팔장〉

고대 인도의 음성학은 오늘날 전해지는 자료가 없어서 아직 그 연구가
미약하다. 그 가운데 기원전 4세기 사람으로 알려진 파니니Paṇini의 연구가
가장 많이 알려졌다. 특히 그의 범어 문법서 Aṣṭādhyāyī(八章, 이하 〈팔장〉
으로 약칭)[12]가 오늘날 전해져서 고대 인도 문법학파의 산스크리트어에 대
한 문법과 음성 연구가 서양에 알려지게 되었다. 이 문법서가 서양에 전
달되었을 때에 굉장한 충격을 준 것으로 보이며 미국언어학의 시조라고
할 수 있는 블룸필드L. Bloomfield는 "인간 지성이 이룬 최고의 기념비"라고
극찬하였다. 이 책은 뵈틀링크O. Böhtlink에 의하여 간본刊本으로 1887년에 간
행되어 서방세계에 알려졌다.

이 문법서는 베다Veda 경전經典에 나오는 산스크리트어에 대하여 음운과
문법을 정리한 것으로 이 말을 교육하는 교사들의 참고서였으며 일반인들
이 읽을 책은 아니었다. 따라서 해설서가 뒤를 이었는데 가장 유명한 이
책의 해설서로는 기원전 2세기경에 편찬된 파탄잘리Patañjali의 〈대주석
Mahā-bhāṣya, great commentary〉이 가장 중요하고 기원후 7세기경에 다시 집필
된 바르트르하리Bhartṛhari의 〈문장단어론Vākya Padīya〉도 넓은 의미에서 〈팔

게 수행되었다. 이때에 몽고(蒙古)라든지 파스파(八思巴) 등의 이름을 모두 없앴거나 바꾼 것으로 보인다.

12 이것은 'Aṣṭa-(8)'와 'adhyāya(장)'가 결합한 서명으로 보통 팔장(八章)으로 부른다. 산스크리트어에 대하여 음운
론, 형태론, 형성론, 통어론, 방언 등을 8장으로 나누어 기술하였다. 특히 이 언어를 지배하는 문법 규칙 3,996개
를 수트라(sūtra)란 이름으로 정리하였다. 오늘날 변형생성문법의 기본이 된 것으로 언어학사에서는 인정한다.
그러나 이 책의 편찬 연대에 대하여는 600B.C.에서 300B.C. 사이로 보고 있어 아직도 논란이 있다(Robins,
1997:171).

255
•••
4. 언어학의 이론으로 본 한글

장〉의 해설서라고 할 수 있다.[13]

〈팔장〉은 산스크리트어의 모든 언어현상을 지배하는 규칙들을 각 장에서 정리하여 숫자로 표시하였으며 잠언箴言과 같이 짧은 진술陳述로 규칙을 설명하였다. 따라서 이 책은 블룸필드에 의해서 언급된 바와 같이 주석에 의해서만 이해할 수 있는 책이었다. 이 규칙들은 수트라sūtra, 修多羅라는 이름으로 모두 4,000개 정도로 정리되었다.

예를 들면 산스크리트어의 계사繫辭 어근 'bhū(to be)'에서 'abhavat(he, she, it was)'로 굴절하는 어형성을 다음과 같이 규칙화한다.[14]

bhū-a   3.1.2, 3.1.68[15]

bhū-a-t   1.4.99, 3.1.2, 3.2.111, 3.4.78, 3.4.78, 3.4.100

a-bhū-a-t   6.4.71, 6.1.158

a-bho-a-t   7.3.84

a-bhav-a-t 6.1.78

abhavat — 마지막 표지representation, 이것만이 독립해서 발화되는 실제 낱
    말 형식.[16]

이 〈팔장〉은 비가라론毘伽羅論이란 불경佛經에 포함되어 성명학聲明學으로 번

---

13 파탄잘리와 바르트르하리는 "개개 언어체계 속에서 발화로 실현되는 모든 변이(變異)는 항구불변의 기층에서는 동일한 것이다."라고 하여 20세기 초에 소쉬르(F. de Saussure)가 제안한 랑구(langue)를 이미 2천 년 전에 인정한 셈이다.

14 이하는 Robins(1997:177~182)에서 발췌 요약한 것이다.

15 맨 앞의 숫자는 장(章)을 표시하고 두 번째 것은 절(節)을 표시한다. 맨 마지막 숫자가 수드라의 번호이다.

16 이 규칙들의 적용(rule ordering)은 순서적인 적용에 의한 것임을 전제로 한다.

역되고 팔만대장경八萬大藏經 속에 들어 중국과 한반도에 전달되었다. 중국에서는 음성학音聲學만을 받아들여 성운학聲韻學을 발달시켰다. 굴절적인 산스크리트어의 문법이 고립적인 중국어에 잘 맞지 않기 때문이었다. 역시 한반도에서는 우리말과 범어가 다른 부류class의 문법형식을 갖고 있기 때문에 음성학이 우선적으로 수용되었고 드디어 한글을 발명하는 기본 이론이 된 것이다.

〈팔장〉과 한글 발명

여기서 〈팔장〉의 전체 내용을 소개할 필요는 없는 것 같다. 다만 한글 발명에 동원된 음성학의 중요한 부분만 살펴보기로 한다. 〈팔장〉에서는 음성은 세 가지 조음기준에 의하여 만들어진다고 보아 음성기술을 다음 셋으로 나누어 고찰하였다.

첫째 조음과정processes of articulation의 이해
둘째 분절음segments의 파악[17]
셋째 음운론적 구조에서 분절음의 조립, 즉 음절 단위 기술

이것은 현대음성학의 이론으로 보면 변별적 자질의 이해와 음소의 파악, 그리고 음절 단위의 기술로 볼 수 있다. 먼저 조음과정을 이해하기 위

---

17 인간 음성의 다양한 변화를 sphoṭa(音, phone)라고 하고 sandhi(saṃdhi, 連聲)에 의해서 변하기 이전의 음운을 varṇa sphoṭa(음소)라 하였으며 이것이 음운 변화를 입으면 varṇa dhavani(변이음, allophone)가 된다. 반면에 형태(morph) 단위에서는 ādeśa(allomorp)를 인정하고 역시 sandhi(連聲)에 의하여 변하기 이전의 sthānin(morpheme)을 설정하였다. 다만 sphoṭa에 대한 인도학자들의 규정은 조금씩 다르다.

하여 발성기관과 발성방법을 이해하여야 한다.

언어음의 조음기관으로는 구강口腔을 기준으로 내구강內口腔, intrabuccal과 외구강外口腔, extrabuccal으로 나누고 외구강은 성문聲門, glottis, 폐肺, lungs, 비강鼻腔, nasal으로 나누어 각기 언어음의 산출産出에 작용한다고 보았다. 내구강은 전前, 후後, 협狹 구강口腔으로 나누어 전구강에서 순음脣音, 설음舌音이 생산되고 후구강에서 아음牙音이 생산되며 협구강에서는 치음齒音과 후음喉音이 생산되는 것으로 보았다. 아설순치후牙舌脣齒喉로 발음위치를 구분한 것이 인도 음성학의 영향임을 알 수 있다.

따라서 고대 인도의 비가라론, 즉 성명기론에서는 조음위치sthāna와 조음체karaṇa를 분리하여 이해하면서 조음위치에 따른 순음脣音, 치조齒槽, 치음齒音, 경구개음硬口蓋音, 연구개음軟口蓋音, 인두음咽頭音 등을 구별하였으며 조음방식에 따라 정지음停止音, 마찰음摩擦音, 파찰음破擦音과 무성무기음無聲無氣音, 유기음有氣音, 유성음有聲音, 비음鼻音 등을 구별하였다. 이것이 중국에 들어가 아음牙音, 설음舌音, 순음脣音, 치음齒音, ᄒ음喉音으로 나뉘고 전청(全淸, 무성무기음), 차청(次淸, 유기음), 전탁(全濁, 유성음), 불청불탁(不淸不濁, 비음)으로 구별하게 되었다.

그리하여 당대唐代의 수온守溫이란 승려는 당시 중국어의 어두 자음을 모두 36개로 보고 이들을 다음과 같이 분류하였다.

오음 사성	아음	설음		순음		치음		후음	반설음	반치음
		설두음	설상음	순중음	순경음	치두음	정치음			
전청	見k	端 t	知 tʂ	幫 p	非 β	精 ts	照 tɕ	影 ʔ		
차청	溪kh	透 th	撤 tʂh	滂 ph	敷 β	淸 tsh	穿 tɕh	曉 h		
전탁	群g	定 d	澄 dʐ	並 b	奉 f	從 dz	狀 dʑ	匣 ɣ		
불청 불탁	疑ng	泥 n	孃 ñ	明 m	微 w			喩 ∅	來 r, l	日 ńz
전청						心 s	審 ɕ			
차청						邪 z	禪 z			

[표 4-1] 당대 36성모의 자모도

이것이 유명한 중국 한자음 성모聲母의 36자모표로서 고대 인도의 조음음성학에 의하여 아설순치후와 전청, 차청, 전탁, 불청불탁으로 나눈 것이다. 후자는 조음방식에 의하여, 그리고 전자는 조음위치에 의한 자음의 분류였던 것이다. 이러한 분류 방법은 수隋 육법언陸法言의 〈절운切韻〉(601)에서 시작하여 당대唐代 손면孫愐의 〈당운唐韻〉(751), 송대宋代 진팽년陳彭年 등의 〈광운廣韻〉(1008)으로 이어졌다.

이 36자모도는 『동국정운東國正韻』(1447)에서 23자모도로 활용된다. [표 4-2]에 보이는 운목자韻目字들, 즉 /君ㄱ/과 같은 것은 『동국정운』에서의 운목자들이며 훈민정음에서 초성의 음가音價를 나타내는 한자들이었다.

오음 사성	아음	설음	순음	치음	후음	반설음	반치음
전청	君 ㄱ	斗 ㄷ	彆 ㅂ	卽 ㅈ	挹 ㆆ		
차청	快 ㅋ	呑 ㅌ	漂 ㅍ	侵 ㅊ	虛 ㅎ		
전탁	虯 ㄲ	覃 ㄸ	步 ㅃ	慈 ㅉ	洪 ㆅ		
불청불탁	業 ㆁ	那 ㄴ	彌 ㅁ		欲 ㅇ	閭 ㄹ	穰 ㅿ
전청				戌 ㅅ			
전탁				邪 ㅆ			

[표 4-2] 〈동국정운〉 23자모도

4. 언어학의 이론으로 본 한글

성운학과 중성자의 구조적 이해

고대 인도의 음성학에서는 음절 단위로 음운을 인식하였다. 따라서 어두語頭와 어말語末에서 자음의 연접連接, sandhi에 따른 음운변화를 이해하였다. 더욱이 어말 위치에서 일부 음운의 중화현상도 파악한 것으로 보인다.[18] 이렇게 음운을 음절 단위로 인식하는 방법은 중국의 성운학聲韻學에서 크게 발전하였다. 왜냐하면 모든 한자는 일음절一音節 형태로 인식하기 때문이다.

그리하여 고대 인도의 음성학은 중국의 성운학에서 전통적인 방법과 결합하여 음절구조를 다음과 같이 분류하였다.

이러한 음절의 분해방법은 중국어의 독특한 음절 구조와도 관련이 있지만 한자漢字 표기와 연결된다. 즉 한 음절이 한 형태를 보이는 중국어에서 한자는 한 음절의 한 형태를 표기하기 때문이다. 그리하여 전통적으로 성聲과 운韻으로 분리하여 음운을 인식했던 것이다.

불경佛經을 통하여 고대 인도의 음성학이 들어온 다음에 성모聲母를 36개

---

18 훈민정음 〈해례본〉 '종성해(終聲解)'의 "八終聲可足用"은 어말 위치에서 유기음, 성문긴장음 자질이 중화됨을 인식한 것이다.

로 인식하고 〈광운廣韻〉에서는 운을 208개로 분석하였다. 운은 이후 점차로 줄어들어 〈예부운략禮部韻略〉에서는 107운, 또는 106운으로 줄었으며 〈동국정운〉에서는 91운으로 정하여 개정한 우리 한자음의 운을 정리하였다.

훈민정음 〈해례본〉에서 설명한 초성과 중성의 문자는 놀랍게도 20세기에 서양에서 유행한 구조주의적 체계에 근거한 것처럼 보인다. 이것은 성리학性理學의 이론에 의하여 이루어진 것이기도 하지만 그보다 한 걸음 더나아간 구조주의에 입각한 체계적 발상으로 문자를 제정한 것이다. 먼저 중성자中聲字의 구조적 이해를 위하여 졸고(2002)에서 논의된 것을 다시 살펴보기로 한다.

훈민정음의 중성자는 모음조화를 염두에 두고 음운의 대립적 존재를 인식하여 제정되었다. 오늘날 구조주의 음운론에서 어떤 언어의 음운을 구조주의적 방법으로 분석하고 있는 대부분의 언어학자들은 드 소쉬르F. de Saussure를 그들의 선구자로 생각한다.

그의 유저遺著인 『일반언어학 강의』[19]는 언어 연구자들로 하여금 언어의 불변적 요소들을 찾아내기만 하려는 원자론atomism적인 생각에서 이들을 체계 속에서 파악하는 것이 중요함을 일깨워주었다. 그러나 그는 '구조structure'라는 말을 미처 사용하지 못했고 그저 언어가 내적 법칙에 의하여 조직되는 '체계system'만을 인정하였다.

Fages(1968; 김현 역, 1972)에 의하면 체계에 비하여 구조는 상위 개념이라고 한다. 구조란 "서로 의존하여, 그들 사이의 관계에 의해서 존재할 수

---

19 F. de Saussure(1916)의 최승언 역(1990)을 참조.

4. 언어학의 이론으로 본 한글

있는, 연대 관계에 있는 현상들로 이루어진 전체", 혹은 "내적 의존의 자치적 총체總體"로 정의할 수 있다.[20] 원래 사회학이나 경제학의 용어였던 '구조構造, structure'란 용어가 언어학에 도입되어 언어를 인간이 만들어낸 구조물로 보고 이를 구조주의 연구방법으로 접근하려는 한 무리의 연구자들을 구조언어학자라고 한다. 20세기 인문학 분야에서 괄목할 성과를 남긴 구조언어학의 연구방법은 아직도 언어 연구에 매우 유용한 것으로 인정되고 있다.

언어 연구에서 구조주의 연구방법을 보다 본격적으로 도입한 연구자들은 프라그학파를 들지 않을 수 없다. 마테지우스Vilèm Mathesius[21]에 의하여 체코의 프라하에서 시작된 프라그학파는 유럽에서 공시적인 언어 연구를 시작한 세 개 집단의 하나로서 야콥손R. Jakobson과 트루베츠코이N. S. Trubetzkoy에 의하여 음운론의 구조주의적 연구가 독창적으로 수행되었다. 주지하는 바이지만 이 두 사람은 음운의 연구에서 협정적인 대립, 또는 대조의 체계a system of conventional opposition or contrast라는 아이디어를 개발하여 언어 연구에 커다란 발전을 가져오게 하였다.

음운 연구에서 대립opposition, 또는 대조contrast라는 개념은 논리적으로 대립되는 두 음운 단위들 사이에 존재하는 관계성relationship을 말한다.[22] 여기서 논리적으로 대립된다는 말은 언어에서 의미의 분화를 가져오는 유의

---

20 Fages(1968)의 김현 역(1972)의 '모델'(18∼24)을 참조할 것.

21 빌렘 마테지우스(Vilèm Mathesius)는 우리 학계에 별로 알려지지 않았지만 프라하의 카렐대학 언어학과 교수로서 프라그학파를 결성하여 현대 언어학에서 기능구조주의를 처음으로 도입한 언어학자이다. 그의 생애 및 기능구조주의 언어학에 대하여는 졸고(1983)를 참고할 것.

22 이에 대하여는 제1장 주3의 Asher(1994, vol. 5:2876)의 설명을 참조할 것.

미한 차이를 갖고 있는 서로 다른 음운을 대립 또는 대조되는 음운이라고
한 것이다.

대립이란 술어는 유럽의 학자들에 의하여 선호되는 반면 대조는 전통적
으로 미국 학자들에 의하여 사용되었다. 한 체계 내에서 자리를 차지하고
있는 어떤 요소의 핵심적인 성격은 같은 체계 내에서 모든 다른 요소와
구별시켜주는 독특함uniqueness이다. 한 체계 내의 어떤 두 요소가 보여주
는 기본적인 관계성basic relationship은 대립의 하나가 된다. 따라서 음운의
대립은 두 음운이 갖고 있는 차이를 말하며 어떤 형태가 보여주는 의미의
분화는 형태가 갖고 있는 이러한 음운의 차이, 즉 형태를 구성하고 있는
서로 다른 음운의 대립에 의하여 이루어진다.

예를 들어 영어의 /k/ : /g/의 대립은 유성성voicedness의 유무에 의한 대
립이며 이러한 대립은 영어의 /p/ : /b/, /t/ : /d/, /s/ : /z/ 등에서 발견
된다. 한 언어에서 이러한 대립은 여럿이 있으며 Trubetzkoy(1939)에서는
한 언어에서 볼 수 있는 이와 같은 일련의 대립들을 상관correlations이라 불
렀다. 위의 영어 예에서 보이는 음운의 대립의 각 항은 상관쌍correlation pair
이 되고 이러한 두 음운의 상관은 유성성有聲性 상관이 되며 이러한 상관의
총체가 음운의 체계가 된다고 프라그학파에서는 생각한 것이다. 20세기
초기에 등장한 음운의 대립과 그에 의한 상관, 그리고 음운 체계 등의 개
념은 매우 진보된 이론으로서 단순히 음운을 언어 분석의 최종 단위로 생
각했던 종래의 원자론적인 파악보다는 한 걸음 나아간 것이다.

구조음운론자構造音韻論者, Structo-phonologist들은 각 음소들phonemes을 언어분
석의 구극적 요소究極的要素, ultimate elements로서 추출해내는 것이 중요하다고
생각한 것이 아니라 음운 분석에서 얻어낸 원자론적인 요소들atomic

elements의 상호 대립 관계를 중심으로 그들을 체계 속에서 파악하는 것이 더 중요한 것이라고 생각했다. 이것은 물론 자연과학에서 분자론分子論, The molecular theory의 중요성이 인식된 이후의 일이지만 이러한 구조언어학적 음운 연구는 20세기 전반의 언어 연구에서 가장 발전된 분야로 알려졌고 언어학의 다른 분야에도 지대한 영향을 주었던 것이다.

그런데 500여 년 전에 훈민정음을 제정한 우리말의 음운 연구자들도 국어의 원자론적 단위들, 다시 말하면 구조주의 음운론자들이 음소라고 부르는, 당시로서는 음운 분석의 최종 단위들을 문자화하면서 그 각각의 대립관계를 밝혀놓은 것이 있어서 우리를 놀라게 한다. 여기서는 〈해례본〉의 중성자에 대한 제자해의 설명으로부터 구조언어학적 개념인 음운의 대립관계를 어떻게 파악하고 이를 문자화하는 데 이용하였는지 살펴보고자 한다.

중성자의 대립체계

놀라운 것은 훈민정음 중성자가 위에서 언급한 대립체계로 인정되고 제정되었다는 사실이다. 〈해례본〉에서 중성자의 제자制字는 '천지인天地人' 삼재三才를 상형하여 기본자를 제정하고 이들을 조합하여 모두 11자를 제자하였음을 위에서 언급한 바가 있다.

즉 / · /는 천원天圓을, /ㅡ/는 지평地平을, / ㅣ /는 인립人立의 모습을 상형한 것으로 기본자가 되었다. 즉 'ㅗ'는 '/ · /(천원) + /ㅡ/(지평)'의 결합이며 'ㅏ'는 '/ ㅣ /(인립) + / · /(천원)', 'ㅜ'는 '/ㅡ/(지평) + / · /(천원)', 'ㅓ'는 '/ · /(천원) + / ㅣ /(인립)'의 결합이라고 설명하였다. 이들은 한 번씩 결합한 것이기 때문에 초생初生이라고 하고 이렇게 하여 만들어진 'ㅗ,

ㅏ, ㅜ, ㅓ/'의 4자를 초출자初出字로 보았다.

　반면에 'ㅛ, ㅑ, ㅠ, ㅕ/'의 4자는 결합하는 방법이 위와 같으나 재생再生으로 보아 재출자再出字라 하였으며 따라서 훈민정음의 중성자는 기본자가 3, 초출자 4, 재출자 4로 모두 11자가 된다. 또 이들은 생위生位와 성수成數, 즉 '생겨난 오행의 위치'와 '만들어진 천지의 수'가 있다고 하였는데 이에 대한 설명을 〈해례본〉에서 옮겨보면 다음과 같다.

자	제자	천지수	생위성수	팔괘	비고
·	天圓	天五	生土之位		
ㅡ	地平	地十	成土之數		기본자
ㅣ	人立	無位	獨無位數		

자	제자	천지수	생위성수	팔괘	비고
ㅗ	初生於天	天一	生水之位	乾	
ㅏ	次之	天三	生木之位	巽	
ㅜ	初生於地	地二	生火之位	坤	초출자
ㅓ	次之	地四	生金之位	震	

자	제자	천지수	생위성수	팔괘	비고
ㅛ	재생어천	天七	成火之數	兌	
ㅑ	次之	天九	成金之數	離	
ㅠ	再生於地	地六	成水之數	坎	재출자
ㅕ	次之	地八	成木之數	艮	

[표 4-3] 훈민정음 11개 중성자의 생위성수

　이에 의하면 〈해례본〉에서 제시한 중성자 11개는 각기 생위성수로 표시할 수 있어 '/ㅣ/ : 獨無位數, / · / : 天五, /ㅡ/ : 地十, /ㅗ/ : 天一, /ㅏ/ : 天三, /ㅜ/ : 地二, /ㅓ/ : 地四, /ㅛ/ : 天七, /ㅑ/ : 天九, /ㅠ/ :

地六, /ㅕ/ : 地八'과 같이 표시하였다.

〈해례본〉의 해례에서 보여준 이러한 설명은 무엇을 말하고자 한 것인가에 대하여 우리는 그동안 아무런 해답을 갖고 있지 않았다. 그러나 위의 설명 중에 "/ · / : 天五, /_/ : 地十, /ㅣ/ : 獨無位數 — '/ · /'는 하늘 5의 위치이고 '/_/'는 땅 10의 위치인데 '/ㅣ/'만은 혼자 위치의 숫자가 없다."라는 대목에서 생위와 성수가 혹시 중성자, 즉 모음의 대립을 말하고자 한 것이 아닌가 한다.

왜냐하면 중세국어의 모음조화에서 '/ · /'와 '/_/'는 서로 대립되는 모음이었는데 위의 생위성수에서는 이를 각기 '천天'과 '지地'로 대립시켰으며 유일하게 모음조화에서 대립을 갖지 않은 모음은 '/ㅣ/'뿐인데 '/ㅣ/[i] 독무위수獨無位數'라고 한 것은 이것과 대립되는 모음이 없음을 말하는 것으로 이해할 수 있기 때문이다.

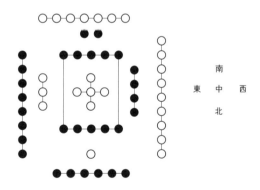

[표 4-4] 『하도河圖』 생위성수의 55점[23]

---

23 江愼修 著 孫國中 点校(1989:3)에서 인용함.

뿐만 아니라 '/ㅗ/'와 '/ㅜ/'는 오행五行에서 '수水 : 화火'로, 팔괘八卦에서는 '건乾 : 곤坤'으로 대립시켰고 '/ㅏ/'와 '/ㅓ/'는 '목木 : 금金'과 '손巽 : 진震'으로 대립시켰다. '/ㅛ/'와 '/ㅠ/', 그리고 '/ㅑ/'와 '/ㅕ/'도 각기 '화火 : 수水, 태兌 : 감坎'과 '금金 : 목木, 리離 : 간艮'으로 대립시켜 다음과 같은 11개 중성자를 대립적으로 이해한 것이다.

기본자 — /·/(天) : /ㅡ/(地), /ㅣ/(人 -獨無位數)

초출자 — /ㅗ/(水, 乾) : /ㅜ/(火, 坤), /ㅏ/(木, 巽) : /ㅓ/(金, 震)

재출자 — /ㅛ/(火, 兌) : /ㅠ/(水, 坎), /ㅑ/(金, 離) : /ㅕ/(木, 艮)

따라서 이것은 성리학性理學에서 대립을 체계적으로 설명하는 데 쓰이는 천지天地, 음양陰陽과 오행五行의 대립을 이용하여 중성자 11개의 상호 대립을 설명한 것이다.

〈해례본〉 해례에서 중성자에 대한 생위성수의 설명은 '천지, 음양, 오행'에 의한 대립만을 말한 것이 아니다. 주지하는 바와 같이 생위성수는 하도河圖와 낙서洛書에 찍혀 있는 점의 수효와 위치를 말한다. 특히 하도는 중국 삼황三皇시대의 복희씨伏羲氏 때에 황하黃河에서 용마龍馬가 가지고 나왔다는 55점의 그림으로 낙서洛書와 함께 주역周易의 기본이 된다. 이 하도에는 55점의 그림이 동서남북으로 나뉘어 찍혀 있고 그 각각의 수가 차지한 위치가 생위성수로 알려졌다. 앞에 보인 [표 4-4]는 하도의 55점을 그림으로 나타낸 것이다.

이 [표 4-4]에서 생위성수에 의하여 방위가 결정되며 그 각각에 〈해례본〉의 해례에 설명된 중성자를 대입하면 다음과 같이 된다.

天七(ㅛ)

地二(ㅜ)   南

地八(ㅕ) 天三(ㅏ)   天五(·) 地四(ㅓ) 天九(ㅑ)   東　中　西

地十(ㅡ)   北

天一(ㅗ)

地六(ㅠ)

[표 4-5] 훈민정음 중성자의 위치

이 [표 4-5]에 의하면 천오(天五, /·/)와 지십(地十, /ㅡ/), 그리고 천일
(天一, /ㅗ/)과 지이(地二, /ㅜ/), 천칠(天七, /ㅛ/)과 지육(地六, /ㅠ/)은 남북
으로 대립하는 위치에 있게 되며 천삼(天三, /ㅏ/)과 지사(地四, /ㅓ/), 천구
(天九, /ㅑ/)와 지팔(地八, /ㅕ/)은 동서로 대립하는 위치에 있다. 이를 정
리하여 훈민정음의 중성자를 대입하면 다음과 같은 대립의 항이 만들어
진다.

南 : 北의 대립   天五 : 地十,   天一 : 地二,   天七 : 地六

　　　　　　　ᄋ : 으,   오 : 우,   요 : 유

東 : 西의 대립   天三 : 地四,   天九 : 地八

　　　　　　　아 : 어,   야 : 여

無位數 이

[표 4-6] 『하도』에 의한 훈민정음 중성자의 대립

이것은 상술한 '천지, 음양, 오행'에 의한 대립을 방위, 즉 동서와 남북으로 다시 강조한 것이며 결국은 천天의 'ᆞ, 오, 아, 요, 야'와 지地의 '으, 우, 어, 유, 여'가 서로 대립함을 보여준 것이다. 여기서 〈해례본〉 '제자해'의 '起於ㅣ'라고 한 재출자들은 이미 훈민정음 제정자들이 ㅣ계 이중모음으로 인식하고 있었으므로 이들 '요, 야, 유, 여'의 4자를 제외하면 나머지 7자, 즉 'ᆞ, 으, 이, 오, 아, 우, 어'는 훈민정음을 제정할 당시에 의식하고 있었던 7개의 단모음單母音을 말한다. 이들 단모음은 'ᆞ~으, 오~우, 아~어'의 대립 쌍과 중립적인 '이'로 나눌 수 있다고 본 것이다.[24]

모음조화

구조음운론의 입장에서 이러한 세 쌍의 대립은 어떠한 음운 대립을 말하는 것일까? 모음조화는 이른바 알타이제어의 중요한 특징으로서 여러 가지 형태의 모음조화가 있다. 즉 모음조화vowel harmony는 일종의 모음동화母音同化 현상으로서 서로 유사한 특성의 모음끼리 결합하려는 현상이다. 알타이제어에서는 구개적口蓋的조화palatal harmony, 순적脣的조화labial h., 복합複合조화labio-palatal h.가 있고 아주 드물지만 수평적水平的조화horizontal h.도 발견된다고 한다.[25]

---

24 〈해례본〉의 생위성수(生位成數)가 하도(河圖)의 원리에서 나온 것으로부터 훈민정음의 하도기원설(河圖起源說)이 중국의 연변학자들에 의하여 주장되기도 하였다. 1950년대에 연변대학에서 교편을 잡은 오봉협 선생이 '한글하도기원론'을 『교육통신』(대중서원, 연변) 잡지 2~6기(1950년 간행)에 연재하였다. 이것은 저자가 최현배 선생의 『한글갈』을 통하여 얻은 훈민정음 창제에 관한 지식을 '하도기원론'으로 부연한 것으로 민족의 자부심을 고취하기 위한 재야학자의 주장이었다.

25 모음조화와 그의 여러 유형에 대하여는 Spencer(1996:177~180)의 설명을 참조할 것. 특히 터키어에서 전설 비원순모음(제1조), 전설 원순모음(제2조), 후설 비원순모음(제3조), 후설 원순모음(제4조)끼리 결합하는 "čekingen(shy)–제1조, köylü(villager)–제2조, akıl(intelligence)–제3조, dokuz(nine)–제4조"와 같은 예는 복합

그러나 이러한 모음조화 가운데 알타이제어에서 가장 일반적인 현상은 구개적 조화인데 구개적 조화란 전설모음은 전설모음끼리, 후설모음은 후설모음끼리 결합하는 모음동화 현상을 말한다. 그러므로 구개적 조화는 전후 대립의 모음체계를 갖고 있는 언어에서 전설모음과 후설모음이 서로 동화되는 현상이라고 할 수 있다.

한국어의 역사 연구에서 모음조화에 대한 연구는 각 시대의 모음체계 수립과 관련하여 연구되었다. 위에서 살펴본 훈민정음 7개 중성자는 음양으로 나뉘어 천ᵗ의 수를 가진 'ᄋ, 오, 아'는 양陽이고 지ₜ의 수를 가진 '으, 우, 어'는 음陰이라 하여 모음 6개를 두 계열로 나누었다. 여기서 말하는 음과 양은 무엇을 말하는 것일까?

일찍이 김완진(1963)에서는 훈민정음의 중성자들이 전후의 대립을 가진 것으로 보고 음의 중성자는 전설모음, 양은 후설모음으로 보아 훈민정음의 11개 중성자 가운데 단모음의 문자인 7개 중성자는 다음과 같은 중세 국어의 모음체계를 문자화한 것으로 보았다.

	전설陰	후설陽	
이	우	오	- 고모음
	으	ᄋ	- 중모음
	어	아	- 저모음

[표 4-7] 김완진(1971:43)의 모음체계도

조화의 전형이라고 할 수 있다(Ladefoged, 1975).

그러나 이기문(1968)에서는 이러한 대립이 당시 모음체계를 반영한 것이 아니라 언중言衆의 의식 속에 들어 있는 모음조화의 체계를 반영한 것으로 모음체계와 모음조화의 체계는 일치하지 않을 수도 있다고 주장하였다. 그리하여 모음조화의 체계를 반영한 훈민정음의 중성자 체계는 오히려 고대국어의 모음체계와 유사하다고 주장하였다.

필자도 이것이 훈민정음 제정 당시의 모음체계로 보기 어렵다고 생각한다. 우선 'ᄋ~으'의 대립이 이미 15세기에 매우 흔들리고 있으며 이것은 16세기에 'ᄋ' 음의 제1차 소실, 즉 비음운화 현상이 매우 진전되었기 때문이다. 그리고 무엇보다도 '우~오'의 대립이 더 이상 전후의 대립이 아니라는 점이다. 『사성통해四聲通解』에 소개된 몽고운蒙古韻[26]을 고찰하면 이미 '오[u], 우[ü]'로부터 '오[o], 우[u]'의 변천이 있어서 이미 현대어와 같이 '고~저'의 대립을 보이기 때문이다(졸고, 2002:36~41).[27]

2. 초성, 중성, 종성의 현대 음운론적 이해

〈해례본〉의 해례解例는 제자해制字解를 비롯하여 초성해初聲解, 중성해中聲解, 종성해終聲解, 그리고 합자해合字解의 5개 해설과 용자례用字例의 예例를 합하여 말한 것이다. 5개 해설 가운데 가장 중요한 것은 제자해이다. 만일 이 부

---

26 몽고운은 『사성통해』에서 『몽고운략』의 파스파(八思巴) 문자 한자음 표음을 인용한 것이라고 하지만 이 운서는 오늘날 전하지 않으므로 가능한 것은 현전하는 『몽고자운』의 파스파자 표음과 비교하는 것이다.

27 [표 4-7]의 모음체계는 중세몽고어를 문자로 만든 파스파 문자에서 유모(喩母)자의 모음들을 체계화한 것과 일치한다. 본서의 제5장에서 이에 대하여 상세하게 논의되었다.

분이 없었더라면 훈민정음 초성 17자의 한글 자형字形이 발음기관을 상형象形하였다는 주장이 나올 수가 없었기 때문이다.

제자해에서는 한글의 초성과 종성, 그리고 중성으로 나누어 각기 기본자를 정하고 그로부터 나머지 글자를 제자하였다. 즉, 우리말의 각 음절을 어두 자음과 모음, 그리고 어말 자음으로 나누어 초성, 중성, 종성으로 구분하고 각기 그 기본자를 정한 것이다.

이에 대하여 김완진 외 2인(1990:154)에서는 이와 같은 중국 성운학聲韻學에 입각하여 언어음을 음절구조에서 인식하는 현대 복선음운론non-linear phonology의 방법을 소개하면서 훈민정음의 음절구조를 이해하였다.

이에 의하면 성모聲母, 또는 자모字母로 불리는 한 음절의 어두 자음이 초성이며 나머지 부분을 운韻이라 하는데 이것을 다시 운복韻腹과 운미韻尾로 나누어 운복, 즉 섭攝이라 불리는 모음을 중성이라 하고 운미韻尾, 즉 받침에 해당하는 자음을 종성이라 하였음을 알 수 있다. 서양의 음운론音韻論에서 자음과 모음으로 나눈 것에 비하여 한 걸음 나아간 것이라 할 수 있다. 그것도 500년 전에 말이다.

초성의 제자

초성初聲, 즉 어두 자음의 자형字形은 발음위치에 따라 아설순치후牙舌脣齒喉의 5개 위치로 나누어 각 위치에서 기본자 5개를 정하고 그 위치에서 조음되는 발음기관을 상형하여 문자를 만들었다. 즉 초성의 경우는 발음기관을 본뜬 기본자에 인성引聲에 따라 가획加劃하여 문자를 만들었음을 제자해에서 분명히 밝혀놓았다. 즉, 5개의 발음위치에서 발음기관을 상형한 기본자에 대하여 〈해례본〉 '제자해'에서는 아설순치후의 5개 위치에서 다음과 같이 기본자를 제자하였다고 밝혀놓았다.

아음牙音 ㄱ- 象舌根閉喉之形(혀뿌리가 목구멍을 막는 모습을 본뜬 것)

설음舌音 ㄴ- 象舌附上之形(혀가 위 잇몸에 붙는 모습을 본뜬 것)

순음脣音 ㅁ- 象口形(입모습을 본뜬 것)

치음齒音 ㅅ- 象齒形(치아의 모습을 본뜬 것)

후음喉音 ㅇ- 象喉形(목구멍의 모습을 본뜬 것)

창제 당시에 문자의 제자制字에 참가한 당사자들이 이렇게 밝혔음에도 불구하고 오늘날 여러 가지 억측과 가설이 난무한 것으로 보아 이 해례본이 없었다면 한글의 자형에 대한 많은 부분이 미궁에 빠질 뻔하였다.

한글의 자형에 대한 여러 가지 가설 가운데 정초鄭樵의 〈육서략六書略〉에 나오는 기일성문도起一成文圖에서 글자 모양을 모방하였다는 주장이나 정인지鄭麟趾의 후서에 나오는 '자방고전字倣古篆'으로부터 나온 고전古篆 기원설, 그리고 창문의 격자格子에서 글자를 본떴다는 창호설窓戸說 등은 아직도 상당한 세력을 얻고 있으며 여기에 해례본의 제자해가 없었다면 이러한 주장에 속수무책이었을 것이다.[28]

이 5자를 기본으로 하여 인성가획의 방법으로 나머지 12자를 제자하였는데 여기서 인성가획이란 자음子音에서 유기음有氣音이라든지 무성음無聲音의 경우에 유성음有聲音, 또는 평음平音의 기본자에 획을 더하는 방법을 말한다.

---

28 〈해례본〉 제자해(制字解)에 자형이 발음기관을 상형하였다고 분명히 명기하였음에도 불구하고 아직도 기일성문도(起一成文圖) 기원설, 고전(古篆) 기원설 등이 계속해서 한글 자형의 논자들에게서 회자되고 있다. 파스파 문자의 모방설도 외국 학자들에 의하여 주장되기도 한다.

즉, 기본자에 어떤 변별적 음성 자질이 더할 때마다 획을 하나씩 더 굿는 방법을 택하여 자음자를 만든 것이다. /ㄱ/에 유기음 자질이 더하면 /ㅋ/가 되고 /ㅇ/에 무성음 자질이 더하면 /ㆆ/가 되거나 /ㅁ/이 무성 자질이 되면 /ㅂ/, 유기음 자질이 더하면 /ㅍ/가 되는 것을 분명하게 한 것이다. 이로부터 한글은 인류 최초의 변별적 자질을 문자로 만들었다는 평가를 받게 된 것이다. 다음에 인성가획에 의한 자음자의 제정을 살펴보기로 한다.

발음위치	기본자	인성가획자引聲加劃字	이체자異體字
아음牙音	ㄱ →	ㅋ	ㆁ
설음舌音	ㄴ →	ㄷ → ㅌ	ㄹ
순음脣音	ㅁ →	ㅂ → ㅍ	
치음齒音	ㅅ →	ㅈ → ㅊ	ㅿ
후음喉音	ㅇ →	ㆆ → ㅎ	

이상 초성 17자가 발음기관의 상형과 인성에 의한 가획의 방법, 그리고 이 원리에 벗어난 3개의 이체자異體字로 제자되었음을 살펴보았다. 그러면 이러한 문자들이 당시 음운과 어떤 관련을 갖고 제정되었는지 살펴보기로 한다.

중성의 제자

중성자의 제자도 초성과 유사하다. 먼저 천지인天地人 3재才를 상형한 기본자 3개 /·, ㅡ, ㅣ/를 만들고 이어서 이 셋을 조합하여 4개 /ㅗ, ㅏ, ㅜ,

ㅓ/의 초출자初出字를 만든 다음 초출자에 천天의 /·/를 두 번씩 결합시킨
/ㅛ, ㅑ, ㅠ, ㅕ/를 재출자再出字로 만들어 모두 11개자를 제자하였다.

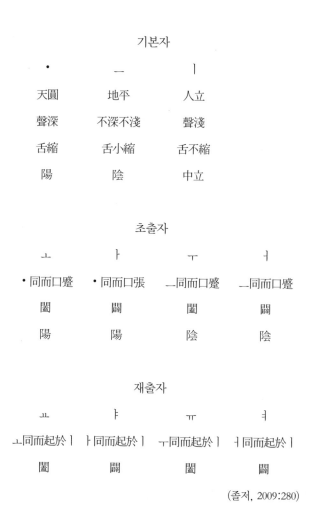

기본자

·	ㅡ	ㅣ
天圓	地平	人立
聲深	不深不淺	聲淺
舌縮	舌小縮	舌不縮
陽	陰	中立

초출자

ㅗ	ㅏ	ㅜ	ㅓ
·同而口蹙	·同而口張	ㅡ同而口蹙	ㅡ同而口蹙
闔	闢	闔	闢
陽	陽	陰	陰

재출자

ㅛ	ㅑ	ㅠ	ㅕ
ㅗ同而起於ㅣ	ㅏ同而起於ㅣ	ㅜ同而起於ㅣ	ㅓ同而起於ㅣ
闔	闢	闔	闢

(졸저, 2009:280)

그리고 이 11개 중성자를 양위陽位에 있는 것과 음위陰位에 있는 것으로

4. 언어학의 이론으로 본 한글

나누고 'ㅣ'는 '독무위수獨無位數'라 하여 다음과 같이 음양의 대립으로 나누었다.

陽位 — ·, ㅗ, ㅏ (ㅛ, ㅑ)   獨無位 — ㅣ
陰位 — ㅡ, ㅜ, ㅓ (ㅠ, ㅕ)

이것은 몽고어와 같이 중세한국어의 모음이 양陽계열의 '·, ㅗ, ㅏ'와 음陰계열의 'ㅡ, ㅜ, ㅓ'가 있고 이러한 모음조화에 중립적인 'ㅣ'가 있음을 전제로 하여 중성자, 즉 모음자를 만든 것으로 볼 수밖에 없다.

졸고(2008a)에서 주장한 바와 같이 세종이 훈민정음을 제정할 때에 당시 국어의 음운을 분석하여 그 하나하나에 기호를 만든 것으로 보기에는 여러 가지 무리가 있다. 우선 자음의 표기에 사용된 초성자에 'ㆆ' 음은 당시 한국어의 음절 초에 존재하지 않은 것으로 알려졌다. 그러나 파스파 문자의 영모影母에 대응히여 이 문자를 제자하였을 가능성은 매우 높다. 또 당시의 된소리들도 분명히 다른 평음이나 유기음과 구별되는 음운이었음에도 불구하고 이를 표음하는 기호를 따로 제정하지 않았다. 이것은 파스파 문자에서 이를 표기하는 기호가 없었기 때문이었다.

훈민정음의 중성 11개도 파스파자의 유모喩母와 관련하여 7개의 기호를 만들고 여기에 재출자再出字 4개를 더한 것이 훈민정음의 11개 중성자가 아닌가 한다. 그동안의 논의에서 중세한국어의 기본 모음이 7개라는 것이 음운의 동형성pattern congruity으로 보아 매우 불합리하다는 주장이 끊이지 않았다.

11자의 중성자 가운데 재출자 4개는 ㅣ계 이중모음자임을 〈해례본〉에서 밝혀놓았으므로 7개의 단모음 글자를 제자하였는데 이것은 당시 우리 말의 모음 음소에 맞춘 것이 아니고 파스파 문자의 7모음자에 맞춘 것으로 보았다(졸고, 2008a, b, 2011b; 졸저, 2009, 2013).[29]

종성의 제자

종성終聲은 초성을 다시 쓴다고 하여 종성과 초성이 같은 부류의 음운, 즉 자음子音임을 인식한 것이다. 즉, 훈민정음 〈해례본〉의 예의例義 부분에 초성과 중성에 대한 음가를 설명하고 마지막에 "종성부용초성終聲復用初聲"이라 하여 '종성'은 '초성'을 다시 쓴다고 하였다.

이 구절의 의미는 초성 17자, 즉 /ㄱ, ㅋ, ㆁ, ㄷ, ㅌ, ㄴ, ㅂ, ㅍ, ㅁ, ㅈ, ㅊ, ㅅ, ㆆ, ㅎ, ㅇ, ㄹ, ㅿ/자가 모두 종성으로 쓸 수 있다는 의미이다. 그러나 해례解例의 '종성해終聲解'에서는 "然ㄱㆁㄷㄴㅂㅁㅅㄹ八字可足用也"라 하여 초성 17자 가운데 종성, 즉 운미韻尾. coda의 위치에서 변별적인 것은 /k, ng, t, n, p, m, s, r, l/의 자음뿐이라는 것이다. 소위 '8종성가족용'의 인식도 구조음운론에서 음운의 대립 가운데 중화현상이 일어나는 가중화대립可中和對立. neutralizable opposition의 현상을 이해한 것이다.

구조음운론에서 음운의 대립은 여러 유형이 있다.[30] 특히 대립을 이루는

---

29 이에 의거하면 파스파자의 모음자와 훈민정음의 중성자는 대체로 다음과 같은 모음체계를 의식하고 문자를 제정하였다고 추정할 수 있다.

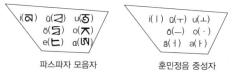

파스파자 모음자   훈민정음 중성자

30 예를 들면 대립을 이루는 두 음운의 항과 다른 대립 항과의 관계에 따라 양면대립(bilateral opp.)과 다면대립

두 항項이 가지는 변별력의 다과多寡, 즉 변별력이 항시 존재하는가, 아니면 특정 환경에서 변별력을 잃어버리는가에 의하여 불변不變대립constant opposition과 이에 대응하는 가중화대립으로 나눌 수 있다. 영어의 경우 s-다음 위치에서 유성음과 무성음은 그 변별력을 잃어버리고 항상 무성음으로 실현되는 현상을 말한다.

우리말에서 종성의 위치, 즉 받침에서는 유기음과 성문긴장음의 자질이 중화된다. 그리하여 /ㄱ:ㅋ/, /ㄷ:ㅌ/, /ㅂ:ㅍ/, /ㅈ:ㅊ/의 대립이 받침에서는 구별되지 않는다. 즉 차청次淸의 유기음 계열이 /ㅋ → ㄱ, ㅌ → ㄷ, ㅍ → ㅂ, ㅊ → ㅈ, ㅎ → ㆆ/으로 변한다. 거기다가 파찰음과 마찰음의 구별도 어려워 /ㅈ → ㅅ, ㅿ → ㅅ/의 현상도 생겨 /ㅋ, ㅌ, ㅊ, ㅎ, ㅈ, ㅿ/가 이 위치에서 실현되지 못한다. 여기에 욕모欲母 /ㅇ/는 원래 받침 위치에서 발음이 되지 않으므로 초성 17자 가운데 우리말 표기에 쓰이지 않는 /ㆆ/를 빼고 다시 중화현상을 일으키는 /ㅋ, ㅌ, ㅍ, ㅊ, ㅈ, ㅿ, ㅎ, ㅇ/를 빼면 8종성 /ㄱ, ㄴ, ㄷ, ㄹ, ㅁ, ㅂ, ㅅ, ㆁ/만이 종성의 위치에서 제 음가를 갖고 변별적 기능을 발휘한다.

이것은 물론 파스파 문자에서 음절 초 자음의 초성初聲, onset과 운韻, rhyme의 핵인 섭攝, vowel, 그리고 운미韻尾, soda를 구별한 것에서 영향을 받은 것으로 한글 창제에서 독창적인 것으로 보기 어렵다.

(multilateral opp.)으로 나눌 수 있고 비례대립(proportional opp.)과 고립대립(isolated opp.)으로도 나눌 수 있다. 두 음운이 양면대립에 비례대립의 관계에 있다면 서로 매우 가까운 사이의 음운으로 묶을 수 있다. 이러한 대립의 총화가 바로 그 언어의 음운체계를 수립해주는 것이다.

3. 훈민정음 초성과 자음체계

앞에서 훈민정음 〈해례본〉에서는 모든 음운, 즉 초성과 중성 및 종성이 대립적으로 존재함을 보여주었다. 초성에서도 같은 구조적 대립에 의하여 글자를 만든 것으로 볼 수 있다. 즉 전청(全淸, 무기음) 대 차청(次淸, 유기음), 전청 대 불청불탁不淸不濁, 전청 대 전탁(全濁, 유성음)의 대립을 상정하고 다음과 같이 제자하였다.

전청 대 차청

아음牙音	설음舌音	순음脣音	치음齒音	후음喉音
ㄱ : ㅋ	ㄷ : ㅌ	ㅂ : ㅍ	ㅈ : ㅊ	ㆆ : ㅎ

전청 대 불청불탁

아음牙音	설음舌音	순음脣音	치음齒音	후음喉音
ㄱ : ㆁ*	ㄷ : ㄴ	ㅂ : ㅁ	없음	ㆆ : ㅇ
	ㄷ : ㄹ*		ㅅ : ㅿ*[31]	

전청 대 전탁

아음牙音	설음舌音	순음脣音	치음齒音	후음喉音
ㄱ : ㄲ	ㄷ : ㄸ	ㅂ : ㅃ	ㅅ : ㅆ, ㅈ : ㅉ	ㆆ : ㆅ

---

31 * 표시가 있는 '/ㆁ, ㄹ, ㅿ/'은 인성가획(引聲加劃)에 의한 것이 아님은 앞에서 살펴보았다. 불려(不厲)에서 초려(稍厲)로 바뀌는 것만이 인성가획이고 /ㄱ/→/ㆁ/, /ㄷ/→/ㄹ/, /ㅅ→ㅿ/는 반대로 초려에서 불려로 바뀐 것이므로 비록 획을 더했다고 해도 인성가획에 해당하지 않는 것으로 〈해례본〉은 본 것이다.

따라서 이 초성자들은 결국 다음과 같은 자음의 대립을 체계적으로 문자화한 것이다. 다만 전청 대 전탁은 우리말에서 음운론적이 아니라고 보았다.

즉 사각의 상변 왼쪽은 무표unmarked 계열의 '/ㄱ[k], ㄷ[t], ㅂ[p], ㅅ[s], ㅈ[ts], ㆆ[ʔ]/'이고 하변의 왼쪽은 유기음 계열의 '/ㅋ[kh], ㅌ[th], ㅍ[ph], ㅊ[tsh], ㅎ[h]/'이며 하변의 오른쪽은 비음, 또는 유성음 계열로 '/ㆁ[ng], ㄴ[n], ㅁ[m], ㅇ[ɦ]/'로 볼 수 있다.

한국어에서 음운론적이지 못한 'ㄲ[g], ㄸ[d], ㅃ[b], ㅆ[z], ㅉ[dz], ㆅ[ɤ]/'는 동국정운식 한자음에서 전탁자의 표기에 사용되거나 중국어 한음漢音 표음에 쓰였을 뿐 고유어 표기에서는 오히려 유음流音 다음에 오는 평음이 동화를 피하기 위하여 된소리로 표기되는 것을 나타내는 데 이용되었다.[32]

이러한 문자의 대립적 제자는 음운의 대립을 의식한 것이고 이것은 이미 이 시대에 음운의 구조적 이해가 있었던 것으로 볼 수밖에 없다. 훈민정음의 창제자들이 음운의 변별적 자질을 이해한 것과 더불어 이와 같은 음운의 구조적 이해는 중요한 음운론적 지식으로 보아야 할 것이다.

---

32 예를 들면 ㄹ 다음에 오는 평음들은 탈락되거나 약화된다. 예. 날-+-개=날애 〉나래 등. 이것을 피하기 위하여 오히려 된소리로 변하는데 "올-+-가(의문형)=올까?"와 같은 예가 있다.

4. 중성과 모음체계

그렇다면 훈민정음 제정 당시의 모음체계는 어떠하였으며 그것이 중성자의 제자制字에 어떤 영향을 미쳤을까? 이 문제는 한국어의 음운사音韻史를 연구하는 사람들에게는 오랜 숙제였다. 그리하여 많은 연구논문이 발표되었으나 아직도 모든 의혹이 해소된 것은 아니라고 보는 것이 필자의 견해이다.

가장 널리 알려진 이기문(1998)의 연구에서 고대국어, 전기중세국어, 그리고 훈민정음 제정 당시인 후기중세국어의 모음체계는 다음의 [표 4-8]과 같이 변화하였다고 보았다. 이 주장의 특징은 훈민정음 제정 당시인 후기중세국어에서 이미 'ㅗ : ㅜ'와 'ㅏ : ㅓ'는 '후설 : 전설'의 대립이 아니라 '고모음 : 저모음'이었다는 점이다. 따라서 훈민정음 중성자의 제자에서 'ㅗ : ㅜ'와 'ㅏ : ㅓ'를 전설 대 후설의 대립으로 보아 '양陽 : 음陰', 또는 '천天 : 지地'로 이해한 것은 그 전 시대, 즉 고대국어나 전기중세국어의 모음체계에 이끌린 것이라고 설명하였다.

고대국어(이기문, 1998:82) 전기중세국어(같은 책:108) 후기중세국어(같은 책:143)

[표 4-8] 한국어사에서 본 각 시대별 모음체계

훈민정음이 제정된 후기중세국어 시대의 국어 모음체계가 '으~우, 어~
오, 아~ᄋ'의 전후 대립을 보이고 있다는 이 견해에 대하여 대체로 동의
한다. 그러나 〈해례본〉의 해례에서는 중성자에 대하여 음양, 즉 전후의
대립만을 말한 것이 아니라 합벽闔闢과 구축口蹙, 구장口張의 대립도 인정하
였다.

즉, 〈해례본〉의 '제자해制字解'에 "此下八聲一闔一闢, ㅗ與·同而口蹙.[중
략] ㅏ與·同而口張, [중략] ㅜ與ㅡ同而口蹙, [중략] ㅓ與ㅡ同而口張, [중
략] ㅛ與ㅗ同而起於ㅣ, ㅑ與ㅏ同而起於ㅣ, ㅠ與ㅜ同而起於ㅣ, ㅕ與ㅓ同
起於ㅣ."라 하여 다음 8성 /ㅗ, ㅏ, ㅜ, ㅓ, ㅛ, ㅑ, ㅠ, ㅕ/는 하나는 합闔,
즉 구축음(口蹙音, 원순모음)이고 또 하나는 벽闢, 즉 구장(口張, 비원순모음)
이라 하여 구축음과 구장음으로 나누었다. 이에 의하면 다음과 같은 구별
이 가능하다.

합闔. 口蹙 ㅡ ㅗ, ㅜ, ㅛ, ㅑ ㅡ 원순모음
벽闢. 口張 ㅡ ㅏ, ㅓ, ㅑ, ㅕ ㅡ 비원순모음

이 가운데 '/ㅛ, ㅑ, ㅠ, ㅕ/'의 4음은 '起於ㅣ'라 하여 전술한 바와 같이
/ㅣ[i]/계 이중모음임을 분명히 밝히고 있다. 따라서 〈해례본〉의 '중성해'는
모음조화에 관여하는 8개 모음을 음양陰陽의 대립(전설 대 후설)과 합벽闔闢의
대립(원순 대 비원순), 그리고 단모음과 이중모음(초출자 대 재출자)의 대립
으로 나누어 분류한 것이다.

적어도 〈해례본〉에서는 한국어 모음의 3개 상관쌍相關雙을 인정하고 이들

이 서로 대립적으로 존재한다고 본 것이다.[33]

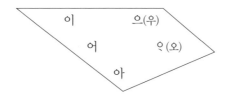

[표 4-9] 훈민정음 제정 당시의 조선어 모음체계

김완진(1978)에서는 '/·/'와 '/ㅗ/'가 같은 위치에서 발음되고 '/ㅡ/'와 '/ㅜ/'가 역시 동기관음homorganic이지만 비원순모음과 원순모음의 구별이 있다고 보아 위의 [표 4-9]와 같은 모음체계를 모음사각도에 그렸다.

이 모음사각도는 후기 중세국어의 모음이 아직도 '우~오, 으~ㆍ, 어~아'가 전후前後의 대립을 보인다는 가정 아래에 수립된 것이다. 이것은 몽고어의 차용에서 국어의 '어[ε]'가 전설적前舌的이었다는 점을 설명하기에 매우 합리적이고 아울러 파스파자字로 표기된 몽고운의 'u~우', 'o~오'를 설명할 수 있다. 그런 의미에서 이 체계는 상당한 설득력을 갖고 있으며 "ᄉ매袖 〉 소매"와 "블火 〉 불"의 변화도 전후한 인접 자음에 의하여 동기관음同器管音의 모음이 원순화圓脣化된 것으로 쉽게 설명할 수 있다.

몽고어에서도 모음조화 현상은 발견된다. 몽고어의 모음조화는 어간 내

---

33 이들은 각기 음성상징(sound symbolism)을 보이며 대립한다. 즉 중세국어의 "놀ᄀ(古)~늘근(老), 프ᄅ다(碧)~
   프르다(靑)"에서의 '으~ㆍ'의 대립과 "곧다(直)~굳다(堅), 노기다(融)~누기다(弛), 보ᄃ라온(軟)~부드러운(柔)"의
   대립에서 '우~오', 그리고 "갓(皮)~것(表), 남다(餘)~넘다(溢), 갓가(刻)~것거(折)"의 대립에서 '아~어'의 대립을
   찾을 수 있는데 후설모음계열의 'ㆍ, 오, 아'는 가볍고 밝은 느낌을 주고 전설의 '으, 우, 어'는 어둡고 무거운 느낌
   을 주는 것으로 보인다. 현대국어에서도 이러한 음성상징은 그대로 유지되었다.

• • •
4. 언어학의 이론으로 본 한글

부의 모음구조가 전설모음, 또는 후설모음으로만 이루어지는 전형적인 구개적口蓋的 조화를 보인다.[34] 특히 전설고모음 '*i'가 모음조화에 관여하지 않고 전설모음이나 후설모음의 모두와 연결이 가능한 것은 조선어의 특성과 일치한다. Poppe(1955:84)에 의하면 알타이어의 고대시대에 모음 '*i'와 '*ï'가 통합되었기 때문에 '*i'가 중립적이 되었다고 한다.[35]

따라서 몽고어에서 보이는 전설 대 후설 모음의 대립을 훈민정음 중성자 제정에서도 그대로 적용하여 3쌍의 전설 대 후설모음의 대립을 인정하고 이러한 대립과 관계없는 한 개 중성자를 제자한 것으로 보인다. 그것이 〈해례본〉 설명에서 '독무위수獨無位數'로 나타난 것이다. 중성자의 제정도 당시 조선어의 음운을 반영하였다고 보기 어려운 이유가 여기에 있다.

필자가 앞에서 훈민정음의 제자가 당시 음운을 완벽하게 분석하여 구극究極적 단위인 음소音素를 추출하고 그 하나하나에 문자를 부여한 것을 보기가 어렵다고 한 근거는 이러한 많은 변수가 있는 것을 모두 참작해야 하기 때문이다.

---

34 이에 대하여는 Poppe(1955:84~5)에 "Vocalic harmony is an old phenomenon in Mongolian. [중략] Vocalic harmony is manifested by the fact that in one and the same stem only back or only front vowels may occur. This means that the one and the same word may contain only *a, *o, *u, *ï or only *e, *ö, *ü, *i." 라는 논술을 참고할 것.

35 이에 대하여는 "The vowel *ï converged with *i long ago and the latter became a neutral vowel. Now it may dccir in stems with any vowels." (Poppe, 1955:84)라는 논술을 참고할 것.

5. 종성과 음절 말 자음제약

훈민정음에서는 초성 17자, 중성 11자, 도합 28자의 문자를 제정하였다. 물론 이때의 초성에는 각자병서各字並書의 쌍서자 [ㄲ, ㄸ, ㅃ, ㅆ, ㅉ, ㆅ]는 포함되지 않으며 한음漢音 표기를 위한 치음齒音에서의 정치正齒와 치두齒頭의 구별, 설음舌音에서의 설두舌頭와 설상舌上의 구별은 들어가지 않는다.[36] 중성 11자에는 기본자 3개와 초출자初出字 4개, 재출자再出字 4개, 모두 11자인데 재출자는 ㅣ계 이중모음을 말한다.

종성에 대하여는 훈민정음의 세종이 친제한 것으로 알려진 예의例義에서 "終聲復用初聲(종성부용초성)"이라 하여 초성 17자를 모두 쓰는 것으로 하였고 해례解例에서는 "八終聲可足用(팔종성가족용)"이라 하여 8개의 종성 /ㄱ, ㄴ, ㄷ, ㄹ, ㅁ, ㅂ, ㅅ, ㅇ/만을 인정하였다. 이에 대하여 김완진 외(1997)에서는

해례 '종성해(終聲解)'에 "聲有緩急之殊. 故平上去其終聲, 不類入聲之促急. 不清不濁之字其聲不厲 故用於終則宜於平上去. 全清次清全濁之字, 其聲爲厲, 故用於終則宜於入. 所以 ㅇㄴㅁㅇㄹㅿ 六字爲平上去聲之終, 而餘皆爲入聲之終也. 然ㄱㆁㄷㄴㅂㅁㅅㄹ 八字可足用也. ── 소리에는 느리고 빠름의 차이가 있다. 그렇기 때문에 평성, 상성, 거성의 받침은 입성의 촉급한 것과 다르다. 불청불탁의 자들은 그 소리가 거세지 않아 평성, 상성, 거성의 받침으로 쓰

---

36 훈민정음 초성 17자에 전탁의 쌍서자 6개를 더하면 동국정운 23자모가 되고 여기에 한음을 표음하기 위하여 만든 설상음 4개와 정치음 5개를 더 추가하면 〈세종어제 훈민정음〉의 32자모가 되는데 이것은 『몽고자운』 32 파스파 자모와 일치한다(졸고, 2008c).

이는 것이 마땅하지만 전청이나 차청, 불청불탁의 자들은 그 소리가 거세어서 받침으로 쓰이면 입성이 되는 것이 마땅하다. 그래서 'ㆁ ㄴ ㅁ ㅇ ㄹ ㅿ'의 6자를 평성, 거성, 상성의 받침으로 쓰고 나머지 모두는 입성의 받침으로 쓴다. 그러니 'ㄱ ㆁ ㄷ ㄴ ㅂ ㅁ ㅅ ㄹ'의 8자로서 가히 족하게 쓸 수가 있다."라는 기사가 있어 입성, 즉 폐음절閉音節의 경우 불청불탁자만이 받침에서 변별적이고 나머지 전청, 차청, 전탁자들은 모두 입성入聲의 받침으로 쓰이기는 하지만 중화中和되어 이 위치에서 'ㄱ, ㄷ, ㅂ, ㅅ'만이 변별됨을 말하고 있다.

라고 하여 음절 말 위치에서 8개의 자음만이 변별력을 가지며 이것을 인식한 훈민정음 〈해례〉에서는 "八終聲可足用(팔종성가족용)"으로 본 것이다.

필자는 세종의 '종성부용초성(終聲復用初聲)'의 생각은 자음과 모음으로 음운을 분석해온 종래의 서양 음운론과 일맥상통하는 것으로 본다. 즉 음절은 '자음+모음, 자음+모음+자음'의 구조를 염두에 둔 것이다. 반면에 '팔종성가족용'의 생각은 20세기 말에 서양에서 유행하는 비단선음운론non-linear phonology의 음절음운론Syllable phonology과 같은 생각이다. 즉 음절 초onset에서의 초성과 음절 중간medial, nucleus에서의 중성, 그리고 음절 말coda에서의 종성을 구별한 것이다.

이에 대하여 전게한 김완진 외(1997)에서는 훈민정음 제정에 관련된 집현전 학자들의 음절 구조에 대한 의식은 다음과 같다고 보았다.

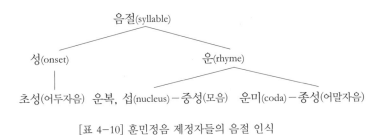

[표 4-10] 훈민정음 제정자들의 음절 인식

음절 구조에 대한 인식

이와 같은 음절 구조에 대한 인식은 파스파 문자의 제정에서 의식한 것과 크게 차이가 없을 것으로 보인다.

실제로『몽고자운』의 권두에 실린「몽고자운총괄변화지도蒙古字韻總括變化之圖」의 하단 13개 입성 운미자들은 종래 〈예부운략禮部韻略〉 계통의 운서음의 입성 운미를 표기하기 위한 것이고 상단의 6개 운미자는 당시 북경음의 운미를 표기하기 위한 것임을 알 수 있다. 이미 원대元代 북경음의 운미에 대하여는『중원음운中原音韻』에서 6개 입성 운미만을 인정하고 있었다.

이것은 중국 성운학聲韻學의 영향을 받은 것이기도 하며 고대시대부터 있었던 차자 표기의 영향도 함께 받은 것이다. 즉 중국의 성운학에서 반절법反切法이라 하여 성聲. onset을 반절 상자上字로 표시하고 소운小韻이라고 불렀으며 운韻=rhyme은 반절 하자下字로 표시하고 대운大韻이라 불렀던 것이다. 대운은 다시 운복韻腹과 운미韻尾로 나누어 운복을 섭攝이라 하였다.

고대시대의 차자 표기에 보이는 훈주음종訓主音從의 표기라든지 역상불역하譯上不譯下의 차자 방법이 모두 이에 의거한 것이다. 이것은 하나의 형태를 하나의 음절 단위로 인식하고 음절의 각 단위들 가운데 성聲은 석독자釋

4. 언어학의 이론으로 본 한글

讀字를 쓰고 운섭은 음독자音讀字를 쓰는 훈주음종, 또는 의자말음첨기법義字末音添記法의 방법을 구사하였다. 결국 이 표기 방법은 성聲을 표기한 한자의 차자는 번역하여 읽고(=譯上) 운섭, 또는 운미를 표기한 차자는 음독하는(=不譯下) 차자 표기법을 보인 것이다.

즉 향가의 '모죽지랑가慕竹旨郎歌'에서 '그려-'를 표음한 '慕閭-'나 '밤, 무숨'을 표기한 '夜音, 心音'의 표기는 석독자와 음독자가 결합된 혼합표기로서 후자의 '음音'은 운미의 'ㅁ'을 표기한 것이며 전자의 '려閭'는 '그려-'라는 형태의 말음절末音節 '-려'를 음독자로 표기한 것이다. 이 두 가지 전통이 훈민정음 제정자들에게 영향을 주어 그들은 음절을 세 단위로 인식하였다.

훈민정음에서는 성聲=onset을 초성이라 하고 운복韻腹=nucleuse을 중성이라 하였으며 마지막 운미韻尾=coda를 종성이라 하였다. 세종은 예의例義에서 "終聲復用初聲 — 받침소리는 초성을 다시 쓴다"라고 하여 모든 자음子音이 음절 말 위치에서 변별적으로 작용한다고 보아서 이 둘은 같은 자격의 음운, 즉 자음子音으로 처리하였다. 이 예의의 정서법에 입각한 〈용비어천가龍飛御天歌〉에서는 모든 초성이 종성으로 쓰였고 세종의 친제인 〈월인천강지곡月印千江之曲〉에서도 그러한 표기가 일부 보인다.[37]

팔종성

그러나 해례를 지은 집현전 학자들은 "八終聲可足用 — 8개의 받침으로

---

37 〈월인천강지곡〉은 원본 〈훈민정음〉이 간행된 후에 편찬된 것이지만 '붊(40), 높고(99), 앒(70), 곳(7, 42, 81), 낮(16), 맞나(178), 놏(49), 낱(40, 91, 92), 곶(26), 첫(114), 중(129), 웃비(170)'와 같이 'ㅍ, ㅈ, ㅊ, ㅌ, ㅅ' 등 8종성 이외의 종성을 표기하였다. 뿐만 아니라 어떤 〈월인천강지곡〉(陳錤洪氏 소장본, 通文館 영인본, 1961)에는 '곳→곳, 낫→낯, 곳→곶, 낟→낱, 놏→놏, 빗→빚, 첫→첫, 봇→봊' 등과 같이 붓으로 교정한 것이 있으며 '붐→붊, 앏→앒, 놉→높'과 같이 획을 그어 교정이 불가능한 것은 상안법(象眼法)으로 교정하였다. ( )은 장 표시.

족히 모두 쓸 수 있다"라고 하여 8개의 자음만이 음절 말에서 변별적으로 기능한다고 보았다. 후자는 국어의 음절 말 내파화內破化 현상, 즉 음절 말 자음의 중화현상을 이해하고 있었으며 전자는 이를 인정하지 않고 모든 위치에서 자음이 변별적인 기능을 갖는 것으로 본 것이다.

즉, 해례 '종성해終聲解'에

聲有緩急之殊. 故平上去其終聲不類入聲之促急. 不淸不濁之字其聲不厲, 故用於終則宜於平上去, 全淸次淸全濁之字, 其聲爲厲, 故用於終則宜於入. 所以ㅇㄴㅁㅇㄹㅿ六字爲平上去聲之終, 而餘皆爲入聲之終也. 然ㄱㆁㄷㄴㅂㅁㅅㄹ八字可足用也. ― 소리에는 느리고 빠름의 차이가 있다. 그렇기 때문에 평성, 상성, 거성의 받침은 입성의 촉급한 것과 다르다. 불청불탁의 글자들은 그 소리가 거세지 않아 평성, 상성, 거성의 받침으로 쓰이는 것이 마땅하지만 전청이나 차청, 불청불탁의 글자들은 그 소리가 거세어서 받침으로 쓰이면 입성이 되는 것이 마땅하다. 그래서 'ㅇ ㄴ ㅁ ㅇ ㄹ ㅿ'의 6자를 평성, 거성, 상성의 받침으로 쓰고 나머지 모두는 입성의 받침으로 쓴다. 그러니 'ㄱ ㆁ ㄷ ㄴ ㅂ ㅁ ㅅ ㄹ'의 8자로서 가히 족하게 쓸 수가 있다.

라는 기사가 있어 입성, 즉 폐음절閉音節의 경우 불청불탁자만이 받침에서 변별적이고 나머지 전청, 차청, 전탁자들은 모두 입성入聲의 받침으로 쓰이기는 하지만 중화되어 이 위치에서 'ㄱ, ㄷ, ㅂ, ㅅ'만이 변별됨을 말하고 있다.

이에 대하여 위에서 이미 설명한 바가 있다. 즉, 해례의 '종성해'에서 "然ㄱㆁㄷㄴㅂㅁㅅㄹ八字可足用也"는 초성 17자 가운데 /ㄱ[k], ㆁ[ng],

4. 언어학의 이론으로 본 한글

ㄷ[t], ㄴ[n], ㅂ[p], ㅁ[m], ㅅ[s], ㄹ[r, l]/만이 변별되고 나머지는 모두 중화된다는 의미이다. 즉, 'ㄱ : ㅋ, ㄷ : ㅌ, ㅂ : ㅍ, ㅈ : ㅊ'은 가중화대립可中和對立, neutralizable opposition의 관계여서 음절 말 위치에서는 의미를 분화시키는 자음이 음운론적 제약을 받는다는 것이다. 구조음운론에서 음운의 대립에 보이는 중화현상中和現像, neutralization을 이렇게 표현한 것이다.

이것은 물론 파스파 문자에서 음절 초 자음의 초성과 운의 핵인 섭, 그리고 운미를 구별한 것에서 영향을 받은 것이지만 우리말의 음절구조와 위치적 제약을 제대로 파악한 것이다. 실제로 해례의 '종성해'에서는 치음齒音의 'ㅅ, ㅈ, ㅊ, ㅿ'가 모두 'ㅅ'으로 표기될 수 있다고 하였으며 "엿의 갗狐皮"을 '엿의 갓'으로, "빗곶梨花"을 '빗곳'으로 표기할 수 있음을 예로 들었다.

'종성해'에서 든 이러한 예들은 훈민정음의 치음 'ㅅ, ㅈ, ㅊ, ㅿ'이 음절 말 위치에서 모두 중화되어 대표음 'ㅅ'으로 소리 나는 것을 말하는 것이다. 훈민정음에서 인정한 음절 말 자음에서 일어나는 중화현상을 정리하면 다음과 같다.

[표 4-11] 음절 말 자음의 중화현상

그리하여 해례의 '종성해'에서는 'ㄱ, ㆁ, ㄷ, ㄴ, ㅂ, ㅁ, ㅅ, ㄹ'의 8자만을 종성으로 인정하고 다음과 같이 예를 들었다.

終聲　ㄱ 如닥爲楮　　　　독爲甕

　　　ㆁ 如굼벙爲蜻蛚　　올창爲蝌蚪

　　　ㄷ 如갇爲笠　　　　싣爲楓

　　　ㄴ 如신爲履　　　　반되爲螢

　　　ㅂ 如섭爲薪　　　　굽爲蹄

　　　ㅁ 如범爲虎　　　　심爲泉

　　　ㅅ 如잣爲海松　　　못爲池

　　　ㄹ 如둘爲月　　　　별爲星之類

따라서 해례에서는 예의例義와는 달리 8개의 종성만을 인정하였으며 현대국어에서는 이 가운데 'ㄷ, ㅅ'의 구별마저 없어져서 모두 7개의 받침이 음절 말에서 변별될 뿐으로 '낫, 낮, 낯, 낟, 낱, 낳–'이 모두 중화되어 '낟[natㄱ]'으로 실현될 뿐만 아니라 '있다'와 '잇다'가 구별되지 않는다.

현대적 편견

현대어에서는 'ㅅ : ㄷ'의 대립도 음절 말 위치에서 중화되어 구별되지 않는다. 그리하여 많은 현대적 편견이 생겨났다. 예를 들면 '사이ㅅ'이 '지격촉음持格促音'[38]이라고 명명될 정도로 사이ㅅ은 속격의 역할을 하는 경우가

38　양주동(1942)의 술어. 사이ㅅ을 지격(持格), 즉 속격(屬格)이면서 소리를 빠르게 발음하는 기호로 본 것이다.

4. 언어학의 이론으로 본 한글

많다. 우리말의 역사에서 음운의 변화를 일으키는 주범으로 사이ㅅ을 꼽을 수 있다.

　필자가 〈어문생활語文生活〉(제186호, 2013년 5월호)의 '역사로 본 우리말의 참모습'에 맨 처음 쓴 글이 '돈나물'이었다. 이것은 '돌 + 나물'에다가 사이ㅅ이 첨가되어 '돐나물'이 되고 여기서 'ㄹ'이 탈락하여 '돗나물'이 되었다가 어말 ㅅ의 내파內破로 인하여 '돋나물'로 되고 이것이 다시 자음접변에 의하여 '돈나물'로 변한 것으로 보았다. 이런 음운의 변화를 몰라서 '돈나물'을 틀렸다고 한다고 한탄했다.

　우리말은 교착어膠着語이고 이러한 문법구조에서는 단어와 단어의 결합에는 반드시 두 말의 관련을 표시해주는 형태가 첨가되어야 한다. 어순이 그런 역할을 하지 않기 때문이다. 명사와 명사가 연속될 때에 그것이 대등접속일 경우에 사이ㅅ이 결합된다고 학교문법에서는 가르치고 있다. 그런데 왜 하필 'ㅅ'일까? 아무도 이에 대하여 설명하지 못한다.

　우리말에 '임금〔王〕'이란 고유어가 있다. 이것은 고대古代 사서史書를 보면 전기前期 신라어의 '니사금尼師今'에서 온 것이고 후기後期 신라에서 '니질금尼叱今'으로 변한 것이 다시 '임금'으로 변한 것이다. 모두 '치리齒理', 즉 '잇금, 잇자국'이란 뜻이다. 남해왕南解王이 돌아가자 태자太子 유리儒理와 대보大輔 탈해脫解가 서로 왕위를 사양하다가 나이가 많은 사람이 왕이 되기로 하고 떡을 씹어 잇금, 즉 잇자국을 비교하여 유리가 왕이 되었고 그로 인하여 유리니사금儒理尼師今으로 불렸다고 한다(『三國史記』권1「新羅本紀」제1 '儒理'조). 이 칭호는 내물왕奈勿王 때까지 계속되다가 눌지왕訥祗王 때에 마립간麻立干으로 바뀐다.

　『삼국사기』의 니사금은 『삼국유사』에서는 '치질금齒叱今'이었다. 즉 『삼국유사』(권1)「기이紀異」(제4) '탈해왕脫解王'조에 "脫解齒叱今〔一作詿解尼師今〕"

이라 하여 '尼師今, 齒叱今'으로 나타난다. 이로부터 '尼師今 〉 尼叱今, 또는 齒叱今'의 변화가 있었고 '*니스금 〉 *닛금 〉 잇금 〉 임금'으로 변했음을 알 수 있다. '叱'은 이두에서 '사이ㅅ'을 표기하는 데 사용되는 한자이다.

'니스금 〉 닛금'에서 'ㅅ 〉 ㅅ'의 변화는 어말음탈락語末音脫落, apocope 현상이며 '닛 〉 잇'의 변화는 ㅣ계 모음 앞에서 ㄴ[n]이 탈락하는 현상이고 '잇 〉 임'은 'ㅅ'의 내파와 후행하는 ㅁ[m]에 의하여 비음화鼻音化의 역행동화가 일어난 것이다. 우리말의 역사에서 모두 흔히 일어나는 음운의 변화이다. 따라서 사이ㅅ이 'ㅅ'에서 온 것임을 알 수 있으며 'ㅅ'는 전기 신라어에서 속격屬格과 같은 역할을 했다. 앞의 예는 이러한 사이ㅅ의 변천을 증명해주는 좋은 예라고 할 수 있다.

〈용비어천가〉에 '오ᄂᆞᆳ 나래'(15장), '後ㅿ 날'(25장), 'ᄂᆞᆳᄆᆞᆯ'이 있어 사이ㅅ이 유성적有聲的 환경에서 유성마찰음 /ㅿ[z]/ 음으로 실현됨을 보여준다. 만일 사이ㅅ이 현대어와 같았다면 유성화有聲化된 'ㅿ'으로 표기되는 일은 절대로 없을 것이다. 'ㅅ'은 근대국어에 들어와서 내파內破되어 어말, 즉 받침 위치에서 정지음 'ㄷ'과 같아지기 때문이다.

내파되어 'ㄷ[t]'로 발음된 '사이ㅅ'은 후행하는 인접 자음을 된소리로 발음시킨다. 이로부터 '된 시옷'이 된 것이 아닌가 한다. 그러나 한글 제정 당시에는 음절 말 위치, 즉 받침에서 'ㅅ : ㄷ'의 대립은 존재했으며 최소 대립어로 '못池'과 '몯不能'이 구별되었으며 '갓邊'과 '갇笠'이 구별되었다.

음절 단위 표기

한글을 창제할 때에 글자는 음소 단위로 제자하였으나 그 철자법은 음절 단위로 적도록 하였다. 아무래도 한자의 영향을 받았다고 할 수 있다. 즉 훈민정음 〈해례본〉의 '합자해_{合字解}'에 "初中終三聲合而成字 ― 초성과 중성, 종성이 합하여 문자를 이룬다"라고 하여 하나의 글자는 초성과 중성, 종성이 결합된 것을 말한다고 하였다. 이것은 '예의_{例義}'에 "凡字必合而成音 ― 모든 글자는 반드시 합해져야 발음을 이룬다"와 같은 맥락으로 초성이나 중성, 그리고 종성만으로는 음가를 갖지 못한다는 말이 된다.

초성과 중성, 종성을 합자하여 음절 단위의 문자를 만드는 방법은 붙여 쓰기(附書)라고 한다. 즉 '예의'에서 "·ㅡㅗㅜㅛㅠ附書初聲之下, ㅣㅏㅓㅑㅕ附書於右 ― ·ㅡㅗㅜㅛㅠ 등은 초성 아래에 붙여 쓰고 ㅣㅏㅓㅑㅕ는 [초성의] 오른쪽에 붙여 쓰라"라는 규정이나 해례 '합자해'에

初聲或在中聲之上, 或在中聲之左, 如君字ㄱ在ㅜ上, 業字ㅇ在ㅓ左之類. 中聲則圓者橫者在初聲之下. ·ㅡㅗㅜㅛㅠ是也, 縱者在初聲之右 ㅣㅏㅑㅓㅕ是也. 如呑字在ㅌ下 卽字ㅡ在ㅈ下, 侵字ㅣ在ㅊ右之類. 終聲在初中之下, 如君字ㄴ在구下, 業字ㅂ在어下之類. ― 초성은 혹시 중성의 위에 있거나 혹은 중성의 왼쪽에 있다. 예를 들면 군_君 자의 'ㄱ'은 'ㅜ'의 위에 있고 업_業 자의 'ㅇ'은 'ㅓ'의 왼쪽에 있는 따위이다. 중성의 경우는 둥그런 것과 옆으로 된 것은 초성의 아래에 있으니 'ㅡㅗㅜㅛㅠ'가 그것이다. 세로로 된 것은 초성의 오른쪽에 있으니 'ㅣㅏㅑㅓㅕ'가 그것이다. 예를 들면 튼_呑 자의 중성 '·'는 'ㅌ' 아래에 있고 즉_卽 자의 중성 'ㅡ'는 'ㅈ' 아래에 있고 침_侵 자의 중성 'ㅣ'는 'ㅊ'의 오른쪽에 있는 따위와 같다. 종성은 초성과 중성의 아래에 있으니 예를 들면 군_君 자의 종성 'ㄴ'은 '구' 자의 아래에 있고 업_業 자의 종성 'ㅂ'은 '어' 자의 아래에 있는 따위와 같다.

라고 하여 초성과 중성, 그리고 종성을 조합하여 문자를 만들어 쓰는 방법을 명시하였다.

영어의 알파벳과 같이 횡으로 문자를 발음 순서대로 나열하여 쓰지 않고 중성 가운데에는 아래에 쓰는 것이 있고 또 옆에 쓰는 것이 있다. 그리고 모든 종성은 초성과 중성의 아래에 쓰게 한 것은 한자의 문자 구조로부터 영향을 받은 것으로 보아야 할 것이다.

그리고 전술한 바와 같이 모든 문자는 초성과 중성, 종성을 갖추어야 한다고 하여 모음의 문자나 개음절開音節의 문자도 초성을 붙였다. 그리하여 '입, 우케, 어름, 아ᅀ'와 같이 모음으로 시작하는 음절에 초성 'ㅇ'을 붙인 표기가 〈훈민정음〉의 '용자례用字例'에 보인다. 동국정운식 한자음의 경우에는 반드시 초성, 중성, 그리고 종성을 갖추어야 했다. 그리하여 '世宗御製'의 '세世, 어御, 제製'와 같이 실제로 받침은 없고 모음만으로 발음되는 개음절인 문자도 '솅종엉졩'과 같이 종성으로 'ㅇ'을 붙여 표기하였다.

그러나 'ㅇ' 종성에 대하여는 해례 '종성해'에 "且ㅇ聲淡而虛 不必用於終而中聲可得成音也 — 또 'ㅇ'는 소리가 맑고 비어서 종성으로 반드시 쓸 필요가 없다. 그리고 중성만으로 가히 발음을 이룰 수가 있다"라고 하여 받침이 없는 개음절은 중성만으로 끝낼 수 있음을 말하고 있다. 이에 의한다면 〈용비어천가〉의 "불휘 깊은 남ᄀ ᄇᄅᆞᄆᆡ 아니 뮐씨"에서 '불휘, ᄇᄅᆞᄆᆡ, 아니'같이 종성이 없는 문자의 표기가 가능하고 앞에서 예를 든 '世宗御製'는 '세종어제'로 쓸 수 있다.

그러나 〈동국정운東國正韻〉의 한자음 교정이나 한음漢音의 표음에는 초, 중, 종성이 갖추어진 음절만을 인정하였다. 예를 들어 〈동국정운〉의 한자음 교정에서는 "歌-강, 拘-궁, 古-공"과 같은 표음을 보이고 한음의 표기에서도 같다. 따라서 위의 '世宗御製'를 '솅종엉졩'이라고 표음하게 된다. 다시 말하면 고유어의 경우는 '자음+모음+자음(CVC), 자음+모음(CV), 모음+자음(VC)'의 음절구조를 인정하지만 한자음의 교정이나 한음의 표음에서는 '자음+모음+자음(CVC)'의 음절 구조만을 인정한 것이다.

6. 생성음운론으로 본 훈민정음

20세기 후반에 제안한 촘스키의 변형생성문법론變形生成文法論은 서양의 언어학계에서 음운론과 음성학 중심의 언어학을 문장 형성의 문법으로 그 연구의 초점을 바꾸어놓았다. 뿐만 아니라 드 소쉬르F. de Saussure가 주장한 랑구langue와 파롤parole의 이중적 언어 세계를 심층부深層部와 표면부의 이중 구조로 언어를 이해하면서 언어의 생성生成과 그 규칙에 관심이 모아졌다.

놀랍게도 훈민정음 〈해례본〉에시 해실된 한글의 제자원리는 20세기 후반에 논의된 생성음운론적인 발상에서 가져온 것이 많다. 더욱이 1970년대에 음운연구에서 논의되기 시작한 비단선non-linear 음운론적인 이해가 이 시대에 있었던 것으로 보인다. 예를 들면 분절음과 성조聲調를 서로 다른 층위의 음운 현상으로 보고 이를 방점으로 표기하였다. 그에 대하여 다음에 논의하고자 한다.

성조를 음절 단위로 인식

한글 창제에서 또 하나 특기할 것은 성조聲調를 음절 단위로 인식한 점이다. '예의例義'에서도 "左加一點則去聲, 二則上聲, 無則平聲, 入聲加點同而

促急. ─ 왼쪽에 한 점을 더하면 거성이고 둘이면 상성이고 없으면 평성이다. 입성은 점을 더하는 것은 같지만 빠를 뿐이다."라 하여 사성四聲에 따라 성조를 방점으로 표시하였음을 알 수 있다. 다만 여기서는 사성 가운데 평성平聲과 상성上聲, 그리고 거성去聲의 3성만 성조로 인정하고 입성入聲은 폐음절閉音節로서 성조와 무관함을 말하고 있다.

해례解例에서는 '종성해終聲解'와 '합자해合字解'에서 성조에 대하여 설명하고 있다. 역시 평성과 상성, 그리고 거성을 성조로 보아 평성은 저조低調-low tone, 그리고 거성은 고조高調-high tone로 보았고 상성은 상승조上昇調-low-rising tone로 규정하였으며 각기 왼쪽에 방점(傍點, 또는 旁點)으로 그 성조를 표시하였다. 해례에서는 사성四聲을 성리학적 이론으로 설명하였고 그 음운론적 특징도 언급하였으며 고유어의 예도 들었는데 이를 정리하면 다음과 같다.

사성	방점	성조의 특징	성리학적 이론	고유어의 예	종성의 특징
평성	無點	安而和	春也 萬物舒泰	활(弓), 엿(狐)	不淸不濁之字 其聲不厲 故用於終則宜於 平上去
상성	二點	和而擧	夏也 萬物漸盛	:감(柿), :죵(奴)	
거성	一點	擧而壯	秋也 萬物成熟	·따(地), ·신(履)	
입성	無定	促而塞	冬也 萬物閉藏	붇(筆), 닥(楮) :낟(穀), :깁(繒) ·몯(釘), ·옷(衣)	全淸次淸全濁之字 其聲爲厲 故用於終則宜於入

[표 4-12] 사성四聲의 원리

이 표에 의하면 당시의 훈민정음 제정자들은 입성을 성조로 인정하지 않고 평, 상, 거성의 3성만이 우리말의 성조소로 생각하여 다음과 같이 사성을 인식하고 있었음을 알 수 있다.

평성-安(低) + 和(平) ― 저조low tone   방점 무점

예. 활弓, 엱狐, 붇筆, 닥楮

상성-和(平) + 擧(昇) ― 상승조rising tone   방점 2점

예. :감柿, :죵奴, :낟穀, :깁繒

거성-擧(昇) + 壯(高) ― 고조high tone   방점 1점

예. ·짜地, ·신履, ·몬釘, ·옷衣

입성-促(急) + 塞(閉) ― 폐음절   방점 무정無定

예. 붇筆, ·몯釘, :낟穀

따라서 당시의 우리말은 고조high tone와 저조low tone의 두 평판조level-pitch register system를 가진 성조어였으며 저조로부터 고조로 상승하는 일종의 전이 성조인 상승조rising tone가 변별적으로 작용하였음을 알 수 있다.

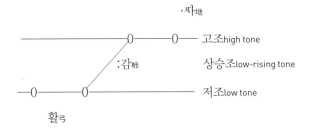

상승조였던 상성은 후일 성조가 소멸된 다음에도 그 발음의 길이는 그대로 유지되어 현대국어에서는 장음長音으로 실현된다.

제5장

훈민정음과
파스파 문자

훈민정음, 즉 한글이 원대元代 파스파 문자의 영향을 받아 제정된 것이라는 주장은 이미 오래전부터 있었다. 외국에서는 서양의 개리 레드야드Gari Ledyard 미국 뉴욕 컬럼비아대학 교수와 동양의 주나스트照那斯圖 중국 북경 사회과학원北京社會科學院의 연구원이 이를 신봉하였고 이 둘은 자형字形까지도 모방하였다고 보았다.

그러나 국내에서는 대체로 이를 부정하는 추세였다. 이익李瀷의 『성호사설星湖僿說』과 유희柳僖의 『언문지諺文志』에서 몽고문자와 관련한 언급에 대하여 이가원(1994)에서는 홍기문(1946)의 "李瀷의 말은 첫째 蒙古字에 偉兀眞·帖月眞의 兩種이 있는 것을 몰라서 그것을 混同하고, 둘째 黃瓚《訓民正音》의 關係를 잘못 알아서 그것을 蒙古字에 附會한 것이어늘 柳僖는 드디어 그를 盲從하는 同時에 그의 錯誤된 結論만을 無條件 그대로 引用한 것이다."(한문은 원문대로)를 인용하여 역시 부정적으로 비판하였다.

그러나 외국 학계에서는, 더욱이 세계 문자학계에서는 한글을 파스파 문자의 영향을 받은 북셈Northern Semitic 문자 계통으로 본다. 동양에서는 중국 사회과학원 민족연구소의 주나스트 박사가 슈안데우宣德五 교수와 함께 照那斯图·宣德五(2001a, b)를 발표하여 역시 훈민정음이 파스파자의 영향을 받았다고 보았다.

특히 照那斯图(2008)에서는 훈민정음의 초성初聲 기본자 5개도 모두 파스파 문자의 변형 내지 모방이라는 주장을 하였다. 즉 그는 훈민정음 기본자 5개를 그에 대응되는 파스파자 5개와 함께 다음과 같이 비교하였다.

ㄱ – 힌 [k]　　　ㅅ – 쟌 [s]

ㄴ – 쥔 [n]　　　ㅇ – ꥼ [∅]

ㅁ – 쥐 [m]

　이러한 비교 끝에 'ㄱ'은 파스파자 '힌'의 오른쪽 위의 꺾어진 것을 본뜬 것이고 'ㄴ'은 '쥔'의 왼쪽 아래의 둥근 것을 곧게 하여 왼쪽 아래의 꺾어진 형태로 구부린 형식이라고 하였다. 'ㅁ'은 '쥐'의 왼쪽 아래 꺾어진 원형의 획을 네모나게 한 형식이며 'ㅅ'은 '쟌'의 왼쪽 아래 꺾어진 것을 바르게 세운 형식이라고 보았다. 마지막 'ㅇ'은 파스파자의 'ꥼ'의 왼쪽 아래의 터진 곳을 막은 형식이라고 설명하였다.[1] 따라서 동양에서도 한글이 파스파자의 모방이라는 주장이 매우 널리 퍼졌다.

　서양에서는 레드야드 교수의 Ledyard(1966)가 널리 알려져서 역시 한글이 파스파 문자의 영향으로 제정된 것이라는 주장이 일반화되었다. 특히 그는 정인지鄭麟趾의 훈민정음 후서後序에 보이는 '字倣古篆(자방고전)'을 "字倣蒙古古篆(자방몽고고전)"으로 보고 '蒙古' 두 글자가 생략된 것으로 보아서 글자의 자형도 몽고자와 관련이 있다고 보았다.

　졸저(2012)에서는 한글이 파스파 문자의 영향을 받은 것은 사실이지만 자형만은 독창적임을 강조하였다(졸고, 2009a). 다음은 이에 대하여 상론하고자 한다.

1　이에 대한 원문을 옮겨보면 "ㄱ这是八思巴字母힌的右上角, 卽其橫和竪的90度轉折筆划. ㄴ这是八思巴字母쥔的左下圓筆直下的左下角轉折形式 [중략]. ㅁ这是八思巴字母쥐的左下角圓形筆畵的方化形式. [중략] ㅅ这是八思巴字母쟌的左下角的直立形式, 或是左半部左右兩个斜筆. [중략] ㅇ这是八思巴字母ꥼ的左下部的封口形式"(照那斯圖, 2008)과 같다.

1. 파스파 문자의 제정

파스파 문자는 파스파자八思巴字, 몽고자蒙古字, 국자國字라고 하여 몽고蒙古 위구르자畏兀字와 구별한다. 또 모양이 사각四角이므로 첩아진帖兒眞, 첩아월진 帖兒月眞, dörbeljin으로 불리기도 한다. 원래 몽골어로는 dörbeljin üsüg, 외국어 로는 영어 hPags-pa script, 프랑스어 écriture carrée, 독일어 Quadratschrift, 러시아어 квадратная письменность로 불린다(Poppe, 1957:1). 그러나 최근의 영어에서는 구분부호diacritical mark를 모두 없애고 팍스파 문자Phags-pa Script로 통일하여 부른다. 최근 동양에서는 '八思巴'의 보통화普通話 발음대로 파스파로 부른다.

이 문자는 원대元代에 제정된 것이어서 명明의 건국과 더불어 몽골의 흔 적, 즉 호원잔재胡元殘滓의 대표적인 것이기 때문에 명 태조太祖 주원장朱元璋으 로부터 역대의 황제들이 이 문자로 된 모든 문헌을 철저하게 파괴하였다. 그리하여 이 글자로 쓰인 서적이 거의 남아 있지 않기 때문에 한국 학계 는 물론 세계 학계에서도 이 문자에 대하여는 잘 알지 못하였다.

서양에서는 구소련의 학자들과 몇몇 동구권 연구자들이 이 문자에 대하 여 금석문金石文 자료를 통한 연구가 조금 있었고 동양에서는 중국과 일본 에서 극소수의 학자들이 역시 금석문을 통하여 연구하였다. 한국에서는 이 문자를 이해하는 연구자가 거의 없다.

이 장은 세계에서 유일하게 남아 있는 파스파 문자의 문헌인『몽고자운 蒙古字韻』을 연구하여 이 문자를 고찰한 것(졸저, 2009)에 의거한 것이다.『몽 고자운』은 훈민정음을 제정하고 그 문자로『동국정운東國正韻』을 작성하여 편찬한 것과 같이 파스파 문자를 제정하고 당시 중국의 표준어인 한어漢語

의 한자음을 이 문자로 정리하여 편찬한 운서韻書이다. 따라서 조선의 {해례본}〈훈민정음訓民正音〉의 지식이 없이는 접근하기 어려운 책이다.

파스파 문자의 제정과 반포

그동안 학계에 보고된 파스파 문자의 제정과 반포, 그리고 제자制字의 원리와 제정 글자의 수효에 대한 연구를 먼저 살펴보기로 한다.

파스파 문자의 제정은 『원사元史』의 기사記事에 의하면 원元 지원至元 6년(1269)에 팍스파八思巴 라마喇嘛가 파스파 문자 41개 자모를 제정하였다고 기록하였다. 즉, 『원사』(권202) 『전傳』 89 '석로釋老 파스파八思巴'조에

中統元年, 世祖卽位, 尊他爲國師, 授給玉印. 令他製作蒙古新文字, 文字造成後進上. 這種文字祇有一千多個字, 韻母共四十一個, 和相關聲母造成字的, 有韻關法; 用兩個, 三個, 四個韻母合成字的, 有語韻法; 要點是以諸音爲宗旨. 至元六年, 下詔頒行天下. ― 중통中統 원년에 세조가 즉위하고 [파스파]를 존경하여 국사를 삼았다. 옥인玉印을 수여하고 몽고 신문자를 제작하도록 명령하였고 그는 문자를 만들어 바쳤다. 문자는 일천 몇 개의 글자였고 운모韻母는 모두 41개였으며 성모聲母가 서로 관련하여 글자를 만들고 운이 연결하는 법칙이 있어 두 개, 세 개, 또는 네 개의 운모가 합하여 글자를 이루며 어운법語韻法이 있어 요점은 음이 화합하는 것이 근본 내용이다. 지원至元 6년(1269)에 반포하여 천하에 사용하라는 조칙詔勅을 내리다.

라는 기사가 있어 파스파 문자가 운모韻母, 즉 어두 자음에 대한 글자로 41개를 만들었으며 지원 6년에 황제의 조령詔令으로 반포되었음을 알 수

303
• • •

있다.

『원사』(권6) 「세조기世祖紀」에 "至元六年二月己丑, 詔以新製蒙古字, 頒行天
下. — 지원 6년 2월 기축일에 새로 만든 몽고자를 천하에 반포하도록 조
칙詔勅을 내리다."라는 기사에 의거하면 파스파 문자는 원 세조, 즉 쿠빌라
이 칸에 의하여 지원 6년(1269)에 황제의 조령으로 반포되었음을 알 수 있
는데 그 조령을 여기에 옮겨보면 다음과 같다.

　　詔令說: 朕認爲用字來書寫語言, 用語言來記錄事情, 這是從古到今都采用的
辨法. 我們的國家在北方創業, 民俗崇尚簡單古樸, 沒來得及制定文字, 凡使用文
字的地方, 都沿用漢字楷書及畏兀文字, 以表達本朝的語言. 查考遼朝, 金朝以及
遠方各國, 照例各有文字, 如今以文敎治國逐漸興起, 但書寫文字缺乏, 作爲一個
朝代的制度來看, 實在是沒有完備. 所以特地命令國師八思巴創制蒙古新字, 譯寫
一切文字, 希望能語句通順地表達淸楚事物而已. 從今以後, 是頒發詔令文書, 都
用蒙古新字, 并附以各國自己的文字. — 짐은 오로지 글지로써 말을 쓰고 말로
써 사물을 기록하는 것이 고금의 공통 제도라고 본다. 우리들이 북방에서 국가
를 창업하여 속되고 간단한 옛 그대로의 것을 숭상하고 문자를 제정하는 데 게
을러서 [지금에] 쓰이는 문자는 모두 한자의 해서楷書나 위구르 문자를 사용하여
이 나라의 말을 표시하였다. 요遼나라와 금金나라, 그리고 먼 곳의 여러 나라들
의 예를 비추어 보면 각기 문자가 있으나 우리가 지금처럼 문교로 나라를 다스
려 점차 흥기하였는데 다만 서사할 문자가 없으니 한 왕조의 역대 제도를 만든
것을 보면 실제로 [이것이 없이는] 완비되었다고 할 수 없다. 그러므로 국사 파
스파에게 몽고신자를 창제하라고 특명을 내려서 모든 문자를 번역하여 기록하
라고 하였다. 그리하여 능히 언어가 순조롭게 통하고 각지의 사물이 바르게 전

한글의 발명

달되기를 바랄 뿐이다. 이제부터 대저 조령詔令 문서의 반포와 발행은 모두 몽고
신자를 쓸 것이며 각국의 자기 문자는 함께 붙이게 하다. [『원사元史』(권202)「전傳」
89 '석로釋老 파스파八思巴'조]

이 조령에 의하면 몽고는 원래 문자가 없었지만 거란契丹의 요遼나 여진女眞
의 금金에서 문자를 새로 만든 것과 같이 몽고어를 기록할 문자를 창제한
것이며 번역과 일체 문서를 모두 이 문자로 기록하겠다는 뜻이다. 이 조
령의 내용은 거란문자와 여진문자의 제정과 같은 취지로 이 문자를 만들
었음을 밝혔다.

파스파 문자의 제정 원리와 성모

다음은 파스파 문자로 제정된 성모聲母, 즉 자음과 모음의 글자에 대하여
살펴보기로 한다. 파스파 문자를 반포하는 원 세조의 조령에는 전술한
『원사』(권202)「석로파스파釋老八思巴」의 기사에 명기한 것처럼 41개의 문자를
만들었다는 내용이 들어 있지 않다. 그래서 다른 문헌에서는 43개의 문자
를 만든 것으로 보았는데 즉 성희명盛熙明의 『법서고法書考』와 도종의陶宗儀의
『서사회요書史會要』에서는 43성모로 소개되었다.

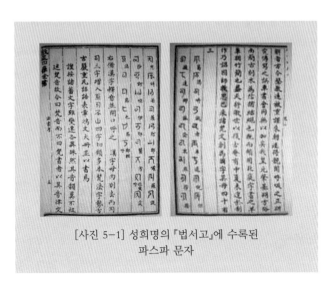

[사진 5-1] 성희명의 『법서고』에 수록된
파스파 문자

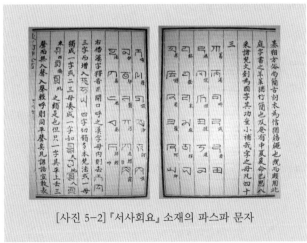

[사진 5-2] 『서사회요』 소재의 파스파 문자

[사진 5-1]과 [사진 5-2]에 보이는 성희명의 『법서고』와 도종의의 『서사
회요』의 43성모는 다음과 같이 소개되었다. 즉, [사진 5-1]의 『법서고』에
는 "[前略] 我皇元肇基朔方, 俗尚簡古, 刻木爲信, 猶結繩也. [中略] 乃詔國

師拔思巴, 采諸梵文, 創爲國字, 其母四十有三. — [전략] 우리 원 제국은 북쪽에서 나라를 시작하여 간결한 옛 것을 숭상해서 나무에 조각하여 편지를 하고 또 끈을 묶어 소식을 전했다. [중략] 이에 [황제가] 국사 팍스파에게 명하여 산스크리트 문자 가운데서 뽑아 국자國字를 처음 만드니 그 자모字母가 43개다."라는 기사가 있어 이를 확인할 수 있다. 그러나 실제 등록된 글자는 [사진 5-1]에서 보이는 것처럼 모두 42개에 불과하다.

[사진 5-2]에 보이는『서사회요』에도 같은 내용이 기재되었는데 "[前略] 奄有中夏, 爰命巴思八, 采諸梵文, 創爲國字, 其功豈小補哉. 字之母凡四十三. — 한여름에 갑자기 팍스파에게 명하여 범문梵文에서 뽑아서 국자國字를 창제하였으니 어찌 그 공이 적겠는가? 자모는 모두 43개이다."라 하여 역시 산스크리트 문자에서 43개의 음운을 뽑아 문자를 만들었다고 본 것이다. 그러나 [사진 5-2]에서 볼 수 있는 것처럼 역시 글자 수는 모두 41개에 불과하다.

그러면 왜 이 두 책에서는 파스파 문자로 43개의 글자가 제정되었다고 믿었는가? 팍스파 라마는 자모字母 또는 성모聲母라 불리는 어두 자음 38자모 외에 유모喩母자라 하여 모음자 7개를 더 만들었다. 그리고『몽고자운蒙古字韻』의 권두에 '자모字母'라는 제목으로 게재한 파스파 문자의 36자모에다가 유모喩母에 속한다는 7개(실은 6개)의 문자를 더 추가하였다.[2]

그동안 다음의 [사진 5-3]에 보이는『몽고자운』의 권두 36자모표의 "此

---

2 여기서 36자모(字母), 또는 성모(聲母)라는 것은 중국의 통어(通語)에서 어두 자음의 음운을 36개로 분류한 것을 말한다. 당(唐)나라 때에 수온(守溫)이란 승려(僧侶)가 고대 인도의 음성학을 들여다가 당대(唐代)의 중국어를 분석하여 음절 초에서 36자음을 추출하고 이를 조음위치와 조음방식으로 분류한 것을 말한다(본서 제4장 참조). 통어란 중국어의 역사에서 진(秦)나라 이후에 공용어가 된 중국어의 서북방언을 말하는 것으로 한(漢) 이후 수(隋), 당(唐)의 공용어였으며 송(宋)나라에서도 과거(科擧) 시험의 표준어였다.

5. 훈민정음과 파스파 문자

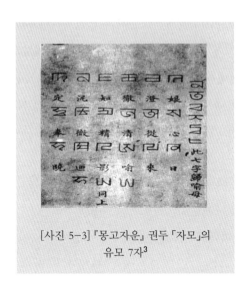

[사진 5-3] 『몽고자운』 권두 「자모」의
유모 7자[3]

七字歸喩母 — 이 7자는 유모에 속한다"라는 말의 '유모喻母'가 무엇을 의미하는지를 몰랐다가 졸고(2009a, 2011a)에서 이것이 몽고어 모음을 문자로 만든 7개의 모음자임을 밝혔다. 따라서 전술한『법서고』와 『서사회요』의 43자는 전통적인 36자모에 이 유모자의 모음자 7개를 더한 것이다.

그러나『몽고자운』에서는 권두에 첨부된 '자모'에서 34개의 자모만 인정했기 때문에 7개 유모자를 합하여도 모두 41개의 문자밖에 되지 않는다. 즉,『원사』(권202) 「전傳」 89 '석로팍스파'조에서 밝힌 대로 모두 41자를 보였다. 역시『법서고』와 『서사회요』에서도 43개의 파스파 문자를 보인다고 하였으나 [사진 5-1], [사진 5-2]에서 보이는 것처럼 실제로는 42개, 또는 41개의 글자밖에 제시하지 못하였다.

학계의 잘못

파스파 문자의 연구에서 참고할 수 있는 문헌 자료는 이 두 책에 보인

---

3 사진 오른쪽에 보이는 "ㅈ. ㆆ. ㄸ. ㄹ. ㄹ. ㆅ. 此七字歸喩母"는 실제로는 6개의 문자뿐이다. 36자모에 들어가 있는 喩母의 /ᄡ/를 포함하여 모두 7자가 된다.

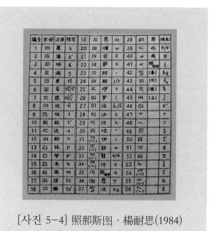

[사진 5-4] 照那斯図·楊耐思(1984)
의 56개 파스파 문자

파스파 문자의 43개 문자가 유일한 것이어서 그동안 학계에서는 많은 잘못을 저질러왔다. 그러나 전술한 바와 같이 『법서고』와 『서사회요』에 소개된 43개의 파스파 문자를 아무리 헤아려도 그 수효에 미치지 못하였다. 따라서 이 제정된 문자의 글자 수조차 명확하게 파악하지 못하였고 연구자에 따라 그 수효가 다르게 되었다.

예를 들면 파스파 문자의 연구에서 가장 많은 업적을 내고 열성적이던 중국 사회과학원의 고故 주나스트照那斯圖 박사의 연구에서 [사진 5-4]에 보이는 바와 같이 모두 56개의 문자를 제시하였다.

반면에 서양의 파스파 문자 연구에서 가장 권위가 있는 포페 교수Prof. N. Poppe는 자음과 모음을 합쳐 23개의 문자로 보았다. 즉 그의 "*The Mongolian Monuments in ḥP'ags-pa Script*, 1957"에서 제시한 파스파 문자는 자음 15개, 모음 8개로 모두 23개 문자를 제시하였다.

최근 일본에서 정력적으로 파스파 문자에 대하여 논저를 발표하는 요시이케 씨는 그의 吉池孝一(2005)의 이 파스파자-로마자 번자표飜字表에서 모두 44개의 파스파 문자를 제시하였다. 어느 누구도 『원사』의 기사대로 41개의 문자를 만든 것으로 보지 않았다.

5. 훈민정음과 파스파 문자

[사진 5-5] 포페 교수의 파스파 문자의 자음자와
모음자(Poppe, 1957)

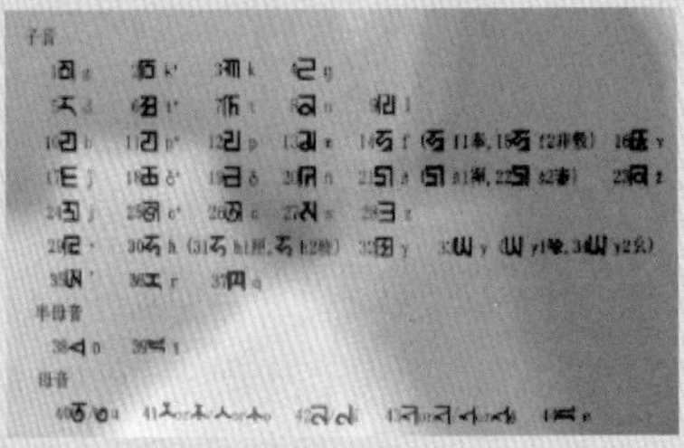

[사진 5-6] 吉池孝一(2005)의 파스파자 44개의
로마자 번자

그러나 원元 지대至大 무신(戊申, 1308)에 간행한 주종문朱宗文의 『몽고자운』
「자모」에서는 다음의 [사진 5-7]에서 보이는 것처럼 모두 36개의 파스파
문자를 보였다. 그리고 [사진 5-3]의 오른쪽에 보이는 "ᇹ ᇹ ᇹ ᄌ ᇹ ᄃ 此
七字歸喩母 — 7개 문자는 유모喩母에 속한다"를 더 추가하였는데 유모자

는 훈민정음의 욕모欲母의 중성자와 같이 모음자를 말한다.

　그러나 앞에 보인 [사진 5-3]이나 다음의 [사진 5-7]의 오른쪽을 보면 7개 문자라고 하였지만 실제로는 6개밖에 없다. 즉, 이것들은 '𐅼[i], ᄒ [u], 𐄠[iu, ü], ᄌ[o], ᄃ[eu, ö], ᄐ[e]' 자字의 6개 모음자여서 7개가 되려면 이미 36자모에 들어가 있는 '유모喩母'의 'ᄴ(ᄴ)[a]'를 합해야 한다. 즉 [a]를 포함하여 '𐅼[i], ᄒ[u], 𐄠[iu, ü], ᄌ[o], ᄃ[eu, ö], ᄐ[e], ᄴ[a]'의 7개 모음자가 된다.

　따라서 36자모에 6개 유모자를 더하면 42글자가 된다. 그런데『몽고자운』「자모」에 소개된 36자모 가운데 순음脣音의 순경음脣輕音 비모非母 / ㅸ/[β] 와 탁음濁音의 봉모奉母 / 뼝/[ʋ]의 파스파 글자가 같다. 따라서 36+6-1=41 개 글자이다. 6개 글자는 유모 [ᄴ]를 제외한 '此七字歸喩母(차칠자귀유모)' 자, 즉 유모에 속하는 모음자 6개를 가리킨다.『원사』에서 말한 파스파 문자의 41개 자모는 바로 이것을 말한다.

2. 파스파 36자모와 정음 초성 32자

　[사진 5-7]에 보이는『몽고자운蒙古字韻』의 권두에 있는「자모字母」는 파스파 문자를 이해하는 데 매우 중요한 자료이다.

5. 훈민정음과 파스파 문자

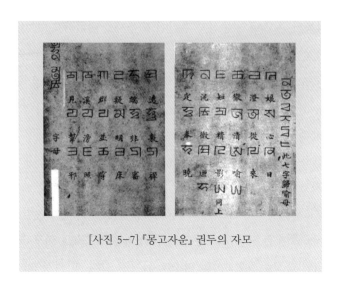

[사진 5-7] 『몽고자운』 권두의 자모

이 「자모」를 보기 쉽게 도표로 그리면 다음과 같다.

	아음	설음		순음		치음		후음	반음	
		설두음	설상음	순중음	순경음	치두음	정치음		반설음	반치음
전청	見	端	知	幫	非	精	照	曉		
차청	溪	透	徹	滂	敷	清	穿	匣		
전탁	群	定	澄	並	奉	從	床	影		
불청불탁	疑	泥	娘	明	微			喻	來	日
전청						心	審	(么)		
전탁						邪	禪			

[표 5-1] 『몽고자운』 파스파 문자의 36자모

이 도표를 보면 『몽고자운』의 자모에 제시한 파스파 문자 36개는 전술한

1개의 문자 즉, 위 [표 5-1]에서 순음脣音의 비모非母와 봉모奉母의 파스파 글자가 동일하게 /ㆆ/인 것 이외에도 3개의 문자가 서로 같다.

[사진 5-7]과 [표 5-1]에서 보이는 것처럼 설음舌音의 설상음舌上音 '知, 徹, 澄母'의 파스파 문자 3개와 치음齒音의 정치음正齒音 '照, 穿, 床母'의 3자가 /ㅌ, ㆅ, ㄹ/로서 동일하다. 따라서 36자모 가운데 4개가 같으므로 파스파는 32개의 자모만을 보여주었고 여기에 유모喩母자 6개를 더하면 모두 38개의 글자만을 예시한 것이다.

그러나 전술한 『법서고法書考』와 『서사회요書史會要』에 보이는 42개와 41개의 파스파 글자에는 같은 글자가 하나도 보이지 않는다. 이때에는 36개의 문자를 모두 제자하였으나 아마도 14세기 초에 간행된 『몽고자운』에서는 이미 당시의 북경음北京音에서 구별이 되지 않는 설상음과 정치음을 동일하게 표음한 것으로 보인다.

이러한 파스파 문자의 한자음 표음은 고려 후기와 조선 초기의 한자 교육에 상당한 영향을 주었다. 즉, 한자음 학습에서 가장 중요한 것은 발음을 분명하게 이해하는 것이므로 표음문자인 파스파자는 한자의 발음을 표음하는 데 더할 나위가 없는 좋은 발음기호였다. 이 문자가 고려 후기에 널리 애용된 것은 몽고어 표기를 위한 문자이기 때문만은 아니었을 것이다.

조선에서는 드디어 파스파 문자와 동일한 역할의 훈민정음을 제정하여 한자음 표기에 이용하기 시작하였다. 여기서는 한자음 표기에 이용된 훈민정음이 얼마나 파스파 문자의 한자음 표기로부터 영향을 받았는지 살펴보기로 한다.

〈광운 36자모도〉

조선 중종中宗 때에 최세진崔世珍이 편찬한『사성통해四聲通解』의 권두에 「광운삼십육자모지도廣韻三十六字母之圖」가 부재附載되었다. 이것은 아마도 세종 때에 신숙주申叔舟가 편찬한『사성통고四聲通攷』에서 전재轉載한 것으로 추정된다.

다음의 [사진 5-8]에서 볼 수 있는 〈광운廣韻 36자모도〉에서는『몽고자운』권두의 「자모」에서와 같이 설상음舌上音 '知, 徹, 澄'의 한글과 정치음正齒音 '照, 穿, 狀=床'의 한글이 모두 /ᅎ, ᅔ, ᅑ/로 동일하다. 『몽고자운』에서도 이들은 같은 파스파 문자로 표시되었었다.

다만 순경음脣輕音의 /ᄫ/(非모, 全淸)와 /ᄬ/(敷모, 次淸)의 한글도 동일한데『몽고자운』에서는 /ᅙ/(非모, 全淸)와 /ᅙ/(奉모, 全濁)이 같아 둘 가운데 어느 하나가 잘못 이해한 것으로 보인다. 거기다가『사성통해』에서는 설두음舌頭音과 설상음舌上音의 불청불탁不淸不濁인 니모泥母와 양모孃母가 모두 /ㄴ/여서 동일하다. 아무튼 파스파 문자는 32개의 문자를 성모聲母, 즉 자음글자로 만들었다면 한글은 모두 31개를 만든 것이다. 이것은 앞에 보인 도표로 확인할 수 있다. 아마도 이 〈광운 36자모도〉는『몽고운략』의 〈36자모도〉를 근거로 한 것이 아닌가 한다.

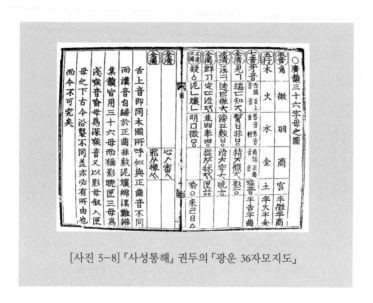

[사진 5-8] 『사성통해』 권두의 「광운 36자모지도」

이것을 보기 쉽게 도표로 옮겨 적으면 다음과 같다.

오음	角	徵		羽		商		宮	半徵半商
오행	木	火		水		金		土	半火半金
칠음	牙音	舌頭音	舌上音	脣音重	脣音輕	齒頭音	正齒音	喉音	半舌半齒
전청	見ㄱ	端ㄷ	知ᅐ	幫ㅂ	非ㅸ	精ᅎ	照ᅐ	影ㆆ	
차청	溪ㅋ	透ㅌ	撤ᅕ	滂ㅍ	敷ㅸ	清ᅔ	穿ᅕ	曉ㅎ	
전탁	群ㄲ	定ㄸ	澄ᅏ	並ㅃ	奉ㅹ	從ᅏ	狀ᅑ	匣ㆅ	
불청불탁	疑ㆁ	泥ㄴ	孃ㄴ	明ㅁ	微ㅱ			喻ㅇ	來ㄹ 日ㅿ
전청						心ᄼ	審ᄾ		
전탁						邪ᄽ	禪ᄿ		

[표 5-2] 『사성통해』 권두의 〈광운36자모〉

〈운회 35자모도〉

『사성통해』 권두에는 「광운」만이 아니라 『고금운회古今韻會』에서 가져온

「운회삼십오자모지도韻會三十五字母之圖」도 게재되었다. 이 〈운회韻會 35자모도〉
는 『고금운회』에서 인정한 35개의 성모聲母, 즉 음절 초 자음을 소개하였다.
여기에서는 앞의 〈광운 36자모도〉에서 같은 문자로 표시된 정치음의 '照/
ㅈ/, 穿/ㅊ/, 狀/ㅉ/' 3자가 없어졌고 설상음의 '知/ㅈ/, 撤/ㅊ/, 澄/ㅉ/'이
그 자리로 갔다([표 5-3] 참조).

다만 순경음의 전청全清 /非/, 차청次清 /敷/는 모두 /ㅸ/이고 니모泥母와
양모孃母도 모두 /ㄴ/이지만 그대로 남았고 어모魚母 /ㅇ/와 요묘ㅘ母 /ㆆ/가
추가되어 겨우 1모가 줄어서 35자모가 된 것이다. 따라서 〈운회 35자모도〉
에서는 의모疑母와 어모의 /ㅇ/과 니모와 양모의 /ㄴ/, 그리고 영모影母와
요모ㅘ母의 /ㆆ/이 같아서 모두 3쌍의 같은 한글 글자가 보인다.

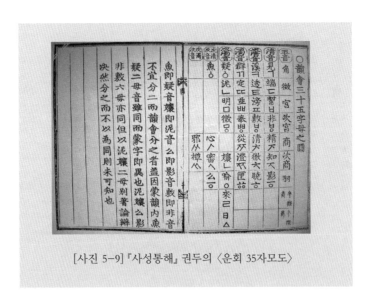

[사진 5-9] 『사성통해』 권두의 〈운회 35자모도〉

이것도 보기 쉽게 도표로 그리면 다음과 같다.

오음	角	徵	宮	次宮	商	次商	羽	半徵商	半徵商
청음	見 ㄱ	端 ㄷ	幫 ㅂ	非 ㅸ	精 ᅎ	知 ᅐ	影 ᅙ		
차청음	溪 ㅋ	透 ㅌ	滂 ㅍ	敷 ㅸ	淸 ᅔ	撤 ᅕ	曉 ㅎ		
탁음	群 ㄲ	定 ㄸ	並 ㅃ	奉 ㅹ	從 ᅏ	澄 ᅑ	匣 ᅘ		
차탁음	疑 ㆁ	泥 ㄴ	明 ㅁ	微 ㅱ		孃 ㄴ	喩 ㅇ		
차청차음	魚 ㆁ				心 ᄼ	審 ᄾ	么 ㆆ	來 ㄹ	日 ㅿ
차탁차음					邪 ᄽ	禪 ᄿ			

[표 5-3] 『사성통해』 권두의 〈운회 35자모도〉

그러나 [사진 5-9]에서 볼 수 있는 바와 같이 이 자모도의 뒤 엽葉에

魚卽疑音, 孃卽泥音, 么卽影音. 敷卽非音, 不宜分二, 而韻會分之者. 盖因蒙韻內, 魚疑二母音雖同, 而蒙字卽異也. 泥, 孃, 么, 影, 非, 敷六母亦同. 但以泥孃二母別著論辨決然分之, 而不以爲同則未可知也. — 魚母는 곧 疑母, /ㆁ/이고, 孃모는 곧 泥모 /ㄴ/이며 么모는 곧 影모 /ㆆ/이다. 敷모는 곧 非모 /ㅸ/이니 둘로 나누어서는 안 되는 것이나 韻會가 나눈 것이다. 이것은 모두 몽운 내에서 魚모와 疑모가 비록 발음은 같지만 몽고글자가 다르기 때문이다. '泥:孃, 么:影, 非:敷' 6모도 역시 같다. 다만 '泥:孃'의 두 성모는 뚜렷하게 달라서 분명하게 나뉘며 같지 않은데 같은 것으로 한 것은 알 수 없다.

라는 기사가 있어 몽고글자, 즉 파스파자가 다르면 달리 자모를 정하였음을 알 수 있고 또 연구개 비음의 'ㆁ'과 치경 비음의 'ㄴ'이 서로 다른 것을 같은 문자로 한 것은 알 수 없다고 하여 높은 음운론적인 지식을 보여준

5. 훈민정음과 파스파 문자

다. 아무튼 니모 /ㄴ/와 양모 /ㆁ/를 같이 하여 1개가 준 것이다.

런던 초본에 인용한 36자모에 대하여 원대元代에 『몽고자운』을 교정 증첨한 주종문朱宗文의 자서自序에서는 "[전략] 惟古今韻會, 於每字之首, 必於四聲釋之. 由是始知見經堅爲ᅙ, 三十六字之母, 備於韻會, 可謂明切也. [하략] — 고금운회에서 매 글자의 첫머리에 반드시 사성(四聲, 여기서는 전청, 차청, 전탁, 불청불탁을 말함 — 필자)으로 해석하여 이로부터 '見, 經, 堅'[의 첫 발음]이 /ᅙ[ㄱ]/임을 알게 되었다. 36자모는 운회에서 갖춘 것이며 가히 분명하게 바로잡은 것이라고 말할 수 있다."라 하여 〈몽고자운〉의 이 자모도가 『고금운회』의 36자모로부터 인용한 것임을 밝히고 있다.

〈홍무운 31자모도〉

『사성통해』에는 위의 두 자모도 이외에 「홍무운삼십일자모도洪武韻三十一字母圖」를 더 부재하였다.

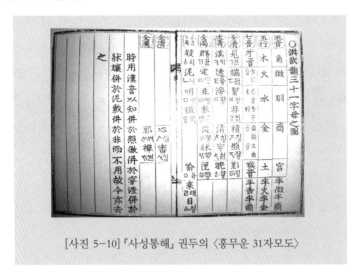

[사진 5-10] 『사성통해』 권두의 〈홍무운 31자모도〉

위의 사진을 표로 작성하면 다음과 같다.

오음	角	徵	羽		商		宮	半徵	半商
오행	木	火	水		金		土	半火	半金
칠음	牙音	舌頭音	脣音重	脣音輕	齒頭音	正齒音	喉音	半舌	半齒
전청	見ㄱ:견	端ㄷ 둰	幫ㅂ 방	非ㅸ 비	精ㅈ 징	照ㅈ·쟐	影ㆆ:힝		
차청	溪ㅋ 키	透ㅌ 튱	滂ㅍ 팡		清ㅊ 칭	穿ㅊ 쳔	曉ㅎ:햫		
전탁	群ㄲ 꾼	定ㄸ ·띵	並ㅃ :삥	奉ㅹ 뽕	從ㅉ 쭘	狀ㅉ 쌍	匣ㆅ 햫		
불청불탁	疑ㅇ 이	泥ㄴ 니	明ㅁ 밍	微ㅱ 미			喩ㅇ 유	來ㄹ래	日ㅿ·싱
전청					心ㅅ 심	審ㅅ·심			
전탁					邪ㅆ 써	禪ㅆ·쎤			

[표 5-4] 『사성통해』 권두의 〈홍무운 31자모도〉

이것은 『홍무정운洪武正韻』의 「자모도字母圖」란 이름이지만 실제로는 『몽고자운』의 「자모」에 열거한 32자모를 그대로 옮겨놓은 것이다. 아무래도 『몽고자운』이란 말은 명明으로부터 금기시된 서명書名이므로 당시 명明 태조太祖의 칙찬운서勅撰韻書인 『홍무정운』의 이름을 빌려 이렇게 표시한 것으로 볼 수 있다.

이 〈홍무운 31자모도〉는 〈훈민정음〉의 언해본에 보이는 32개의 한글자모, 즉 초성과 동일하다. 즉 『월인석보月印釋譜』 신편新編의 권두에 부재된 〈세종어제훈민정음世宗御製訓民正音〉에 "漢音齒聲은 有齒頭正齒之別ᄒᆞ니 {한음은 중국 소리라. 두는 머리라. 별은 글 힐씨라} 中國 소리옛 니쏘리ᄂᆞᆫ 齒頭와 正齒왜 글히요미 잇ᄂᆞ니 [중략] 牙舌脣喉之字ᄂᆞᆫ 通用於漢音ᄒᆞᄂᆞ니라. 엄과 혀와 입시울와 목소리옛 字ᄂᆞᆫ 中國 소리예 通히 ᄡᆞᄂᆞ니라"라고 하여 한자의 한음漢音, 즉 중국어의 발음과 우리의 한자 발음이 치음齒音에서 서로 다른 것을 지적하고 있다.

그리하여 전탁자 6개를 더한 동국정운 23자모에다가 치두음과 정치음을 구별하는 /ᅎ, ᅔ, ㅉ, ᄼ, ᄽ/와 /ᅐ, ᅕ, ㅉ, ᄾ, ᄿ/을 추가하여 5개가 늘어났으며 순음脣音에서 순경음脣輕音 /ᄫ, 퐁, ㆅ, ㅱ/의 4개를 더 만들어 모두 9자를 더하면 32자를 만든 셈이 된다. 여기에 중성자 11개를 더하면 43자로서 앞에 『법서고』와 『서사회요』에서 보여준 43개 파스파 문자의 숫자와 일치한다. 물론 여기서 순경음으로 /ᄫ, ㅱ/만을 인정하여 /ㆅ, 퐁/의 2개를 더 줄이면 모두 41개의 글자를 만든 것이 되어 『원사』의 「석로파스파」에서 기재한 41개의 파스파 문자와 같게 된다.

반대로 〈홍무운 31자모〉에서는 치두음과 정치음의 전청, 차청, 전탁, 그리고 다시 전청, 전탁을 합쳐서 5개를 줄이고 순중음과 순경음의 전청, 차청, 전탁의 3개를 더 줄여 모두 8개를 줄이면 23개가 남는다. 이것이 〈동국정운〉 23자모이고 여기서 전탁자全濁字, 즉 쌍서자(ㄲ, ㄸ, ㅃ, ㅆ, ㅉ, ㆅ)의 6개를 줄이면 훈민정음 초성 17자가 된다.

3. 〈몽고자운〉 유모 7자와 훈민정음 11중성자

파스파 문자는 티베트 문자와 달리 모음자를 별도로 제정하였다. 즉 전술한 [사진 5-3]과 [사진 5-7]에서 본 바와 같이 『몽고자운蒙古字韻』 권두 「자모字母」에 보이는 36자모도의 오른쪽에 "ᇚᇹᄀᅐᅀᄃ 此七字歸喩母"가 보인다. 이것은 유모喩母, 즉 모음자로서 실제로는 모두 6개만 제시하였다.

그동안 학계에서는 이것이 모음자를 표시한 것인지도 몰랐고 여기서 7 자라고 한 것은 유모의 /᠊ᠤ, ᠊ᠤ[a]/를" 포함하여 'ᡥ[i], ᠊ᠥ[u], ᠊ᠵ[i+o/u, ü], ᠊ᠷ[o], ᠊ᠭ[e+o/u, ö], ᠊ᠮ[e]'의 7개 모음을 표기한 글자를 말한 것인 줄도 몰랐다. 이 사실은 졸고(2011a)에서 처음으로 밝힌 것이다.

훈민정음에서도 중성자, 즉 모음자를 11개 제정하였으나 실제로는 단모음單母音의 문자로는 7개자를 제정한 것이다. 그리고 이 모음자들은 음양陰陽으로 나누어 서로 같은 모음끼리만 연결되는 것을 설명하였다. 지금까지는 이 중성자, 즉 모음자들이 당시 한국어의 모음체계를 반영하고 음양은 한국어의 모음에 존재하는 모음조화母音調和로 생각해왔다.

11개의 중성자

{해례본}『훈민정음』(이하 〈해례본〉으로 약칭함)을 중심으로 하여 {신편}『월인석보月印釋譜』의 권두에 실린 {언해본}「세종어제훈민정음」(이하 〈언해본〉으로 약칭)과 『세종실록』(권110) 세종 25년 경자庚子조의 기사로 실린 {실록본}『훈민정음』(이하 〈실록본〉, 혹은 〈한문본〉으로 약칭)에 의하면 훈민정음이 28개의 문자를 제정하였고 그 가운데 모음자로 중성자 11개를 제자制字하였음을 밝혔다. 그리고 〈해례본〉에서는 그 제자 원리를 「제자해」와 「중성해」에서 자세하게 설명하였다.[5]

---

4 이 두 문자는 서로 이체자로 몽고어 [a]를 표기한 모음자이다.

5 세종이 훈민정음 창제 당시에 만들어진 신문자 제정의 근거를 보여주는 것으로 이 세 자료는 널리 알려졌다. 가장 완벽한 것은 〈해례본〉으로서 세종의 어제서문(御製序文), 예의(例義), 해례(解例), 정인지(鄭麟趾)의 후서(後序)를 모두 갖추었으며 다음은 〈실록본〉으로 전자에서 '해례(解例)' 부분만 빠져 있다. 현전하는 〈해례본〉이 어제서문 등에서 후대의 가필 보정(補整)한 것도 있어 〈실록본〉이 가장 신뢰할 수 있는 자료로 알려졌다. 끝으로 {신편}『월인석보』의 권두에 실린 훈민정음은 〈해례본〉의 어제서문과 예의 부분의 석장 반을 언해한 것으로 흔히 〈언해

〈해례본〉에서는 이 11개 중성자를 음양으로 나누어 중성의 양陽으로 /ᆞ, 아, 야, 오, 요/와 음陰으로 /으, 어, 여, 우, 유/의 10개를 제자하고 /이/는 중립으로 보았다. 그리고 모음을 문자로 만든 중성자에 대하여 상세하게 제자 원리와 그 음가를 밝혀놓아서 이 가운데 4개는 i계 이중모음을 문자화한 것이므로 나머지 7개 문자가 당시의 단모음을 글자로 제정한 것이라고 믿어왔다.

이에 근거하여 훈민정음의 현대 언어학적 연구를 처음으로 시도한 일본인 언어학자 오구라 신페이小倉進平는 강모음强母音 /아, 야, 오, 요, ᆞ/와 약모음弱母音 /어, 여, 우, 유, 으/로 나누고 중성모음으로 /이, 으/를 추가하여 모음조화를 이룬다고 보았다(小倉進平, 『鄕歌及び吏讀の研究』, 1927, 京城). 오구라의 이러한 연구는 후대의 한국 학자들에게 지대한 영향을 끼쳐서 해방 이전까지 이러한 주장은 계속되었다.

그러나 이러한 연구는 파스파 문자의 유모자에 근거하여 제정한 훈민정음의 중성을 오해하여 일어난 것이다.

앞 장에서 살펴보았듯이 모음조화vowel harmony는 일종의 동화현상이다.[6]

본)으로 불린다. 졸고(2006b)에서는 세종의 생존 시에 편찬된 {구편}『월인석보』가 있고 그 권두에 부재된 「훈민정음」이 있었으며 박승빈 씨의 구장본 「훈민정음」이 바로 그것이라는 주장을 하였다(졸고, 2013). 이것이 사실이라면 이 세 자료는 모두 세종이 생존하였을 때에 만들어진 것으로 모두 훈민정음의 이론을 밝히고 이 신문자의 교육과 전파를 위하여 편찬한 것으로 보아야 할 것이다.

6 모음조화가 모음의 동화현상이라는 사실에 대하여 일찍이 이숭녕(1949)에서 '모음조화의 개념과 동화작용과의 관계'란 제목으로 상세히 고찰하였다. 즉 "[전략] 그러나 母音調和를 前部와 後部母音에 관련한 前進的 同化作用(une assimilation progressive intéréssant les voyelles antérieur et postérieures)이라고 본 데는 앞서 말한 에스페르센의 progressive assimilation과 다른 것이다. 그리하여 모음조화는 Szinnyei의 규정과 같이 母音同化作用이라고 부른다. 쏘바죠오의 恩師인 드니(J. Deny)도 역시 명백히 harmonie ou assimilation vocalique라 言明하였으니 母音調和는 일종의 모음동화작용이라고 봄도 알 수 있다."(이숭녕, 1988:179~180에서 인용)라고 하여 모음조화가 모음의 동화작용임을 누누이 강조하였다.

기본적으로 모음조화는 한 어휘의 어간語幹 내에서 동일한 부류의 모음으로 구성되는 것을 말한다. 같은 종류의 모음끼리 모이려는 현상이 인접한 모음을 변화시키거나 서로 다른 모음을 가진 이형태異形態에서 같거나 유사한 모음을 가진 조사와 어미를 선택한다. 한국어와 같이 어미나 조사가 어간의 모음과 유사한 모음을 가지려는 현상은 특히 동화로 보는 것이 옳을 것이다.

따라서 모음조화는 발음 위치가 같거나 유사한 모음끼리, 예를 들면 전설모음은 전설모음끼리, 후설모음은 후설모음끼리 모이려는 구개적口蓋的 조화palatal harmony가 있고 원순성의 여부에 의하여 원순모음끼리, 또는 반대로 비원순모음끼리 모이려는 순적脣的 조화labial harmony가 있으며 이 둘을 복합한 복합조화labio-palatal harmony가 있을 수 있다. 그리고 아주 드물지만 고모음은 고모음끼리, 저모음은 저모음끼리 모이려는 수평적 조화horizontal harmony가 있다(Ladefoged, 1975).

이 네 종류의 모음조화 가운데 가장 많이 나타나는 것이 전설모음은 전설모음끼리, 후설모음은 후설모음끼리 모이는 구개적 조화로 알타이제어에서 나타나는 모음조화는 이 구개적 조화를 기본으로 갖고 있다고 한다.[7] Poppe(1965:181)에서

The vowel harmony is a feature common to all Altaic languages. It is not easy to give a general definition of what vowel harmony is, which could be applied to

---

[7] 이에 대하여는 Poppe(1955:84~94, 1960:147~152) 및 Räsänen(1949:96~106), Cincius(1949: 116~124), Ramstedt(1939:25~28) 등을 참고할 것. 여기서 참고한 Poppe의 논문은 몽고어의 모음조화, Räsänen은 튜르크어, Cincius는 만주-퉁구스어, Ramstedt는 한국어의 모음조화에 대하여 언급하였다.

all Altaic languages without any exceptions. In the simplest cases, the vowel harmony manifests itself in that in one word there may occur either only back vowels or only front vowels.

라 하여 알타이제어에서 모음조화는 공통으로 나타나는 자질이며 가장 일반적인 단순한 형태는 전설모음과 후설모음의 대립에 의한 조화, 즉 구개적 조화Palatal harmony임을 밝혀놓았다.

특히 몽고제어에서 모음조화는 가장 단순한 형태의 구개적 조화로서 /i/가 중립적이라고 하였다. 즉, 전게한 Poppe(1965:184)에서 몽고어의 모음조화에 대하여

In proceeding to vowel harmony in Mongolian languages, it should be remarked that the simplest type, namely, back versus front vowels, is represented by the vowel harmony in Written Mongolian and Kalmuck. Here, in one word only /ɑ, o, u/ or /e, ö, ü/ may occur, the vowel /i/ being neutral.

이라 하여 몽고어, 특히 몽고문어와 칼묵어에서의 모음조화는 가장 단순한 형태의 전설 대 후설의 대립을 기본으로 하는 구개적 조화이며 /i/는 이러한 대립에서 중립이라고 하였다(Poppe, 1955:84~94). 이 중세몽고어의 모음들은 파스파 문자에서 7개의 문자로 표기되었다.

4. 〈몽고자운〉 입성 6개와 정음의 8종성

졸고(2008a, c, d, 2009a)는 훈민정음 초성初聲 17자와 『동국정운』 23자모가 『몽고자운』의 파스파 문자 31자모에서 온 것으로 모두 한자음漢字音의 자모 字母, 聲母이며 결국은 음절 초onset 자음子音을 말하는 것으로 보았다.

또 졸고(2009c)와 본서의 제4장 1절, 그리고 본 장의 앞 절, '3. 〈몽고자운〉 유모 7자와 훈민정음 11중성자'에서는 훈민정음의 중성 11자는 『몽고자운』 자모도에서 우측에 표시된 7개의 유모자喩母字를 기반으로 한 것임을 주장하였다. 즉 훈민정음 11자의 중성은 결국 ㅣ계 이중모음자인 재출자再出字를 제외하면 기본자 3개와 초출자初出字 4개로 된 7개의 단모음자單母音字를 말하는 것으로 이것은 파스파의 유모자 7개와 일치한다고 보았다.

유모자에 속한다는 6개의 파스파자와 더불어 유모자 'ᠤ[ɑ]'를 더하여야 모두 7개의 파스파자가 되며 이 7개 파스파자들은 모두 모음자를 말한다. 즉 한자의 운韻 가운데 운복韻腹, 또는 유섭紐攝에 해당한다. 더욱이 양모음과 음모음의 대립은 중세몽고어의 모음조화에 맞춘 것으로 고대 한국어에서 모음조화의 존재는 증명하기 어려운 음운 현상임을 예로 들었다.[8]

이어서 여기서는 훈민정음의 종성終聲이 『몽고자운』의 권두에 보이는 「몽고자운총괄변화지도蒙古字韻總括變化之圖」(『몽고자운』 런던 초본 上 4엽 앞)에 제시한 파스파자의 입성入聲 운미자韻尾字를 근거로 하여 17초성이 모두 종성이 된다는 "종성부용초성(終聲復用初聲 ― 종성은 초성을 다시 쓴다)"이라는 예의例義의

---

8 고대 한국어에 모음조화가 없었다는 주장은 Martin(2000:1~23)을 비롯하여 서구의 많은 알타이학자들에 의하여 제기되었다. Vovin(2010:11) 참조.

규정과 해례解例 종성해終聲解의 "팔종성가족용(八終聲可足用 — 8개 종성으로 충분히 쓸 수 있다)"이라는 해설이 나온 것이라는 주장을 펴려는 것이다.

〈몽고자운〉 입성 6개

먼저 『몽고자운』의 권두에 부재된 「몽고자운 총괄변화지도總括變化之圖」에 대하여 살펴보기로 한다. 천하天下 유일본으로 영국 런던의 대영도서관에 수장收藏된 『몽고자운』은 청대淸代 건륭乾隆 연간에 필사된 것이다. 그러나 이 초본鈔本을 통하여 원元 지대至大 무신(戊申, 1308)에 편찬된 『몽고자운』의 진면목을 볼 수 있다.

이 원대 운서는 파스파 문자가 제정되고 나서 그 문자를 이용하여 한자漢字의 표준음을 주음注音한 것으로 『예부운략』 계통의 운서인 『운략韻略』을 파스파 문자로 번역한 『몽고운략蒙古韻略』이 먼저 있었고 그 후에 『신간운략』을 근거로 하여 주종문朱宗文이 이를 수정한 『몽고자운』이 있었음을 주장하였다(졸저, 2009).

『몽고자운』 초본의 권두에는 '자모字母'라는 제하에 중국 전통의 36자모표를 파스파 문자로 대응시킨 자모도가 부재되었다. 이 자모도에 의거하여 필자는 파스파자의 초성, 즉 음절 초에 나타나는 자음으로 32개를 인정하고 그 각각에 문자를 대응시켜 파스파자의 초성자를 제정하였고 이 '자모'의 오른쪽 끝에 유모喩母에 귀속하는 파스파자 6개자를 부재하였는데 이 6개의 파스파자와 유모자를 합하여 7개의 중성자를 만들었다고 보았다. 이에 대하여는 앞에서 상세하게 논의하였다.

그러나 파스파 문자에서 종성에 해당하는 음절 말 문자의 제정에 대하여는 아무도 언급한 바가 없다. 그동안 「몽고자운 총괄변화지도」(이하 '변

[사진 5-11] 「몽고자운 총괄변화도」
(런던초본 上 4엽 앞)

화도'로 약칭)가 정확하게 무엇을 의미하는지 이해하지 못한 것이 사실이다. 이 「변화도」는 막연히 당시 한자음의 입성入聲 운미韻尾를 표시한 것으로만 알려졌다.

[사진 5-11]에서 볼 수 있는 것처럼 「변화도」 원圓의 하단에 왼쪽으로부터 "噷口ꡏ[m], 撲 ꡙ[p], 本音ꡘ[ʔ], 噷口ꡑ[ph], 黑ꡘ[h], 頂舌兒ꡘ[r], 轉舌兒 工[l], 刻ꡁ[kh], 克ꡂ[k] 弎ꡈ [t], 赤ꡆ[dz], 四ꡛ[s], 卅ꡦ [z]"와 같은 13개의 파스파 문자가 기입되었다.

이것은 앞에 든 『몽고자운』의 36자모의 파스파 문자와 비교해보면 완전히 다른 문자가 2개나 있으나[9] 대체로 한자의 음절 말 자모字母들을 표시한 것이다. 이것을 발음기호로 전사해보면 [m, p, ʔ, pʻ, h, r, l, kʻ, k, t, dz, s, z]와 같다.[10]

이것은 훈민정음자로 더 정확하게 전사되는데 이를 정음자로 옮겨보면

---

9 '黑ꡘ'와 '轉舌兒工'의 파스파 문자에서 보이는 'ꡘ'와 '工'은 어디에서도 찾아볼 수 없는 자형이다. 아마도 필사할 때에 오사(誤寫)한 것으로 보인다. 그리고 '本音 ꡘ'도 '疑 ꡙ'의 오사로 보는 것이 옳을 것 같다.

10 파스파 문자의 전사는 졸저(2009:189~191)의 방식처럼 번자(飜字, nominal phonetic value)에 의거하였다.

[ㅁ, ㅂ, ㆆ, ㅍ, ㅎ, ㄹ¹, ㄹ², ㅋ, ㄱ, ㄷ, ㅈ, ㅅ, ㅆ]와 같다.¹¹ 이 운미자韻尾字들에는 몽고어의 음절 말에서 변별력을 가진 음운으로 존재하며 파스파 문자로도 제정된 [ㅇ, ŋ], [ㄴ, n]이 결여되었다. 아마도 필사할 때에 잘못된 것으로 보인다.

[사진 5-11]의 「변화도」 상단에 거꾸로 된 6개의 파스파자가 보인다. 이를 옮겨보면 왼쪽으로부터 "ꡝ[m], ꡖ[k], ꡙ[ŋ], ꡤ[w], ꡨ[ʔ], ꡡ[o/u]"가 보인다. 여기서 'ꡤ[w]'와 'ꡡ[o/u]'는 특별한 설명이 요구된다. 이 두 파스파자는 모두 합구合口의 원순성([+rounded]) 자질을 나타내는 기호로 보이며 후자는 모음적인 원순성, 그리고 전자는 자음적인 원순성을 표음한다. 훈민정음에서는 'ꡤ[ㅱ]', 'ꡡ[ㅗ/ㅜ]'로 표시하였다. 'ꡡ[o/u]'는 위에 'ꡁ[i]', 'ꡋ[e]'를 붙여 각각 'ꡢ[ü]', 'ꡣ[ö]'를 만든다(졸고, 2009c).

[사진 5-11] 「변화도」의 하단에 보이는 13개의 운미자韻尾字들은 원대元代의 표준 한음으로 알려진 당唐·송대宋代의 통어음通語音의 입성入聲들, 더 정확하게 말하면 『광운』 계통의 『예부운략』이 보여준 입성음入聲音들이고 상단의 6개음은 당시 대도大都의 구어口語, 즉 한아언어漢兒言語에서 구별되는 입성 coda의 발음으로 보인다. 이미 당시 북경 발음에서는 음절 말에서 [m, k, ŋ]의 자음과 폐쇄 음절을 보여주는 /ꡨ/ [ʔ], 그리고 원순성을 보여주는 /ꡤ/[w], /ꡡ/[o/u]만이 변별적이었음을 말한다.¹² 현대 북경음北京音, 즉 보통화普通話에서는 입성 운미 [k]도 사라졌다.

---

11 'ㄹ¹'은 [r], 'ㄹ²'는 [l]을 말함.

12 이[ꡡ o/u]는 원순 모음 [ꡟ u, ꡡ o] 다음에, 그리고 운미 [ꡝ m]과 함께 'ꡡ ꡡ, ꡡ ꡡ'와 같이, 또는 'ꡡ ꡝ[ㅗ/ㅜ ㅁ]으로 나타난다.

실제로『몽고자운』의 권두에 부재된 총목總目에는 이 운서韻書의 15운韻을 보였다. 즉 "1東, 2庚, 3陽, 4支, 5魚, 6佳, 7眞, 8寒, 9先, 10蘇, 11尤, 12覃, 13侵, 14歌, 15麻"에서 운미coda로는 모음의 합구合口 여부와 자음으로는 평상거성平上去聲에서 [n, m, ŋ]만이 구별될 뿐이다.[13] [4支, 15麻]는 제치음齊齒音으로 비원순 모음이며 "5魚, 14歌"는 ' ◁[o/u]'를 갖는 합구음合口音이다. "1東, 2庚, 3陽"은 운미가 [ŋ]이고 '6佳'는 운미에 'ᄴ[? ㆆ]'을 가졌다. "10蘇, 11尤"에서는 운미에 'ᅙ[w, ㅱ]'를 가졌으며 "7眞, 8寒, 9先"은 운미에 'ᅒ[n, ㄴ]'을 가졌고 "12覃, 13侵"은 'ᅒ[m, ㅁ]'을 가졌다.

원대元代 몽고인들이 한어漢語의 음절을 성운학聲韻學에서와 같이 성聲, onset 과 운韻, rhyme으로 이분하지 않고 운韻을 다시 음절핵音節核, nucleus과 운미韻尾, coda로 나누어 본 것은 나이만Naiman, 乃蠻의 위구르인 타타퉁아塔塔統阿가 위구르 문자로 몽고어를 기록할 때에 이미 터득하고 있었던 것으로 보인다.

졸저(2009:112~119)에서 위구르 문자가 소그드문자Sogdische alphabet에서 왔으며 소그드 문자에서는 음절 초initial, onset에 16개 문자, 음절 중간medial, nucleus에 18개 문자, 그리고 음절 말final, coda에 17개 문자를 사용하여 이미 초初, 중中, 종성終聲의 구별을 하고 있었음을 밝혀놓았다.[14]

---

13 다만 15마(麻)의 입성(入聲)에서 운미에 [ᅐ t]를 보일 뿐이다.

14 이에 대하여 졸저(2009)에서는 "이 문자의 근원으로 『원사(元史)』에 등장한 '나이만(乃蠻)'의 위구르 문자에 대하여 지금까지의 연구(Klaproth, 1812, Pelliot, 1925)에 의하면 역시 많은 사실들이 밝혀지지 않은 채 연구가 중단된 상태다. 그러나 Poppe(1965)에서는 위구르 문자가 소그드 문자에서 왔다고 보았다. 즉 Poppe(1965:65)에 'By far the larger number of Ancient Turkic texts, namely those of later origin (IX~X centuries), are written in the so-called Uighur script. The latter developed from the Sogdian alphabet, to be exact, from what the German scholars called "sogdishe Kursivschrift", i.e., Sogdian speedwriting, the Uighur transmitted to the Mongols. — 매우 많은 고대 투르크어 자료, 다시 말하면 후기 자료(9세기~10세기)가 소위 말하는 위구르 문자로 쓰였다. 후자[위구르 문자]는 소그드 문자의 자모에서, 정확하게 말하면 소그드 문자의 속기체(速記体, Kursivschrift)에서 발달한 것이다. 위구르 문자는 후대에 아마도 12세기 후반을 지나서 몽고에 전달되었다.'라고

훈민정음의 8종성

앞 장에서 살펴보았듯이 훈민정음의 종성에 대하여는 세종이 친제한 것으로 알려진 예의例義에서 "終聲復用初聲(종성부용초성)"이라 하여 초성 17자를 모두 쓰는 것으로 하였고 해례解例에서는 "八終聲可足用(팔종성가족용)"이라 하여 8개의 종성, 즉 /ㄱ, ㄴ, ㄷ, ㄹ, ㅁ, ㅂ, ㅅ, ㆁ/만을 인정하였다.

필자는 세종의 '종성부용초성'이라는 발상을 자음과 모음으로 음운을 분석해온 종래의 서양 음운론, 즉 '자음+모음(CV), 자음+모음+자음(CVC)'의 음절 구조와 일맥상통하는 것으로 본다. 반면에 '팔종성가족용'의 생각은 20세기 말에 서양에서 유행한 비단선음운론non-linear phonology의 음절음운론syllable phonology, 즉 음절 초에서의 초성과 음절 중간에서의 중성, 그리고 음절 말에서의 종성을 구별한 것과 같은 생각이다. 이와 같은 음절 구조에 대한 인식은 파스파 문자의 제정에서 의식한 것과 크게 차이가 없을 것으로 보인다.

실제로 「변화도」의 하단에 보이는 13개 입성 운미韻尾자들은 종래 『예부운략』 계통의 운서음의 입성 운미를 표기하기 위한 것이고 상단의 6개 운미자는 당시 북경음의 운미를 표기하기 위한 것이다. 원대元代 북경음의 운미에 대하여는 이미 『중원음운中原音韻』에서 6개 입성 운미만을 인정하고 있

하여 소그드 문자에서 위구르 문자가 나왔고 그것이 다시 몽고에 전달된 것으로 보았다. 또 포페 교수는 소그드인이 현재 구소련의 타지키스탄(Tadjikstan)이나 우즈베키스탄(Uzbekistan)의 인접지역에서 한 세기 동안 살았던 이란(Iran) 사람들이라고 하고 소그드 문자는 고대 투르크에서 오로지 8세기경의 불경(佛經)에만 쓰였고 다른 문헌에는 거의 사용되지 않았다고 한다. [중략] 위구르 문자로 쓰인 가장 오래된 자료는 8세기경 원래 마니키아어(Manichean)의 유고(遺稿)들이고 불교 문학 작품들도 9~10세기경에 위구르 문자로 작성되었다. 다음은 소그드 문자와 초기 위구르 문자의 자모를 비교한 것이다."(졸저, 2009: 112~114)라는 설명을 참조할 것.

었다.

이에 대하여 〈해례〉의 '종성해'에서 전술한 "所以 ㅇㄴㅁㅇㄹㅿ 六字爲 平上去聲之終, 而餘皆爲入聲之終也."라는 주장 역시 6개 입성운미를 인정 하는 것이다. 「변화도」의 6개 입성에서 영향을 받은 것으로 볼 수밖에 없 다. 그러나 훈민정음에서는 조선 한자음, 즉 동음東音에서 분명하게 분별되 는 /ㄱ/과 /ㄷ/을 더 추가하여 8종성을 인정하게 된다.

마무리

이상 『몽고자운』 런던 초본의 권두에 부재된 「몽고자운 총괄변화지도」에 서 보이는 두 계열의 파스파 문자에 대하여 훈민정음의 종성과 연결하여 고찰하였다. 그동안 막연히 파스파 문자의 입성 운미 표기자로만 알려진 「변화도」의 파스파 문자들이 실은 당시 중국 한자음의 입성음入聲音을 표기 하는 데 사용한 문자들이었으며 이것은 훈민정음의 종성 제자에 깊은 영 향을 준 것으로 보았다.

즉 『몽고자운』 권두의 변화도에 보이는 동그라미의 하단에 왼쪽으로부 터 "噙口ꡧ[m], 撲ꡌ[p], 本音ꡊ[ʔ], 噙口ꡙ[ph], 黑ꡜ[h], 頂舌兒ꡘ[r], 轉舌兒ꡃ[l], 刻ꡗ[kh], 克ꡢ[k], 忒ꡉ[t], 赤ꡒ[dz], 四ꡛ[s], 卅ꡓ[z]"와 같은 13개의 파스파 문자가 기입되었고 상단에는 왼쪽으로부터 거꾸로 된 "ꡧ[m], ꡩ[k], ꡙ[ŋ], ꡤ[w], ꡝ[ʔ], ◁[o/u]" 등 6개의 파스파자가 보인 다. 후자는 원대元代 당시 한자음의 북경 발음에서 구별되는 6개의 운미음韻 尾音이며 전자는 『광운』 계통의 한자의 운서음에서 구별되는 13개의 입성자 入聲字로 보았다.

이것으로부터 조선에서 한글 발명자들은 훈민정음의 종성에 대한 인식을 정리하게 된 것으로 본다. 그리하여 『훈민정음』에서 「예의例義」의 "종성부용초성終聲復用初聲"이라 함은 17개 초성을 모두 종성, 즉 운미韻尾 자음子音이 있다고 본 것이다. 이것은 「변화도」에서 하단의 13개 운미음을 표기한 파스파 문자에서 온 것이라고 할 수 있지 않을까 한다. 즉 조선 한자음〔東音〕에서는 초성 17개의 운미음, 즉 종성이 구별된다고 본 것이다.

반면에 〈해례〉의 '종성해'에서는 우리말에 "팔종성가족용八終聲可足用"이라 하여 8개의 음절 말 자음, 즉 종성 "ㄱ, ㄴ, ㄷ, ㄹ, ㅁ, ㅂ, ㅅ, ㆁ"만이 구별된다고 하였다. 그러나 변화도의 상단에 거꾸로 쓰인 6개의 파스파 문자는 원대元代 북경 한자음, 즉 한아언어漢兒言語의 운미에서 구별되는 입성자를 말한 것이고 그로부터 조선어에서는 8개의 받침, 즉 종성으로 충분하다고 본 것이다.

이 시대에 아시아에서 널리 사용된 소그드 문자에서 온 위구르 문자 등에서는 음절 단위로 표기하되 각 음절을 성모聲母, onset, 섭攝, medial, 운미韻尾, coda로 나누어 문자를 제정하였다. 파스파 문자도 같은 방법으로 36자모에 맞춘 성모聲母, onset와 유모喻母라고 부른 7개의 섭攝, medial, 그리고 「변화도」에서 보인 입성 운미로 나누어 파스파 문자를 분류하였다.

따라서 성모(聲母, 36)와 유모(喻母, 7)를 합한 43개 문자를 제정하였으나 제4장의 [표 4-1]에서 제시한 바와 같이 성모 가운데 이미 당시 구별이 어려운 정치음正齒音자와 설상음舌上音자의 3개가 중복되어 이를 제하고 또 유모가 중복되어 계산되므로 1개를 빼면 모두 39개 문자를 제정한 셈이다.

여기서 유모喻母자, 즉 모음을 표기한 7개의 파스파자를 제하면 모두 32개의 자모, 즉 음절 초의 자음이 인정된다. 『사성통해四聲通解』에 부재된 〈홍무운洪武韻 31자모도〉에 보이는 31개의 훈민정음자는 실제로 이러한 파스파 문자의 32개 자모를 기반으로 한 것이다.[15] 반면에 『법서고法書考』와 『서사회요書史會要』 등에 보이는 파스파 43자는 설상음과 정치음을 구별하고 유모를 이중 계산한 것이다. 즉 중국 전통의 36자모와 유모자 7개를 합친 숫자이다(졸고, 2008a, b 및 2009c).

그러나 파스파 문자에서 인정한 입성 운미의 13자는 모두 음절 초의 자모를 다시 썼는데 이는 훈민정음에서도 종성으로 초성을 다시 쓴다고 한 것으로 보아 파스파 문자와 동일한 발상임을 알 수 있다. 다만 〈광운〉계 운서음에서 입성 운미를 13개로 보았으나 훈민정음에서는 조선 한자음에서 운미의 종성이 초성 17자가 모두 구별되는 것으로 본 점에서는 차이가 난다. 즉 〈해례〉에서는 8개의 종성만이 구별됨을 인정하고 그 예를 조선어의 고유어로 보았다.

이와 같은 현상은 훈민정음이 초, 중, 종성으로 구별하고 초성과 중성은 별도의 문자를 제정하였으나 종성은 초성을 다시 쓴다고 한 것이 파스파 문자로부터 영향을 받았음을 분명하게 증언하는 것이다.

---

15 『사성통해』의 권두에는 '광운 36자모도'를 위시하여 '운회 35자모도', 그리고 '홍무운 31자모도'가 부재되었다. 그동안 이것이 무엇을 의미하는지 명확하게 알지를 못하였는데 졸고(2008a, b, c) 등에서 이것이 『몽고운략(蒙古韻略)』, 『몽고자운(蒙古字韻)』 등에 게재되었던 36자모도였음을 밝혔다. 주지하는 바와 같이 『사성통해』는 훈민정음 제정 당시 신숙주가 편찬한 『사성통고(四聲通攷)』를 모방한 것으로 한음(漢音) 표기를 위하여 제정한 홍무운(洪武韻) 31자모는 파스파자의 32자모에 의거한 것이었다(졸고, 2009c).

5. 훈민정음과 파스파 문자

5. 한글 자형의 독창성

앞에서 살펴본 바와 같이 한글은 파스파 문자의 제정으로부터 많은 영향을 받았다. 그런데 왜 한글은 독창적인 문자로 알려졌는가? 다음은 이에 대하여 논의하기로 한다.

언문이나 훈민정음은 조선시대의 모든 기록에서 친제親制되었거나 창제創制되었음을 강조한다. 한글에 대한 최초의 기사인 『세종실록』(권102) 세종 25년 12월조의 기사에도 "上親制諺文二十八字"라 하였고 같은 책(권103)의 세종 26년 2월 20일 경자庚子조의 최만리崔萬理 반대 상소문에도 "諺文制作至爲神妙, 創物運知, 夐出千古. ── 언문을 제작하신 것은 극히 신묘한 일이고 사물을 창조하는 지혜의 움직임이 멀리 아득한 옛날에서 나온 것입니다."라고 하여 언문 제작이 친제이며 독창적임을 부연하였다.

훈민정음 〈해례본〉의 정인지鄭麟趾 후서後序에서도 "我殿下創制正音二十八字, 略揭例義以示之, 名曰訓民正音. ── 우리 전하께서 정음 28자를 창제하시어 간략하게 보기와 뜻을 들어 보이시고 이름을 훈민정음이라 하였다."라는 표현이나 같은 후서에 이어서 "恭惟我殿下天縱之聖, 制度施爲超越百王. 正音之作, 無所祖述, 而成於自然. 豈以其至理之無所不在, 而非人爲之私也. ── 공손히 생각하건대 우리 전하께서 하늘로부터 받으신 성스러움으로 제도의 시행이 백왕百王을 뛰어넘었다. 정음正音을 지으신 것도 옛날에 누가 말한 바가 없이 자연스럽게 이루어진 것이다. [정음의 제작에는] 그 지극한 이치가 없는 곳이 없으니 어찌 사람이 사사롭게 만든 것이랴."라고 하여 세종의 높은 재주에 의한 친제이며 전에 누가 말한 바가 없는 독창적임을 강조하였다.

그러나 앞에서는 한글의 창제에 파스파 문자가 많은 영향을 주었음을 살펴보았고 실제로 정음正音 43자의 제정이나 이를 아설순치후牙舌脣齒喉와 전청全淸, 차청次淸, 전탁全濁, 불청불탁不淸不濁으로 나눈 일은 파스파 문자의 제정에서 알아낸 것임을 시사한 바 있다. 그러면 과연 파스파 문자의 영향을 어느 정도 받았으며 한글의 독창성은 어디에 있는지를 논의하기로 한다.

한반도의 파스파자

앞에서 살펴본 바와 같이 원元 세조世祖, 즉 쿠빌라이 칸忽必烈汗에 의하여 지원至元 6년(1269)에 황제의 조령詔令으로 반포된 파스파 문자는 몽골 제국의 국자國字로서 원대에 널리 보급되었다. 이 문자는 명대明代에 역대 황제의 탄압을 받아 거의 절멸되었고 오로지 런던 대영도서관에 소장된『몽고자운蒙古字韻』만이 이 문자로 작성된 천하 유일의 문헌으로 알려졌다.

그러나 청淸의 도광연간(道光年間, 1736~1795)에 나이지羅以智라는 인물이『몽고자운』의 실물 간본刊本을 실제로 보고 그 책의 체재를『염양재문초恬養齋文鈔』(合衆圖書館 叢書 所收)의 제3권에 '발몽고자운跋蒙古字韻'이란 제목으로 수록하였다. 이 글은 이미 羅常培・蔡美彪(1959)에 전재되어 학계에 소개되었다.

여기에도 옮겨보면 "跋蒙古字韻: [중략] 蒙古初借用畏吾字, 迨國師製新字, 謂之國字. 形如梵書, 乃梵天伽盧之變體. 頒行諸路, 皆立蒙古學. 此書專爲國字漢文對音而作, 在當時固屬通行本耳. [하략] ― 몽고자운 발문: [중략] 몽고는 처음에 위구르 문자를 빌려서 썼는데 국사(國師, 라마승 파스파를 말함 ― 필자)가 새 글자를 만들어 국자國字라고 불렀다. 글자 모양은 범서(梵書, 산스크리트 문자를 말함)와 같으며 범천(梵天, 인도를 말함)의 가로

伽盧 [문자]의 변체變體이다.[16] [이 문자를] 제 로(路, 행정단위로 우리의 '도'에 해당함)에 반포하여 사용하게 하여 모두 몽고학(또는 학교)을 세웠다. 이 책 (『몽고자운』)은 [당시에] 오로지 국자(國字, 파스파 문자를 말함)로 한자의 발음을 적기 위하여 만들어진 것이다. 당시에 있어서는 널리 통행하는 책에 속했다."[17]라고 하여 이 글자를 만든 다음 각 지방에 학교를 세워서 파스파 문자를 학습하게 하고 그를 통하여 한어漢語를 교육하게 하였으며 〈몽고자운〉이 교재로서 널리 알려졌음을 알 수 있다.[18]

『흠정사고전서총목欽定四庫全書總目』「경부經部 소학류小學類 존목存目」'몽고자운蒙古字韻 이권二卷'조에 이것과 유사한『몽고자운』의 소개가 있다. 여기에서는 "[전략] 詔頒行天下, 又州縣各設蒙古字學, 敎授以敎習之. [하략] — [전략] [파스파자를] 반포하여 천하에 사용하게 하였다. 또 각 주와 현에도 몽고자를 교수하는 학교를 설치하고 [파스파자를] 가르쳤으며 이를 배우게 하였다. [하략]"이라고 하여 원대에는 각지에 몽고자학蒙古字學을 가르치는 학교를 세워서 파스파자를 교육하고 그에 의해 한어漢語를 학습하게 한 것으로 보인다.[19]

---

16 吉池孝一(2004:15)의 주3에서는 이와 유사한 주장으로 명대(明代)에 조함(趙崡)이 편찬한 『석묵전화(石墨鐫華)』(권 6)에 파스파 문자로 쓴 '원몽고자비(元蒙古字碑)'를 소개하면서 "蒙古字法, 皆梵天伽盧之變也 — 몽고 글자의 자법 은 모두 인도의 가로[문자]가 변한 것이다"라는 기사를 들고 아마도나이지(羅以智)가 이를 참고하여 발문(跋文)을 쓴 것이 아닌가 하였다.

17 원문은 吉池孝一(2004:134)에서 인용하였고 전문이 졸고(2008c)에서 완역되었다.

18 여기서 말하는 '범천가로(梵天伽盧)'는 인도의 가로쉬티(Kharoṣṭhī script) 문자를 말하는 것으로 보인다. 이 문자 는 인도의 아람(Aram) 문자의 변종으로 오른쪽에서 왼쪽으로 쓰는 음절문자이다. 인도의 샤흐바스가리 (Shahbazgarhi)와 만세르하(Mansehra) 지역에 있는 아쇼카왕(Aśoka, 阿育王)의 비문(碑文) 2종이 가장 오래된 자료로 기원전 3세기 중엽에 세운 것이다. 아마도 이 시대에 유행했던 문자로 보이며 아소카왕의 지원에 힘입어 불교가 크게 흥왕(興旺)했던 때의 문자라 중국에도 영향을 주었을 것으로 추정된다.

19 몽고의 원(元)은 건국 초기부터 학교를 세워 교육에 힘을 쓴 것 같다. 졸저(2004:436~444)에 의하면 원(元)의 서 울인 대도(大都)의 지리지(地理誌) 「석진지(析津志)」에 몽골의 제2대 칸(汗)인 태종(太宗) 오고타이(窩闊臺)가 1233

고려에서도 많은 유학생을 원元으로 파견하여 이러한 학교에서 파스파 자와 한어漢語를 학습하였는데 졸저(2004:437)에 의하면 이 사실은 〈노걸대〉에서도 확인할 수 있다고 하며 특히 재미있는 것은 〈노걸대〉 주인공의 중국 유학이 부모의 요청에 의하여 이루어진 것을 밝힌 점이다(〈노걸대〉 제4화, 졸저, 2004). 『세종실록』(권86) 세종 15년(1433) 9월조에 고려 공민왕 21년(1372)에 고려가 유학생을 남경南京에 파견하려고 한 것에 대하여 명明의 태조太祖가 답을 하는 성지聖旨가 인용되었다.

거기에서 명明 태조는 고려의 자제가 부모를 떠나는 것이 좋지 않으므로 만일 부모 된 자가 자제를 입학시키고자 원한다면 자식 된 자는 부모의 명을 듣고 와서 공부할 수 있으니 고려 국왕이 그들을 보내도 좋다고 말하였다는 기사가 있다. 이것은 물론 명 태조가 조선의 유학생을 받아들이지 않으려는 구실로 한 말이었지만 〈노걸대〉의 주인공이 부모의 명으로 유학을 가기로 했다는 사실을 상기하게 된다.

파스파자는 원元의 영향 아래에 있던 고려는 물론 조선 초기에도 한반도에서 교육되고 시험도 보았다. 즉 『태조실록』(권6) 태조 3년 갑술甲戌 11월조에 수록된 '통사과通事科'를 보면 '습몽어자習蒙語者'에게 보이는 몽고어 시험에는 '자양字樣'으로 표시된 파스파 문자의 시험이 있고[20] 『세종실록』(권47)

년에 발표한 성지(聖旨)의 비문(碑文)이 실려 있다. 그 내용은 연경(燕京, 大都의 구칭)에 '사교독(四敎讀)'이라는 학교를 설치하고 그곳에서 몽골인 피사치(必闍赤 — 書記官)의 자제를 18명과 중국인 자제 22명을 함께 기거시키면서 몽골인 자제에게는 한아언어(漢兒言語)와 문서(文書)를, 그리고 중국인 자제에게는 몽고어와 궁술(弓術)을 배우게 하도록 명령하였다는 것이다. 조선 사역원(司譯院)의 한어(漢語) 교재인 〈노걸대〉 원본에서 주인공이 다니던 학교가 고려인과 중국인이 거의 반반씩이라는 대화 내용은(제5화) 사교독의 경우와 유사하다.

20 『태조실록』 소수(所收)의 '통사과(通事科)'에 '習蒙語者, 能譯文字, 能寫字樣, 兼寫偉兀字者爲第一科. 只能書寫偉兀文字, 兼通蒙語者爲第二科. 出身品階同前. — 몽고어를 배운 자로 문자를 능히 번역하고 자양(字樣)을 쓸 줄 알며 겸해서 위구르 문자를 쓰는 사람을 제1과로 한다. 단지 위구르 문자만 쓸 줄 알고 겸해서 몽고어에 통하는 자는

5. 훈민정음과 파스파 문자

세종 12년 경술庚戌 3월조에 수록된 역학譯學 시험에도 첩아월진帖兒月眞이라는 파스파 문자에 대한 시험이 있다(졸저, 1990:136). 따라서 고려 후기는 물론이고 조선 건국 초기에도 이 문자는 지식인들 사이에 널리 알려진 문자였다.

파스파 문자는 명초明初에 철저한 탄압을 받아 그 자료가 얼마 남아 있지 않다. 현재 알려진 것은 전술한 바 있는 대영도서관 소장의『몽고자운』과 羅常培·蔡美彪(1959)에 소개된『사림광기事林廣記』소수所收의「파스파백가성八思巴字百家姓」,『법서고法書考』,『서사회요書史會要』(두 권 모두『欽定四庫全書』所收)와 각종 금석문金石文 등이 알려졌을 뿐이다(照那斯図, 2003:2).[21]

그러나 이 자료들 가운데 가장 파스파자의 기준이 될 것은『몽고자운』이며 이 자료는 영국 런던의 대영도서관에 소장되었다. 이 책에는 주종문朱宗文에 의한 증정增訂의 서문에 간기(元 至大戊申, 1308)가 있지만 이 책은 당시의 간본이 아니라 청淸의 건륭연간(乾隆年間, 1736~1795)에 필사된 사본이라고 한다(尾崎雄二郎, 1962 및 졸저, 2009).[22] 이것이 훈민정음 제정 당시 세종과 집현전 학자들은 물론 중종 때에 최세진 등이 애용한 '몽고운蒙古韻'의 운서韻書로서 현존하는 유일한 것이다.

제2과다. 출신 품계는 앞과 같다."에 보이는 '능사자양(能寫字樣)'은 파스파 문자의 구사(驅使) 여부를 묻는 것이다. "兼寫偉兀字"의 '위올자(偉兀字)'는 몽고위구르자를 말한다. 졸저(2002:108~110) 참조.

21 서양인의 파스파 문자 연구는 Haenisch(1940)를 비롯하여 Ligeti(1956, 1961), Poppe(1957, 1965) 등이 있다. 13~14세기에 이슬람 학자들에 의하여 아랍-몽골어, 페르시아-몽골어의 어휘집이 많이 만들어졌는데 이 서부 중세 몽골어는 아랍문자로 전사되었다(Poppe, 1965:23).

22 대영박물관(British Museum)에 소장된 것이 1980년대에 새로 신축한 대영도서관(British Library)으로 이관되어 소장되었다.

『몽고자운』의 가치

따라서 파스파 문자에 대한 연구 자료로서는 믿을 만한 것이 『몽고자운』
하나뿐이라고 해도 과언이 아니다. 그런데 이 운서는 그동안 파스파 문자
의 연구에서 소외되었다가 졸저(2009)에 의하여 한국 및 세계 학계에 제대
로 소개되었다. 파스파 문자로 한자음을 기록한 운서는 흔히 '몽음蒙音, 몽
운蒙韻, 몽고운蒙古韻' 등으로 약칭되어 『고금운회古今韻會』와 『사성통해四聲通解』
등에서 인용되었다. 즉, 최세진의 『사성통해』에서는 '범례凡例' 26조를 권두
에 실어서 이 운서의 기본적인 편찬 태도를 밝혔는데 그 첫 조에

蒙古韻略元朝所撰也. 胡元入主中國, 乃以國字飜漢字之音, 作韻書以教國人者
也. 其取音作字至精且切, 四聲通攷所著俗音, 或同蒙韻之音者多矣. 故今撰通解,
必參以蒙音, 以證其正俗音之同異. ― 몽고운략은 원나라 때에 편찬한 것이다.
오랑캐 원나라가 중국에 들어가 국자(파스파 문자를 말함 ― 필자)로 한자의 발음
을 번역하여 운서를 지어 나라 사람들을 가르쳤다. [몽고운서는] 발음을 취하여
글자를 만든 것이 매우 자세하고 또 올바르게 되었다. 『사성통고』에서 속음이라
고 한 것은 몽고운서의 발음과 같은 것이 많다. 그러므로 이번에 『사성통해』를
편찬할 때에 반드시 몽고운서의 발음을 참고하여 정속음의 같고 틀리는 증거로
삼았다. ([ ] 안에 것은 번역자 삽입)

라는 조항이 있어 『몽고운략』이란 운서가 존재하였고 최세진이 이를 참고
하였음을 알 수 있다.[23]

---

23 유창균(1973)은 『사성통해』에 인용된 '몽운(蒙韻)'을 자료로 하여 원대(元代)에 편찬되어 오늘날에는 실전(失傳)된

이 운서는 오늘날 실전失傳되어 찾아볼 수 없으나 신숙주申叔舟의『사성통고四聲通攷』에서도 '몽고운古韻'을 참고한 예가 보이므로 훈민정음의 해례에 참가한 신숙주 등이 몽고운에 많이 의지하였음을 알 수 있다. 그런데 이 몽고운은 원대元代에 편찬된 황공소黃公紹의『고금운회古今韻會』와 그의 제자 웅충熊忠의『고금운회거요古今韻會擧要』에서도 많이 참고되었다. 훈민정음 창제 이후 제일 먼저 '운회韻會'의 번역을 명한 일이 실록에 기재된 것으로 보아 당시 조선에서는 몽고운과 이를 모태로 한 운회가 한어漢語 학습에서 중요한 참고서였음을 알 수 있다.

수隋나라 육법언陸法言의『절운切韻』계 운서로서 당대唐代의『당운唐韻』,[24] 그리고 송대宋代의『대송중수광운大宋重修廣韻』이 있고 이를 축소한『예부운략禮部韻略』이 있다. 특히『예부운략』은 과거시험을 관장하는 예부禮部의 간행이어서 표준적인 운서로 송대宋代에 널리 이용되었다.『몽고운략』은 이『예부운략』을 파스파 문자로 번역한 것, 즉 파스파 문자로 이 운서의 한자음을 표음한 것으로 본다. 이것은『몽고운략』이 현전하지 않기 때문에 이 두 운서를 비교할 수 없는 지금의 형편에서는 하나의 추정이겠지만 유창균(1973)의 재구再構나『사성통해』에 인용된 몽고운을 통하여 어느 정도 추정할 수가 있다.

절운계切韻系 운서韻書인『광운廣韻』과 그의 축소판인『예부운략』은 언어 중심지가 북경北京으로 옮아간 원대元代 북방음의 표준 운서로서는 많은 문제

「몽고운략」을 복원하려던 것이었다.

24 이것은 당(唐) 손면(孫愐)의 「당운(唐韻)」을 가리키기도 하고 당대(唐代) 절운(切韻)계 운서를 모두 지칭하기도 한다.

가 있게 되었다. 이러한 음운의 변화를 반영한『고금운회』는『예부운략』과는 차이가 나는 운서가 되었다. 그러나 이러한 북방음의 음운을 반영한 운서가『고금운회』보다 앞서서『몽고자운』이 있었던 것으로 보인다. 지대至大 무신(戊申, 1308)에 간행된『몽고자운』은 지원至元 29년(1292)에 미완의 고본稿本에 유진옹劉辰翁이 서序를 붙인『고금운회』보다는 물론이고 대덕大德 원년(元年, 1297)에 간행한『고금운회거요』보다도 늦게 간행되었으나 이 두 책에 이미 '몽고자운'에 관한 기사가 있는 것으로 보아『몽고자운』은 그 이전에 간행되었음을 알 수 있다. 현전하는『몽고자운』은 지대至大 원년(元年, 1308)에 주종문朱宗文이 이를 증정增訂하여 재판再版한 것으로 보아야 할 것이다.

董同龢(1968:205~207)에서 밝힌 바와 같이『고금운회』와 동『거요擧要』는 중국어의 음운사音韻史에서 중고음中古音에서 근고음近古音으로 옮겨주는 교량의 역할을 하였다. 또『거요』와『몽고자운』은 음운체계 등이 거의 일치하는 밀접한 관계에 있다. 다만『몽고자운』은 발음의 표기를 파스파 문자에 의거한 점이 다르다. 파스파 문자와 대응하는 훈민정음을 제정한 조선 초기의 세종과 집현전 학자들이 몽고운에 의거하여 한음漢音을 표기하였을 것임은 자명한 사실이다.

『몽고자운』이 어떤 운서에 의거하여 편성되었는가는 中村雅之(1993)과 忌浮(1994)의 논의가 있었고 두 논문 모두 금金나라 왕문욱王文郁의『신간운략新刊韻略』(別名〈平水韻〉)이『몽고자운』의 남본藍本이라고 주장하였다. 두 논문은『몽고자운』과 이에 선행하는 운서韻書 7종種의 수록자收錄字를 비교하여 전체적으로는『오음집운五音集韻』의 배열과 가장 가깝다고 보았으나 소운小韻에서의 배열은 오히려『신간운략新刊韻略』과 일치함을 밝혔다.

5. 훈민정음과 파스파 문자

특히 忌浮(1994)에서는 다음과 같은 예를 들어『몽고자운』이『신간운략』을 남본으로 한 것이라고 하였다. 즉『몽고자운』에서는 '한운寒韻 상성上聲'에「脘」자를 '匣母 小韻'에 수록하였지만 이것은 원래 견모見母에 속하는 자字로서 여기에 들어갈 수 없는 것이다. 그러나『신간운략』에서는 산운潸韻에 "脘, 大目也, 戶版切 (匣母)"로 하였는데 이것은 잘못된 것으로『광운廣韻』에서는 "大目也, 戶版切"의 자가 「睆」이었기 때문이다.『몽고자운』은『신간운략』의 이러한 잘못을 그대로 답습한 것으로부터『몽고자운』이『신간운략』을 남본으로 한 것으로 본 것이다.[25]

忌浮(1994:132)에서는『몽고자운』과『신간운략』과의 관계를 "〈蒙古字韻〉的單字幾乎, 完全錄自〈平水韻〉. 而且連單字次序都大體依照原樣子. ― 〈몽고자운〉의 홑 글자들은 거의 〈평수운平水韻〉에 수록된 것과 일치한다. 그리고 또 홑 글자의 연결하는 순서도 모두 원래의 것에 의거한 것이 대체로 많다."라고 하여 〈평수운〉(『신간운략』의 별칭)의 수록 글자와 그 순서가 거의 같음을 밝혔다.

그리고 忌浮(1994:130)에서는『몽고자운』의 성격과 다른 운서와의 차이에 대하여 다음과 같이 논급하였다.

〈蒙古字韻〉無入聲韻, 不按聲調分韻, 是爲誰服務呢? 它旣不是爲了作詩, 也不是爲了制曲. 它大槪是爲識字, 正音服務. 〈蒙古字韻〉的語音系統與實際語音不會有太大差別. ― 〈몽고자운〉은 입성운入聲韻이 없고 성조에 따라 운을 나누지

---

25 寧忌浮(1994)에서는 이외에도 『신간운략(新刊韻略)』의 틀린 것을 『몽고자운』이 그대로 답습한 예를 더 추가하였다.

도 않았다. 그러면 이것은 누구를 위한 운서인가? 시를 짓기 위한 것도 아니요 희곡을 짓기 위한 것도 아니다. 대체로 글자를 알기 위한 것이고 바른 발음을 배우려는 것이다. 〈몽고자운〉의 발음 계통과 실제 발음과는 큰 차이가 나지 않는다.

이것은 『몽고자운』이 다른 운서와 달리 외국인, 아마도 몽고인들이 중국의 한자를 학습하는 데 그 올바른 발음, 즉 정음正音을 학습하는 발음 사전의 역할을 하였음을 알 수 있다. 이것은 앞에서 신숙주나 최세진의 범례凡例에서 언급한 것과 같은 내용이다.

이 운서가 한자음의 학습을 위한 것이며 전술한 바와 같이 『고금운회』, 혹은 동 『거요』에 의거하여 그동안 여러 몽고운을 교정하였음은 주종문의 자서自序에서도 볼 수 있다. 권두에 부재된 주종문의 자서自序에

聖朝宇宙廣大, 方言不通, 雖知字而不知聲, 猶不能言也. 蒙古字韻字與聲合, 真語音之樞機, 韻學之綱領也. 嘗以諸家漢韻證其是否, 而率皆承訛襲舛, 莫知取舍. 惟古今韻會於每字之首必以四聲釋之. 由是始知見, 經, 堅為ㆆ. 三十六字之母備於韻會, 可謂明切也. 已故用是詳校各本, 誤字列于篇首, 以俟大方筆削云. 至大戊申清明前一日信安朱宗文彦章書. — 우리 제국의 영토가 광대하여 방언이 서로 통하지 않는다. 비록 글자를 안다 하여도 그 발음을 알지 못하여 오히려 말이 통하지 않는다. 〈몽고자운〉은 글자와 발음을 합쳐놓았으니 참으로 말소리의 가장 중요한 기틀이요 음운을 배우는 요체라고 할 수 있다. 일찍이 여러 전문가의 한어漢語 운서韻書의 옳고 그름을 증명하여 보았으나 대개가 잘못된 것을 이어받고 틀린 것을 답습해서 취할 것과 버릴 것을 알 수가 없었

다. 오로지 〈고금운회〉만이 매 글자의 첫머리에 반드시 사성四聲을 밝혔고 이로 부터 처음으로 '見(견), 經(경), 堅(견)'의 첫소리가 파스파 문자의 '귱 [ㄱ, k]'로 표시됨을 알았으며 [이런 방법으로] 〈운회〉에서는 [중국 전통적인] 36성모를 갖추었으니 [이 운서는] 지극히 명확한 책이라고 가히 말할 수 있다. 이러한 이유로 이 책을 사용하여 [〈몽고운〉의 다양한] 각 이본을 상세하게 비교하고 잘못된 글자를 각 편의 첫 번째에 나열하였으니 후일 이를 읽는 독자가 잘못된 것이 있으면 이를 고치기를 기다리려는 것이다. 지대至大 무신(戊申, 1308) 청명淸明 하루 전날 신안信安의 주종문朱宗文 언장彦章이 쓰다.

라고 하여 그가 〈몽고자운〉을 편찬한 것은 파스파 문자로 한자음을 전사하여 중국의 여러 방언음을 학습하는 데 이용하도록 한 것이며 그간의 몽고운을 『고금운회』에 의거하여 교정한 것임을 밝혔다.

이 『몽고자운』은 비록 후대의 필사본이지만 완본이 현전하며 그 권두에 파스파 문자를 정확하게 기록해놓았으므로 이를 통하여 이 문자의 제자와 그 음가를 어느 정도 파악할 수 있다. 다음에서 『몽고자운』에 규정된 파스파 문자에 대하여 고찰하고자 한다.

『몽고자운』에 규정된 파스파 문자

『몽고자운』에서는 전통적인 『절운切韻』계 36성모聲母의 하나하나에 파스파 문자를 대음시킨 자모도字母圖를 권두에 실어서 파스파 문자의 음가를 한눈에 볼 수 있게 하였다([사진 5-7] 참조). 이것은 절운계 운서의 전통적인 36자모에 대응시켜 파스파 문자를 제자한 것임을 보여준 것이다. 『몽고자운』은 절운계 운서인 『예부운략』을 수정한 『신간운략』을 남본으로 하여 이를 파스파 문사로 번역한 것이므로 이 36자모도는 「예부운략칠음삼십육모통고禮部韻略七音三十六母通攷」에 의거하여 수정된 36자모에 파스파 문자를 대응시킨 것이다.[26]

	아음	설음		순음		치음		후음	반음	
		설두음	설상음	순중음	순경음	치두음	정치음		반설음	반치음
전청	見	端	知	幫	非	精	照	曉		
차청	溪	透	徹	滂	敷	清	穿	匣		
전탁	群	定	澄	並	奉	從	床	影		
불청불탁	疑	泥	娘	明	微			喻	來	日
전청						心	審	(ㅿ)		
전탁						邪	禪			

[표 5-6] 『몽고자운』의 36자모도, [표 5-1]과 동일함

『몽고자운』은 중국의 성운학聲韻學에서 한자음의 음절音節 초의 자음을 36개로 인정하고 이를 아牙, 설舌, 순脣, 치齒, 후喉의 오음五音으로 분류한 전통적인 방법으로 36성모에 따라 파스파 문자를 보였다. 그리고 이를 도표로 정리하면 [표 5-6]과 같다.

훈민정음이 조선 한자음의 정리와 더불어 한자의 한어음漢語音, 즉 당시 북방 표준음을 표기하기 위한 발음기호로 사용된 것임은 졸저(2006)에서 언급된 바가 있다. 후자를 위하여 『홍무정운역훈洪武正韻譯訓』이 편찬되었고 전자를 위하여 『동국정운東國正韻』이 편찬되었음은 이미 널리 알려진 사실이

---

26 「예부운략칠음삼십육모통고(禮部韻略七音三十六母通攷)」는 「고금운회거요(古今韻會擧要)」의 권수(卷首)에 부재된 「자모통고(字母通攷)」의 것이다. 자운(字韻)이 「예부운략(禮部韻略)」을 파스파 문자로 번역한 「몽고운략(蒙古韻略)」의 체제를 따랐다는 증거가 된다.

5. 훈민정음과 파스파 문자

다. 그런데『홍무정운역훈』의 현전본이 낙질본落帙本으로 제일 중요한 제1권이 없어서 이 책의 권두에 붙어 있었을 것으로 보이는 훈민정음과『홍문정운洪武正韻』과의 관계 등에 대한 언급이나 36자모도의 도표가 망실되었다.

또 이를 축약한 것으로 보이는『사성통고』도 실전되어 우리는 후대에 이를 보완한 최세진의『사성통해』를 통하여 훈민정음의 한어음 표기에 대한 중요한 언급을 찾아볼 수밖에 없다.[27] 후자에는 전자의 범례凡例가 '사성통고범례四聲通攷凡例'라는 제목으로 수록되었다.

『사성통해』에서는 전게한『몽고자운』의 자모도에 의거하여 앞에서 논의한 「광운삼십육자모지도廣韻三十六字母之圖」와 「운회삼십오자모지도韻會三十五字母之圖」, 그리고 「홍무운삼십일자모지도洪武韻三十一字母之圖」를 작성하여 게재하였다. 아마도 이것은 신숙주의『사성통고』에서 전재한 것으로 보이는데 이 가운데 〈홍무운洪武韻 31자모도〉가 바로 훈민정음의 〈언해본〉의 초성 32자모도와 거의 일치한다. 이 도표를 옮겨보면 다음과 같다.

---

27 조선 중종(中宗) 때에 최세진(崔世珍)이 편찬한『사성통해』는 원대(元代)의 속어(俗語)들이 포함되어 있어 몽고운 (蒙古韻)의 운서가 편찬될 당시의 한어(漢語)를 많이 반영하고 있음을 알 수가 있다. 즉 花登正宏(1997:67)에 의하면 '니(妮)'에 대하여 "女子, 今按元俗呼婢曰妮子 — 여자다, 이제 생각하니 원나라에서 속되게 여비를 부를 때에 니자(妮子)라고 하는 것 같다"라든지 '올(兀)'에 대하여 "元語謂彼也 — 원나라 말로 '그'를 말한다", '자(者)'에 대하여 "語助, 俗凡稱此物曰者箇, 此番曰者回, 今俗改用這字, 或書作遮, 非, 皆音去聲 — 어조사다. 속되게 이 물건을 일반적으로 부를 때에 '자개(者箇)'라고 하는데 이번에 '자(者)'를 돌려 말하여 속되게 '저(這)'로 고쳐 쓰거나 혹은 '차(遮)'로 쓰는데 잘못이다. 모두 거성으로 발음한다." 또 '차(遮)'에 대하여 "今俗語遮莫縱令也, 猶言儘敎 — 이제 속어로 쓰는 차(遮)는 뜻을 따를 수 없다. 오히려 말을 멋대로 가르친다"라 한 것으로 보아『사성통해』는 원대(元代)의 한아언어(漢兒言語)를 그대로 수록한 것으로 보여 중국근세의 속어연구에 귀중한 자료라 하였다.

오음	角	徵	羽		商		宮	半徵	半商
오행	木	火	水		金		土	半火	半金
칠음	牙音	舌頭音	脣音重	脣音輕	齒頭音	正齒音	喉音	半舌	半齒
전청	見ㄱ:견	端ㄷ 둰	幫ㅂ 방	非ㅸ 비	精ᅎ 징	照ᅐ·쟐	影ㆆ:힝		
차청	溪ㅋ 키	透ㅌ 틀	滂ㅍ 팡		淸ᅔ 칭	穿ᅕ 춴	曉ㅎ:햫		
전탁	群ㄲ 꾼	定ㄸ·띵	並ㅃ:삥	奉ㅹ 뽕	從ᅏ 쭝	狀ᅑ 쌍	匣ㆅ 햏		
불청불탁	疑ㆁ 이	泥ㄴ 니	明ㅁ 밍	微ㅱ 밍			喩ㅇ 유	來ㄹ 래	日ᅀ· 싱
전청					心ᄼ 심	審ᄾ·심			
전탁					邪ᅏ 써	禪ᅕ·쎤			

[표 5-7] 〈홍무운 31자모도〉, [표 5-4]와 동일함

그러나 〈훈민정음〉에서는 이와 같은 36자모를 따르지 않고 별도의 운목자韻目字로 표시한 동국정운 23자모를 다음과 같이 성모, 즉 초성을 배열하였는데 그 기본적인 배열 방법은 〈홍무운 31자모도〉와 크게 다르지 않다. 다만 운목자들은 〈동국정운〉의 것을 그대로 사용하였다.

	아음	설음	순음	치음	후음	반설음	반치음
전청	ㄱ(君)	ㄷ(斗)	ㅂ(彆)	ㅈ(卽)	ㆆ(挹)		
차청	ㅋ(快)	ㅌ(呑)	ㅍ(漂)	ㅊ(侵)	ㅎ(虛)		
전탁	ㄲ(虯)	ㄸ(覃)	ㅃ(步)	ㅉ(慈)	ㆅ(洪)		
불청불탁	ㆁ(業)	ㄴ(那)	ㅁ(彌)		ㅇ(欲)	ㄹ(閭)	△(穰)
전청				ㅅ(戌)			
전탁				ㅆ(邪)			

[표 5-8] 「세종어제훈민정음」의 초성자[28]

---

28 이 23자모는 「동국정운(東國正韻)」의 운목자(韻目字)와 일치한다.

훈민정음과의 차이

훈민정음의 〈언해본〉에서는 중성中聲에 대한 설명이 끝난 다음에 순경음脣輕音에 대하여 "ㅇ를 連書脣音之下ᄒᆞ면 則爲脣輕音ᄒᆞᄂᆞ니라 — ㅇ를 입시울 쏘리 아래 니ᅀᅥ 쓰면 입시울 가ᄇᆡ야ᄫᆞᆫ 소리 ᄃᆞ외ᄂᆞ니라–"라고 하여 /ㅸ, ㆄ, ㅹ, ㅱ/의 4개 순경음자脣輕音字를 더 만들었고 그 말미에는 "漢音齒聲은 有齒頭正齒之別ᄒᆞ니 – 中國 소리옛 니쏘리ᄂᆞᆫ 齒頭와 正齒왜 ᄀᆞᆯᄒᆡ요미 잇ᄂᆞ니, ᅎ ᅔ ᅏ ᄼ ᄽ字ᄂᆞᆫ 用於齒頭ᄒᆞ고 ᅐ ᅕ ᅑ ᄾ ᄿ字ᄂᆞᆫ 用於正齒ᄒᆞᄂᆞ니, ᅎ ᅔ ᅏ ᄼ ᄽ字ᄂᆞᆫ 齒頭ㅅ소리예 쓰고 ᅐ ᅕ ᅑ ᄾ ᄿ字ᄂᆞᆫ 正齒ㅅ소리예 쓰ᄂᆞ니"라 하여 한음漢音의 치음齒音에서 치두齒頭와 정치正齒를 구별하는[29] 5개를 더 만들어 결국은 32개 문자를 만든 셈이 되었다. 이것을 위와 같이 도표로 그리면 다음과 같다.

한자는 『몽고자운』의 36자모 운목자이다.

	아음	설음	순음		치음		후음	반설음	반치음
			순중음	순경음	치두음	정치음			
전청	ㄱ見	ㄷ端	ㅂ幇	ㅸ非	ᅎ精	ᅐ照	ㆆ影		
차청	ㅋ溪	ㅌ透	ㅍ滂	ㆄ敷	ᅔ淸	ᅕ穿	ㅎ曉		
전탁	ㄲ群	ㄸ定	ㅃ並	ㅹ奉	ᅏ從	ᅑ床	ㆅ匣		
불청불탁	ㆁ疑	ㄴ泥	ㅁ明	ㅱ微			ㅇ喩	ㄹ來	ㅿ日
전청					ᄼ心	ᄾ審			
전탁					ᄽ邪	ᄿ禪			

[표 5–9] 「세종어제훈민정음」 초성자(漢音 포함)[30]

29 '한음(漢音)'에 대하여 〈언해본〉에서는 "漢音은 中國 소리라"라고 정의하였고 치두음(齒頭音)에 대하여는 "이 소리ᄂᆞᆫ 우리나랏 소리예서 열ᄫᅳ니 혓그티 웃닛머리예 다ᄔᆞ니라"로 설명하고 정치음(正齒音)에 대하여는 "이 소리ᄂᆞᆫ 우리나랏 소리예서 두터ᄫᅳ니 혓그티 아랫 닛므유메 다ᄔᆞ니라"라고 해설하였다.

이 「세종이제훈민정음」, 즉 〈언해본〉의 초성 32자모는 전게한 [표 5-7]
의 홍무운 31자모와 기본적으로 동일하며 다른 것은 순경음에서 차청_{次淸}
의 '퐁(敷)'를 몽고운에서는 인정하지 않은 것이다. 따라서 [표 5-9]에 보
이는 훈민정음의 32자모는 기본적으로 『몽고자운』의 파스파 31자에 소급
된다. 즉 이 양자의 차이는 몽고운이 순경음의 '敷 ㅸ'를[31] '非 ㅸ'_母에 통
합하여 31자모로 한 것뿐이다.

또 이것은 전통적인 36자모에서 설상음_{舌上音} 3모_母를 정치음_{正齒音}에 통합
하고 '양_孃 ㄴ'모_母를 '니_泥 ㄴ'모_母에 통합하였으며 앞에 말한 순경음의 '敷
ㅸ'를 '非 ㅸ'모_母에 통합하여 31자모가 되었다. 파스파 문자는 이 31개 성
모_{聲母}에 티베트 문자를 변개_{變改}한 글자를 대응시킨 것이다.

[사진 5-10] 『사성통해』 권두의 「홍무운 31자모지도」의 말미에 보이는
"時用漢音, 以知倂於照, 徹倂於穿, 澄倂於狀, 孃倂於泥, 敷倂於非, 而不
用. 故今亦去之. — 당시에 쓰는 한음에는 知(ㅈ)가 照(ㅈ)에 병합되었고
徹(ㅊ)은 穿(ㅊ)에, 澄(ㅉ)은 狀(ㅉ)에, 孃(ㄴ)은 泥(ㄴ)에, 敷(ㅸ)는 非(ㅸ)에
병합되었고 사용되지 않는다. 그래서 여기에서도 역시 없앴다."라는 기사
가 있어 이 사실을 확인시켜준다.

이것은 『몽고자운』의 36자모표에서 知(ㄷ): 照(ㄷ), 徹(ㅌ): 穿(ㅌ), 澄(ㄹ):
狀(ㄹ)의 설상음 3모와 정치음 3모의 파스파자가 동일한 것을 말하며 또

---

30 이 36자모도(字母圖)가 『동국정운』 23자모보다 『훈민정음』 해례의 기본이 된다는 사실은 해례 종성해에 "以影補
來 — 影母(ㆆ)로써 來母(ㄹ)를 보충한다"에서 동국정운 23자모의 '挹母(ㆆ)'와 'ㄹ(閭)'를 쓰지 않고 중국 전통적인
'影母, 來母'를 썼다는 점에서도 인정할 수 있다.

31 원래 순경음 '敷'는 「세종어제훈민정음」의 순경음 제정 방식에 따르면 차청자(次淸字)이므로 '敷 ㆄ'이어야 하나 〈광
운 36자모도〉나 〈운회 35자모도〉에서 모두 차청(次淸)의 순경음(脣輕音) 'ㆄ'를 인정하지 않고 'ㅸ'로 하였다.

『몽고자운』에서 양嬢모를 인정하지 않고 泥(ʣ)와 娘(ᄆ)만을 구별한 것이라든지 敷(ʣ)와 非(ʣ)는 구별은 하였지만 자형이 매우 유사한 것을 말하는 것이다. 모두『몽고자운』을 이해하지 않고는 알 수 없는 말이다. 그동안『몽고자운』을 이해하지 않았을 때에는『사성통해』의 이 도표가 무엇을 말하는지 몰랐으며 이 기사도 이해할 수 없었던 것이다.

여기서 훈민정음 28자 가운데 초성자 17개는 이 32성모에서 순경음 4모와 치두와 정치의 5모를 통하여 모두 9모를 줄인 23자모에서 전탁자 6개(ㄲ, ㄸ, ㅃ, ㅆ, ㅉ, ㆅ)를 없앤 것임을 알 수 있다. 따라서 당시 한국어의 자음 음운에 맞추어 훈민정음의 초성자를 만든 것은 아니며 실제로 당시 한국어에 존재했던 된소리들은 문자화되지 못하고 된시옷을 붙여 사용하기에 이른다.

유모자와 중성자

파스파자의 모음은 전술한 바와 같이 [사진 5-7]에서 볼 수 있는 "ꡁꡜ ꡘꡛꡜꡈ 此七字歸喩母"가 모음자를 표기하려는 것이다.[32] 반면에 Poppe(1957)에서는 이와는 달리 파스파 문자의 모음 문자로 모두 8개를 들었다.

앞에서 [사진 5-5] 포페의 파스파 문자도(모음)를 보면 포페 교수는 파스파 모음 문자로 /a, o, u, e, ė, ö, ü, i/를 재구하고 자음 속에도 /y, u̯/

---

32 전술한 나이지(羅以智)의 「발몽고자운(跋蒙古字韻)」에 의하면 이에 대하여 "[전략] 此書先列三十六字, 後列歸入喩母字七字, 凡四十三母. 又相同字三字, 按盛氏法書考中載國字四十二母. [하략] — [전략] 이것은 앞 열의 36자와 뒤 열의 유모(喩母)에 들어가는 7자, 도합 43모를 쓴 것이다. 또 서로 같은 글자 3개는 성희명의 〈법서고(法書考)〉에 소재된 국자(國字) 42모(母)이다. [하략]"라고 하여 36성모에 유모에 들어가는 7모를 합하여 모두 43모라고 하였다. 그러나『몽고자운』을 보면 유모에 들어가는 파스파자가 6자여서 42자가 된다.

가 있어 모음과 그에 준하는 음운으로 10개를 인정하였다.[33] 최근 일본의 연구회에서 규정된 파스파 문자의 자모표를 제안한 吉池孝一(2005:9)에서는 모음자로 /u, o, i, é, e/만을 인정하고 대부분의 언어에서 모음으로 존재하는 /a/나 포페(1957:24)에서 제안한 몽고어의 음운에서 아주 현저하게 나타나는 /ü, ö/의 구분자區分字를 인정하지 않았다. 포페 교수의 파스파 문자는 몽고어 표기에서 보이는 전설 대 후설의 원순모음을 구별하여 적는 것으로 인식한 것이고 요시이케吉池 씨는 이 구분을 인정하지 않은 것이다.

파스파 문자도 훈민정음처럼 표기 대상에 따라, 즉 몽고어인가 아니면 중국어 한자음 표기인가에 따라 문자가 바뀌고 같은 문자라도 그 음가音價가 다르게 된다. 예를 들어 훈민정음의 'ㅿ'(日母)은 고유어固有語 표기에서는 유성마찰음有聲摩擦音 [z]이지만 한자의 중국어 음을 표기할 때는 유성권설음有聲捲舌音의 [ʐ]여서 음가가 매우 다르다. 파스파 문자는 몽고어음과 중국어음에 따라 다르고 산스크리트어나 티베트어의 발음을 표기하기 위하여 별도의 문자를 사용하기도 한다.

『몽고자운』에서는 훈민정음처럼 중성자를 별도로 제자하지 않은 것으로 알려졌다. 그러나 전술한『몽고자운』권두 '자모字母'의 7개 유모자喻母字와 훈민정음의 11개 중성자가 연관이 있다고 본다. 훈민정음의 재출자再出字 4개(요, 야, 유, 여)를 제외한 7개 중성자(ㆍ[a], ㅡ[ü], ㅣ[i], ㅗ[o], ㅏ[ä], ㅜ[u], ㅓ[e])는『몽고자운』의 유모자 7개에 의거한 것이라고 앞에서 추정하였

---

33 자음에 들어 있는/y, ų/는 吉池孝一(2005:9)에서는 반모음으로 처리하였다.

다.[34]

파스파자의 모음자에 대하여는 포페 교수에 의한 모음 8자 'ɑ, o, u, e, ä, ö, ü, i'와 자음에서 반모음 'y, u̯'를 포함하면 모두 10개의 문자를 제시하였다. 물론 이것은 몽골어를 표기한 파스파 문자에서 추출한 것이다. 그러나 포페 교수가 제시한 모음자 가운데는 두 자가 겹친 것이 있다. 예를 들어 'ö'와 'ü'는 'ɸ + e + o( )', 'ɸ + e + u( )'를 결합한 문자들이다.[35] 즉 후설모음 [o, u]에 전설모음자 [e]를 붙여 전설모음 [ö, ü]를 표시한 것이다.

중세 몽골어에서 전설 대 후설의 대립 모음인 /o : ö/, /u : ü/는 서로 모음조화를 이루고 있어 조사나 어미에서 모음의 자동적 교체를 보이기 때문에 몽고 위구르자畏兀字에서는 'o : ö, u : ü'의 구별이 없으나 파스파 문자에서는 이를 구별하여 (o) : (eo), (u) : (eu)로 적은 것이다.

필자는 원대元代 파스파 문자가 한자음을 표기할 때에는 훈민정음의 욕모(欲母, ㅇ)에 해당하는 유모喩母 ( )[ɑ]를 두고 여기에 다시 [i],

34 이에 의거하여 파스파자의 모음자와 훈민정음의 모음자는 대체로 다음과 같이 의식하였다고 추정할 수 있다.

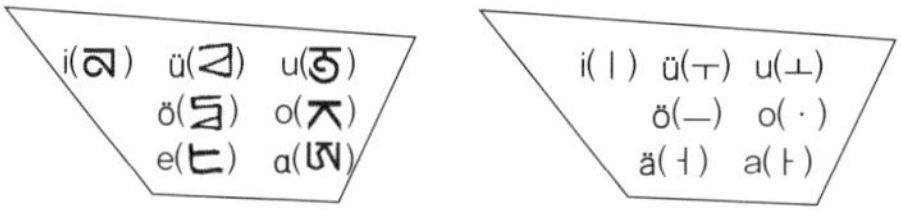

파스파자 모음자　　훈민정음 중성자

35 ' '나 ' '의 ' '는 여기서는 훈민정음의 중성자에 붙는 'ㅇ(欲母)'와 같은 것이어서 [ɑ]의 음가를 갖는 것이 아니다. 포페 씨의 잘못으로 볼 수밖에 없다. 여기서 파스파를 연속하여 쓸 때에는 횡서(橫書)하여 연결시켰다. 종서(縱書)할 때의 자형(字形)을 옆으로 뉘여 연결시킨 것이다. 한 자씩 쓸 때에는 종서하여 쓴다. 이하 같다.

[u], ㄹ[iu, ü], ㅈ[o], ㅌ[eu̯, ö][36], ㄷ[e]를 제정하여 모두 7개의 모음자를 제정한 것으로 보았다(졸고, 2008a, b, c). ᠊(᠊)[a]는 전술한 바와 같이 모든 티베트 문자가 음절 문자로서 [ㅏ, a]를 음절 말에 갖고 있으므로 이것이 [a]를 나타내는 것이다.[37] 그러나 유모이므로 ᠊(᠊)는 [a]의 음가를 갖는 동시에 다른 모음자, 즉 유모의 글자와 같이 쓰일 때에는 [null]로서 모음자란 표시를 보여준다. 즉 이때의 ᠊(᠊)는 생성음운론生成音韻論에서 말하는 성절성成節性 자질([+syllabic])의 성절 모음을 표시하는 훈민정음의 'ㅇ(欲母)'로 생각할 수 있으며 단독으로 쓰일 때에는 [a]인 것이다.

예를 들면『몽고자운』의 파스파자 표기 "᠊᠊[mong] ᠊᠊[kol] ᠊᠊[tshai] ᠊᠊['win]"[38]의 마지막 '[韻, ᠊᠊] ['win]'에서 '᠊'는 몽운蒙韻의 36자모 가운데 유모자로서 음가가 [a]이거나 /∅, null/을 표음하며 훈민정음의 초성자 욕모欲母 'ㅇ'와 같은 것이다. 이 발음을 한글로 [윈]으로 전사할 수 있다. 이에 대하여 일찍이 服部四郞(1984:217)에서는 핫도리服部 씨 자신과 Poppe, Ligeti의 의견을 다음과 같이 비교하고 ['](魚母, gradual beginning of voice)로 보

	᠊	᠊
服部	'	·
Poppe	없음	·
Ligeti	//	·

---

36 이 문자의 음가에 대하여는 지금까지 믿을 만한 연구가 없다. 필자는 照那斯圖(2003:23)에 맞추어 이렇게 재구해 본 것이다.

37 吉池孝一(2005:10)에서는 파스파 문자에 "모음 a를 나타내는 문자는 없다"라고 하였으나 이것은 이 문자를 잘못 이해한 것으로 보인다.

38 위에서 언급한 바와 같이 횡서로 파스파 문자를 연결시켰다.

았다.

服部四郞(1984:50)에서는 이에 해당하는 중국어음을 다음과 같이 보았다고 하였다.

그러나 『원조비사元朝秘史』 몽고어의 표기에서 핫도리服部 씨는 모음 간에 [VʼVV]와 같이 쓰이는 [']는 [ʔ]가 아니라 "소리를 약하게 함"(오히려 "부드러운 소리 내기"에 해당함)을 나타내는 것이라고 주장하였다(服部四郞, 1993:217). 포페와 리게티 교수는 모두 이것을 [·]로 표시하였다. 그러나 졸고(2008b)에서는 /ᅇ/가 『몽고자운』의 유모로서 훈민정음의 욕모 [ㅇ]와 같이 음가가 없고 독립적으로 음절을 형성한다는 생성음운론의 음운자질 [+syllabic]을 나타내는 기호라고 본다. 다만 /ᅙ/은 영모影母로서 훈민정음에서 /ㆆ/로 표음한 것으로 위의 논의에서 [']로 표시한 것과 같으며 음가는 [ʔ](聲門緊張音)로 보아야 할 것이다.

따라서 '韻'의 파스파문자 표음을 한글로 표기하면 [윈, win]이 될 것이다. 또 『몽고자운』 첫째 장에 "ꡦꡟꡃ, 一東"에서 'ꡑꡜ 一'의 'ꡞ'도 'ᅇ'와 같이 음가가 없으며 [i]이고 한글로 표기하면 '이'가 된다.

훈민정음에서 중성자를 단독으로 쓸 때에 욕모의 [ㅇ]를 각 문자 " · , ㅡ, ㅣ, ㅗ, ㅏ, ㅜ, ㅓ, ㅛ, ㅑ, ㅠ, ㅕ"에 붙여 "ᅌᆞ, 으, 이, 오, 아, 우, 어, 요, 야, 유, 여"와 같이 쓰는 이유에 대하여는 훈민정음 해례解例의 어디에도 설명이 없다.[39] 이것은 이미 파스파 문자에서 쓰인 방법이므로 다시 이에 대하여 설명할 필요를 느끼지 않은 것으로 볼 수밖에 없고 이것은 파스파 문자가 고려 후기, 조선 초기에 한반도의 지식층들에게 널리 알려졌음을 전제로 하는 것이다.

그러나 파스파가 자음 단독으로 발음되는 경우나 반모음 다음에는 /a/를 붙여 발음한다. 예를 들면 /ᠬ, g/는 [ga], /ᠬᠣᠡ, gǐ/는 [gǐa]로 발음되는데 이러한 표음 방법이 파스파 문자를 음절문자로 오해하기에 이른다. 『몽고자운』에서도 운韻의 총목總目 중에 '八 ᠷ'는 [pa]로 읽을 수밖에 없다. 즉 순중음脣重音 전청全淸의 성모聲母 '幫(ᠷ)'이 [pa]로 발음되는 경우이다. 여기서 우리는 훈민정음의 〈언해본〉에서 "ㄱ는 엄쏘리니 君군ㄷ字쫑 처섬 펴아나는 소리ᄀᆞ티니라"에서의 'ㄱ는'이 '[ka]는', 또는 '[ki]는'으로 읽힐 수 있는 가능성을 찾을 수 있다.

자형 비교

위에서 훈민정음이 파스파자의 제정과 많은 관련이 있음을 살펴보았다. 그리하여 몇몇 연구자들 사이에는 훈민정음이 파스파자를 모방하여 문자를 제정한 것으로 보는 경우도 없지 않다. 그들 가운데는 자형字形도 그대로 답습한 것으로 보며 한글과 파스파자의 자형이 유사함을 지적한 논문

---

39 이에 대하여 『해례본 훈민정음』의 「합자해(合字解)」에 "初中終三聲, 合而成字."를 그 규정으로 보려는 경우가 있다. 그러나 이것은 한자음에서 '御 엉', '世 솅'과 같이 발음이 되지 않는 欲母(ㅇ, null)를 종성으로 붙여 초성, 중성, 종성을 갖추게 한다는 것이지 중성자에 욕모(欲母, ㅇ)를 초성으로 붙이는 것을 말하는 것은 아니다. '이, 아' 등의 표기는 결코 "初中終三聲"의 합자(合字)가 아니다.

이 있다.[40]

그러나 훈민정음의 자형은 초성의 경우 발음기관을 상형하여 제자하였고 중성의 경우 천지인天地人 삼재ㆍ三ㅣ를 상형한 것이어서 티베트 문자를 토대로 한 파스파자와는 다르며 그런 의미에서 독창적이다. 자형에서 훈민정음과 『몽고자운』 소재의 파스파자를 비교하면 다음과 같다.

	아음	설음	순음		치음		후음[41]	반설음	반치음
			순중음	순경음	치두음	정치음			
전청	ㄱ(見)ꥶ	ㄷ(端)ꡊ	ㅂ(幫)ꡎ	ㅸ(非)ꡣ	ᅎ(精)ꡒ	ᅎ(照)ꡈ	ㆆ(影)ꡥ		
차청	ㅋ(溪)ꥦ	ㅌ(透)ꡉ	ㅍ(滂)ꡌ	ㆄ(敷)ꡤ	ᅔ(清)ꡅ	ᅕ(穿)ꡅ	ㅎ(曉)ꡜ		
전탁	ㄲ(群)ꡊ	ㄸ(定)ꡊ	ㅃ(並)ꡍ	ㅹ(奉)ꡣ	ᅏ(從)ꡒ	ᅑ(床)ꡆ	ㆅ(匣)ꡝ		
불청 불탁	ㅇ(疑)ꡃ	ㄴ(泥)ꡋ ㄴ(娘)ꡇ	ㅁ(明)ꡏ	ㅱ(微)ꡓ			ㅇ(喻)ꡁ ㅇ(么)ꡝ	ㄹ(來)ꡙ	ㅿ(日)ꡔ
전청					ᄼ(心)ꡛ	ᄾ(審)ꡮ			
전탁					ᄽ(邪)ꡠ	ᄿ(禪)ꡛ			

[표 5-10] 「세종어제훈민정음」 31자모와 『몽고자운』 32자모의 대비표

[표 5-10]의 한글의 초성자와 파스파 문자의 자모字母를 대비해보면 '見(ㄱ : ꥶ), 群(ㄲ : ꡊ), 端(ㄷ : ꡊ), 來(ㄹ : ꡙ), 幫(ㅂ : ꡎ), 心(ᄼ : ꡛ)' 등의 자모에서 문자가 유사함을 느끼지만 다른 것은 전혀 유사성을 보이지 않는다. 따라서 많은 논문에서 거론되는 앞의 6자의 유사도 우연의 일치

---

40 예를 들면 앞에서 거론한 Ledyard(1966, 2008)와 照那斯图 · 宣德五(2001a, b), 그리고 照那斯图(2008)를 들 수 있다.

41 『몽고자운』의 「자모(字母)」 '후음(喉音)'에서는 전술한 바와 같이 이것의 위치가 바뀌어서 '曉 ꡜ, 匣 ꡝ, 影 ꡥ, 喻 ꡁ'의 순으로 되었다. 효(曉)모 'ㅎ'이 동국정운(東國正韻) 23자모에서는 비록 차청(次淸)이었지만 전탁자(全濁字)를 만들 때는 몽고운(蒙古韻)에 따라 효(曉) 모(母)의 'ㅎ'을 쌍서(雙書)하여 'ㆅ'으로 하였다. 다른 아음, 설음, 순음, 치음에서는 모두 전청자(全淸字)를 쌍서하여 전탁(全濁)으로 하였다.

로 보인다. '心(ㅅ : ㅈ)'의 경우는 오히려 '精(ㅅ)'이나 'ㅈ(照)'과 연관성이 있다고 보는 것이 타당하다. 여기에서 Ledyard(1966)나 照那斯圖(2008)에서 주장한 한글의 파스파자 모방설은 전혀 설득력을 갖지 못한다.

한글은 『훈민정음』 「제자해」에서 밝힌 바와 같이 발음위치인 '牙(아), 舌(설), 脣(순), 齒(치), 喉(후)'에 따라 상형象形하여 기본자 5개를 제자하고 소리에 따라 획을 더한〔引聲而加劃〕 글자들과 이 원칙에서 벗어난 이체자異體字들로 되었다. 그리고 소리가 조금 거세게 나오는 것에 따라〔聲出稍厲〕 획을 더한〔因聲加劃〕 9자, 그리고 이러한 원칙에 맞지 않는 이체자 3자를 더하여 17자를 만든다고 상술한 제자해에서 분명하게 밝혔다.[42] 이러한 자형의 구도는 현대 음성학에서도 혀의 모습 등으로 그 타당성이 인정되는데 이에 대하여 Kim-Renaud(1997:279)에서는 다음의 [사진 5-12]와 같이 도

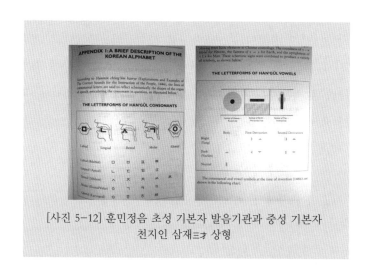

[사진 5-12] 훈민정음 초성 기본자 발음기관과 중성 기본자
천지인 삼재ㅣㅡㅏ 상형

---

42 '성출초려(聲出稍厲)'에 의한 '인성가획(引聲加劃)'의 글자는 "ㄱ-ㅋ: ㄴ-ㄷ, ㅌ: ㅁ-ㅂ, ㅍ: ㅅ-ㅈ, ㅊ: ㅇ-ㆆ, ㅎ"의 9자이고 이체자(異體字)는 'ㆁ, ㅿ, ㄹ'의 3자이다.

표로 표시하였다.

이것을 보면 ㄱ은 아음牙音으로 '연구개정지음軟口蓋停止音 [k, g]'를 발음할 때의 혀의 모습을 잘 보여주었고 ㄴ은 설음舌音으로 '치경정지음齒莖停止音 [t, d]' 발음의 혀 모습을, ㅁ은 순음脣音[m]으로 '입의 모습'[43]을, ㅅ은 치음齒音으로 경구개마찰음硬口蓋摩擦音 [s]의 '이(치아)의 옆모습'을, ㅇ은 후음喉音으로 '목구멍의 둥근 모습'을 본뜬 것이어서 각기 발음 위치에서의 발성기관을 상형한 것이다.

다만 한음漢音 표기를 위하여 설정한 순경음脣輕音에서 'ㅇ'을 더한 것은 제자 방식이 파스파자字에서도 '◢'를 더한 글자들로 보여 이 제자 방식에도 얼마간의 영향을 받은 것으로 볼 수 있다는 주장이 있으나(졸고, 2008a) 이것도 우연의 일치로 보는 것이 타당하다.[44]

다음으로 중성 11자의 제자에 대하여 역시 {해례본}『훈민정음』「제자해」에서 다음과 같이 천지인天地人 삼재三才를 상형하였음을 분명히 밝혀놓았다. [사진 5-12]의 오른쪽은 전게한 Kim-Renaud(1997:280)에 소개된 영문 해설서인데 기본자Basic, 초출자first derivation, 재출자second derivation의 제자를 영문으로 설명한 것이다.

마무리

이상 한글의 제정에서 파스파 문자의 영향에 대하여 고찰하였다. 파스

---

43 한글 'ㅁ'은 입의 모습을 보인다기보다는 한자 口(입 구)에 이끌린 것으로 볼 수 있다.

44 照那斯图(2003:23)에서 '◢'는 비성절모음(nonsyllabic)의 [ʏ]로 보았다. 그리하여 『몽고자운』의 '非(圀)' 母를 『백가성(百家姓)』에서는 [hʏ]로 전사하였는데 이에 대하여는 추후에 다시 논의되어야 할 것이다.

파 문자는 훈민정음과 같이 초성과 중성을 분명하게 나누지는 않았지만 이를 분리하여 한자의 한어음漢語音을 표기하는 방법에 대하여 어느 정도 지식을 갖춘 것으로 보았다. 그리하여『몽고자운』에서는 훈민정음의 초성과 같은 성모 31개와 중성과 같은 유모에 속하는 7개의 모음자를 제정하여 한자의 발음 표기에 사용한 것으로 보았다.

파스파 문자는 이를 만든 라마승 팍스파八思巴가 자신의 고향 문자인 티베트 문자에 의거하여 파스파 문자, 즉 첩아월진帖兒月眞. 四角文字을 만들었다. 이 문자는 티베트 문자처럼 음절 문자였으나 한자음의 발음을 표음하기 위하여 사용될 때에는 자음과 모음을 표기하는 음소 단위의 문자 역할도 하였다. 원元에서는 이를 국자國字라 하여 학교를 건립하고 교육하였으며 주로 한자漢字의 전통음傳統音과 원元 제국의 서울인 북경지역의 한어음漢語音 교육에 발음기호로 사용한 것으로 보인다.

파스파 문자는 한자의 한어음을 표기하기 위하여 전통적인 36성모에다가 모음을 표기하는 7개의 유모자(喩母字, 실제로는 6개)를 만들어 모두 42개의 문자를 만들었으나 '양孃 ㄴ'모를 '니泥 ㄴ'모에 통합하여 실제로는 41개의 문자만을 실제로 만들어 사용하였다. 이것은『몽고자운』에서와 같이 한자의 발음을 표기하는 경우에 해당하는 일로서 파스파자로 몽골어를 표기하거나 티베트어 등 다른 언어를 표기할 때에는 문자의 증감이 있었다.

파스파 문자의 제정은 한글의 제정에 많은 영향을 주었다. 다만 두 문자의 자형은 전혀 다른 것으로 파스파 문자의 경우에는 티베트 문자의 영향을 받았으나 한글의 경우에는 전혀 독창적인 방법으로 문자를 제정하였다. 여기서 훈민정음에 대하여 '창제創製'와 '무소조술無所祖述'이란 주장이 나오게 된 것이다.

제6장

한글 발명과 보급에
기여한 인물과 연구

끝으로 한글 발명에 관여한 인물들을 소개하여 새로운 문자의 제정이 어떻게 수행되었는지를 이해하는 데 도움을 주고자 한다. 새 문자 제정에 대한 모든 기록이 세종의 친제親制이지만 훈민정음의 〈해례본〉에는 집현전 대제학大提學의 신분으로 훈민정음의 후서後序를 쓴 정인지鄭麟趾를 비롯하여 소위 세종이 친히 뽑은 8명의 유신儒臣들이 훈민정음 〈해례본〉의 편찬에 참가하였고 한글 제정의 실험과 공표에 동원된 『월인석보』의 편찬에는 10명의 불승佛僧들이 참여했음을 앞에서 살펴보았다.

이 장에서는 이 가운데 세 명을 뽑아 그들이 한글 발명에 도움을 준 내용에 대하여 살펴봄으로써 새 문자 창제의 경위를 좀 더 자세하게 알고자 한다. 집현전 학사學士로서 한글 발명에 지대한 도움을 준 성삼문成三問과 신숙주申叔舟에 대하여 먼저 고찰하고 한글 보급과 새 문자 사용의 중흥中興을 가져온 최세진崔世珍에 대하여 살펴본다. 특히 최세진은 역관譯官으로서의 역할을 들어 외국어 학습에 한글이 얼마나 크게 기여했는가를 논의하여 한글이 원래 한어漢語 학습을 위한 발음기호로 제정된 것이라는 사실을 다시 한 번 확인하고자 한다.

1. 성삼문과 신숙주의 생애

세종이 한글을 발명할 때에 가장 많이 이를 보필한 문신文臣으로는 성삼문成三問과 신숙주申叔舟를 들지 않을 수 없다. 그들은 실제로 훈민정음의 해례解例와 『동국정운東國正韻』 및 『홍무정운역훈洪武正韻譯訓』의 편찬에 참여하여 중조中朝 양국의 한자음을 정리하고 중국어의 학습에 훈민정음을 이용한 위

대한 역학자譯學者이기도 하였다. 여기서 역학譯學이란 외국어 학습을 위하여 국어와 외국어를 대비하는 언어연구를 말한다.[1]

주로 중국어와의 대조對照 연구를 통하여 국어와 한자음을 연구하는 역학은 한반도가 중국과 인접하고 있어서 역사적으로 끊임없이 중국의 문물을 받아들이는 과정에서 중국어와 접촉하면서 발달한 것이다. 그리고 그 언어의 문자인 한자를 빌려다가 국어를 표기하는 과정에서 중국어와 국어를 대조 연구하는 역학이 생겨난 것으로 그 연원은 멀리 삼국시대까지 거슬러 올라간다(강신항, 2000, 졸저, 1988).

조선시대의 세종 때에는 이 역학의 연구가 최고조에 이르러 드디어 한글의 발명을 가져왔다. 성삼문과 신숙주는 당시 유일한 언어의 과학적 연구방법인 성운학聲韻學의 지식과 또한 당시의 가장 강력한 철학사상인 성리학性理學의 연구방법으로 세종이 친제한 훈민정음을 해례解例하는 데 참여하였다. 또 훈민정음을 이용하여 우리 한자음을 정리하는『동국정운』의 편찬에도 관여하였으며 또 이 문자로 중국어의 표준발음을 전사轉寫하는『홍무정운역훈』의 편찬을 주도하였다. 성삼문은 당시 중국어 학습 교재였던『직해동자습直解童子習』을 역훈譯訓하고 평화平話해서 간행하면서 그 서문을 썼던 것이다.

성삼문과 신숙주의 이와 같은 학술활동은 그들이 우선 훈민정음에 대한

---

1 역학(譯學)이 학문의 한 분야로 정착한 것은 조선 전기의 일이다. 학문을 몇 분야로 나누어 교육하고 인재를 발탁하려는 시도는 멀리 고려시대까지 올라간다. 실제로 공양왕(恭讓王)은 십학(十學, 실은 八學)을 두고 각 관서(官署)에서 이를 교육하였으나 여기에 역학은 들어 있지 않았다(『高麗史』권77 '十學'조). 역학이 공식적인 학문 분야로 사서(史書)에 등장하는 것은 조선 태조(太祖) 2년(1393)의 일로 태조는 '병학(兵學), 율학(律學), 자학(字學), 역학(譯學), 의학(醫學), 산학(算學)'의 육학(六學)을 두었으며(『태조실록』권6, 태조 2년 11월 乙卯조의 기사) 세종조에는 여기에 '유학(儒學), 한이학(漢吏學), 음양학(陰陽學), 악학(樂學)'을 추가하여 십학(十學)을 완비하였다.

깊은 지식을 갖추었으며 이러한 지식을 근거로 하여 우리 한자음을 중국의 전통 운서음韻書音에 맞추어 정리하였음을 말한다. 그리고 중국어의 표준발음을 훈민정음으로 전사轉寫하는 일, 그리고 이러한 작업을 통하여 두 발음의 차이를 밝혀서 한자 교육과 중국어 학습에 도움을 주고자 한 것이다.

이와 같은 성삼문, 신숙주의 언어연구는 두 언어의 대비對比 연구에 입각한 것으로 국어학사에서 역학이라고 불리는 연구방법을 발달시키는 결과를 가져온 것이다.[2] 이러한 역학의 연구방법은 중종中宗 때의 최세진崔世珍을 거쳐 사역원司譯院의 외국어 학습교재의 편찬에서 면면하게 이어져서 조선시대를 풍미하게 되었고 한편으로는 조선 후기의 실학연구에서 훈민정음 연구로 접목되었다. 이런 의미에서 성삼문과 신숙주는 조선시대 역학의 주춧돌을 놓은 인물로 평가되어야 한다.

이 절에서는 역학자譯學者로서 성삼문과 신숙주의 학문을 훈민정음의 해례, 『동국정운』의 편찬과 한자음 정리, 그리고 『홍무정운역훈』과 중국어 표준음의 전사轉寫에 대하여 논의하고 성삼문의 경우는 한어漢語 교재 『직해동자습』의 역훈譯訓과 평화平話 등으로 나누어 고찰하고자 한다.

성삼문의 생애와 학문

먼저 성삼문의 생애에 대하여 일별하도록 한다. 조선 전기에 충절을 지

---

2 비교언어학에서 언어의 대비(confrontational)와 대조(contrastive) 연구는 구분된다. 후자가 두 언어의 구조적 차이에만 초점을 두었다면 전자는 두 언어의 구조적 차이와 함께 유사성도 중요하게 비교하는 방법이다. 제2차 세계대전 이후 체코 및 슬로바키아의 언어학자들은 러시아어와 체코어의 비교연구를 대비언어학의 방법으로 수행하였다. 특히 프라그 언어학파를 창시한 빌렘 마테지우스(Vilem J. Mathesius)는 체코어와 영어를 대비언어학적 방법에 의하여 비교하여 다대한 성과를 올렸다. 이에 대하여는 졸고(1983)를 참조할 것.

킨 성삼문은 사육신의 하나로 널리 알려진 인물이다.[3] 지금까지 성삼문에 관한 연구는 주로 충신열사로서 조명되었고 그의 학문에 대하여는 본격적으로 연구된 바가 없다.

성삼문은 태종太宗 18년(1418) 홍주洪州 노은동魯恩洞에서 도총관都摠管 성승成勝의 아들로 태어났다. 세종 20년(1438) 식년문과式年文科 생원시生員試에 하위지河緯地와 함께 합격하여 출사하였다. 세종 29년(1447) 문과文科에 장원급제하여 문명文名을 떨쳤으나[4] 그 이전에 이미 집현전 학사로서 세종의 어문정책에 깊이 관여하여 세종의 신임을 얻었으며 문종文宗을 거쳐 단종端宗이 즉위했을 때에는 벼슬이 추충정난공신推忠靖難功臣 통정대부通政大夫 예조참의禮曹參議에까지 올랐다.[5]

세조가 즉위할 때에는 동부승지同副承旨로서 대보大寶, 國璽를 상서사尙瑞司에서 꺼내어 전하였고(『세조실록』 권1, 세조 1년 6월 을묘조) 세조 1년(1455) 정묘(13일)에 승정원承政院 좌부승지左副承旨로 임명되었으나(『세조실록』, 세조 1년 6월 정묘조) 이듬해에 세조를 시해하고 단종을 복위시키려다가 발각되어 자신은 물론 부친과 세 동생, 그리고 네 아들이 모두 살해되었으므로 그에 관한 기록이 많이 인멸湮滅되었다.

---

3 성삼문(成三問)의 자(字)는 근보(謹甫)·눌옹(訥翁)이고 호(號)는 매죽헌(梅竹軒)이며 본관은 창녕(昌寧)이다.

4 『세종실록』(권117) 세종 29년 8월 병술(丙戌)조에 "丙戌賜文科重試, 集賢殿修撰成三問等十九人, 武科司正閔倫等二十一人, 文科別試姜希孟等二十六人, 武科金精彦等十八人及第. 上不御殿, 設虛位於勤政殿放榜. ─ 병술년에 문과 중시를 내려주시어 집현전 수찬 성삼문 등 19인과 무과에 사정 민론 등 21인, 그리고 문과별시에 강희맹 등 26인과 무과 김정언 등 18인이 급제하였다. 임금이 어전에 없으므로 허위를 설치하고 근정전에 방을 붙이다."라는 기사 참조.

5 성삼문은 단종 2년 6월에 집현전 부제학(副提學)으로 임명되었다가(『단종실록』 권11, 단종 2년 6월 戊申조 기사) 단종 2년 8월에 예조참의(禮曹參議)로 승진하였다(『단종실록』 권12, 단종 2년 8월 甲申조 기사). 그러나 단종 3년 6월에 승정원(承政院)의 동부승지(同副承旨)로 자리를 옮겼으며 세조가 등극하자 동부승지의 자격으로 국새(國璽)를 전하게 된 것이다.

6. 한글 발명과 보급에 기여한 인물과 연구

그러나 숙종肅宗 17년(1691)에 성삼문을 포함한 사육신이 복관復官이 되었고 영조英祖 34년(1758)에 성삼문은 이조판서吏曹判書로 추증되었으며 충문공忠文公의 시호를 받았다. 이후 여러 사람이 성삼문과 관련된 자료를 모아 문집으로 간행하였는데 오늘날 참고할 수 있는 것은 『매죽헌선생문집梅竹軒先生文集』(4권)과 『성선생유고成先生遺稿』, 『성근보선생집成謹甫先生集』(4권) 등이다.[6]

성삼문은 세종 때에 소장학자로서 그 이름을 날리고 있었다. 그리하여 한글의 발명에도 깊이 관여했으며 소위 친간명유親揀名儒로서 새 문자의 제정에 참여한 선택된 유신儒臣이었다. '친간명유'라는 별명에 대하여는 신숙주의 『보한재집保閒齋集』에 부재附載된 임원준任元濬의 서문에 "世宗創制諺文, 開局禁中極簡一時名儒, 親揀名儒著爲解例 使人易曉, — 세종이 언문을 창제할 때에 궁궐 안의 신하들 가운데 극히 적은 당시의 명유名儒들을 선발하였으며 이렇게 친히 선발한 명유들로 하여금 해례를 짓게 하여 사람들이 알기 쉽게 하였다."라는 구절에서 세종이 여러 명유 가운데서 친히 뽑은 학자들을 시켜 훈민정음의 해례를 저술하게 하였음을 알 수 있다.

또 최항崔恒의 『태허정집太虛亭集』에 수록된 강희맹姜希孟의 최항 묘지墓誌에 "世宗創制諺文, 開局禁中, 親揀名儒八員, 掌制訓民正音, 東國正韻等書,

---

6 필자가 참고한 『매죽헌선생문집(梅竹軒先生文集)』은 성기운(成璂運)의 발문(跋文)이 있는 중간본(重刊本)이다. 이 책은 전 4권이나 권3과 권4는 부록인데 권3은 '실기(實紀)'가 부록 상(上)으로, 권4는 성삼문을 제향(祭享)한 녹운서원(綠雲書院, 在洪州 魯洞洞)의 신위별고축('神位別告祝')(南九萬 撰) 등이 부록 하(下)로 첨재되었다. 또 『성근보선생집(成謹甫先生集)』(4권 1책)은 윤유후(尹裕後)가 공(公)의 시문(詩文)을 모아 간행한 것으로 흔히 『성근보집(成謹甫集)』으로 알려진 것이다. 역시 권3은 '세계(世系)'와 '실기(實紀)'가 부록되었고 권4의 부록에는 '홍주성선생유허비(洪州成先生遺墟碑)'를 비롯하여 송시열(宋時烈)의 비문(碑文)과 신주기(神主記) 3개가 실렸고 이어서 박태보(朴泰輔)의 '영월육신사기(寧月六臣祠記)' 등이 첨재되었다. 유사한 책이 '성선생유고(成先生遺稿)'(4권)란 이름으로 현전하며 이 모두가 한국문집편집위원회(韓國文集編纂委員會, 1993)에 영인되어 『매죽헌문집(梅竹軒文集)』·성근보문집(成謹甫文集)』이란 제명(題名)으로 간행되었다.

[하략] — 세종이 언문을 창제할 때에 궁궐 안의 신하들 중에서 친히 유명한 선비 8인을 선발하여 훈민정음[아마도 해례본을 말함인 듯]과 동국정운 등의 책을 짓게 하였다."에도 '친간명유'가 『훈민정음』과 『동국정운』 등의 편찬을 관장하였다고 기술하고 있다.

신숙주의 생애와 학문

다음으로 신숙주의 생애와 학문에 대하여 살펴보기로 한다. 매죽헌梅竹軒 성삼문과 더불어 당대 쌍벽을 이루던 보한재保閑齋 신숙주가 있었다. 이 두 사람은 세종 때에 세종의 총애를 받으면서 같이 중국의 운학韻學 연구에 정진하였고 그 결과 세종이 훈민정음을 창제한 다음에 이를 해례하는 데 지대한 공헌을 하였다.

매죽헌 성삼문을 살펴보면 그의 배후에는 항상 신숙주가 있었으며 집현전에서 시작된 두 사람의 환로宦路는 처음에 성삼문이 앞섰으나 곧 신숙주가 그를 앞질러서 오히려 성삼문을 인도하기에 이르렀다. 아마도 강직하기만 하였던 성삼문에 비하여 비교적 온후하고 합리적인 신숙주의 인품이 두 사람의 환로 경쟁에서 보한재가 앞서 가게 된 것으로 보인다. 아무튼 조선 초기 훈민정음의 창제를 둘러싼 중국의 운학이나 성리학적 지식, 그리고 중국어의 구사에 있어서 두 사람은 난형난제難兄難弟였다.

신숙주의 생애에 대하여는 『조선왕조실록』과 그의 문집인 『보한재집保閑齋集』, 특히 『보한재속집保閑齋續集』 「부록연보附錄年譜」의 '보한재선생연보保閑齋先生年譜'를 중심으로 고찰하고 후대의 연구 논문에서 신숙주의 생애에 대한 부분을 인용하여 고찰하고자 한다.

신숙주는 자字가 범옹泛翁이며 본관은 고령高靈으로 태종太宗 17년(1417) 6월

13일에 공조참판工曹參判 신장申檣의 다섯 아들 가운데 3남으로 태어났다.[7] 호를 보한재保閑齋, 또는 희현당希賢堂이라 하였는데 이 두 호號는 모두 그가 중국에서 만난 황찬黃瓚이란 운학자와 예겸倪謙이란 정치가와 관계가 있는 것 같다.

희현당希賢堂이란 호는 황찬이 그를 요동遼東으로 찾아왔을 때에 지어준 것이고[8] 보한재는 그가 중국의 사신으로 갔을 때에 회동관會同館에서 만난 예겸에게 자신의 새로 지은 정자亭子를 '보한保閑'이라 하였으니 그에 대한 절구絶句 한시를 부탁하는 편지가 있어[9] 이 아호의 내력을 알 수 있다. 그가 평소에 번잡을 물리치고 소일함이 한가함만 같지 못하고 한가함도 또한 얻기가 쉽지 않다는 생각을 갖고 있었으며 그로부터 '보한재保閑齋'란 아호를 즐겨 사용한 것이다.

황찬黃瓚은 명의 한림학사翰林學士를 지낸 당대의 운학자로서 요동으로 유

---

7 이들 5형제는 모두 뛰어난 재능을 가지고 있어 그들이 태어난 마을을 오룡동(五龍洞)으로 부를 정도였다고 한다. 아버지는 1433년에 돌아가셨고 맨 끝의 형제인 말주(末舟)를 제외하고는 모두 그보다 일찍 세상을 떠난 것으로 보인다.

8 《보한재집(保閑齋集)》'보유(補遺)'에 황찬이 '희현당(希賢堂)'의 당액(堂額)을 써준 전말에 대하여 다음과 같이 기록하였다. 그에 의하면 "처음 숙주가 배우기 위하여 내게 와 있을 때에 그의 용모가 극히 단아하고(중략) 얼마 후 돌아갔다가 한 달 남짓 되어 다시 왔는데 서로 주고받는 것이 간격이 없어서 그의 마음을 더욱 깊이 알 수 있어 이에 착한 선비로 지목하게 되었다. 그 뒤에 돌아가려 하면서 당액(堂額)을 부탁하기에 드디어 '희현(希賢)'으로 명명하였다. 운운"이라 하여 저간의 사정을 말해준다. 번역문은 안병희(2002)에서 재인용함. 《보한재속집(保閑齋續集)》'附錄 年譜' '보한재선생연보'에 의하면 세종 을축(1445)년 4월 8일에 '始號希賢堂'이란 제하(題下)에 '희현'이란 호의 유래를 설명하였다.

9 신숙주가 문종 2년(1452)에 북경에 갔을 때에 숙소인 회동관(會同館)에서 서울에서 교유했던 명의 관리 예겸(倪謙)에게 절구(絶句) 두어 편을 지어달라는 부탁의 편지가 〈보한재집〉(16권) 「書簡」의 '재연경회동관정예학사겸수간(在燕京會同館呈倪學士謙手簡)'에 수록되었다. 여기에서 '保閑'이란 호의 유래를 알 수 있는데 이 부분을 여기에 옮겨보면 "숙주는 어려서부터 글을 읽었으나 몽매하여 앎이 없고 성품이 영화로운 녹을 좋아하지 않으며 벼슬살이 하려는 뜻이 얕았습니다. 우리나라는 비록 작으나 관직은 이미 분수를 넘었으니 뜬 인생은 틈을 지나는 망아지처럼 잠깐인데 스스로 골몰해보아야 무엇 하겠습니까? 앞으로 이곳에 깃들어 살며 결백한 뜻을 지키려고 하는데 오직 번잡을 물리치고 소일함이 한가함만 같지 못하고 한가함도 또한 얻기가 쉽지 않으므로 보한(保閑)으로 정자의 이름을 지었습니다. 운운"과 같다.

배를 당하였을 때에 신숙주와 성삼문이 여러 차례 찾아가서 운서에 대한 질문을 하여 서로 알게 되었다. 또한 예겸倪謙은 명明 황제의 칙사勅使로 서울에 왔다가 신숙주와 교유하게 되었는데 역시 당대 운학의 대가로 알려졌으며 신숙주가 북경에 갔었을 때에도 그를 만난 일이 있었다.

신숙주는 7세 때에 후일 처조부妻祖父가 될 대제학 윤회尹淮에게서 수학하기 시작하였으며 어려서부터 박람강기博覽强記로 유명하였다. 세종은 유학자들이 훈고訓詁만 존중하는 폐단을 없애기 위하여 시詩와 부賦를 시험하는 진사시進士試를 개설하였는데 세종 20년(1438)에 처음으로 실시한 진사시의 초시初試와 복시覆試에 신숙주는 연달아 장원으로 합격하였다. 제1회 진사시에 동방同榜 합격한 사람으로 서거정徐居正이 있음은 널리 알려진 사실이다. 그 후 성균관成均館에 입교하여 김반金泮에게 성리학性理學을 배웠고 세종 21년(1439)에 생원시험과 전시殿試에 을과乙科 3인으로 합격하였다.[10]

전시 합격 후에 바로 전농시典農寺[11] 직장(直長 — 종7품직)을 초사初仕로 하여 환로에 나아갔으나 곧 제집사祭執事로 차정差定되었지만 첩문帖文이 제대로 전달이 되지 않아 출사하지 못하여 파직되었다. 다음 해에 주자소鑄字所의 별자別坐라는 서반의 직을 얻었으나 곧 집현전의 부수찬副修撰이 되었다. 비로소 제자리에 앉게 된 것이다. 여기서 그는 장서각藏書閣의 많은 서적을 탐독하였는데 다른 이를 대신하여 야간의 숙직을 하면서 책을 읽었고 이 사실을 내관內官으로부터 들은 세종이 어의御衣를 한 벌 내린 일은 두고두고

---

10 당시 대과(大科)인 전시(殿試)에서는 중국과 동일하게 할 수 없다고 하여 갑과(甲科)는 없애고 을과(乙科)만 두었으니 그는 과거(科擧)의 문과 갑과(甲科) 3인으로 합격한 것과 같다. 당시 7인의 급제자가 있었다고 한다.

11 전농시(典農寺)는 세조 6년(1460)에 사섬시(司贍寺)로 개명되었다.

6. 한글 발명과 보급에 기여한 인물과 연구

많은 이들의 입에 오르내린 바가 있다.

집현전 학사들의 학구열은 대단하여 세종은 드디어 신숙주는 물론 성삼문, 이석형李石亨, 박팽년朴彭年, 하위지河緯地 등에게 사가독서賜暇讀書의 은전을 내리게 되었다(세종 24년, 1442). 그들은 서울 근교의 진관사津寬寺에서 책을 읽었으며 신숙주는 여기서 일본의 사신으로 떠날 때까지 손에서 책을 놓지 않았다.

세종 25년에 서장관書狀官으로 일본의 통신사행通信使行(正使 卞孝文, 副使 尹仁甫)을 수행한 이래 중국에도 여러 번 다녀왔고 문종 2년(1452)에는 수양대군(후일의 세조)을 정사正使로 하는 사은사謝恩使의 서장관으로, 세조 1년(1455)에는 주문사奏文使로 중국을 다녀오게 되어 조선시대에 가장 외국을 많이 다녀온 중신重臣 가운데 하나가 되었다. 그의 경륜과 학문은 단지 서책에서 얻은 것만이 아니고 이처럼 외국의 문물을 직접 접하고 외국의 학자들과 교유하면서 얻어진 것이다.

세종 29년(1447) 가을에 중시重試 문과시험에 4등으로 급제하여 집현전 응교應敎에 올랐고 세종 30년(1448)에는 시강원侍講院 우익선右翊善과 세종 31년(1449)에는 춘추관春秋館의 기주관記注官을 겸임하였다. 그러나 세종의 생존시에는 그의 본직이 집현전을 떠난 적이 없었다. 세종 32년(1450)에 사신으로 온 명明의 한림시강翰林侍講 예겸倪謙을 만나 중국 운학韻學에 대한 논의를 하면서 교유를 시작한 것도 집현전 학사로 있을 때의 일이었다.

세종이 승하하고 나서 문종 원년(1451) 여름에 집현전 직제학直提學을 끝으로 그는 집현전을 떠나게 된다. 그해 가을에 사대문서를 관장하는 승문원사承文院事에 임명되고 단종 즉위년(1452)에 경연經筵의 시독관試讀官이 되었다. 문종이 승하하자 수양대군을 따라 중국의 사은사謝恩使를 수행하였으며 단종 원년(1453) 봄에 용양시위사龍驤侍衛司의 상호군上護軍 겸 지병조사知兵曹事가 되었고 계유정난癸酉靖難 이후에는 좌승지左承旨, 그리고 단종 2년(1454)에는 도승지都承旨가 되었다.

세조가 즉위한 이후 그의 환로는 더욱 높아져 예문관藝文館 대제학이 되었고 고령군高靈君에 봉해졌다. 세조 원년(1455) 10월에 세조의 즉위를 명에 알리고 명의 고명誥命을 받아오는 주문사奏聞使로 중국에 갔다가 세조 2년 2월에 귀국하였다. 귀국하고 바로 병조판서가 되어 국방을 담당하게 되면서 일본과의 관계에 관심을 갖게 되었다. 소위 사육신의 난으로 알려진 단종 복위 운동이 발각되자 이를 잘 수습하고 그 공으로 판중추원사判中樞院事 겸 성균관 대사성大司成이 되었다.

세조 3년(1457)에는 좌찬성左贊成으로 승차하였고 세조 4년(1459)에 북정北征을 준비하는 세조가 그를 황해, 평안도 도체찰사都體察使로 삼았다가 겨울에 우의정右議政으로 불러들였다. 세조 5년에는 함길도咸吉道 도체찰사로, 그리고 이어서 좌의정左議政에 올랐다. 이듬해 세조 6년(1460)에는 함길도 도체찰사 겸 선위사宣慰使로 임명되어 북방 야인을 정벌하였다. 세조 8년(1462)에 영의정領議政에 임명되었다가, 세조 12년(1466)에 만기 퇴임하였으며 세조 13년에는 다시 조정에 불려나와 예조판서가 되었다.

세조가 승하하고 예종睿宗이 즉위하자 세조의 유명遺命으로 원상院相이 되었으며 같은 해에 남이南怡의 난을 처리하고 수충보사병기정난익대공신輸忠保社炳幾定難翊戴功臣의 호를 받았다. 예종이 일찍 승하하고 어린 성종成宗이 즉위하는 일에 깊이 관여하여 성종 원년(1470)에 순성명량경제홍화좌리일등공신純誠明亮經濟弘化佐理一等功臣의 호를 받았다. 그해에 다시 영의정에 임명되었으며 여러 차례 사직을 표하였으나 받아들여지지 않았다. 뿐만 아니라 여러

번 과거의 시관試官이 되어 후학을 길렀고 많은 저술을 남겼으며『고려사절
요高麗史節要』,『국조보감國朝寶鑑』등의 편찬에도 참가하였다. 성종 6년 6월 21
일에 향년 59세로 세상을 떠났다.

　다음으로 신숙주의 학문에 대하여 살펴보자. 신숙주는 어려서부터 박람
강기하여 한문을 잘하며 시문詩文에 능할 뿐 아니라 구어인 한어漢語도 능통
한 것으로 알려졌다. 명나라 한림시강翰林侍講 예겸 등이 사신으로 왔을 때
에 그들과 한시漢詩를 주고받았으며 요동에 유배되어 온 황찬과는 중국 운
학에 관하여 토론을 거침없이 나누었다고 한다.

　신숙주의 외국어 실력에 대하여『보한재집』[부록]에 수록된 강희맹姜希孟
의 '문충공행장文忠公行狀'에 "공은 한어, 왜어, 몽골어, 여진어 등을 모두 잘
해서 통역의 힘을 빌리지 않고 스스로 뜻을 전할 수가 있었다. 나중에 공
은 스스로 역어(譯語 — 언어를 통역하는 교육)의 교재를 지어 바쳤는데 역
관들이 공부하는 데 많은 도움이 되었고 스승의 가르침이 없어도 되었다
(公俱通漢倭蒙古女眞等語, 時或不假舌人, 亦自達意. 後公手諸譯語以進, 舌人賴以
通曉, 不假師受)."라는 기사가 있을 정도이다.[12]

　이러한 외국어의 지식은 그가 다른 집현전 학자들과 더불어 세종의 훈
민정음을 고유어와 한자어의 예를 들어 해석한 훈민정음의〈해례본〉의
간행에 많은 도움을 주게 되었다. 또한 그의 한어에 대한 지식은 절운切韻
과 같은 중국의 전통 운서의 발음과 현실 중국어음, 즉 당시 공용어로 정
한 남경南京 관화음官話音과 우리 한자음의 차이를 인식하게 되었고 이에 근
거하여 우리 한자음을 정리하여『동국정운東國正韻』을 간행하는 데 주도적

12　문하생 이파(李坡)와 이승소(李承召)의 신숙주 비명(碑銘)에도 유사한 내용이 실려 있다.

역할을 하게 된다.

2. 훈민정음 해례와 〈동국정운〉 편찬

그러면 훈민정음의 해례解例에 성삼문과 신숙주가 얼마나 관여했는지를 살펴보기로 한다. 한글은 세종의 친제親制였으며 계해년(癸亥年, 1443) 12월에 완성된 것으로『세종실록』에 기록되었다. 세종의 한글 창제는 동궁과 대군, 그리고 공주들과 같은 가족들만이 참가하는 비밀 프로젝트의 소산이었다.[13] 이렇게 제작된 훈민정음은 당시 집현전 학자들에게도 당혹스럽기 짝이 없는 제왕의 문화 사업이었다.

그들이 이 신문자의 창제를 공식적으로 알게 된 것은 아마도 이 문자를 이용하여 '운회韻會'를 번역하라는 명령에 의한 것으로 보인다.『세종실록』(권103)의 세종 26년 2월 병신丙申조의 기사에 의하면 세종이 계해년(癸亥年, 1443) 12월에 훈민정음을 창제한 지 미처 두 달도 지나지 않은 갑자년(甲子年, 1444) 2월 16일에 집현전의 소장학자들에게 운회韻會의 번역을 명하고 동궁과 대군들에게 이 일을 감독하게 하였다고 한다.[14]

이 일을 알게 된 집현전에서는 4일 뒤인 2월 20일에 부제학副提學 최만리

---

13 세종의 둘째 따님인 정의공주(貞懿公主)가 훈민정음 창제에 도움을 준 것에 대하여는 본서의 제3장을 참고할 것.

14 세종이 자신이 지은 한글로 '운회(韻會)'를 번역하도록 명한 신하는 대부분 집현전 소속의 학사들로서 집현전 교리(校理) 최항(崔恒), 부교리(副校理) 박팽년(朴彭年), 수찬(修撰) 성삼문(成三問), 부수찬(副修撰) 신숙주(申叔舟)·이선로(李善老)·이개(李塏) 등과 돈녕부(敦寧府) 주부(主簿) 강희안(姜希顔)이다. 그리고 그의 세 아들인 동궁(東宮)과 진양대군(晉陽大君, 후일 수양대군) 이유(李瑈), 안평대군(安平大君) 이용(李瑢)에게 이 일을 감장(監掌 — 감독하고 관장시키다)하게 하였다는 기사가『세종실록』(권103) 세종 26년 2월 병신(丙申)조에 보인다.

崔萬理를 중심으로 하여 직제학直提學 신석조辛碩祖 등 7인이 한글의 창제를 반대하는 상소문을 올리게 된다. 물론 이 반대 상소에는 운회의 번역을 명령받은 집현전의 소장학자들은 참가하지 않았다.

이 반대 상소문을 본 세종은 신문자의 창제에 대한 여러 신하들의 보다 명확한 이해와 신문자의 제자制字와 사용에 대한 보다 정밀한 해설이 필요함을 통감하고 운회의 번역작업을 수행하는 집현전의 소장학자들로 하여금 신문자의 해설서를 편찬하게 한다. 세종 28년(1446) 9월 상한上澣에 완성된 이 해설서는 '훈민정음訓民正音'이란 서명書名으로 세종의 서문序文과 예의例義, 그리고 이에 대한 집현전 학자들의 해례解例와 정인지鄭麟趾의 후서後序를 붙여 간행하였다.[15]

훈민정음의 해례에 참가한 학자들은 당시 예조판서禮曹判書로서 집현전 대제학을 겸임하고 있던 정인지의 후서에 명기되었다. 이들은 운회의 번역에 동원된 인원과 일치한다. 정인지를 포함한 이들 8명의 학자들은 전술한 바와 같이 '친간명유親揀名儒'라는 별명이 붙을 정도로 세종이 총애하던 학자들이었다. 그러나 친간명유는 실제로는 성삼문과 신숙주가 중심이었는데 정인지를 제외한 최항崔恒, 박팽년朴彭年, 강희안姜希顔, 이개李塏, 이선로李善(賢)老 등 7인은 훈민정음의 해례解例만이 아니라 새 문자를 이용하여 한자음을 정리한 『동국정운東國正韻』의 편찬에도 주도적 역할을 하였으며 『용비어천가龍飛御天歌』의 한시를 번역하여 국문가사를 짓는 일에도 참가하였다.

세종이 친간명유들을 훈민정음의 해설에 동원한 것은 운서의 번역에 앞

---

15 오늘날의 한글날은 이 〈해례본〉이 간행된 9월 상한(上澣)을 양력으로 환산하여 10월 9일로 정하여 기념하는 것이다.

서 최만리 등의 반대 상소문에서 노정露星된 신문자의 문제점을 보완하고
이들만이라도 새 문자를 완전하게 이해해주기를 바란 것으로 볼 수 있다.
성삼문과 신숙주도 이 해설에 참가하였음은 정인지의 후서後序에서 확인할
수 있다. 다만 운회를 번역하라는 명을 받았을 때에는 성삼문이 집현전의
수찬(修撰, 正6品)으로서 부수찬(副修撰, 從6品)인 신숙주보다 상위계급에
있었으나 해례본解例本인 『훈민정음訓民正音』이 간행될 때에는 신숙주가 부교
리(副校理, 종5품)로 승진하여 오히려 수찬인 성삼문을 추월하였다.

훈민정음 해례에서의 역할

성삼문과 신숙주가 이 훈민정음의 해례解例에 참가한 것은 그들이 신문
자의 제자制字와 초初 · 중中 · 종성終聲의 의미 및 그 합자合字의 원리, 그리고
그 사용의 예를 모두 숙지하고 있음을 말한다. 신문자의 해설서인 {해례
본}『훈민정음』에서 다음 사항은 새 문자를 창제한 세종의 숨은 뜻과 이에
대한 이론적 해설을 덧붙인 집현전 학자들의 기본적인 태도를 감지하게
한다.

첫째는 세종의 어제서문에 "國之語音, 異乎中國, 與文字不相流通"이란
구절이다. 세종의 어제서문은 아마도 한문으로 작성된 것으로 보이므로
이것이 원문일 것이며 언해는 후일 다른 사람들에 의하여 해석된 것으로
보아야 한다. 위의 서문에서 '國之語音 異乎中國'은 "[한자의] 우리말 발음
이 중국과 달라서 문자가 서로 통하지 않는다"라는 뜻을 가진 것으로 한
자의 우리 발음과 중국어의 발음이 서로 달라서 같은 한자라도 중국인과
대화할 때에 서로 통하지 않는다는 뜻으로 볼 수밖에 없다. 여기서 '國之
語音', 즉 국어음國語音이 한자의 동음東音을 말하는 것으로 이해하면 다음에

후속하는 "故愚民有所欲言, 而終不得伸其情者多矣"와는 문맥이 연결되지 않는다. 그러므로 국역에서는 "國之語音, 異乎中國, 與文字不相流通"을 "나랏 말ᄊᆞ미 中國에 달아 文字와로 서르 ᄉᆞᄆᆞᆺ디 아니ᄒᆞᆯ씨"로 번역한 것이다.

실제로 고려 말과 조선 전기의 유학자들은 한문에 정통하였으며 중국인과의 접촉에서 같은 한자를 사용하지만 그들이 사용하는 북경관화음北京官話音과 달라서 서로 의사소통이 불가능하였다. 이 구절은 이것을 지적한 것으로 보는 것이 전체 맥락에서 타당하다고 본다.

다음으로 정인지의 후서後序에 보이는 "雖風聲鶴唳鷄鳴狗吠, 皆可得而書矣"라는 구절이다. 이것은 당시 집현전 학자들이 한글을 어떤 소리라도 적을 수 있는 표음문자로 보았음을 증언하는 것이다. 이것은 새 문자를 창제하여 바로 '운회'의 번역을 명한 사실로 보아 세종은 적어도 신문자를 한자의 중국어 발음을 표음할 수 있는 발음기호로 생각한 것이 아닌가 한다. 이것은 훈민정음의 모델이 된 원대元代 파스파 문자의 경우와 같다.

성삼문과 신숙주는 훈민정음 해례解例에서 볼 수 있는 신문자 제정制定에 대한 이와 같은 태도를 그대로 받아들인 것으로 보아도 틀림이 없을 것이다. 그들은 이 문자를 이용하여 우리의 한자음을 중국의 전통 운서음韻書音에 맞추어 정리하는 작업에 참가하였고 이어서 새 문자를 중국어 교육에서 발음기호로 이용하였다.

『동국정운』 편찬에도 참여

성삼문과 신숙주가 『동국정운』의 편찬에 참가하였음은 신숙주의 '동국정운서東國正韻序'에 명시되었다. 즉 이 서문에 의하면 집현전의 응교應敎 신숙주를 비롯하여 직제학 최항, 직전直殿 성삼문 · 박팽년, 교리校理 이개와 이

조정랑吏曹正郎 강희안, 병조정랑兵曹正郎 이현로 등 전술한 친간명유 7인과 승문원承文院 교리校理 조변안曺變安, 부교리副校理 김증金曾 등으로 하여금 한자음을 정리하여『동국정운』을 편찬하게 하였음을 알 수 있다.

이 서문에서 당시 우리의 한자음에 대하여 속음俗音을 채집하고 전적을 널리 상고하여 그 자주 쓰이는 발음을 기본으로 삼았고 고운서古韻書의 반절反切에도 맞는 한자음을 찾아 표준음으로 정한 것이 '동국정운東國正韻', 즉 우리나라의 바른 운이라고 한 것이다.[16]

『동국정운』의 편찬을 위하여 한자음을 정리하던 신숙주 · 성삼문 등은 우리 한자음, 즉 동음東音이 변한 것은 국어의 음운 구조에 의한 것임을 분명히 하였다. 즉 앞에서 언급한 신숙주의 동국정운서東國正韻序에는 우리말과 중국말은 다르지만 한자음은 같아야 한다고 전제하고 한자의 동음과 중국의 한음이 다른 것에 대하여 다음과 같이 논술하였다.

[전략] 吾東方表裏山河自爲一區, 風氣殊己殊於中國, 呼吸豈與華音相合歟? 然則語音之所以與中國異者, 理之然也. 至於文字之音, 則宜若與華音相合矣. 然其呼吸旋轉之間, 輕重翕闢之機, 亦必有自牽於語音者 此其字音之所以亦隨而變也. 其音雖變, 淸濁四聲則猶古也, 而曾無著書, 以傳其正. 庸師俗儒不知切字之

---

16 이에 대하여는 신숙주의 '동국정운서(東國正韻序)'에 "[전략] 主上殿下, 崇儒重道, 右文興化, 無所不用其極. 萬機之暇, 槪念及此, 爰命臣叔舟, 及守集賢殿直提學臣崔恒, 守集賢殿臣成三問, 臣朴彭年, 守集賢殿校理臣李塏, 守吏曹正郎臣姜希顔, 守兵曹正朗臣李賢老, 守承文院校理臣曺變安, 承文院副校理臣金曾, 旁採俗習, 博考傳籍, 本諸廣用之音, 協之古韻之切, 字母七音, 淸濁四聲, 靡不究其源, 委以復乎正. [하략] ― 주상 전하가 유교를 숭상하고 되게 여기니 문화가 흥하고 그 쓰임이 꼭 쓰이지 않은 곳이 없다. 만기를 살피는 사이에도 여가를 내어 생각이 이에 미치니 드디어 신 신숙주 및 집현전 직제학 최항, 집현전의 성삼문, 박팽년, 집현전 교리 이개, 이조정랑 강희안, 병조정랑 이현로, 승문원 교리 조변안, 승문원 부교리 김증 등으로 하여금 널리 속습의 발음과, 많은 전적을 고찰하여 널리 쓰이는 발음을 기본으로 하고 옛 운서의 반절과 자모의 7음과 청탁, 사성을 살펴서 바르게 복원할 것을 부탁하노라."란 기사를 참고할 것.

法, 昧於紐躡之要, 或因字體相似而爲一音, 或因前代避諱而假他音, 或合二字爲一, 或分一音爲二. 或借用他字, 或加減點畫. 或依漢音, 或從俚語. 而字母七音淸濁四聲, 皆有變焉. [하략] — [전략] 우리 동방은 안팎으로 산하가 스스로 한 구역이 되어 풍기風氣가 이미 중국과 다르거늘 호흡이 어찌 중국어음과 서로 부합하겠는가? 그런즉 어음이 중국과 다른 것은 이치가 그러하지만 문자의 발음에 이르러서는 마땅히 중국의 발음과 서로 부합하여야 한다. 그러나 그 호흡이 [입안에서] 돌아가는 사이에 가볍고 무거움과 닫히고 열리는 기틀이 역시 [우리말의] 어음에 이끌리게 되어 한자음도 역시 이에 따라 변하게 된 것이다. 그 음은 비록 변하였지만 청탁과 사성은 옛 것과 같아야 하나 일찍이 책이 없어서 바른 음을 전하지 못하였다. 용렬한 스승과 속된 선비들은 반절법을 모르고 유섭(紐攝, 모음에 해당함 — 필자)의 요체에도 어두워 혹은 자체가 비슷하다고 하여 하나의 음으로 하거나 혹은 전대前代의 휘諱를 피하려고 다른 음을 빌리거나 혹은 두 자를 합해서는 하나로 만들든지 하나를 둘로 한다. 혹은 다른 자를 빌려 쓰기도 하고 점과 획을 더하거나 감하기도 한다. 혹은 [중국어의] 한음漢音에 의하든지 혹은 속어를 따르기도 한다. 이리하여 자모와 칠음, 청탁, 사성이 모두 변하였다. [하략]

이것을 보면 『동국정운』의 편찬에 참가한 학자들은 동음이 우리말의 어음語音에 이끌리고 또 우리말의 음운에 따라서 변한 것임을 분명히 하였다. 또 글자 모습이 비슷하여 같은 음으로 발음된 것도 있고 기휘忌諱로 인하여 다른 음으로 발음되던 것이 그대로 남은 것도 있음을 밝혔다. 그리고 두 자가 합해서 하나 된 것, 또는 반대로 하나가 둘이 된 것, 또는 다른 글자를 차용하거나 점과 획을 가감한 것이 있어 동음東音과 화음華音은 서로 다르게 되었음을 시적하였다.

필자는 특히 마지막에 지적된 "혹의한음或依漢音, 혹종이어或從俚語"에 의한 두 발음의 차이에 주목하지 않을 수 없다. 이것은 우리 한자음이 '한음漢音'에서 들어온 것이 있고 또 '이어(俚語, 우리말)'를 따른 것이 있어 화음華音, 즉 중국어 표준음과 다르게 되었다고 본 것이다. 그러면 여기서 우리 한자음은 중국의 어느 시대, 어떤 언어를 모태로 하여 유입된 것인가 하는 문제에 부닥치게 된다.

우리 한자음의 모태

우리나라에 한자가 유입된 것은 기원전 300년경으로 소급된다. 고조선의 단군조선 때에 한자가 사용되었다는 확실한 근거는 없다. 오히려 당시에는 신지神誌의 비사문秘詞文과 같은 부호문자符號文字가 사용되었을 것으로 추측될 뿐이다(김완진 외, 1997). 그러나 후대의 기자조선이나 위만조선에서 한자가 사용되었을 가능성은 적지 않다. 특히 위만조선에서는 중국의 연인燕人들이 가져온 한자가 통치문자로서 사용되었을 개연성은 매우 높다고 아니할 수 없다.[17]

고조선시대를 지나서 한사군시대에 한자가 지배족의 문자로서 한반도에 유입되었을 것임은 의문의 여지가 없다. 그러나 이 시대의 한자는 역시 통치문자로서 당시 우리말을 기록하거나 그에 근거하여 만든 문자가 아니다. 또 이 문자는 지배 관리들이 전용專用한 것이기 때문에 일반 백성

---

17 '통치문자(統治文字)'란 어떤 언어에 근거하여 자생적으로 만들어진 문자가 아니라 국가를 다스리기 위하여, 즉 세금(稅金)의 징수나 군대의 징병(徵兵)을 위하여 다른 곳의 문자를 들여온 문자를 말한다. 인류 최고(最古)의 문자인 수메르(Sumer)문자도 통치문자라고 한다.

은 배우지도 못했고 사용하지도 않았다. 따라서 한자가 본격적으로 한반도에 보급된 것은 삼국시대의 일이라고 보는 것이 합당하다.

물론 삼국시대 전기에는 역시 한자가 통치문자로서 백성에게 권위와 위엄을 갖추어야 하는 관직명이나 지배계급의 이름, 관할지의 지명을 한자로 표기하기 시작하였다. 이 문자는 당시 삼국의 언어와는 무관하게 통치수단의 하나로 문자가 사용된 것이기 때문에 그 발음은 중요한 것이 아니었다. 후에 삼국의 언어와 관련한 한자의 사용이 발달하여 이두吏讀와 구결口訣, 그리고 향찰鄕札이 생겨나게 되면서 한자의 발음과 표준 새김, 즉 훈석訓釋이 중요하게 되었다. 그리고 이와는 별도로 한문이 학습되면서 우리말과 한문의 문법적 차이에도 관심을 갖게 되었다.

삼국시대에 한문의 유입은 중국어를 배경으로 한 것이고 한문 학습은 자연히 중국어의 학습을 의미하게 되었다. 당시 중국어는 오늘날과 못지않게 많은 방언으로 나뉘어 있어서 당연히 어떤 방언의 중국어를 학습하려고 하였는가를 살피는 것이 중요하다. 왜냐하면 그때의 중국어 발음이 오늘날 우리 한자음의 모태가 되었기 때문이다. 중국의 여러 방언에서 표의문자인 한자는 동일한 의미에 동일한 한자가 사용되었지만 그 발음은 서로 달랐으며 따라서 어떤 방언으로 발음하였는가는 우리 한자음의 기반이 어디에 있는가를 결정하게 될 것이다.[18]

---

18 성삼문이 신숙주·손수산(孫壽山) 등과 함께 왕명(王命)으로 중국에서 온 사신에게 한자의 바른 음(正音)을 질문할 때에 우리 한자음이 중국 복건(福建)의 발음과 유사함을 지적한 내용이 있다. 「세종실록」(권127) 세종 32년 윤정월(閏正月) 무신(戊申)조에 정인지(鄭麟趾)가 우리 한자음은 고려에 귀화한 쌍기(雙冀) 학사가 가르쳐준 것에서 시작되었고 그는 복건주(福建州) 사람이기 때문에 우리 발음이 그 지방의 방언 음과 같지 않느냐는 질문에 중국 사신은 그렇다고 하고 한자의 올바른 음을 보여주는 「홍무정운(洪武正韻)」에 대하여 논의하였다는 기사가 있다. 본문을 옮겨보면 "[전략] 鄭麟趾曰: 小邦遠在海外, 欲質正音無師, 可學本國之音, 初學於雙冀學士, 冀亦福建州人也. 使臣曰: 福建之音正與此國同, 良以此也. [하략]"과 같다.

졸고(2001a, b)에서는 이에 대하여 여러 가지로 조사하여 보고히였고 특히 졸고(2001a)에서는 다음과 같이 주장하였다.

중국은 국토가 광활하여 수많은 민족으로 구성되었고 그 언어도 多種多岐하다. 그리하여 각 민족이 공동으로 사용하는 언어가 필요하게 되었다. 周代에는 공동의 언어가 있었지만 이를 지칭하는 말이 없었으며 춘추시대에는 이를 '雅言'이라고 하였다. 전국시대에는 六國이 모두 제나라 말로 표준어를 삼았으나 周의 수도 洛陽의 언어를 기초로 한 雅言은 이 시대에도 상류 사회에서 통용되었고 三經과 四書의 언어는 이 雅言으로 풀이되었다.[19]

漢代에는 長安의 말을 기초로 한 공통어가 생겨나 '通語', 또는 '凡通語'라고 하였으며 한나라의 융성과 더불어 모든 방언을 초월하여 중국 전역에 퍼져나갔다. 또한 魏晉 이후 隋와 唐을 거치면서 長安을 중심으로 한 通語는 중국어의 역사에서 가장 오랜 기간 표준어로서의 지위를 누렸으며 그 결과 국어의 漢字音은 이 시대에 형성된 것으로 보는 것이 일반적이다. 특히 宋代에는 北宋이 中原에 定都한 후에 汴梁을 중신으로 한 中原 語音이 세력을 얻자 전 시대의 漢音을 유지하기 위하여 많은 韻書가 간행되었다. 특히 隋代에 陸法言의 『切韻』이 唐代 孫愐의 『唐韻』으로, 그리고 宋代 陳彭年과 邱雍의 『廣韻』으로 발전하여 운서음으로서 정착하게 된다.[20]

---

19 이에 대하여는 졸고(2000b)에서 자세히 언급되었다. 특히 『논어(論語)』 '술이(述而)'편에 "子所雅言, 詩書執禮皆雅言也. ― 공자가 시경과 서경을 읽을 때, 예를 집행할 때에는 모두 雅言을 말하였다."라는 구절과 『순자(荀子)』 '영욕(榮辱)'편에 "越人安越, 楚人安楚, 君子安雅. ― 월나라 사람은 월나라 말을 잘하고 초나라 사람은 초나라 말을 잘하나 군자는 아언을 잘한다."라는 구절을 들어 이 사실을 주장한 金薰鎬(2000)의 논의를 부연하였다.

20 『광운(廣韻)』을 기본으로 한 『예부운략(禮部韻略)』 등은 당시 과거시험의 표준 운서(韻書)였기 때문에 이 운서음은 전국적으로 널리 유포되었다.

몽고족이 中原을 정복하고 元을 세운 다음 북경으로 도읍을 잡으면서 중국어의 표준어는 북경어로 바뀌게 된다. 당시 북경에 거주하는 여러 북방 민족들을 漢兒라고 불렀으며 이들의 언어는 종래의 雅言이나 通語와는 매우 다른 北方音으로 북경어를 발음하였다. 북경어가 표준어가 되기 이전의 북방음으로 발음하던 漢兒들의 언어를 漢兒言語라고 하여 吳兒의 언어를 반영한 上揭 운서들의 언어와 구별하였다.

이 漢兒言語는 새롭게 탄생한 언어였으며 그런 의미에서 당시의 북경어를 운서로 만든 『中原音韻』(周德清, 1324)은 종래의 切韻系 韻書, 즉 『切韻』, 『唐韻』, 『廣韻』 등과는 매우 다른 운서가 되었다. 『中原音韻』은 漢代 이래 隋·唐·宋에서 전통적인 공통어였던 通語의 漢音이 북경어의 北方音과 융합하여 새로 만들어진 공용어의 韻書였으며 이것은 중국어의 역사에서 새로운 표준어의 등장을 의미하게 된다. 한자 등은 원문대로.

이 인용문에 등장하는 한아언어漢兒言語의 발음은 위에서 신숙주의 동국정운서東國正韻序에 등장하는 한음漢音을 말하는 것으로 한아언어는 원대元代 이후 북경北京의 표준어였으며[21] 이것은 명초明初의 강회江淮방언과 결합되어 당시의 남경관화南京官話로 정착되었다.[22] 따라서 한자음을 정리하려던 성삼

---

21 실제로 조선 사역원(司譯院)에서는 성종(成宗) 이전까지 이 한아언어(漢兒言語)를 학습하였다. 최근 발견된 『원본 노걸대(原本老乞大)』는 놀랍게도 원대(元代)의 한아언어를 반영하고 있으며 그 책에서 자신들이 배우는 것이 한 아언어임을 명시하고 있다. 이것은 성종 때에 남경(南京) 관화(官話)로 산개(刪改)되는데 최세진이 번역한 것으로 알려진 『번역노걸대(飜譯老乞大)』는 성종 때의 산개본(刪改本)이었다. 이에 대하여는 졸고(2000b)와 졸저(2004)를 참조할 것.

22 원대(元代) 이후 명(明)·청(淸)시대의 중국 공통어를 '관화(官話)'라고 하였다. 중앙관서의 관리(官吏)들을 중심으로 한 상류계급의 언어였기 때문에 이러한 이름을 얻은 것이다. 명대(明代)에는 명초(明初)에 남경(南京)이 수도(首都)였다가 영락연간(永樂年間, 1403~1424)에 북경으로 천도(遷都)하면서 많은 교류가 남과 북에서 이루어졌

문 등은 고려 후기에 유입된 한자어 가운데 원대 한아언어의 발음을 갖고 들어온 것이 있음을 지적한 것이다.

『동국정운』이 편찬된 시기는 바로 명明 태조太祖가 중국의 북방北方에서 통용되는 한아언어에 대한 대대적인 언어순화 운동을 펼친 다음, 즉 『홍무정운洪武正韻』을 간행한 이후의 일로서 이러한 명의 움직임에 자극되어 우리 한자음, 즉 동음東音에 대한 전면적인 검토가 이루어져 이를 인위적으로 운서음韻書音에 맞추려고 한 것으로 보아야 할 것이다.

위의 주장에 의하면 조선 초기의 중국어는 당唐의 공용어였던 '통어(通語, 또는 '凡通語')'라고 부르던 삼국시대의 중국어와 상당한 차이가 있었음을 알 수 있고 결국 이것은 한문과 중국어가 서로 다른 언어가 되었음을 말한다. 따라서 당시 조선의 지식인들은 한문과 다른 중국어를 별도로 학습하여야 했으며 문어文語로서도 한문漢文, 古文 이외에 한이문漢吏文도 학습하지 않을 수 없었다.

세종을 비롯한 조선 전기의 문자 정책을 주도한 지도자들은 이 사실을 직시하고 한자의 중국어 발음과 우리말 한자음의 차이가 너무 극심함을 바로잡기 위하여 동국정운식 한자음으로 개정할 것을 계획하게 된다. 즉

다. 그 결과 강회(江淮)방언을 기초로 한 명대(明代) 관화(官話)는 남경관화(南京官話)로 정착하여 중국의 남북 전역에 영향을 주었으며 초기 서양선 교사들이 학습한 중국어는 바로 이 언어로서 그들에 의하여 『서유이목자(西儒耳目資)』 등 많은 자료가 남게 되었다. 청대(淸代)에는 북경어음(北京語音)이 중시되어 북경관화(北京官話)가 공용어로서 지위를 굳혔다. 특히 이 시대의 북경관화를 'Mandarin'이라 하였는데 이 명칭은 포르투갈어인 'Falla mãdarin(官話)'에서 온 것이라는 주장이 있고 속설(俗說)로는 '滿大人'의 언어라고 보기도 한다. 중화민국이 건국된 다음에도 중국의 표준어는 북경관화였으나 그 명칭은 '국어(國語)'였으며 표준어 사용운동으로 국어(國語)는 중국에 널리 퍼지게 되었다. 중국 공산당이 중국 전역을 장악하고 중화인민공화국을 세운 다음에는 국어를 보통화(普通話)라고 불렀으며 이 보통화는 "북경어음을 표준음으로 하고 북방화(北方話)를 기초 방언으로 하며 모범적인 현대 백화문(白話文) 작품을 어법 규칙으로 삼는 한민족(漢民族)의 공동어"(徐世榮, 1990:2)로 현대 중국에서는 규정되었다(졸고, 2001a 및 졸저, 2002).

백성들에게 가르쳐야 하는 개정된 한자음이 훈민정음이고 이때에 사용된 발음기호가 바로 훈민정음, 즉 한글이었다.

그러면 『동국정운』은 어떤 운서韻書에 근거하여 한자음을 정리한 것일까? 이에 대하여는 河野六郎(1940, 1959)을 비롯하여 劉昌均(1966), 南廣祐(1966), 李東林(1970) 등의 연구가 있고 지금도 이에 대한 연구가 계속되고 있다.

이들의 연구에 의하면 『동국정운』은 15세기의 우리 한자음, 즉 동음을 중국의 『고금운회古今韻會』, 또는 『고금운회거요古今韻會擧要』의 운서음과 비교하여 정리한 것으로 중국 전통의 36자모字母 107운韻 체계를 따르지 않고 23자모 91운을 독자적으로 책정한 것이었다. 이것은 한자의 동음이 중국의 전통 운서음과 차이가 난 것을 인정한 것인데 이에 대하여 신숙주의 '동국정운서東國正韻序'에서는 우리의 동음이 중국의 전통 운서음과 비교하여 자모字母, 칠음七音, 청탁淸濁, 사성四聲, 질서疾徐가 모두 변한 것으로 보았던 것이다.[23]

중국의 성운학聲韻學에서 사성四聲을 경經, 橫軸으로 하고 칠음七音을 위緯, 縱軸로 하여 음운을 구별하는 전통적인 방법이 있었다(전게한 제5장의 여러 자모도를 참고할 것). 정초鄭樵의 『통지通志』에 수록된 '칠음략서七音略序'에 "四聲爲經,

---

23 이에 대하여는 신숙주의 '동국정운서(東國正韻序)'에서 "天地絪縕, 大化流行, 而人生焉. 陰陽相軋, 氣機交激, 而聲生焉. 聲旣生而七音自具, 七音具而四聲亦備, 七音四聲經緯相交, 而淸濁輕重深淺疾徐, 生於自然矣. [중략] 而字母七音淸濁四聲皆有變焉. [중략] 由是字畫訛而魚魯混眞, 聲音亂而涇渭同流, 橫失四聲之經, 縱亂七音之緯. 經緯不交, 輕重易序. [하략]"이라고 하여 한자음은 칠음(七音)과 사성(四聲)이 구비하여야 하며 그에 따라 청탁음(淸濁音)과 경중음(輕重音), 그리고 심천음(深淺音), 질서(疾徐, 입성과 기타 聲, 즉 폐음절과 개음절)가 구분되는데 동음(東音)은 자모(字母)와 칠음(七音), 청탁(淸濁), 사성(四聲)이 모두 변하여 횡(橫)으로는 사성(四聲)의 구별을 잃어버렸고 종(縱)으로는 칠음(七音)이 어지러워 종횡(縱橫), 즉 경위(經緯)가 서로 맞지 않으며 경중(輕重)이 차례를 바꿨다고 보아 중국의 운서음과는 전혀 맞지 않음을 지적하였다.

七音爲緯, 江左之儒知縱有平上去入爲四聲. 而不知衡有宮商角羽半徵半商爲七音, 縱成經衡成緯, 經緯不交, 所以先立韻之源."이라 하여 사성四聲과 칠음七音으로 한자음을 분석하여 이 두 개가 만나는 점에서 한자음을 정할 수 있다고 본 것이다.

그리고 칠음七音, 즉 아牙 · 설舌 · 순脣 · 치齒 · 후喉 · 반설半舌 · 반치半齒의 조음調音 위치位置 자질들은 제5장에서 살펴본 바와 같이 고대 인도의 음성학에서 온 것으로 역시 전계한 정초의 '칠음략서'에 "七音之源起自西域, 流入諸夏. 梵僧欲以其教傳之天下, 故爲此書. ― 7음의 기원은 서역에서 중국으로 흘러들어 온 것이다. 인도의 승려들이 불교를 천하에 전파하려고 하여 이 책을 쓴 것이다."라는 기사가 있어 불경佛經과 함께 고대 인도의 조음음성학이 중국에 유입되었음을 말하고 있다.

여기서 당시 우리 한자음을 『고금운회』 또는 『고금운회거요』와 비교한 것에 대하여 좀 더 언급하고자 한다. 이것은 전술한 바와 같이 한글을 창제하고 미처 두 달도 지나지 않아서 '운회'를 번역하라고 명한 사실로 보아 『고금운회』 또는 『고금운회거요』가 당시 훈민정음으로 한자음을 정리할 때에 비교할 수 있는 중국의 전통 운서韻書였음을 전제로 한 것이다.[24]

그러나 이 운서는 원대 북경의 한아언어에서 사용되는 북방음을 기준으로 한 운서로서 『고금운회거요』 권두에 부재附載된 '예부운략칠음삼십육모통고禮部韻略七音三十六母通攷'에 "蒙古字韻音同(韻書始於江左, 本是吳音. 今以七

---

24 앞에서도 언급했듯이 『고금운회(古今韻會)』는 원(元)의 소무인(昭武人) 황공소(黃公紹) 직옹(直翁)이 편찬한 것으로 『고금운회거요(古今韻會擧要)』에 부재(附載)된 유진옹(劉辰翁)의 서문에 '勉成之壬辰十月'이란 간기(刊記)로 보아 원(元) 세조(世祖) 임진(壬辰), 즉 지원(至元) 29년(1292)에 완성되었음을 알 수 있다. 그러나 이것은 너무 방대하여 직옹(直翁)의 제자인 웅충(熊忠) 자중(子中)이 중요한 것만 들어(擧要) 원(元) 성종(成宗) 정유(丁酉), 대덕(大德) 1년(1297)에 간행한 『고금운회거요(古今韻會擧要)』가 있으며 이 책을 조선 세종 16년(1434)에 조선에서도 간행하였다.

音韻母通攷韻字之序, 惟以雅音求之, 無不諧叶.} — 몽고자운의 발음과 같다. {운서는 강좌에서 시작하여 본래는 오음이었다. 지금은 7음으로 운목자들의 순서를 통하게 하였으니 아음(雅音, 우아한 발음, 즉 표준음 — 필자)을 얻으려고 한 것이어서 화합하지 않은 것이 없다"(| |은 협주. 이하 같음)란 언급이 있어『몽고자운蒙古字韻』과 같은 계통의 운서임을 알 수 있다.[25] 특히 전통 운서음韻書音인 오음吳音을 기준으로 한 것이 아니라 중원아음中原雅音, 즉 한어음漢語音과 부합함을 강조하였다.

따라서『동국정운』의 한자음은 중국의 전통적인 절운계切韻系 운서와 비교된 것이 아니라 북방음을 기준으로 한『몽고자운』계통의 운서에 맞춘 것이다. 이것은『동국정운』편찬에 참여한 인물들이 중국의 북방음, 즉 한어음에 정통하였음을 말하는 것이며 성삼문과 신숙주도 그 가운데 하나였음을 알 수 있다. 전통 운서의 방법에서 벗어난 이러한 음운의 인식은『동국정운』의 독자적인 23자모와 91운을 가능하게 한 것이고 그 결과 훈민정음의 초성·종성 17자와 중성 11자의 제정이 가능하게 된 것이다.

---

25 현전하는『몽고자운(蒙古字韻)』은 원(元) 무종(武宗) 무신(戊申), 즉 지대(至大) 1년(1308)에 중종문(朱宗文)이 증보한 것이다. 즉『몽고자운』권두에 부재된 유경(劉更) 난고(蘭皐)의 서문에 "趙次公爲杜詩忠臣, 今朱伯顔增蒙古字韻, 正蒙古韻誤. 亦此書之忠臣也. [下略] — 조차공은 두시를 주석하여 충신이 되었고 이제 주백안(주종문을 말함 — 필자)은〈몽고자운〉을 증수하고 몽고운의 잘못을 바로잡으니 역시 이 책으로 충신이 되었구나. [하략]"이라는 기사가 있어 주종문(朱宗文)이 편찬한 것이 몽고운(蒙古韻)의 잘못을 수정한『몽고자운(蒙古字韻)』의 증정본(增訂本)임을 알 수 있다. 실제로 지대(至大) 무신(戊申)의 간기가 있는 주종문의 자서(自序)에도 "[전략] 嘗以諸家漢韻證其是否, 而率皆承訛襲舛, 莫知取舍. 惟古今韻會於每字之首, 必以四聲釋之, 由是始知. 見經堅됴爲三十六字之母備於韻會, 可謂明切也已. 故用是詳校各本誤字, 列于篇首以俟大方筆削云. 至大戊申淸明前一日, 信安朱宗文彦章書. — 일찍부터 제가 한운(漢韻)의 바르고 틀림을 증명해왔으나 모두 잘못 전달되고 다르게 이어져 어느 것을 취하고 어느 것을 버릴지 알 수 없었다. 다만〈고금운회〉가 매 글자의 첫머리에 반드시 사성으로 풀이하여 비로소 알기 시작하였다. '見, 經, 堅'의 첫소리를 /됴(ㄱ)/으로 하여 36자모를〈운회〉에서 마련하였으니 가히 명철하다고 하겠다. 그러므로 [운서의] 각 판본에 보이는 오자를 상세하게 비교하여 교정하여 써서 각 편의 첫머리에 있는 것을 삭제하였다. 운운. 지대 술신 청명전일, 신안 주종문 언장 서"란 기사를 보면 그가 이미 간행된 몽고운서도『고금운회』에 의거하여 수정하였음도 아울러 알 수 있다. 또한 훈민정음의 창제와 더불어『고금운회』를 번역하려던 소이(所以)도 이것으로 알 수 있다.

3. 〈홍무정운〉의 역훈과 한어음 표기

다음으로 성삼문과 신숙주의 중국어 교육에 대한 것을 살펴보기로 한다. 성삼문이 한어漢語에 능통하였고 당시 중국어 교육에 관심이 많았음은 실록을 비롯한 여러 사료에서 발견된다. 또 신숙주는 중국어뿐만 아니라 일본어 등의 여러 언어에 능통하였다고 여러 사료에 적혀 있다. 당시는 중국어에 능통하여 현달顯達한 사람이 적지 않았으며 명明과의 접촉에서 중국어의 지식이 절대적으로 필요하였다고 할 수 있다.

실제로 단종端宗 3년에 예조판서로 임명된 김하金何는 인품에 많은 하자가 있는 인물이었으나 역어譯語에 능하여 발탁한 것이라는 기사가 『단종실록』, 즉 『노산군일기魯山君日記』에 보인다.[26]

성삼문과 신숙주의 중국어 학습은 그들이 요동遼東을 왕래하면서 이루어졌다. 『선조실록』(권7) 선조 6년 1월 계사癸巳조에

[前略] 又陳曰: 文臣能漢語堪爲御前通事至少, 故國家必預爲之培養. 在世宗朝聞, 中朝名士適遼東至. 遣申叔舟, 成三問等, 往學漢語吏文. 在中廟朝崔世珍尹漑等, 以漢語之長, 中廟勸奬而責任之其重之也. [下略] ─ [전략] 또 말하기를 "한어漢語에 능통하여 어전통사를 감당할 문신이 매우 적으니 국가에서 마땅히 미리 양성하여야 합니다. 세종 때에는 중국의 명사名士가 요동遼東에 유배되

---

26 『노산군일기(魯山君日記)』(권14) 단종 3년 8월 갑인(甲寅)조에 "以金鉌知中樞院事, 金何禮曹判書, [中略] 成三問同副承旨, 宋處寬集賢殿副提學, 何嘗居父喪奸娼妓生兒? 以能譯語見用至是授此職, 人多恨之. ─ 김요 지중추원사, 김하 예조판서 [중략] 성삼문 동부승지, 송처관 집현전 부제학은 어찌 부상을 당했는데 기생을 건드려 아이를 낳을 수 있다는 말인가? 역어의 능력으로 이러한 직에 올랐으니 사람들이 많이 한을 품었다."라는 기사 참조.

6. 한글 발명과 보급에 기여한 인물과 연구

었다는 말을 듣고 신숙주·성삼문 등을 보내어 가서 한어漢語와 한이문漢吏文을 배우게 하였고 중종 때에는 최세진崔世珍·윤개尹漑 등이 한어를 잘하여 중종께서 권장하고 책임을 지우셨으니 그 중하게 여긴 것이 이와 같습니다."라고 하다. [하략]

이라는 기사가 있어 성삼문과 신숙주가 요동에 가서 명明의 명사에게 한어를 학습하였음을 증언한다. 여기서 명사라 함은 당시 한림학사翰林學士의 직에 있다가 요동으로 유배 온 황찬黃瓚을 말하며 성삼문과 신숙주는 그에게 음운을 질문하기 위하여 요동에 갔던 것을 지적한 것이다.

성삼문과 신숙주가 요동에 가서 황찬에게 운서를 질문하였다는 기록은 세종 27년(1445)의 일이 처음으로 보인다. 즉 『세종실록』(권107) 세종 27년 정월正月 신사辛巳조에 "遣集賢殿副修撰申叔舟, 成均注簿成三問, 行司勇孫壽山于遼東, 質問韻書. — 집현전 부수찬 신숙주, 성균관 주부 성삼문, 사용 손수산을 요동에 보내어 운서를 질문하게 하다."라는 기사가 있어 성삼문이 27세 되는 해에 요동에 가서 황찬에게 운서에 관한 것을 질문하였음을 알 수 있다. 이때의 일은 전게한 신숙주의 『보한재집保閑齋集』(권7)에 부록된 이파李坡의 신숙주묘지申叔舟墓誌에서 좀 더 자세한 사실을 알 수 있다. 그 구절을 옮겨보면 다음과 같다.

時適翰林學士黃瓚以罪配遼東. 乙丑春, 命公隨入朝使臣, 到遼東見瓚質問. 公諺字飜華音, 隨問輒解, 不差毫釐, 瓚大奇之. 自是往還遼東凡十三度. — 그때에 한림학사 황찬이 죄로 요동에 유배되었는데 을축년(1445) 봄에 공(신숙주를 말함 — 필자 주)이 중국에 가는 사신을 따라 요동에 도착하여 황찬을 보고 질문하였다. 공이 언문자로 중국어의 발음을 번역하여 질문에 따라 잘못된 것을 풀어내어 털끝만 한 차이도 없었으니 황찬이 크게 기특하게 여겼다. 이로부터 요동에 다녀온 것이 13번이다.

이에 의하면 성삼문과 신숙주가 여러 차례 요동을 방문하여 황찬으로부터 한어를 학습하였음을 알 수 있다.[27]

또 그들은 한글이 창제되고 나서 바로 이 문자로 한자의 중국어음을 기록할 수 있었던 것으로 보인다. 비록 훈민정음의 해례解例가 아직 완성되지 않았으나 이들은 새로 만든 문자로 한음漢音을 능숙하게 표음할 수 있었고 중국어의 지식도 상당하였음을 알 수 있게 한다. 이때에 황찬에게 질문한 운서는 시기적으로 보아 『고금운회古今韻會』나 『고금운회거요古今韻會擧要』에 관한 것으로 보이며 그는 파스파 문자로 된 『몽고운략蒙古韻略』이나 『몽고자운蒙古字韻』을 비롯하여 많은 원대元代의 몽고 운서를 참고로 하여 성삼문, 신숙주의 질문에 답한 것으로 보인다.

---

27 성삼문이 신숙주와 더불어 요동(遼東)에 간 것은 13번이란 기록(『保閒齋集』 권7 부록 李坡의 申叔舟墓誌와 『東國輿地勝覽』 「高靈縣」의 '申叔舟'조)과 12번이란 기록(『增補文獻備考』 권245, 「藝文考」 4)이 엇갈리지만 신숙주 자신이 쓴 『홍무정운역훈(洪武正韻譯訓)』의 서문에는 "[전략] 令今禮曹參議臣成三問, 典農少尹臣曹變安, 知金山郡事金曾, 前行通禮門奉禮郞臣孫壽山, 及臣叔舟等, [중략] 乃命臣等, 就正中國之先生學士, 往來至于七八所, 與質之者若干人, 云云. ─ 이제 영을 내려 예조참의 성삼문, 전농소윤 조변안, 금산군 지사 김증, 전 통례문 봉례랑 손수산, 및 신숙주 [중략] 중국의 선생에게 나아가 고쳤는데 왕래하기를 7~8번이며 더불어 질문한 사람은 약간 명이었다. 운운."이라 하여 중국의 학사선생에게 질문하러 간 것을 7~8번으로 기록하였다. 이에 대하여 홍기문(1946: 上204)에서는 "[신숙주가] 乙丑春의 一次外에는 반듯이 遼東을 目的하고 간 것도 아니요 또 반듯이 黃瓚에게 물으러 간 것도 아닌 것이 分明하다. 偶然히 第一次가 遼東싸지엇고 그 中에 比較的 名價잇든 사람이 黃瓚이엇스매 드디어 그以後 諸問의 使行싸지도 全部 遼東의 黃瓚과 關聯이 잇는 것처럼 誤傳된 것 갓다. 그뿐이 아니라 庚午에도 成三問이 中國을 가는데 申叔舟가 同伴되지 못하았거니와 乙丑以後 成三問을 그父親 成勝이 副使로 됨을 쌀아서 中國에 자조 往返한 證跡이 잇건만은 申叔舟는 자못 不分明하다. 十三度의 往返이란 그 兩人의 合한 것이나 차라리 成三問의 使行을 가르키는 것일망정 申叔舟 그 自身의 일만은 決코 아닐 것이다."(띄어쓰기 맞춤법은 원문대로)라고 하여 오히려 13번의 중국 왕래는 성삼문의 일을 말하는 것으로 보았다.

6. 한글 발명과 보급에 기여한 인물과 연구

따라서 한쪽에서는 파스파 문자로, 또 한쪽에서는 한글로 중국어음을 표음하여 비교한 것이 아닌가 한다.[28] 이때의 질문 결과가 『동국정운東國正韻』으로 실현되었음은 앞에서 언급하였다.

『홍무정운』의 역훈

다음으로 성삼문과 신숙주가 『홍무정운洪武正韻』을 역훈譯訓한 것에 대하여 살펴본다. 『동국정운』의 간행으로 우리 한자음에 대한 정리는 일단락을 지었다. 다시 말하면 우리 한자음의 표준음을 정한 것이며 동국정운의 한자음으로 과거科擧를 수행할 수 있었다.

그러나 이와 비교된 중국의 표준음, 즉 한어음漢語音의 표준발음을 정리하는 일은 중국인과의 접촉에서 필요한 중국어의 구어口語 학습을 위하여 매우 절실한 과제가 되었다. 당시 중국 표준어는 송대宋代의 중원아음中原雅音이 원대元代 북경음北京音과 융합하여 새로운 표준어가 형성되는 시기였다. 명明이 처음에는 남경南京에 정도定都하여 강회江淮지역의 방언이 세력을 얻었으나 영락연간(永樂年間, 1403~1424)에는 명明의 성조成祖, 즉 영락제永樂帝가 북경으로 천도遷都하면서 강회방언을 구사하는 많은 사람들이 그를 따라 북경으로 왔다.

---

28 홍기문(1946:上 202~204)에서는 황찬(黃瓚)에 대하여 『보한재집(保閑齋集)』에 수록된 그의 '희현당서(希賢堂序)' 끝에 '正統十年乙丑孟夏八月, 賜進士出身前翰林院庶吉士承直郎刑部主事黃瓚'이라 한 간기가 있어 길수인(吉水人)으로 형부주사(刑部主事)로 요동(遼東)에 적거(謫居)한 사람으로 보았다. 또 홍기문은 황찬이 강서인(江西人)으로 명(明)의 사진사시(賜進士試)에 급제한 유생(儒生)으로서 파스파 문자를 이해하지 못하였을 것으로 주장하였다. 실제로 황찬은 명(明) 영락(永樂) 11년(1413)에 강서성(江西省) 길안부(吉安府)에서 태어나 선덕(宣德) 8년(1433)에 진사(進士)가 되었고 한림원 서길사(翰林院庶吉士)를 거쳐 남경형부(南京刑部) 주사(主事)였을 때에 유배되었다. 따라서 그는 새로 형성된 북경어보다는 강회방언(江淮方言), 즉 남경(南京)관화를 구사한 것으로 보인다. 그러나 그의 생애에 대하여 현재로서는 다른 기록이 없고 이익(李瀷)의 『성호사설(星湖僿說)』에서 황찬(黃瓚)이 몽고자(蒙古字), 즉 파스파자를 이해한 것으로 본 것을 그대로 무시하기 어렵다.

영락 이후의 명明의 공용어는 남경 깅회방언과 북경 원주민들의 한아언 어漢兒言語가 결합된 언어로서 북경의 관리들이나 상류사회에서는 명초明初의 남경관화가 통용되었다.[29] 성삼문이 황찬으로부터 중국어를 학습한 시기 는 명明이 북경으로 천도하였지만 아직 강회방언을 기초로 한 남경관화가 통용될 때였다. 따라서 당시 조선에서는 어떤 발음을 중국의 표준음으로 할 것인가를 결정하기가 어려운 때였다.

『홍무정운』은 세종과 문종, 그리고 집현전 학자들이 중국의 표준음을 결정하는 어려움을 해소할 수 있는 명明 태조太祖의 흠찬운서欽纂韻書였다. 그 러나 이 운서는 실제 당시 중국의 북경어와는 상당한 차이를 보여주는 운 서여서 이것을 역훈譯訓하는 데에는 많은 논란이 있었다. 예를 하나 들어보 면『세조실록』(권16) 세조 5년 4월 임술壬戌조에

朴元亨, 金何問曰: 本國事大文書字體, 自古用毛晃韻, 今欲用洪武正韻, 難可 遽改. 嘉猷云: 洪武正韻時皆通用, 字畫楷正, 則雖非正韻亦無妨. — 박원형과 김하가 묻기를 "우리나라의 사대문서에 쓰이는 자체가 예로부터 모황의 운서를 사용하였는데, 이제 홍무정운을 사용하려고 한다면 갑자기 고치기가 어려울 것 입니다" 하니, [明의 使臣] 진가유陳嘉猷가 말하기를 "홍무정운은 현재 모두 통용 하고 있는데, 자획만 바르다면 비록 홍무정운이 아니라도 또한 무방할 것입니

---

29 조선 사역원(司譯院)의 한어(漢語)교재 가운데 조선 태종 때에 간행된 것으로 보이는 「원본노걸대(原本老乞大)」는 원대(元代)에 편찬된 「직해효경(直解孝經)」이나 「원전장(元典章)」, 「지정조격(至正條格)」의 한어(漢語)와 같이 원대 (元代) 한아언어(漢兒言語)를 반영하였다. 그러나 성종(成宗) 때에 수정된 「산개노걸대(刪改老乞大)」에서는 명초(明 初) 남경관화(南京官話)를 반영하고 있다. 이에 대하여는 졸저(2004, 2010)를 참조할 것. 또 「서유이목자(西儒耳目 資)」 등 당시 중국에 왔던 서양 선교사(宣敎師)들의 중국 음운 자료를 보면 명대의 남경관화가 16세기에 이미 중 국의 상당한 지역에서 공용어로 사용되었음을 알 수 있다고 한다(金薰鎬, 1998).

다"라고 하였다.

라는 기사가 있어 당시 사대문서事大文書의 작성에서 자체字體를 모황毛晃의 『증주예부운략增注禮部韻略』의 것을 기준으로 하였으나 이제 『홍무정운』의 자체로 바꾸는 것에 대하여 논란이 있었음을 말하고 있다. 이것은 명明나라 조정朝廷이 모든 사대문서의 자체를 『홍무정운』의 것으로 개정할 것을 주문하였으며 그 발음도 『홍무정운』의 것을 따르도록 종용한 것으로 보인다.

훈민정음으로 『홍무정운』을 역훈譯訓, 즉 번역하고 해석하는 일을 주도한 것은 역시 성삼문과 신숙주였다. 즉 성삼문의 '직해동자습서直解童子習序'에 "[전략] 我世宗文宗慨然念於此, 旣作訓民正音, 天下之聲, 始無不可書矣. 於是譯洪武正韻, 以正華音, 又以直解童子習譯訓評話, 乃學華語之門戶. 命今右副承旨臣申叔舟, 兼承文院校理曹變安, 行禮曹佐郎臣金曾, 行司正臣孫壽山, 以正音譯漢訓, 細書逐字之下, 又用方言以解其義. 仍命和義君臣瓔, 桂陽君臣增 監其事 同知中樞院事臣金何 慶昌府尹臣李邊 證其疑 而二書之音義昭晰 [하략]"[30]이란 기사에서 신숙주와 더불어 조변안·김증·손수산 등과 함께 훈민정음으로 한음漢音을 번역翻譯, 즉 발음을 붙여 각 한자의 아래에 주음注音하였음을 알 수 있다. 이 『홍무정운역훈洪武正韻譯訓』은 단종 3년(1455)에 간행되었고 신숙주는 이를 줄여서 『사성통고四聲通攷』란 이름

---

30 같은 내용이 신숙주의 홍무정운역훈서(洪武正韻譯訓序)에 "以吾東國世事中華, 而語音不通, 必賴傳譯, 首命譯洪武正韻, 令今禮曹參議臣成三問, 典農少尹臣曹變安, 知金山郡事金曾, 前行通禮門奉禮郎臣孫壽山, 及臣叔舟等, 稽古證閱. [下略] — 동쪽에 있는 우리나라는 중화를 사대하지만 어음이 불통하여 반드시 역관의 번역에 의존한다. 〈홍무정운〉을 번역하라는 명을 받들어 이제 성삼문, 조변안, 김증, 손수산 및 신숙주 등이 옛 것을 공부하여 증거로 제시하였다. [하략]"이라고 기재되었다. 성삼문이 '직해동자습서(直解童子習序)'를 썼을 때와 신숙주가 '홍무정운역훈서(洪武正韻譯訓序)'를 썼을 때가 몇 년의 상거(相距)가 있어서 참가자의 직함이 차이를 보인다.

으로 권두에 부재하였다.

이 두 책의 간행은 한어漢語를 학습할 때 배워야 할 중국어의 표준음을 규정한 것이다. 그러나 전술한 바와 같이『홍무정운』은 운서로서 당시 남경관화나 북경의 통용 한어漢語를 정확하게 반영하지 못하였다. 따라서 사역원司譯院과 같이 실제 구어口語를 배워야 하는 한어 교육에서『홍무정운역훈』의 규정음을 배워서는 중국인과 통화할 수 없게 되었다.

그리하여 중종 때에 최세진崔世珍은 한어 교재인『노걸대老乞大』,『박통사朴通事』를 번역飜譯할 때에 운서음韻書音과 실제음實際音을 나란히 병기하였다. 그리고 후에 남경관화음에 맞는 발음을 덧붙인『사성통해四聲通解』를 편찬하였다(졸저, 2010). 그리고 어떻게『노걸대』·『박통사』의 번역에서 재좌음在左音과 재우음在右音을 병기하였는지 설명하는 '번역노걸대박통사범례飜譯老乞大朴通事凡例'를『사성통해』의 말미에 부재하였다.[31] 이때의 최세진은 세종 때의 집현전 학자들에 비하여 실용적인 역학譯學 연구를 전개한 것으로 보아야 할 것이다.

아무튼『홍무정운역훈』의 편찬은 당시 중국어의 표준음을 규정하여 정리한 것으로 한어학습에서 획기적인 일이었다. 성삼문, 신숙주 등이 이『홍무정운』을 역훈할 때에는 요동에 유배 온 황찬과 더불어 조선에 사신使臣으로 온 명明의 예겸倪謙에게도 문의한 것으로 보인다.

『보한재집保閒齋集』(권15)에 수록된 신숙주의 '홍무정운역훈서序'에 "[전략]

---

31 최세진이『노걸대』,『박통사』를 번역할 때에 본문의 한자 하나하나의 아래 좌우(左右)에 훈민정음으로 발음을 표음하였는데 이렇게 좌우에 주음(注音)한 것을 모두 언음(諺音)이라 하였다. 또 왼쪽의 주음을 정음(正音)이라 하였으며 이 재좌음(在左音)은『사성통고(四聲通攷)』의 운서음(韻書音)을 따른 것인데 이를 한음(漢音)이라고 부르기도 하였다. 바른 쪽에 있는 주음을 속음(俗音)이라 하였으며 이 재우음(在右音)을 국음(國音)이라고도 불렀다.『사성통해(四聲通解)』의 말미에 부재된 '번역노걸대박통사범례(飜譯老乞大朴通事凡例)'는〈노박(老朴)〉의 번역, 즉 훈민정음으로 주음하는 데 대한 범례였으며 주로 재우음과 재좌음의 관계를 설명한 것이다(졸고, 1995).

乃命臣等 就正中國之先生學士, 往來至于七八, 所與質之者若干人. 燕都爲
萬國會同之地, 而其往返道途之遠, 所嘗與周旋講明者, 又爲不少. [중략]
且天子之使至國, 而儒者則又取正焉. 凡謄十餘藁 辛勤反復, 竟八載之久.
[하략]"이라 하여 선생학사先生學士를 찾아간 것이 7~8번이 되고 연도燕都, 즉
북경에 가서 더불어 질문한 사람도 약간 있으며 중국에서 온 사신使臣이 선
비이기 때문에 수정을 받았던 일이 있음을 밝히고 있다. 힘들여 반복해서
십여 차례 베껴 썼으니 8년이 걸려서 완성되었다고 한다. 여기서 선생학
사는 한림학사를 지낸 황찬을 말하며 중국의 사신은 바로 예겸을 말한
다.[32]

예겸에게 『홍무정운』 역훈譯訓을 위하여 한자의 한어 표준음을 질문한 사
실은 실록에도 명기되었다. 『세종실록』(권127) 세종 32년 1월 무신戊申조에
"命直集賢殿成三問, 應敎申叔舟, 奉禮郎孫壽山, 問韻書于使臣, 三問等因
館伴以見. [중략] 此二子欲從大人, 學正音, 願大人敎之. 三問, 叔舟將洪武
韻講論良久. [하략] ― 집현전 직전直殿 성삼문, 응교應敎 신숙주, 봉례랑奉禮郎
손수산에게 명하여 운서를 사신에게 묻게 하였는데 성삼문 등이 관반(館
伴, 중국 사신을 접대하는 직함 ― 필자)으로 만나니 [중략] '이 두 사람이 대
인에게서 바른 발음을 배우고자 하니 대인이 가르쳐주기를 바랍니다' 하
였다. 성삼문과 신숙주가 홍무운洪武韻을 가지고 한참 동안 강론하였다. [하
략]"이라는 기사가 있어 중국에서 온 사신에게 『홍무정운』에 대하여 질문

---

32 예겸(倪謙)은 강소성(江蘇省) 출신으로 진사시(進士試)에 합격하여 출사(出仕)하였으며 후일 예부상서(禮部尙書)까
  지 관직이 올랐다.

하였음을 알 수 있다.[33]

이때의 일이 『성종실록』에 소재된 영의정 신숙주의 졸기卒記에 좀 더 자세하게 기재되었다. 즉 동 실록(권56) 성종 6년 6월 무술戊戌 조에

[전략] 丁卯秋中重試, 超授集賢殿應敎, 景泰庚午, 詔使倪謙司馬恂, 到本國. 世宗命, 選能文者從遊, 叔舟與成三文, 從謙等, 唱和大被稱賞. 謙作雪霽登樓賦, 叔舟卽於座上, 步韻和之. ― [신숙주가] 정묘년 가을의 중시重試에 합격하여 벼슬이 뛰어 집현전 응교에 제수되었고 경태 경오년에 조사(詔使, 황제의 詔書를 갖고 온 사신 ― 필자) 예겸, 사마순이 본국에 이르렀는데 세종이 문장에 능한 자를 선발하여 교유하도록 명하였다. 신숙주와 성삼문이 예겸 등을 따라 창화唱和하였으므로 크게 칭찬하여 상을 내렸다. 예겸이 '설제등루부雪霽登樓賦'를 짓자 신숙주가 바로 그 자리에서 보운步韻으로 이에 화답하였다.

라는 기사가 있어 경태景泰 경오庚午, 즉, 세종 32년(1450) 1월에 황제의 조서詔書를 갖고 온 명明의 사신 예겸, 사마순司馬恂과 교유하면서 『홍무정운』에

---

33 『홍무정운(洪武正韻)』의 역훈(譯訓)도 전술한 황찬(黃瓚)의 질문에 의거한 것으로 보는 것이 일반적이다. 『성종실록』(권200) 성종 18년 2월 임신(壬申)조에 "御經筵講訖, 侍講官李昌臣啓曰: [중략] 世宗朝遣申叔舟, 成三問等, 到遼東就黃瓚, 質正語音字訓, 成洪武正韻及四聲通考等書. 故我國之人賴之, 粗知漢訓矣. 今須擇年少能文如申從護輩, 往就邵奎, 質正字訓書籍, 則似有利益. [하략] ― 경연에 나아가 강을 마치자 시강관 이창신이 아뢰기를 '신이 일찍이 성절사의 질정관으로 북경에 갔다가 들으니 전 진사 소규가 늙어서 요동에 산다 하여 돌아올 때에 방문하였는데 경사에 널리 통하고 자훈에 정밀하였습니다. 세종조에 신숙주·성삼문 등을 요동에 보내어 황찬에게 어음과 자훈을 질정하게 하여 『홍무정운』과 『사성통고』 등의 책을 만들게 하였기 때문에 우리나라 사람들이 이에 힘입어 한훈을 대강 알게 되었습니다. 이제 반드시 신숙주와 같이 나이가 젊고 한문에 능한 자를 선택하여 따라가게 하여 소규에게 가서 자훈과 서적을 질정하게 하면 이익이 있을 것입니다.' 하므로 임금이 좌우에 물으니 모두 아뢰기를 '문신을 보내어 질정하는 것은 조종조의 일이므로 지금도 행하는 것이 가합니다' 하였다."라는 기사가 있어 황찬에게 질문하여 『홍무정운역훈』과 『사성통고』가 이루어진 것으로 기술하였다. [ ] 안의 것은 원문에서 생략한 부분을 언해하여 채워 넣은 것임.

대하여 논의한 것임을 알 수 있다.[34]

실제로『세종실록』에는 이때의 사신들과 성삼문이 대화한 내용이 두 곳이나 실려 있다. 즉 동 실록(권127) 세종 32년 1월의 갑인甲寅조와 무오戊午조에 성삼문이 사마순에게 율문律文을 질문한 것이 적혀 있고 예겸과의 대화에서 임금의 병환을 묻는 내용이 기재되었다.

또 동 무오戊午조의 기사에 "成三問等質問韻書, 至茄子使臣曰: 此国茄結子何似? 昔張騫使西域, 得葡萄種, 至今伝之中国, 吾等亦欲得茄種, 以伝中国可也. ─ 성삼문 등이 운서를 질문하매 가지 '茄' 자에 이르러 사신이 말하기를 '이 나라에 가지는 열매가 무엇과 같은가? 옛적에 장건張騫이 서역西域에 사신으로 갔다가 포도 종자를 얻어 와서 지금까지 중국에 전해지는데 우리도 역시 가지 종자와 같은 것을 얻어 가서 중국에 전하고자 한다.'"라는 구절이 있어 이에 의하면『홍무정운』의 상당 부분을 문의한 것으로 보인다.

---

34 전술한 성삼문의 문집에 정사(正使) 예겸(倪謙)은 물론이고 부사(副使) 사마순(司馬恂) 등과 주고받은 시문이 여러 편 전한다. 특히『매죽헌선생문집(梅竹軒先生文集)』(권1)의 '황화수창(皇華酬唱)'에 "景泰初, 侍講倪謙, 給事中司馬恂到国, 謙能詩館伴鄭麟趾不能敵 世宗命申叔舟及先生. 與之遊仍質漢韻, 侍講愛之士, 約爲兄弟, 酬唱不輟, 竣事還也. 抆淚而別{慵齋叢話}. ◇張給事事學於倪文僖, 後十年庚辰, 以天使出來, 聞先生不在, 歎訝曰: 吾師倪侍講, 言東国多才士, 何寥寥眼中耶? 由此不喜酬唱, 其豫讓論有意而作云. {芝峯類說}" ─ 경태 초년에 시강 벼슬의 예겸과 급사중 벼슬의 사마순이 우리나라에 왔는데 예겸이 시에 능하여 관반인 정인지가 능히 대적하지 못하여서 세종이 신숙주와 선생(성삼문을 말함 ─ 필자)으로 하여금 더불어 같이 놀고 한운을 질문하게 하였다. 시강 예겸이 두 선비를 사랑하여 형제를 약속하고 시를 읊으며 주고받기를 끊이지 않았고 일을 마치고 돌아가면서 눈물을 닦으며 이별하였다. {용재총화} 십년 후인 경진년에 중국에서 사신이 와서 선생(성삼문을 말함)이 없음을 듣고 탄식하여 말하기를 '우리의 스승인 시강 예겸이 동국(우리나라를 말함)에 재사가 많다고 하였는데 어찌 안중에 이렇게 쓸쓸하며 텅 비었는가? 이로 인하여 시를 읊어 주고받는 것이 즐겁지 않으니 나는 [시를] 짓는 것을 사양하겠노라. {지봉유설}" 이라는 기사가 있어 성삼문과 예겸이 형제와 같이 사귀었고 금란지계(金蘭之契)를 맺어 서로 간담상조(肝膽相照)하였음을 알 수 있다. 황조정사(皇朝正使) 예겸이 성삼문과 이별을 슬퍼한 '유별성근보(留別成謹甫)'란 칠언율시에도 "海上相逢卽故知, 燕閒談笑每移時, 同心好結金蘭契, 共飮偏憐玉樹姿, 敢謂楊雄多識字, 雅知子羽善修辭, 不堪判袂臨江渚, 勒馬東風怨別離"라 하여 두 사람이 각별한 우정이 있었음을 시로 읊었다. 이 시는『성선생유고(成先生遺稿)』(권2)에 '부예천사유별성근보시(附倪天使留別成謹甫詩)'란 제명(題名)으로 실렸으나 오자가 적지 않다.

『홍무정운』을 역훈함에 있어서 세종이 성삼문·신숙주 등으로 하여금 중국 사신에게 문의하도록 미리부터 준비하였다. 『세종실록』(권126) 세종 31년 12월 갑술甲戌조에

上謂承政院曰: 前此使臣二則館伴亦二, 將以金何尹炯爲館伴. 又曰今來使臣 皆儒者也, 申叔舟等所校韻書欲令質正, 使臣入京後, 使叔舟成三問等往來太平 館. 又令孫壽山林效善爲通事. — 임금이 승정원에 이르기를 "전에는 사신이 둘 이면 관반을 역시 둘로 하였으니 장차 김하·윤형으로 하여금 관반을 삼도록 하라" 하고 또 말하기를 "지금 오는 사신은 모두 유자이다. 신숙주 등이 교열한 운서를 질정하고자 하니 사신이 입경한 뒤에는 신숙주·성삼문 등으로 하여금 태평관에 왕래하게 하고 또 손수산·임효선으로 통사를 삼게 하라" 하였다.

라는 기사가 있어 예겸 등이 오면 운서韻書를 질정叱正하기로 미리 준비하고 있었음을 알 수 있다.

성삼문 등이 예겸에게 질문한 것은 주로 한자의 중국어 표준 발음이었 다. 이것은 『홍무정운』의 역훈을 위한 것으로 반절半切로 표시된 운서의 표 준 발음을 예겸에게 확인하는 작업이었다. 그리고 『홍무정운』의 역훈에서 예겸에게 질문한 것이 매우 유용하였음은 다음 사실로 확인할 수 있다. 즉 성삼문이 중국에 가게 되어 다시 그곳에서 질문할 음운에 대하여 문종 에게 아뢰니 왕은 예겸과 같은 학자가 있으면 모르되 그렇지 못하면 물을 필요조차 없다고 하였다.[35] 이것은 당시 『홍무정운』의 역훈에서 문종과 집

---

35 이에 대하여는 『문종실록』(권4) 문종 즉위년 10월 경진(庚辰)조에 "司憲府掌令申叔舟, 費音韻質問事目, 及中朝敎場

현전 학자들이 예겸의 조언을 얼마나 높게 평가하였는지를 알 수 있다.

이렇게 편찬된 『홍무정운역훈』은 실제 한어 교육에서 표준 발음서로 사용되었다. 즉 『세조실록』(권3) 세조 2년 4월 무신戊申조에

> 禮曹啓: 譯語事大先務, 關係非輕. 歲癸丑世宗大王, 請遣子弟入學, 未蒙准請. 以所選入學文臣并衣冠子弟三十人, 爲講隷官, 聚司譯院習漢語, 至今二十餘年, 譯語精通者頗有之. [중략] 本曹, 與議政府司譯院提調, 更選年少文臣及衣冠子, 弟, 以充元額, 所習漢音字樣, 請以增入諺文洪武正韻爲宗隷習. 從之. — 예조에서 아뢰기를 "역어는 사대의 먼저 할 일이니 관계됨이 가볍지 않습니다. 계축년에 세종대왕께서 자제를 보내어 입학시킬 것을 청하였으나, 이 요청은 받아들이지 않았습니다. [그때에] 선정하여 입학시키려던 문신과 아울러 의관 자제 30인을 강예관으로 삼아 사역원에 모아서 한어를 익힌 지 지금 20여 년이 되어서 역어에 정통한 자가 자못 많습니다. [중략] 본 예조는 의정부, 사역원 제조와 더불어 다소 연소한 문신과 의관 자제를 선정하여 원액에 충당하고 한음과 자양을 익히려 하니, 청컨대 증입언문增入諺文한 홍무정운을 으뜸으로 삼아 배우게 하소서" 하니 그대로 따랐다.[36] [ ] 안은 이해를 위하여 필자가 삽입한 것임.

刑制以啓. 上曰: 音韻倪謙來時, 已令質問, 雖中朝罕有如倪謙者, 今成三問入朝, 如遇勝於倪謙者問之, 不則不必問也. 敎場事目下兵曹商確以啓. — 사헌부 장령 신숙주가 질문할 음운과 중국의 교장과 형제(刑制)의 사목을 아뢰니 임금이 말하기를 '음운은 예겸이 왔을 때에 이미 질문하도록 하였다. 비록 중국 조정에서도 예겸 같은 자가 드물겠지만 이제 성삼문이 [명의] 조정에 들어가니 만약 예겸보다 뛰어난 자를 만나거든 물어보고 그렇지 않으면 물을 것도 없다. 교장의 사목은 병조에 내려 상량하여 확정하고 보고하라'라고 하다."라는 기사가 있어 예겸(倪謙)에 대한 문종의 신뢰가 대단하였음을 알 수 있다.

36 여기서 '증입언문(增入諺文)'한 『홍무정운』은 한글로 발음과 뜻을 써서 넣은 『홍무정운역훈(洪武正韻譯訓)』을 말하는 것으로 보인다.

라는 기사가 있어 증입언문增入諺文한 홍무정운, 즉『홍무정운역훈』을 기본으로 하여 한어 교육을 실시하였음을 알 수 있다.

『직해동자습』의 역훈과 평화

다음으로 성삼문의『직해동자습直解童子習』의 역훈譯訓과 평화平話에 대하여 고찰하기로 한다. 성삼문이『직해동자습』을 훈민정음으로 역훈하고 이를 해석한 것은 그의 '직해동자습서直解童子習序'에서 알 수가 있다. 즉 그가『직해동자습』의 간행에 즈음하여 붙인 이 서문은『동문선東文選』(권94)을 비롯하여『해동잡록海東雜錄』(권13)과『매죽헌선생문집』(권2),『성근보선생집』(권2),『성선생유고』(권3) 등에 수록되었다. 다만『동문선』과『성선생유고』에는 '동자습서童子習序'란 제목을 붙였고『해동잡록』,『매죽헌선생문집』과『성근보선생집』에는 '직해동자습서直解童子習序'란 이름 아래에 서문이 전재되었다.

주지하는 바와 같이『동자습童子習』은 명明 영락永樂 2년(1404)에 주봉길朱逢吉이 편찬한 훈몽용 교과서이다. 주자치周子治의 '동자습서童子習序'에 의하면 유교의 훈몽서로서 아이들이 학습하여야 할 '사친事親, 효감孝感, 사장事長, 우애友愛, 쇄소灑掃, 언어言語, 음식飮食, 의복衣服, 위의威儀, 택류擇類, 향학向學, 지계知戒, 예빈禮賓, 관례觀禮, 융사隆師, 교우交友, 사군事君' 등 17개의 주제에 대하여 설명한 장구章句와 관련한 고사故事를 모은 것이다.

이 책은 조선 전기에『훈세평화訓世評話』와 함께 명대明代의 아동용 훈몽 교과서로서 널리 보급되었다(졸저, 1988). 즉 명대 이전의 유교적인 훈몽서로서는『소학小學』이 있었으나 좀 더 구체적인 내용의 훈몽서인『동자습』이 개발되어 명과 조선에서 인기를 얻게 된 것이다.

이『동자습』은 당시 명의 공용어를 학습하는 교과서였다. 당시 중국에서는 문어文語로서 고문古文과 백화문白話文, 그리고 원대元代에 발달하여 행정 문서에만 쓰인 이문(吏文, 우리의 이두문과 구별하기 위하여 '한이문'이라 함)이 있었다.[37] 그리고 구어口語로서는 여러 방언이 있었으며 원대 이후부터 북방어를 기본으로 한 한아언어漢兒言語가 형성되어 종래의 남방의 오어吳語를 기본으로 한 아언雅言과 대치하여 공용어로 사용되었다.

명대의 관화는 서민들의 한아언어와 지배족인 명조明朝의 관리들이 통용하는 강회江淮방언이 결합하여 만들어진 언어이다. 그리하여 관화官話란 이름을 얻었던 것이다. 『직해동자습』은 명대의 훈몽서로서 『동자습』을 당시 관화로 풀이한 것으로 보인다. 실제로 훈몽서인 『효경孝經』을 원대 북경어인 한아언어로 풀이한 『직해효경直解孝經』이 있었다. 이것은 『원전장元典章』 등과 함께 중국어의 역사적 연구에서 초기 북경어, 즉 한아언어를 보여주는 얼마 되지 않는 귀중한 자료의 하나이다.[38]

또 여말선초麗末鮮初에 중국에서 귀화한 설장수偰長壽가 명대 관화로 풀이한 『직해소학』을 조선 사역원의 한어 학습교재로 애용하였음을 실록의 여러 기사에 의하여 확인할 수 있다(졸저, 1990). 따라서 『직해동자습』이 명대 관화를 학습하는 한어漢語의 강독교재였음을 미루어 알기 어렵지 않다.

필자는 사역원의 역학서 연구에서 조선 전기의 사역원에서 사용한 외국어 학습교재, 즉 역학서들은 해당국의 동몽교과서를 수입하여 사용하였

---

37 중국의 이문(吏文), 즉 한이문(漢吏文)에 대하여는 원대(元代) 서원서(徐元瑞)가 편찬한 『이학지남(吏學指南)』에 자세한 설명이 있다. 『이학지남』에 대하여는 정광 · 정승혜 · 梁伍鎭(2002)을 참고할 것.

38 『직해효경(直解孝經)』에 대하여는 長澤規矩也 · 阿部隆一(1933)를, 『원전장(元典章)』에 대하여는 吉川幸次郎(1953) · 田中謙二(1964, 1965)를 참고하고 조선 초기 『직해효경』이 중국어 학습에 이용된 것에 관하여는 졸저(1988, 2004)를 참조할 것.

다고 주장하였다(졸저, 1988). 이것은 필자가 조선 선기의 왜학서倭學書를 일본의 무로마치室町시대에 테라고야寺子屋 등의 사립교육기관에서 사용하던 훈몽교과서임을 밝히고 다른 역학서, 특히 여진학서의 "소아론小兒論, 삼세아三歲兒, 칠세아七歲兒, 팔세아八歲兒" 등도 소아용 훈몽서를 수입하여 사용한 것이라고 보았다.

특히 '소아론·칠세아'는 중국 춘추전국시대에 유행한 공자孔子와 항탁項託의 상문서相問書의 소재가 된 항탁설화項託說話를 소재로 하여 반反유교적인 북방민족의 동몽童蒙 교재라고 주장한 바 있다. 물론 이들 모두는 북방민족이 건국한 요遼, 금金의 동몽 교육에서 사용한 것으로 추정된다(졸고, 2001c). 같은 생각을 몽고어 학습의 몽학서蒙學書에도 적용하여 고찰한 결과 역시 소아용 훈몽서일 가능성이 높았으며 따라서 조선 전기 사역원의 외국어 교재는 해당국의 동몽교과서를 수입하여 사용한 것으로 보았다(졸저, 2002).

성삼문은 이 『직해동자습』을 한글로 역훈譯訓하고 또 이를 평화平話하여 당시 사역원에서 중국어 학습의 강독교재로 사용할 수 있게 한 것으로 보인다.[39] 따라서 이 책의 서명은 아마 '직해동자습역훈평화直解童子習譯訓評話'였을 것이다. 성삼문이 전게한 그의 '직해동자습서'에서 "[전략] 於是譯洪武正韻, 以正華音, 又以直解童子習譯訓評話, 乃學華語之門戶. ― 이에 『홍무정운』을 번역하여 중국어 발음을 바르게 하고 또 『직해동자습』을 번역하고 언해하였으며 또 이를 대화체의 문장으로 고쳐 중국어 학습의 입문

---

[39] 성삼문의 직해동자습서에 "[전략]自我祖宗事大至誠, 置承文院掌吏文, 司譯院掌譯語, 傳其業而久其任. [하략]"이란 기사가 있어 사역원이 당시 역어(譯語)를 관장하였고 외국어 학습을 전업으로 하였음을 알 수 있다.

6. 한글 발명과 보급에 기여한 인물과 연구

서로 하였다."라는 구절에서 확인할 수 있다.

　이때의『직해동자습』의 역훈과 평화의 의미는 동 서문에서 다음과 같이
설명해놓았다. 먼저 '역훈譯訓'은 이 서문에서 "以正音譯漢訓, 細書逐字之
下, ― 훈민정음으로 중국어를 번역하여 각 한자 아래에 작게 쓰고,"라고
한 것이며 '평화平話'는 "又用方言, 以解其義, ― 또 우리말을 써서 그 뜻을
풀이하다."를 말한 것으로 보아야 할 것이다.[40]

　성삼문의 '직해동자습서直解童子習序'는『동문선東文選』에서는 줄여서 '동자습
서童子習序'로 되었다. 그러나『매죽헌선생문집』등의 후대 문집에는 '직해동
자습서'로 되었고 앞에서 인용한 서문 내용도 "又以直解童子習訓世評話"
로 개서改書하여 오늘날 많은 논문에서 성삼문이 마치『직해동자습直解童子習』
과『훈세평화訓世評話』를 편찬한 것으로 오해하였다.

　그러나『훈세평화』는 이변(李邊, 1391~1473)이 성종成宗 4년(1473)에 지은
것으로[41] 성삼문이 이미『직해동자습』을 역훈하고 평화한 다음에 간행된
것이니 그의 서문에 오를 수 없는 문헌이다. 따라서『매죽헌선생문집』과
『성근보선생집』,『성선생유고』의 '훈세평화訓世評話'는 후대 사람이 잘못 이해

40　'평화(平話)'는 송대(宋代)에 발달한 구비문학(口碑文學)의 일종으로 이야기꾼이 어떤 설화(說話)를 구연(口演)하는
　　것을 말한다. 그러나 여기서는 담화체(談話體)의 문장을 우리말로 전문을 번역하는 것을 의미한다고 볼 수 있는
　　데 홍기문(1946:224~225)에서도 같은 의견을 보였다. 그리고 '한훈(漢訓)'은『세종실록』(권47) 세종 12년 3월 무
　　오(戊午)조에 소재된 제학취재(諸學取才)에 관한 상정소(詳定所)의 계문(啓文)에서 외국어 학습자 취재인 역학(譯
　　學)으로 한훈(漢訓, 중국어), 몽훈(蒙訓, 몽고어), 왜훈(倭訓, 일본어)을 두고 이에 대한 취재 방식을 마련한 것에 대
　　하여 언급하고 있다. 따라서 한훈(漢訓)은 '중국어, 또는 중국어 발음'을 의미하는 것임을 알 수 있다. 졸저
　　(1988:47) 참조.

41　이변(李邊)이『훈세평화(訓世評話)』를 한어(漢語)로 편찬한 것에 대하여는『성종실록』(권31) 성종 4년 6월 임신(壬
　　申)조에 "領中樞府使李邊纂集古今明賢節婦事實, 譯以漢語, 名曰訓世評話以進. 傳曰: 今見所撰書 嘉賞不己. 賜油席一
　　張, 裝衣一件, 仍命饋酒, 令典校署印行."이란 기사 참조.

하여 '역훈譯訓'을 '훈세訓世'로 고친 것으로 보아야 할 것이다.[42]

'직해동자습역훈평화直解童子習譯訓評話'가 오늘날 실전되어 어떠한 한학서漢學書인지 분명하지 않지만 중종 때에 최세진의 『노걸대』·『박통사』(이하 〈노박〉으로 약칭)의 번역과 유사한 것으로 추정할 수 있다. 이 〈노박〉의 번역은 본문의 한자 하나하나의 아래 좌우에 훈민정음으로 주음注音하고 구절마다 언해를 붙였다.

다만 『직해동자습』의 역훈은 번역 〈노박〉과는 달리 한자 아래에 한글로 하나의 표준발음만을 붙였을 것이나 최세진이 〈노박〉을 번역할 때에는 전술한 바와 같이 한자 아래의 좌우 양편에 정음과 속음을 붙였다. 세종 때에 한자의 정음으로 정한 『홍무정운역훈』의 규정음을 무시할 수가 없었기 때문이다.[43] 최세진은 역관譯官의 신분이어서 비록 역학에 조예가 깊었지만 그의 학술활동은 세종 때의 집현전 학자들이 한 것을 그대로 모방하는 데 그쳤다는 졸고(2000a)의 주장을 여기서 다시 한 번 상기하게 된다.

역학 연구의 의의

이상 성삼문과 신숙주의 생애와 학문에 대하여 역학譯學 연구를 중심으로 살펴보았다. 한반도는 지리적으로 중국과 인접하여 있고 역사적으로 정치, 법률, 행정의 여러 제도를 비롯하여 많은 문물을 수입하였기 때문에 중국어와 접촉할 기회가 많았다. 특히 문자로서 한자의 차용과 그에

---

42 조선 전기에 이변(李邊)이 지은 『훈세평화(訓世評話)』는 한학서, 즉 한어(漢語) 교재로 매우 인기가 있었다. 그런 이유로 '역훈평화(譯訓評話)'가 '훈세평화(訓世評話)'로 바뀐 것으로 보인다. 『훈세평화』에 대하여는 강신항(1990)과 박재연(1997)을 참조할 것.

43 실제로 그 자신이 『속첨홍무정운역훈(續添洪武正韻譯訓)』을 편찬하기도 하였다. 김완진(1966)을 참조.

대한 연구는 중국어의 역사적 변천을 인식하게 되었으며 또 중국어와 우리말의 차이를 의식하게 되었다. 그리고 동일한 문자로 기록된 중국어를 학습하는 과정에서 자연스럽게 우리말과 비교하게 되었고 그 차이점과 유사성을 고찰하게 된 것이다.

이러한 언어의 대비연구는 한자와 한어漢語 학습을 위한 것으로 조선시대에는 이러한 연구를 역학譯學이라 불렀다. 물론 역학은 외국어 학습을 전제로 한 것이며 해당국의 언어와 국어를 비교하여 얻어진 결과를 해당 언어의 학습에 이용하려는 것이다. 그러나 이러한 연구를 통하여 조선시대에는 우리말에 대한 깊은 연구가 이루어졌고 그 결과로 한글이 제정된 것이라고 필자는 생각한다.

성삼문과 신숙주는 이렇게 창제된 한글을 깊이 이해하였으며 실제로 이 문자의 해례解例에 참여하여 {해례본}『훈민정음』을 편찬하는 데 참가하였다. 또 이 신문자로 한자의 동음東音을 정리하여 『동국정운東國正韻』을 편찬하는 데 주도적 역할을 했을 뿐만 아니라 중국어 교육에 관심을 가져 표준 발음사전인『홍무정운역훈洪武正韻譯訓』을 편찬하였다.

특히 성삼문은 중국어 학습의 강독 교재인『직해동자습直解童子習』을 역훈譯訓하고 평화平話하여 한어漢語의 실제 교육에 사용하게 하였다. 이로부터 성삼문은 훈민정음을 사용하여 외국어를 학습하는 역학의 방법을 개발하고 이를 크게 발전시켰다. 실제로 성삼문과 신숙주의 이러한 역학의 방법은 후대에 면면하게 이어져서 중종 때에 최세진이 이를 크게 중흥中興하였으며 조선 후기에 사역원司譯院과 실학자實學者들의 훈민정음 연구에도 그대로 계승된 것이다.

전통국어학의 연구사에서 역학의 연구는 언제나 중추적 역할을 하였다.

더욱이 세종조에 『고금운회古今韻會』를 중심으로 한 북방음의 운서 연구가 없었다면 『동국정운東國正韻』 23자모와 같은 우리말 표기에 획기적인 자모문자가 세상에 태어나기 어려웠을 것이다. 만일 〈절운切韻〉계 전통 운서의 연구에만 집착하였다면 한글은 파스파 문자처럼 몽고어의 음운과 맞지 않는 36자모 체계를 마련하게 되어 한때 유행하다가 없어질 수도 있는 한시적 발음기호의 제정에 그쳤을지도 모른다.[44] 그런 의미에서 성삼문과 신숙주의 역학 연구는 우리 전통국어학의 연구사에서 매우 중요한 위치를 차지한다고 보아야 할 것이다.

4. 최세진의 가계와 생애

국어학사에서 최세진崔世珍이 차지하는 비중은 매우 크다고 할 수 있다. 그의 업적은 훈민정음 창제에 관여한 집현전 학자들에 필적한다고 보아도 과언이 아니다. 국어에 대한 과학적인 연구가 본격적으로 시작된 것을 훈민정음이란 신문자의 발명을 위하여 국어를 연구한 것으로 생각하는 것이 국어학계의 가장 온당한 견해이다. 국어에 대한 면밀한 연구가 있은 다음에 이것을 표기하는 수단으로 훈민정음이란 신문자를 창제하였다는 사실에 대부분의 국어학자들이 공감하고 있다는 뜻이다.

그러나 한글의 창제에 직접 관여한 세종과 문종, 집현전 학자들이 모두

---

44 파스파 문자도 36자모를 모두 문자화하지는 않았다. 『몽고자운』의 '자모(字母)'에 전재된 36자모표(字母表)에서 설상음의 '知, 徹, 澄'에 해당하는 파스파 문자와 정치음 '照, 穿, 床'의 문자는 'ㅌ, ㅎ, ㄹ'으로 자형이 완전히 일치한다. 다만 이 운서에 부재된 '전자모(篆字母)'에서는 서로 다른 자형을 보여준다.

세상을 떠나고 이들의 뒤를 이어 새 문자 보급에 노력한 세조마저 저세상으로 간 다음에 정음에 대한 연구는 급격하게 퇴조하였다. 특히 연산군의 폭압 정치하에서 새 문자는 대단한 박해를 받았으며 자칫하면 한때 유행하고 없어진 원대元代의 파스파 문자처럼 역사의 뒤안길에 사라졌을지도 모른다.

중종 때에 새 문자를 널리 보급하고 고유어나 한자의 동음 표기, 그리고 중국어를 비롯한 외국어 발음 표기 수단으로 훈민정음을 다시 정리한 것은 역시 최세진의 공이라고 아니할 수 없다. 따라서 국어학사의 기술에서 최세진은 특별한 대접을 받았고 여러 차례 그의 생애와 학문에 대하여 논의가 있었다. 그러나 그의 업적에 비하여 생애에 관한 기사는 매우 소략하고 애매하여 그의 생애에 대한 많은 부분이 분명하지 않다.

특히 그의 생년生年과 향년享年이 제대로 알려지지 않아서 학계의 대표적인 국어학사 연구서인 김민수(1987)에서는 그의 생애를 '1468~1542'로 보았고[45] 강신항(1994)에서도 "崔世珍(成宗 4年頃~中宗 37年, 1473?~1542)"이라고 하여 그의 생년을 1473년경으로 추정하였다.[46] 뿐만 아니라 그의 가계家系도 분명하지 않아서 역관譯官 최정발崔正潑의 아들, 또는 사역원司譯院 정正 최

---

45 김민수(1987:126)에서는 "그의 생존연대에 대하여는 문헌의 기록이 희미하여 출생시기가 자세하지 않아 논란이 많았으나, 작고 시기는 「中宗實錄」에 의하여 중종 37년(1542)이라 적혀 있으니 대략 1468?~1542년이라고 보아서 좋을 것이다."라고 하였고 김민수(1990:142)에서는 "崔世珍(1465경~1542)은 미천한 譯官 최정발의 아들로 태어나서……"라고 하여 같은 저자의 책에서도 생년이 1468? 또는 1465경으로 다를 정도로 그의 생년에 대하여는 이제까지 분명하지 않았다.

46 북한의 연구에서도 최세진의 생년에 대한 것은 별다른 진전이 없는 것으로 보인다. 북한의 대표적인 국어학사로 알려진 김병제(1984)는 김일성대학의 김영황이 심사한 것으로 가장 널리 알려진 것인데 그 책에 "최세진(1470~1572)은 중국어와 리문(吏文)에 대한 연구가 깊었지만 조선말연구에서도 적지 않은 성과가 있는 학자다."라고 하여 최세진의 생년을 1470년으로 인정하였다.

발崔潑의 아들로 보는가 하면 본관도 괴산槐山 최씨, 또는 직산稷山 최씨 등으로 이론이 분분하다.

그리고 그가 문과文科 급제의 문신文臣인가 아니면 한이과漢吏科 출신의 중인中人인가 하는 문제도 계속 논란이 되고 있다. 또 그가 다른 문신들로부터 끊임없이 핍박을 받은 것은 그의 인품에 문제가 있는 것인가 아니면 역과 출신 때문인가, 또는 그의 미천한 가계 때문인가 하는 문제도 많은 논의가 있었으나 아직 정설이 없다.

이에 대하여 방종현(1948)을 위시하여 이숭녕(1965), 강신항(1966a, b), 박태권(1976), 이숭녕(1976), 김완진(1994), 안병희(1997 및 1999a, b)의 괄목할 논저가 발표되었으나 여전히 그의 생애에 대한 논전은 계속되었다. 문화관광부가 1999년 10월의 인물로 최세진을 선정하였고 그의 생애와 업적에 대한 소개를 필자에게 부탁하여 졸고(1999a, b)를 씀으로써 본인도 이러한 논쟁에 휘말리게 되었다.

다행히 최근 그의 향년이 명기된 묘지명墓地銘[47]이 발견되어 적어도 그의 생애에 관한 사실만은 분명해졌다. 그러나 미처 이를 보지 못한 졸고(1999a, b)에서는 그의 생년 추정에 2년간의 오류가 생기게 되었고 묘지명을 소개하면서 쓴 안병희(1999b)에서 이런 사실이 자세하게 비판되었다. 여기에서는 묘지명의 발견으로 밝혀진 생년 추정의 오류를 수정하고 기타의 비판에 대하여는 자신의 주장을 다시 한 번 확인하고자 한다.

---

47 묘지명은 죽은 이의 이름, 관위(官位), 행적, 자손의 이름, 그리고 생 · 사 · 장(生 · 死 · 葬)의 연월일을 돌이나 도판에 새겨 묘지에 넣는 글을 말한다. 두 판으로 된 정방형의 돌이나 도판에 한쪽에는 명(銘)을 새기고 한쪽에는 지문(誌文)을 새겨 서로 합하여 관 앞에 눕혀놓는다. 묘지라고 약칭하기도 한다.

6. 한글 발명과 보급에 기여한 인물과 연구

최세진의 생애

먼저 최세진의 생애에 대하여 살펴보기로 한다. 최세진의 일생에 대하여 본격적으로 논의된 것은 방종현(1948)의 연구가 효시라고 할 수 있다. 이어서 방종현(1954)에서는 최세진의 죽음을 애도하기 위하여 그와 동방 합격한 김안국金安國이 쓴 '최동지세진만사崔同知世珍挽詞'에서 "역여부생칠십옹 逆旅浮生七十翁"을 인용하여 최세진의 향년을 70으로 추정하였다.[48] 그러나 그동안 이 만시挽詩의 해석과 이해가 잘못된 것으로 우선 이 만사挽詞의 인용에는 많은 오자가 있었다. 본서에서는 김안국의 '최동지세진만사'가 실린 『모재집慕齋集』(15권 7책)의 원간본과 중간본을 이용하여 잘못된 오자를 밝히고 새로운 해석을 시도하여 그동안의 오해를 바로잡고자 한다.

『모재집』은 최세진과 봉세자별시에 동방으로 합격한 김안국(金安國, 호는 慕齋)의 시문집으로 선조 때에 유희춘柳希春이 간행한 것과 숙종 13년 (1687)에 김구룡金構龍이 중간重刊한 것이 있다. 유희춘의 원간본은 고려대학교 중앙도서관의 만송晩松문고에 낙질본으로 문집(권1, 권3, 4) 3책과 시집 (권1, 권3, 4집) 3책이 소장되어 모두 6책이 현전한다. '최동지세진만사'가 실려 있는 시집 권3이 원간본의 낙질본 속에 현전하고 있어 그동안 학계에서 통용되는 만사와 비교할 수 있으며([사진 6-1] 참조) 이를 통하여 안병희(1997)와 졸고(1999a, b)에서 그 오자가 바로잡혔다.

중간본에서도 학계에 통용되는 오자의 만사는 없었으므로 어떻게 이런 오자로 된 만사가 그대로 여러 연구서에 인용되었는지 참으로 불가사의한

---

48 전문을 이숭녕(1980)에서 재인용하면 다음과 같다(*은 필자가 밝힌 오자).
逆旅浮生七十翁　親知凋盡寄孤窮*　登名四紀幾更變　餘榜三人又失公
爲希*自今誰共討　輯書裨後世推公*　嗟吾後死終無益　淚灑東風慟不窮

일이라고 생각하지 않을 수
없다. 인용문의 원전 확인
은 연구자의 의무라는 기본
적인 상식이 새삼 머리에
떠오른다.

방종현(1948, 1954:144)에
서는 이 만사의 "역여부생
칠십옹逆旅浮生七十翁"이란 구절
을 최세진이 70세를 산 것
으로 오해하고 그가 타계한

[사진 6-1] 고려대 만송문고본『모재집』
「시집」(권3) 15앞 '최동지세진만' 부분

1542년(『중종실록』 중종 37년
2월의 기사에 의함)으로부터 역산하여 1473년(성종 4년)을 그의 생년으로 본
것이다.

이것이 그동안 학계에 통용되었으나 이숭녕(1976:89~91)에서 『국조문과
방목國朝文科榜目』의 한 이본異本을 소개하며 그곳의 최세진에 관한 기사 가운
데 '병오원丙午員'이란 기사에 착안하여 새로운 주장을 폈다. 즉 『국조방목』
의 봉세자별시방목封世子別試榜目에 "講肄習讀崔世珍, 字公瑞, 同知, 丙午員
父正潑 [하략]"이란 기사의 '丙午員'을 '丙午生員'으로 보아 최세진이 성종
병오(丙午, 1486)의 생원시生員試에 합격한 것으로 추정하고 최세진이 성종 4
년(1473)에 출생하였다면 성종 병오의 생원시에 합격했을 때에는 나이가
불과 14세이므로 불합리하다고 주장하여 성종 4년에 출생했다는 종전의
가설에 이의를 제기하였다.

이어서 김완진(1994)에서는 중인中人으로서 최세진의 생애가 검토되었고

문과방목의 여러 이본의 기사와 그 신빙성에 관한 문제가 거론되었다. 그리고 안병희(1997)에서 김안국의 만사가 실린 『모재집』에 대한 서지학적 검토와 오자가 있음을 지적하면서 '逆旅浮生七十翁'의 해석에서 70을 살다 간 최세진을 말하는 것이 아니라는 견해를 피력하였다.

그 후에 졸고(1999a, b)에서는 이 이본異本의 '병오원丙午員'[49]이 성종 병오 (1486)의 역과譯科에 합격하여 사역원司譯院에 출사出仕한 것을 말하는 것으로 보았다. 대체로 사역원의 역생들이 역과 복시覆試에 응과應科하는 연령이 보통 20세 전후이므로 이때로부터 역산하여 세조 11년(1465)경에 태어난 것으로 보았고 따라서 그의 향년을 77세로 추정한 것이다. 또 문제가 된 김안국의 '최동지세진만사'(『모재집』 권3 15장 앞)에 나오는 '浮生 70'은 김안국 자신을 가리키는 것으로 보고 다음과 같이 전문을 풀이하였다.[50]

逆旅浮生七十翁(잠깐 다녀가는 뜬구름 같은 인생 70의 노인이)

親知凋盡寄孤躬(친한 이는 모두 사라져 이 몸만이 고독하게 남아 있구나)

登名四紀幾更變(과거 급제에 이름을 올린 지 40년, 그동안 몇 번이나 세상이 바뀌었는가?)

餘榜三人又失公(동방 가운데 남은 것은 셋인데 또 공을 잃었으니)

---

49 김완진(1994)에 의하면 방종현 선생은 이 부분을 '丙午參'으로 보았고 또 다른 방목에서는 이 부분이 누락된 점을 분명히 하였다. 이 논고에서는 원전의 비판이 매우 중요함을 강조하였고 필자는 여기에 참으로 시사받은 바가 많다.

50 필자가 졸고(1999a)를 쓸 때에는 안병희(1997)를 보지 못한 상태였다. 오자가 교정되지 않은 김안국의 만시(挽詩)를 몇 번이고 풀이하려다가 도저히 해석이 되지 않아서 원문을 찾게 되었고 그 결과 몇 군데 오자가 있음을 알게 되어 이를 바로잡은 다음에 겨우 해독이 가능하였다. 그러나 이미 오자가 있는 것에 대하여는 안병희(1997)에서 논의되었던 것이다.

爲命自今誰共討(이세부터 사대문서를 지을 때에 누구와 더불어 토론하리오?)[51]

輯書裨後世推功(그에게는 책을 지어 후세에 도움을 주는 공이 있으나)

嗟吾後死終無益(슬프다! 나는 그보다 뒤에 죽으나 아무런 이익 됨이 없으니)

淚洒東風慟不窮(눈물을 동풍에 뿌리며 소리 내어 울기를 그칠 수가 없도다)[52]

안병희(1997)에서는 이 만사의 전문을 해석하지는 않았으나 중요한 오자에 대하여 언급하였고 안병희(1999a)에서는 최세진의 향년에 대하여는 76세로 추정하였으니 이 두 논문과 졸고(1999a, b)는 그때까지 묘지명을 보지 못한 탓으로 정확한 생년을 밝히지 못한 것이다.[53]

---

51 "爲命自今誰共討"의 '위명(爲命)'은 외교문서의 작성을 말하는 것으로 『논어(論語)』 '헌문(憲問)' 편에 "子曰: 爲命裨諶草創之, 世叔討論之, 行人子羽修飾之, 東里子産潤色之. — 공자가 말씀하시기를 위명, 즉 외교문서를 작성할 때에는 비심이 처음 짓고 세숙이 이를 토론하고 역관 자우가 이를 수식하고 동리의 자산이 이를 윤색하여 만들다." 라는 구절이 있어 여러 단계를 거쳐 문서가 작성됨을 말하고 있다. 최세진은 한이문에 능통하여 늘 사대문서를 지을 때에 이를 주관하였으므로 세숙(世叔)에 비견하여 '토론(討論)'하는 사람으로 본 것이다. 또 위의 해석에서 행인(行人)을 역관으로 본 것에 대하여 안병희(2007:101)에서 "사대부로서 외국의 빈객을 접대하는 직책의 관원"이라고 비판하였다. 조선시대의 역관(譯官)도 외국의 빈객(賓客)을 접대하는 관원이었고 중국에는 사대부(士大夫)란 계급이 존재하지 않았음을 감안할 때에 행인(行人)이 조선시대 역관과 같은 역할을 한 직책임을 충분히 이해할 것이다. 행인은 주대(周代)의 관리의 하나였고 한대(漢代)에 홍로시(鴻臚寺)의 속관(屬官)으로 대행인(大行人)과 소행인(小行人)이 있었다. 역관도 사역원의 속관(屬官)이다.

52 이 만시(輓詩)를 보면 대과의 방에 오른 지 40년(四紀)이란 글귀가 보여 역시 최세진의 죽음이 봉세자 별시의 대과에 합격한 연산군 9년(1503)으로부터 40년 후인 중종 37년(1542)의 일임을 말하고 있다. 김안국이 생원시(生員試), 즉 초시(初試)에 합격한 것은 전술한 『국조방목』의 기록에 의하면 연산군 신유(辛酉) 식년시(式年試, 1501년 시행)의 일이다. 김안국은 성종 9년(1478)에 출생하였으므로 23세 되던 해의 일이며 대과(大科)에 합격한 것은 3년 후의 일로서 그의 나이 26세의 일이다. 당시 최세진은 36세로서 10년의 차이가 있었으나 동방(同榜)이 되었으며 이후 김안국은 승문원(承文院)에 등용되어 박사(博士), 부수찬(副修撰), 부교리(副校理) 등을 역임하면서 최세진과 오랫동안 같이 근무하게 되었다.

53 안병희(1999b)에서는 졸고의 생년 추정에 대하여 "정광(1999:8)에서 77세를 산 것으로 기술하였으나 78세의 잘못이다. 만으로 나이를 계산한 것인지 모르나 생일이 분명하지 않으므로 어려운 데다가, 죽은 날짜가 2월 10일(辛酉)이므로 만으로 따지면 오히려 76세일 가능성이 큰 것이다."(p. 50의 주4)라는 지적이 있었다. 졸고(1999a)에서는 역과 등과의 평균 연령을 20세 전후로 보고 그로부터 추정하여 1476년경에 태어난 것으로 보아 77세쯤에 타계한 것으로 추정한 것인데 원문을 옮겨보면 "역과의 경우에는 사역원의 역생(譯生)들이 17세에 초시, 20세에 복시에 應科하는 것이 일반적이었다. 따라서 그가 만일 역과 초시에 합격한 것이라면 14세라도 불가한 것은 아니지만 복시에 합격한 것이라면 20세 전후에 응과한 것으로 보아야 할 것이다. 만일 그가 20세의 나이에 역과

6. 한글 발명과 보급에 기여한 인물과 연구

후에 학계에 소개된 최세진의 묘지명은 신문(『조선일보』 1999년 10월 12일

[사진 6-2] 최세진 묘지명의 탁본

자, 사진 포함)에 소개된 바와 같이 과천果川의 한 아파트 기초공사에서 발굴된 2매의 백자도판白磁圖版으로 모두 90자의 명문銘文과 지문誌文이 적혀 있다([사진 6-2] 참조). 안병희(1999b)에도 소개되었지만 여기에 옮겨보면 다음과 같다.

제1판 嘉善大夫 同知中樞府事 兼五衛將 崔公世珍之墓
東爲貞夫人 永川李氏之墓 夫人嘉靖辛丑九月葬{夫人年四十七終}[54]

제2판 年至七十五 嘉靖壬寅以疾終 同年四月二十日葬于果川縣
午坐子向之原 夫人先公一年七月二十九日終

이 묘지명에 의하면 그가 가선대부(嘉善大夫, 종2품)에 중추부中樞府 동지

복시에 합격한 것이 『통문관지』의 기사에 보이는 '成廟朝中院科選 ― 성종조에 원과에 선발되었다'이고 『국조방목』의 '丙午員'이라면, 그는 성종 병오(丙午, 1486)에 역과 복시에 합격한 것으로 볼 수 있으며 그로부터 20년을 소급하면 세조 11년(1465)에 출생한 것이 된다. 또한 『중종실록』의 기사와 같이 중종 37년(1542)에 사망하였다면 그는 77세까지 산 것이 된다."와 같다. 그러나 이러한 연대 추정은 잘못된 것이다. 성종 병오(1486)에 역과 복시에 합격하였고 그것이 그가 20세의 일이었다면 그는 세조 13년(1467)에 태어난 것이 되어야 한다. 새로 발견된 묘지명에 의하면 최세진의 향년이 75세라고 하였으니 그는 세조 14년(1468)에 태어난 것으로 계산된다. 그렇다면 성조 병오(丙午)의 합격은 그가 19세의 일로서 졸고(1999)에서 향년을 77세라고 한 것이라든지 생년을 세조 11년으로 한 것은 나이 계산에서 1년을 더하는 것을 미처 생각하지 못한 때문이다.

54 { } 안의 글자는 쌍행(雙行) 협주(夾註)로 된 것임.

사同知事와 오위장五衛將을 겸한 것이 가장 높은 버슬이었음을 알 수 있고 그가 나이 75세인 가정嘉靖 임인壬寅, 즉 중종 37년(1542)에 병사하였음을 알 수 있다. 또 과천현果川縣의 남쪽 언덕에 묻었으며 부인은 영천永川 이씨로서 그보다 1년 먼저인 가정嘉靖 신축(辛丑, 1541) 7월 29일에 타계하였음을 알 수 있다.

이 묘지명으로 알 수 있는 사실들은 대부분 이미 실록 등을 통하여 알려진 것이나 그의 향년과 부인의 성姓과 생몰연대는 이것을 통하여 비로소 분명히 알게 된 것이다. 이에 의거하면 최세진은 향년 75세로서 실록의 죽은 날로부터 역산하면 세조 14년(1468)에 태어난 것으로 확인된다.

졸고(1999a, b)에서 최세진의 향년을 77세로 가정한 것은 앞에서 언급한 대로『국조방목』의 '병오원', 또는 '병오참'이란 기사와『통문관지』의 "成廟 朝中院科選"이란 기사에 의거하여 최세진이 성종成宗 병오(丙午, 1486)에 역과 합격하여 출사한 것으로 가정하였기 때문이다. 보통 역과 복시覆試에 응과하는 것이 20세 전후이므로 성종 병오丙午로부터 20년을 역산하여 세조 11년(1465)에 출생한 것으로 본 것이다.[55]

그러나 1468년 출생이라면 그는 19세에 역과 복시에 합격한 것이 되며 졸저(1990)에 의하면 조선 후기의 일이기는 하지만 영조 신묘(辛卯, 1771)의 역과譯科 한학漢學 식년시式年試에 응과한 유학기劉學基와 역시 역과 한학으

---

55 안병희(2007:98)에서는 필자가 "成廟朝中院科"로 이를 잘못 끊어 읽어 오해한 것이라 하였는데 필자의 어떤 논문에서도 이 구절을 이렇게 끊어 읽은 일이 없다. 졸고(2000a)에서는 "成廟朝中院科選, 補講肄習讀官 ― 성종조에 원과에 선발되어 강이습독관으로 임명되었다"로 이해하고 원과(院科)를 사역원(司譯院)에서 실시하는 역과 초시에 선발된 것을 말하는 것으로 보았을 뿐이다. 필자의 글을 읽고 논평한 것은 고마운 일이지만 쓰지도 않은 말을 지적하여 비판하는 것은 온당하지 않다. 오히려 이러한 오독(誤讀)은 안병희(2007:98)에서 밝힌 바와 같이 안병희(1997:135, 1999b:194~5)에서의 잘못을 스스로 지적한 것이다.

···
6. 한글 발명과 보급에 기여한 인물과 연구

로 정조 기유(己酉, 1789)에 응과한 유운길劉運吉 부자는 각기 22세와 17세의 나이에 복시에 합격한 일이 있으므로(졸저, 1990) 최세진도 19세에 역과 복시에 합격하여 강이습독관講肄習讀官으로 사역원에 출사한 것으로 보아야 할 것이다.

안병희(1999b:61)에서 주장한 대로 최세진이 생원生員으로 소과小科에 합격하여 바로 승문원의 강이습독관이 되었다는 추정은 납득하기 어렵다. 왜냐하면 승문원(承文院, 일명 槐院)은 조선 태종太宗 10년에 설치된 기관으로서 사대교린事大交鄰의 문서를 작성하는 곳이며 그곳의 강이습독관은 한어漢語와 한이문을 학습하고 실제로 사대문서를 작성하는 직책이기 때문에 대체로 문신文臣 가운데 한어와 한이문에 어느 정도 지식이 있는 인사가 참여한다. 따라서 생원 소과에 합격한 인물이 바로 한이문이나 한어를 학습하는 강이습독관이 될 수는 없고 또『문과방목』에 '병오원'으로 기록되지도 않는다.[56]

최세진의 출신

다음은 최세진의 출신 성분에 대하여 고찰하기로 한다. 최세진의 생애에 대한 연구에서 김완진(1994)과 안병희(1997, 1999a)에서 부각된 중요한 쟁점은 그가 과연 문과文科 합격의 문신文臣인가 아니면 한이과漢吏科 출신의 역관인가 하는 문제이다.

전자는 강신항(1966b, 1978)에서도 주장된 것으로『국조문과방목』에 연산군 9년(8월 28일 시행) 봉세자封世子 별시別試의 급제자 명단에 최세진의 이름

---

56 생원소과에 합격한 것으로『문과방목』에 '丙午員', 또는 '丙午參'으로 기록한 예는 찾기 어렵다. 졸고(1999a)에서 '병오원'이 '병오년에 관원이 되었음'으로 해석할 수 있다는 고문서 전문가인 안승준 선생의 지적을 참고할 수 있다.

이 보이기 때문이다. 이때에 유명한 김안국과 2등으로 합격하여 동방同榜이 된다. 그러나 졸고(1999a)에서는 『통문관지通文館志』'인물人物 최세진'조에 "中廟朝崔世珍卽漢吏科出身也 — 중종 때의 최세진은 한이과 출신이다"라는 기사가 있으며 졸저(1990)에서 밝힌 바와 같이 조선조에서는 중기부터 한이문漢吏文의 학습을 권장하기 위하여 한이과漢吏科 출신을 문과에 동방으로 창방唱榜하는 제도가 있었음을 상기하게 된다.

이에 근거하여 연산군 때에도 한어漢語와 한이문의 학습을 권장하기 위한 한이과를 문과文科와 병시幷試하여 문과 급제자와 동방의 영광을 준 것으로 보았다. 앞에 말한 『통문관지』의 기사는 바로 이 제도에 의하여 최세진이 한이과에 부거赴擧하여 급제하고 문과와 함께 동방에 창명唱名한 것을 말한 것으로 볼 수 있다.

즉, 졸저(1990)의 같은 곳에 인용된 『통문관지』(권2) 「권장勸獎」 제2, '과거科擧'의 '한이과'조에 "{額數} 只三人, {放榜} 殿庭放榜, 賜紅牌遊街, 中廟朝崔世珍卽漢吏科出身也. — 액수, 즉 급제자 수는 3인이고 방을 붙이는 것은 대궐의 뜰에 방을 붙여 알리며 홍패를 내려주고 거리에 유가한다. 중종조의 최세진은 바로 한이과 출신이다."라는 기사로 보아 최세진이 한이과 출신임을 분명하게 말하고 있다.[57]

이에 대하여는 졸저(1990)에 자세히 언급되었으므로 중복이 되어 구체

---

57 안병희(2007:96~97)에서는 『통문관지』의 이 기사를 믿을 수 없다고 한다. 모두 『패관잡기(稗官雜記)』(권2)의 '한이과(漢吏科)'조 기사를 옮긴 것이고 여기에 『통문관지』에서는 "中廟朝崔世珍卽漢吏科出身也."를 삽입한 것이라고 하였다. 그렇다면 『통문관지』와 『패관잡기』의 기사를 모두 믿을 수 없다는 말이 된다. 이처럼 사료(史料)의 기사를 믿을 수 없을 때에는 그에 상응하는 이유를 말하는 것이 옳은 태도이다. 『패관잡기』의 기사를 옮긴 것이라 믿을 수 없다는 것만으로는 납득이 되지 않는다. 오히려 『통문관지』에서는 『패관잡기』의 기사를 옮기면서 그에 해당하는 예로서 최세진의 경우를 든 것으로 보는 것이 옳은 것이다.

6. 한글 발명과 보급에 기여한 인물과 연구

적인 것은 피하겠으나 중요한 부분만을 다시 옮겨보면 다음과 같다. 조선 시대는 건국 초에 과거제도를 정하고 문과文科 이외에 무과武科, 의과醫科, 음 양과陰陽科, 한이과漢吏科, 통사과通事科를 두었다.

한이과는 태조太祖 원년元年 7월에 정한 과거법에는 없었으나 그 후에 과 제科制를 개정할 때에 권근權近의 소청으로 개설된 것으로『증보문헌비고增補 文獻備考』(권186) 「선고과選考科」 2, '과제科制' 2에 "權近上書曰: [中略] 漢吏之文 事大要務不可不重. 今醫, 譯, 陰陽, 律等學, 皆有科目. 而此獨無之, 誠闕 典也. 乞依前朝明科例, 文科試日并試. 吏文之士許於正科, 同榜唱名. 其赴 文科者, 有欲并試吏文者, 正科內加其分數. ― 권근이 상서하여 말하기를 '[중략] 한이문은 사대외교의 중요한 일로서 중하게 여기지 않을 수 없습 니다. 이제 의학, 역학, 음양학, 율학 등은 모두 과거가 있으나 한이학만 은 홀로 없어 법전(『경세육전』을 말함 ― 필자)에 빠졌습니다. 바라건대 전조 (고려조를 말함)의 명과明科의 예에 의거하여 문과 시험일에 함께 시험하고 한이문을 공부한 자도 정과正科에 응과할 것을 허가하여 동방창명하며 문 과에 부거한 자도 이문에 병시하기를 바라는 자는 정과 내에 그 점수를 추가하기를 바랍니다.'"라는 기사가 있어 문과 시험일에 한이문과漢吏文科를 병시(并試 ― 나란히 시험하다)하고 합격하면 문과 급제와 동방同榜에 창명唱名 하는 제도가 있었음을 알 수 있다(졸저, 1990:68~70).[58]

---

[58] 안병희(2007:96)에서는 이 기사가 『통문관지』에도 있으며 그 기사의 말미에 "出經濟六典"이라 하였으나 『경제육 전(經濟六典)』을 참고할 수 없으니 확인하기 어렵다고 하였다. 권근(權近)의 상서(上書)에 나온 내용은 시대로 보 아 바로 『경제육전』의 것으로 볼 수가 있다. 연세대학교 국학연구원에서 복원한 『經濟六典 輯錄』(신선원, 1993:190)에 이 부분이 「속집상절」에서 "經濟六典, 祖宗朝有漢吏學, 各別設局敎習 而又設漢吏科, 如陰陽醫譯之科, 但雜科則唱榜禮曹, 而漢吏則文武科唱榜時 後行隨班, 欲其殊異於雜科, 而使人勸勉也"와 같이 복원되었다. 확인하기 어려울 것이 전혀 없는 자료다.

이것은 최세진이 문과 급제가 아님을 전제로 하는 것으로 후술할 『국조 문과방목』(奎 106, 권 5)의 연산군 9년 계해 8월 봉세자별시 제2등 2인으로 "崔世珍, 同知精於吏文華語{未登第以質正官朝天, 臺諫以非舊例爲言. 成廟曰: 我作古例何妨?} — 최세진은 동지 벼슬을 지냈고 한이문과 중국어에 정통하였다{과거에 급제하지 않고 질정관으로서 중국에 간 것에 대하여 대간들이 옛 예에 어긋난다고 말하니 성종이 말하기를 '내가 고례를 만들면 무엇이 방해가 되는가?'라고 하였다}"라는 기사가 있어 이 사실을 뒷받침한다.[59]

그가 문신이 아니며 문과 급제가 아닌 것은 『중종실록』 중종 4년 1월 정유丁酉조의 기사에 신분상의 하자를 들어 그가 승문원承文院에서 사대부의 유생들과 함께 교육할 수 없으니 승문원 습독관習讀官의 직을 체임하라는 대간의 간쟁諫諍으로도 확인된다. 또 『중종실록』 중종 12년 12월 정미丁未조의 기사에 "한어에 능통하여 가업을 잃지 않고 요행히 과거에 올라 벼슬 길을 열었으며……"라는 기사가 있어 그가 역관의 집안으로 가업을 이어받아 역과에 올랐음을 말하고 있다.

모든 국조國朝 문과방목文科榜目에서와는 다르게 연산군 9년 봉세자 별시의 방목에서 유독 최세진만이 부친을 제외한 조부, 증조부, 외조부 등이 누

---

59 성종(成宗)이 구례(舊例)에 얽매이지 않고 최세진을 발탁하여 질정관(質正官)으로 중국에 파견한 일은 매우 유명한 일로서 『중종실록』에도 등장하며 『통문관지』(권7) '인물(人物)', '최세진'조에도 "[전략] 旣數年親講所業大加獎歎, 特差質正之官. 言官啓曰: 以雜職而補質正之官, 古無比例. 上曰: 苟得其人, 何例之拘? 自予作古可也. 累赴京師, [하략] — [전략] 이미 여러 해 동안 [임금이] 소업을 친강할 때에 크게 칭찬하였다. 특별히 질정관으로 보내니 언관들이 말하기를 '잡직으로서 질정관을 보하는 것은 옛 일에 없었습니다'라고 하니 임금이 말하기를 '진실로 그 사람을 얻었거늘 어찌 구례에 얽매이겠는가? 스스로 내가 고례를 만드는 것이 옳다'라고 하시다. 여러 번 북경에 가다. [하략]"이라는 기사가 있어 이미 성종 때에 중국어를 잘하여 임금의 총애를 얻었으며 문신이 갈 수 있는 질정관으로서 중국에 다녀왔음을 알 수 있다. 이후에는 사역원의 역관이 질정관으로서 중국에 가는 사행(使行)을 수행하는 것이 정식이 되었다(졸저, 1988).

6. 한글 발명과 보급에 기여한 인물과 연구

락되었고 본관도 불분명하게 기재되었다. 그가 한이과 출신으로서 역관의 자제이기 때문에 겨우 사역원 정正을 지낸 부친의 이름만 올랐고 나머지는 삭제한 것으로 보아야 할 것이다.[60]

그가 문과에 합격한 것이 아니라는 무엇보다도 중요한 증거는 앞에서 언급한 새로 발견된 묘지명에 대과급제大科及第에 관한 기사가 없다는 것이다. 보통의 묘지명에는 반드시 적혀야 할 이 부분이 누락된 것은 그가 대과大科에 정식으로 급제한 것이 아니기 때문으로 보아야 할 것이다.[61]

최세진의 가계

『국조문과방목』에 등재된 최세진의 가계에서 유일하게 부친의 이름만 실렸다. 김완진(1994:74~76)에 의하면 '문과방목'이란 제하의 역대 문과 합격자의 명단을 실은 문헌은 『문과방목文科榜目』(奎 34, 선조 32~고종 22)을 비롯하여 『국조문과방목國朝文科榜目』(奎 106, 태조~영조 50), 『국조방목國朝榜目』(奎 5202, 고려 충렬왕~조선 고종), 『국조방목』(奎 11655 귀중본, 태조 1~고종 31), 『국조방목』(古 4650, 태조~영조 19), 『국조문방國朝文榜』(古 4950, 태조~순조), 『국조방목』(想, 태조~성종)[62] 등 서울대학교 소장본만 7개를 헤아린다. 이 가운데 최세진에 관한 기사가 가장 자세한 것은 『국조문과방목』(奎 106)으

---

60 역과에 응과할 때에도 사조단자(四祖單子)를 제출하고 역과 시권(試券) 오른쪽 상단에 사조(四祖)를 기록하여 호봉(糊封)하는 제도가 있어 역과에 응시하는 거자(擧子)들도 모두 가계(家系)를 밝히게 되었으나(졸저, 1990) 최세진의 경우는 문과방목(文科榜目)에 기재할 때에 문신(文臣)들이 일부러 뺀 것으로 본다. 뿌리 깊은 잡과(雜科) 출신자에 대한 차별의식의 발로라고 볼 수 있다.

61 이에 대한 졸고(2000a)의 지적에 안병희(2007)에서는 아무런 이의가 없었다. 최세진이 중인(中人)이 아니고 양반사대부라는 중요한 증거가 봉세자(封世子) 별시(別試)의 문과방목에 이름이 있다는 사실인데 그의 묘지명에 이 사실을 누락한 것에 대한 어떤 해명은 있어야 할 것이다.

62 '想'은 '상백문고본(想白文庫本), 즉 이상백 문고본'을 말함.

로시 그 부분을 옮겨보면 다음과 같다.

習讀 崔世珍, 公瑞, 父正潑, 曾, 外, 妻父.

同知精於吏文華語,

未登第以質正官朝天, 臺諫以非舊例爲言, 成廟曰: 自我作古何妨?

槐山人.

이 외에『국조방목』(奎 5202)에는 "習讀 崔世珍 公瑞 同知精於吏文 父"라는 기사밖에 없고『국조방목』(奎 11655, 귀중본)에는 "講肄習讀 崔世珍 公瑞 同知 父正潑 丙午員"이란 기사가 있다. 나머지 방목에는 그나마 부명父名도 보이지 않는다. 여기서 최세진의 부는 '최정발崔正潑'로 보거나 또는 '사역원의 정正을 지낸 최발崔潑'로 보기도 한다. 김완진(1994)에서는『성종실록』성종 13년 11월조의 기사에 "差通事, 司譯院副正崔潑, 云云"에 등장하는 사역원 부정副正 최발을 말한 것으로 볼 수 있다고 하였으며 방종현 선생은 신숙주의 '제역생최발약운도題譯生崔潑約韻圖'에 나오는 역생 최발崔潑로 생각하기도 하였다.

아마도 세조 때에 사역원의 역생이었던 최발이 사역원의 부정副正을 거쳐 정(正, 정3품)까지 승진한 것으로 추측된다. 다만『통문관지』(권) 인물 '최세진'조의 기사에도 그의 부명에 대하여 기재된 바가 없고『국조방목』의 기사에 '父正潑'을 '司譯院 正의 崔潑'로 볼 수 있는가 하는 문제는 남아 있다. 이것은『국조방목』의 최세진에 관한 기사가 한이과 합격을 동방창명同榜唱名한 것으로 본다면 다른 합격자와는 별도로 기재되었을 가능성이 있고 실제로『국조방목』의 기사가 동방 김안국과 비교할 때에 매우 다른 것을 볼 수 있다.

6. 한글 발명과 보급에 기여한 인물과 연구

최발이 최세진의 친부였다면 그는 분명히 역관이었고 그의 가업을 이어받은 최세진도 역관이 아니라고 할 수 없을 것이다. 특히『통문관지』의 '인물'조에 최세진 이름이 보이는 것은 그가 비록 연산군 때에 문과와 동일한 시기에 시행된 한이과에 급제하여 홍패紅牌를 받았지만 어디까지나 역관이었기 때문이다.『통문관지』의 '인물'난에는 결코 한 사람의 문신文臣도 그 이름을 볼 수 없다.[63] 즉『통문관지』(권7)의 '인물'조에는 조선 태종 때의 원민생元閔生을 비롯하여 수십 명의 명역관名譯官들이 그의 행장行狀을 싣고 있다.

이 가운데 최세진도 들어 있으며 중종 때에 최세진과 함께 활약한 역관 이화종李和宗의 이름도 최세진과 나란히 등재되었다.[64] 여기에 실린 인물들은 하나같이 사대교린의 외교활동에 유공한 역관들이다. 유신儒臣은 한 사람도 보이지 않는다. 만일 최세진이 대과大科에 급제한 유신이었다면『통문관지』의 '인물'난에 들어 있을 수가 없을 것이다. 그와 동방이었던 김안국金安國도 물론 이 명단에는 들어 있지 않다. 만일 최세진이 유신인데 이『통문관지』의 '인물'조에 그의 이름이 들어 있다면 최씨 문중門中에서 그대로 있을 리가 없다.

또 하나 최세진이 한이과 출신의 역관이라는 증거는 그가 받은 관직이 대부분 상호군上護軍, 부호군副護軍, 오위장五衛將 등의 위직衛職이었다는 사실이다. 즉 졸고(1999a, b)에 의하면 중종 12년(1517) 11월에『사성통해四聲通解』를

---

63 『통문관지』의 편찬과 제이본에 대하여는 졸고(1992)를 참조할 것.

64 안병희(2007:102)에서도 이화종이 역관 또는 통사임을 인정하면서 최세진과는 신분상의 차이가 있다고 하였다. 그런데 동일하게『통문관지』의 '인물'난에 신분상의 차이가 있는 두 사람이 실릴 수 있는가? 이 책의 편찬자가 자의로 그를 역관으로 본 것이라고 하였다. 과연 김지남(통문관지의 편찬자)이 자의로 이렇게 할 수 있는지는 잘 납득이 되지 않는다.

완성하였을 때에 그의 벼슬은 사역원 한학교수 겸 승문원承文院의 참교(參校, 종3품)로서 내섬시內贍寺의 부정副正을 겸임하였고 같은 해 12월 6일에 그는 내섬시 정(정3품 당하관)으로 승진하였다고 하였다.

비록 직임職任은 내섬시 부정이든지 승문원 한학교수 등이었으나 녹봉은 서반직의 것을 받았다는 사실이다. 예를 들어 중종 32년(1537) 12월 15일에는 상호군上護軍 최세진이 『운회옥편韻會玉篇』과 『소학편몽小學便蒙』을 저술하여 임금에게 바쳤으며 중종은 이것을 높이 평가하여 상으로 안장이 갖추어진 말과 술을 지급하였고 첨지중추부사僉知中樞府事를 제수하게 하였다는 기사가 실록에 기재되었다.

또 중종 34년(1539) 5월 17일에는 부호군副護軍 최세진이 『대유대주의大儒大奏議』2권과 『황극경세설皇極經世說』12권을 임금에게 바치니 중종은 상으로 술을 내려주었고 품계를 올렸다는 기사가 있다. 그리하여 그는 승문원承文院 제조(提調, 종2품)로서 오위장(五衛將, 종2품)이 되었는데 이들 상호군上護軍, 부호군副護軍이나 오위장五衛將은 모두 서반西班의 직책이다.[65] 만일 그가 역관이 아니고 대과급제의 문신이었다면 상호군, 부호군, 오위장 등의 군직을 이렇게 지속적으로 받을 수가 없다. 조선조 후기의 일이지만 졸저(1990)에서는 역관들에게 위직을 제수하여 녹봉을 받게 하는 조선왕조의 제도에 대하여 자세하게 언급하였다.

무엇보다도 중요한 것은 『중종실록』에서 최세진을 역관으로 취급하였다

---

65 안병희(2007:105)에서 최세진이 서반(西班)의 군직(軍職)을 받은 것으로 그가 역관임을 증명할 수는 없다고 하였다. 그러나 이미 조선시대에 역관들은 소위 위직(衛職)이라 하여 병조(兵曹)로부터 녹봉(祿俸)을 받는 것이 상례였다(졸저, 1990). 그리고 다른 문신(文臣)들이 서반의 직을 받았을 때에는 일시적이고 그 임무가 끝나면 바로 동반(東班)의 직으로 돌아가 녹봉을 받는다. 최세진처럼 계속적으로 군직으로 남아 있지는 않는다.

6. 한글 발명과 보급에 기여한 인물과 연구

는 것이다. 즉『중종실록』(권45) 중종 15년 3월 병오丙午조에 "임금이 이르기를 '[중략] 또 승문원의 일은 지극히 중대하므로 늘 검거해야 하니 이화종ㆍ최세진을 일시에 함께 북경에 보내는 것은 불가하다'라고 하시니 남곤南袞이 아뢰기를 '주청奏請하는 일은 지극히 중대한 일인데 황제皇帝가 남경南京에 있으니 해당 부서에서 명을 청하자면 두 곳을 왕래하는 동안에 사신이 오래 북경北京에 머물러야 하고 따라서 사명辭命을 전달함에 있어서 언어가 소통되어야 하는 것이니 반드시 한어에 익숙하고 중국 조정의 일에 익숙한 자라야 할 것입니다. 이렇다면 이화종ㆍ최세진을 함께 보내지 않을 수 없습니다'라고 하다. [하략]"이라는 기사가 있어 최세진은 당시 승문원에서 역관 이화종李和宗과 함께 명明에 보내는 모든 사대의 문서를 검토하였으며 두 사람이 일시에 승문원을 비울 수 없을 정도로 그는 명과의 접촉에서 중요한 인물이었음을 말하고 있다.

더욱이 이화종이 연로하여 은퇴한 다음에는 오로지 최세진 혼자 명과의 접촉을 전담하게 되었다는 기사도 보인다. 이와 같이『중종실록』에서는 그를 유신儒臣으로 보지 않고 이화종 등과 같은 부류로 보고 있는 것이다.

이상과 같이 최세진은 역관 출신의 중인가계中人家系로서, 전술한『국조방목』이나『국조문과방목』에도 그의 조부나 증조부, 외조부, 장인에 대한 기록은 남아 있지 않다. 그는 부친을 따라 사역원에 입속入屬하여 한어漢語를 학습하였고 앞에서 살펴본 바와 같이 성종 때에 사역원에서 시행한 역과譯科에 급제하여 강이습독관講肄習讀官이 되었다. 또 역과에 합격하여 사역원에 출사한 이후 한어 역관으로 활약하였으며 그가 질정관質正官이 되어 중국에 다녀온 일에 대하여는 많은 기록이 남아 있다.

최세진의 행장

최세진은 연산군 9년(1503) 5월에 사역원 제조提調 이세좌李世佐의 천거로 중국에서 온 사신使臣에게 한어를 배웠으며, 이어서 8월에 전술한 봉세자封世子 별시別試의 한이과에 응과하여 합격한 것으로 보인다. 이 과거에는 한어와 한이문의 학습을 권장하기 위하여 문과文科 이외로 한이과漢吏科를 병시幷試하였는데 최세진은 이에 합격하여 문과 급제자와 동방同榜의 영광을 얻은 것으로 생각할 수 있다.

최세진은 봉세자별시에 급제한 이후 사역원에 출사하였으나 연산군 9년 9월에 이세좌가 갑자사화甲子士禍로 처형되자(『연산군일기』 권56, 연산군 9년 12월조의 기사), 그의 천거를 받은 바 있는 최세진의 급제도 파방罷榜되었다. 거기에다가 파방 이후에 익명서의 투척자로 의심을 받았으나 다행히 승지承旨 권균權鈞이 변명하여 겨우 국문鞫問을 면하였다. 그러나 후일 최세진은 중국에서 사신이 왔을 때에 어전御前에서 통역한 공로를 인정받아 홍패紅牌를 환급받았다.

즉 연산군 12년 3월 13일 중국의 사신이 와서 왕을 뵙겠다고 하였으나 마땅한 통사通事가 없어 최세진이 이를 담당하였으며 이 공로를 인정받아서 파방이 취소되었다. 따라서 약 2년에 걸친 자격정지였으나 최세진은 이 때문에 학문에 대한 의욕을 잃어버린 것으로 보인다. 연산군 때에는 다른 모든 학문 분야와 같이 역학도 침체되었고 이 시대의 최세진도 별다른 학문적 업적을 남기지 못하였다.

최세진의 학문 활동은 중종 대에 들어와서 활기를 찾는다. 중종반정 이후 최세진은 연산군의 사위사辭位使인 김응기金應箕와 중종의 승습사承襲使인 임유겸任由謙이 북경에 갈 때에 질정관으로 동행하여 많은 활약을 한다(『중종실록』 중종 2년 2월 기축조의 기사 참조). 이후부터 최세진에 대한 중종의 총애는 각별하게 되었으며 그에 따른 문신들의 시기와 모함이 잇달았다.

그 후에 최세진은 한어 교육에 전념하였고 점차 그의 한이문에 대한 지식이 인정되어 동반東班으로 천전遷轉하게 되었으며 문신文臣의 반열에 들게 되었다. 이로 인하여 그가 문신이란 오해를 불러온 것으로 보인다. 역관譯官이 여러 공功을 세워 동반으로 천전하는 제도에 대하여는 『통문관지』(권2) 「권장勸獎」의 '천전遷轉'조에

漢學習讀官, 所業精通者啓授顯官. {出經國大典} 漢學講肄官雖未經守令, 依承文院例加階. {出大典前續錄} 漢學習讀官嚴立科程, 怠慢者黜之, 或用於殿最, 精通者成效者遷之東班. {出受敎輯錄} — 한학 습독관으로서 맡은 업무에 정통한 자는 계階를 올려 현관, 즉 양반 사대부가 할 수 있는 관직을 준다. {〈경국대전〉에서 나오다} 한학의 강이관, 즉 강의를 담당한 역관은 승문원의 예에 따라 품계를 더 올린다. {대전 〈전속록〉에서 나오다} 한학 습독관은 교과과정을 엄하게 세워서 태만한 사람을 내어 쫓거나 혹은 전최殿最의 고과 성적을 적용하고 정통한 사람이거나 일찍 효과를 본 사람은 동반東班으로 옮겨준다. {〈수교집록〉에서 나오다}

라는 기사가 있어 강이습독관에서 우수한 성적을 올린 사람은 동반으로 천전하는 제도가 있었음을 알 수 있다.[66] 뿐만 아니라 사역원의 한학교수와 승문원承文院의 훈회訓誨 겸 습독관으로서 후학의 교육에 전념하게 된다

---

66 최세진은 이 경우에 모두 해당된다. 따라서 국법에 따라 문신(文臣)의 반열에 들어간 것이다.

(『중종실록』중종 10년 11월 병신조의 기사 참조).

중종 12년(1517) 11월에 『사성통해四聲通解』를 완성하였는데 이때에 그의 벼슬은 사역원 한학교수 겸 승문원의 참교(參校, 종3품)로서 내섬시內贍寺의 부정副正을 겸임하였다. 같은 해 12월 6일에 그는 내섬시 정(正, 정3품 당하관)으로 승진하였다.[67] 그러나 이때에도 문신文臣의 관직을 역관 출신에게 제수하는 것에 대한 대간의 탄핵이 있었다.

이때의 탄핵은 '종 천비千非'의 사건과 관련이 있다. 이 사건은 내관內官인 이평李坪과 강석손姜碩孫 등이 사온서司醞署의 여종인 천비를 심사도 하지 않고 함부로 궁중을 출입하게 하였다. 그러던 중에 천비가 쌀을 가지고 나가다가 체포되어 한바탕 소동이 일어났다. 사온서는 술을 만들어내는 관청이고 내섬시는 그 술을 공급하는 기관이어서 천비의 잘못을 내섬시의 장관인 최세진에게 묻게 된 것이다.

이때에 문신들은 다시 한 번 최세진을 경솔하고 미천해서 장관에 적합하지 못하다고 탄핵하여 천비의 사건과 관련하여 그의 신분이 양반 사대부가 아님을 문제 삼았다. 춘추관春秋館의 사관史官들도 최세진에 대하여 "성품이 본시 탐비貪鄙하나 한어에 능통하여 가업을 잃지 않고 요행히 과거에 올라 벼슬길을 열었으며, 통사나 습독관을 선발할 때에 그 권세를 이용하여 부를 축적하였다."라고 동조하였다(『중종실록』중종 12년 12월 정미 및 무신조 기사 참조). 이로써 그가 중인中人 출신임에도 불구하고 권력과 재물을 향유하고 있는 것에 대한 문신들의 시기가 여간 심한 것이 아니었음을 알

---

67 내섬시(內贍寺)는 태조 1년에 설치했던 덕천고(德泉庫)를 태종 3년에 개칭한 것이다. 여러 궁전에 대한 공상품이나 2품 이상에게 주는 술, 왜인(倭人)과 여진인에게 주는 음식과 직포 등을 관장하는 기관이었다. 호조(戶曹)에 소속되었으며 정3품 당하관이 정(正)을 맡았다.

수 있다. 여종 천비의 사건으로 불거진 최세진의 탄핵은 마침내 그를 예빈시禮賓寺의 부정(副正, 종3품)으로 강등시키고 만다.

이후에도 최세진에 대한 문신들의 탄핵은 계속되어 여러 차례 그를 벼슬에서 몰아내려고 하였으나 중종은 끝내 이를 윤허하지 않았다. 최세진이 한어에 능통하여 명과의 교섭에서 빠질 수 없는 인물이기 때문에 조정도 그를 파직할 수 없었던 것이다. 또 이때의 탄핵이 과격하였음은 실록을 작성하는 춘추관의 사관史官들도 인정하고 있다. 즉, 『중종실록』 중종 13년 4월 무자戊子조에 "사신史臣은 논한다. [중략] 근일에 와서 언론을 담당한 자가 지금의 쌓인 폐단을 밉게 보아 하루아침에 없애고 싶은 생각을 하나 한갓 공의만 믿고 과격하게 논란하여 너무 지나치게 탄핵한다. [중략] 위로 군덕君德을 보충하고 아래로 민심을 진정시켜 치화治化를 밝히는 것이 참으로 급선무라고 할 것이다."라는 평가를 내리고 있다.

중종 15년에 최세진은 사역원 정(正, 정3품)이 되었다. 문신들의 탄핵은 이때에도 계속되었으나(『중종실록』 중종 15년 4월 을해조 기사 참조) 이때의 문신들의 탄핵은 그가 잘못된 인물이어서가 아니라 최세진의 한어와 한이문漢吏文에 대한 탁월한 실력을 시기하고 자신들의 열등의식에 대한 질투에서 연유된 것이다. 그것을 증명하는 한 예로서, 『중종실록』 중종 15년 4월 을해乙亥조의 기사에 남곤南袞이 그를 변호한 내용을 들 수 있다.

즉 대간臺諫 유형俞炯이 경연經筵에서 최세진의 인품이 한 관사官司의 장관이 될 수 없다고 탄핵한 것에 대하여 당시 이 경연의 영사領事였던 남곤이 변호하기를 "육시칠감六寺七監의 일은 정正이 통솔하며 그 직위는 참의參議의 다음이므로 가려 써야 한다는 말은 참으로 마땅합니다. 그러나 신이 전에 최세진과 함께 북경에 갔었는데 그 사람 됨과 학문이 천박하지 않았습니다. 한이문과 한어를 잘 알 뿐만 아니라 숭국 사람의 문답文談도 잘 알아들었으니 그 지식이 많음을 알 수 있습니다."라고 하여 그의 학식과 인품이 결코 천박하지 않았음을 말하고 있다. 이로 인하여 춘추관의 사관들도 최세진의 탄핵이 공정하지 못하였다고 보았던 것이다.

이후부터 최세진에 대한 대간의 탄핵은 수그러들고 그의 한어에 대한 실력은 더욱 인정을 받아서 중용이 되었으며, 특히 중국과의 외교 임무를 수행하는 데 없어서는 안 될 인물이 되었다. 중종 13년 7월에 주청사奏請使로 가는 남곤·이자李耔와 성절사聖節使로 가는 방유녕方有寧 등과 함께 최세진도 질정관으로 중국에 가게 되었으며 그때 최세진의 서열은 삼사三使에 버금가게 되었다. 그리하여 중종 시대의 명明과의 접촉에서 그는 어전 통역을 비롯하여 외교문서의 해독에 이르기까지 거의 모든 절차에 관여하게 되었으며 잠시라도 그 직을 떠날 수 없게 되었다(『중종실록』 중종 15년 3월 병오조 기사 참조).

당시 최세진은 승문원에서 역관 이화종李和宗과 함께 명에 보내는 모든 사대의 문서를 검토하였으며 두 사람이 일시에 승문원을 비울 수 없을 정도로 그는 중국과의 접촉에서 중요한 인물이었다. 더욱이 이화종이 연로하여 은퇴한 다음에는 오로지 최세진 혼자 명과의 사대외교를 전담하게 되었다.

중종 16년(1521) 초에 최세진은 질정관으로 다시 북경에 다녀왔다. 그런데 그가 들은 '명明이 공녀貢女를 원한다'는 정보를 조정대신에게 전하자, 조선은 이를 위하여 곧 채녀採女가 있으리라는 유언비어가 장안에 퍼져 일대 소동이 일어난다. 소위 채녀 사건으로 알려진 이 일은 최세진이 잘못된 정보를 유포하여 일어난 것이라는 대간의 탄핵을 받았으나 이번에도 좌의정

6. 한글 발명과 보급에 기여한 인물과 연구

남곤이 변호하여 겨우 무사할 수 있었다. 이 사건은 당시 명에 파견되는 통사通事들의 역할이 얼마나 중요한가를 보여주는 일이다. 이 사행에서 돌아오면서 그는 중종에게 소요건逍遙巾과『성학심법聖學心法』을 구하여 바쳤다.

중종 19년(1524) 2월에 임금은 예조禮曹의 주청에 따라 최세진에게『세자친영의주世子親迎儀註』와『책빈의주冊嬪儀註』를 번역하도록 명하였다. 이때에 그의 벼슬은 군자감軍資監의 정(正, 정3품 당하관)이었다. 또 중종 22년(1527) 3월 10일에는 한이문漢吏文을 익히는 관원을 전정殿庭에 모아 이문정시吏文庭試를 보았는데 최세진 등 5인이 합격하였다(『중종실록』 중종 22년 3월 丁亥조 기사 참조).

이때의 합격으로 최세진은 품계가 올라 절충장군(折衝將軍, 정3품 당상관)으로 승진하였다. 이에 대하여 전술한『통문관지』(권7)「인물」‘최세진'조에 "[前略] 嘉靖丙戌以吏文庭試第一, 特陞堂上, [下略] ― [전략] 가정 병술(1526)에 이문정시가 있었는데 1등을 하여 특별히 당상관에 승진하다, [하략]"이라는 기사가 있다.[68]

같은 해 4월에는『훈몽자회訓蒙字會』를 편찬하였고 10월에는 겸사복장(兼司僕將, 종2품)에 임명되었다. 중종 23년(1528) 1월에는 최세진 이외에 한어와 한이문을 아는 자가 없음을 걱정하는 정광필鄭光弼, 심정沈貞, 이행李荇 등의 계문啓文이 있었으며 같은 해 6월에는 중국에 보내는 차비문差備文 작성으로 최세진을 급히 불렀다는 기사가 있다(『중종실록』 중종 23년 6월 戊午조 기사 참조).

---

68 『중종실록』과『통문관지』의 기사가 1년씩 차이가 나는 것은 각기 다른 기록에 의거한 때문이다.『통문관지』의 기사는『패관잡기(稗官雜記)』에 의거한 것이다.

중종 25년(1530) 12월에 최세진은『황극경세서집람皇極經世書集覽』을 편찬하여 임금께 바쳤는데 이때의 벼슬은 일시 현직에서 물러난 첨지중추부사(僉知中樞府事, 정3품)였다. 그러나 중종 27년(1532) 9월 12일에『번역여훈翻譯女訓』을 저작하여 임금에게 바칠 때에는 오위장(五衛將, 종2품)으로 승진하여 다시 실직에 복귀하였음을 알 수 있다.

중종 31년(1536) 12월에는 중국에서 온 사신의 통역을 위하여 상중喪中인 최세진이 천거되었다. 그는 이미 노쇠하여 임무를 수행하기 어려웠고 겨우 상복을 벗었음에도 불구하고 그 외에는 이 일을 감당할 사람이 없어 어전통사御前通事로서 그를 임명하지 않을 수 없었다는 기사가『중종실록』(중종 31년 12월 壬午조)에 실렸다. 또 같은 해 12월 11일의 기사에는 최세진이 병들어 그 임무를 수행할 수 없어 많은 차질이 있었다는 내용이 있다.

그리고 다음 날인 12월 12일에는 사역원 제조提調였던 김안로金安老가 한어 교육을 강화하고 인재의 양성에 힘써야 하겠다는 주청奏請이 있었으니 최세진이 없으면 명明과의 접촉이 불가능할 정도였음을 알 수 있다. 최세진의 병은 그 이듬해 1월까지 계속되었다.

중종 32년(1537) 12월 15일에는 상호군上護軍 최세진이『운회옥편韻會玉篇』과『소학편몽小學便蒙』을 저술하여 임금에게 바쳤다는 기록이 있다. 특히 중종은 이것을 높이 평가하여 상으로 안장이 갖추어진 말과 술을 지급하였고 첨지중추부사僉知中樞府事를 제수하게 된 것이다. 또 중종 34년(1539) 5월 17일에는 부호군副護軍 최세진이『대유대주의大儒大奏議』2권과『황극경세설皇極經世說』12권을 임금에게 바치니 중종은 상으로 술을 내려주었고 품계를 올렸다는 기사가 있다. 그리하여 그는 승문원承文院 제조(提調, 종2품)로서 오위장(五衛將, 종2품)의 녹봉祿俸을 받았는데 역시 이때에도 대간臺諫들의 반대

6. 한글 발명과 보급에 기여한 인물과 연구

가 있었다. 그러나 중종은 대간들의 말을 듣지 않고 오히려 숙마(熟馬) 1필을 상으로 최세진에게 내림으로써, 그에 대한 왕의 신임이 어떠하였는가를 보였다.

같은 해 7월 24일에는 승문원에서 중국에 사은사(謝恩使)를 보내지 않고 동지사(冬至使)의 출발 일을 개정하는 일을 의논하여 임금에게 보고하였는데 이때에 승문원 도제조(都提調) 영의정 윤은보(尹殷輔)를 비롯한 조정의 중신들과 함께 오위장(五衛將) 최세진의 이름이 보인다. 특히 이때에는 동방(同榜) 김안국이 좌참찬(左參贊)으로 함께 의논에 참가하였다. 또 이해 8월 7일에는 이문정시(吏文庭試)를 보았는데 최세진이 수석으로 뽑혀 특별히 가자(加資)하였다는 기사가 실록에 나타난다. 아마도 이때에 동지중추부사(同知中樞府事, 종2품)의 직함을 받은 것으로 보인다. 이에 대하여는 전술한 『통문관지』의 같은 곳에 "[前略] 己亥又試第一陞嘉善, [下略] — [전략] [중종] 기해년(1539)에 또 시험을 보아 1등을 하여 가선대부(嘉善大夫, 종2품)에 승진하다, [하략]"이라는 기사가 있다.

중종 35년(1540)에는 건강이 나빠진 것으로 보이는데 10월 13일자 실록의 기사에는 중국에서 보내온 『문견등록(聞見謄錄)』이 한이문이 섞여 있어 해독하기 어려우므로 최세진에게 읽히려 하였으나 그가 병으로 입궐할 수 없어서 다른 이문학관(吏文學官)으로 질정하게 하였다는 기사가 있다. 이때에 그의 나이는 이미 75세를 넘었다. 중종 36년(1541) 6월에 그는 중국 남경(南京)의 궁궐과 도성(都城), 산천(山川)을 그린 『경성도지(京城圖志)』와 『여효경(女孝經)』[69], 그리고

---

69 『여효경(女孝經)』은 진막(陳邈)의 아내 정씨가 지은 것으로 『효경(孝經)』의 장수를 모방하여 찬집(撰集)한 것이다. 그림도 있고 전(傳)도 있는 것이 우리나라의 『삼강행실도(三綱行實圖)』와 같았다고 한다. 『중종실록』 중종 36년 6월 임신(壬申)조의 『여효경』 주를 참조.

지도 1축을 신상하였는데 임금은 숙마 1필을 하사하여 이에 답례하였다.

중종 37년(1542) 2월 10일에 최세진이 세상을 떠났으니 그때 그의 벼슬은 상술한 동지중추부사였다. 실록에 그의 죽음을 기재하면서 "최세진은 미천한 가문에서 태어났지만 어려서부터 학문에 힘썼으며 더욱이 한어漢語에 정통하였다. 과거에 급제하여서는 모든 사대에 관한 이문吏文을 맡아보았고 벼슬이 2품에 이르렀다. 저서로는『언해효경諺解孝經』과『훈몽자회訓蒙字會』,『이문집람吏文輯覽』이 세상에 널리 알려졌다."라는 평을 남겼다. 출신은 비록 한미寒微하였지만 오로지 학문에 몰두하여 입신출세한 의지의 인물이었음을 알 수 있다.

이상의 논의로 최세진의 일생을 정리하면 다음과 같다.

세조 14년(戊子, 1468); 역관譯官 최발崔潑의 아들로 태어남.

성종 17년(丙午, 1486); 사역원司譯院 역과譯科에 합격.

성종 17년(丙午, 1486); 연산군 9년(1503); 사역원 강이습독관講肄習読官으로 한어 학습.

연산군 9년(癸亥, 1503) 8월; 한이과에 장원급제하여 봉세자 별시에 2등 2인으로 동방창명同榜唱名.

9월; 갑자사화甲子士禍로 파방罷榜, 즉 봉세자 별시의 합격이 취소됨.

연산군 12년(丙寅, 1506) 1월; 익명서 투척의 의혹을 받았으나 승지 권균權鈞의 발명으로 무사함.

3월; 어전 통역의 공로로 홍패紅牌를 환급還給받음. 파방이 취소되고 다시 사역원의 강이습독관이 됨.

중종 2년(丁卯, 1507); 연산군의 사위사辭位使와 중종의 승습사承襲使를 수행하여 중국에 감.

중종 4년(己巳, 1509) 1월; 상중喪中 작첩作妾으로 대간臺諫의 탄핵을 받아 강이습 독관을 면함. 이때에『노걸대』,『박통사』를 번역한 것으로 보임.

중종 10년(乙亥, 1515) 11월; 사역원의 한학 교수, 승문원의 훈회訓誨 겸 습독관 으로 한어漢語와 한이문漢吏文의 학습에 임함.

중종 12년(丁丑, 1517); 승문원 참교參校, 사역원 한학교수에 재임명.

11월;『사성통해四聲通解』완성.

12월; 내섬시內贍寺 정正에 임명, 대간의 탄핵으로 파직. 예빈시禮賓寺의 부 정副正으로 좌천.

중종 13년(己卯, 1518) 4월; 예빈시 부정으로 있는 최세진을 대간(태간)이 탄핵 함.

7월; 주청사奏請使와 성절사聖節使의 사행을 수행하여 북경에 감.

중종 15년(庚辰, 1520) 4월; 사역원 정正에 임명됨. 다시 대간의 탄핵을 받았으나 무사함.

중종 16년(辛巳, 1521); 연초에 북경에 감. 채녀採女 사건으로 대간의 탄핵을 받 았으나 영의정 남곤南袞의 변호로 무사함.

중종 19년(甲申, 1524) 2월;『세자친영의주世子親迎儀註』와『책빈의주册嬪儀註』의 번역 을 명받음. 벼슬은 군자감軍資監의 정正.

중종 22년(丁亥, 1527) 4월;『훈몽자회訓蒙字會』를 완성함.

중종 25년(庚寅, 1530) 12월;『황극경세서집皇極経世書集』을 진상. 첨지중추부사僉知 中樞府事의 직에 있었음.

중종 31년(丙申, 1536) 12월; 병환이 들어 출사를 못함. 그로 인하여 조정에서는 사대외교에 많은 차질이 생김.

중종 32년(丁酉, 1537) 12월;『운회옥편韻会玉篇』,『소학편몽小学便蒙』을 저술하여 임금께 진상하여 안구마鞍具馬와 술을 하사받음. 벼슬은 상호군上護軍.

중종 34년(己亥, 1539) 5월; 승문원 제조提調로서『대유대주의大儒大奏議』2권,『황극경세설皇極経世説』12권을 진상함.

중종 35년(庚子, 1540) 10월; 다시 병석에 누웠음.

중종 36년(辛丑, 1541) 6월; 중국 남경南京의 지도인『경성지京城志』와『여효경女孝経』, 그리고 지도 한 축을 임금께 올림.

중종 37년(壬寅, 1542) 2월 10일; 최세진 사망. 벼슬은 동지중추부사同知中枢府事였음.

5. 한글의 중흥과 최세진

한어漢語 역관으로서의 최세진은 주로 한어와 한이문漢吏文에 관한 연구가 주종을 이루었으나 말년에는 우리 한자음과 한자 교육에도 많은 관심을 가졌다. 그는『훈몽자회訓蒙字会』를 편찬하여 우리 한자음 연구와 신문자인 한글의 보급에 하나의 기원을 이루었다.『훈몽자회』는 미암眉巖 유희춘柳希春의『신증유합新增類合』과 같이 역관의 저서가 아닌 유신儒臣의 저작에 해당하는 것이다. 실제로 그 자신이『효경언해孝經諺解』와 같은 문신文臣의 저작을 간행한 일도 있어서 그를 문신으로 오해한 논문도 없지 않다.

『훈몽자회』는『천자문千字文』과『유합』과 같이 우리 한자음의 교육과 그 뜻을 가르치기 위한 아동용 교과서였다. 그리하여 서명도 '훈몽訓蒙'이란 이름을 붙였으며『천자문』과 더불어 조선조에서 가장 널리 보급된 한자 교과

6. 한글 발명과 보급에 기여한 인물과 연구

서의 하나로서 일본에서도 명성을 얻어 널리 사용되었다. 이 책은 한자 3,360자를 전실자(全實字, 실명자)와 반허자半虛字로 나누어 천문天文, 지리地理 등의 항목별로 배열한 일종의 분문分門 유별 어휘집이다.

최세진과 '언문자모'

특히 『훈몽자회』의 권두에 실린 범례凡例와 '언문자모諺文字母'는 최세진의 신문자 연구의 정수로서 그의 언문에 대한 견해를 살필 수 있게 한다. 이 책의 범례에 부재된 '언문자모'는 협주에 "俗所謂反切二十七字 ― 속되게 소위 말하는 반절 27자"라 하여 훈민정음이 언문諺文이란 이름 이외에도 '반절反切'이란 이름으로 불리었음을 알 수 있게 한다. 이 〈언문자모〉는 이 책의 범례에 "凡在邊鄙下邑之人, 必多不解諺文. 故今乃并著諺文字母, 使之先學諺文, 次學字會則庶可有曉誨之益矣. [하략] ― 무릇 변방이나 시골 읍의 사람들이 언문을 이해하지 못하는 수가 많아서 이제 〈언문자모〉를 함께 싣는다. 먼저 언문을 배우게 하고 다음에 훈몽자회를 배우면 깨우치고 이해하는 데 모두 도움이 있을 것이다. [하략]"이라 하여 전부터 있던 〈언문자모〉를 실어 언문을 깨우치게 하고 그로부터 훈몽자회를 배울 수 있게 하였음을 알 수 있다.

〈언문자모〉는 훈민정음의 보급을 위하여 후대에 간편한 이두자吏讀字를 써서 그 사용법을 설명한 것으로, 풀이의 간편성과 실제 문자생활을 영위하는 중인中人들의 이두 표기 방법으로 설명되어 신문자 보급에 크게 기여하였다. 이 〈언문자모〉는 아마도 훈민정음 제정 당시까지 거슬러 올라갈 수 있을 것으로 보인다. 적어도 이것은 세조 때의 『초학자회初學字會』에 부재되어 한자 교육에서 발음기호의 역할을 한 '언문자모'를 학습시키기 위한 것이 아닌가 한다.

그것은 본서의 제3장에서 논의한 바와 같이 세종의 둘째 따님인 정의_{貞懿}공주의 소제인 것으로 보이기 때문이다. 『훈몽자회』에는 세조 때의 『초학자회』의 것이 많이 그대로 인용되었고 이 〈언문자모〉의 정서법은 순전히 우리 한자음, 즉 동음의 표기를 위한 것이다. 만일 〈언문자모〉가 『초학자회』에 부재된 것을 『훈몽자회』에 전재한 것이라면 이것은 최세진의 저작이 아닐 수 있으며 따라서 이 〈언문자모〉의 견해는 제3장에서 살펴본 바와 같이 최세진의 그것과 다를 수도 있다.

즉, 〈언문자모〉에서는 훈민정음과 달리 초성_{初聲}을 종성_{終聲}으로 통용할 수 있는 것과 초성만으로 독용_{獨用}하는 것으로 나누고 다시 중성_{中聲}을 더하여 모두 27자를 다음과 같이 이두자_{吏讀字}들로 그 음가를 설명하였다. 제3장에서 그 27자를 가져오면 다음과 같다.

성\문자	ㄱ	ㄴ	ㄷ	ㄹ	ㅁ	ㅂ	ㅅ	ㅇ
초성	기(其)	니(尼)	디(池)	리(梨)	미(眉)	비(非)	시(時)	이(異)
종성	역(役)	은(隱)	귿(末*)	을(乙)	음(音)	읍(邑)	옷(衣*)	응(凝)

성\문자	ㅋ	ㅌ	ㅍ	ㅈ	ㅊ	ㅿ	ㆁ	ㅎ
초성	키(箕)*	티(治)	피(皮)	지(之)	치(齒)	ㅿㅣ(而)	이(伊)	히(屎)

문자	ㅏ	ㅑ	ㅓ	ㅕ	ㅗ	ㅛ	ㅜ	ㅠ	ㅡ	ㅣ	ㆍ
차자	阿	也	於	余	吾	要	牛	由	応*	伊*	思*

[표 6-1] 〈언문자모〉의 언문 27자

물론 이 문자들은 우리말과 우리 한자음, 즉 동음_{東音}의 표기에만 사용되는 문자이므로 한어음_{漢語音} 표기에 사용된 정음_{正音}의 순경음_{脣輕音}이나 정치

正齒와 치두齒頭를 구별하던 글자들과 동국정운식 한자음 표기에 사용되던 전탁全濁, 즉 쌍서雙書자들은 모두 빠졌고 훈민정음 28자에 들어가던 'ㆆ'도 제외되어 모두 27자가 된 것이다.

〈언문자모〉에는 초·중·종성의 합용에 대하여도 매우 간략하면서도 이두吏讀와 구결口訣에서 늘 사용하던 익숙한 한자로 예를 들어 설명하였다. 즉, "初中聲合用作字例 — 초성과 중성을 합용하여 글자를 만드는 예"와 "初中終三聲合用作字例 — 초성, 중성, 종성의 3성을 합용하여 글자를 만드는 예"라 하여 초성과 중성 그리고 종성을 합용하여 글자를 만드는 예를 다음과 같이 보였다.

初中聲合用作字例

가갸거겨고교구규그기ᄀᆞ

以ㄱ其爲初聲 以ㅏ阿爲中聲 合ㄱㅏ 爲字則가 此家字音也 又以ㄱ役爲終聲合 가ㄱ爲字則각 此各字音也 餘倣此 — ㄱ(其)으로서 초성을 삼고 ㅏ(阿)로서 중성을 삼아 글자를 만들면 '가'가 된다. 이는 家(가) 자의 음이다. 또 ㄱ(役)을 종성으로 삼아 가와 ㄱ을 합하여 글자를 만들면 '각'이 되는데 이는 各(각) 자의 음이다. 나머지도 이와 비슷하다.

이 설명은 "ㄱ(其) + ㅏ(阿) = 가(家), 가(家) + ㄱ(役) = 각(各)"의 자모 합자법을 설명한 것이다. 이어서 초중성初中聲 합용合用 작자례作字例로 '가갸거겨고교구규그기ᄀᆞ, 나냐너녀노뇨누뉴느니ᄂᆞ……' 등 176자(16×11)와 초성, 중성, 종성의 3성 작자례로 "각(各), 간(肝), 갇(笠*), 갈(刀*), 감(柿*), 갑(甲), 갓(皮*), 강(江)"의 예를 들었다. 여기에서 *표가 있는 것은 역시 석독釋讀함을 말한다.

마지막으로 사성四聲의 표기도 〈언문자모〉에서 언급되었다. 같은 한자가 성조의 차이에 따라 하나 이상의 뜻이나 음으로 사용될 때에 그 본뜻이나 그 본음本音이 아닌 것은 한자의 네 귀에 '돌임〔圈點〕'을 붙여 표시하는 '평상거입정위지도平上去入定位之圖'로 소개되었다.

예를 들어 '行'은 평성일 때에 "녈 힝"으로서 '다니다'는 의미와 '힝'이란 발음으로 쓰인다. 이때를 본음本音, 본의本義라고 하고 "져·제 항"(평성)이란 의미와 발음을 가질 때에는 '.◦行'과 같이 좌측 하단에 권점을 붙이고 ":힝 · 덕:힝"(거성)과 같이 쓰일 때에는 '行°'과 같이 우측 상단에 권점을 붙이는 방법이다. 실제로 같은 자가 여러 의미, 또는 음으로 읽히는 예는 『훈몽자회』에서 33개나 찾을 수 있다. 물론 이 방법도 『용비어천가龍飛御天歌』, 〔해례본〕『훈민정음』 등에서 이미 사용한 바 있는 것이다.

이와 같이 〈언문자모〉의 새 문자 소개와 정서법의 설명은 매우 요령이 있고 간단하여 배우는 사람으로 하여금 쉽게 깨우칠 수 있게 되었다. 이로 인하여 언문의 사용법이 널리 보급되었으며 신문자의 보급에 〈언문자모〉가 끼친 영향은 실로 대단하다고 할 수 있다. 불가佛家에서도 이 〈언문자모〉를 '언본諺本'이란 이름으로 교육하였다. 즉, 융경隆慶 3년(1569) 대선사大禪師 설은雪崑이 지은 『진언집眞言集』 권두에 이 '언본諺本'이란 이름의 〈언문자모〉가 실렸고 그의 중간본重刊本에도 계속해서 게재되었다. 따라서 〈언문자모〉는 이 시대에 매우 유행하였음을 알 수 있다.

최세진은 한글이 창제된 지 80년 만에 혜성과 같이 나타나서 세종조에 이룩했던 중국어 발음 전사와 한자음 표기, 그리고 고유어의 기록에 쓰이는 새 문자에 대하여 종합적으로 재검토하였다. 실로 세종이 창제한 새 문자는 최세진에 의하여 중흥中興이 되었고 앞으로의 발전이 보장되었던 것이다. 이후에 새 문자는 하나의 국자國字로서 고유어의 표기는 물론이고 외국어의 발음 전사와 한자 교육에 있어서 동음東音의 표기에 이용되었던 것이다.

최세진의 주요 업적

최세진의 업적은 위에서 살펴본 바와 같이 크게 둘로 나누어 한어漢語의 연구와 교육이 그 첫째이고 한자음 연구와 한글의 보급이 그다음이었다. 그는 사역원의 한어 학습 교재를 정비하고 그가 정음으로 『노걸대』 · 『박통사』를 번역한 방법은 훗날 사역원의 다른 외국어 학습교재에도 그대로 적용되어 모든 역학서들이 훈민정음으로 발음을 표기하고 그 뜻을 언해하기에 이른다.

실로 최세진은 세종과 집현전 학자들이 새 문자를 창제할 때에 기대한 바와 같이 외국어 발음 전사의 기호로서 정음正音을 이용한 것이다. 이로 인하여 외국어 학습에 괄목한 발전이 있었고 사역원의 역학서譯學書가 모두 정비되는 결과를 낳았다. 오늘날 국어와 해당 외국어의 중요한 역사적 자료인 역학서는 최세진에 의하여 당시 가장 과학적인 표음문자인 정음으로 발음이 전사될 수 있었던 것이다.

둘째로 최세진은 한자음의 연구를 통하여 우리 한자음, 즉 동음東音을 정리하였으며 이를 『훈몽자회訓蒙字會』로 편찬하여 널리 교육하였다. 그리고 이 책에 〈언문자모〉를 부재하여 한글 보급에 지대한 공헌을 한 것이다. 훈민정음을 제정할 때에 한자음 정리를 염두에 두고 문자를 제정하였기 때문에 훈민정음으로 표음된 『동국정운東國正韻』 이후 한자음 표기는 일대

전기를 맞이하게 된다.

또한 최세진은 한자의 한어음漢語音과 동음東音을 구별하여 우리 한자음을 정비하였다. 〈언문자모〉는 한글 자모의 순서를 정리하여 정착시켰으며 자모의 명칭을 정하였고 이두로 새 문자의 사용법을 설명하여 한글을 보급하는 데 기여한 것이다. 이것은 훈민정음 창제 이후 한글 사용의 전체적인 검토와 재평가를 시도한 것으로 매우 의미 있는 작업이었다고 평가할 수 있다.

최세진은『사성통해四聲通解』를 제작할 때와 〈노박〉을 번역할 때는 정음正音으로, 그리고『훈몽자회訓蒙字會』를 편찬할 때는 언문諺文으로 한글을 구별하여 사용하였다. 그런 의미에서 그는 새 문자 제정과 사용에 있어서 새로운 전기를 마련하였다고 보아야 한다.

제7장

맺음말

앞에서 한글의 발명과 관련하여 제반 사실을 살펴보았다. 이 장에서는 지금까지 논의한 한글 발명의 여러 사실을 종합 정리하여 중요한 사항을 요약하고자 한다. 모두冒頭의 머리말과 제1장에서 본서의 한글 발명에 대한 논의가 그동안의 연구와 매우 다르며 근본적인 문제에 있어서 시각의 차이가 있음을 강조하였다.

이 장에서는 이러한 차이의 요점을 다시 정리하고 중요한 쟁점의 차이가 어디서 왔는지를 다시 살펴봄으로써 다시 한 번 본서의 주장을 확인하고자 한다.

1. 동아시아 제 민족의 언어와 문자

본서의 제2장 '동아시아 제 민족의 언어와 문자'는 한글 발명의 배경적 사실을 밝히고 새 문자가 제정되지 않을 수 없던 조선 초기의 국내와 국외의 주변 정세를 고찰하고자 하였다. 동아시아에서 중국 주변의 여러 민족들은 중국어와의 언어적 차이에도 불구하고 한자漢字를 사용하여 사물을 기록해왔다. 그러나 고립적인 문법 구조의 중국어를 표기하도록 고안된 한자는 주변의 교착적膠着的 문법 구조의 언어를 기록하기에는 매우 불편한 문자였다.

일찍부터 농경사회에서 고도로 발달한 문명을 이어온 중국의 한족漢族들은 고립적인 문법구조의 언어를 기록하는 데 매우 유용한 한자를 오래전부터 발달시켜 사용하였다. 따라서 매우 일찍부터 높은 수준의 한자문명을 유지할 수 있었으며 그들이 주변의 다른 민족을 정복하고 통치할 때에 이 문자를 들여다가 통치문자로 사용하였다. 그로 인하여 중국 주변의 여러 민족들도 이 문자를 이용하지 않을 수 없게 되었다.

주로 유목생활을 하던 중국 주변의 여러 민족들, 특히 북방지역의 여러 민족들은 강력한 군사력으로 가끔 중국의 침략에 맞서서 대항하였으나 시일이 지남에 따라 중국의 문화에 융화되어 스스로 정체성을 잊는 일이 많았다. 동아시아의 역사는 이와 같이 중국과 주변 민족의 각축, 특히 고립적인 중국어와 이에 맞서는 교착적인 북방민족의 언어가 서로 맞서서 투쟁하는 일이 반복되었다.

동북아의 여러 민족들은 중국의 한족漢族과는 언어와 종교가 달랐으며 거대한 한자문화에 흡수되지 않으려고 한자를 고쳐 쓰거나 한자가 아닌 새로운 문자를 제정하는 등 피나는 노력을 경주하여 자신들의 고유문화를 유지하려고 하였다. 그리하여 그들이 만든 새 문자로 쓴 많은 비문碑文과 동전銅錢 등의 금석문金石文과 적지 않은 사서史書를 남겼으나 역시 중국의 강력한 한자문화에 흡수되어 겨우 명맥만을 유지하거나 그것조차도 사라진 경우가 적지 않았다.

토번의 서장문자

중국 북방민족 가운데 한자의 사용을 거부하고 자신들의 문자를 처음으로 제정하여 사용한 예로는 7세기 중엽 토번吐蕃의 송찬감보Srong-btsan sgam-po, 松贊干布 대왕의 명령으로 인도에 유학하여 발달된 음성학을 배우고 돌아와 티베트의 표음문자를 제정한 톤미 아누이브Thon-mi Anui'bu의 서장西藏문자를 들 수가 있다.

서장문자는 인도 파니니의 문법과 음성 연구에 의거하여 제정된 것이므로 음절 초onset 자음은 29개의 문자로 표기되고 이들은 각기 발음위치와 발음방법에 따라 연구개 정지음(ka, kha, ga, nga), 경구개 마찰음(ca, cha, ja, nya), 치경 정지음(ta, tha, da, na), 양순 정지음(pa, pha, ba, ma), 경구개 파찰음(tsa, tsha, dza, wa), 동同 유기음(zha, za, 'a, ya), 유음(ra, la, sha, sa), 후음 (ha, a)의 순서로 정리되었다.

티베트 문자는 기본적으로 음절音節 문자이고 자체字体에 따라 유두체有頭体, dbu can와 무두체無頭体, dbu med로 나눈다. 여기서 '두頭, dbu'라는 것은 글자를 쓸 때에 글자의 맨 위에 수평으로 줄을 긋고 그에 따라서 글자를 쓰는 방법을 말하는 것으로 유두체는 한자의 해서楷書, 즉 정자체正字体에 가까운 명칭이고 무두체는 필기체, 즉, 초서체草書体에 가깝다.

티베트 문자는 위와 같이 비교적 과학적으로 제정된 표음문자이기 때문에 서사書寫하기가 편리하여 7・8세기 이후 티베트에서만이 아니라 티베트 문화권을 넘어 다른 문화권의 경계지역에서도 사용되었다. 티베트 자치구自治區, 청해성青海省, 사천성四川省, 감숙성甘肅省, 운남성雲南省에서는 오래전부터 이 문자를 사용하였고 네팔, 시킴, 부탄 등의 히말라야 산맥의 남록南麓에서도 사용되었다. 이후에 북방민족들은 새로운 국가가 건국되면 서장 문자의 예에 따라 새 문자를 제정하는 것이 일종의 관례처럼 되었다.

요의 거란문자

다음으로 티베트 문자의 영향을 받아 중국 북방민족의 고유 문자를 제정한 첫 예로 요遼의 거란문자를 들 수 있다. 거란契丹 왕조는 오대五代에 이어 북송北宋에 이르기까지 한족漢族과는 남북으로 대치한 국가이다.

이 왕조의 역사를 기록한 『요사遼史』는 〈이십사사二十四史〉의 하나로, 요국遼國

이 극성極盛할 때에는 그 영토가 서쪽으로 금산金山과 유사流沙에 이르고 남쪽
으로는 하북성河北省 중부, 산서성山西省 북부에 이르며 북으로는 외흥안령外興
安嶺에 이르렀다. 오경五京을 설치하고 6부(臨潢府, 大定府, 遼陽府, 析津府, 大
同部, 興中部)를 두었다. 주州와 군軍과 성城이 156개, 현縣이 209개, 부족部族
이 52개, 속국이 60개였다.

요遼 태조太祖 야율아보기耶律阿保機는 신하臣下인 돌려불突呂不과 야율노불고耶律
魯不古에게 한자를 변형시킨 거란문자를 만들게 하여 신책神冊 5년(920)에 요遼
태조의 조칙詔勅으로 반포한다. 이것이 거란대자契丹大字, Khitan large script이다.
또 요遼 태조의 황제皇弟인 질랄迭剌이 위구르의 사절使節들을 만나 그들에게
서 표음적인 위구르 문자를 배워서 만든 문자가 거란소자契丹小字, Khitan small
script이다.

이 거란문자들은 아직도 해독이 되지 않은 것이 많다. 그리고 왜 소자小字
와 대자大字를 만들었는지 분명하게 밝혀진 것은 없다. 그저 우리에게 이두
吏讀, 구결口訣에 쓰인 한자들이 약자略字를 쓰는 경우가 있으며 한자의 발음
을 빌려 쓰는 경우와 석독釋讀, 새김으로 표기하는 경우가 있는데 소자小字
와 대자大字도 그런 경우가 아닌가 한다. 즉, 거란대자는 어디까지나 한자
와 같은 표의문자로서 신라 향찰鄕札의 석독자釋讀字처럼 거란어契丹語로 읽어
야 하는 부분도 있고 또 중국어의 동북東北 방언음方言音으로 읽어야 하는 음
독자도 많기 때문에 그 연구와 해독은 지지부진하다. 또 거란사회 조직의
특수성에 따라 여러 다른 계급階級과 관직官職, 부족명部族名 등의 고유명사가
있는데 이것도 향찰과 같이 음독자音讀字와 석독자를 섞어서 표기하였다.

그에 비하여 거란소자는 거의가 음독자를 변형한 것이기 때문에 그 해
독은 거란대자에 비하여 비교적 용이하다. 거란소자의 자형이 약간 돌궐突厥

문자와 유사하고 표음적인 성격을 가졌다는 점에서 상술한 바와 같이 요遼 태조의 동생 질랄이 위구르의 사자使者들과 만나서 위구르의 말과 글을 배운 후에 만들었다는 내용을 뒷받침한다.

거란문자는 요遼가 멸망(1125)한 이후에도 사용되었으며 금金의 명창明昌 2년(1191)에 이 문자를 폐지하라는 금金 장종章宗의 조령詔令, 詔罷契丹字이 있기 전까지 300여 년간 북방지역의 문자로 사용되었다.

금의 여진문자

다음으로 여진女眞문자는 역시 여진족의 금金나라가 건국하고 나서 태조太祖 아구타阿骨打가 완안희윤(完顔希尹, 本名은 谷神)에게 명하여 한자의 해서楷書체를 변형하여 표음적인 여진자女眞字를 만들게 하였다. 이것이 여진대자女眞大字, Jurchen large script인 것이다. 금金 천보天輔 3년(1119)에 완성되어 칙명勅命으로 반포頒布되어 국자國字로 사용되었다. 후에 금나라 제3대 희종熙宗 때인 천권天眷 원년(元年, 1138)에 다시 여진자女眞字를 만들어 반포하였고 황통皇統 5년(1145) 5월에 처음으로 왕이 만든 소자를 사용하였는데 이것이 여진소자女眞小字, Jurchen small script이다.

여진문자는 금 제4대 왕인 세종世宗 때에 대대적인 보급정책을 펼쳤다. 산서山西의 서경西京 대동부大同府와 상경上京 회령부會寧府에 여진학女眞學을 설립하고 각처에서 수재를 입학시켜 여진문자를 교육하였다. 또 과거시험에 여진진사과女眞進士科를 두고 관리를 선발하였다. 『논어論語』, 『사기史記』, 『정관정요貞觀政要』를 위시한 많은 한적漢籍들이 여진어로 번역되어 여진문자로 기록되었다.

그러나 여진문자에 대한 연구는 매우 지지부진하여 소자小字와 대자大字

의 구별도 아직 분명하지 않고 거란문자와의 구별도 쉽지 않다.

몽고문자

몽고문자Mongolian script로 알려진 몽고 외올자畏兀字, 즉 위구르 몽고문자는 칭기즈 칸成吉思汗이 위구르인들로부터 차용한 것이다. 『원사元史』에 의하면 1203년에 위구르족의 나이만乃蠻을 공략한 칭기즈 칸이 나이만에서 태양 칸의 재상宰相이었던 타타퉁아塔塔統阿를 포로로 잡았는데 그가 국쇄國璽를 가지고 있는 것을 보고 추궁한 결과 도장의 사용과 문자의 용법을 알게 되어 그로부터 위구르 문자를 배우게 하였으며 이 문자로 몽고어를 기록하게 하였다고 한다.

위구르 문자는 전술한 위구르인들이 사용하던 문자이다. '서西 위구르왕국'의 중심지로서 위구르인들의 고토故土였던 지역은 서방西方 이슬람 세력의 영향 아래에 들게 되어 15~16세기에는 위구르 족이 불교에서 이슬람교로 개종하게 된다. 위구르 문자로 쓰인 자료로 가장 유명한 것이 위구르 문헌인데 이슬람교로 개종하기 이전에 위구르인들에 의하여 기록된 자료가 '위구르 문헌文獻'이다. 위구르 문자로 쓰인 이 문헌의 언어는 위구르어語이고 이 언어는 돌궐어와 함께 '고대 투르크어語'로 취급되었다. 소위 'Turco-Tatars'라고 불리는 언어를 말한다.

위구르 문자는 모두 18개 문자로 맨 처음의 aleph(로마자의 alpha에 해당함)로부터 17번째의 tau에 이르기까지 소그드 문자의 배열 순서와 대부분 일치하고 맨 마지막의 resh만은 위구르인들이 따로 만든 것이다. 모두 표음문자로 음소 단위의 문자를 마련하였다. 몽고가 중앙아시아의 스텝지역을 통일하기 이전에 이 문자는 나이만Naiman, 케레이츠Kereits 등에서 사용되었다.

원초元初부터 몽고 위구르자畏兀字는 몽고어를 표기하는 데 사용되었고 몽고 제국의 문자로서 당시 몽고인들의 절박한 문자의 수요에 맞추어 만들어졌으며 후대에도 계속해서 몽고어의 기본 문자로 사용되었고 오늘날 몽고의 공용 문자가 되었다. 만주족의 청淸에서 공용 문자로 사용한 만주문자滿洲文字도 이 몽고 위구르 문자를 차용하고 일부 권점圈點을 붙여 변형한 것이다.

파스파 문자

몽고의 원元 제국에서도 새 문자를 제정하여 사용하였다. 원元을 세워 세조世祖가 된 쿠빌라이 칸忽必烈汗은 칭기즈 칸의 손자이다. 그는 중국을 완전히 정복하고 그 땅에다 원元을 세운 다음에 팍스파 라마를 시켜 한자漢字를 배우는 데 도움이 되고 몽고어를 기록할 수 있는 문자를 만들게 하였으니 그것이 바로 파스파 문자이다. 본서에서는 한글 발명에 직접적인 영향을 준 것으로 보았다.

이 문자는 몽고의 원元을 멸망시키고 한족漢族의 국가를 세운 명明 태조太祖 주원장朱元璋이 호원胡元의 잔재殘滓를 박멸하려는 정책 때문에 이 문자로 쓰인 문헌이 철저하게 파괴되어 세계의 문자학계에서도 잘 알려지지 않은 문자의 하나로 남아 있었다. 실제로 졸저(2009)가 세상에 나올 때까지 파스파 문자의 자모의 수효조차 제대로 파악하지 못했고 모음자가 『몽고자운蒙古字韻』의 「자모字母」에서 '유모喩母'의 7자로 만들어진 것도 알지 못했다.

훈민정음이 파스파 문자의 제정과 그 원리, 문자의 대응 방법 등을 이용하여 문자를 만들었기 때문에 훈민정음에 대한 지식으로 파스파 문자를 이헤할 수 있다. 따라서 훈민정음의 문자 체계를 이용하여 파스파 문자의 것도 같이 파악할 수 있다. 필자는 꾸준히 훈민정음의 연구를 통하여 파스파 문자에 대한 새로운 사실들을 밝혀가고 있다.

원 세조 쿠빌라이 칸은 '토번吐蕃'에 원정遠征했을 때에 팍스파八思巴란 라마승을 데려와 몽고인들이 한자를 학습하는 데 필요한 발음기호를 만들게 하였고 이것을 이용하여 몇 개의 운서韻書를 만들었다(졸저, 1990:137). 팍스파 라마는 자신의 모국인 티베트의 서장西藏 글자를 증감增減하고 자양字樣을 개정하여 몽고신자蒙古新字를 만들었다. 이것이 파스파 문자로서 몽고자蒙古字, 국자國字, 또 모양이 사각四角이므로 첩아진帖兒眞, 첩아월진帖兒月眞. dörbeljin이라고 한다.

Poppe(1957:2~3)에서는 파스파 문자의 제정 이유를 세 가지로 보았는데 첫째는 몽고어 표기, 둘째는 한자음 전사轉寫, 셋째는 원 제국의 모든 언어를 표기할 수 있는 문자를 위하여 제정된 것이라 하였다. 모두가 표음문자이기 때문에 가능한 것이며 이러한 문자 제정의 목적은 한글에서도 그대로 적용된다. 특히 새 문자의 제정이 한자의 한어음漢語音 표기를 위한 발음기호의 성격이라는 점에서 파스파 문자와 한글은 그 제정 목적이 일치한다.

이 문자는 팍스파 라마가 적어도 지원至元 5년(1268)에는 이 문자를 완성하여 시험 삼아 사용하다가 원 세조의 인정을 받아 지원 6년(1269)에 원 제국의 공용 문자로 반포되었다. 그리고 원 제국의 모든 지역에 몽고자학蒙古字學의 학교를 설치하고 이 문자를 교육하였다.

즉, 『원사元史』(권6) 「세조기世祖紀」 3 · 4의 기사記事에 의하면 원의 조정朝廷이 모든 로(路, 우리의 道에 해당함)에 몽고자학의 학교를 설치하여 파스파 문자를 교육하고 이를 이용하여 한어漢語 교육도 함께 이루어졌다고 보았다. 또『원사』(권87)「백관지百官志」3에 몽고 국자학國子學의 제도를 소개하면서 원 제국에 추종하는 세력에게 이 문자를 가르치고 이들을 과거시험으로 뽑아 관리에 임명함으로써 자연스러운 지배층의 물갈이가 이루어지도록 한 것임을 알 수 있다. 한글도 문자를 공표하고 2개월 후에 이과吏科와 취재取才에서 하급관리를 시험으로 채용할 때에 훈민정음을 시험 과목으로 부과하였다.

2. 한글의 발명

제3장 '한글의 발명'은 이 책의 핵심 부분이다. 그동안 훈민정음의 창제에 대하여 많은 연구가 있었으며 대부분의 연구가 "영명하신 세종대왕이 어리석은 백성들의 문자생활을 편하게 하기 위하여 사상 유례가 없는 문자를 독창적으로 창제하셨다"로 결론하였다.

이 책은 이러한 종전의 생각을 전면으로 부정한다. 실제로 동아시아에서는 한자문화에 저항하여 새로운 표음문자를 제정하려고 노력하였고 실제로 성공하여 오늘날까지 사용되고 있는 문자도 있었음을 앞에서 살펴보았다. 이러한 노력이 한글의 발명에 영향을 주었고 그들이 새로운 표음문자를 제정하면서 보여준 여러 방법들도 함께 고찰되어야 한다고 주장하였다.

먼저 제3장에서는 한자가 이 땅에 언제 수입되었고 우리 선조들이 한자 표기로부터 얼마나 많은 고통을 받아왔으며 그 질곡桎梏으로부터 벗어나려고 얼마나 많은 노력을 하여왔는지 고찰하였다. 그리고 드디어 한자의 영향에서 완전히 벗어나 우리말을 자유롭게 표기할 수 있는 언문諺文의 제정이 어떤 과정을 거쳐서 이루어졌는지를 단계적으로 나누어 살펴보았다. 그리고 이러한 문자의 제정이 170여 년 전에 원元나라에서 제정하여 몽고어 표기와 한자음 발음 전사에 이용된 파스파 문자로부터 얼마나 영향을 받았는지 밝혔다.

이러한 작업은 그동안 국수주의적인 연구나 우물 안 개구리의 안목으로 한글을 보았던 연구의 결과를 대폭 수정하게 되었다. 결코 사상 유례가 없는 문자도 아니고 독창적인 것도 아니며 우리말을 표기하려는 목적보다 어디까지나 한자 교육, 그것도 백성들에게 새롭게 가르쳐야 하는 개정된 한자음의 표기를 위한 문자로 제정되었음을 주장하였다.

훈민정음 이전의 고유 문자와 한자의 유입

한반도에 한자漢字가 본격적으로 유입된 것은 위만조선衛滿朝鮮이나 한사군漢四郡 시대로 보아야 할 것이다. 물론 고조선시대에 고유의 문자가 사용되었을 가능성이 없지는 않다.

다만 설화와 전설로 전해오는 고조선의 고유 문자들이 있는데 권덕규(1923)에서는 훈민정음 이전의 고유 문자라고 전해지는 예로 삼황내문三皇內文, 신지神誌의 비사문秘詞文, 법수교法首橋 비문碑文, 왕문王文 문자, 수궁手宮 문자, 남해南海 석각문石刻文, 각목문刻木文, 고구려高句麗 문자, 백제百濟 문자, 발해渤海 문자, 고려高麗 문자 등 11종의 문자를 들었다.

이들은 대부분 고구려, 백제, 발해, 고려 등에서 한자를 변형시켜 만든 문자이거나 구결口訣의 약자略字 등을 말하는 것으로 보인다. 고조선에서 사용되었을 가능성이 있는 문자로는 삼황내문이나 신지의 비사문 정도이며 이것도 문자 이전의 부호로 보아야 할 것이다.

삼국시대에는 자국의 역사를 한문漢文으로 기술하는 수준으로 한자가 유입되었고 한문의 교육은 국가나 사찰과 같은 기관에서 경영하는 학교에서 교육되었다. 고구려에서는 소수림왕 2년(372)에 설립한 태학太學은 관학官學이었고 경당扃堂은 사숙私塾으로 사학私學의 교육기관으로 볼 수 있으며 여기서 유교 경전을 통한 한문 교육이 있었다. 백제에서도 박사博士 및 학사學士의 제도를 운영하였고 오경五經 박사, 의학사醫學士, 역학사曆學士를 두었으니 역시 유교 경전을 통한 한문 교육이 있었음을 알 수 있다.

신라에서도 진덕여왕 때에 국학國學을 설치하여 유학을 교육하였다. 주로 주역周易, 상서尙書, 예기禮記, 춘추春秋, 좌씨전左氏傳, 문선文選, 논어論語, 효경孝經 등이 교육되었다고 하니 이를 통하여 중국어의 역사에서 아언雅言의 문어로 알려진 고문古文을 학습하였음을 알 수 있다. 여기서 아언이라 함은 중국 동주東周의 서울 낙양洛陽의 표준어를 말하는 것으로 사서오경四書五經은 이 중국어를 한자로 기록한 것이다.

그러나 진秦 이후에 중국에서 언어의 중심지는 함양咸陽으로 옮겨갔고 수隋와 당唐을 거쳐 장안長安의 언어가 오랫동안 공용어로 사용되었다. 중국어의 역사에서는 장안의 공용어를 아언과 구별하여 통어通語 또는 범통어凡通語라고 불렀다. 이 언어는 한漢 나라의 융성과 더불어 모든 방언을 초월하여 중국 전역에 퍼져나갔다. 또한 위진魏晉 이후 수隋와 당唐을 거치면서 장안을 중심으로 한 통어는 중국어의 역사에서 가장 오랜 기간 공용어로서의 지위를 누렸다.

따라서 사서오경의 유교 경전은 중국어의 역사에서 아언으로 작성된 것이며 반면에 불경佛經은 범어梵語로 된 것을 당대唐代의 통어로 옮긴 것이다. 이 땅에서는 유교 경전을 통한 아언과 고문古文을 교육하는 것 이외에도 불경을 통한 중국의 통어와 변문變文의 교육도 함께 실시된 것으로 보아야 한다.

한반도에 유입된 한자는 자형字形과 더불어 유입될 당시의 중국어 발음을 갖고 들어왔으나 그 발음은 국어와 함께 사용되면서 우리말의 음운체계에 맞추어 변질되어 정착되었다. 이렇게 정착된 한자음漢字音을 조선한자음朝鮮漢字音, 또는 동음東音이라고 불러왔는데 한자의 이 발음이 어떻게 이루어졌는가를 밝혀주는 연구는 아직 완성된 것이 없다. 동음東音의 정체를 밝히기 위하여 한자가 어느 시대의 어떤 중국어의 발음을 기반으로 하여 형성되었는가가 고찰되어야 한다.

한자의 차자 표기

유교의 경전과 불경으로 교육된 한문은 한자의 사용을 널리 보급하고 우리말도 한자로 표기하려는 노력이 계속되었으나 이 땅에 들어온 한자로 우리말을 표기하기에는 많은 어려움이 있었다. 이를 극복하기 위하여 한자의 차자借字 표기 방법이 고안되었다.

한자를 빌려 우리말을 기록할 때에는 그 발음과 뜻, 즉 음音과 의義를 빌려 표기할 수 있다. 먼저 발음을 빌려 표기하는 경우에 우리 한자음, 즉 동음東音의 음가를 규정하여야 한다. 우리 한자음은 통일신라시대의 200년간에 형성되었고 고려 초기에 대대적인 수정을 거쳐 10세기 말에 확립되었다고 보았다.

한자음의 정착으로 신라인들은 한자의 발음과 뜻을 빌려 신라어를 전면적으로 표기하게 되었다. 주로 향가鄕歌 표기만이 남아 있어 당시 차자표기의 방식을 이해할 수 있다. 여기에 사용된 한자를 향찰鄕札이라 불렀는데 신라어의 문법에 대하여는 문장 자료가 없기 때문에 그 기술이 매우 어렵고 부정확하다. 그러나 오늘날 참고할 수 있는 25수의 향가는 비록 운문 자료이지만 어느 정도 이 말의 윤곽을 보여준다. 이 향가 자료에 의한 신라어의 연구에서 이 언어가 중세한국어와 크게 다르지 않음을 알 수 있었다.

신라에서의 한자 차자 표기의 방법은 후대에도 계속되었으며 고려시대에 들어와서는 우리말의 형태부, 즉 어미와 조사를 기술하는 구결口訣의 방법이 고안되었다. 그리고 중국 원대元代에 발달한 이문吏文의 영향으로 향찰 표기는 고려시대 후기에 이두吏讀라는 명칭으로 바뀌게 된다. 여기서 이문吏文, 이두吏讀라는 명칭은 중국의 원대元代에 발달한 한이문漢吏文에서 온 것으로 그 이전에는 이러한 '이吏'를 붙인 명칭이 없었다.

원대元代에는 동주東周 때에 낙양洛陽의 말을 기반으로 한 아언雅言이나 한漢나라 이후의 장안長安의 말을 기반으로 한 통어通語와는 매우 다른 북경北京의 한아언어漢兒言語가 공용어가 되었고 이 말을 기반으로 한 한이문漢吏文이 발달하였다. 이것은 필자의 주장으로 시작된 술어이다. 그동안은 후자를 한문이독체漢文吏牘体라 불렀으며 전자를 몽문직역체蒙文直譯体라 하던 것이다. 실제로 한아언어라는 구어가 존재했음을 몰랐던 것을 졸고(1999c, 2000a) 이후에 학계가 인정한 것이다.

원대元代의 구어인 한아언어와 문어인 한이문으로부터 고려시대의 구결口訣과 조선시대의 이문吏文이 발달하게 되었다.

언문의 제정

이와 같이 한자에 의거하여 이문吏文으로 우리말을 적고 한문漢文에 구결

口訣, 또는 토吐를 달아 읽는 구차힌 방법으로부터 벗어나려는 노력이 언문諺文, 즉 한글을 제정하게 되었다. 이것은 그동안 북방민족들 사이에 새 국가를 건설하면 새 문자를 제정하는 관례에 의한 것이기도 하고 파스파 문자와 같이 백성들에게 한자를 교육하기 위한 도구이기도 하였다.

한글은 처음에 정음正音이란 이름으로 43자를 제정한 것으로 보인다. 이 문자는 발음기호로서 한자의 발음을 표기하기 위한 것으로 이 문자를 제정한 다음에 먼저 〈운회韻會〉를 번역하였다. 여기서 번역飜譯은 한자의 발음을 새 문자로 표음하는 것으로 〈운회〉는 운서이기 때문에 그 발음 표기가 중요한 번역의 과제이기 때문이다. 아마도 이 작업은 『몽고운략蒙古韻略』이나 『몽고자운蒙古字韻』에서 파스파 문자로 표음한 것을 그대로 정음正音으로 대역對譯하는 작업이었을 것이다.

중국에서는 새로운 국가가 건립되면 먼저 공용어의 결정이 언제나 중요한 사업이었다. 왜냐하면 중국은 지역이 광활하여 많은 방언이 존재하였고 특히 한자음의 표준음을 정하는 일은 제국을 통치하는 코이네, 즉 제국의 공용어를 결정하는 일이므로 가장 시급한 일이었다. 이렇게 결정된 한자의 표준음을 정음正音이라 불러 다른 속음俗音과 구별하였다. 조선에서도 이 정음의 파악과 교육은 중국과의 교섭에서 절대적으로 필요하였다.

그러나 원대元代의 정음正音을 보여준다는 〈운회韻會〉의 발음을 새 문자로 표음한 결과 우리 한자음과는 너무 다른 것에 놀라서 우리 한자음을 수정하기에 이른다. 이렇게 수정한 우리 한자음, 즉 동음東音이 동국정운東國正韻 식 한자음이며 여기에 사용하는 새 문자의 명칭은 '훈민정음(訓民正音 — 백성들에게 가르쳐야 하는 올바른 발음)'이었다. 세종은 이와 같은 한자음의 개정에 온갖 노력을 경주하였고 여기에 사용된 문자의 명칭도 훈민정음으로 명명하였다.

정음이 훈민정음 〈언해본〉에서 보인 바와 같이 43글자였다면 훈민정음
은 모두 28자였고 한자음 개정을 위하여 전탁자全濁字 6개를 더하여 초성初聲
만 23자모로 하였다. 정음 43자가 파스파 문자의 43자모 수에 맞춘 것이
라면 훈민정음 28자는 우리 한자음 표기에 필요한 글자의 수효라고 볼 수
있다. 여기에는 된소리와 같은 고유한 우리말의 음운을 표기하는 문자가
들어 있지 않다.

정의공주와 변음토착

새로 제정한 문자로 우리말과 우리 한자음을 표기하려는 노력은 정의貞懿
공주가 변음토착變音吐着을 해결한 다음에 시작되었다. 전술한 바와 같이 한
문을 읽을 때에 구결 또는 토吐를 붙여 읽는 것은 한문으로 표기될 수 없는
우리말의 어미와 조사를 삽입하여 알기 쉽게 하려는 것이다. 그러나 구결
口訣, 즉 토 가운데는 발음을 빌리지 않고 뜻을 빌려 표기한 경우가 있었다.
예를 들면 '是羅-이라', '爲古-ᄒ고'에서 '是, 爲'는 발음이 아니라 그 뜻을
빌려 표기한 경우이다. 즉 '발음을 바꿔서 토를 단變音吐着' 경우인데 이것은
한자를 익숙하게 구사하는 유신儒臣들에게 매우 어색하고 유치한 방법으로
보였을 것이다.

변음토착의 궁색한 방법은 새 문자로 토를 달아서 해결되었다. 훈민정
음 〈언해본〉의 본문을 "國之語音이 異乎中國ᄒ야 與文字로 不上流通홀 씨
故로 愚民이 有所欲言ᄒ야도 而終不得伸其情者ㅣ 多矣라"(어제서문의 일
부)와 같이 새 문자로 토를 달아 해결하였다. 또 이로부터 새 문자로 우리
말을 표기할 수 있음을 알게 되었다. 세종은 즉시 수양대군 등에게 『증수

석가보增修釋迦譜』를 언해하도록 명하여 새 문자로 우리말과 동국정운식 한자음의 표기가 가능한지를 시험하게 하였다.

이러한 시도가 성공하여 『석보상절釋譜詳節』이 편찬되게 된다. 수양대군, 신미信眉, 김수온金守溫 등이 『증수석가보』를 언해하는 중간중간에 세종은 스스로 『월인천강지곡月印千江之曲』을 지으면서 신문자로 동국정운식 한자음의 표음과 고유어의 표기를 자신이 직접 시험하게 된다. 그리고 이 모든 것이 가능한 것을 몸소 확인하고 〈해례본〉에 붙인 자신의 서문과 예의例義를 우리말로 풀이하여 자신이 편집한 『월인석보』의 구권舊卷에 붙여 세상에 알리게 된다. 이것이 바로 오늘날 우리가 알고 있는 훈민정음의 〈언해본〉이고 새 문자의 공표라고 할 것이다.

세종 28년 9월에 훈민정음의 〈해례본〉을 간행하고 10월에 『월인석보』의 구권에 〈언해본〉을 붙여 간행한 다음 2개월 후인 세종 28년 12월에 훈민정음을 이과吏科와 취재取才의 시험에 출제한다. 따라서 필자는 이보다 2개월 전에 『월인석보』의 구권을 간행하면서 훈민정음(언해본)을 권두에 붙여 간행하는 것으로 새 문자의 반포를 대신한 것이라고 생각한다. 아마도 세종은 원하지 않았지만 신하들 사이에는 우리말 표기에 사용된 문자를 '언문諺文'이라 부른 것 같다.

물론 이보다 1개월 앞서 훈민정음의 〈해례본〉이 간행된다. 집현전 학자들에 의하여 새 문자의 이론적 설명을 갖춘 것이며 이미 『월인석보』에서 실험한 고유어의 표기는 〈해례본〉의 '용자례用字例'에 고유어를 예로 하여 신문자의 정서법을 설명하게 된다. 즉, 〈해례본〉에서는 제자해制字解부터 종성해終聲解에 이르기까지는 주로 한자음 표기를 예로 하여 새 문자를 설명하였으나 용자례에서는 초성 17자와 중성 11자의 용례를 모두 고유어에

457
· · ·
7. 맺음말

서 가져다가 설명하였다. 『석보상절』과 『월인천강지곡』의 저술로 이미 고유어의 표기가 가능함을 시험하였기 때문에 가능한 일이었다.

본서에서는 정의공주의 변음토착을 새 문자의 제정에서 중요한 전환점으로 보았다. 이에 대하여 많은 연구자들이 사실 여부를 의심하거나 이해를 하지 못한 경우가 있었지만 공주가 당시 문자 생활의 중추 계급이던 아전衙前 서리胥吏들이 익숙하게 사용하던 이두吏讀와 구결口訣의 한자들을 동원하여 새 문자의 음가를 알기 쉽게 풀이한 〈언문자모〉의 저자라고 보았다. 이것이야말로 새 문자의 보급에 결정적인 역할을 하게 된다.

『월인석보』 옥책 발견

앞에서 언급한 한글의 발명 과정은 지금까지 연구된 것과는 많은 차이가 있다. 그렇다면 필자는 무엇을 근거로 하여 이러한 주장을 하게 되었는가?

그것은 정통正統 12년의 간기刊記를 가진 『월인석보』 옥책을 발견하였기 때문이다. 졸고(2013b)에서 소개된 이 옥책玉冊은 『월인석보』 권8을 옮겨 옥판玉板에 새긴 것으로 포항공대 나노 전문가의 성분 분석과 옥장玉匠들의 감정을 거쳐 진품으로 판정되었다. 표지서명이 '月印釋譜'이고 속표지는 '月印千江之曲釋譜詳節'이며 모두 12권으로 되었다. 매권 말미에 '佛日寺正統十二年'이란 간기가 있는데 정통正統 12년(1446)은 그동안 천순天順 3년, 세조 5년(1459)에 간행된 『월인석보』의 초간본과는 무려 13년이나 앞선 것이다.

이러한 옥책의 출현은 필자가 졸고(2005)에서 『월인석보』는 세종 생존 시에 간행된 구권舊卷이 있고 세조 5년에 간행된 것은 신편新編이라는 주장이 극성極盛할 때에는 그 영토가 서쪽으로 금산金山과 유사流沙에 이르고 남쪽으로는 하북성河北省 중부, 산서성山西省 북부에 이르며 북으로는 외흥안령外興安嶺에 이르렀다. 오경五京을 설치하고 6부(臨潢府, 大定府, 遼陽府, 析津府, 大同部, 興中部)를 두었다. 주州와 군軍과 성城이 156개, 현縣이 209개, 부족部族이 52개, 속국이 60개였다.

요遼 태조太祖 야율아보기耶律阿保機는 신하臣下인 돌려불突呂不과 야율노불고耶律魯不古에게 한자를 변형시킨 거란문자를 만들게 하여 신책神册 5년(920)에 요遼 태조의 조칙詔勅으로 반포한다. 이것이 거란대자契丹大字, Khitan large script이다. 또 요遼 태조의 황제皇弟인 질랄迭剌이 위구르의 사절使節들을 만나 그들에게서 표음적인 위구르 문자를 배워서 만든 문자가 거란소자契丹小字, Khitan small script이다.

이 거란문자들은 아직도 해독이 되지 않은 것이 많다. 그리고 왜 소자小字와 대자大字를 만들었는지 분명하게 밝혀진 것은 없다. 그저 우리에게 이두吏讀, 구결口訣에 쓰인 한자들이 약자略字를 쓰는 경우가 있으며 한자의 발음을 빌려 쓰는 경우와 석독釋讀, 새김으로 표기하는 경우가 있는데 소자小字와 대자大字도 그런 경우가 아닌가 한다. 즉, 거란대자는 어디까지나 한자와 같은 표의문자로서 신라 향찰鄕札의 석독자釋讀字처럼 거란어契丹語로 읽어야 하는 부분도 있고 또 중국어의 동북東北 방언음方言音으로 읽어야 하는 음독자도 많기 때문에 그 연구와 해독은 지지부진하다. 또 거란사회 조직의 특수성에 따라 여러 다른 계급階級과 관직官職, 부족명部族名 등의 고유명사가 있는데 이것도 향찰과 같이 음독자音讀字와 석독자를 섞어서 표기하였다.

그에 비하여 거란소자는 거의가 음독자를 변형한 것이기 때문에 그 해독은 거란대자에 비하여 비교적 용이하다. 거란소자의 자형이 약간 돌궐突厥

...신편의 권두에 부재된 세조의 어제서문에
...강점기 교육으로부터의 잘못된 지식 때문에
...다. 세종 생존 시에 『월인석보』가 간행된 것
...ㅣ 간행에 대한 많은 의혹들이 불식된다.

...한글의 공표를 위하여 세종 생존 시에, 아마
...음의 〈언해본〉을 권두에 붙여 간행한 것으로
...월인천강지곡月印千江之曲』은 오히려 『월인석보』
...ㅣ 소헌왕후昭憲王后의 추천追薦을 위한 불사佛事로

〈언해본〉은 『월인석보』의 신편에 부재된 것
...훈민정음世宗御製訓民正音'으로 한 것과 단행본으로
... 것이 있다. 후자는 고려대 도서관의 육당六堂
...안의 비교연구에서 전자보다 고형古形의 한자음
...있었다.

...정음'의 것이 『월인석보』의 구권에 첨부되었던
...신편에 부재된 '세종어제훈민정음'과는 후자에
.... 수정을 가한 것 이외에는 다른 차이가 없음을
...이가 바로 『월인석보』의 구권과 신편의 차이일

...민정음의 〈해례본〉과 〈언해본〉에서 〈동국정운東
...고 음가를 표시하였다. 즉 〈언해본〉에서 "ㄱ는 ㅑ

459
•••
7. 맺음말

445
•••
7. 맺음말

흡이니 如君ㄷ字初發聲ᄒᄂ니 竝書ᄒ면 如虯ㅸ字初發聲ᄒᄂ니라, ㅋᄂ 牙音
이니 如快ᅙ字初發聲ᄒᄂ니라, ᅌᄂ 牙音이니 如業字初發聲ᄒᄂ니라"와 같이
'ㄱ-군(君), ㅋ-쾌(快), ㄲ-뀨(虯), ᅌ-업(業)'으로 음가를 보였으나 〈언문
자모〉에서는 'ㄱ 기역(其役), ㄴ 니은(尼隱), ㄷ 디귿(池末*), ㄹ 리을(梨乙),
ㅁ 미음(眉音), ㅂ 비읍(非邑), ㅅ 시옷(時衣*), ᅌ 이응(異凝)'으로 설명하여
후자가 훨씬 자세하고 알기 쉽다. 이때 *를 붙인 것은 새김으로 읽는다는
뜻이다.

〈동국정운〉의 운목자로 음가를 설명한 것보다는 〈언문자모諺文字母〉처럼
한자의 동음東音으로 그 초성과 종성의 음가를 보여준 것이 훨씬 알기 쉽
다. 이로부터 〈언문자모〉가 한글의 보급에 지대한 공헌을 한 것으로 보았
으며 만일 〈언문자모〉가 아니었으면 한글도 다른 북방민족이 창제한 표
음문자들처럼 일시적으로 사용되다가 사라졌을 수도 있었다고 보았다.

3. 언어학 이론으로 본 한글

제3장에서 논의한 바와 같이 한글의 발명에 많은 불승佛僧들이 참가한
것이 특징이었다. 즉 『월인석보』의 편찬에 참여한 학승學僧 10명이 있었음
을 소개하면서 이들은 실제로 세종 때에 활약한 승려들이라고 소개하였
다. 여기에는 새 문자의 발명에 불가佛家의 비가라론毘伽羅論, 즉 성명학聲明學
의 이론이 뒷받침되었다는 사실을 환기하게 된다.

한글 또는 훈민정음, 정음에 대해 많은 연구자들이 이 문자가 조음調音음
성학의 이론에 의거하여 제정한 것임을 지적하였다. 다시 말하면 조음음

인 성격을 가졌다는 점에서 상술한 바와 같이 요遼
르의 사자使者들과 만나서 위구르의 말과 글을 배
을 뒷받침한다.
장(1125)한 이후에도 사용되었으며 금金의 명창明昌 2
폐지하라는 금金 장종章宗의 조령詔令. 詔罷契丹字이 있기
지역의 문자로 사용되었다.

는 역시 여진족의 금金나라가 건국하고 나서 태조太祖
(完顔希尹, 本名은 谷神)에게 명하여 한자의 해서楷書체
여진자女眞字를 만들게 하였다. 이것이 여진대자女眞大字.
다. 금金 천보天輔 3년(1119)에 완성되어 칙명勅命으로
사용되었다. 후에 금나라 제3대 희종熙宗 때인 천권
다시 여진자女眞字를 만들어 반포하였고 황통皇統 5년
왕이 만든 소자를 사용하였는데 이것이 여진소자女眞
다.

대 왕인 세종世宗 때에 대대적인 보급정책을 펼쳤다.
동부大同府와 상경上京 회령부會寧府에 여진학女眞學을 설립
를 입학시켜 여진문자를 교육하였다. 또 과거시험에
두고 관리를 선발하였다. 『논어論語』, 『사기史記』, 『정관
많은 한적漢籍들이 여진어로 번역되어 여진문자로 기

에 대한 연구는 매우 지지부진하여 소자小字와 대자大字

성학의 이론에 매우 잘 맞게 한글 문자로 표기된 음운을 설명한 것이라고 본 것이다. 특히 〈해례본〉에서는 음운의 대립과 체계적 파악에 대하여 여러 가지 고전적인 방법, 즉 〈주역周易〉에서 설명한 하도河圖 낙서洛書의 생위성수生位成數와 음양陰陽 오행五行을 통하여 음운의 대립을 설명하였다. 뿐만 아니라 음운의 조음위치와 조음방식에 따라 아설순치후牙舌脣齒喉와 전청全清, 차청次清, 전탁全濁, 불청불탁不清不濁으로 나누어 음운을 배열하였다. 더욱이 변별적 자질에 따라 인성引聲의 가획加劃이라는 전대미문의 문자 제정의 이론을 만들어 새 문자를 만들었다.

고대 인도의 음성학

이러한 음성학적 지식은 멀리 고대 인도의 음성학에서 그 이론적 근거를 찾을 수 있다고 보았다. 고대 인도에는 기원전 800~150년에 고도로 발달된 음성학이 있었으며 리그 베다Rig Veda의 범어梵語, 즉 산스크리트어를 예로 한 문법이 왕성하게 연구되었다. 이 책의 제4장에서는 기원전 4세기 사람으로 서양에 널리 알려진 고대 인도 문법학파의 파니니Paṇini가 지은 범어 문법서 Aṣṭādhyāyī(八章)를 소개하였다.

이 책에서는 음성의 발화를 주관하는 발성 기관을 내구강內口腔, intrabuccal 과 외구강外口腔, extrabuccal으로 나누어 각 기관의 역할을 설명하였다. 한글의 발명에서 조음위치에 따라 아설순치후로 나누고 조음방식에 따라 전청, 차청, 전탁, 불청불탁으로 나누어 각 음운을 배열하였다. 이러한 음운의 분류 방식은 훈민정음에서 그대로 적용되었다.

특히 초성, 즉 자음을 5개 조음위치로 나누어 기본자를 정하였는데 발성기관의 모양이나 발성할 때의 모습을 상형하여 제자制字하였다. 즉, 아음

牙音 ㄱ—象舌根閉喉之形(혀뿌리가 목구멍을 막는 모습을 본뜬 것), 설음舌音 ㄴ—象舌附上之形(혀가 위 잇몸에 붙는 모습을 본뜬 것), 순음脣音 ㅁ—象口形 (입모습을 본뜬 것), 치음齒音 ㅅ—象齒形(치아의 모습을 본뜬 것), 후음喉音 ㅇ— 象喉形(목구멍의 모습을 본뜬 것)으로 기본자를 정하였다.

모두 현대음성학의 이론으로도 인정되는 발성기관과 발성방법이었다. 그리고 나머지 글자들은 인성가획引聲加劃의 방법으로 제자하였으나 /ㆁ, ㅿ, ㄹ/의 세 문자는 이 원리에 따르지 않아서 이체자로 정리하였다.

중성, 즉 모음은 천지인天地人 삼재三才를 상형한 'ㆍ, ㅡ, ㅣ'를 후설저모음 [ɑ], 중설중모음[ɨ], 전설고모음[i]로 나누어 배치하고 이 셋을 조합하여 초출 자 4개와 재출자 4개, 모두 11개의 중성을 제자하였다. 그리고 파스파 문자 의 모음자와 같이 둘, 또는 셋의 문자를 결합하여 많은 복합모음자를 제자 할 수 있게 하였고 〈해례본〉에서는 모두 29개의 중성자를 만들어 보였다.

초성의 글자들이 비록 정초鄭樵의 〈육서략六書略〉에 소개된 기일성문도起一成文圖에 제시된 자형과 같지만 그 글자 모습은 발음기관이나 발성할 때의 모습을 상형한 것이기 때문에 창의적이라고 할 수 있다. 또 중성자는 천 지인 삼재三才를 상형하여 기본자를 만들고 이들을 조합하여 초출자 및 재 출자를 제자한 것은 독창적인 것이다. 훈민정음을 옛날에 누가 말한 바가 없다(無所祖述)고 보거나 사물을 창조하는 지혜의 움직임이 멀리 아득한 옛날에서 나온 것(創物運知, 敻出千古)으로 보는 근거가 여기에 있다.

다만 훈민정음의 초성을 /ㄱ, ㅋ, ㄲ, ㆁ/ 순서로 제자한 것은 멀리 7세 기경에 제정된 서장西藏문자의 순서와 같고 중성 11자 가운데 재출자를 제 외한 7개 모음은 파스파 문자의 모음자 7개와 동일하다. 더욱이 훈민정음 중성의 자모체계는 파스파 문자의 유모喩母 체계와 일치하며 중세몽고어의 모음체계에 의거한 것이다. 이 책에서는 『몽고자운蒙古字韻』의 자모字母와 『사성통해』에서 〈광운廣韻〉, 〈운회韻會〉, 그리고 〈홍무운洪武韻〉의 자모도字母圖를 통하여 이 사실들을 밝혀내었다.

음운의 대립과 인식

훈민정음의 〈해례본〉에서는 한글의 문자로 표시된 각 음운들이 모두 대립적으로 존재함을 하도河圖의 생위성수生位成數의 이론과 성리학性理學의 이론, 특히 음양陰陽과 오행五行의 이론으로 장황하게 설명되었다.

그리하여 중성의 경우에는 다음과 같이 음운의 대립을 이룬다고 보았다.

/ㅇ:으, 오:우, 아:어/ – /이/는 중화대립

/요:유, 야:여/

반면에 초성은 다음과 같은 대립을 보여준다.

전청 대 차청

아음牙音	설음舌音	순음脣音	치음齒音	후음喉音
ㄱ : ㅋ	ㄷ : ㅌ	ㅂ : ㅍ	ㅈ : ㅊ	ㆆ : ㅎ

전청 대 불청불탁

아음牙音	설음舌音	순음脣音	치음齒音	후음喉音
ㄱ : ㆁ*	ㄷ : ㄴ	ㅂ : ㅁ	없음	ㆆ : ㅇ
	ㄷ : ㄹ*		ㅅ : ㅿ*	

전청 대 전탁

아음牙音   설음舌音   순음脣音   치음齒音   후음喉音

ㄱ : ㄲ   ㄷ : ㄸ   ㅂ : ㅃ   ㅅ : ㅆ, ㅈ : ㅉ   ㅎ : ㆅ

이 초성자들은 유기음의 유무, 비음, 유성음의 유무에 따라 유무대립有無
對立을 이루고 있으며 자음의 대립을 체계적으로 문자화한 것이다. 다만 전
청 대 전탁은 우리말에서 음운론적이 아니라고 보아서 이러한 자음 문자
의 제정이 우리말의 음운에 의한 것이 아님을 시사하였다.

한글을 발명한 사람들은 음운을 음절 단위로 인식하였다. 따라서 음을
음절 초onset와 음절 말coda로 나누어 초성과 종성으로 구별하였다. 즉, 다
음과 같이 각개 음운을 인식한 것이다.

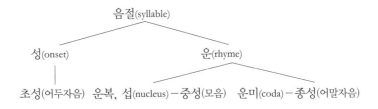

이와 같은 음운의 인식은 파스파 문자의 제정에서 이미 알려진 것으로
파스파 문자에서는 종성에서 6개의 자음만 인정하였다. 이에 대하여 〈언해
본〉과 〈해례본〉의 예의例義에서는 "종성부용초성終聲復用初聲"이라 하였고 〈해
례본〉과 〈언문자모〉에서는 "팔종성가족용八終聲可足用", 또는 "초성종성통용
팔자初聲終聲通用八字"라 하여 /ㄱ, ㄴ, ㄷ, ㄹ, ㅁ, ㅂ, ㅅ, ㅇ/의 8개 자음만 종

성終聲. coda의 위치에서 변별되고 나머지 /ㅋ, ㅌ, ㅍ, ㅈ, ㅊ, ㅿ, ㅇ, ㅎ/의 8자는 이 위치에서 중화中和됨을 밝힌 것이다.

성조를 음절 단위로 표시

한글 창제에서 또 하나 특기할 것은 성조聲調를 음절 단위로 인식한 점이다. '예의例義'에서도 "左加一點則去聲, 二則上聲, 無則平聲, 入聲加點同而促急. ― 왼쪽에 한 점을 더하면 거성이고 둘이면 상성이고 없으면 평성이다. 입성은 점을 더하는 것은 같지만 빠를 뿐이다."라 하여 사성四聲에 따라 성조를 방점으로 표시하였음을 알 수 있다. 다만 여기서는 사성 가운데 평성平聲과 상성上聲, 그리고 거성去聲의 3성만 성조로 인정하고 입성入聲은 폐음절閉音節로서 성조와 무관함을 말하고 있다.

해례解例에서는 '종성해終聲解'와 '합자해合字解'에서 성조에 대하여 설명하고 있다. 역시 평성과 상성, 그리고 거성을 성조로 보아 평성은 저조低調-low tone, 그리고 거성은 고조高調-high tone로 보았고 상성은 상승조上昇調-low-rising tone로 규정하였으며 각기 왼쪽에 방점(傍點, 또는 旁點)으로 그 성조를 표시하였다. 해례에서는 사성四聲을 성리학적 이론으로 설명하였고 그 음운론적 특징도 언급하였으며 고유어의 예도 들었다.

4. 훈민정음과 파스파 문자

훈민정음, 즉 한글이 원대元代 파스파 문자의 영향을 받아 제정된 것이라는 주장은 이미 오래전부터 있었다. 외국에서는 서양의 개리 레드야드Gari

Ledyard 미국 뉴욕의 컬럼비아대학 교수와 동양의 주나스트照那斯圖 중국 북경사회과학원北京社會科學院의 연구원이 이를 신봉하였고 이 둘은 자형字形까지도 모방했다고 보았다.

국내에서는 이익李瀷의 『성호사설星湖僿說』에서 정음正音이 몽고문자에서 기원하였다 하였고 유희柳僖는 『언문지諺文志』의 「전자례全字例」에서 "諺文雖瓶於蒙古, 成於我東, 實世間至妙之物. — 언문은 비록 몽고에서 시작되었으나 우리나라에서 완성되어 실지로 세간에서 지극한 묘물妙物이 되었다."라고 하였고 「초성례初聲例」에서는 "我世宗朝命詞臣, 依蒙古字樣, 質問明學士黃瓚, 以製. — 우리 세종께서 유신들에게 명하여 몽고蒙古 자양字樣에 의거하고 명나라 학사 황찬에게 질문하여 만들었다."라는 기사를 통하여 이익의 몽고문자 기원설을 지지하였다. 여기서 '몽고자양蒙古字樣'이란 앞에서 살펴본 바와 같이 파스파 문자를 지칭한 것이다.

그러나 이러한 주장은 매우 일부분이고 대체로 국내에서는 한글의 파스파 문자 기원설에 대하여 부정적이다. 특히 현대에 들어와서 한글에 대한 국수주의적인 연구가 횡행하면서 한글은 독창적인 문자로 창제된 것임을 강조한다. 먼저 이익과 유희의 몽고자 관련설에 대하여 홍기문(1946)에서는 "李瀷의 말은 첫째 蒙古字에 偉兀眞·帖月眞의 兩種이 있는 것을 몰라서 그것을 混同하고, 둘째 黃瓚《訓民正音》의 關係를 잘못 알아서 그것을 蒙古字에 附會한 것이어늘 柳僖는 드디어 그를 盲從하는 同時에 그의 錯誤된 結論만을 無條件 그래도 引用한 것이다."(한문은 원문대로)를 인용하여 역시 부정적으로 비판하였다.

동양에서는 중국 사회과학원 민족연구소의 주나스트 박사가 슈안데우宣德五 교수와 함께 照那斯图·宣德五(2001a, b)를 발표하여 역시 훈민정음이 파스파자의 영향을 받았다고 보았다. 서양에서는 개리 레드야드 교수의 "The Korean language reform of 1446 – The Origin, Background, and Early History of the Korean Alphabet, Unpublished Ph. D dissertation, University of California"가 발표되고 이 학위 논문이 학계의 인정을 받아서 한글이 파스파 문자와 같이 인도 문자의 영향을 받은 문자로 인식되었다.

외국학계에서는, 특히 세계 문자학계에서는 한글이 파스파 문자의 영향을 받았으며 이 문자는 멀리 인도 브라아미 문자Brāhmī script 계통의 가로스티 문자Kharoṣṭī script로 소급하며 이 문자가 이란의 소그드 문자Sogdian script 와 결합하여 티베트 문자를 제정하게 되었고 여기서 파스파 문자가 파생된 것으로 본다. 즉 북셈Northern Semitic 문자의 계통이라는 것이다.

한글과 파스파 문자의 관계

그러면 한글과 파스파 문자의 관계는 어떠한가? 제5장에서 살펴본 바와 같이 한글은 파스파 문자와 매우 밀접한 관계를 맺고 제정되었다. 파스파 문자는 한글보다 174년 전에 제정되었다. 즉 원元 지원至元 6년(1269)에 팍스파 라마에 의하여 41개의 자모 문자를 제정하였다고 『원사元史』(권202) 「전傳」 '석로釋老 팍스파'조에 명기하였다.

그러나 『원사』(권6) 「세조기世祖紀」에는 이 문자를 반포하는 원 세조 조령詔令이 전재轉載되었는데 여기에는 몇 자를 제정하였는지 밝히지 않았다. 다만 원대元代 성희명盛熙明의 『법서고法書考』와 도종의陶宗儀의 『서사회요書史會要』에는 모두 43모母로 소개되었지만 실제 제시한 문자는 42개에 불과하였다. 이것은 36성모聲母에 유모喻母, 즉 모음자 7개를 더하여 43자로 한 것이다.

반면에 『원사』(권202) 「전傳」 '석로釋老 팍스파'조에서 언급된 41개의 자모는 순경음脣輕音 글자에서 차청次淸의 /ㆄ/를 인정하지 않고 전청全淸 /ㅸ/를 전탁全濁의 /ㅹ/과 동일한 것으로 간주한 것이다. 당시 북경의 한어漢語에서 는 이러한 구별이 없었던 것으로 보인다.

한글의 발명에서 훈민정음의 〈언해본〉에서는 정음正音의 글자로 43개를 만들어 보였다. 즉 초성에서 훈민정음의 17자에다가 각자병서各字竝書의 쌍 서자, 즉 /ㄲ, ㄸ, ㅃ, ㅆ, ㅉ, ㆅ/을 더하여 23자모를 만들고 여기에 치음 齒音에서 치두음齒頭音과 정치음正齒音을 구별하여 따로 5자를 더 만들었다. 그 리고 순경음脣輕音에서 전청, 차청, 전탁, 불청불탁의 4자를 더하면 모두 32 자가 되며 여기에 중성 11자를 더하면 43자가 된다. 글자 수효로 보아 파 스파 문자의 43자와 정음正音의 43자가 일치한다.

다만 『원사』에 보이는 41자는 순경음에서 /ㆄ, ㅹ/을 인정하지 않고 /ㅸ, ㅱ/만을 인정한 것으로 동국정운東國正韻식 한자음 표기나 한어음漢語音의 한자 음 표기에서 전자의 /ㆄ, ㅹ/은 자주 빠져 있거나 /ㅸ/으로 대체되었다.

한글의 초성이 파스파 문자의 36자모와 관련이 있음은 다른 예로서 밝 힐 수 있다. 즉, 『몽고자운蒙古字韻』의 런던 초본鈔本의 권두에 부재된 「자모字母」 에 중국 전통의 36성모聲母와 그에 해당하는 파스파 문자를 보였다. 이를 도표로 보인 것이 제5장에 정리되었다. 이를 다시 여기로 옮겨오면 다음 과 같다.

	아음	설음		순음		치음		후음	반음	
		설두음	설상음	순중음	순경음	치두음	정치음		반설음	반치음
전청	見 ᄀ	端 ᄃ	知 ᄐ	幫 ㄹ	非 ㅎ	精 ᄀ	照 ㅌ	曉 ㅎ		
차청	溪 ㅂ	透 ㅂ	徹 ㅍ	滂 ㄹ	敷 ㅎ	清 ㄲ	穿 ㅍ	匣 ㅂ		
전탁	群 ᄁ	定 ㅉ	澄 ㅂ	並 ㄹ	奉 ㅎ	從 ㅎ	床 ㅂ	影 ㄹ		
불청 불탁	疑 ㄹ	泥 ㅎ	娘 ㅁ	明 ㅎ	微 ㅌ			喻 ㅆ	來 ㄹ	日 ㄹ
전청						心 ㅈ	審 ㄱ	(ㅿ)ㅆ		
전탁						邪 ㅌ	禪 ㅁ			

[표 7–1] 『몽고자운』 파스파 문자의 36자모, [표 5–1]과 동일함

조선 중종 때에 최세진이 신숙주의 『사성통고四聲通攷』를 본받아서 『사성통해四聲通解』를 편찬하였다. 신숙주는 제6장에서 살펴본 것처럼 한글 발명에 가장 많이 참가한 세종 때의 친간명유親揀名儒였다. 『사성통해』에는 『사성통고』로부터 전재한 것으로 보이는 〈광운廣韻 36자모도〉와 〈운회韻會 35자모도〉, 그리고 〈홍무운洪武韻 31자모도〉가 권두에 부재되었다.

이 책에서 필자는 〈광운 36자모도〉가 아마도 『몽고운략蒙古韻略』의 것을 전재한 것이 아닌가 하였고 〈운회 35자모도〉는 『몽고자운蒙古字韻』이 증보되기 이전의 것을 옮긴 것으로 보았으며 〈홍무운 31자모도〉는 런던 초본으로 현전하는 주종문朱宗文의 『증보增補몽고자운』의 것으로 보았다. 모두 파스파 문자 대신 한글로 대신하여 언제든지 대응이 가능하게 한 것이다. 이 가운데 〈광운 36자모도〉를 표로 만든 것을 여기에 옮겨보면 다음과 같다.

오음	角	徵		羽		商		宮	半徵半商	
오행	木	火		水		金		土	半火半金	
칠음	牙音	舌頭音	舌上音	脣音重	脣音輕	齒頭音	正齒音	喉音	半舌半齒	
전청	見ㄱ	端ㄷ	知ᅐ	幫ㅂ	非ㅸ	精ᅎ	照ᅐ	影ㆆ		
차청	溪ㅋ	透ㅌ	撤ᅕ	滂ㅍ	敷ㅸ	淸ᅔ	穿ᅕ	曉ㅎ		
전탁	群ㄲ	定ㄸ	澄ᅑ	並ㅃ	奉ㅹ	從ᅏ	狀ᅑ	匣ㆅ		
불청불탁	疑ㆁ	泥ㄴ	孃ㄴ	明ㅁ	微ㅱ			喻ㅇ	來ㄹ	日ㅿ
전청						心ᄼ	審ᄾ			
전탁						邪ᄽ	禪ᄿ			

[표 7-2] 『사성통해』 권두의 〈광운 36자모표〉, [표 5-2]와 동일함

[표 7-1]과 [표 7-2]를 비교하면 거의 일치한다. 심지어 [표 7-1]에서 설상음舌上音과 정치음正齒音의 파스파 문자가 전청全淸, 차청次淸, 전탁全濁에서 모두 동일한데 [표 7-2]에서 한글의 설상음과 정치음도 전청, 차청, 전탁이 일치한다. 다만 순경음脣音輕에서 『몽고자운』의 파스파 문자는 전청과 전탁이 같고 차청만이 /즁/로 다른데 『사성통해』의 순음경脣音輕에서는 전청과 차청이 동일하여 순음경의 차청 /ㆄ/을 인정하지 않고 전탁을 /ㅹ/으로 구분하였다.

〈홍무운 31자모도〉는 『홍무정운洪武正韻』의 「자모도字母圖」란 뜻이겠지만 실제로는 주종문이 증보한 『증보 몽고자운蒙古字韻』의 「자모字母」와 같다. 즉 이 자모에서 설상음舌上音의 불청불탁不淸不濁 /ᇛ, n/를 빼면 이 둘은 완전히 일치한다. 아마도 〈홍무운 31자모도〉에서는 설상음 4자를 모두 같은 글자로 간주하여 모두 제외시킨 것으로 보인다. 여기에는 동일 글자를 제외하고 설상음의 /ᇛ/를 더하면 모두 32자모를 파스파 문자로 표시한 것인데 이 것은 훈민정음 〈언해본〉의 초성 32자와 일치한다. 즉, 『몽고자운』의 자모

에서 설상음의 /ᄝ/(孃, ㄴ)은 설두음舌頭音의 /ᄒ/(泥 ㄴ)과 파스파 문자가 다르지만 한글에서는 /ㄴ/으로 같다.

따라서 〈언해본〉에서 보여준 정음正音 초성 31자는 『몽고자운』의 자모에서 가져온 것이다. 우리말의 음절 초 자음을 문자로 한 것이 아니라는 말이다.

중성中聲의 경우도 동일하다. 『몽고자운』 권두 '자모字母'에 보이는 36자모도의 오른쪽에 "ᡓᡭᡘᢗᢒᢐ 此七字歸喩母"가 보인다. 이것은 유모喩母, 즉 모음자로서 실제로는 모두 6개만 제시하였지만 36자모에 속한 유모喩母 /ᠤ/를 포함시키면 모두 7개의 모음자가 된다.

훈민정음에서도 중성자 11개를 제자하였지만 기본자 3개와 초출자 4개만이 단모음을 문자로 제자한 것이며 재출자들은 ㅣ계 이중모음을 글자로 한 것이다. 따라서 훈민정음 중성 7개 단모음자는 파스파 문자의 유모자 7개로부터 온 것이라고 볼 수밖에 없다. 그리하여 졸고(2009d, 2011b)에서 밝힌 바와 같이 훈민정음의 중성자와 파스파 문자의 유모자는 다음과 같은 동일 체계의 모음을 문자화한 것이다.

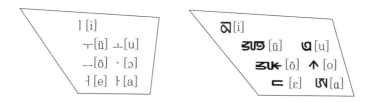

[표 7-3] 훈민정음 중성과 파스파 유모의 문자 체계(파스파자는 옆으로 뉘었음)

[표 7-3]이 제5장 각주 34의 도표와 부분적으로 다른 것은 이 도표의 파스파자가 유모의 /ᡅ/를 붙여 썼기 때문이다. 한글로 쓰면 '오, 우, 외, 위'를 'ㅗ, ㅜ, ㅚ, ㅟ'로 쓴 것과 같다. 특히 편집을 위해서 복합자들은 옆으로 뉘었기 때문에 더욱 다르게 보일 것이다. 그리고 자형이 조금씩 다른 것은 금석문金石文에서 채취한 여러 파스파자의 자체가 있기 때문이다.

만일 훈민정음의 중성이 당시 우리말이나 한자음, 동음東音의 음운에 맞추어 문자를 만든 것이 아니라면 〈해례본〉의 음양陰陽의 구별로 보여준 모음조화는 어떤 것인가? 그동안 많은 연구에서 중세한국어에 모음조화가 있었고 훈민정음의 중성자를 제정한 것은 이러한 모음조화를 의식한 것이라는 주장은 그러면 어떻게 되는 것인가? 그동안 이 문제를 둘러싸고 필자는 많은 논전을 벌여왔다.

결론적으로 말하면 파스파 문자의 모음자들은 중세몽고어의 모음조화를 염두에 두고 제자한 것이다. 주지하는 바와 같이 중세몽고어는 분명한 구개적口蓋的 모음조화를 갖고 있었다. 즉, 전설모음은 전설모음끼리, 후설모음은 후설모음끼리 연결하는 중세몽고어의 모음조화는 매우 분명해서 이에 의거하여 몽고위구르 문자는 /ö/와 /o/, 그리고 /ü/와 /u/를 구별하는 문자는 필요가 없었다. 이 전설 대 후설의 두 모음들은 음운론적으로 조건된 자동적 교체를 보이기 때문에 하나의 문자로 족했다. 즉, 앞이나 뒤에 전설모음이 있으면 /ö, ü/가 오고 후설모음이 있으면 /o, u/로 교체하기 때문에 두 문자로 이 네 개의 음운을 표음할 수 있었다.

그러나 우리말의 경우는 당시 한국어의 모음체계와는 다른 문자체계를 훈민정음의 중성자가 보여주고 있어서 그동안 이 문자들이 당시 모음체계를 반영한다고 생각하고 연구한 결과에 대하여 많은 이의 제기가 있었다.

그리하여 끊임없이 앞의 연구를 수정하고 새로운 체계를 모색하는 작업이 계속되었다.

필자는 한글 발명 당시의 우리말 모음체계를 여러 차례 시행착오를 거쳐 수정하여 제시한 김완진(1978)의 것을 따르고자 한다. 그 모음체계를 여기에 옮겨보면 다음과 같다.

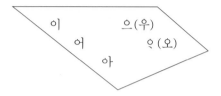

[표 7-4] 훈민정음 제정 당시의 조선어 모음체계

따라서 한글 발명 당시에는 파스파 문자의 유모자에 맞추어 중성을 제자한 것으로 보지 않을 수 없다. 그리고 한글 발명 당시의 모음에서는 물론이고 고대한국어에서도 중세몽고어와 같은 구개적口蓋的 모음조화는 없었다고 본다. 있다면 조금 복잡한 모음동화母音同化 현상이 있었을 뿐이다.

사이ㅅ에 대한 이해

훈민정음의 예의例義에서는 "종성부용초성終聲復用初聲"이라 하여 초성 17자를 모두 종성, 즉 받침으로 쓸 수 있다고 하였다. 그러나 해례解例의 '종성해終聲解'에서는 "팔종성가족용八終聲可足用"이라 하여 /ㄱ, ㄴ, ㄷ, ㄹ, ㅁ, ㅂ, ㅅ, ㆁ/만이 음절 말 위치에서 변별적임을 밝혔고 〈언문자모〉에서는 아예 /ㅋ, ㅌ, ㅍ, ㅈ, ㅊ, ㅿ, ㆆ, ㅇ/의 8음은 음절 말 위치에서 발음되지 않는 것으로 규정하였다.

이와 같이 자음을 음절 초onset와 음절 말coda로 나누어 그 변별적 기능을 살펴 문자를 제정한 것은 상당한 음운론적 지식을 갖고 이 문자를 제정하였음을 알 수 있다. 파스파 문자에서도 자음을 음절 초의 자모字母와 음절 말의 운미韻尾로 나누어 문자를 배열하였다. 즉『몽고자운』의 권두에 실린「몽고자운 총괄변화지도總括變化之圖」의 하단에 보이는 13개 입성 운미자韻尾字들은 종래『예부운략』계통의 운서음에서 입성ᄉ聲 운미를 표기하기 위한 것이다.

즉,『몽고자운』권두의 변화도에 보이는 동그라미의 하단에 왼쪽으로부터 "噷ㅁ ᇝ[m], 撲ㄹ[p], 本音ㄹ[ʔ], 噷ㅁ ᇙ[ph], 黑 ᇦ[h], 頂舌兒 ᇐ[r], 轉舌兒工[l], 刻 ᇡ[kh], 克 ᇬ[k], 忒 ᅙ[t], 赤ᄅ[dz], 四 ᇧ[s], 卅 ᅀ[z]"와 같은 13개의 파스파 문자가 기입되었고 상단에는 왼쪽으로부터 거꾸로 된 "ᇝ[m], ᇬ[k], ㄹ[ŋ], ᇦ[w], ᅟ[ʔ], ◁[o/u]" 등 6개의 파스파자가 보인다(제5장의 [사진 5-11] 참조). 상단의 6개 운미자는 당시 북경음北京音의 운미를 표기하기 위한 것임을 알 수 있다. 원대元代 북경음의 운미에 대하여는 이미『중원음운中原音韻』에서 6개 입성운미만을 인정하고 있었기 때문이다.

훈민정음의 〈해례본〉이나 〈언문자모〉에서 종성, 즉 음절 말 위치에서 8개의 자음만이 변별됨을 알게 된 것은 역시 고대 인도 음성학의 조음음성학적 지식이 작용한 것으로 볼 수 있다. 즉 음운의 대립이 의미의 변화를 가능하게 하지만 어떤 위치에서는 이 대립이 중화된다는 사실을 성명학聲明學의 이론을 통하여 알고 있었던 것이다.

다만 현대한국어와 같이 'ㅅ : ㄷ'의 대립이 사라진 것에 대하여 많은 연구자들이 이해하지 못하고 있는 것은 매우 유감스러운 일이다. 즉, 중세한국어에서는 음절 말 위치에서 'ㅅ : ㄷ'의 대립이 존재했고 그것은 'ㅅ'이 오늘날처럼 내파되어 'ㄷ'으로 발음되지 않았음을 전제로 하는 것이다.

예를 들면 중세한국어에서는 '못池'과 '몯釘'이 구별되었고 '갓邊'과 '갇笠'이 의미의 분화를 할 수가 있었다. 우리말은 교착어膠着語이고 이러한 문법구조에서는 단어와 단어의 결합에는 반드시 두 말의 관련을 표시해주는 형태가 첨가되어야 한다. 어순이 그런 역할을 하지 않기 때문이다. 명사와 명사가 연속될 때에 그것이 대등접속일 경우에 사이ㅅ이 결합된다고 학교문법에서는 가르치고 있다. 그런데 왜 하필 'ㅅ'일까? 아무도 이에 대하여 설명하지 못한다.

우리말에 '임금[王]'이란 고유어가 있다. 이것은 고대 사서史書를 보면 전기 신라어의 '尼師今'에서 온 것이고 후기 신라에서 '尼叱今'으로 변한 것이다. 모두 '齒理', 즉 '잇금, 잇자국'이란 뜻이다. 남해왕南解王이 돌아가자 태자太子 유리儒理와 대보大輔 탈해脫解가 서로 왕위를 사양하다가 나이가 많은 사람이 왕이 되기로 하고 떡을 씹어 잇금, 즉 잇자국을 비교하여 유리儒理가 왕이 되었고 그로 인하여 유리니사금儒理尼師今으로 불렀다고 한다(『삼국사기』권1 「신라본기」 제1 '유리'조). 이 칭호는 내물왕奈勿王 때까지 계속되다가 눌지왕訥祗王 때에 마립간麻立干으로 바뀐다.

『삼국사기』의 니사금尼師今은 『삼국유사』에서는 '치질금齒叱今'이었다. 즉 『삼국유사』(권1) 「기이紀異」(제4) '탈해왕脫解王'조에 "脫解齒叱今[一作註解尼師今]"이라 하여 '尼師今, 齒叱今'으로 나타난다. 이로부터 '尼師今 〉尼叱今, 또는 齒叱今'의 변화가 있었고 '*니ㅅ금 〉*닛금 〉잇금 〉임금'으로 변했음을 알 수 있다. '叱'은 이두吏讀에서 '사이ㅅ'을 표기하는 데 사용되는 한자이다.

'니스금 〉 닛금'의 변화는 어말 모음탈락 현상이며 '닛금 〉 잇금'의 변화
는 ㅣ 계 모음 앞에서 ㄴ[n]이 탈락하는 현상이고 '잇금 〉 임금'은 'ㅅ'의 내
파와 후행하는 ㅁ[m]에 의하여 비음화의 역행동화가 일어난 것이다. 우리
말의 역사에서 모두 흔히 일어나는 음운의 변화이다. 따라서 사이ㅅ이
'ㅅ'에서 온 것임을 알 수 있으며 'ㅅ'는 전기 신라어에서 속격屬格과 같은
역할을 했다. 앞의 예는 이러한 사이ㅅ의 변천을 증명해주는 좋은 예라고
할 수 있다.

『용비어천가』에 '오ᇙ나래'(15장), '後ㅿ날'(25장)이 있어 이 사이ㅅ이 유
성적 환경에서 유성마찰음 /ㅿ[z]/음으로 실현됨을 보여준다. 만일 사
이ㅅ이 현대어와 같이 내파되었다면 유성화된 'ㅿ'으로 표기되는 일은 절
대로 없을 것이다. 'ㅅ'은 근대국어에 들어와서 내파되어 어말, 즉 받침 위
치에서 정지음 'ㄷ'과 같아지기 때문이다. 내파되어 'ㄷ[t]'로 발음된 '사
이ㅅ'은 후행하는 인접 자음을 된소리로 발음시키므로 '된 시옷'이 된 것이
아닌가 한다.

한글 발명의 독창성

이상 한글과 파스파 문자의 관계를 살펴보고 한글 발명에 파스파 문자
의 제정이 적지 않은 영향을 끼쳤음을 살펴보았다. 그러면 한글은 어디까
지 독창적으로 발명되었을까?

〈실록〉 등의 사서史書에는 한글의 발명에 대하여 항상 '창제創制', '친제親制',
'창물운지경출천고創物運知敻出千古', '무소조술無所祖述' 등의 수식어가 붙는다. 모
두가 새롭고 독창적으로 만들었다는 뜻이다. 그러나 많은 부분에서 파스

파 문자 등의 영향을 받았고 그 이론적 근거도 불가의 성명학聲明學이나 성리학性理學, 역학易學 등에서 가져왔음을 알 수 있다. 그런데 왜 한글이 새롭고 독창적인 것임을 강조하였을까?

이것은 새 문자의 제정을 탐탁하지 않게 본 명明을 의식한 때문으로 본다. 혹시라도 원元의 문명을 이어가거나 모방하려는 태도가 명明으로서는 몽고의 원元을 숭앙崇仰하고 한족의 명明을 배척하려는 것은 아닌지 의심의 눈으로 보고 있다고 생각한 것이다. 이러한 명明을 안심시키기 위하여 새로 제정한 문자를 창제創制, 친제親制, 무소조술無所祖述이라 하여 파스파 문자와 관계가 없음을 강조한 것으로 본다.

또 실제로 한글의 글자 자형字形은 독창적이다. 기일성문도起─成文圖에 같은 글자 모형이 있었다 하더라도 그것을 발음기관과 발성모양으로 설명한 것은 지금까지 누구도 시도한 일이 없는 일이다. 더구나 한글의 자형도 파스파 문자, 티베트 문자로부터 왔다는 주장은 전혀 신빙성이 없다.

주지하는 바와 같이 파스파 문자는 서장西藏문자, 즉 티베트 문자를 기반으로 하여 작성된 것이므로 이 두 문자는 자형도 유사하고 정서법도 유사하다. 그러나 한글은 그 글자의 모습이나 종서縱書와 횡서橫書가 자유로워 오로지 횡서만 할 수 있는 티베트 문자는 물론 종서 위주로 제자한 파스파 문자보다 월등하게 우수하다.

특히 照那斯图·宣德五(2001a, b)와 Ledyard(1966, 1998)에서 주장된 바와 같이 한글의 일부 글자가 파스파 문자와 같은 것은 우연의 일치이며 한글의 제자원리를 충분히 이해한 다음에 이 두 문자를 비교해야 할 것이다. 모음자의 유사성은 지금까지 누구도 그 독창성을 인정하지 않는 경우가 없으므로 초성, 즉 자음자의 유사성을 다음 도표로 비교해보자.

477

• • •

7. 맺음말

	아음	설음	순음		치음		후음	반설음	반치음
			순중음	순경음	치두음	정치음			
전청	ㄱ(見)히	ㄷ(端)ㄷ	ㅂ(幫)리	ㅸ(非)ᅙ	ᅏ(精)ㅍ	ᅎ(照)ㅌ	ᅙ(影)ᄙ		
차청	ㅋ(溪)ᅙ	ㅌ(透)ㅌ	ㅍ(滂)리	ᄛ(敷)ㅎ	ᅔ(淸)ᄭ	ㅊ(穿)ᅞ	ㅎ(曉)ㅈ		
전탁	ㄲ(群)ㅠ	ㄸ(定)ㄷ	ㅃ(並)리	ㅹ(奉)ㅎ	ᅑ(從)ᄀ	ᅐ(床)ㅌ	ㆅ(匣)ㅃ		
불청 불탁	ㆁ(疑)ㄹ	ㄴ(泥)ᄀ ㄴ(娘)ㅠ	ㅁ(明)ㅈ	ㅱ(微)ᄄ			ㅇ(喩)ᄢ ㅇ(么)ᄣ	ㄹㄹ (來)	△ㄹ (日)
전청					ㅅ(心)ᄌ	ㅅ(審)ᄀ			
전탁					ᄽ(邪)ㅋ	ᄿ(禪)ᄀ			

[표 7-5] 한글과 파스파 문자의 자형 비교, [표 5-10]과 동일함

위의 [표 7-5]는 훈민정음 〈언해본〉에서 제시한 정음 32자모와 『몽고자운』의 런던 초본抄本의 권두에 소재한 '자모字母'의 파스파 문자 33개를 비교한 것이다.

이 비교로부터 한글과 파스파자 사이에 "ㄷ(端)ㄷ, ㄱ(見)히, ㄹ(來)ㄹㄹ" 등에서 유사성이 보이지만 나머지는 전혀 다르다. 특히 한글은 이 글자들이 모두 발음기관이나 발성모습을 본뜬 것이어서 설사 유사하더라도 그 제자 원리는 서로 다르다. 훈민정음의 〈해례본〉 '제자해'에서 이러한 사실을 명기하였다.

반면에 파스파 문자는 티베트 문자의 영향을 받아 많은 글자들이 서로 유사하다. 〈해례본〉은 이 문자의 제정자인 세종의 생전에 간행된 것이며 제정자 자신이 이러한 제자 원리를 밝힌 것이다. 따라서 한글의 글자를 다른 문자로부터 가져왔다는 주장은 성립되지 않고 한글의 독창성은 그 자형의 독특함에 있다고 하겠다.

한글의 독창성에 대하여는 졸고(2008c, 2009a)에서 그동안 한글 문자와

비교된 여러 다른 문자들과 비교하여 상세하게 고찰되었다.

5. 한글 발명과 보급에 기여한 인물과 연구

한글의 발명이 세종의 단독으로 이루어진 것일까 아니면 신하의 도움을 받았을까 하는 문제는 오래도록 학계의 논란을 불러왔다. 사료史料의 여러 곳에 세종의 친제親制로 명기되었음에도 불구하고 집현전 학사들의 도움을 받았다거나 주변의 불승佛僧들이 도왔다거나 또는 직계 가족들과의 공동 프로젝트였다는 주장이 끊이지 않았다.

이 책에서는 이미 세종의 따님으로 변음토착變音吐着의 난제를 해결하고 〈언문자모〉를 제안하여 한글의 발전과 보급에 크게 기여한 정의貞懿공주에 관하여 고찰한 바가 있다(제3장). 또 세조 때의 『월인석보』 신편新編의 편찬에 관여한 10명의 학승學僧들이 실제로는 세종 때에 활약하였음도 제3장에서 논의하였다. 불가의 승려들에 의하여 비가라론毘伽羅論, 즉 성명학聲名學에 들어 있는 불경佛經으로부터 고대 인도의 음성학 이론이 한글의 발명에 동원되었음을 제4장에서 살펴보았다.

제6장에서는 정음正音으로 한자의 한어음漢語音을 표음하는 데 참여하였고 훈민정음의 해례解例에 적극 가담하여 〈해례본〉의 편찬에 주도적 역할을 했던 성삼문成三問과 신숙주申叔舟에 대하여 고찰하였다. 이 둘은 한글 발명에 참가하도록 세종이 직접 선택한 친간명유親揀名儒 8명 가운데 하나였다. 이들은 한글 발명의 초기에 정음正音으로 한자의 한어음을 표기할 때에 직접 요동遼東에 유배 온 황찬黃瓚을 찾아가서 그 발음을 적어 온 바가 있으며

예겸倪謙이 황제의 칙사勅使로 한양漢陽에 왔을 때에 그와 운서韻書에 대하여 논의한 바가 있었다.

세종 때에 제왕의 주도로 발명된 한글은 문종과 세조를 거치면서 신속하게 백성들에게 보급되었으나 그 이후에, 특히 연산군 때에는 언문 벽서僻書 사건으로 임금의 탄압을 받아 매우 위축되었다. 이 시대에는 학문의 다른 분야도 모두 후퇴하였고 새 문자에 대한 연구와 보급도 역시 지지부진하였다.

중종반정 이후에 한글에 대한 연구도 다시 탄력을 받았는데 이때에 한글의 중흥을 도모한 사람으로 역관譯官 출신의 최세진崔世珍이 있었다. 그는 한어漢語, 즉 중국어를 통역하는 역관으로 누구보다도 한어 학습에 도움이 되는 한글의 유용함을 깨닫고 이를 외국어 교육에 활용하기 위하여 연구하고 보급하기에 전념하였다. 그리하여 최세진은 혼자서 세종시대의 집현전 학자들과 같이 새 문자의 여러 분야에서 동일한 역할을 수행하였던 것이다. 제6장에서는 이 세 사람의 한글 발명과 보급에 대한 기여를 고찰하였다.

성삼문과 신숙주

성삼문과 신숙주는 중국의 성운학聲韻學과 성리학性理學의 연구 방법으로 세종이 친제한 훈민정음을 해례解例하는 데 참여하였다. 또 훈민정음을 이용하여 우리 한자음을 정리하는『동국정운』의 편찬에도 관여하였으며 또 이 문자로 중국어의 표준발음을 전사轉寫하는『홍무정운역훈』의 편찬을 주도하였다. 성삼문은 당시 중국어 학습 교재였던『직해동자습直解童子習』을 역훈譯訓하고 평화平話해서 간행하면서 그 서문을 썼던 것이다.

성삼문과 신숙주는 새 문자인 한글에 대한 깊은 지식을 바탕으로 우리한자음을 중국의 전통 운서음韻書音에 맞추어 정리하여 동국정운東國正韻식 한자음을 규정하였고 중국어의 표준발음을 정음正音, 즉 한글로 전사轉寫하는일, 그리고 이러한 작업을 통하여 두 발음의 차이를 밝혀서 한자 교육과한어漢語 학습에 도움을 주었던 것이다. 이러한 연구는 두 언어의 대비對比연구에 입각한 것으로 한국어학사에서 역학譯學이라고 불리는 연구방법을발달시키는 결과를 가져왔다.

이러한 역학의 연구방법은 중종 때의 최세진을 거쳐 사역원司譯院의 외국어 학습교재의 편찬에서 면면하게 이어져서 조선시대를 풍미하게 되었고한편으로는 조선 후기의 실학實學 연구에서 훈민정음 연구로 접목되었다.이런 의미에서 성삼문과 신숙주는 조선시대 역학譯學의 주춧돌을 놓은 인물로 평가되어야 한다.

성삼문과 신숙주는 훈민정음의 해례뿐만 아니라 우리 한자음을 개정한동국정운식 한자음의 규정에 주도적으로 참가하였고 『홍무정운洪武正韻』을역훈譯訓하는 일에서도 중심인물의 역할을 하였다. 모두 새 문자로 한자음을 표음하는 일이었다. 한글이 발명되고 바로 이 두 사람은 요동에 유배된 황찬을 찾아가 〈운회韻會〉의 번역을 위하여 한자의 한어음漢語音을 신문자로 적었다. 이것을 후일 『동국정운東國正韻』의 편찬에 이용하였고 명明의칙사勅使인 예겸倪謙이 한양漢陽에 왔을 때에 『홍무정운洪武正韻』에 대하여 논의하여 후일 『홍무정운역훈洪武正韻譯訓』을 편찬하는 계기가 되었다.

중국에서는 새 국가가 건국되면 먼저 국가 공용어를 결정하는 일이 우선이었고 북방민족의 국가들에서는 거기에다가 새로운 문자의 제정까지관례적으로 있었다. 명明의 건국과 공용어의 결정은 송대宋代의 중원아음中

7. 맺음말

原雅音에 의거하였으나 명초明初의 수도首都인 남경南京지역의 강회江淮방언이 세력을 얻어 남경南京 관화官話가 형성되는 시기였다. 따라서 한글의 발명 당시에 한자의 정음正音은 아직 미묘한 위치에 있을 때였다.

한글을 발명하고 처음에 〈운회〉, 즉 원대元代의 『고금운회古今韻會』를 정음으로 인식하고 번역을 시도하였으나 곧 이를 수정하여 『동국정운』으로 전환하고 이어서 명明 태조太祖의 흠찬운서欽撰韻書인 『홍무정운』을 역훈하여 『홍무정운역훈』을 간행한다. 이것으로 한자의 정음, 즉 중국의 국가 표준음이 결정된 것이다.

명明과 조선에서 한자의 표준음을 정하는 것은 당시에 매우 중요한 일이었다. 왜냐하면 이 표준 한자음을 기준으로 과거시험이 시행되기 때문이다. 중국에서는 이런 방법으로 자신들의 추종 세력을 과거에 응과應科시켜 인재를 선발하여 통치 계급의 물갈이가 가능하였다. 조선에서도 중국의 표준 한자음에 맞추어 사대문서를 작성해야 하기 때문에 표준 한자음, 즉 정음正音의 규정은 명明의 것을 따르지 않을 수가 없었다.

조선의 건국과 함께 우리 한자음을 동국정운식으로 개편하려고 한 것도 같은 맥락에서 이해할 수가 있다. 그러나 한글의 발명이 그 역할을 대신하였으므로 굳이 한자음의 개정까지 시도할 필요가 없었다. 제3장 '5. 한글 제정의 과정'에서 정리한 새 문자 창제의 경위에 의하면 훈민정음을 세종 28년 10월에 공표하고 이를 2개월 후인 같은 해 12월에 인재 선발의 시험에 부과賦課하였다. 이것은 바로 새 문자의 창제가 신, 구세력의 물갈이용이었을 가능성을 보여준다.

최세진의 『훈몽자회』와 〈언문자모〉

세종시대의 한글 발명과 더불어 한자漢字와 한어漢語 교육이 중요한 국가적 과제로 등장하였다. 따라서 새 문자에 의한 외국어 교육은 물론 수정修訂 한자음의 수용 여부를 둘러싸고 많은 논란을 빚었고 그에 수반하여 이 방면의 연구가 발전을 거듭하였다.

그러나 연산군 이후에 새로운 한자음의 수정, 즉 동국정운식 한자음은 더 이상 받아들일 수 없게 되었다. 그리고 그에 따른 한자음 표기에 관한 연구도 종지부를 찍게 되었고 고유의 한자음이 다시 부각하게 되었다. 이러한 시대적 요청에 따라 최세진의 『훈몽자회訓蒙字會』가 간행되었다.

최세진은 원래 역관譯官이어서 세종 때에 발달한 역학譯學에 대하여 많은 지식을 가졌다. 그는 먼저 한어 학습 교재인 『노걸대老乞大』와 『박통사朴通事』(이하 〈노박〉으로 약칭함)에 쓰인 한자의 한어음漢語音을 한글로 한자의 아래에 표음하였다. 이것이 〈노박〉의 번역飜譯이며 이를 번역할 때에 운서음韻書音과 실제음實際音을 좌우左右에 나란히 병기하였다. 그리고 남경관화음에 맞는 발음을 덧붙인 『사성통해四聲通解』를 편찬하였는데 이 운서에 〈노박〉을 번역할 때의 범례凡例를 부재하였다.

'번역노걸대박통사범례飜譯老乞大朴通事凡例'(이하 '번역노박범례'로 약칭)라는 제목으로 『사성통해』의 말미에 부재된 이 범례는 졸고(1995)에 의하면 한자의 한어음漢語音을 표음할 때에 재좌음在左音과 재우음在右音의 관계를 설명한 것이라고 한다. 재좌음은 『홍무정운역훈』의 규정음이므로 정음正音이라 하였고 재우음은 당시 통용음이라 속음俗音으로 불렀다. 상술한 '번역노박범례'는 바로 정음正音과 속음俗音의 관계에 관한 것으로 주로 한글 표음의 문제를 다룬 것이다.

최세진의『훈몽자회』의 권두에는 〈언문자모〉가 부재되었다. 제3장에서 정의공주가 변음토착을 해결하고 많은 상賞을 받았다는『죽산안씨대동보竹山安氏大同譜』의 기사로부터 아마도 정의공주가 〈언문자모〉까지 작성한 것이 아닌가 하였다. 왜냐하면 〈언문자모〉의 작성에 대하여 아무런 기록이 없을 뿐만 아니라 이것이 세조 때의『초학자회初學字會』의 것을 전재한 것이어서 적어도 세종~세조 시기에 작성된 것으로 추정할 수 있기 때문이다.

동국정운식 한자음의 소멸과 함께 우리 한자음, 즉 동음東音에 대한 인식이 새로워져서『훈몽자회』가 편찬되었고 여기에 〈언문자모〉가 부재된 것은 언문이 고유어 표기와 더불어 우리 한자음 표기에도 이용되었음을 말한다. 한자의 표준음 표기에 동원된 한글은 정음正音이며 동국정운식 한자음 표기에 동원된 것은 훈민정음訓民正音이고 우리말과 우리 한자음의 표기에 동원된 것은 언문諺文이라는 사실을 이것으로 분명하게 알 수 있다.

최세진의 생애

그동안 최세진의 생애에 대하여 적지 않은 시행착오가 있었고 그의 가계에 대한 연구도 그가 중인中人인가 양반 사대부인가에 대하여 서로 다른 논란이 있었다. 필자도 문화관광부의 요청으로 최세진의 생애에 대한 글을 쓰면서 이러한 논란에 휘말리게 되었다. 그리하여 안병희(2007)에서는 최세진의 문과 급제를 근거로 하여 필자의 중인中人 출신이라는 주장을 반박하였다.

최세진의 생애에 대하여는『조선일보』1999년 10월 12일자 신문에 최세진의 묘지명墓誌銘이 발굴되어 소개됨으로써 생년이 분명하게 밝혀졌다. 또 이 묘지명에 문과급제에 대한 기사가 없어 봉세자封世子 별시別試의 문과文科

에 급제한 것이 아니라 한이과漢吏科에 합격하여 동방同榜 창명唱名한 것이라는 필자의 주장에 힘이 실리게 되었다. 왜냐하면 대과大科에 급제한 시실을 묘지명에 빠트릴 수는 없을 것이기 때문이다.

최세진이 문과급제가 아니라는 사실은『국조문과방목國朝文科榜目』(奎 106)에도 "未登第以質正官朝天, 臺諫以非舊例爲言, 成廟日: 自我作古何妨? — 과거에 급제하지 않고 중국에 질정관으로 가면 대간들이 옛 예에 어긋난다고 말을 할 것입니다. 성종이 말하기를 '내가 스스로 옛 것을 만드는데 무엇이 방해가 되는가?'"란 기사나 이와 유사한 기사가『통문관지』(권7)「인물人物」'최세진'조에도 있어서 그가 문과에 정식으로 급제한 것이 아닌 것은 분명한 것으로 보인다. 그러나 안병희(2007)에서는 역시 이들의 기사를 믿을 수 없다고 하여 필자의 주장을 받아들이지 않았다. 이와 같은 사료史料의 기사를 믿지 않으면 어떻게 지난 과거의 역사를 기술할 수 있을까? 자신에게 유리한 기사만 선별하여 믿는다면 어떻게 진실에 다가갈 수 있을까? 이런 지적을 하지 않을 수 없다.

한글 발명에 관한 새로운 주장

이상 한글의 발명에 관하여 여러 가지 사료史料에 근거하여 새로운 시각으로 살펴보았다. 이들 가운데 중요한 것만 요약하면 한글은 처음에 발음 기호의 역할을 하는 표음적인 문자로 만들어 〈운회韻會〉의 번역 등에 사용되다가 우리 한자음을 동국정운식으로 수정할 때에도 이용하였는데 후자가 훈민정음이고 전자가 정음이라고 본 것이 가장 중요한 새로운 논지라고 할 수 있다.

즉, 우리 한자음과 중국의 한어음漢語音이 너무 차이가 나서 이를 개정하여 중국어음과 어느 정도 가깝게 하려는 의도에서 한자음 개정이 시작되었고 이렇게 수정된 한자음이 훈민정음, 백성들에게 가르쳐야 하는 바른 한자음이란 것이다. 그리고 이 한자음의 표음에 동원된 새 문자도 역시 훈민정음으로 불렀다는 것이다. 그리고 그 이전에 중국의 표준음, 즉 정음正音을 표음하기 위하여 사용하던 한글은 역시 정음이라 불렀고 변음토착變音吐着 이후에 우리말 표기에 동원된 한글은 언문諺文이라 하였으며 언문은 우리 한자음, 즉 동음東音의 표음에도 사용하였다고 본 것이다.

더욱이 이 책에서는 세종 28년에 『월인석보』가 먼저 간행되었고 여기에 훈민정음 〈언해본〉을 권두卷頭에 부재하여 간행함으로써 새 문자의 공표를 대신하였다고 본 것이다. 오히려 『월인천강지곡』과 『석보상절』은 세종 29년에 『월인석보』보다 1년 늦게 소헌왕후昭憲王后의 추천追薦을 위한 불사佛事로 간행되었다고 보았다. 다만 〈월인〉과 〈석보〉는 모두 새 문자의 사용을 시험하기 위하여 원고가 이미 만들어져 있었기 때문에 왕후의 추천을 위해서 그렇게 짧은 시일에 간행이 가능한 것으로 본 것이다.

이러한 필자의 주장에 대하여 학계에서는 많은 이견이 있을 것이다. 제발 바라건대 필자가 여러 전거典據를 들어 자신의 주장을 입증하려고 한 것처럼 반론도 같은 과정을 거쳐서 자신의 의견을 입증하기 바란다. 그저 자신은 믿을 수 없다든지 납득하기 어렵다는 것만으로는 비판을 위한 비판이라는 비난을 면하기 어렵다. 실증적 자료를 들어 반대 의견을 개진할 것을 기대한다.

〈참고문헌〉

• 국내 논저는 저자의 가나다순

강순애(1998); "새로 발견된 初槧本『月印釋譜』卷25에 관한 연구,"『書誌學研究』(한국 서지학회),
　　　제16輯.
＿＿＿(2001);『권20 연구 · 영인 月印釋譜』, 아세아문화사, 서울.
姜信沆(1966a); 李朝初期 譯學者에 관한 考察,『震檀學報』제29 · 30집.
＿＿＿(1966b); 李朝中期 以後의 譯學者에 대한 考察,『論文集』(成均館大) 제11집.
＿＿＿(1967); "韓國語學史 上,"『韓國文化史大系』5, 高麗大學校民族文化研究所, 서울.
＿＿＿(1978a); "中国字音과의 対音으로 본 国語母音体系,"『国語学』(韓国 国語学会) 第7号.
＿＿＿(1978b);『李朝時代의 譯學政策과 譯學者』, 塔出版社, 서울.
＿＿＿(1980);『鷄林類事 高麗方言 研究』, 成均館大学校出版部, 서울.
＿＿＿(1984); "世宗朝의 語文政策,"『世宗文化研究』Ⅱ, 韓國精神文化研究院, 서울.
＿＿＿(1987);『訓民正音 研究』, 成均館大學校 出版部, 서울.
＿＿＿(1990); "'訓世評話'에 대하여,"『大東文化研究』(성균관대학교 대동문화연구원), 제24집.
＿＿＿(2000);『韓國의 譯學』, 서울대학교출판부, 서울.
경북대학교출판부(1997);『月印釋譜第四』, 慶北大學校 出版部, 대구.
고영근(1993); "석보상절, 월인천강지곡, 월인석보 문헌해제,"『국어사 자료와 국어학 연구』(안병희
　　　선생 회갑기념 논총), 문학과 지성사, 서울.
金敏洙(1955a); "한글 頒布의 時期-세종 25년 12월을 주장함-,"『국어국문학』(국어국문학회),
　　　제14호.
＿＿＿(1955b); "'釋譜詳節' 解題,"『한글』(한글학회), 제112호.
＿＿＿(1987);『國語學史의 基本理解』, 集文堂, 서울.
＿＿＿(1990);『全訂版 新國語學史』, 一潮閣, 서울.
김병제(1984);『조선어학사』, 과학 · 백과사전출판사, 평양.
김영배(1972);『釋譜詳節 第23 · 24 注解』, 一潮閣, 서울.
＿＿＿(1985); "月印釋譜 第二十二에 대하여,"『韓國文學研究』, 제8호.
김양진(2006); "'용비어천가'의 훈민정음 주음 어휘 연구," 정광 外『역학서와 국어사 연구』,
　　　태학사, pp. 443-486.
金完鎮(1963); "國語母音體系의 新考察,"『震檀學報』(震檀學會) 제24호 pp. 63-99. 이 논문은

김완진(1971)에 재록됨.

_____(1966); "續添洪武正韻에 對하여,"『震檀學報』(震檀學會), 제29·30호(斗溪 李丙燾博士 古稀紀念論文集), pp. 351-370.

_____(1971);『國語音韻體系의 研究』, 一潮閣, 서울.

_____(1975); "訓民正音子音字와 加劃의 原理,"『語文研究』(한국어문교육연구회), 7·8호.

_____(1978); "母音體系와 母音調和에 대한 反省,"『어학연구』14-2호, pp. 127-139.

_____(1980);『鄕歌解読法研究』, 서울大学校 出版部, 서울.

_____(1983); "훈민정음 제자 경위에 대한 새 고찰,"『김철준박사회갑기념사학논총』, 서울: 지식산업사. 이 논문은 김완진(1996) pp. 358-376에 재록되었다.

_____(1984); "훈민정음 창제에 관한 연구,"『韓國文化』5, pp. 1-19. 이 논문은 김완진(1996) pp. 377-399에 재록되었음.

_____(1994); "中人과 言語生活,"『震檀學報』제77호.

_____(1996);『문자와 언어』.

김완진 외(1997); 金完鎭·鄭光·張素媛:『國語學史』, 韓國放送大学校 出版部, 서울.

김주원 외(2007); 김주원·이현희·이호권·정삼훈·정우영·조규태, 훈민정음 언해본의 정본 제작에 관한 연구,『국어사연구』(국어사학회), pp. 7-40.

김현 역(1972);『構造主義란 무엇인가』, 文藝出版社, 서울, J. B. Fages, Comprendre le structualisme, 1968의 번역.

金薰鎬(1998); "西洋宣教師 音韻資料에 反映된 明·淸官話,"『中國人文科學』, 제17집.

_____(2000); "漢語普通話에 影響을 준 淸代官話,"『中語中文學』(韓國中語中文學會), 제26집.

南廣祐(1966);『東國正韻式 漢字音 研究』, 韓國研究叢書 제6집, 韓國研究院, 서울.

_____(1973);『李朝漢字音의 研究』, 東亞出版社, 서울.

남권희(1997);《月印釋譜》卷四 覆刻本의 形態 書誌,《月印千江之曲 第四 釋譜詳節 第四》, 경북대출판부 고전총서 1, 경북대학교 출판부, 대구, pp. 133-168.

남성우(2008); 월인석보 제19에 대하여,《역주 월인석보 제19》, 세종대왕기념사업회, 서울.

노태조(2005);『佛敎系 孝行文學 研究』, 중앙인문사, 대전.

려증동(2001);『배달글자』, 한국학술정보(주), 파주.

맹인재(2015); "月印釋譜 玉冊에 대하여,"『글마루(宗文)』No. 54(2015년 2월호), pp. 58-60.

閔泳圭(1969); "月印釋譜 解題,"『韓國의 名著』, 玄岩社, 서울.

閔賢九(2002); "신숙주와 집현전 학자들,"『신숙주의 학문과 인간』, 국립국어연구원.

朴炳采(1973); "月印千江之曲의 編纂經緯에 대하여,"『文理論集』, 제6집, pp. 2-23.

_____(1983);『洪武正韻譯訓의 新研究』, 高麗大学校 民族文化研究所, 서울.

_____(1991);『論註 月印千江之曲[附 原本影印], 世宋社, 서울.

朴相國(1977); "월인석보 목판고,"『文化財』(문화재관리국), 제11호.

朴在淵(1997); "15세기 譯學書 訓世評話에 대하여," 李邊『訓世評話』(서문대학교 번역문헌연구소 간행)의 해제. 이 논문은『中國小說論叢』(한국중국소설학회), 제7집(1998)에 재록됨.

方鍾鉉(1948);『訓民正音通史』, 一誠堂書店, 서울.

_____(1954); "訓蒙字會攷,"『東方學志』, 제1호.

史在東(1995); "불교계 서사문학의 연구』, 중앙문화사, 1995.

_____(2006);『月印釋譜의 佛敎文化學的 研究』, 中央人文社, 대전.

세종대왕기념사업회(1991a);『역주 석보상절 제6·9·11』, 세종대왕기념사업회, 서울.

_____(1991b); 『역주 석보상절 제13 · 19』, 세종대왕기념사업회, 서울.

_____(1993); 『역주 월인석보 제7 · 8』, 세종대왕기념사업회, 서울.

_____(2008); 『역주 월인석보 제19』, 세종대왕기념사업회, 서울.

송 민(1969); "한일 양국어 비교연구사," 『논문집』(성심여대) 제1호(1969. 6), 서울.

沈在箕(2012); "世宗과 訓民正音(3)," 『月刊 한글＋漢字문화』(전국漢字教育추진총연합회) 제156호(2012년 7월호), pp. 40-44.

沈載完(1962); "月印釋譜 第21, 異本攷," 『靑丘大學論文集』, 제5집.

심재완 · 이현규(1991); 『月印釋譜-無量崛板 第21硏究-』, 慕山學術硏究所, 대구.

安秉禧(1979); "중세어의 한글자료에 대한 종합적 고찰," 『奎章閣』(서울대학교), 제3호.

_____(1994); "『月印釋譜』의 編刊과 異本," 震檀學會編 『韓國古典 심포지엄』 第4輯, 一潮閣, 서울.

_____(1996); "金安國의 崔世珍 挽詞," 『東方學志』, 제95호.

_____(1999a); "崔世珍의 生涯와 學問," 한국어문교육연구회 제131회 학술연구 발표회, 1999년 10월 22일.

_____(1999b); "崔世珍의 生涯와 年譜," 『규장각』(서울대학교 규장각), 제22호.

_____(2002); "신숙주의 생애와 학문," 『신숙주의 학문과 인간』, 국립국어연구원.

_____(2007a); 『崔世珍硏究』, 太學社, 서울

_____(2007b); 『訓民正音 硏究』, 서울대학교 출판부, 서울.

梁柱東(1942); 『朝鮮古歌硏究』, 博文書館, 京城.

劉 烈(1983); 『세나라시기의 리두에 대한 연구』, 과학, 백과사전출판사, 평양.

劉昌均(1966); 『東國正韻硏究』, 螢雪出版社, 서울.

_____(1973); 『較定蒙古韻略』, 成文出版社, 臺北.

_____(1978); 『蒙古韻略과 四聲通解의 硏究』, 螢雪出版社, 大邱.

_____(2008); 『蒙古韻略』과 『東國正韻』, 『訓民正音과 파스파 文字 국제 학술 Workshop』(주최: 한국학 중앙연구원 주최, 일시: 2008년 11월 18일~19일, 장소: 한국학 중앙연구원 대강당 2층 세미나실, Proceedings) pp. 101-110.

李家源(1994); "訓民正音의 創制," 『洌上古典硏究』(洌上古典硏究會) 제7집, pp. 5-24.

李基文(1961); 『国語史槪說』, 民衆書館, 서울.

_____(1963); 『국어표기법의 역사적 연구』, 한국연구원, 서울.

_____(1967); "한국어 형성사," 『한국문화사대계』 V, 고려대 민족문화연구원, 서울.

_____(1968); "모음조화와 모음체계," 『이숭녕선생송수기념논총』, 을유문화사.

_____(1972a); 『國語音韻史 硏究』, 韓國文化硏究院, 서울.

_____(1972b); 『改訂 國語史槪說』, 民衆書館, 서울.

_____(1975); "한국어와 일타이제어의 비교연구," 『광복30주년기념종합학술회의논문집』(대한민국학술원).

_____(1976); "최근의 訓民正音硏究에서 提起된 몇 問題," 『震檀學報』(震檀學會), 42호.

_____(1976); "최근의 訓民正音硏究에서 提起된 몇 問題," 『震檀學報』(震檀學會), 42호, pp. 187-190.

_____(1998); 『新訂版 國語史槪說』, 태학사, 서울.

_____(2008); "訓民正音 創制에 대한 再照明," 『韓國語硏究』 제5호, pp. 5-45.

이기문 · 김진우 · 이상억(2000); 『개정증보판 국어음운론』, 학연사, 서울.

李敦柱(1990); 『訓蒙字会漢字音硏究』, 弘文閣, 서울.

_____(2002); "신숙주와 훈민정음," 『신숙주의 학문과 인간』, 국립국어연구원.

李東林(1959); "月印釋譜와 關係佛經의 考察," 『白性郁博士頌壽記念佛敎學論文集』.

_____(1970); 『東國正韻硏究』, 東國大學校 大學院, 서울.

_____(1974); "訓民正音創製經緯에 對하여-俗所謂 反切二十七字와 相關해서-," 『국어국문학』 (국어국문학회), 제64호.

이민수(1972); 『역주 父母恩重經』, 을유문화사, 을유문고 100, 서울.

이숭녕(1965); 최세진 연구, 『亞細亞學報』, 제1집.

_____(1976); 『혁신국어학사』, 박영사, 서울.

_____(1981); 『세종대왕의 학문과 사상』, 亞細亞文化社, 서울.

李遇駿(19세기); 『夢遊野談』 上, 下, 고려대 소장본.

이재준(2015); "세계적 보물 대한민국 한글 문화유산 '월인석보'의 옥책 고증 문화재 지정사업," 『글마루(宗文)』 No. 54(2015년 2월호) pp. 53~57.

이태진(2012); 『새 韓國史-선사시대에서 조선 후기까지』, 까치글방, 서울.

임홍빈(2006); "한글은 누가 만들었나: 한글 창제자와 훈민정음 대표자": 『국어학논총』(이병근 선생 퇴임기념), 태학사, pp. 1347-1395.

_____(2008); "訓民正音의 몇 가지 問題," 한국학중앙연구원 主催 '八思巴文字와 訓民正音' 國際學術會議 자료집.

_____(2012); 千田 俊太郎 역 "訓民正音創製者と音價表示の代表字に関する問題," 『朝鮮學報』, 제222집, 뒤에서 1~51.

_____(2013); "正音 創制와 관련된 몇 가지 問題," 훈민정음학회: 『2013년 훈민정음학회 제2회 전국학술대회 발표논문집』, pp. 1-39, 일시: 2013년 5월 11일, 장소: 서울대학교 규장각국학 연구소 지하 강당.

정광 외(1998); "新發掘譯學書 資料 元代漢語 〈舊本老乞大〉," 제25회 국어학회 공동연구회 개인연구 발표, 공동발표자: 남권희·梁伍鎭, 일시: 1998년 12월 18일, 장소: 올림픽 파크텔.

_____(1999); "元代 漢語 〈老乞大〉-신발굴 역학서 자료 〈구본노걸대〉의 한어를 중심으로-," 『국어학』(국어학회), 제33호, 공동 저자: 남권희·梁伍鎭, pp. 3-68.

_____(2002); 정광·정승혜·梁伍鎭, 『吏學指南』, 太學社, 서울.

정 광·허승철 공역(2004); "포리봐노프의 한국어와 알타이제어의 친족 관계 번역," 『한국어학』 (한국어학회) 제24호(2004. 8).

정명호(2013); "月印釋譜玉册所見書," 『월인석보 옥책의 감정서』, 紅山中國陶瓷박물관, 서울.

鄭然粲(1972a); 『洪武正韻譯訓의 硏究』, 一潮閣, 서울.

_____(1972b); "月印釋譜 第一·二 解題," 『影印月印釋譜 第一·二』, 西江大學校 人文科學 硏究所, 서울.

졸고(1983); "빌렘 마테지우스의 기능구조언어학-기능언어학의 이해를 위하여-," 『德成語文學』 (덕성여대 국문학과), 창간호(6~30).

_____(1990); "中國에 있어서의 韓國語敎育의 역사적 고찰," 『二重言語學』(이중언어학회), 제6호, pp. 169-182.

_____(1995); "飜譯老朴凡例의 國音·漢音·諺音에 대하여," 『大東文化硏究』(成均館大學校 大東文化硏究院), 제30집(185~308). 이 논문은 졸저(2002)에 재록됨.

_____(1999a); "최세진의 생애와 업적," 『새국어생활』(국립국어연구원), 제9권 3호.

_____(1999b); "舊蘇聯의 언어학과 初期 북한의 언어연구," 『언어정보』(고려대학교 언어정보

연구소), 제2호, pp. 143-218.

_____(1999c); "元代漢語의 〈舊本老乞大〉,"『中國語學研究 開篇』(早稻田大學 中國語學科), 제19호, pp. 1-23.

_____(2000a); "崔世珍 生涯의 研究에 대한 再考와 反省,"『語文研究』(韓國語文教育研究會), 28권 1호(통권 105호).

_____(2000b); "『노박집람』과『노걸대』·『박통사』의 舊本,"『震檀學報』(진단학회), 제89호. 이 논문은 졸저(2002)에 재록됨.

_____(2001a); "『老乞大』의 成立과 그 變遷," 한국언어학회『2001 가을 연구회』초청특강. 2001년 10월 29일 경주 교육문화회관. 이 논문은 졸저(2002)에 재록됨.

_____(2001b); 홍윤표 · 정광 외: "사역원 한학서의 판본 연구(1),"『한국어학』(한국어학회) 제14호.

_____(2001c); "清学書『小児論』攷,"『韓日語文学論叢』(梅田博之教授 古稀記念), 太学社, 서울.

_____(2001d); "所謂 佛日寺版『月印釋譜』玉册에 대하여," 제28회 국어학회 공동연구회(2001년 12월 21일, 국제청소년센터) 발표요지.

_____(2002a); "『月印釋譜』의 編刊 再考," 국어사자료학회 제12차 정기학술대회(2002년 2월 4일, 대구교육대학) 발표요지. 이 논문은 "〈月印釋譜〉編刊에 대한 再考,"란 제목으로『국어사 연구』(국어사학회), 제5호, pp. 20-45에 수록되었고 졸저(2009)에 재록되었음.

_____(2002b); "成三問의 학문과 조선전기의 譯學,"『語文研究』(韓國語文教育研究會), 제30권 제3호.

_____(2002c); "훈민정음 중성자의 음운대립-한글창제의 구조언어학적 이해를 위하여-,"〈문법과 텍스트〉(고영근선생 정년기념논문집), 서울대학교 출판부, 서울, pp. 31-46.

_____(2003a); 2003년 10월, "朝鮮漢字音의 成立과 變遷" 日本 中國語學會 第53回 全國大會 Symposium "漢字音研究의現在"主題發表.

_____(2003b); "파평윤씨 모자 미라 부장(副葬) 언간(諺簡),"『坡平尹氏 母子 미라 종합 연구 논문집 I · II』, 고려대학교 박물관, 서울, pp. 87-98.

_____(2004); "On Polivanov's Study of the Geneology of Korean-Focused on Polivanov's Life and His Scholarship-," 2004 ICKL Conference at Ankara.

_____(2005); "『月印釋譜』編刊 再考,"『국어사연구』(국어사학회), 제5호.

_____(2006a); "吏文과 漢吏文,"『口訣研究』(구결학회), 제16호 pp. 27-29.

_____(2006b); "새로운 자료와 시각으로 본 훈민정음의 創制와 頒布,"『언어정보』(고려대 언어정보 연구소), 제7호, pp. 5-38.

_____(2008a); "蒙古字韻의 八思巴 문자와 訓民正音,"「제2차 한국어학회국제학술대회」발표요지, 2008 '한글' 국제학술대회(일시: 2008년 8월 16~17일, 장소: 고려대학교 인촌기념관), Session 1 '한글과 문자' pp. 10-26.

_____(2008b); "蒙古字韻과 八思巴 文字-훈민정음 제정의 이해를 위하여-,"「제1차 세계 속의 한국학 연구 국제학술토론회」(일시: 2008년 10월 25일~26일, 주최: 중국 중앙 민족대학 한국학-조선학 연구중심, 장소: 北京 政協賓館 大會議室) 발표요지.

_____(2008c); "訓民正音 字形의獨創性-『몽고자운』의 파스파字와의 비교를 통하여-,"「훈민정음과 파스파 문자 국제학술워크숍」(주최: 한국학중앙연구원, 장소: 한국학 중앙연구원 대강당 2층 세미나실, 일시: 2008년 11월 18일~19일) 발표요지.

_____(2009a); "訓民正音の字形の獨創性-蒙古字韻のパスパ文字との比較を通して-,"『朝鮮學報』(일본 朝鮮學會) 第211輯(平成21年4月刊), pp. 41-86.

* * *
참고문헌

_____(2009b), "『蒙古字韻』과 八思巴文字-훈민정음 제정의 이해를 위하여-,"『세계 속의 한국 (조선)학 연구 국제학술토론회 논문집』(北京: 민족출판사) pp. 24-63.

_____(2009c); The Vowels of hP'ags-pa Script and the Middle Sound Letters of Hunmin-Jeongeum, Korean Hangul (論八思巴文字的母音字與訓民正音的中聲), The hP'ags-pa Script: Genealogy, Evolution and Influence, The 16th World Congress, The International Union of Anthropological and Ethnological Science, Kunming, China, July 27~31, 2009.

_____(2009d); "훈민정음 中聲과 파스파 문자의 모음자,"『국어학』(국어학회), 제56호, pp. 221-247.

_____(2010); "契丹・女眞文字と高麗の口訣字,"『日本文化研究』(동아시아일본학회), 제36輯, pp. 393-416, 이 논문은 国際ワークショップ『漢字情報と漢文訓読』(日時: 2009年 8月 22~23日, 場所: 札幌市・北海道大学人文・社会科学総合教育研究棟 W408)에서 발표한 것을 수정 보완한 것이다.

_____(2011a); "훈민정음 초성 31자와 파스파자 32자모,"『譯學과 譯學書』(譯學書學會), 제2호, pp. 97-140.

_____(2011b); "〈蒙古字韻〉喩母のパスパ母音字と訓民正音の中声,"『東京大學言語學論集』(東京大學 言語學科), 제31호, pp. 1-20.

_____(2012a); "〈몽고자운〉의 파스파 韻尾字와 훈민정음의 終聲,"『譯學과 譯學書』(譯學書學會), 제3호, pp. 5-34.

_____(2012b); "元代漢吏文と朝鮮吏文,"『朝鮮學報』(일본조선학회), 제224집, pp. 1-46.

_____(2012c); "고려본 〈용감수경(龍龕手鏡)〉에 대하여,"『국어국문학』(국어국문학회) 제151호, pp. 237-280.

_____(2013a); "Vowel letters in the Hunmin-Jeongeum and Phags-pa Script," The 11th ISKS International Conference of Korean Studies, 일자: August 22, 2013, 장소: Guangdong University of Foreign Studies, Guangzhou, China에서 구두로 발표한 것임.

_____(2013b); "《월인석보》의 舊卷과 훈민정음의 언해본-正統 12년 佛日寺판 《월인석보》 옥책을 중심으로-,"『國語學』(國語學會), 제68호, pp. 3-49.

_____(2014a); "訓民正音 中聲과 母音調和-파스파자 母音字와의 관련을 중심으로-," 國際譯學 書學會 第6次 北京 國際學術會議 基調講演, 日時: 2014년 3월 15일, 場所: 中國 北京 北京大學.

_____(2014b); "〈月印千江之曲〉, 〈釋譜詳節〉, 그리고 〈月印釋譜〉," 〈월인천강지곡〉 학술세미나 발표 요지, 일시: 2014년 3월 21일, 장소: 한국학중앙연구원, 주최: 한중연 장서각, 미래앤박물관.

졸저(1988);『사역원 왜학 연구』, 태학사, 서울.

_____(1990);『朝鮮朝譯科 試券 연구』, 성균관대학교 부설 대동문화연구원, 서울.

_____(1999);『10월의 문화인물 최세진』, 문광부 한국문화예술진흥원, 서울.

_____(2002);『譯學書 硏究』, J&C, 서울.

_____(2004);『역주 원본 노걸대』, 김영사, 서울.

_____(2006);『훈민정음의 사람들』, 제이앤씨, 서울.

_____(2009);『몽고자운 연구』, 博文社, 서울; 중문판(2013), 民族出版社, 北京.

_____(2010);『역주 원본 노걸대』, 박문사, 서울 2004년 김영사 판본의 수정본.

_____(2011);『삼국시대 한반도의 언어 연구』, 박문사, 서울.

_____(2012);『훈민정음과 파스파 문자』, 도서출판 亦樂, 서울.

_____(2014); 『조선시대의 외국어 교육』, 김영사, 서울.
竹山安氏大宗會(1999); 『竹山安氏大同譜』 5권 5책, 圖書出版, 回想社, 대전.
천혜봉(1977); "初槧本 月印釋譜 卷 第七 · 八 解題, 『影印 月印釋譜 第七 · 八』, 동국대학교 出版部, 1981, 서울.
한재영(1999); "국어표기사 속의 최세진," 한국어문교육연구회 제131회 학술연구 발표회, 1999년 10월 22일.
허웅 · 이강로(1999); 『月印千江之曲 上』, 신구문화사, 서울.
洪起文(1946); 『正音發達史』 上 · 下, 서울신문사出版局.

• 영문 논저는 저자의 영어 알파벳순

Aalto(1975); Penti Aalto: "Ramstedt and Alaic Linguistics," *Central Asiatic Journal*, 14−3 The Hague−Wiesbaden.
_____(1982); Penti. Aalto: "Proposals Concerning the Affinities of Korean," *Mémoires de la Société Fino-Ougrienne*, 181, Helsinki.
Allen(1953); W. S. Allen: *Phonetics in ancient Indsia*, London, 1953.
Asher(1994), R. E. Asher ed., *The Encyclopedia of Language and Linguistics*, Pergamon Press.
Aston(1879); W. G. Aston: "A Comparative study of the Japanese and Korean Languages," The Journal of the Royal Asiatic Society(Society of Great Britain and Ireland), XI, 3, August, 1879.
Bacot & Toussaint(1940)J; F. W. Thomas Bacot & Ch. Toussaint: *Documents de Touen-houang relatifs à histoir du Tibet*, Paris [DTH].
Benzing(1953); J. Benzing: "*Einführung in das Stasdium des altaischen Philologie und Tuekologie*," Wiesbaden.
Bonaparte(1895); Prince Roland Bonaparte: *Documents de l'époque Mongols des XIIIe et XIVe siécles*, Paris, 1895.
Bu ston rin chen grub(1729~33); *bDe bar gshegs pa'i gsal byed chos kyi 'byung gnas gsung rab rin po che'i mdzod*, sDe dge edition, 203 fols. [SRD].
Bühler(1980); Georg Bühler: *Indian Paleography*, Oriental Books Reprint, Delhi.
Castrén(1857); Dr. M. A. Castrén: Versuch einer koibalischen und karagassischen Sprachleher nebst Wörterverzeichnissen aus den tatarischen Mundarten des Minussinschen Kreises, St. Petersburg, 1857.
_____(1862); Dr. M. A. Castrén: "Über die Personalaffixe in den altaischen Sprachen," Kleinere Schriften, St. Petersburg.
Činčius(1975−1977); V. I. Činčius: *Sravitel'nyi slovar tunguso-man'čzurskix jazykov* I. Ⅱ, Leningrad.
Collinder(1952); Björn Collinder: "Ural−Altaisch," *UAJ* 24, pp. 1−26.

Comrie(1981); B. Comrie: *The Languages of the Soviet Union,* Cambridge.

Dallet(1874); Ch. Dallet: *Histoire de l'Eglise de Corèe,* Paris.

Danilov(1931); G. Danilov(review), "E. Polivanov, Za marksistskoe jazykoznaie," *Russkij jazyk v sovetskoj škole,* Nos. 6-7, 165.

Doerfer(1963~1965); G. Doerfer: *Türkische und Mogolische Element im Neupersischen* I. Ⅱ, Wiesbaden.

Dormel(2008a); Rainer Dormels: "세종대왕 시대의 언어정책 프로젝트 간의 연관 관계," 『제2차 한국어학회 국제학술대회 발표요지』(2008 '한글' 국제학술대회, 일시: 2008년 8월 16일~17일, 장소: 고려대학교 인촌기념관) Session 1 '한글과 문자' pp. 27-37.

____(2008b); Rainer Dormels: "訓民正音과 八思巴文字 사이의 연관관계-洪武正韻譯訓 분석에 따른 고찰-," 『訓民正音과 파스파 文字 國際 學術 Workshop』(주최: 한국학 중앙연구원 주최, 일시: 2008년 11월 18일~19일, 장소: 한국학 중앙연구원 대강당 2층 세미나실, Proceedings), pp. 115-136.

Dragunov(1930); A. Dragunov: *The ḥP'ags-pa Script and Ancient Mandarin,* Izvestija Akademii Nauk, SSSR, (1941년 北京 勤有堂書店 影印本 참조).

Edkins(1887); Joseph Edkins: "Connection of Japanese with the adjacent continental languages," Transactions of the Asiatic Society of Japan, XV. 1887.

_____(1895); Joseph Edkins: "Relationship of the Tartar languages," The Korean Repository, Ⅲ, 11. 1895.

Fages(1968); J. B. Fages: *Comprendre le Structualism,* 1968, Paris. 김현 역(1972).

Finch(1999); Roger Finch: "Korean Hangul and the hP'ags-pa scriptx," in Juha Janhunen and Volker Rybatzki ed., *Writing in the Altaic World,* Studia Orientalia 87, Helsinki.

Gabelentz(1892); G. von der Gabelentz: "Zur Beurtheilung des Koreanischen Schrift und Lautwesens," *Sitzungsberichte der Knöiglich Preussischen Akademie der Wissenschaften zu Berlin,* 1892.

Gale(1912); J. S. Gale: "The Korean alphabet," *Transactions of the Korean Branch of the Royal Asiatic Society of Korea,* vol. 4, Part I, pp. 13-61.

Grierson(1919); G. A. Grierson: *Linguistic Survey of India,* Vol. 8, 1990년 재판.

Haenisch(1940); E. Haenisch: *Steuergerchtsame der chineisischen Klöster unter der Mongolenherrschaft,* Eine kulturgeschichtliche Untersuchung mit Beigabe dreier noch unveröffentlichter Phagspa-Inschiften, Berichte über die Verhandlungen der Sächsischen Akademie der Wissenschaften zu Leipzig, Philologisch-Historische Klasse 92 (1940), pp. 1-74.

Hulbert(1905); H. B. Hulbert: *A Comparative Grammmar of the Korean Language and the Dravidian Dialects in India,* 1905, Seoul.

Jean(1987); Georges Jean: *L'écriture: mémoire des hommes,* Gallimard. 日文飜譯, 矢島文夫監修 『文字の歴史』知の再發見 雙書 01, 東京: 創元社.

Joos(1957); Martin Joos ed.: *Readings in Linguistics* I: The Development of Descriptive Linguistics in America 1925-56, Chicago: The Univ. of Chicago Press.

Kim(1983); Kim, Jin-p'yong, "The letter forms of Han'gul, Its Origin and Process of Transformation," In the Korean National Commission for UNESCO ed., *The Korean*

Language(Seoul: 시사영어사), pp. 80−102.

Kim−Renauld(1997); Kim−Renauld, Y. −K.: *The Korean Alphabet: Its History and Structure*, University of Hawaii' Press.

Klaproth(1812); J. von Klaproth: *Abhandlung über die Sprache und Schrift der Uiguren*, Berlin.

Laufer(1907); Berthold Laufer: "Skizze der Mongolischen Literature," *KSz* 7:191.

Ladefoged(1975); Peter Ladefoged: *A Course in Phonetics*, 2nd ed.(1982), New York.

Ledyard(1966); Gari Ledyard: *The Korean language reform of 1446*−The Origin, Background, and Early History of the Korean Alphabet, Unpublished Ph. D dissertation, University of California. 이 논문은 한국에서 출판되었다(Ledyard, 1998).

Ledyard(1997); Gari Ledyard: "The international linguistic background of the correct sounds for the instruction of the people," Kim−Renaud(1997), pp. 31−88.

Ledyard(1998); Gari Ledyard: *The Korean language reform of 1446*, 신구문화사, 서울국립국어연구원 총서 2.

Ledyard(2008); The Problem of the 'Imitation of the Old Seal': Hunmin Chŏng'ŭm and hPags−pa, *International Workshop on Hunminjeongeum and hPags-pa script*, 2008년 11월 18일~19일, 한국학중앙연구원 대강당, 豫稿集, pp. 11−31.

Leont'ev et. ali(1974); A. A. Leont'ev et. ali. compiled, *E. D. Polivanov Selected Works, Articles on General Linguistics*, Mouton, The Hague & Paris.

Leont'ev, Rojzenzon, Xajutin(1974); A. A. Leont'ev, L. I. Rojzenzon, A. D. Xajutin, The Life and Activities of E. D. Polivanov, Leont'ev(1974:11−31).

Lie(1972); Hiu Lie: *Die Mandchusprachkund in Koewa*, Bloomington.

Lie(1997); Hiu Lie: "女眞文字 硏究의 現況과 課題," 口訣學會編, 『아시아 諸民族의 文字』, 태학사, 서울, pp. 131−148.

Ligeti(1948); L. Ligeti: "le Subhāṣitaratnanidhi mongol, un document du moyen mongol," *Bibliotheca Orientalis Hungarica* VI, Budapest.

Ligeti(1956); L. Ligeti: "Le Po kia sing en écriture 'Phags−pa," *AOH*(Acta Orientalia Scientiarum Hungaricae, Budapest) 6(1~3, 1956), pp. 1~52.

Ligeti(1962); "Trois notes sur l'écriture 'Phags−pa," *AOH* 13(1, 1962), pp. 201−237.

Ligeti(1973); *Monuments en écriture 'Phags-pa;* Pièces de chancellerie en transcription chinoise, Budapest, Vol. I, 1972; Vol. Ⅱ, 1973.

Miśra(1966); V.N. MIŚRA: *The descriptive technique of Pāṇini: an introduction*, The Hague.

Narkyid(1983); Nagawangthondup Narkyid: "The Origin of the Tibetan script" in E. Stein−kellner & H. Tauscher (eds.) *Contribution on Tibetan Language, History and Culture*, Arbeitskreis für Tibetische und Buddhistische Studien, Universität, Wien.

Parker(1886); Edward H. Parker: "Chinese, Corean and Japanese," *The China Review*, XIV, 4, 1886.

Pauthier(1862); G. Pauthier: "De l'alphabet de P'a−sse−pa," *JA*, sér. V, 19:8(Janv, 1862), pp. 1−47.

Pelliot(1925); Paul Pelliot: "Les systèmes d'écriture en usage chez les anciens Mongols," *Asia Major*, vol. 2: pp. 284−289.

참고문헌

Poppe(1933); N. Poppe: *Бурят-монгольское языкознание*, Leningrad.

_____(1950); N. Poppe: "Review of G.J. Ramstedt's 'Studies in Korean Etymology'," *Harvard Journal of Asiatic Studies* 3.4, 1950.

_____(1957); N. Poppe: *The Mongolian Monuments in ḥP'ags-pa Script*, Second Edition translated and edited by John R. Kruger, Otto Harrassowitz, Wiesbaden.

_____(1960); N. Poppe: *Vergleichende Grammmatik der Altaischen Sprachen*, Wiesbaden.

_____(1965): N. Poppe: *Introduction to Altaic Linguistics*, Wiesbaden.

Pozdněev(1895~1908); A. M. Pozdněev: *Lekcii po istorii mongolskoĭ literatuturĭ*, vol. I–III, St. Peterburg.

Ramstedt(1911); G. J. Ramstedt: "Ein Fragment mongolischer Quadratschrift," JSFOu 27(3) pp. 1–4. 이 논문은 Pentti Aalto: "The Mannerheim Fragment of Mongolian 'Quadratic' Script," *Stud. Orient. Fenn.* 17(7), 1952, pp. 1–9와 동일하다.

_____(1924); G. J. Ramstedt: "Two words of Korean-Japanese," *Journal de la Société Finno-Ougrienne* 55.

_____(1928); G. J. Ramstedt: "Remarks on the Korean Language," *Mémoires de la Société Finno-Ougrienne* 58.

Robins(1967); R. H. Robins: *A Short History of Linguistics*, Longman Linguistic Library, London and New York. 필자가 참고한 것은 Fourth Edition(1997)이다.

Rosny(1864); Léon de Rosny: "Aperçu de la langue Coréenne," *Journal Asiatique* 6–3.

Rossabi(1988); Morris Rossabi: *Khubilai Khan, His Life and Times*, Berkeley, Univ. of California Press.

Ross(1878); J. Ross: "The Corean Language," *The China Review*, VI, 1878, Seoul.

Sampson(1985); Geoffrey Sampson: *Writing Systems—A linguistic introduction—*, Hutchinson, London.

Saussure(1916), *Cours de la linguistique générale*, Geneva, 1961. 최승언 역(1990); 『일반언어학 강의』, 민음사, 서울.

Saunders(1971); J. J. Saunders: *History of Mongol Conquest*, London: Routledge and Kegan Paul.

Schmidt(1829); I. J. Schmidt: *Geschichte der Ost-Mongolen und ihres Fürstenhauses verfasst von Ssangnang Ssetsen Chungtaischi*, St. Petersburg-Leipzig, 1829.

Trubetzkoy(1936); N. S. Trubetzkoy: "Gedanken über das Indo-germanen problem," *Acta Linguistica* 1–2, Copenhagen, 1936.

_____(1939); N. S. Trubetzkoy: *Grundzüge der Phonologie*, Travaux de Circle linguistique de Prague VIII, 2 aufl.

Twaddell(1935); William Freeman Twaddell: On defining the phoneme, *Language Monograph*. No. 16. In Joos(1957), pp. 55–79.

Vladimircov(1911); B. Ya. Vladimircov: "Tureckie elementi v mongolskom yazike," *Zapiski Vostočnago Otděleniya Imperatorskago Russkago Arxeologičeskago Obščestva*(St. Peterburg), Vol. 20, pp. 153–184.

_____(1916); B. Ya. Vladimircov: "O časticax otricaniya pri povelitelnom naklonenii v mongolskom yazike," *Izvestiya Akademii Nauk*(1916), pp. 349–358.

_____(1921); B. Ya. Vladimircov: *Mongolskiĭ sbornik razskazov iz Pañcatantra*, Petrograd.

_____(1926) B. Ya. Vladimircov: *Obrazcĭ mogolskoi narodnoĭ slovesnosti*(S. Z. Mongolia), Leningrad.

• 중문 논저는 저자 한국어 발음의 가나다순

金光平·金啓綜(1980); 『女眞語言文字硏究』, 文物出版社, 北京.

羅常培(1965); 『漢語音韻學導論』, 太平書局, 香港.

羅常培·蔡美彪(1959); 『八思巴文字與元代漢語』[資料汇編], 科學出版社, 北京.

寧忌浮(1992); "蒙古字韻校勘補遺," 『內蒙古大學學報』(1992. 8), pp. 9-16.

_____(1994); "『蒙古字韻』與『平水韻』," 『語言研究』(1994. 2), pp. 128-132.

董同龢(1968); 『漢語音韻論』, 廣文書局, 臺北.

蘇啓慶(1994); "元代蒙古人的漢學," 蘇啓慶, 『蒙元史新研』允晨文化公司, 臺北, pp. 95-216.

蘇振申 總編校(1980); 『中國歷史圖說』, (一) 「先史時代」, 民國 68년(1980), 新新文化出版社 有限公司, 臺北.

林 燾(1987); "北京官话溯源," 『中国语文』(中国语文杂志社, 北京), 1987-3, pp. 161-169.

呂叔湘(1985); 『近代漢語指代詞』, 學林出版社, 上海.

_____(1987); "朴通事里的指代詞," 『中國語文』(中國語文雜誌社), 1987-6, 北京.

余志鴻(1983); "元代漢語中的後置詞 '行'," 『語文研究』1983-3, 北京. pp. 1-10.

_____(1988); "蒙古秘史的特殊語法," 『語文研究』1988-1, 北京.

_____(1992); "元代漢語的後置詞系統," 『民族語文』1992-3, 北京.

王 力(1958); 『漢語史稿』, 科学出版社, 北京.

_____(1985); 『漢語語音史』, 社会科学出版社, 北京.

李德啓(1931); "滿洲文字之起源及其演變," 『國立北平圖書館刊』5卷 6期(民國 20년 11~12월), 뒤에서 pp. 1-18, 도표 16.

李得春(1988); "四聲通解" 今俗音初探," 『民族語文』1988-5, 北京. pp. 29-41.

張帆(2002); "金朝路制再檢討-兼論其在元朝的演變-," 『燕京學報』(燕京研究院), 2002-12, pp. 99-122.

江愼修·孫國中(1989); 點校 『河洛精蘊』, 學苑出版社, 北京.

鄭再發(1965); 『蒙古字韻跟八思巴字有關的韻書』, 臺灣大學文學院文史叢刊之十五, 臺北.

照那斯图(1981); 『八思巴字百家姓校勘』, 中國社會科學院出版社, 北京.

照那斯图(1988); "有關八思巴字母e的几个問題," 『民族語文』1988-1, 北京, pp. 1-17. 이 논문은 1987년 9월 25일에 열린 내몽고대학 국제학술토론회에서 발표한 논문이다.

照那斯图(2003); 『新編 元代八思巴字 百家姓』, 文物出版社, 北京.

_____(2008); "訓民正音基字與八思巴的關係," 「훈민정음과 파스파문자 국제학술 Workshop」 (International Workshop on Hunminjeongeum and hPags-pa script), pp. 39-44.

照那斯图・宣德五(2001a); "訓民正音和八思巴字的關係探究－正音字母來源揭示－,"『民族語文』(중국社會科學院 民族研究所) 第3期, pp. 9-26.

照那斯图・宣德五(2001b); "〈訓民正音〉的借字方法,"『民族語文』(社會科學院 民族研究所) 第3期, pp. 336-343.

照那斯图・薛磊(2011); 『元國書官印汇釋』(中國蒙古學文庫), 遼寧民族出版社, 沈陽.

照那斯图・楊耐思(1984); "八思巴字研究,"『中國民族古文字研究』, 中國民族古文字研究會, pp. 374-392.

_____(1987); 『蒙古字韻校本』, 民族出版社, 北京.

_____(1994); "蒙古字韻』與『平水韻』,"『語言研究』(1994. 2), pp. 128-132.

周法高(1973); 『漢字古今音彙』, 香港 中文大学, 香港.

周有光(1989); "漢字文化圈的文字演變,"『民族語文』(民族研究所)1989-1(1989年第1期) pp. 37-55.

金光平・金启綜(1980); 『女眞語言文字研究』, 文物出版社, 北京.

陳慶英(1999); "漢文'西藏'一詞的來歷簡說,"『燕京學報』(燕京研究院, 北京大學出版社) 新六期(1999년 5월) pp. 129-139.

陳 垣(1928); "史諱舉例,"『燕京大學 燕京學報』(燕京大學燕京學報編輯委員會), 第4期(民國17年 12月), pp. 537-652.

_____(1928); 『史諱舉例』, 燕京大學燕京學報編輯會, 北京. 이것은 『燕京學報』第4期(民國17年 12月) pp. 537-651를 단행본으로 한 것임.

_____(1996); "元西域人華化考,"劉夢溪 編, 『中國現代學術經典・陳垣卷』, 石家莊:河北教育出版社, 石家莊.

清格爾泰(1997); "關於契丹文字的特點,"『아시아 諸民族의 文字』(口訣學會 編), 태학사, 서울.

清格爾泰 外(1985); 清格爾泰・劉風翥・陳乃雄・于寶林・邢复禮; 『契丹小字研究』, 中國社會科學出版社, 北京.

洪金富(1990); 『元代蒙古語文的教與學』, 蒙藏委員會, 臺北.

• 일문 논저는 일본 오십음도순

江田俊雄(1934); "朝鮮語譯佛典に就いて,"『青丘學叢』(青丘學會), 第15號(昭和 9年 2月號), 江田俊雄(1977)에 재록.

_____(1936a); "釋譜詳節と月印千江之曲と月印釋譜,"『朝鮮』(朝鮮總督府), 第255號(昭和11년 9月 2日號), 江田俊雄(1977)에 재록.

_____(1936b); "李朝刊經都監と其의刊行佛典,"『朝鮮之圖書館』, 第5卷 第5號(昭和 11年 10月號). 江田俊雄(1977)에 재록.

_____(1977); 國書刊行會編『朝鮮佛敎史의 研究』, 昭和 52(1977), 東京.

遠藤光孝(1994); "『四聲通解』所據資料編纂過程,"『論集』(靑山學院大學) 제35호 pp. 117-126.

小倉進平(1940); 『增訂朝鮮語學史』, 刀江書院, 東京.

_____(1964); 小倉進平・河野六郎『增訂補注朝鮮語學史』, 刀江書院, 東京.

大野 晋(1957):『日本語起源』, 岩波新書, 東京.

太田辰夫・佐藤晴彦(1996):『元版 孝經直解』, 일본 汲古書院, 東京.

尾崎雄二郎(1962):"大英博物館本 蒙古字韻 札記,"『人文』제8호. pp. 162-180.

龜井 孝・河野六郎・千野榮一(1988):『言語學大辭典』, 第1卷「世界言語編」上, 三省堂, 東京.

金文京 外(2002):『老乞大-朝鮮中世の中國語會話讀本-』, 金文京・玄幸子・佐藤晴彦 譯註, 鄭光解説, 東洋文庫 699, 平凡社, 東京.

河野六郎(1940):"東國正韻及び洪武正韻について,"『東洋學報』(일본 東洋文庫), 27권 4호.

_____(1959):"再び東國正韻について,"『朝鮮學報』(日本朝鮮學會) 14호.

_____(1964~65):"朝鮮漢字音の研究,"『朝鮮学報』(일본 朝鮮学会), 第31~35號.

_____(1968):『朝鮮漢字音の研究』, 天理大学 出版部, 天理.

河野六郎・千野榮一・西田龍雄(1989) 編:『言語學 大辭典』上・中・下, 三省堂, 東京.

_____(2001) 編:『言語學 大辭典』別卷「世界文字辭典」, 三省堂, 東京.

白鳥庫吉(1897):"日本書記に見える朝鮮語の解釋,"『史學雜誌』, 第8編 第6號(1897), 東京.

_____(1914~1916): 白鳥庫吉:"朝鮮語とUral-Altai語との比較研究,"『國學院雜誌』4-2.3.5(1914), 5-1.2.3.(1915), 6-2.3(1916),『白鳥庫吉全集』에 재록됨. 東京.

_____(1915): 白鳥庫吉:"言語上より觀たる朝鮮人種,"『人類學雜誌』30-8(1915), 東京.

新村出(1916):"國語及び朝鮮語の數詞に就いて,"『藝文』第7卷 第2, 4號, 1916.

田中謙二(1961):"蒙文直譯体における白話について,"京都大學人文科學研究所 元典章研究班排印本『元典章の文體』(校定本 元典章 刑部第1冊 附錄), 京都, pp. 4-52.

_____(1962):"元典章における蒙文直譯體の文章,"『東方學報』(京都大學人文科學研究所), 第32冊 pp. 47-161.

_____(1965):"元典章文書の構成,"『東洋史研究』(일본 東洋史研究會) 23-4號, 이 논문은 京都大學 人文科學研究所 元典章研究班排印本『元典章の文體』(校定本 元典章 刑部 第1冊 附錄), pp. 187-224에 재록됨.

中村雅之(1994):"パスパ文字漢語表記から見た中期モンゴル語の音聲,"『KOTONOHA』, 제1호 pp. 1-4.

_____(2003):"四聲通解に引く蒙古韻略について,"『KOTONOHA』, 제9호 pp. 1-4.

長澤規矩也・阿部隆一(1933):『直解孝經』, 吉川弘文館, 東京.

西田竜雄(1987):"チベット語の変遷と文字,"長野泰彦・立川武藏 編:『チベットの言語と文化』, 冬樹社, 東京.

野間秀樹(2010):『ハングルの誕生-音から文字を創る-』, 平凡社新書 平凡社, 東京.

花登正宏(1997):『古今韻會擧要研究-中國近世音韻史の一側面-』, 汲古書院, 東京.

服部四郎(1946):『元朝秘史の蒙古語を表はす漢字の研究』, 龍文書局, 東京.

_____(1948):"日本語と琉球語, 朝鮮語, アルタイ語との親族關係,"『民族學研究』, 13-2.

_____(1984a):"パクパ字(八思巴字)について － 特にeの字とėの字に關して -(一)"On the ḥPhags-pa script － Especially Concerning the letters e and ė -(I)," 1984년 5월에 완성한 논문을 服部四郎(1993:216~223)에서 재인용.

_____(1984b):"パクパ字(八思巴字)について-特にeの字とėの字に關して-(二)"On the ḥPhags-pa script － Especially Concerning the letters e and ė -(II)" 1984년 6월에 완성한 논문을 服部四郎(1993:224~235)에서 재인용.

_____(1984c):"パクパ字(八思巴字)について-再論-"On the ḥPhags-pa script -the Second

Remarks-"1984년 10월에 완성한 논문을 服部四郎(1993:236~238)에서 재인용.

_____(1986); "元朝秘史蒙古語のoおよびöに終わる音節を表わす漢字のシナ語音の簡略 ローマ字 轉寫," "The Broad Roman Transcription of the Chinese Sounds of the Chinese Characters Representing the Mongolian Syllables Ending in -o in the Yüan-ch'ao Mi-shih," 1986년에 완성한 논문을 服部四郎(1993) 제2권 pp. 202-227에서 재인용.

_____(1993); 『服部四郎論文集』 卷3, 三省堂, 東京.

前田直典(1973); 『元朝史の研究』 東京大學出版會, 東京.

村山七郎(1948); "ジンギスカン石碑文の解読," 『東洋語研究』 4輯, pp. 59-95. 이의 독일어판 Murayama(1950) Shichiro Murayama: "Über die Inschrift auf dem 'Stein des Cingis'," Oriens 3, pp. 108-112.

_____(1963); "高句麗語と日本語との關係に關する考察," 『朝鮮學報』 제26호.

山口瑞鳳(1976); "『三十頌』と『性入法』の成立時期をめぐって," 『東洋學報』 第57號.

吉池孝一(2004); "跋蒙古字韻 譯註," 『KOTONOHANA』(古代文字資料館) 22号, pp. 13-16.

_____(2005); "パスパ文字の字母表," 『KOTONOHA』(古代文字資料館) 37호, pp. 9-10.

_____(2008); "原本蒙古字韻再構の試み," 『訓民正音과 파스파 文字 국제 학술 Workshop』 (주최: 한국학 중앙연구원 주최, 일시: 2008년 11월 18일~19일, 장소: 한국학 중앙연구원 대강당 2층 세미나실, Proceedings) pp. 141-160.

吉川幸次郎(1953); "元典章に見える漢文吏牘の文體," 『校定元典章刑部』 第一册附錄.

〈찾아보기〉

| ㄱ |

가중화대립(可中和對立) 277, 278, 290
각목기사(刻木記事) 97
각목문(刻木文) 139, 451
강수(強首) 153
강희맹(姜希孟) 366, 372
강희안(姜希顏) 178, 179, 374, 377
거란대자(契丹大字) 72, 76, 77, 79~85, 445
거란문자 69, 70, 72, 75~78, 82, 83, 85~87,
　89, 108, 187, 305, 444~447
거란소자(契丹小字) 50, 72, 77~79, 81~84,
　186, 445
거란송시(契丹誦詩) 160
게레메치(怯里馬赤) 107
고관화(古官話) 180
고구려 문자 139
『고금운회(古今韻會)』 35, 130, 177, 180~182,
　223, 227, 254, 315, 316, 318, 339~341,
　343, 344, 384, 385, 389, 405, 482
『고금운회거요(古今韻會舉要)』 177, 179, 227,
　254, 340, 341, 384, 385, 389
고려 문자 139, 451
〈광운(廣韻) 36자모도〉 314, 469
구개적(口蓋的) 조화 269, 270, 284, 323, 324
구결(口訣) 43, 54, 55, 60, 81, 139, 158, 184,
　185, 187, 189, 238, 239, 244, 380, 436,
　445, 451, 454, 456, 458
구결토(口訣吐) 54, 55

기일성문도(起一成文圖) 273, 462, 477
김수온(金守溫) 48, 188, 228, 229, 457

| ㄴ |

남명학(南鶴鳴) 218
남해(南海) 석각문(石刻文) 139, 451
〈노걸대(老乞大)〉 165, 167, 337, 393, 403,
　432, 438, 483
『노재대학(魯齋大學)』 165~168
누르하치(奴兒哈赤) 70, 104

| ㄷ |

『대원통제(大元通制)』 165~167
도종의(陶宗儀) 82, 305, 306, 467
독무위수(獨無位數) 266, 276, 284
독약(読若) 145
돌궐어 95, 447
돌려불(突呂不) 50, 76, 445
『동국정운(東國正韻)』 14, 17, 38, 40, 43,
　45, 53, 174, 176, 178~180, 182, 183,
　188, 197, 221, 223, 224, 226~228, 237,
　244, 259, 261, 280, 295, 296, 302, 320,
　325, 345, 347, 362~364, 367, 372, 374,

376~378, 383, 384, 386, 390, 404, 405,
438, 455, 457, 459, 460, 468, 480~485
동음(東音) 17, 38, 43, 144, 145, 147, 149,
152, 153, 175, 176, 228, 331, 375, 377,
378, 383, 384, 404, 406, 435, 438, 439,
453, 455, 460, 472, 484, 486
『동자습(童子習)』165, 364, 399, 400, 402

| ㅁ |

만주문자(滿洲文字) 70, 104, 448
모음조화(vowel harmony) 322~325, 352, 472,
473
『몽고운략(蒙古韻略)』127, 177, 181, 182, 227,
254, 314, 326, 339, 340, 389, 455, 469
『몽고자운(蒙古字韻)』41, 105, 126, 127, 177,
178, 181, 182, 227, 254, 284, 302, 307,
308, 310~314, 318~320, 325~327,
329, 331, 335, 336, 338, 339, 341~346,
348~351, 353~356, 359, 386, 389, 455,
463, 468~471, 474, 478
「몽고자운총괄변화지도(蒙古字韻總括變化之圖)」
287, 325~328, 330~332, 474
몽고자학(蒙古字學) 123, 124, 449
몽고위구르 문자 70, 122, 472
『몽달비록(蒙韃備錄)』94, 97
몽문직역체(蒙文直譯体) 159, 161~164, 168,
173, 454
『몽유야담(夢遊野談)』22, 238
뭉케(蒙哥) 119, 121
무두체(無頭体) 65~68, 444

| ㅂ |

〈박통사(朴通事)〉165, 167, 393, 403, 432,
438, 483
박팽년(朴彭年) 178, 370, 374, 376
반절법(反切法) 145, 250, 287, 378
발해 문자 75, 139

백제 문자 139
백화문 129, 161, 400
『법서고(法書考)』174, 305, 306, 308, 309, 313,
320, 333, 338, 467
법수교(法首橋) 비문(碑文) 139, 451
변음토착(變音吐着) 17, 21, 22, 35, 43, 55,
184, 185, 187, 189, 196, 197, 221, 224,
229, 238, 244, 456, 458, 479, 484, 486
「변화도」→「몽고자운총괄변화지도」
『보한재집(保閒齋集)』36, 366, 367, 372, 388,
393
『부모은중경(父母恩重經)』203~205, 207, 208
북대왕묘지(北大王墓誌) 77, 84
불일사(佛日寺) 47, 201, 202, 210, 211, 215,
226
불청불탁(不淸不濁) 41, 49, 65, 193, 194, 245,
253, 258, 259, 279, 285, 286, 289, 314,
318, 335, 461, 463, 468, 470
비가라론(毘伽羅論) 18, 28, 34, 43, 49, 70,
244, 250, 251, 256, 258, 460, 479
비치에치(闐闊赤) 107
비황(費況) 145

| ㅅ |

사대문서등록(事大文書謄錄) 165, 167
사서(四書) 128, 142, 165
『사성통고(四聲通攷)』196, 314, 339, 340, 346,
392, 469
『사성통해(四聲通解)』271, 314, 315, 318, 332,
339, 340, 346, 349, 350, 393, 420, 425,
432, 439, 463, 469, 470, 483
사역원(司譯院) 364, 393, 398, 400, 401, 404,
406, 410, 414, 418~420, 422~426, 429,
431, 432, 438, 481
사이ㅅ 291~293, 475, 476
사지(斯智) 48
삼황내문(三皇內文) 139, 451
생위성수(生位成數) 25, 245, 265~267, 461,
463

서(書) 136, 165
『서기(書記)』 106, 140
『서사회요(書史會要)』 82, 174, 305~309, 313,
　320, 333, 338, 467
서장(西藏)문자 24, 27, 28, 50, 61, 113, 244,
　247, 443, 444, 462, 477
석독(釋讀) 55, 81, 192, 436, 445
〈석보〉→『석보상절』
『석보상절(釋譜詳節)』 14, 17, 35, 47, 48, 54,
　188, 189, 197, 221, 223~231, 233, 235,
　244, 457~459, 486
『설문해자운보(說文解字韻譜)』 249
설준(雪峻) 48
설총(薛聰) 153
성삼문(成三問) 18, 36, 178, 180, 193, 225,
　362~367, 369, 370, 373~377, 386~397,
　399, 401~405, 479~481
성운학(聲韻學) 46, 49, 238, 247, 250~252,
　257, 260, 272, 287, 329, 345, 363, 384,
　480
『성재효경(成齋孝經)』 165~168
성희명(盛熙明) 305, 306, 467
〈세종어제훈민정음(世宗御製訓民正音)〉 21, 32,
　33, 38, 39, 47, 53, 174, 200, 202, 217,
　218, 221, 226, 319, 321, 349, 459
소그드(Sogd) 문자 96~99, 329, 332, 447, 467
소미통감(少微通鑑) 165, 167, 168
소효충(蕭孝忠) 77
손면(孫愐) 129, 259
송찬감보(松贊干布) 24, 28, 50, 61, 63, 69, 443
수궁(手宮) 문자 139, 451
수미(守眉) 48
수양대군(首陽大君) 35, 47, 54, 188, 197, 201,
　223, 224, 229, 235, 370, 456, 457
순경음(脣輕音) 174, 176, 311, 314, 316, 320,
　348~350, 358, 435, 468, 470
순중음(脣重音) 174, 176, 320, 355
시(詩) 136, 165
『시경석의(詩經釋義)』 81
『신간운략(新刊韻略)』 181, 326, 341, 342, 344
신미(信眉) 48, 188, 228, 457

신숙주(申叔舟) 18, 36, 178~180, 193, 196,
　225, 226, 314, 340, 343, 346, 362~364,
　366, 367, 369, 370, 372~377, 382, 384,
　386~390, 393~395, 397, 403~405, 419,
　469, 479~481
신지(神誌)의 비사문(秘詞文) 139, 379, 451
『신집(新集)』 140
〈실록본〉 15, 32, 34, 45, 54, 321

| ㅇ |

아구타(阿骨打) 51, 70, 87, 88, 446
아설순치후(牙舌脣齒喉) 49, 50, 65, 245, 258,
　259, 272, 335, 461
아언(雅言) 128, 141~143, 159, 175, 400,
　452~454
애책(哀冊) 82, 83
야율노불고(耶律魯不古) 76, 445
야율아보기(耶律阿保機) 50, 70, 76, 78, 445
〈어제대고(御製大誥)〉 165, 167
어제서문 15, 16, 32, 34, 47, 54, 55, 200,
　218, 220, 222, 232, 233, 375, 456, 459
언문(諺文) 17, 19, 21~23, 38~40, 44, 45,
　138, 168, 173, 176, 177, 180, 184, 193,
　222, 225, 227, 228, 238, 239, 244, 334,
　366, 367, 434, 437, 439, 451, 455, 457,
　466, 480, 484, 486
〈언문자모(諺文字母)〉 55, 56, 189~196,
　238~241, 434~439, 458, 460, 464, 473,
　474, 479, 484
언문청(諺文廳) 46, 193, 224, 226
〈언해본〉 14, 15, 20, 21, 32~35, 38, 42, 43,
　45~47, 52, 54, 174, 187, 188, 197, 200,
　202, 207, 213, 217, 218, 224, 228, 236,
　237, 239, 319, 321, 346, 348, 349, 355,
　456, 457, 459, 464, 468, 470, 471, 478,
　486
『여진관역어(女眞館譯語)』 89
여진대자(女眞大字) 83, 87~90, 446
여진문자(女眞文字) 51, 70, 83, 86~90, 108,

305, 446
여진소자(女眞小字) 51, 87~89, 446
여진족(女眞族) 29, 86, 87, 446
역학(譯學) 131, 338, 363, 364, 393, 403~405,
    416, 423, 477, 481, 483
예겸(倪謙) 368~370, 372, 393~398, 480, 481
예니세이 비문 95
『예부운략(禮部韻略)』 129, 142, 180, 181, 226,
    254, 261, 287, 326, 328, 330, 340, 341,
    344, 474
『예불대참회문(禮佛大懺悔文)』 204, 212, 213,
    215
오르혼 비문 95
오수전(五銖錢) 140
오음(五音) 193, 194, 252, 345, 386
오음도식(五音圖式) 252~254
옥책(玉冊) 47, 197, 198, 200~205, 207, 208,
    210~216, 221, 226, 458
완안희윤(完顔希尹) 51, 87, 446
왕문(王文) 문자 139, 451
『요사(遼史)』 71, 72, 76, 78, 444
『용비어천가(龍飛御天歌)』 179, 182, 183, 225,
    226, 288, 293, 295, 374, 437, 476
용자례(用字例) 45, 188, 189, 239, 271, 295,
    457
『용재총화(慵齋叢話)』 193, 196
〈운회(韻會)〉 44, 45, 177, 178, 222, 223, 227,
    228, 244, 344, 455, 463, 481, 482, 485
〈운회(韻會) 35자모도〉 316, 469
웅충(熊忠) 177, 254, 340
『원사(元史)』 91, 92, 98, 101, 102, 113, 115,
    116, 123, 125, 126, 210, 303~306, 308,
    309, 311, 320, 370, 447, 449, 450, 467,
    468
『원전장(元典章)』 124, 125, 163, 167, 170, 400
〈월인〉 → 『월인천강지곡』
『월인석보(月印釋譜)』 14, 17, 20, 21, 32~35,
    38, 39, 42, 43, 45~48, 50, 54, 174, 188,
    197~204, 208, 210~212, 215~218, 220,
    221, 224~233, 235, 236, 244, 319, 321,
    362, 457~460, 479, 486

〈월석〉 → 『월인석보』
『월인천강지곡(月印千江之曲)』 14, 17, 35, 47,
    48, 54, 188, 189, 197, 224~226, 233,
    244, 288, 457~459, 486
위구르 문자 29, 51, 77, 78, 81, 91~101, 104,
    107, 108, 115, 117, 119, 120, 304, 329,
    332, 335, 445, 447, 448
위구르 문헌(文獻) 95, 96, 447
『유기(留記)』 140
유두체(有頭体) 65~68, 444
이개(李塏) 178, 374, 376
이두(吏讀) 55, 60, 158, 168, 169, 171, 172,
    185, 192, 239, 293, 380, 434, 436, 439,
    445, 454, 458, 475
이문(吏文) 158, 164, 165, 168, 169, 171~173,
    189, 241, 416, 431, 454
이문건(李文楗) 36
『이문대사(吏文大師)』 169
이선로(李善老, 李賢老) 178, 374
『이학지남(吏學指南)』 165, 167
인성가획(引聲加劃) 193, 194, 245, 273, 274,
    462

| ㅈ |

자양(字樣) 30, 114, 115, 337, 398, 449, 466
재출자(再出字) 195, 265, 267, 269, 275, 276,
    282, 285, 325, 351, 358, 462, 471
전청(全淸) 41, 49, 65, 149, 193, 194, 245,
    253, 258, 259, 279, 280, 286, 289, 316,
    318, 320, 335, 355, 461, 463, 464, 468,
    470
전탁(全濁) 41, 49, 65, 174, 193, 245, 253,
    258, 259, 279, 280, 318, 320, 335, 436,
    461, 464, 468, 470
『전후한(前後漢)』 165, 167, 168
정음(正音) 17, 22, 35, 38, 39, 41, 43, 44, 52,
    174~176, 180, 217, 223, 224, 227, 228,
    244, 334, 335, 343, 435, 438, 439, 455,
    466, 468, 471, 479, 481~484, 486

정의(貞懿)공주 21, 35, 53, 55, 184, 189, 196, 238, 244, 435, 456, 458, 479, 484

정인지(鄭麟趾) 20, 33, 34, 45, 46, 178, 179, 273, 301, 334, 362, 374, 375, 376

정치음(正齒音) 149, 174, 176, 313, 314, 316, 320, 332, 333, 349, 468, 470

제자해(制字解) 45, 237, 238, 264, 269, 271, 272, 273, 282, 321, 357, 358, 457, 478

조벽(趙璧) 121

종성(終聲) 19, 26, 40, 41, 190~194, 196, 222, 238~240, 272, 277~279, 285, 286, 288, 291, 294~296, 325, 326, 329~333, 375, 386, 435, 436, 460, 464, 473, 474

종성부용초성(終聲復用初聲) 190, 277, 285, 286, 325, 330, 332, 464, 473

종성해(終聲解) 45, 189, 190, 193, 271, 277, 285, 289~291, 295, 296, 326, 331, 332, 457, 465, 473

『죽산안씨대동보(竹山安氏大同譜)』 21, 55, 183, 184, 238, 484

중성(中聲) 19, 25, 26, 39, 40~42, 174, 189, 193~196, 222, 238~240, 261, 272, 276, 277, 279, 281, 284~286, 288, 294, 295, 322, 325, 330, 333, 348, 356, 358, 359, 386, 435, 436, 457, 462, 463, 468, 471~473

『중원음운(中原音韻)』 287, 330, 474

『증수석가보(增修釋迦譜)』 35, 47, 188, 197, 224, 228, 457

지광(智光) 247, 250, 252

『지정조격(至正條格)』 165, 167

지해(知海) 48

직음(直音) 145

『직해동자습(直解童子習)』 363, 364, 392, 399~404, 480

『직해소학(直解小學)』 165~168, 400

진팽년(陳彭年) 129, 142, 252, 259

질랄(迭剌) 50, 77, 78, 85, 445, 446

집현전(集賢殿) 18, 33, 37, 46, 177~179, 225, 286, 288, 338, 341, 362, 365, 367, 369, 370, 372~376, 388, 391, 393~395, 403, 405, 438, 457, 479, 480

| ㅊ |

차청(次淸) 41, 49, 65, 149, 193, 194, 245, 253, 258, 259, 278, 279, 286, 289, 316, 318, 320, 335, 349, 461, 463, 468, 470

〈참회문〉 → 「예불대참회문」

창호설(窓戶說) 37, 273

천지인(天地人) 264, 274, 356, 378, 462

첩아월진(帖兒月眞) 114, 302, 338, 359, 449

첩월진(帖月眞) 114

초성(初聲) 19, 23, 26, 39~41, 174, 189~196, 222, 236~240, 259, 261, 272, 274, 277~280, 285, 286, 288~290, 294, 295, 300, 319, 320, 325, 326, 330, 332, 333, 346, 347, 349, 356, 359, 386, 435, 436, 456, 457, 460~464, 468, 470, 471, 473, 477

초성독용(初聲獨用) 192, 194, 196

초성종성통용(初聲終聲通用) 196

초출자(初出字) 195, 265, 267, 275, 282, 285, 325, 358, 462, 471

최만리(崔萬理) 18, 44, 45, 53, 179, 225, 334, 373, 375

최세진(崔世珍) 31, 53, 169, 189~191, 193, 314, 338, 339, 343, 346, 362, 364, 388, 393, 403~435, 437~439, 469, 480, 481, 483~485

최항(崔恒) 177, 178, 182, 226, 366, 374, 376

충의직언(忠義直言) 165, 167

치두음(齒頭音) 149, 174, 176, 320, 468

친간명유(親揀名儒) 178, 182, 366, 367, 374, 377, 469, 479

칭기즈 칸(成吉思汗) 29, 51, 70, 91~93, 100, 102, 103, 107, 108, 447, 448

칭기즈 칸의 비문[돌](碑文, Chinggiskhan stone) 51, 91, 100

| ㅋ |

쿠빌라이 칸(忽必烈汗) 51, 70, 105, 107~109,
112, 113, 115, 116, 119~121, 123, 124,
159, 304, 335, 448, 449

| ㅌ |

타타퉁아(塔塔統阿) 51, 91~94, 97, 100, 102,
104, 329, 447
토(吐) 43, 54, 184, 455, 456
토번(吐蕃) 24, 50, 59, 61, 66, 69, 70,
108~111, 443, 449
톤미 삼보다(Thon-mi Sam-bho-ṭa) 61~64
톤미 아누이브(Thon-mi Anui'bu) 28, 50,
61~64, 70, 443
『통문관지(通文館志)』 31, 413, 415, 419, 420,
424, 428, 430, 485
통어(通語) 53, 122, 129, 130, 141~144, 147,
148, 152, 159, 160, 175, 383, 452~454
티베트 문자 27~29, 50, 61~70, 109, 116,
320, 349, 353, 356, 359, 444, 467, 477,
478

| ㅍ |

파니니(Paṇini) 34, 48, 49, 62, 64, 65, 70,
255, 443, 461
파스파 문자 27, 29, 30, 35, 36~39, 41~43,
51, 52, 65, 69, 70, 79, 97, 105, 107~109,
111, 114~116, 118~121, 123, 126~128,
174, 177, 178, 181~183, 227, 244, 247,
254, 276~278, 287, 290, 300~305,
307~314, 320, 322, 324~328, 330~341,
344, 345, 349~353, 355, 356, 358, 359,
376, 389, 390, 405, 406, 449, 448, 451,
455, 456, 462, 464~474, 476~478
팍스파(八思巴) 108~114, 116, 117, 123, 302,
303, 305, 307, 359, 448, 449, 467

팔만대장경 18, 28, 34, 43, 49, 215, 257
『팔장(八章)』 34, 48, 49, 62, 255~257

| ㅎ |

하도(河圖) 25, 245, 267, 461, 463
학승(學僧) 18, 28, 43, 48, 49, 228, 244, 247,
250, 460, 479
학열(學悅) 48
학조(學祖) 48
한글날 20, 33, 34, 46, 235
한문이독체(漢文吏牘体) 159, 161~165, 167,
168, 454
한아언어(漢兒言語) 53, 122, 130, 159~167,
173, 181, 328, 332, 382, 383, 385, 391,
400, 454
한어음(漢語音) 41, 52, 53, 127, 221, 223, 244,
345, 346, 359, 386, 390, 435, 439, 449,
468, 479, 481, 483, 485
해례(解例) 34, 45, 178, 190, 266, 267, 271,
277, 282, 285, 288~291, 294, 295, 297,
326, 330~333, 340, 354, 362~364,
366, 367, 373~376, 389, 404, 465, 473,
479~481
〈해례본〉16, 23, 25, 32~34, 42, 45, 46, 54,
188, 190, 193, 217, 218, 224, 235~237,
239, 245, 261, 264~267, 269, 271, 272,
276, 277, 279, 282, 284, 294, 321, 322,
334, 362, 372, 457, 459, 461~464, 472,
474, 478, 479
해초(海超) 48
향가(鄕歌) 153, 154, 156, 288, 453, 454
향찰(鄕札) 60, 75, 81, 84, 153, 158, 173, 380,
445, 453, 454
『허봉사행정록(許奉使行程錄)』159
허항종(許亢宗) 159
현계근(玄啓根) 171
〈홍무운(洪武韻) 31자모도〉319, 320, 332,
346, 347, 469, 470
『홍무정운(洪武正韻)』181, 319, 383, 390~397,

401, 470, 481, 482
『홍무정운역훈(洪武正韻譯訓)』14, 224, 226,
  228, 345, 346, 362~364, 392, 393, 398,
  399, 403, 404, 480~483
홍원사(弘圓寺) 210~212
홍준(弘濬) 48
『화이역어(華夷訳語)』59
황공소(黄公紹) 177, 223, 254, 340
황찬(黄瓚) 180, 225, 368, 372, 388, 389, 391,
  393, 394, 466, 479, 481
『효경직해(孝經直解)』166
효운(曉雲) 48
『훈몽자회(訓蒙字會)』189, 190, 196, 428,
  431~435, 437~439, 483, 484
『훈세평화(訓世評話)』399, 402
희종(熙宗) 51, 87, 88, 446

한글의 발명